풍몽룡의 동주열국지

국내최초의 한문 주석본

국내최초의 한문 주석본

풍몽룡의 동주열국지

4

오월시대

풍몽룡 지음
신동준 역주

인간사랑

●표시는 독자의 이해를 돕기 위해 오월시대 제후국의 위치와 현재 지명을 같이 표기했다.

차 례

제4부 오월시대吳越時代

제70회

제71회

제72회

제73회

제74회

제75회

제76회

제77회

제78회

제79회

제80회

제81회

일러두기

1. 본서는 지난 1973년 인민문학출판사人民文學出版社에서 출간한 『동주열국지東周列國志』 상하 2권을 저본으로 하여 완역한 것이다. 이밖에도 지난 2005년 중국의 악록서사岳麓書社에서 출간한 『동주열국지』 도문본圖文本과 지난 1974년 대만의 문원서국文源書局에서 출간한 『동주열국지』 등을 참고했다. 국내 번역본으로는 김구용과 최이산 및 김영문 번역본을 주로 참고했다.

2. 『열국지』는 여타 『삼국연의』와 마찬가지로 장회소설章回小說 형식으로 편제돼 있다. 모두 108회回이다. 1회는 2개 이야기로 구성돼 있다. 제목 자체가 2개로 구성돼 있는 이유다. 본서 역시 원문과 마찬가지로 2개의 단락으로 나누면서 따로 제목을 붙였다. 기존의 국내 번역본들처럼 각 회回의 제목은 따로 붙이지 않은 것이다. 원문에 충실한 번역을 의도한 결과다.

3. 인명과 지명 모두 우리 한자음을 기준으로 했다. 처음 나오는 경우만 한자를 병기하는 것으로 했다. 다만 단락이 자주 바뀌면서 혼동될 우려가 있을 때는 재차 병기했다. 통상적인 음과 다르게 발음될 때는 각주에서 그 배경을 자세히 설명해 놓았다.

4. 중국의 지명은 수천 년 동안 그대로 이어지고 있는 경우가 매우 많다. 이는 원래의 지명대로 표기했고, 지명이 바뀐 경우는 본문에 해설 형식으로 덧붙여 놓았다. 또한 독자들의 이해를 돕기 위해 원문에 나오는 연호에 기원전 몇 년 등의 서력기원을 덧붙여 『열국지』의 사서史書로서의 의미를 부각시켰다.

5. 『열국지』에는 수많은 성어와 격언, 속담 등이 등장한다. 원문과 각주에 그 의미를 상세히 풀이해 놓았다. 4자성어가 그렇듯이 한문구절로 암기할 경우 오래 기억되는 점을 감안해 번역문 곁에 원문에 나오는 한문도 덧붙여 놓았다. 독자들의 이해에 도움을 주고자 한 것이다.

6. 『열국지』가 다루는 시대는 무려 550년에 달한다. 내용도 복잡하고 등장인물도 매우 많다. 더욱 헷갈리는 것은 시대구분이다. 본서는 기존의 춘추전국시대 구분법과 달리 춘추시대와 전국시대를 잇는 '춘추전국지제春秋戰國之際' 즉 오월시대의 존재를 인정해 크게 3분했다. 이어 다시 춘추시대를 최초로 패업을 이룬 제환공齊桓公의 시대와 두 번째로 패업을 이룬 진문공晉文公의 시대 및 진문공 사후 중원의 진晉나라와 남방의 강국 초楚나라가 천하의 패권을 놓고 다투는 진초晉楚시대로 3분했다. 통상적인 춘추전국시대를 모두 5개의 시대로 세분한 셈이다. 이는 당시 천하의 패권을 장악한 나라를 중심으로 한 구분으로 필자가 처음으로 시도한 것이기도 하다. 이런 분류가 독자들로 하여금 춘추전국시대를 일목요연하게 파악하는 데 나름 도움이 될 것으로 본다.

제4부 오월시대吳越時代

제70회

139話 초평왕이 세 형을 죽이고 즉위하다
– 살삼형초평왕즉위殺三兄楚平王卽位

주경왕 12년인 기원전 533년, 초영왕은 진陳나라와 채나라를 멸한 뒤 초나라의 군현으로 삼았다. 다시 약소국인 허許나라와 호胡나라, 심沈나라, 도道나라, 방房나라, 신申나라 등 6국의 군주를 형산荊山 땅으로 축출했다. 6국의 백성들이 사방으로 유랑하며 지나는 도로마다 한탄과 원망을 토해낸 이유다.

당시 초영왕은 손만 내밀면 금세 천하가 모두 자기 것이 될 줄 알았다. 장화궁에서 밤낮 연회를 베풀며 즐긴 이유다. 주왕실에 사자를 보내 천자의 상징인 구정九鼎을 옮기려고 한 게 그렇다. 그는 구정을 초나라로 옮겨 나라 안을 진압하는 보물로 삼고자 했다.

우윤 정단이 말했다.

"지금 제나라와 진晉나라는 아직도 강하고, 오월 두 나라가 아직도 복종하지 않고 있습니다. 설령 주나라가 우리 초나라를 두려워한 나머지 구정을 내줄지라도 열국의 제후가 틀림없이 뒷말을 할 것입니다."

초영왕이 분연히 말했다.

"과인이 깜빡 잊을 뻔했소. 전날 신申 땅에서 각국 제후들과 회맹했을 때 과인이 서徐나라 군주의 죄를 용서하고 그를 선봉으로 삼아 오나라를 쳤소. 서나라 군주는 태도를 바꿔 오나라에 붙었소. 힘을 다해 오나라와 싸우지 않은 이유요. 차제에 과인은 먼저 서나라를 무찌르고, 이어 오나라를 쳐 강동江東 땅을 모두 속국으로 삼을 생각이오. 그러면 천하의 절반을 차지하는 게 되오."

그러고는 영윤 위피와 채유로 하여금 태자 녹祿을 도와 나라를 지키게 했다. 자신은 직접 병거와 장병을 크게 사열한 뒤 동쪽에 있는 주래州來 땅으로 갔다. 사냥을 핑계로 영수潁水 상류 쪽으로 가서 영채를 세웠다.

그는 사마 독督에게 병거 300승을 내주며 서나라를 치게 했다. 사마 독이 서나라 도성을 포위하기 위해 서나라로 진격했다. 초영왕은 다시 대군을 이끌고 간계乾溪로 가 주둔하면서 사마 독의 서나라 공략을 성원했다.

그때가 주경왕 15년이자 초영왕 11년인 기원전 530년이었다. 마침 겨울이어서 큰 눈이 내려 땅에 3척 남짓 쌓였다. 이를 뒷받침하는 시가 있다.

붉은 구름 하늘 덮고 바람 세차	彤雲蔽天風怒號
거위 털 백설이 산야에 날리다	飛來雪片如鵝毛
여러 봉우리 문득 푸른빛 잃고	忽然群峰失青色
아득한 들판 은물결 일어나다	等閒平地生銀濤

나무 위 둥지 새들 얼어 죽어　　千樹寒巢僵鳥雀
화로는 싸늘하고 갖옷도 얇다　　紅爐不暖重裘薄
엄동설한 병사 고생 오죽하랴　　此際從軍更可憐
갑옷도 얼어붙으니 수심 차다　　鐵衣冰凝愁難著

초영왕이 좌우의 근시에게 명했다.

"전에 진秦나라가 과인에게 바친 두터운 갖옷 복도구復陶裘와 새 깃털로 만든 취우피翠羽被를 꺼내오너라. 내가 입어야겠다."

그러고는 복도구와 취우피를 겹쳐 입은 뒤 머리에는 방한용 피관皮冠을 쓰고 발에는 표범가죽으로 만든 방한용 신발인 표석豹舄을 신었다. 손에 붉은 실로 엮은 채찍인 자사편紫絲鞭을 들고 장막을 나와 설경을 바라봤다. 우윤 정단이 초영왕을 만나러 왔다. 초영왕이 그를 보자 피관과 복도구 등을 벗어 자사편과 함께 정단에게 내주며 말했다.

"날씨가 크게 춥다!"

정단이 대답했다.

"대왕은 두터운 갖옷을 껴입고, 표석을 신고, 호장虎帳 안에 기거하면서도 오히려 춥다고 말합니다. 그러니 홑옷과 맨발 차림의 단갈로과單褐露踝의 모습으로 쇠로 만든 투구와 갑옷을 입은 채 무기를 들고 풍설 속에서 싸우는 병사들의 고생이야 어떻겠습니까? 대왕은 일단 도성으로 돌아가야 합니다. 이어 서나라를 치러 간 군사도 회군토록 조치해야 합니다. 날씨가 따뜻해지는 내년 봄을 기다려 다시 서나라를 치는 게 백성과 병사들에게 모두 편한 게 아니겠습니까?"

초영왕이 대답했다.

"경의 말이 맞소. 그러나 과인은 군사를 이끌고 나와 이기지 못한 적이 없소. 서나라를 치러간 사마 독으로부터 조만간 승첩 소식인 첩음捷音이

들려올 것이다."

정단이 다시 말했다.

"서나라는 진陳나라 및 채나라와 다릅니다. 진나라와 채나라는 초나라에서 가깝고, 서나라는 동북쪽으로 3천 리나 떨어져 있습니다. 더구나 서나라는 평소 오나라에 귀부해 왔습니다. 서나라를 정벌하려는 욕심만으로 3군을 오랫동안 나라 밖에 머물러있게 하면서 고통과 동상을 당하게 하면 대왕에게도 이롭지 않습니다. 만에 하나라도 국내에서 변란이 일어나면 병사들의 마음은 이반할 것입니다. 그 경우 대왕 자신이 위험에 처하지나 않을까 걱정입니다."

초영왕이 웃으며 말했다.

"천봉술穿封戌은 진나라를 다스리고, 공자 기질棄疾은 채나라를 다스리고, 오거伍擧는 태자 녹祿을 도와 나라를 지키고 있소. 이것이 바로 초나라를 지탱하는 3명의 인물인 이른바 삼초三楚요. 이들이 있는데 과인이 또 무엇을 염려하겠소?"

그의 말이 끝나기도 전에 좌사左史 의상倚相이 초영왕 앞을 종종걸음으로 지나갔다. 초영왕이 의상을 가리키며 자가 자혁子革인 정단에게 말했다.

"저 사람은 아주 박식한 선비요. 3황三皇의 문헌인 3분三墳, 5제五帝의 문헌인 5전五典, 8괘의 이론인 8색八索, 9주九州의 기록인 9구九邱에 통효通曉해 있소. 자혁은 그를 잘 봐 두시오."

정단이 대답했다.

"대왕의 칭찬이 지나칩니다. 옛날 주목왕이 8준마八駿馬를 타고 천하를 두루 돌아다녔습니다. 주목왕 때 채공祭公 모보謀父가 주목왕의 견융 정벌을 중지시키기 위해 「기초祈招」[1]라는 시를 지어 간했고, 주목왕은 그의 간

1 「기초祈招」의 시는 『춘추좌전』 「노소공 12년」조에 실려 있다.

언을 좇아 도성으로 돌아온 덕분에 재앙에서 벗어날 수 있었습니다. 신이 전에 의상에게 「기초」를 아는지 물었더니 의상은 그 시를 모르고 있었습니다. 본조本朝인 주나라에 관한 것도 잘 알지 못하는데 어찌 3황5제 때의 문헌을 알겠습니까?"

초영왕이 물었다.

"「기초」의 시가 어떤 것이오? 과인 앞에서 그 시를 외울 수 있소?"

정단이 대답했다.

"신은 그 시를 외울 수 있습니다."

정단이 암송한 시는 이러했다.

기초의 노래 온화하니	祈招之愔愔
우리 주상의 덕 밝히지	式昭德音
우리 주상 풍도를 보니	思我王度
옥과 같고 금과 같지	式如玉, 式如金
백성의 힘을 보존하면	形民之力
술 취해 포식하지 않지	而無醉飽之心

초영왕은 물었다.

"시의 뜻을 풀어서 말해 주시오."

정단이 대답했다.

"음음愔愔은 편안하고 화평한 모습을 나타낸 말입니다. 기보祈父는 군대를 관장하는 벼슬로 지금의 사마와 같습니다. 초招는 그 벼슬에 있던 사람의 이름입니다. 군사가 평안한 것은 군주의 덕이 밝아 병사들의 고충을 알고 전쟁을 일으키지 않았기 때문이라는 의미입니다. 채공 모보는 그런 군주의 덕을 옥의 단단함과 황금의 무거움에 비유했습니다. 군주는 민력을 아껴 전쟁을 일으키지 않아야 합니다. 또 술에 취하거나 배부르게 먹지 말아야 하고 과욕도 부리지 말아야 합니다."

초영왕은 정단의 그 말이 자신을 풍자한 것임을 알았다. 입을 다물고 있다가 한참 후 말했다.

"경은 그만 물러가시오. 과인이 그에 대해 생각해 보겠소."

그날 밤, 초영왕이 생각 끝에 회군을 결심했다. 이튿날 서나라 원정군의 보고가 올라왔다.

"사마 독이 서나라 군사를 여러 번 격파하고 마침내 서나라 도성을 포위했습니다."

초영왕이 기뻐했다.

"서나라를 이내 멸할 수 있게 됐다."

그러고는 다시 생각을 고쳐 간계 땅에 그냥 주둔해 있기로 결심했다. 그 해 겨울부터 이듬해 봄이 다 지날 때까지 간계 땅에 머물며 사냥으로 소일했다. 게다가 현지 백성을 징발해 높은 대를 쌓고 궁실을 지으면서 초나라로 돌아갈 생각을 하지 않았다.

초영왕은 그 이듬해 봄까지 간계 땅에서 날마다 짐승 사냥을 하며 즐겼다. 또 간계 땅에다 대를 쌓고 궁을 지었다. 그는 본국으로 돌아갈 생각은 하지도 않았다.

한편 채나라 대부 공손귀생의 아들 조오는 채공蔡公이 되어 채나라 땅을 다스리는 초나라 공자 기질의 신하가 되어 성실히 섬겼다. 그는 밤낮으로 채나라를 회복시킬 궁리를 했다. 채나라 고을 수령을 지낸 관종觀從에게 그 방안을 상의했다.

관종이 말했다.

"초왕이 군사를 이끌고 멀리 갔습니다. 그는 그곳에 오랫동안 머물며 돌아오지 않고 있습니다. 지금 초나라는 나라 안은 비어 있고, 나라 밖에선 초왕을 원망하는 소리가 높습니다. 이는 하늘이 그를 망하게 하려는 것입니다. 이 기회를 잃으면 채나라는 다시 회복할 수 없습니다."

조오가 물었다.

"그럼 어떤 계책을 써야 하오?"

관종이 대답했다.

"초왕 웅건이 시역의 죄를 저지르고 스스로 왕이 된 것에 대해 그의 동생들인 자간子干과 자석子晳, 기질棄疾 모두 내심 불복하고 있습니다. 각자 자기 힘만으로는 초왕에 대항할 수 없기에 잠자코 있을 뿐입니다. 그대가 짐짓 채공 기질의 명을 내세워 지금 진晉나라와 정나라에 망명 중인 자간과 자석을 이곳으로 불러 이리저리 하면 초왕을 보위에서 몰아낼 수 있습니다. 그는 보위에서 쫓겨나면 이내 죽을 수밖에 없습니다. 이어 우리 힘으로 초나라에 새 군주를 옹립하면 틀림없이 채나라를 회복시킬 수 있습니다."

조오는 이를 좇기로 했다. 그는 채공 기질의 가짜 명령서를 만든 뒤 관종을 시켜 이를 들고 진晉나라와 정나라로 가 자간과 자석을 소환하게 했다. 관종은 두 나라로 가서 두 사람에게 똑같은 말을 했다.

"채공은 진陳나라와 채나라 땅을 지키고 있는 군사를 동원해 시역을 행한 초왕을 몰아내고 두 공자 가운데 한 사람을 옹립코자 합니다. 두 분은 우선 함께 채나라로 가서 채공을 만나 보십시오."

자간과 자석은 그 말을 듣고 크게 기뻐했다. 곧바로 각각 진나라와 정나라를 떠나 동생인 공자 기질이 있는 채나라 도성의 교외에 당도했다. 관종은 이들보다 먼저 돌아와 조오에게 경과를 보고했다. 조오가 미리 교외에 나가 있다가 그곳에 도착한 두 공자에게 말했다.

"사실 채공이 두 분을 불러오라고 명한 것은 아닙니다. 그러나 두 분이 채공과 합세해 도성인 영도를 겁박하면 초왕을 보위에서 내쫓을 수 있습니다."

자간과 자석은 조오의 말을 듣고는 서로의 얼굴을 쳐다보며 두려운 기색을 나타냈다. 조오가 말했다.

"지금 초왕은 간계 땅에서 사냥을 즐기며 초나라에 돌아오지 않고 있습니다. 지금 초나라 도성은 군사도 없고 아무런 방비도 없습니다. 도성 안에는 채나라 신하였던 채유가 그 아비의 원수를 갚으려고 기회를 노리며 변란이 일어나기만을 기다리고 있습니다. 도성의 교외를 다스리는 교윤郊尹 투성연은 채공 기질과 친합니다. 채공이 거사하면 반드시 내응할 것입니다. 지금 천봉술이 비록 진陳나라를 다스리고 있지만 그 역시 내심 초왕을 기피하고 있습니다. 채공이 천봉술을 부르면 반드시 호응할 것입니다. 두 분이 이들과 함께 진陳나라와 채나라 땅에 있는 군사를 이끌고 텅 빈 도성을 치는 것은 마치 주머니를 뒤져 물건을 꺼내는 탐낭취물探囊取物과 같습니다. 두 분은 이번 일이 성공하지 못할까 우려할 필요가 없습니다."

자간과 자석은 조오가 그처럼 이해를 따져 설명하는 말을 듣고서야 마음을 놓았다. 두 공자가 그에게 말했다.

"원컨대 끝까지 우리를 잘 인도해 주시오."

조오가 두 공자에게 맹서할 것을 청했다. 곧 희생을 잡아 삽혈하며 맹서했다.

"우리는 선군 겹오郟敖의 원수를 갚기로 맹서한다."

맹서는 3인이 했으나 서서誓書에는 공자 기질의 이름을 맨 앞에 쓰면서 자간 및 자석과 함께 시역의 죄를 범한 초영왕 웅건을 칠 것이라고 기록했다. 조오가 희생 위에 서서를 얹은 뒤 땅 속에 묻었다.

맹서를 끝낸 조오가 가병들로 하여금 자간과 자석을 안내해 채성蔡城으로 들어가게 했다. 당시 채공인 공자 기질은 막 아침밥을 먹으려던 참이었다. 이때 망명중인 두 형이 뜰 안으로 들어오는 걸 보고 크게 놀라 자리에서 벌떡 일어나 몸을 피하려고 했다.

두 공자를 따라 공관 안으로 들어온 조오가 공자 기질의 소매를 잡고 말했다.

"일이 이리 되었는데 공자는 어디로 가려는 것입니까?"

그 사이 자간과 자석이 다가와 동생 기질을 얼싸안고 통곡했다.

"역적 웅건이 무도해 조카는 물론 그 아들들까지 죽였네. 또 우리 형제까지도 국외로 내쫓았네. 우리가 이곳에 온 것은 자네의 군사를 빌려 형의 원수를 갚으려는 것이네. 이번 일이 성공하면 보위는 응당 그대 차지가 될 것이네."

공자 기질은 어찌할 바를 몰랐다. 결국 이같이 대답했다.

"조용히 차차 상의합시다."

조오가 곁에서 말했다.

"두 공자는 먼 길을 오느라 아침밥도 먹지 못했습니다. 밥이 있으면 세 분이 함께 식사토록 하십시오."

삼형제는 함께 식사를 마치자 조오가 속히 초나라 도성으로 진격할 것을 촉구했다. 이어 밖으로 나가 사람들에게 이같이 외쳤다.

"채공이 두 공자를 불렀소. 함께 대사를 거행코자 한 것이오. 이미 교외에서 두 분과 맹서까지 마쳤소. 두 공자로 하여금 먼저 도성으로 진격시킬 것이오."

공자 기질이 조오의 말을 막았다.

"나를 무함하지 마라."

그러나 조오는 시치미를 떼고 이같이 말했다.

"조금 전에 채공은 교외에서 희생과 함께 서서를 묻지 않았습니까? 그런데도 왜 아니라고 하는 것입니까? 공은 이를 더 이상 숨기면 안 됩니다. 속히 일을 성취시켜 함께 부귀를 누리는 게 상책입니다."

초평왕이 세 형을 죽이고 즉위하다

조오는 다시 시정으로 나가 큰 소리로 말했다.

"초왕이 무도해 우리 채나라를 멸망시켰다. 이제 채공이 우리 채나라를 회복시켜 주기로 약속했다. 여러분은 채나라 백성이다. 어찌 차마 채나라 종묘사직이 망하는 것을 보고만 있을 수 있겠는가? 우리 모두 채공을 따라 두 공자와 함께 초나라 도성으로 쳐들어가야 할 것이다."

채나라 백성들이 일제히 환호하며 열렬히 호응했다. 각각 무기를 들고 채공 기질의 부제府第 대문 앞으로 모여들었다.

조오가 채공 기질에게 말했다.

"민심이 하나로 뭉쳤습니다. 응당 이들을 위무하고 초나라를 치는 군사로 써야 합니다. 그렇지 않으면 변란이 일어날 것입니다."

기질이 말했다.

"그대는 나를 호랑이 등인 호배虎背에 올라타라고 겁박하는 것인가? 도대체 앞으로 어쩔 셈인가?"

조오가 대답했다.

"두 공자는 이미 초나라로 가기 위해 교외로 나갔습니다. 공은 속히 채나라 장정을 이끌고 교외로 나가 합세토록 하십시오. 저는 진공陳公 천봉술을 찾아가 군사를 일으켜 공을 돕도록 설득하겠습니다."

공자 기질은 그 말을 좇을 수밖에 없었다. 자간과 자석은 자신들이 데리고 온 무리를 이끌고 채공 기질의 군사와 합류했다. 조오는 관종을 시켜 밤을 도와 진陳나라 땅으로 가 진공 천봉술을 설득케 했다.

관종이 진陳나라 땅으로 가는 도중 우연히 그곳 출신 하설夏齧을 만났다. 하설은 지난날 초장왕에게 죽임을 당한 하징서夏徵舒의 현손이었다. 평소 관종과 서로 잘 아는 사이였다. 관종이 채나라를 회복하기 위해 조오와 함께 일을 벌이고 있는 사실을 고했다.

하설이 말했다.

"나도 진공 천봉술 밑에서 일을 하면서 진나라의 회복 방안을 생각하고 있던 중이오. 진공 천봉술은 오래전부터 병으로 드러누워 일어나지 못하고 있소. 진공을 만나러 진나라까지 갈 필요는 없소. 그대는 채나라에 돌아가 일을 서두르도록 하시오. 내가 진나라 장정들로 1개 부대를 만들어 그대들을 돕겠소."

관종이 다시 채나라로 돌아가서 공자 기질에게 이를 보고했다. 조오는 밀서 1통을 써 초나라 도성 안에 있는 채유에게 보냈다 공자 기질이 도성으로 쳐들어가면 내응해 달라는 내용이었다.

마침내 공자 기질이 가신인 수무모須務牟를 선봉, 사패史猈를 부장副將,

관종을 향도로 삼은 뒤 정예부대를 이끌고 출발하려던 참이었다. 마침 하설도 진陳나라 장정들로 편성된 1개 부대를 이끌고 채나라로 왔다.

하설이 공자 기질에게 말했다.

"천봉술은 이미 병으로 죽었습니다. 나는 대의로 진陳나라 백성을 효유曉諭해 병사들을 그러모은 뒤 의거를 돕기 위해 이들을 이끌고 왔습니다."

공자 기질이 크게 기뻐했다. 조오를 채나라 장정들을 이끄는 우군右軍, 하설을 진나라 장병을 이끄는 좌군左軍이 되게 했다.

그는 조오와 하설에게 당부했다.

"일이 이리 되었으니 도성인 영도를 엄습하는 일을 지체해서는 안 될 것이오."

조오와 하설이 이끄는 군사는 밤을 도와 영도로 진격했다. 도성 안의 채유는 공자 기질의 군사가 도성에 다가왔다는 보고를 받자 곧바로 심복을 성 밖으로 보내 이들을 영접케 했다. 평소 공자 기질을 사모한 교윤 투성연도 교외까지 나와 영접했다.

당시 영윤 위피薳罷는 채공이 도성을 습격하러 왔다는 보고를 듣고는 도성에 남아 있는 군사를 소집해 성을 지키고자 했다. 그러나 이미 채유가 성문을 열고 채공의 군사를 맞아들인 뒤였다.

영도에 입성한 선봉 수무모가 큰 소리로 외쳤다.

"채공이 이미 간계 땅에 있는 초왕을 잡아 죽였다. 채공의 대군이 지금 도성 안으로 속속 들어오고 있다."

초나라 백성들은 무도한 초영왕을 미워하고 있었다. 이들 모두 공자 기질이 즉위하길 바랐다. 아무도 채공의 군사에 저항할 생각을 하지 않았다.

영윤 위피가 태자 녹祿을 받들고 국외로 달아나고자 했다. 그러나 이미 수무모가 초나라 왕궁을 포위한 뒤여서 궁 안으로 들어갈 수 없었다. 결국 자기 집으로 돌아와 스스로 칼로 목을 찔러 자진했다. 애달픈 일이다!

호증 선생이 시를 지어 탄식했다.

무리들로 태자 도울 수 있다더니	漫誇私黨能扶主
성내 내통자 있을 줄 뉘 알았을까	誰料强都已釀奸
위피가 저승에서 겹오를 만난다면	若遇郟敖泉壤下
자신도 비명횡사해 면목 없으리라	一般惡死有何顔

채공 기질은 선봉대의 뒤를 따라 입성했다 왕궁으로 들어가 태자 녹과 그의 동생인 공자 피적罷敵을 모두 죽였다. 이어 왕궁을 소제한 뒤 셋째 형인 자간을 옹립코자 했다. 자간이 사양했다.

채공 기질이 권했다.

"장유의 순서를 어길 수 없습니다."

공자 간이 마침내 즉위했다. 자간은 자석을 영윤, 공자 기질을 사마로 삼았다.

조오가 공자 기질에게 말했다.

"이번 의거는 공자가 일으켰습니다. 어째서 사양한 것입니까?"

공자 기질이 대답했다.

"초영왕이 아직 간계 땅에 있소. 나라가 아직 안정된 게 아니오. 또 형이 둘이나 있소. 두 형을 제치고 보위에 오르면 사람들이 나를 비난할 것이오."

조오는 공자 기질의 속뜻이 어디에 있는지 알았다. 곧 계책을 건의했다.

"초왕의 군사들이 전쟁터에서 노숙한 지 이미 오래 됐습니다. 틀림없이 집으로 돌아오고 싶은 생각이 간절할 것입니다. 사람을 보내 이해관계로 설득해 소환하면 틀림없이 초왕을 버리고 흩어져 달아날 것입니다. 연후에 대군을 이끌고 가 공격하면 초왕을 사로잡을 수 있습니다."

공자 기질이 이를 좇기로 했다. 그는 관종을 시켜 간계로 가서 그곳에 주둔하고 있는 병사들에게 엄포를 놓게 했다. 관종이 그곳에 가서 병사들에게 말했다.

"채공이 이미 도성으로 들어와 태자와 공자 피적을 죽이고 자간을 옹립했다. 이번에 새 군주가 내린 명을 전하겠다. 먼저 초나라로 돌아오는 자에겐 집과 밭을 예전대로 소유토록 허락하겠다. 나중에 돌아오는 자는 코를 베는 의형劓刑에 처할 것이다. 초왕을 따르는 자는 그 죄가 3족에 미칠 것이다."

초영왕 휘하의 병사들 모두 그 말을 듣자 대부분 사방으로 흩어져 초나라로 돌아왔다.

당시 초영왕은 아직도 술에 취해 간계의 행궁에 누워 있었다. 우윤 정단이 황망히 행궁으로 들어가 도성에서 일어난 일을 보고했다. 초영왕은 자신의 두 아들이 피살됐다는 말을 듣고는 침상에서 바닥으로 굴러 떨어졌다. 목을 놓아 통곡했다.

정단이 말했다.

"병사들 대부분이 달아났습니다. 그들의 마음이 이미 떠났으니 속히 귀국토록 하십시오."

초영왕이 눈물을 닦고 말했다.

"남들도 그 자식을 사랑하는 마음이 과인과 같을까?"

정단이 대답했다.

"조수鳥獸도 제 새끼를 사랑할 줄 아는데 하물며 사람의 경우야 더 말할 게 있겠습니까?"

초영왕이 탄식했다.

"과인은 남의 자식을 많이 죽였는데, 어찌 남이 과인의 자식을 죽인 걸 괴이하게 생각할 수 있겠는가?"

잠시후 초마哨馬가 달려와 보고했다.

"새 왕이 채공을 대장으로 삼은 뒤 투성연과 함께 진陳나라와 채나라 군사를 이끌고 가 이곳을 치도록 했습니다. 저들이 지금 이곳 간계로 쇄도하고 있습니다."

초영왕이 대로했다.

"과인이 평소 투성연을 박대하지 않았는데 어찌 감히 나를 배반한단 말인가? 차라리 그들과 싸우다 죽을지언정 이대로 앉아서 결박당할 순 없다."

초영왕이 마침내 영채를 뽑은 뒤 군사를 이끌고 한수漢水가 장강으로 유입되는 지점인 하구夏口로 갔다. 거기서 한수漢水를 거슬러 올라가 양주襄州에 이르렀다. 양주에서 초나라 도성 영도를 엄습할 작정이었다.

그러나 행군 도중 병사들이 계속 달아났다. 초영왕은 몸소 칼을 뽑아 달아나는 병사를 여러 명 베어 죽였다. 그러나 이를 막을 길이 없었다.

초영왕이 지금의 하남성 신양현인 자량訾梁 땅에 당도했을 때 남은 병사는 겨우 100여 명 정도였다. 초영왕이 말했다.

"사태를 돌이킬 수 없게 되었다!"

그러고는 관과 의복을 벗어 한수 기슭의 버드나무에 걸었다. 정단이 말했다.

"도성 가까이 가서 성안 사람들의 향배向背를 살펴보는 게 어떻겠습니까?"

초영왕이 말했다.

"국인이 모두 나를 배반했는데 가서 살펴본들 무슨 소용이 있겠는가?"

정단이 말했다.

"그렇다면 다른 나라로 출분했다가 그 나라 군사를 빌려서라도 자구책을 강구해야 합니다."

초영왕이 말했다.

"내가 제후들을 후대하지 않았는데 그들 가운데 누가 나를 반기겠소? 큰 복은 두 번 다시 오지 않는다는 뜻의 대복부재大福不再 이야기를 들은 적이 있소. 그리한들 스스로 욕만 취할 뿐이오."

정단은 초영왕이 자신의 계책을 좇지 않는 걸 보고는 자기마저 죄책을 당하지 않을까 겁이 났다. 좌사 의상과 함께 초영왕 곁을 떠나 초나라로 돌아온 이유다. 정단마저 달아나자 초영왕은 손발을 어디에 두어야 할지 모를 만큼 당황해 했다.

그는 그곳에서 멀지않은 이택釐澤 사이를 방황했다. 시종들이 모두 떠나 혈혈단신이 된 것이다. 너무 허기가 져 동네를 찾아가 밥을 빌어먹으려고 했으나 동네로 들어가는 길을 알지 못했다. 시골 사람들 가운데 초영왕을 아는 사람이 적지 않았다. 그러나 그들은 달아나는 병사들로부터 초영왕을 돕지 말라는 새 왕의 명이 몹시 엄하다는 이야기를 들은 까닭에 멀리서부터 몸을 피했다.

초영왕이 아무도 만나지 못한 채 3일 동안 음식을 전혀 먹지 못했다. 마침내 기진맥진해서 땅바닥에 쓰러졌다. 꼼짝도 하지 못하고 드러누운 채 두 눈만 뜨고 길 쪽만 바라보았다. 자신을 아는 사람이 지나가다가 구해주기를 기다린 것이다.

한참 뒤 한 사람이 다가왔다. 초영왕이 보니 지난날 궁문을 지키던 소리小吏로 있다가 지금은 궁중에서 소제하며 심부름을 하는 연인涓人으로 있는 자였다. 이름은 주疇였다.

초영왕이 외쳤다.

"주야, 나를 구해 다오!"

연인 주가 가까이 가 보니 초영왕이었다. 곧바로 꿇어 엎드려 머리를 조아렸다.

초영왕이 말했다.

"과인은 3일 동안 굶었다. 나를 위해 밥 한 사발이라도 얻어와서 과인의 목숨을 살려다오."

주가 대답했다.

"백성들 모두 새 왕의 명을 무서워합니다. 신이 어디 가서 밥을 얻어올 수 있겠습니까?"

초영왕이 길게 탄식하더니 그에게 자신의 곁으로 와 앉도록 했다. 이어 그의 무릎에 자신의 머리를 얹고 한동안 편히 쉬었다. 연인 주는 초영왕이 잠이 들자 흙덩이 하나를 가져다 머리를 받쳐주고 달아났다.

잠이 깬 초영왕이 주를 불렀으나 아무런 대답도 없었다. 베고 있던 그의 무릎을 더듬어보니 흙덩이였다. 자신도 모르게 하늘을 부르며 통곡했다. 기운이 떨어져 울음소리도 나오지 않았다.

얼마 후 또 한 사람이 작은 수레를 타고 그곳에 이르렀다. 그는 초영왕의 통곡 소리를 듣고 다가온 뒤 수레에서 내려 자세히 살펴보았다. 초영왕을 알아보고는 황망히 꿇어 엎드렸다.

"대왕이 무슨 까닭에 여기에 와 있는 것입니까?"

초영왕이 얼굴 가득히 눈물을 흘리며 물었다.

"경은 누구인가?"

그 사람이 말했다.

"신의 성은 신申, 이름은 해亥입니다. 전에 대왕 밑에서 우윤芋尹 벼슬을 지낸 신무우申無宇의 자식입니다. 신의 아비는 전에 2번이나 대왕에게 죄를 지었지만 대왕은 용서하고 죽이지 않았습니다. 신의 아비는 지난해에 세상을 떠나면서 유언하기를, '내가 2번이나 죽을죄를 지었지만 왕이 나를 살려주셨다. 훗날 왕이 어려움을 당하거든 반드시 목숨을 바쳐서라도 도와야 한다.'고 했습니다. 신은 아비의 유언을 마음속에 간직하고 감히 잊지 않았습니다. 요즘 소문을 들으니 도성 영도가 채공에게 점령당하고 자간이 스스로 보위를 차지했다고 합니다. 곧바로 밤낮을 가리지 않고 간계 땅으로 달려가 대왕을 찾았으나 보이지 않기에 이리저리 찾아 헤매다가 여기에 이르게 됐습니다. 이처럼 기약도 하지 않았는데 대왕과 상봉한 것은 하늘의 지시가 아닌가 합니다. 지금 초나라 땅은 공자 기질의 무리가 널리 퍼져 있어 다른 곳으로 가면 안 됩니다. 신의 집이 극촌棘村에 있습니다. 여기서 멀지 않습니다. 대왕은 잠시 신의 집으로 가 머물면서 앞일을 생각해 보도록 하십시오."

그러고는 꿇어앉아 마른 음식인 건량乾糧을 바쳤다. 초영왕이 이를 먹고 간신히 일어섰다. 신해가 수레에 초영왕을 태운 뒤 자기 집으로 갔다.

초영왕은 평소 장화궁의 높은 궁전과 깊은 궁실에서 살아온 까닭에 신해의 농가에 당도해 쑥대 사립문을 지나 낮은 방안으로 들어서자 마음이 처량해졌다. 얼굴에서 쉴 새 없이 눈물이 흘러 내렸다.

신해가 꿇어앉아 말했다.

"대왕은 마음을 편히 가지십시오. 이곳은 궁벽한 시골이라 왕래하는 사람들이 없습니다. 며칠 동안 머물면서 나라 안 사정을 알아본 뒤 진퇴를 결정하십시오."

초영왕은 그 말을 듣고 너무 슬퍼 말을 하지 못했다. 신해가 다시 무릎을 꿇고 음식을 바쳤다. 초영왕은 전혀 먹지 않고 울기만 했다.

그날 밤, 신해는 자기 딸 2명을 방으로 들여보내어 초영왕을 시침侍寢케 했다. 초영왕의 마음을 위로코자 한 것이다. 그러나 초영왕은 옷도 벗지 않은 채 앉아서 밤새 울기만 했다.

동틀 무렵, 5경에 이르자 울음소리가 들리지 않았다. 신해의 두 딸이 방에서 나와 부친에게 고했다.

"왕이 이미 방안에서 목을 매고 죽었습니다."

호증 선생이 이를 두고 영사시인 「장화대章華臺」를 지었다.

마른 풀에 파묻힌 장화궁 보니　　茫茫衰草沒章華
옛날 호사 누린 초영왕 비웃다　　因笑靈王昔好奢
누대 흙 마르기 전 풍악 그치고　　臺土未乾簫管絶
그 몸이 야인 집서 죽어 가련타　　可憐身死野人家

신해는 초영왕의 주검을 보자 슬픔을 참지 못하고 통곡했다. 손수 초영왕을 염습하고 장사지내면서 자신의 두 딸을 죽여 함께 묻어주었다.

후대인이 이를 평했다.

> 신해가 초영왕을 잘 장사 지내고 은혜를 갚은 것은 옳다. 하지만 두 딸을 죽여 순장한 것은 너무 지나친 일이다.

이를 한탄한 시도 있다.

장화궁 지은 패업 무너졌는데　　章華霸業已沉淪
두 여인 무슨 죄로 순장됐을까　　二女何辜伴穸窀
한스러운 건 폭군이 사후에도　　堪恨暴君身死後
재앙을 규수에게 안긴 것이지　　餘殃猶自及閨人

당시 채공 기질은 투성연과 조오, 하설 등 제장들을 이끌고 초영왕을 잡으려고 간계 땅으로 갔다. 도중에 초영왕을 버리고 돌아오는 정단과 의상을 만났다. 두 사람은 채공에게 초영왕의 그간 행태에 대해 말한 뒤 이같이 덧붙였다.

"호위하던 군사도 모두 흩어져 달아났습니다. 홀로 남겨졌으니 죽는 수

밖에 없습니다. 우리 두 사람은 차마 그 모습을 볼 수 없어 그를 놓아두고 오는 길입니다."

채공 기질이 물었다.

"그대들은 이제 어디로 가려는 것이오?"

두 사람이 대답했다.

"본국으로 돌아가는 중입니다."

채공 기질이 말했다.

"그대들은 우리 군중에 머물면서 우리와 함께 초왕을 찾도록 합시다. 초왕을 찾은 연후에 우리와 함께 돌아가는 게 좋을 것이오."

채공 기질은 군사를 이끌고 이곳저곳을 수색하면서 자량 땅까지 갔다. 그러나 초영왕의 종적을 찾지 못했다. 촌사람이 채공 기질을 알아보고는 이내 초영왕의 관과 옷을 갖고 와 바치며 말했다.

"3일 전에 버드나무에 걸려 있는 것을 거두어 집안에 감춰두었습니다."

채공 기질이 물었다.

"너는 왕의 생사를 아는가?"

촌사람이 대답했다.

"모릅니다."

공자 기질은 관과 옷을 갖고 온 촌사람에게 후한 상을 줬다. 그는 다시 초영왕의 행방을 찾으려고 했다. 조오가 말했다.

"초왕이 관과 옷을 버린 것은 기세가 꺾이고 힘이 다 빠져 꼼짝할 수 없게 된 이른바 세궁역진勢窮力盡에 처했기 때문입니다. 아마도 어느 산골짝이나 구덩이에 빠져 죽었을 것입니다. 더 이상 찾을 필요는 없습니다. 지금 자간이 즉위했는데 앞으로 민심 수습책을 펼치며 선심을 쓰면 공은 앞으로 보위를 도모할 수 없을 것입니다."

공자 기질이 물었다.

"어찌하면 좋겠소?"

조오가 대답했다.

"초왕이 살아 있을지라도 도성 안에 있지 않은 것은 분명합니다. 국인들은 그의 생사를 모릅니다. 민심이 안정되지 못한 틈을 타 병사 수십 명을 초왕의 패잔병으로 가장시켜 도성으로 보내십시오. 이어 그들로 하여금 성 밖을 돌아다니면서 '초왕의 대군이 지금 도성으로 진격해 오고 있다.'고 외치게 하십시오. 다시 투성연으로 하여금 도성으로 들어가 자간에게 여차여차 보고토록 하십시오. 자간과 자석은 둘 다 나약하고 무모한 사람들입니다. 두 사람은 그 말을 곧이듣고 틀림없이 혼비백산해 자진할 것입니다. 연후에 공은 대군을 이끌고 천천히 국내로 돌아가 보위에 오르십시오. 베개를 높이 베고 아무 걱정 없이 잘 수 있을 것입니다. 이 어찌 아름다운 일이 아니겠습니까?"

채공 기질이 이를 좇았다. 관종으로 하여금 초영왕의 군사로 가장한 100여 명의 병사를 이끌고 도성인 영도로 돌아가게 했다. 이들은 도성 밖을 돌아다니며 외쳤다.

"채공이 싸움에 패하고 죽임을 당했다. 초영왕의 대군이 곧 우리 뒤를 따라 도성에 당도할 것이다!"

국인들이 이를 사실로 믿고 크게 놀랐다. 이번엔 투성연이 돌아와 같은 말을 퍼뜨렸다. 국인들 모두 그 말을 더욱 믿게 됐다. 이들 모두 성 위로 올라가 초영왕의 군사가 오는지 지켜봤다.

그 사이 투성연이 자간 앞에 나아가 고했다.

"초왕이 대로한 나머지 이내 돌아가 멋대로 즉위한 죄를 처벌하겠다고 했습니다. 채영공 반般과 제나라 경봉慶封의 선례를 좇아 처벌할 생각이라고 말했습니다. 곤욕을 당하기 전에 속히 대책을 세우십시오. 신은 목숨을 부지하기 위해 다른 나라로 달아나야겠습니다."

그러고는 광분狂奔하여 밖으로 나갔다. 자간이 자석을 불러 투성연의 말을 전했다. 자석이 말했다.

"채나라 조오가 우리를 망하게 했소!"

두 형제가 서로 끌어안고 울었다. 이때 궁 밖에서도 거짓 보고가 올라왔다.

"초왕이 이미 성안으로 들어왔습니다."

그 보고를 받고 먼저 자석이 패검을 뽑아 자신의 목을 찌르고 죽었다. 황망해진 자간 역시 칼로 자신의 목을 찌르고 죽었다. 궁중이 크게 소란해졌다. 자간에게 붙었던 내시와 궁녀들 가운데 크게 놀라 자진하는 자들이 제법 많았다. 궁액宮掖의 이곳저곳이 이들의 시체로 덮였고, 살아남은 자들의 울부짖는 소리가 그치지 않았다.

투성연이 군사를 이끌고 다시 궁중으로 들어왔다. 시체들을 치우고 궁실을 소제했다. 이어 문무백관을 이끌고 교외로 나가 공자 기질을 영접했다.

국인들은 그런 줄도 모르고 도성으로 들어온 사람이 초영왕이 아닌지 의심했다. 성안으로 들어온 사람을 보니 공자 기질이었다. 그들은 그제야 앞뒤로 들려온 소식이 모두 채공의 계책에서 나온 걸 알았다.

공자 기질은 궁으로 들어오자 곧바로 보위에 올랐다. 그가 바로 초평왕楚平王이다. 즉위 직후 이름을 웅거熊居로 고쳤다. 전에 초공왕이 선조의 신위에 기도하면서 '구슬이 위에서 절하는 아들을 보위에 오르게 해달라'고 축원한 일이 있었다. 그 축원이 그대로 들어맞은 셈이다.

당시 초나라 도성의 국인은 초영왕이 죽은 사실을 알지 못했다. 민심이 흉흉洶洶해진 이유다. 한밤중에 문득 초영왕이 돌아왔다는 헛소문이 삽시에 퍼졌다. 국인들 모두 크게 놀라 잠자리서 일어났다. 대문을 빠끔히 열고 바깥 동정을 살피기도 했다.

초평왕은 민심이 흉흉한 것을 걱정했다. 이내 관종의 계책을 좇아 비밀리에 그로 하여금 한수 기슭으로 나가 죽은 병사의 시체 하나를 찾아낸 뒤 그 시체에 초영왕의 관과 의복을 입히고 하류로 띄워 보내게 했다. 이어 사람을 시켜 거짓으로 보고토록 했다.

"한수에서 초왕의 시신을 거둬 자량 땅에 빈소를 차렸습니다."

초평왕이 투성연으로 하여금 자량 땅으로 가서 초영왕의 장례를 치르게 했다. 그의 시호를 영왕靈王으로 정했다. 그러고는 방을 내걸러 국인을 위무했다. 도성 안의 민심이 안정됐다.

3년 후 초평왕은 다시 초영왕의 시신을 널리 찾았다. 이때 비로소 신해가 나타나 묻은 곳을 고했다. 초평왕은 그 시신을 파내 군주를 장례하는 예로 천장遷葬했다. 그러나 이는 훗날의 이야기다.

당시 초나라 장수 사마 독은 군사를 이끌고 서나라를 포위했으나 오래도록 함락시키지 못했다. 초영왕으로부터 문책을 당할까 두려워 감히 회군하지 못했다. 마침내 그는 서나라와 내통한 뒤 영채만 지켰다.

이후 초영왕의 군사가 패하고 초영왕도 죽었다는 소문을 듣고서야 포위를 풀고 회군했다. 그의 군사가 예장豫章 땅에 이르렀을 때 오나라 공자 광光이 군사를 이끌고 와 그의 군사를 습격했다. 초나라 군사가 대패해 사마 독과 병거 300승이 모두 오나라 군사에게 포획됐다. 오나라 공자 광은 여세를 몰아 초나라 주래州來 고을까지 점령한 뒤 돌아갔다. 모두 초영왕의 무도한 행보가 초치한 후과였다.

한편 초평왕은 도성의 백성을 모아놓고 자간과 자석을 공자에 대한 예로 장사지냈다. 이어 자신의 즉위에 도움을 준 자들의 공을 기록하고, 현신을 임용했다. 투성연을 영윤, 자가 자하子瑕인 양개陽匄를 좌윤으로 삼고, 위엄蘧掩과 백주리伯州犁가 원통하게 죽은 것을 감안해 극완郤宛[2]을 우윤

2 『열국지』 원문은 자가 자오子惡인 극완郤宛을 백주리伯州犁의 아들로 기록해 놓았다. 『사기』「오자서열전」에 대한 배인裴駰의 『사기집해史記集解』 주注는 백주리를 진晉나라에서

으로 삼았다. 위엄의 동생 위역薳射과 위월薳越을 대부, 조오와 하설 및 채유를 하대부, 공자 방魴을 열심히 싸운 공을 인정해 사마로 삼았다.

당시 오거는 이미 세상을 떠나고 없었다. 초평왕은 오거가 생전에 직간을 잘한 점을 높이평가해 그의 아들 오사伍奢를 연連 땅에 봉했다. 오사가 연공連公의 칭호를 얻게 된 배경이다. 오사의 아들 오상伍尙도 당棠 땅에 봉해 다스리게 했다. 이로 인해 당군棠君의 칭호를 얻게 됐다. 그 밖에 위계강과 정단 등 초영왕 때 활약한 신하들도 지난날의 관직에 그대로 유임시켰다.

초평왕은 관종에게도 벼슬을 내리려고 했다. 관종은 선대가 거북점을 잘 쳤고 자신도 거북점을 칠 줄 안다며 복윤卜尹이 되기를 바랐다. 초평왕이 이를 받아들여 복윤에 임명했다.

새로 벼슬을 얻은 신하들이 모두 초평왕에게 사은의 예를 올렸다. 하지만 조오와 채유만은 초나라 벼슬을 사양하며 초나라를 떠나고자 했다. 초평왕이 까닭을 묻자 조오와 채유가 대답했다.

"본래 대왕이 군사를 일으켜 초나라 도성을 습격토록 도운 것은 조국인 채나라를 회복하려는 취지였습니다. 이제 대왕이 초나라를 안정시켰지만 우리 채나라의 종묘사직은 아직 혈식血食을 받지 못하고 있는 형편입니다. 신들이 무슨 면목으로 대왕의 조정에 설 수 있겠습니까? 지난날 초영왕은 탐욕으로 인해 이웃 나라를 겸병했고, 그로 인해 사방의 인심을 잃었습니

망명한 백종伯宗의 아들, 극완을 백주리의 아들, 백비伯嚭를 극완의 아들이라며 백씨伯氏를 달리 극씨郤氏로 불렀다고 주석했다. 풍몽룡은 이를 그대로 수용한 것이다. 그러나 『춘추좌전』 「노정공 4년」조는 극완을 백주리의 당우黨友로 기록해 놓았다. 「오자서열전」도 『춘추좌전』을 좇아 초소왕 원년인 기원전 515년에 초나라 대부 비무극費無極의 참소로 인해 극완郤宛이 비명횡사할 때 백주리도 함께 죽었고, 그의 손자 백비가 오나라로 망명했다고 기록해 놓았다. 사서와 제자백가서에 백주리의 아들 즉 백비의 부친 이름이 전혀 나오지 않고 있는 것 역시 극완이 백주리의 아들이 아니라 당우였음을 뒷받침한다.

다. 대왕은 이와 정반대의 행보를 보여야만 비로소 천하의 백성을 열복悅服케 만들 수 있습니다. 첩경은 바로 진나라와 채나라의 종사를 회복시키는 데 있습니다."

초평왕이 말했다.

"그대들의 말이 옳소."

그러고는 곧바로 사람을 시켜 진나라와 채나라 군주의 후손을 찾게 했다. 진나라 태자 언사偃師의 아들 공자 오吳와 채나라 태자 유有의 아들 여廬를 찾아냈다. 태사太史에게 명해 길일을 택일토록 한 뒤 그 길일에 공자 오를 진후陳侯로 봉했다. 그가 바로 진혜공陳惠公이다. 또 공손 여를 채후蔡侯로 봉했다. 그가 바로 채평공蔡平公이다.

두 제후가 각각 자국으로 돌아가 나라를 재건하고 종묘사직을 중창했다. 조오와 채유는 채평공을 따라 채나라로 돌아갔고, 하설은 진혜공을 따라 진나라로 돌아갔다. 이들이 거느렸던 장정들도 주인을 따라 자국으로 돌아갔다.

초평왕은 떠나는 이들을 위해 위로하고 크게 호궤했다. 전에 초영왕이 두 나라 부고에서 노략해 국고에 귀속시킨 두 나라의 중기重器와 보물도 모두 돌려주었다.

나아가 지난날에 형산荊山 땅으로 추방당한 허許, 호胡, 심沈, 도道, 방房, 신申 등 6국의 군주와 백성 역시 각각 본국으로 돌아가게 했다. 추호도 이들 소국을 침범하지 않았다. 열국의 군신과 백성들이 그의 이런 조치에 우레 같은 환호를 보냈다. 마치 고목枯木에 다시 잎이 피고, 썩은 뼈인 후골朽骨이 부활한 것이나 다름없었다. 주경왕 16년인 기원전 529년의 일이었다.

염옹이 이를 시로 읊었다.

민력 탕진해 동서 2성 쌓았으니　　　　枉竭民脂建二城

채공 기질만 인심을 사게 했다　　　　留將後主作人情
탈취 물건 돌려줄 줄 알았으면　　　　早知故物仍還主
초영왕도 악명 듣지 않았으리라　　　　何苦當時受惡名

초평왕 장자의 이름은 건建이고 자는 자목子木이다. 그의 생모는 채나라 격양郹陽[3] 땅을 다스리던 지방장관인 봉인封人의 딸이었다. 당시 공자 건은 장성해 있었다. 초평왕이 그를 태자로 세웠다. 이어 연윤連尹 오사로 하여금 태자 건의 스승인 태부太傅의 임무를 맡게 했다.

당시 초나라에 비무극費無極[4]이라는 대부가 있었다. 초평왕을 공자 시절부터 섬겼다. 그는 평소 아첨을 잘해 초평왕의 총애를 받았다. 덕분에 대부 벼슬을 얻었다. 비무극이 태자 건을 보필하겠다고 자청해 소사少師가 됐다. 또 초평왕은 대부 분양奮揚을 동궁사마東宮司馬로 삼았다.

초평왕 즉위 후 초나라는 사방이 평안하고 조용했다. 초평왕이 점차 음악과 여색에 빠져들었다. 오나라가 주래 땅을 점령하고 있는데도 보복하지 못한 이유다.

비무극은 태자소사가 됐는데도 날마다 초평왕 곁에 붙어 음악과 여색을 즐기는 일을 도왔다. 태자 건은 간녕奸佞하고 아첨을 잘하는 비무극을 혐오해 멀리했다.

당시 영윤 투성연은 자신의 공만 믿고 국정을 멋대로 처리하고 방자하게 행동했다. 그는 비무극의 참소에 걸려 죽임을 당했다. 양개가 그 뒤를 이어 영윤이 됐다.

3 격양郹陽이 『열국지』 원문에는 운양鄖陽으로 되어 있으나 『춘추좌전』에는 '격양'으로 나온다. 번역문은 『춘추좌전』을 좇아 '격양'으로 바꿔 놓았다.

4 비무극費無極이 『사기』 「초세가」에는 비무기費無忌로 나온다. 그러나 『춘추좌전』에는 '비무극'으로 표현돼 있다.

태자 건이 투성연의 억울한 죽음을 말하고 다녔다. 비무극이 크게 두려워했다. 태자 건과 비무극 사이에 틈이 벌어진 배경이다. 비무극이 대부 언장사鄢將師를 초평왕에게 천거했다. 초평왕은 언장사를 우령右領으로 삼고 총애했다. 이 이야기는 여기서 잠시 접어두기로 하자.

140話 진소공이 제로를 겁박하고 회맹하다
– 겁제로진소공심맹劫齊魯晉昭公尋盟

이야기가 둘로 나뉜다. 당시 열국의 제후들은 진평공晉平公이 사기궁을 지은 후 진晉나라가 그저 안일이나 추구하고 있다는 것을 알아챘다. 내심 진나라에 대해 두 마음을 품게 된 이유다.

진평공의 뒤를 이은 진소공晉昭公은 나름 선대의 패업을 회복할 야심을 품고 있었다. 마침 제경공이 안영을 사자로 보내 초영왕을 빙문했다는 소문을 듣게 됐다. 곧 제경공에게 사자를 보내 진나라도 빙문해 줄 것을 청했다.

제경공도 진나라와 초나라의 국내 사정이 복잡한 걸 알고 이 기회를 이용해 자신도 한번 패업을 도모코자 했다. 그는 진나라의 빙문 요청을 받자 진소공의 사람됨도 살펴볼 겸하여 곧바로 여장을 꾸려 제신들과 함께 진나라로 갔다. 이때 자신을 경호해 줄 인물로 용사 고야자古冶子도 데리고 갔다.

제경공 일행이 황하에 이르러 배를 탔다. 제경공은 자신의 수레를 이끄는 4마리 말 가운데 맨 왼쪽의 좌참左驂을 좋아했다. 그는 어인圉人으로 하여금 그 말을 끌고 배 안으로 들어와 뱃머리를 잡아매게 했다. 어인이 말에게 먹이를 주는 것까지 직접 감독했다.

제경공이 탄 배가 황하의 강심江心에 이르렀을 때 문득 폭우가 쏟아지며 물결이 거세게 일어났다. 배가 뒤집어질 듯 요동쳤다. 바로 이때 거대한 자라가 수면 위로 머리를 내밀었다. 커다란 입을 벌리고 뱃머리 쪽으로 다가오더니 명마인 좌참을 한입에 덥석 물고 강물 속으로 들어가 버렸다.

제경공이 그 광경을 보고 크게 놀랐다. 고야자가 곁에서 말했다.

"주공은 두려워하지 마십시오. 청컨대 신이 주공을 위해 말을 찾아오겠습니다."

고야자는 옷을 벗고 칼을 손에 든 채 강물 속으로 뛰어들었다. 그는 거센 물결을 헤치고 앞으로 나갔다. 물 위로 떠올랐다가 물 밑으로 사라지기를 반복했다. 대략 9리쯤 헤엄쳐 갔다. 이후론 모습이 보이지 않았다.

제경공이 탄식했다.

"고야자가 죽었구나!"

얼마 후 문득 풍랑이 멈췄다. 수면 위로 붉은 피가 솟아올랐다. 동시에 고야자가 왼손으로 말의 꼬리를 잡고 오른손으로 아직도 피가 뚝뚝 떨어지는 자라의 머리를 들고 물결 속에서 모습을 드러냈다.

제경공이 다시 크게 놀랐다.

"실로 고야자는 신용神勇을 지닌 용사이다. 전에 선군이 용작勇爵이라는 벼슬을 두었지만 용작을 받은 신하들 가운데 고야자 같은 용사가 있었다는 말은 들어보지 못했다."

그러고는 고야자에게 후한 상을 내렸다.

제경공은 진晉나라 도읍 강주絳州에 이르러 진소공과 만났다. 진소공이 연회를 베풀고 제경공을 환대했다. 양국을 대표해 진나라 쪽에서 순오荀吳, 제나라 쪽에서 안영이 나와 상견례를 도왔다.

환영연 자리에서 술이 얼근해진 진소공이 말했다.

"잔치자리에서 낙을 삼을 만한 게 없소. 과인이 군후와 함께 투호投壺로 술내기를 할까 하오."

제경공이 대답했다.

"좋습니다."

진소공의 좌우 근시들이 구리항아리를 궁궐 마당에 설치한 뒤 두 군주에게 각각 여러 대의 화살을 바쳤다. 제경공이 두 손을 맞잡고 읍하면서 진소공에게 먼저 던지도록 양보했다. 진소공이 손으로 살을 들어 던지려고 하자 순오가 나서서 축원했다.

"술은 회수淮水만큼 많고, 고기는 모래언덕만큼 많으니, 과군이 살을 호에 넣어 제후들의 패주가 되리라!"

진소공이 화살을 던졌다. 화살이 곧바로 항아리 속에 꽂혔다. 나머지 화살을 땅바닥에 버리면서 크게 기뻐했다. 환영연에 참석한 진나라 신하들 모두 바닥에 엎드려 '천세千歲'를 외쳤다.

이번엔 제경공이 화살을 던질 차례였다. 그는 화살을 들어 흉내 내서 말했다.

"술은 임치성 남쪽에서 발원하는 승수澠水만큼 많고 고기는 산언덕만큼 많으니, 이 화살을 호에 넣어 과인이 군후를 대신해 흥기하리라!"

제경공이 던진 화살도 곧바로 항아리 속에 꽂혔다. 제경공은 크게 웃으며 역시 쥐고 있던 나머지 화살을 땅바닥에 버렸다. 안영도 바닥에 꿇어 엎드려 '천세'를 외쳤다.

순간 진소공의 안색이 변했다. 순오가 제경공에게 항의했다.

"군후가 실언을 했습니다. 오늘 군후가 폐읍에 왕림한 것은 과군이 대를 이어 중원 각국의 맹주가 되어 있기 때문입니다. 군후가 '대신 흥기한다.'고 말한 것은 무슨 뜻입니까?"

안영이 대신 대답했다.

"제후들의 맹주는 한 사람이 맡아 놓고 하는 게 아닙니다. 오직 덕이 있는 자가 맡아서 할 뿐입니다. 지난날 우리 제나라가 패업을 잃자 바로 진晉나라가 우리 제나라를 대신해 패업을 일으켰습니다. 진나라에 덕이 있으면 그 어느 나라가 복종하지 않겠습니까? 진나라에 덕이 없으면 오나라나 초나라인들 패권을 잡지 말라는 법은 없습니다. 어찌 폐읍만 패권을 잡지 못하겠습니까?"

■ 진소공이 제로를 겁박하고 회맹하다

양설힐이 나서서 순오에게 말했다.

"우리 진나라는 이미 열국의 제후를 거느리고 있소. 순오는 왜 과군이 화살을 던질 때 새삼스럽게 그런 축원을 한 것이오? 애초에 말을 잘못한 것이오."

순오는 그 말을 듣고 비로소 자신이 말을 잘못한 것을 깨달았다. 입을 다물고 아무 말도 하지 못했다.

이때 고야자가 계단 아래 서 있다가 큰 소리로 말했다.

"이미 해가 기울었습니다. 주공도 피곤할 터이니 이만 자리에서 일어나십시오."

제경공이 진소공에게 사례하고 자리를 떠났다. 이튿날 서둘러 제나라로 돌아갔다.

양설힐이 진소공에게 말했다.

"열국 제후들이 우리 진나라로부터 이탈하려는 마음을 갖고 있는 듯합니다. 무력으로 위협하지 않으면 패권을 잃고 맙니다."

진소공이 동의했다. 곧 병거와 군사를 대대적으로 사열했다. 병거가 4천 승, 갑사가 30만 명이나 됐다.

양설힐이 또 말했다.

"비록 덕은 부족할지라도 많은 군사를 부릴 순 있습니다."

진소공이 진나라 무력을 과시하기 위해 제후들을 소집키로 했다. 먼저 사자를 주왕실로 보내 제후들의 회맹에 천자의 신하인 왕신王臣이 참석해 줄 것을 요청했다. 왕신의 참석을 내세워 회맹의 무게를 높일 속셈이었다. 주왕실의 허락을 얻자 곧 열국 제후들에게 전갈을 보내 그해 가을 7월에 위나라 평구平邱 땅에서 회맹할 것을 통보했다. 열국의 제후는 왕신이 참석한다는 말을 듣고는 싫어도 가지 않을 수 없었다.

회맹의 기일이 다가오자 진소공은 한기韓起에게 명해 도성에 남아 나라를 지키게 했다. 이어 순오荀吳와 위서魏舒, 양설힐羊舌肸, 양설부羊舌鮒, 적담籍談, 양병梁丙, 장격張骼, 지력智躒 등과 함께 병거 4천 승을 이끌고 위나라 복양濮陽의 평구 땅을 향해 떠났다.

진나라의 30만 대군이 위나라에 이르러 30여 채의 영치를 세우자 위나라 땅이 모두 진나라 군사로 꽉 찬 듯했다. 주왕실의 경사卿士인 유헌공劉獻公 지摯가 먼저 도착했다. 이어 제나라와 송나라, 노나라, 위나라, 정나라, 조나라, 거莒나라, 주邾나라, 등滕나라, 설薛나라, 기杞나라, 소주小邾나라 등 12개국 제후들이 모여들었다. 이들 모두 진나라 군사가 많고 강성한 것을 보고는 저마다 두려운 기색을 드러냈다.

이내 회맹 의식이 거행됐다. 양설힐이 희생의 피를 담은 큰 사발인 반우盤盂를 두 손으로 받들고 제후들 앞으로 나아가 말했다.

"진晉나라의 선신 조무趙武가 초나라와 싸움을 하지 않기로 하는 약속인 이른바 미병지약弭兵之約을 맺고 초나라와 우호관계를 수립한 것은 잘못이었습니다. 초나라 웅건熊虔이 조약을 지키지 않고 진陳나라와 채나라를 쳐 없앤 게 그렇습니다. 웅건은 그 일로 인해 죽음을 자초했습니다. 이제 과군은 진문공이 천토踐土에서 열국 제후들과 회맹한 옛 일을 본받아 천자를 대신한 왕신의 참석 하에 중원 제후들을 진무鎭撫하는 결의를 다짐코자 합니다. 청컨대 군후들은 결의에 동참한다는 취지로 삽혈하고 맹서해 주시기 바랍니다."

열국의 제후들이 머리를 숙이고 일제히 대답했다.

"감히 진후晉侯를 좇지 않을 리 있겠습니까?"

그러나 제경공은 응답하지 않았다. 양설힐이 제경공에게 물었다.

"제후齊侯는 어째서 맹서하지 않으려고 하는 것입니까?"

제경공이 대답했다.

"제후들이 진晉나라에 복종하지 않는다면 다시 맹서할 필요가 있지만 모두 복종하고 있는 터에 무엇 때문에 다시 맹서한단 말이오?"

양설힐이 말했다.

"전에 천토 회맹 당시 진晉나라에 복종하지 않는 나라가 있어 열국 제후들이 맹서한 것은 아닙니다. 군후가 맹서하지 않으면 과군이 병거 4천 승을 이끌고 제나라 도성 밑으로 가 죄를 청할 것입니다."

양설힐의 말이 채 끝나기도 전에 단 위에서 북소리가 요란스레 울렸다. 진나라 군영의 모든 영채에서 큰 깃발이 일시에 숲처럼 일어섰다. 제경공이 진나라 군사가 자신을 공격할까 우려해서 곧 언사를 고쳐 말했다.

"대국이 이미 맹서해야 한다고 결정했는데 과인이 어찌 감히 거부하겠습니까?"

진소공이 먼저 삽혈하고 맹서했다. 이어 제나라와 송나라 등 12국 제후들이 차례로 삽혈하고 맹서했다. 주왕실의 경사인 유헌공 지摯만은 천자의 대리로 참석한 까닭에 회맹엔 참여하지 않고 대회를 증명하기만 했다.

회맹이 끝난 뒤 주邾나라와 거莒나라 군주가 진소공에게 호소했다.

"노나라가 그간 저희 두 나라를 여러 번 침공했습니다. 군후가 그리하지 못하도록 조처해 주십시오."

진소공은 곧 노소공을 불러 남의 나라를 함부로 침공하지 말라고 질책했다. 이어 노나라 상경 계손의여季孫意如를 체포해 진나라 군막에 가두었다. 노나라 대부 자복혜백子服惠伯이 진나라 순오에게 말했다.

"노나라 땅은 주邾나라나 거莒나라보다 10배나 더 크오. 진나라가 우리 노나라를 버린다면 노나라는 제나라나 초나라를 섬길 수밖에 없소. 그리되면 진나라에 무슨 이익이 있겠소? 전에 진나라는 초나라가 진陳나라와 채나라를 쳐서 없앨 때도 두 나라를 돕지 않았소. 그리하고도 이제 와서 같은 희씨姬氏의 형제 나라인 노나라마저 버리려 한단 말이오?"

순오가 머리를 끄덕였다. 본국으로 돌아오자 자복혜백의 말을 한기에게 고했다. 한기가 다시 진소공에게 전했다. 진소공이 그 말을 듣고는 계손의여를 풀어주었다.

이 일이 있은 뒤 열국 제후들은 하나같은 태도를 견지하지 못하고 오락가락하는 진晉나라를 더욱 신뢰하지 않았다. 진나라도 이후 더 이상 중원의 맹주 노릇을 하지 못했다.

사신이 시를 지어 이를 탄식했다.

초나라를 흉내 낸 사기궁 지은 뒤	一心效楚築虒祁
열국 이탈하자 무력으로 시위했다	列國離心復示威

투호놀이로 제후들 맹주 꾀했지만 壺矢有靈侯統散
산하는 옛날 같으나 일은 달라졌다 山河如故事全非.

뒷일이 어찌 전개될지 알고자 하면 다음 회를 보라.

제71회

141話 안영이 복숭아 둘로 장수 셋을 죽이다
-안평중이도살삼사晏平仲二桃殺三士

제경공은 평구 땅에서 돌아왔다. 그는 비록 진나라 대군의 위세에 눌려 마지못해 삽혈하고 맹서를 했지만 진나라에 원대한 계획이 없다는 걸 알았다. 옛 제환공의 패업을 회복할 뜻을 품게 된 배경이다. 제경공이 상국인 안영에게 물었다.

"진나라는 서북에서 패권을 잡고, 과인은 동남에서 패권을 잡는 것을 두고 어찌 불가하다고 할 수 있겠소?"

안영이 대답했다.

"진나라는 사기궁을 짓는 등 토목공사를 일으켜 백성을 괴롭힌 까닭에 열국의 제후들로부터 신망을 잃었습니다. 주공이 패업을 도모하려면 먼저 백성을 구휼하는 휼민恤民보다 나은 게 없습니다."

제경공이 물었다.

"어찌하는 것이 '휼민'이오?"

안영이 대답했다.

"형벌을 줄이면 백성이 원망하지 않고, 부역과 조세를 줄이면 백성이 군주의 은덕을 알게 됩니다. 선왕은 봄에 백성이 밭을 가는 것을 살펴 종자나 농기구 등 부족한 것을 보충해 주고, 가을에 수확할 곡식을 살펴 모자라는 것을 도와주었습니다.[1] 주공은 왜 그런 좋은 방법을 본받지 않는 것입니까?"

제경공은 이를 좇아 번거로운 형벌을 줄이고, 창고를 열어 가난한 백성에게 곡식을 빌려줬다. 국인들이 감열感悅했다. 연후에 제경공은 동방의 열국 제후들에게 제나라를 빙문토록 했다.

그러나 서나라 군주인 서자徐子는 그 요구에 복종치 않았다. 대로한 제경공이 전개강田開疆을 대장으로 삼은 뒤 군사를 이끌고 가 서나라를 치게 했다. 제나라 군사가 지금의 강소성 수녕현인 포수蒲隧 땅에서 크게 싸웠다. 마침내 서나라 장수 영상嬴爽을 참하고 서나라 군사 5백여 명을 포로로 잡았다. 서자가 크게 놀라 사자를 보내 제경공에게 강화를 청했다.

제경공이 이를 받아들여 담자郯子와 거자莒子를 포수 땅으로 부른 뒤 서자와 함께 4국이 동맹을 맺었다. 당시 서자는 서나라에 의해 멸망한 갑보甲父나라의 보정寶鼎인 이른바 갑보지정甲父之鼎[2]을 제나라에 뇌물로 바

1 '여름에 수확할 곡식을 살펴 모자라는 것을 도와주었습니다.'의 원문은 '하즉성렴夏則省斂, 조기불급助其不給'이다. 이는 『맹자』「양혜왕 하」에 나오는 '추생렴이조불급秋省斂而助不給' 구절을 거의 그대로 인용한 것이다. 문맥상 『열국지』 원문의 하夏는 「양혜왕 하」의 추秋의 오기誤記로 보인다. 번역문에는 '하'를 '추'로 바꿔 해석했다.

2 갑보甲父는 지금의 산동성 금향金鄕에 있었던 것으로 추정되는 고대국가이다. 서徐나라는 갑보나라를 멸망시킨 후 보물인 '갑보지정'을 공실의 창고에 보관하고 있었던 듯하다.

쳤다.

진소공과 신하들은 제나라가 담나라와 거나라를 치고 서나라와 함께 동맹하며 패업을 추구한다는 사실을 알게 됐으나 감히 문책하지 못했다. 이후 제나라는 날로 강해졌다. 덕분에 제나라는 진晉나라와 함께 패자의 칭호를 듣게 됐다.

당시 제경공은 장수 전개강이 서나라를 평정한 공을 기록하면서 전에 고야자가 황하에서 큰 자라를 잡아 죽인 공을 기특히 여겼다. 두 사람을 표창하기 위해 전에 제장공이 뛰어난 무공을 세운 사람에게 견고한 병거 5승씩 내주며 기리는 이른바 오승지빈五乘之賓의 제도를 부활시켜 이들에게 '오승지빈'의 칭호를 부여했다.

전개강이 제경공에게 뛰어난 용력을 지닌 공손 첩捷을 천거했다. 자가 자거子車인 공손 첩은 나면서부터 얼굴빛이 검푸르고 눈알이 불거져 나와 있었다. 키가 1장丈 즉 10척尺이나 됐고, 능히 1천 근의 무게를 들어 올릴 수 있었다.

제경공은 공손 첩의 용맹한 모습을 보고 기이하게 생각했다. 하루는 공손 첩과 함께 동산桐山으로 사냥을 나갔다. 문득 산 속에서 이마가 흰 백액대호白額大虎 한 마리가 으르렁거리며 포효하더니 나는 듯이 제경공 앞으로 달려 나와 수레를 끄는 말을 앞발로 쳤다.

제경공은 맹호가 자신을 공격할까 봐 크게 놀라 어쩔 줄을 몰랐다. 순간 공손 첩이 수레에서 뛰어 내렸다. 칼이나 창을 쓰지 않고 맨손으로 맹호와 맞섰다. 왼손으로 맹호의 턱밑을 움켜잡고, 오른손 주먹으로 맹호의 얼굴을 때렸다. 맹호는 공손 첩의 주먹을 몇 대 맞자 그 자리에서 쓰러져 죽었다. 덕분에 제경공을 구할 수 있었다. 제경공이 공손 첩의 용기를 가상히 여겨 '오승지빈'으로 대우했다.

공손 첩은 전개강 및 고야자와 의형제를 맺었다. 이들은 '제방삼걸齊邦三

傑을 자처했다. 이들은 자신들이 세운 공로와 용력을 믿고 저잣거리나 여염집 등에서 큰 소리를 치면서 행패를 부렸다. 공경대부까지 능멸했다.

심지어 제경공 앞에서도 '너爾'와 '나我'를 칭하며 버릇없이 굴었다. 무례하기 그지없었다. 그러나 제경공은 이들의 용력과 재능을 사랑한 나머지 내버려 두었다.

당시 제나라 조정에 양구거梁邱據라는 간신이 있었다. 그는 제경공의 속뜻을 헤아려 지시도 하기 전에 원하는 것을 갖다 바쳤다. 제경공이 좋아하는 것이면 무엇이든 구해다 바쳤다. 제경공이 양구거를 크게 총애한 이유다. 양구거는 안으로는 아첨으로 제경공의 총애를 다지고, 밖으로는 '제방삼걸'과 결탁해 자신의 당여黨與를 확장시켰다.

더구나 당시 진무우陳無宇는 백성들에게 후하게 베풀어 민심을 얻으면서 장차 제나라를 가로채려는 흑심을 품고 있었다. 게다가 전개강田開疆은 진씨陳氏[3] 일족이었다. 훗날 여러 세력이 힘을 합쳐 일을 저지르면 제나라의 큰 우환이 될 수밖에 없었다. 안영은 그런 조짐이 싹트고 있는 것을 눈치 챘다. 제나라의 앞날을 크게 우려한 이유다. 그는 전개강과 고야자 및 공손 첩 등 3인만이라도 우선 제거코자 했다.

그러나 제경공이 자신의 말을 듣지 않을 경우 오히려 이들 3인의 원망을 받아 목숨이 위태로울 수 있다는 사실을 알고 있었다. 제경공에게 선뜻 말하지 못한 이유다.

하루는 노소공은 친교를 맺기 위해 몸소 제나라 도성인 임치로 왔다. 노나라는 노소공이 평구의 회맹 때 진소공으로부터 질책을 받고 난 뒤 진나라와 사이가 껄끄러워졌다.

제경공이 연회를 베풀고 노소공을 환영했다. 연회 자리에서 노나라 대부

3 전씨田氏는 진씨陳氏가 전田 땅을 식읍으로 받은 데서 나온 성씨이다. 춘추시대 말기 '진씨'는 강씨姜氏의 제나라를 찬탈하면서 성씨를 모두 '전씨'로 바꿨다.

숙손착叔孫婼과 제나라 상국 안영이 각각 노소공과 제경공의 상견례 예절을 도왔다. 전개강 등 이른바 '제방삼걸'은 칼을 찬 채 섬돌 아래 시립했다. 이들은 머리를 높이 쳐들고 매우 오만한 앙앙자약昻昻自若의 모습을 보였다.

연회 자리가 무르익어 두 나라 군주가 얼근히 취했을 때였다. 안영이 고했다.

"궁중 후원의 금도金桃가 익었을 것입니다. 두 군후는 그걸 맛보고 장수하십시오."

제경공은 이를 좇았다. 곧 원리園吏를 불러 금도를 따오게 했다. 안영이 다시 고했다.

"금도는 실로 구하기 어려운 과일입니다. 신이 직접 가서 따는 것을 살펴보겠습니다."

안영이 후원의 문 열쇠를 들고 자리에서 일어났다. 제경공이 노소공에게 말했다.

"저 금도는 선공先公 때 동해 가에 사는 사람이 커다란 복숭아씨를 갖고 와서 바친 것을 후원에 심어 키운 것입니다. 그 사람은 말하기를, '이는 만수금도萬壽金桃라고 하는 복숭아씨로 바다 밖의 도삭산度索山[4]에서만 자라고 반도蟠桃로 부르기도 합니다.'라고 했습니다. 그 씨를 심은 지 30여 년이 지나 지금은 가지와 잎사귀가 무성한 큰 복숭아나무가 되었습니다. 그간 꽃만 피었을 뿐 한 번도 열매를 맺지 않았습니다. 그러던 것이 금년에 열매 몇 개가 열렸습니다. 과인은 그 복숭아를 소중히 여겨 후원의 문에 자물쇠를 채웠습니다. 오늘 군후가 폐읍에 왕림한 까닭에 과인은 감히 홀로 그 복숭아를 맛볼 수 없습니다. 이제 특별히 현명한 군신과 처음으로 그 복

4 창해滄海에 있는 전설적인 도삭산度索山에는 뿌리가 3천 리에 걸쳐 뻗친 복숭아나무가 있다고 한다. 『산해경山海經』「대황북경大荒北經」에는 도삭산度朔山으로 나온다.

숭아를 맛보고자 합니다."

노소공이 공수拱手하며 칭사稱謝했다. 이내 안영이 와서 원리로 하여금 아름다운 조각을 새긴 쟁반인 조반雕盤에 금도 6개를 놓아서 바치게 했다. 복숭아를 보니 크기는 주발만 하고, 색깔은 검붉은 화탄火炭같고, 향기는 코를 찔렀다. 실로 진기한 과일이었다.

제경공이 물었다.

"금도가 겨우 이것밖에 열리지 않은 것이오?"

안영이 대답했다.

"3–4개 더 열렸지만 아직 덜 익었기에 6개만 따왔습니다."

제경공은 안영으로 하여금 손수 노소공에게 술잔을 올리게 했다. 안영이 두 손으로 술이 가득 담긴 옥잔을 받들고 노소공 앞으로 나아가 공손히 바쳤다. 제경공의 좌우 시종들이 6개의 금도가 담긴 쟁반을 들고 와 노소공 앞에 놓았다.

안영이 치사致詞했다.

"금도가 이토록 크니 실로 천하에 다시없을 것입니다. 두 군후는 이걸 드시고 천수千秋의 수壽를 누리십시오."

노소공이 옥잔에 담긴 술을 마신 후 금도 1개를 집어 먹었다. 감미롭기 그지없었다. 복숭아 맛을 칭송해 마지않았다. 제경공도 술을 마신 뒤 금도 1개를 먹은 뒤 말했다.

"이 금도는 쉽게 얻을 수 있는 게 아니오. 숙손 대부는 현명하기로 널리 소문이 나 있소. 오늘 노후魯侯가 예절을 다할 수 있도록 돕는 찬례贊禮의 공을 세웠으니 금도 1개를 맛보도록 하시오."

숙손착이 꿇어 엎드려 고했다.

"신이 현명하다고 하나 상국 안연의 1만분의 1인들 따를 수 있겠습니까? 상국은 안으로 제나라 정사를 다스리고, 밖으론 열국의 제후를 복종케 만

■ 안영이 복숭아 둘로 장수 셋을 죽이다

들었으니 그 공이 신보다 훨씬 큽니다. 이 금도는 응당 상국이 드셔야 합니다. 신이 어찌 감히 먹을 수 있겠습니까?"

제경공이 말했다.

"숙손 대부가 상국에게 사양하고자 하니 그럴 것 없이 둘이서 각각 술 1잔과 금도 1개씩 맛보도록 하시오."

안영과 숙손착이 꿇어 엎드려 제경공이 따라주는 술 1잔씩 마신 뒤 금도를 1개씩 먹었다. 두 사람은 진귀한 과일을 먹게 해준 제경공의 은혜에 사례했다.

안영이 다시 고했다.

"쟁반에는 아직 금도가 2개 남았습니다. 주공은 여러 신하들에게 명을 내려 스스로 자신의 공을 자랑하게 하십시오. 공이 큰 신하에게 금도를 하사해 그에 대한 포상으로 삼으면 좋을 듯합니다."

제경공이 분부했다.

"그 생각이 참 좋소."

곧 좌우 시신에게 명해 자신의 명을 여러 신하들에게 전하게 했다. 계하階下의 신하들 가운데 자신의 공이 심중深重하다고 생각하는 사람은 스스로 그 공을 자랑토록 한 것이다. 안영이 그 공로를 평가해 금도를 내주도록 했다.

공손 첩이 재빨리 몸을 빼내 연회 자리까지 올라와 말했다.

"지난날 신은 주공을 모시고 동산桐山으로 사냥을 나갔다가 주공에게 달려든 호랑이를 맨손으로 때려잡았습니다. 그 공로가 어떻습니까?"

안영이 말했다.

"두 손으로 하늘을 떠받칠 만한 큰 힘으로 주공의 어가를 보호했으니 그 공이 막대하오."

그러고는 제경공을 대신해 공손 첩에게 술 1잔과 금도 1개를 하사했다. 그가 자리로 돌아가자 이번에는 고야자가 분연히 앞으로 나서서 말했다.

"호랑이를 죽인 것은 족히 기이할 게 없습니다. 나는 일찍이 황하에서 요사스런 큰 자라를 칼로 베었습니다. 익사의 위험에 직면한 주공을 구해냈으니 그 공로가 어떻습니까?"

이번엔 제경공이 대답했다.

"당시 파도가 매우 흉용洶涌했소. 장군이 물에 뛰어들어 그 요사스런 자라를 베지 않았던들 배가 뒤집히고 과인은 익사했을 것이오. 그 공은 세상을 덮을 만큼 크고 기특한 것이었소. 술을 마시고 금도를 먹을 자격이 있는 걸 어찌 의심할 리 있겠소?"

안영이 황망히 고야자에게 술과 금도를 내줬다. 이번엔 전개강이 옷자락을 걷어붙이고 성큼성큼 걸어 나와 말했다.

"나는 지난번에 주공의 명을 받고 서나라를 정벌했습니다. 서나라 명장을 참하고 적군 500여 명을 사로잡았습니다. 결국 서자徐子가 크게 두려움을 느껴 뇌물을 바치고 강화를 애걸했습니다. 담자郯子와 거자莒子도 크게 두려워하며 서자와 함께 자진해 포수 땅으로 와 주공을 맹주로 받들며 굴복했습니다. 이만하면 금도를 먹을 만하지 않습니까?"

안영이 제경공에게 말했다.

"전개강의 공은 고야자와 공손 첩에 견줘볼 때 10배나 더 큽니다. 이제 하사할 금도가 없으니 어찌합니까? 전 장군에겐 우선 술 1잔만 내리고 금도는 내년까지 기다렸다가 내리도록 하십시오."

제경공이 전개강에게 말했다.

"경의 공이 가장 큰데도 왜 일찍 말하지 않았소? 실로 애석하오. 이젠 금도가 없어 경의 공을 표창할 수 없게 됐소."

전개강이 칼자루를 어루만지며 말했다.

"자라의 목을 베고 호랑이를 맨손으로 때려잡은 것은 작은 일에 불과하다. 나는 산을 넘고 물을 건너 1천 리 밖으로 나가 적과 싸워 대공을 세웠다. 그런데도 도리어 금도를 먹지 못하고 두 나라 군후 앞에서 치욕을 당했다. 만대에 이르도록 사람들의 비웃음을 받게 됐으니 그런 수모를 당하고도 무슨 면목으로 조정에 설 수 있겠는가?"

그러고는 칼을 뽑아 자신의 목을 찌르고 죽었다. 공손 첩이 크게 놀랐다. 곧 그 역시 칼을 뽑아들고 말했다.

"나와 고야자는 미미한 공을 세우고도 금도를 먹었는데 전개강은 대공을 세우고도 먹지 못했다. 내가 그에게 복숭아를 사양치 못한 것은 실로 몰염치한 짓이었다. 의형제인 그가 죽는 것을 보고도 따라 죽지 않는 것은 용자가 할 짓이 아니다."

그러고는 역시 칼로 자기 목을 찌르고 죽었다. 고야자가 분발하여 떨치는 분기奮氣의 모습으로 크게 외쳤다.

"우리 3인은 의형제를 맺고 생사를 같이하기로 맹서했다. 두 사람이 죽었는데 내 어찌 구차하게 홀로 산단 말인가? 어찌 마음이 편할 수 있겠는가?"

그러고는 역시 칼로 자기 목을 찌르고 죽었다.

제경공이 황망히 사람을 시켜 말리고자 했으나 이미 늦었다.

노소공이 놀란 나머지 자리에서 벌떡 일어나 말했다.

"과인은 저들 3인이 천하에 둘도 없는 기용奇勇이라고 들었소. 애석하게도 하루아침에 모두 죽고 말았소."

제경공은 그 말을 듣고도 아무런 대꾸도 하지 못했다. 안색을 바꾼 채 심사가 뒤틀린 표정이었다. 안영이 나서서 말했다.

"저들은 그저 용기만 있는 일개 필부에 불과합니다. 비록 약간의 공을 세웠다고는 하나 족히 입에 올릴 만한 게 못됩니다."

노소공이 제경공에게 물었다.

"상국엔 저런 용장이 몇 명이나 더 있습니까?"

안영이 대신 대답했다.

"태묘의 명당인 묘당廟堂에서 정책을 세우고 1만 리 밖에서 국위를 떨치게 할 수 있는 장수와 재상감은 우리 제나라에 수십 명이나 있습니다. 방금 자진한 자들처럼 혈기만 앞세우는 용사는 우리 주공이 말채찍이나 잡게 하는 데 쓸 뿐입니다. 저들의 생사가 어찌 우리 제나라에 무슨 영향을 미칠 수 있겠습니까?"

그제야 제경공도 비로소 마음이 풀렸다. 안영은 다시 노소공과 제경공에게 잔을 올리고 술을 권했다. 두 군주는 술을 마시면서 환담하다가 헤어져 각각 처소로 돌아갔다.

당시 함께 죽은 '제방삼걸'의 무덤은 임치성 밖 탕음리蕩陰里에 있다.

후한 때 제갈공명이 지은 「양보음梁父吟」은 바로 이들 '제방삼걸'을 두고 읊은 것이다.

동문 밖 멀리 걸어 나가면	步出齊東門
멀리 탕음리 바라다 보이지	遙望蕩陰里
마을 안에 무덤 3개 있으니	里中有三墳
나란히 만든 꼴 서로 닮다	累累正相似
묻노니 그게 누구 무덤인가	問是誰家塚
'제방삼걸'의 무덤이라 한다	田疆古冶子
그 힘은 남산을 밀어내고	力能排南山
공은 땅 벼리 끊을 만했지	文能絶地紀
허나 하루아침 음모에 걸려	一朝中陰謀
복숭아 2개로 곧 자진하다	二桃殺三士
누가 그런 일 할 수 있을까	誰能爲此者
제나라 상국인 안영이리라	相國齊晏子

노소공이 본국으로 돌아간 후 제경공이 안영을 불러 물었다.

"경이 연회자리에서 과장된 언사로 우리나라 체면을 세우기는 했으나 이제 '제방삼걸이 죽고 없으니 앞으로 누가 이들의 뒤를 이을지 걱정이오. 어찌하면 좋겠소?"

안영이 대답했다.

"신이 이제 주공께 한 사람을 천거하겠습니다. 그 사람이면 '제방삼걸'을 합친 것보다 더 낫습니다."

제경공이 물었다.

"그가 누구요?"

안영이 대답했다.

"전양저田穰苴라는 사람입니다. 그의 문장은 능히 사람을 감동시켜 내 사람으로 만들 만큼 설득력이 있고, 그의 무용은 능히 적을 위압할 만합니다. 실로 보기 드문 대장의 소질을 갖춘 사람입니다."

제경공이 물었다.

"전씨면 전개강의 일족이 아니오?"

안영이 대답했다.

"비록 전씨이긴 하나 서얼 출신으로서 신분이 미천하기에 전씨들이 대수롭지 않게 여겨 서로 상종하지 않고 있습니다. 지금 그는 동해 가에 은거하고 있습니다. 주공이 대장 감을 구하고자 하면 그보다 나은 사람이 없습니다."

제경공이 말했다.

"경은 그가 현명한 사람이라는 걸 알고 있으면서도 왜 일찍이 과인에게 천거하지 않은 것이오?"

안영이 대답했다.

"현명한 사람이 벼슬길에 나설 때는 군주를 선택할 뿐만 아니라 함께 군주를 섬길 동료들도 선택합니다. 현명한 전양저가 어찌 '제방삼걸'처럼 혈기에 찬 필부들과 어깨를 나란히 하고 조정에 서려고 하겠습니까?"

제경공이 입으로는 '그도 그렇소.'라고 말했으나 끝내 전씨 일족인 것을 꺼려 결정을 내리지 못하고 주저했다. 며칠 뒤 변경 관원으로부터 급보가 올라왔다.

"진晉나라가 '제방삼걸'이 모두 죽은 것을 탐지하고 군사를 일으켜 지금 동아東阿 경계를 침범해 왔습니다. 뿐만 아니라 연燕나라도 이 기회를 틈타 북쪽 변경을 공격하고 있습니다."

제경공은 두 나라가 동시에 침공했다는 보고를 받고 크게 두려워했다. 곧 안영으로 하여금 동해 가로 가서 전양저를 초빙해 오도록 했다. 안영이 그날로 곧 비단 등의 많은 예물을 갖고 동해 가로 달려갔다. 마침내 전양저가 입조했다.

전양저는 입조한 그날 제경공에게 병법에 관해 자세히 설명했다. 제경공이 병법에 관한 그의 탁월한 조예에 깊이 감동했다. 곧바로 그를 대장으로 임명한 뒤 병거 500승을 이끌고 북쪽 변경으로 가서 연나라와 진나라 군사를 물리치도록 했다.

전양저가 청했다.

"신은 원래 미천한 몸인데 주공이 신을 궁벽한 바닷가에서 발탁했습니다. 게다가 문득 병권마저 부여했습니다. 인심이 신에게 불복하지 않을까 걱정입니다. 원컨대 주공이 평소 총애하는 신하로서 평소 백성의 존경을 받는 인물을 골라 신이 이끄는 군사를 감독하게 해주십시오. 그래야만 신의 명령이 군중軍中에 그대로 시행될 수 있습니다."

제경공이 그 말에 따라 총애하는 대부 장가莊賈를 불러 군사를 감독하게 했다.

전양저와 장가가 제경공에게 사은하고 궁을 나오다가 조문에 이르렀다. 장가가 물었다.

"출병일이 언제입니까?"

전양저가 대답했다.

"내일 오시午時에 출병할 것이오. 군문軍門에서 감군監軍인 그대를 기다렸다가 떠날 터이니 시각을 어겨서는 안 되오."

전양저가 말을 마친 뒤 그와 헤어져 처소로 갔다. 이튿날 오시가 되기 전에 전양저는 이미 군중에 이르렀다. 곧 군리軍吏를 불러 연병장의 장대將臺

앞에 막대를 세우고 해의 그림자를 살피게 했다. 해가 중천에 떴을 때가 정오이니 그땐 막대의 그림자가 사라지게 된다.

전양저는 막대의 그림자가 점차 짧아지는 것을 보고는 전령을 장가에게 보내 속히 오라고 독촉했다. 장가는 나이도 젊은데다 평소 제경공의 총애를 믿고 교만했다. 그의 안중에는 새로 대장이 된 전양저가 있을 리 없었다. 더구나 감군으로 임명되자 자신의 권한과 지위가 대장만 못할 리 없다고 생각했다. 출병의 완급조차 자신이 임의로 할 수 있다고 여겼다.

그날 친척과 친구들이 장가의 집으로 모여들어 출정을 전송하기 위해 크게 잔치를 벌였다. 장가는 시간이 가는 것도 개의치 않고 그들과 술을 마시며 환담했다. 전양저가 보낸 전령이 곁에서 누차 함께 가자고 재촉했지만 그는 들은 체도 하지 않았다.

한편 전양저가 장가를 기다리는 동안 막대의 그림자가 사라졌다가 다시 동쪽으로 옮기면서 길어지기 시작했다. 군리가 와서 미시未時를 알렸다. 장가는 오지 않았다. 전양저가 마침내 군리에게 명해 막대를 뽑고, 분초分秒를 알기 위해 따로 설치한 누수漏水도 쏟아버리게 했다.

이어 장대將臺 위에 올라가 장병들과 함께 필승을 기약하는 맹서를 한 뒤 군중軍中에서 나발과 깃발 등으로 보내는 신호인 군호軍號를 비롯한 각종 군사상의 약속 사항을 일일이 점검했다. 지시사항을 모두 하달했을 대 이미 신시申時가 돼 있었다.

장가가 그때서야 4필의 말이 이끄는 높은 수레를 타고 멀리서 나타났다. 그는 천천히 말을 몰게 하면서 군문에 당도했다. 술에 취한 얼굴로 태연히 수레에서 내렸다. 좌우 시종들이 그를 호위해 장대 위로 올라가게 했다.

전양저는 단정한 모습으로 단연端然히 장대 위에 앉아 있었다. 그는 장가가 올라오는 것을 보고도 일어서지 않았다. 장가에게 물었다.

"감군은 어째서 이제야 오는 것이오?"

장가가 공수拱手하며 대답했다.

"오늘 멀리 출정하는 까닭에 친척과 친구들이 술을 가지고 와 전별했습니다. 그러다 보니 약속한 시간보다 늦게 왔습니다."

전양저가 말했다.

"무릇 장수된 자는 명령을 받는 그날로 자기 가족을 잊고, 싸움에 임해 작전을 약속하면 자기 부모를 잊고, 막상 싸움이 벌어져 북채를 잡으면 시석矢石을 무릅쓰며 일신을 잊어야 하오[5]. 이제 적들이 침공해 변경이 소란한 까닭에 주공은 잠을 편히 자지 못하고, 음식을 먹어도 그 맛을 모르는 상황이오. 그래서 3군을 우리 두 사람에게 내주면서 속히 공을 세워 백성의 위급을 구하라고 한 것이오. 그런 터에 어느 겨를에 친구들과 술을 마시며 즐길 수 있는 것이오?"

장가가 오히려 웃음을 머금은 함소含笑의 모습으로 대답했다.

"출발에 큰 차질이 생기지 않은듯하니 다행입니다. 원수는 너무 책망하지 마시오."

전양저가 손으로 안상案床을 치며 대로했다.

"네가 주공의 총애만 믿고 이토록 군심軍心을 태만하게 만들 수 있는 것인가? 적군과 싸울 때 이처럼 군기를 어지럽히면 어찌 대사를 그르치지 않겠는가?"

이어 군정사軍政司를 불러 물었다.

5 이 대목의 원문은 '부위장자夫爲將者, 수명지일受命之日, 즉망기가卽忘其家. 임군약속臨軍約束, 즉망기친則忘其親. 병부고범시석秉桴鼓犯矢石, 즉망기신則忘其身.'이다. 전양저 즉 사마양저司馬穰苴의 저서로 알려진 『사마법司馬法』「무의武議」에 나오는 "장수는 출정 명령을 받은 날부터 집안을 잊고, 병사들과 함께 숙영할 때는 부모를 잊고, 북채를 들고 전고를 치며 지휘할 때는 자신마저 잊는다."는 뜻의 '장수명지일將受命之日, 망기가忘其家. 장군숙야張軍宿野, 망기친忘其親. 원부이고援桴而鼓, 망기신忘其身' 구절을 인용한 것이다. 약간의 차이가 있기는 하나 뜻은 대략 같다.

"장수가 약속한 시간을 어기면 군법은 무슨 죄로 다스리는가?"

군정사가 대답했다.

"군법에 따르면 참형입니다."

장가는 참형이란 말을 듣고서야 두려운 마음이 생겼다. 곧바로 장대 아래로 내려가 군문 밖으로 달아나려 했다. 전양저가 수하 소교小校들에게 호령해 그를 포박한 뒤 원문轅門 밖으로 끌고 가 참수케 했다. 장가는 일시에 술이 깼다. 땅바닥에 꿇어 엎드려 살려달라고 애걸했다. 장가의 좌우 시종들이 황급히 제경공에게 달려가 이를 알린 뒤 장가의 목숨을 구해달라고 간청했다.

크게 놀란 제경공이 양구거를 불렀다. 속히 군명君命을 상징하는 신표信標인 절부節符를 갖고 가 장가의 목숨을 살리도록 했다. 제경공은 시간이 지체돼 장가가 처형된 뒤 양구거가 도착할까 우려해 가벼운 초거軺車를 타고 질주토록 했다.

그러나 양구거가 전속력으로 그곳에 이르렀을 때는 이미 참수당한 장가의 목이 원문에 내걸린 뒤였다. 양구거는 장가가 이미 죽은 줄도 모르고 절부를 높이 쳐든 채 군중 속으로 수레를 몰고 들어갔다. 전양저가 큰 소리로 외쳤다.

"저 수레를 멈추게 하라."

이어 다시 군정사에게 물었다.

"군중에선 아무도 수레를 몰고 다닐 수 없게 돼 있다. 수레를 몰고 들어온 군주의 사자는 무슨 죄에 해당하는가?"

군정사가 말했다.

"군법에 따르면 역시 참형입니다."

양구거는 그 말을 듣자 얼굴이 흙빛으로 변했다. 부들부들 떨며 변명했다.

"나는 빨리 가라는 군명을 받고 그랬을 뿐입니다. 저와는 상관없는 일입니다."

전양저가 말했다.

"군명에 따라 그랬다면 죽일 수는 없다. 그러나 군법을 준수하지 않을 수도 없다."

그러고는 양구거가 타고 온 수레를 부수고 수레를 끌고 온 말의 목을 베게 했다. 목숨을 건진 양구거는 머리를 감싸 안고 쥐처럼 달아났다. 3군의 장병들 모두 이 광경을 보고 다리를 떨지 않는 자가 없었다.

전양저의 군사가 도성의 교외를 벗어나기도 전에 이 소문이 널리 퍼졌다. 진晉나라 군사는 이 소문을 듣고 모두 환군하고 말았다. 연나라 군사도 이 소문을 듣고 다시 강을 건너 북쪽으로 돌아갔다. 전양저가 돌아가는 연나라 군사를 추격했다. 1만여 명에 달하는 연나라 병사들의 목을 베었다. 연나라 군사가 대패해 돌아오자 연나라 군주가 뇌물을 바치며 강화를 청했다.

전양저가 개선하는 날, 제경공이 직접 교외까지 나와 영접하면서 그 자리서 사마司馬로 임명했다. 사마양저司馬穰苴로 불리며 제나라의 병권을 한손에 장악한 배경이다.

사신이 시를 지어 이를 탄복했다.

총신과 사자도 형벌 면치 못하니	寵臣節使且罹刑
국법에 사정 안 둬 군령 시행되다	國法無私令必行
전양저는 어떻게 오늘 출세했을까	安得穰苴今日起
적개심 북돋고 사기 높인 덕이지	大張敵愾慰蒼生

열국 제후들은 전양저의 소문을 듣고 크게 두려워했다. 제나라는 안에

서 안영이 보필하고, 밖에서 사마양자가 나라를 지켰다. 나라가 잘 다스려지고 병력이 강화된 이유다. 제나라 국경은 사방이 무사했다.

제경공은 날마다 전렵田獵과 음주飮酒로 소일했다. 제환공이 관중에게 모든 일을 맡기고 즐거움을 좇은 것과 닮았다

하루는 제경공이 궁중에서 여러 희첩과 더불어 술을 마셨다. 어느덧 밤이 되었지만 그 정도 음주로는 흡족하지 않았다. 문득 안영을 생각했다. 좌우에 명해 술과 음식을 안영의 집으로 옮기도록 했다. 시신이 먼저 가서 말했다.

"주공이 이리로 오고 있습니다."

안영은 황급히 관복을 입고 띠를 두른 뒤 손에 홀을 들고 대문 밖으로 나와 영접했다. 제경공이 수레에서 내리기도 전에 안영이 수레 앞으로 다가가 황급히 물었다.

"다른 나라 제후들 가운데 유고有故라도 생긴 것입니까, 아니면 나라에 유고라도 생긴 것입니까?"

제경공이 대답했다.

"그런 일은 없소."

안영이 물었다.

"그렇다면 주공은 왜 밤중에 문득 신의 집으로 행차한 것입니까?"

제경공이 대답했다.

"상국이 정무를 살피느라 늘 노고가 많소. 과인이 오늘 좋은 술을 마시고 금석金石의 악기소리를 듣다가 생각하니 감히 과인 홀로 즐길 수 없어 함께 즐기려고 왔소."

안영이 말했다.

"나라를 안정시키고 제후들의 어려움을 돕는 일이라면 신이 나서서 주공과 함께 도모하겠습니다. 그러나 유흥의 자리를 펴고 음식 그릇을 늘어

놓은 일은 주공의 좌우에 할 수 있는 사람이 많으니 신은 감히 참여하지 않겠습니다."

무안해진 제경공이 수레를 돌려 사마양저의 집을 향했다. 이번에도 시신이 먼저 가서 제경공의 행차를 알렸다. 사마양저가 곧바로 갑옷을 입고 손에 창을 든 채 대문 밖에 나가 영접했다. 국궁鞠躬한 뒤 물었다.

"다른 나라 제후들 가운데 누가 군사를 이끌고 국경을 침범한 것입니까, 아니면 대신들 가운데 누가 반역을 저지르기라도 한 것입니까?"

제경공이 대답했다.

"그런 일은 없소."

사마양저가 물었다.

"그렇다면 주공은 왜 밤중에 문득 신의 집으로 행차한 것입니까?"

제경공이 대답했다.

"장군이 군무를 살피느라 늘 노고가 많소. 과인이 오늘 좋은 술을 마시고 금석金石의 악기소리를 듣다가 생각하니 감히 과인 홀로 즐길 수 없어 함께 즐기려고 왔소."

사마양저가 대답했다.

"무릇 적군을 막고 역적을 죽이는 일이라면 신이 나서서 주공과 함께 도모하겠습니다. 그러나 주공의 좌우에는 유흥의 자리를 펴고 음식 그릇을 늘어놓은 일을 할 수 있는 사람이 적지 않습니다. 어찌 갑옷을 입은 무사인 이른바 개주지사介冑之士까지 그 일을 할 필요가 있겠습니까?"

제경공은 그 말을 듣자 주흥酒興에 들떠 있던 마음이 삭막해졌다. 좌우 신하들이 물었다.

"이젠 회궁回宮할 것입니까?"

제경공이 대답했다.

"대부 양구거의 집으로 가자."

이번에도 시신 몇 사람이 먼저 달려가 제경공의 행차를 알렸다. 양구거는 제경공의 수레가 대문 밖에 이르기도 전에 왼쪽엔 거문고를 타는 악공, 오른쪽엔 생황을 부는 악공을 이끌고 영접에 나섰다. 가락에 맞춰 노래를 부르면서 동네 어귀까지 나와 제경공을 맞이했다.

제경공은 그런 양구거를 보고 크게 기뻐했다. 양구거의 집으로 들어간 제경공은 관과 옷을 벗고 양구거와 더불어 거문고와 생황 소리를 들으며 환음歡飮한 뒤 이튿날 새벽닭이 울 때쯤 환궁했다.

이튿날 안영과 사마양저가 함께 궁으로 들어가 지난 밤 일을 사죄했다. 이어 한밤중에 신하의 집을 찾아가 술을 마시는 것을 자제해 줄 것을 간했다.

제경공이 대답했다.

"과인에게 두 경卿이 없으면 어떻게 나라를 다스릴 수 있겠소? 그러나 양구거 같은 사람마저 없으면 과인이 어떻게 무료함을 달랠 수 있겠소? 과인은 감히 두 경의 직무를 방해할 생각이 없소. 두 경도 과인의 일상생활을 너무 간섭하지 마시오."

사신이 이를 시로 읊었다.

안영 양저가 하늘 떠받치니	雙柱擎天將相功
어찌 소신들과 같을 수 있나	小臣便辟豈相同
경공은 인재에게 국사 맡겨	景公得士能專任
해동에 방명을 전파케 하다	贏得芳名播海東

당시 중원은 다사다난했다. 패주 노릇을 해야 하는 진晉나라는 혼란을 수습하지 못했다. 진소공은 보위에 오른 지 6년 만에 세상을 떠났다. 뒤를 이어 태자 거질去疾이 즉위했다. 그가 바로 진경공晉頃公이다.

진경공 재위 초기에 노대신 한기와 양설힐이 병사했다. 뒤를 이어 위서魏舒가 상국이 됐다. 이 무렵 순력荀躒과 범앙范鞅이 권력을 행사했다. 두 사람 모두 뇌물을 밝힌다는 소문이 자자했다.

당시 대부 기영祁盈의 가신 기승祁勝이 같은 동료인 오장鄔臧의 아내를 간통하는 이른바 통실通室을 범했다.[6] 대로한 기영이 기승을 잡아가두자 기승은 사람을 시켜 순력에게 뇌물을 건네면서 풀려나게 해줄 것을 청했다. 순력이 기영을 참소하자 진경공이 이를 곧이듣고 기영을 잡아가뒀다. 기영과 친하게 지낸 양설힐의 아들 양설이아羊舌食我[7]가 이내 기영을 위해 기승을 잡아 죽였다.

이를 알게 된 진경공이 대로했다. 곧 기씨와 양설씨 일족을 몰살했다. 진나라 백성들은 두 집안이 몰살을 당한 것을 크게 동정하며 원통히 여겼다.

당시 노소공은 권신 계손의여季孫意如에 의해 나라 밖으로 축출됐다. 그는 진晉나라로 갔으나 순력이 계손의여의 뇌물을 받고 노소공의 입국을 허락하지 않았다.

제경공은 이 사실을 알고 열국의 제후를 언릉鄢陵 땅에 소집한 뒤 노소공을 도울 대책을 상의했다. 열국 제후들이 제경공의 의로운 행보를 높이

6 통실通室은 원래 부인을 서로 바꿔 간통하는 음란한 행위를 가리킨다. 옛 주인이 죽고 어린 주인이 들어설 때 가신이 옛 주인의 여인과 간통하는 것도 '통실'에 해당한다. 진晉나라 대부 난영欒盈의 모친이 가신과 간통한 게 대표적이다. 난씨 일족은 이로 인해 멸족하고 말았다. 기씨 집안의 당주當主인 기영祁盈도 문제의 심각성을 깨닫고 기승을 잡아 가둔 것이다. 그러나 오히려 이 일이 빌미가 돼 기씨祁氏 집안은 물론 그와 가까이 지내던 양설씨羊舌氏 가문마저 멸문지화를 당하게 됐다.

7 양설힐의 아들 양설이아羊舌食我가 『춘추좌전』「노소공 5년」조 등에는 양석楊石 또는 양이아楊食我 등으로 나온다. '양'은 양설힐의 봉읍이 지금의 산서성 홍동현 동남쪽의 양楊 땅인데서 나온 것이다. '석'은 그의 자가 백석伯石인데서 나왔다. '이아'의 이食는 통상 '식'으로 읽으나 사람 이름으로 사용될 때는 '이'로 읽는다. '이아'는 나를 잡아먹는다는 뜻의 식아食我로도 해석된다. 그 경우 자신의 집안인 양설씨 가문을 잡아먹는다는 의미가 된다. 『춘추좌전』에 따르면 양설힐의 모친은 그같이 예언한 바 있다. 양이아의 생모는 자신을 만난 모든 남자를 파멸로 이끈 하희夏姬의 딸이었다.

칭송했다. 제경공의 명성이 제후들 사이에 널리 알려진 배경이다. 그러나 이는 모두 훗날의 이야기다.

142話 초평왕이 며느리를 취하고 세자를 내쫓다
– 초평왕취식축세자楚平王娶媳逐世子

주경왕 19년인 기원전 526년, 오왕 이말夷昧이 재위 4년 만에 병으로 자리에 눕게 됐다. 병이 위독하자 선군인 오왕 수몽의 유언을 좇아 보위를 동생인 계찰季札에게 전하고자 했다.

계찰이 사양했다.

"분명히 말하지만 저는 보위에 오를 생각이 없습니다. 전에 선왕이 유언으로 명했을 때도 사양했습니다. 저에게 부귀는 한낱 귀를 스쳐가는 가을 바람인 이른바 추풍과이秋風過耳와 같습니다. 어찌 보위를 탐할 리 있겠습니까?"

그러고는 지금의 강소성 상주시인 연릉延陵 땅으로 달아나 숨었다. 이말이 죽자 오나라 신하들은 이말의 아들인 주우州于를 옹립했다. 주우는 즉위 후 이름을 요僚로 고쳤다. 그가 바로 오왕 요僚이다.

오왕 요는 백부이자 선왕인 제번諸樊의 아들 광光이 용병을 잘하는 것을 높이 사 장수로 삼았다. 공자 광은 지금의 안휘성 당도현에 있는 장안長岸 땅에서 초나라 군사와 싸워 초나라 사마인 공자 방魴을 격살했다. 초평왕은 오나라를 두려워한 나머지 주래 땅에 성을 쌓고 오나라 군사의 습격에 대비했다.

당시 초나라 대부 비무극은 초평왕에게 아첨해 한창 총애를 받고 있었다. 나라를 회복한 채평공 여廬은 적자인 주朱를 태자로 책봉했다. 채평공의 서자 동국東國이 장차 태자가 되어 보위에 오르고자 하는 야심을 품고 비무극에게 많은 재물을 보내 원조를 청했다.

초평왕이 며느리를 취하고 세자를 내쫓다

비무극은 우선 초평왕에게 채나라의 충신인 조오를 참소했다. 조오는 초평왕의 명에 의해 추방을 당하게 되자 정나라로 달아났다. 얼마 후 채평공이 세상을 떠나자 태자 주가 즉위했다. 비무극이 초평왕의 가짜 명령을 채나라 신하들에게 내려 결국 새 군주 주를 내쫓고 동국을 즉위시켰다.

초평왕이 비무극에게 물었다.

"채나라 사람들이 어째서 새 군주인 주를 쫓아낸 것인가?"

비무극이 대답했다.

"주가 우리 초나라를 배반하려고 했습니다. 채나라 신민이 이를 원치 않아 쫓아냈다고 합니다."

초평왕은 이를 그대로 믿고 더 이상 캐묻지 않았다.

당시 비무극은 내심 태자 건建을 꺼렸다. 초평왕과 태자 건의 부자 사이를 이간할 생각을 갖고 있었으나 마땅한 계책이 없었다.

하루는 비무극이 초평왕에게 말했다.

"태자가 장성했는데 왜 혼취婚娶를 서두르지 않는 것입니까? 그 경우 진秦나라와 통혼하는 게 가장 좋습니다. 진나라는 강대국인데다 지금 우리 초나라와 화목합니다. 양강兩强이 혼인으로 맺어지면 초나라 위세가 더욱 커질 것입니다."

초평왕이 이를 그럴 듯하게 여겼다. 비무극을 사자로 삼은 뒤 진나라를 빙문聘問해 태자 건을 위해 청혼케 했다. 진애공秦哀公이 신하들과 함께 이를 상의했다.

신하들이 하나같이 말했다.

"옛날에 우리 진秦나라는 진晉나라와 대대로 혼인하며 협조해 왔습니다. 이젠 진나라와 우호관계가 끊어진지 오래됐습니다. 지금 초나라는 그 세력이 강성합니다. 불가불 허락하는 게 좋을 것입니다."

진애공이 마침내 대부 한 사람을 초나라에 보빙사報聘使로 보내 자신의 큰 누이동생인 맹영孟嬴을 출가시키겠다고 약속했다.

오늘날 통속소설에 간혹 등장하는 무상공주無祥公主가 바로 명영을 가리킨 말이다. 원래 '공주' 칭호는 한나라 때 나온 것이다. 춘추시대 때 어찌 '공주'란 용어가 있을 리 있겠는가?[8]

8 공주公主 칭호가 한漢나라 때부터 나왔다는 풍몽룡의 주장은 역사적 사실과 차이가 있다. 사서를 보면 춘추전국시대부터 천자인 주왕周王의 딸은 왕희王姬로 불렸으나 이후 '공주'로 불리게 된 것을 알 수 있다. 『춘추공양전』 「노장공 원년」조에 "천자가 딸을 제후에게 시집을 보낼 때 반드시 해당 제후와 동성同姓인 제후로 하여금 혼례를 주관하게 했다."는 기록이 나온다. 『사기』 「여후본기」에 대한 배인裴駰의 『사기집해』 주注는 여순如淳의 견해를 인용해 '공주' 용어가 이미 춘추전국시대부터 등장했다고 주장했다. '공주'의 공公은 제후, 주主는

당시 초평왕은 비무극을 시켜 황금과 주옥 및 채단 등의 폐백을 갖고 가 맹영을 모셔오게 했다. 비무극이 진나라 보빙사를 따라 다시 진나라로 가서 진애공에게 예물을 올렸다. 진애공이 크게 기뻐했다.

그는 곧 공자 포蒲에게 명해 맹영을 초나라까지 호송케 했다. 수레 100량輛에 혼수품을 가득 싣게 하고, 잉첩媵妾도 수십 명이나 따라가게 했다. 맹영이 오라비 진애공에게 작별 인사를 올리고 초나라로 떠났다.

비무극은 신부 일행과 함께 초나라로 오는 도중 맹영을 엿보고는 그녀가 절세絶世의 미색이란 것을 알았다. 그는 또 수십 명의 잉첩들 가운데 한 여인의 용모가 매우 단정한 것도 알아냈다. 그는 그 여인의 내력을 은밀히 알아냈다.

그녀는 원래 제나라 출신으로 어렸을 때 부친을 좇아 진秦나라로 갔다. 아비가 진나라에서 벼슬을 사는 동안 궁중으로 뽑혀 들어가 맹영의 시녀가 된 것이다. 비무극은 그 여인의 내력을 자세히 파악한 뒤 도중에 관역館驛에 유숙할 때 은밀히 불러 이같이 말했다.

"내가 관상을 보니 너는 귀인의 상이다. 나는 너를 부귀하게 만들어줄 생각을 갖고 있다. 곧 너를 태자의 정비正妃로 만들어 줄 터이니 너는 능히 나의 이런 계책을 숨기고 말하지 않을 수 있겠는가? 그리하면 너의 부귀는 앞으로 무궁무진할 것이다."

제나라 여인은 아무 말도 하지 않은 채 머리만 숙였다. 비무극은 맹영 일행보다 하루 먼저 길을 떠나 도성으로 들어갔다. 곧 초평왕에게 고했다.

"진녀秦女가 지금 도성으로 오고 있는데 이미 3사舍 밖에 와 있습니다."

초평왕이 물었다.

"경은 신부를 봤는가? 그 용모가 어떠한가?"

혼사를 주관하는 주혼主婚을 의미한다. '공주'를 달리 군주郡主로 부르기도 했다.

비무극은 초평왕이 주색을 좋아하는 사람이란 걸 알고 있었다. 그는 맹영의 미색을 과장해 초평왕의 사심邪心을 자극할 참이었다. 그런 터에 초평왕으로부터 그런 질문을 받자 초평왕과 태자 건을 이간할 좋은 기회라고 생각해 이같이 고했다.

"신이 수많은 여인을 보았지만 진녀처럼 자색이 뛰어난 여인은 보지 못했습니다. 초나라 후궁은 말할 것도 없고, 고금에 진녀에게 견줄 만한 미녀는 없을 것입니다. 비록 옛날에 달기妲己와 여희驪姬가 아름다웠다고 하지만 아마도 진녀의 1만분의 1도 안 될 것입니다."

초평왕은 이 말을 듣자 얼굴이 벌겋게 달아올랐다. 한동안 말을 잇지 못하다가 느린 말소리로 탄식했다.

"과인은 헛되이 왕이란 말만 들었지 그런 천하절색을 한 번도 만나지 못했소. 실로 일생을 허망하게 보냈을 뿐이오!"

비무극이 좌우의 근신을 물리칠 것을 청한 뒤 초평왕에게 은밀히 말했다.

"대왕이 진녀의 미색을 사모한다면 어째서 스스로 취하지 않는 것입니까."

초평왕이 대답했다.

"이미 자부子婦로 삼기 위해 데려왔는데 그리되면 인륜에 구애될까 두렵소."

비무극이 말했다.

"아무 문제 없습니다. 진녀를 태자의 배필로 맞아들이긴 했으나 아직 동궁으로 들여보내지 않았습니다. 대왕이 진녀를 궁중으로 맞아들인들 누가 감히 이언異言을 말하겠습니까?"

초평왕이 대답했다.

"군신들의 입이야 재갈을 물릴 수 있지만 태자의 입까지야 어찌 막을 수 있겠는가?"

비무극이 말했다.

"신이 잉첩으로 따라오는 여인들 가운데 비범한 미모의 제녀齊女를 보아 두었습니다. 그녀를 진녀처럼 꾸민 뒤 진녀와 바꿔치면 됩니다. 신은 먼저 진녀를 왕궁으로 모신 뒤 제녀를 동궁으로 안내하겠습니다. 기밀이 새 나가지 않게 단단히 당부하면 양측 모두 이 일을 숨기게 될 터이니 모든 미덕을 두루 갖춘 이른바 백미구전百美俱全이 될 것입니다."

초평왕이 크게 기뻐했다. 그는 비무극에게 비밀리에 이 일을 이행토록 당부했다. 비무극은 매영을 좇아 따라온 진秦나라 공자 포蒲에게 말했다.

"우리 초나라 혼례는 다른 나라와 다릅니다. 신부는 먼저 왕궁으로 가서 시부모인 구고舅姑에게 인사를 한 뒤 혼례를 올리게 돼 있습니다."

공자 포가 대답했다.

"귀국의 법도대로 하십시오."

비무극은 마침내 어자에게 명해 맹영과 잉첩이 단 부인용 수레인 병거軿車를 모두 왕궁으로 들여보냈다. 이어 맹영을 왕궁에 머물러 있게 한 뒤 제녀를 동궁으로 보냈다. 또 진나라 잉첩들의 입을 막기 위해 모두 왕궁에 남게 하고, 왕궁의 시첩을 진나라 잉첩으로 분장시켜 가짜 맹영과 함께 동궁으로 보냈다. 태자 건으로 하여금 가짜 맹영을 맞아들여 성친成親케 했다.

조정의 문무백관과 태자 모두 비무극의 속임수를 알지 못했다. 맹영이 함께 온 잉첩 한 사람에게 물었다.

"제녀가 어디 가고 없느냐?"

잉첩이 대답했다.

"대왕이 태자에게 하사했습니다."

잠연 선생이 시를 지어 이를 탄식했다.

위선공이 신대 짓고 며느리 취했고	衛宣作俑是新臺
채경공은 며느리 간음하다 횡사하니	蔡國奸淫長逆胎
탄식컨대 초평왕은 인륜을 망각하고	堪恨楚平倫理盡
진녀 맹영을 자기 침실로 끌어들였다	又招秦女入宮來

이후 초평왕은 태자가 혹여 이 사실을 알게 되지나 않을까 우려했다. 태자 건이 왕궁으로 들어오는 것을 금지시켰고, 생모를 만나는 것도 불허했다.

그는 밤낮으로 후궁에서 맹영과 잔치를 벌이고 즐기면서 국정을 다스리지 않았다. 궐 밖에서 이 일에 대해 수근덕대는 소리가 비등했다. 많은 사람이 맹영에 대해 의심의 눈길을 보냈다.

비무극도 은근히 겁이 났다. 태자 건이 알게 변란을 일으키지나 않을까 걱정했다. 이내 초평왕에게 고했다.

"진晉나라가 오랫동안 천하의 패권을 잡은 것은 중원이 진나라에 가깝기 때문입니다. 전에 초영왕은 진陳나라와 채나라 땅에 각각 큰 성을 쌓고 중원을 제압코자 했습니다. 두 성은 진晉나라와 우리가 패권을 다투는 기반이었습니다. 이제 대왕이 진陳나라와 채나라를 모두 회복시켰고, 우리 초나라는 남쪽으로 물러나 겨우 나라를 지키고 있습니다. 이같이 해서야 어찌 대업을 이룰 수 있겠습니까? 왜 태자를 속히 성보城父 땅으로 보내 그곳을 다스리게 하지 않는 것입니까? 대왕은 오로지 남쪽을 공략하는 일에 전념하십시오. 그리하면 가히 앉아서 천하를 도모할 수 있을 것입니다."

초평왕은 망설이며 대답하지 않았다. 비무극이 초평왕의 귀에 입을 대고 속삭였다.

"이번에 대왕이 태자의 배필을 취한 일은 언젠가 누설되고 맙니다. 태자를 먼 곳으로 보내는 것이 양쪽에 모두 이롭습니다."

초평왕이 그 말을 듣고서야 황홀해하는 모습으로 황연恍然히 대오大悟했다. 곧 태자 건에게 명해 성보 땅으로 가서 그곳을 진압토록 했다. 이어 대부 분양奮揚을 성보 땅의 사마로 삼았다.

초평왕이 분양에게 당부했다.

"그대가 과인을 섬기는 것처럼 태자를 섬기도록 하시오."

연윤連尹 오사伍奢는 이내 비무극의 속셈을 알았다. 곧 태자 건을 성보 땅에 보내지 말라고 간할 생각이었다. 비무극이 낌새를 알고 먼저 초평왕에게 말했다.

"이왕이면 오사도 성부 땅으로 보내 태자를 보필케 하십시오."

초평왕이 이를 좇았다. 태자 건이 도성을 떠나자 초평왕이 마침내 맹영을 정실부인으로 삼았다. 정실부인으로 있던 태자 건의 생모 채희蔡姬는 채나라의 격양郹陽 땅으로 돌려보냈다.

태자 건은 성보 땅에 이르러 그 소식을 듣고서야 비로소 부왕인 초평왕에 의해 자신의 배필인 진녀 맹영을 바꿔치기 당했다는 사실을 알게 됐다. 그러나 도성에서 멀리 떨어진 성부 땅에 와 있는 까닭에 달리 어찌할 도리가 없었다.

당시 진녀 맹영은 비록 초평왕으로부터 커다란 총애를 입고는 있었으나 초평왕이 너무나 늙은 까닭에 늘 불열不悅했다. 초평왕도 자신이 맹영의 짝으로 어울리지 않는다는 사실을 잘 알고 있어 아무 말도 묻지 않았다.

1년 후 맹영이 아들을 낳았다. 초평왕이 그 아들을 보배처럼 사랑했다. 아들 이름을 진珍으로 지은 이유다. 초평왕은 아들 진의 돌이 지난 뒤 비로소 맹영에게 물었다.

"경卿은 궁에 들어온 후 늘 수심이 차 한탄할 때가 많고 기쁜 낯으로 웃을 때가 적으니 어째서 그런 것이오?"

맹영이 대답했다.

"첩은 오라비의 명을 받들어 군왕을 섬기게 됐습니다. 당초 첩은 진秦나라와 초나라는 구력이 대등하고 첩과 군왕의 청춘靑春도 서로 비슷할 것으로 생각했습니다. 그러나 초나라 궁중에 들어와 보니 군왕의 춘추가 정성鼎盛[9]해 첩에겐 어울리지 않는 듯합니다. 첩이 감히 군왕을 원망하는 것은 아니지만 다만 첩이 군왕보다 너무 늦게 세상에 태어난 것을 탄식할 뿐입니다."

초평왕이 웃으며 말했다.

"이 혼인은 금생今生에 빚어진 일이 아니라 전생前生인 숙세宿世의 인연으로 맺어진 것이오. 경은 비록 늙은 과인에게 시집을 왔지만 당초의 예정보다 몇 년이나 더 빨리 왕후의 몸이 된 사실은 모르고 있소."

맹영은 그 말을 듣자 더욱 의심이 나 그날로 궁녀들에게 자세한 사정을 캐물었다. 궁녀들도 더 이상 숨길 수 없어 마침내 내막을 모두 털어놓았다. 맹영이 슬프게 눈물을 흘리자 초평왕은 그 마음을 짐작하고 백방으로 비위를 맞추려고 애썼다. 맹영 소생인 진을 태자로 삼은 이유다. 그제야 맹영의 마음이 조금 진정됐다.

당시 비무극은 태자 건 때문에 마음을 놓을 수 없었다. 훗날 태자 건이 초평왕의 뒤를 이어 즉위하면 틀림없이 자신에게 재앙이 닥칠 것으로 생각했다. 다시 틈을 타서 초평왕에게 태자 건을 참소했다.

"신이 듣건대, 태자는 오사와 함께 모반할 마음을 갖고 있다고 합니다. 은밀히 사람을 제나라와 진晉나라로 보내 두 나라의 도움을 받기로 했다고 합니다. 대왕은 불가불 대비를 해야 할 것입니다."

초평왕이 말했다.

9 정성鼎盛은 극히 왕성旺盛한 것을 가리킨다. 남북조시대 남조 유협劉勰의 『문심조룡文心雕龍』「시서時序」에 처음으로 '정성' 표현이 나온다. 여기서는 나이가 많은 것을 에둘러 표현한 아어雅語로 사용됐다.

"내 자식은 원래 성품이 유순하다. 어찌 그런 일을 꾸밀 리 있겠는가?"

비무극이 말했다.

"태자는 진녀秦女의 일로 인해 오래전부터 대왕에게 원망을 품어 왔습니다. 지금 성보 땅에서 날마다 병기를 수선하고 군사를 훈련시키고 있다고 합니다. 지금 초나라에는 '초목왕은 부왕인 초성왕을 시해하는 대사大事를 저질렀지만 이후 나라를 잘 다스렸고, 그 자손들도 번창한다.'는 말이 나돌고 있습니다. 태자는 바로 그 일을 본받으려 하고 있는 듯합니다. 대왕이 만일 신의 말대로 조처를 취하지 않으면 신은 벼슬을 버리고 타국으로 달아나 주륙誅戮을 면할 생각입니다."

초평왕은 내심 태자 건을 폐하고 어린 아들 진을 태자로 세우고자 했다. 다시 비무극의 설득에 마음이 크게 동했다. 결국 그 말을 믿지 않으려 하면서도 믿고야 말았다. 곧바로 명을 내려 태자 건을 폐출廢黜코자 했다. 비무극이 다시 말했다.

"지금 태자는 군사를 이끌고 변경에 나가 있습니다. 대왕이 영을 내려 태자를 폐하면 이는 모반을 감행하도록 격동시키는 것입니다. 모반의 주모자는 태사太師 오사입니다. 대왕은 먼저 오사를 소환한 뒤 군사를 보내 태자를 잡아오도록 하십시오. 그리하면 화근을 제거할 수 있습니다."

초평왕이 이를 좇았다. 곧 사자를 성보 땅으로 보내 오사를 소환했다. 오사가 도성으로 돌아오자 초평왕이 물었다.

"태자 건이 반역할 마음을 품고 있다는데 그대는 이를 알고 있는가?"

오사는 성품이 강직했다. 곧이곧대로 말했다.

"대왕이 자부를 비妃로 삼은 것부터 잘못입니다. 게다가 세인細人의 말을 듣고 골육인 태자까지 의심하니 어찌 차마 그럴 수 있는 것입니까?"

초평왕이 그 말을 듣자 부끄럽기도 하고 화가 더 치밀었다. 좌우에 명해 그를 잡아 가두게 했다. 비무극이 말했다.

"오사는 대왕이 자부를 맞아들인 것을 탓했습니다. 태자는 오사가 감옥에 갇힌 걸 알면 반드시 군사를 움직일 것입니다. 더구나 제나라와 진晉나라 군사가 그를 도우면 대왕은 당해낼 수 없을 것입니다."

초평왕이 물었다.

"당장 사람을 성보 땅으로 보내 태자를 죽일 작정이오. 누구를 보내는 게 좋겠소?"

비무극이 대답했다.

"다른 사람을 보내면 태자는 틀림없이 대항해 싸울 것입니다. 성보 땅에서 태자를 보필하고 있는 분양에게 밀지를 내려 기습적으로 죽이게 하십시오."

초평왕 성보로 사람을 보내 분양에게 밀지를 내렸다. 내용은 대략 이러했다.

> 태자를 죽이면 상상上賞을 내리고, 놓아 주면 죽임을 당할 것이다.

분양이 밀지를 받자 즉시 심복을 은밀히 태자에게 보내 이를 알렸다.

"속히 도명逃命하되 경각頃刻도 지체하지 마십시오."

태자 건이 크게 놀랐다. 제녀의 몸에서 난 아들도 있었다. 이름이 승勝이었다. 태자 건이 처자를 이끌고 밤낮없이 길을 재촉해 송나라로 달아났다.

분양은 태자가 이미 멀리 달아난 걸 알고 나서 성보 땅의 한 소교小校로 하여금 자신을 묶어 수거囚車에 실은 뒤 영도로 압송케 했다. 영도에 도착한 분양은 초평왕 앞에서 이같이 말했다.

"태자는 이미 어디론지 달아나 버렸습니다."

초평왕이 대로했다.

"그 명령은 내 입에서 나왔다. 그대 귀로만 들어갔다. 누가 밀명을 태자에게 알린 것인가?"

분양이 대답했다.

"신이 고했습니다. 대왕은 전에 신에게 분부키를, '태자를 과인을 섬기듯 하라.'고 했습니다. 신은 그 분부를 지키려고 했고, 태자에게 두 마음을 품지 않았습니다. 사실대로 고한 이유입니다. 나중에야 죄가 저의 몸에 미치게 될 것을 깨달았으나 이제 와서 후회한들 무슨 소용이 있겠습니까?"

초평왕이 말했다.

"그대가 사사로이 태자를 놓아주고 다시 감히 과인을 만나러 왔으니 그대는 죽는 게 두렵지 않은 것인가?"

분양이 대답했다.

"신은 이미 대왕이 나중에 내린 명을 받들지 못했습니다. 다시 죽음이 두려워 오지 않았다면 이는 2번씩 죄를 짓는 게 됩니다. 또 태자가 반역을 꾀한다는 증거도 없는데 태자를 죽이는 것은 명분 없는 짓입니다. 실로 대왕의 적자인 태자의 목숨을 살리고 신이 죽게 되면 이는 다행한 일입니다."

초평왕은 분양이 측은하기도 했다. 스스로 부끄러운 생각이 들었다. 한참 만에 입을 열었다.

"분양이 비록 명을 어겼으나 그의 충직한 마음은 가상하다."

결국 분양의 죄를 사면하고 다시 성보 땅의 사마로 복귀시켰다.

사신이 시를 지어 분양을 칭송했다.

무고한 태자 살려주고 난 뒤	無辜世子已偸生
도망도 않고 벌 받으려 했지	不敢逃刑就鼎烹
참녕된 자들 주륙 당했지만	讒佞紛紛終受戮
분양은 천추에 이름 날렸다	千秋留得奮揚名

초평왕은 맹영 소생인 진珍을 태자로 세우고 비무극을 태자 진의 태사太師로 삼았다. 비무극이 말했다.

"오사에겐 오상伍尙과 오원伍員이란 두 아들이 있습니다. 그들 모두 인걸人傑입니다. 이들이 오나라로 달아나면 초나라에 큰 근심거리가 될 것입니다. 대왕은 오사를 시켜 두 아들을 도성으로 부르도록 하십시오. 그러면 오사의 모반죄를 용서하겠다고 달래십시오. 틀림없이 오사는 대왕의 명대로 할 것입니다. 오사의 두 아들은 효성이 지극하므로 부르면 틀림없이 올 것입니다. 이들이 오면 곧바로 아비와 함께 죽여 후환을 없애야 합니다."

초평왕이 크게 기뻐하며 오사를 감옥에서 끌어내 앞에 대령케 했다. 초평왕이 오사에게 종이와 붓을 주고 말했다.

"너는 태자에게 모반을 교사했다. 응당 참수해 백성들에게 널리 보여야 한다. 그러나 너의 조부가 선대에 공을 세운 까닭에 차마 너에게 죄를 가할 수 없다. 이제 너의 두 아들에게 서신을 보내 조정으로 들어오게 하라. 그러면 두 아들을 다른 관직에 임명하고, 너를 사면해 전원으로 돌아가 편히 살도록 해주겠다."

오사는 마음속으로 초평왕이 속임수로 자신의 두 아들을 불러들인 뒤 함께 죽이려고 한다는 걸 알았다. 그가 대답했다.

"신의 장자 상尙은 인자하고 온순하며 신의가 있어 신이 부르면 틀림없이 올 것입니다. 하지만 소자少子 원員은 어려선 글을 좋아했고 커선 무예를 익혔습니다. 글은 한 나라를 안정시킬 만하고 무예는 한 나라를 지탱할 만합니다. 그는 고생을 견디고 치욕을 무릅쓰며 대사를 성공시킬 능력이 있습니다. 게다가 앞날을 훤히 내다볼 줄 압니다. 그러니 아비가 부른다고 오겠습니까?"

초평왕이 말했다.

"과인이 시키는 대로 서신을 써 두 아들을 부르도록 하라. 불러도 오지 않는 것은 네 책임이 아니다."

오사는 군명을 거역할 수 없어 이내 초평왕 앞에서 서신을 썼다. 그 내용은 대략 이러했다.

> 서신을 보내니 상과 원은 보아라. 나는 직간을 하다가 군왕의 노여움을 사 옥에 갇힌 몸이 됐다. 이 아비는 처벌을 기다렸으나 군왕은 조상의 공적을 생각해 이 아비의 죄를 사면하겠다고 했다. 군신들도 우리 조상의 공적으로 내 죄를 대속代贖케 해야 한다고 주청했다. 군왕도 이를 윤허했다. 너희들 관직도 다시 임명키로 했으니 당장 밤을 도와 조정으로 들어오도록 하라. 만일 군명을 어기고 머뭇거리는 식의 천연遷延의 모습을 보이면 반드시 죄책을 받을 것이다. 이 서신을 받는 즉시 곧바로 귀환토록 하라.

오사는 서신을 다 쓴 뒤 초평왕에게 바쳤다. 초평왕은 이를 읽어보고 함봉緘封한 뒤 오사를 다시 옥에 가두었다. 그는 언장사鄢將師를 사자로 삼은 뒤 그 서신과 두 형제에게 내릴 관직의 인수印綬를 갖고 지금의 강소성 남경시 경내의 당읍棠邑으로 가게 했다.

언장사가 네 마리 말이 이끄는 수레를 타고 오상이 다스리는 당읍으로 갔다. 당시 오상은 당읍 땅을 떠나 성보 땅으로 돌아가고 없었다. 언장사가 다시 성보 땅으로 달려가서 오상과 만났다.

"크게 경하할 일이 있소."

오상이 물었다.

"부친이 옥에 갇혀 있는데 경하할 일이 무엇이란 말이오?"

언장사가 대답했다.

"대왕이 남의 잘못된 말을 듣고 존공尊公을 가뒀지만 군신들이 그대의 집안은 3대에 걸친 충신 집안이라며 극구 변호했소. 대왕이 군신들의 진언을 듣고 안으로는 무함의 말을 들은 걸 뉘우치고, 밖으로는 충신을 가뒀다는 제후들의 비웃음을 살까 부끄러워했소. 대왕은 한때의 잘못을 씻기 위해 존공을 영윤으로 삼고, 두 아들을 지방 수령으로 삼기로 했소. 오상은 홍도후鴻都侯, 오원은 개후蓋侯에 봉한다고 했소. 존공이 오랫동안 구금되어 있다가 이제야 풀려난 까닭에 두 아들을 속히 만나보고자 하오. 친히 수서手書를 써서 내게 주면서 꼭 두 분과 함께 도성으로 돌아오라고 당부했소. 두 분은 속히 수레를 타고 도성으로 들어가 존공을 위안해 드려야 할 것이오."

오상이 말했다.

"부친이 옥중에 있는 걸 안 뒤 늘 마음이 칼로 베는 듯이 아팠는데 이제 자유로운 몸이 됐다고 하니 천만다행이오. 그러나 내 분수에 넘치는 그런 인수는 받을 수 없소."

언장사가 말했다.

"이는 왕명이오. 내가 전달하는 인수를 사양해선 안 되오."

오상은 부친이 풀려났다는 소식을 듣고 크게 기뻐했다. 그는 부친의 서신을 들고 내당의 방안으로 들어가 아우 오원에게 그 소식을 전했다.

오원이 과연 소환에 응할지 알 길이 없으니 다음 회를 보라.

제72회

143話 오상이 몸으로 부친과 환난을 함께하다 –당공상연구분부난棠公尙捐軀奔父難

오원은 자가 자서子胥이고 본관은 감리監利이다. 키가 10척인 1장丈이고 허리둘레는 10위圍[1]이다. 미간 사이가 유난히 넓어 1척이나 되었다. 눈은 번개처럼 번쩍이고, 힘은 보정寶鼎을 들어 올리고 산을 뽑을 만큼 셌다. 문무를 겸비한 경문위무經文緯武의 인재였다. 태자의 태사로 있는 연윤連尹

1 원문은 요대십위腰大十圍이다. 여기의 위圍는 길이 단위로 원래 2가지 의미로 사용된다. 첫째, 양손의 엄지에서 식지까지의 길이를 말한다. 주로 허리둘레를 나타날 때 사용한다. 우리말의 '뼘'에 해당한다. 둘째, 두 팔을 둥글게 모아서 만든 둘레를 말한다. 주로 나무의 둘레를 말할 때 사용한다. 우리말의 아름에 해당한다. 대다수 번역서가 원문의 위圍를 '아름'으로 번역해 놓았으나 이는 오역이다. 수대십위樹大十圍처럼 나무둘레를 표시할 때나 '아름'으로 번역할 수 있다. '뼘'으로 해석하는 게 옳다.

오사伍奢의 아들이고, 당군棠君 오상伍尙의 동생이었다.

당시 당군을 사임한 오상과 동생 오원은 부친 오사를 따라 성보 땅에 가 있었다. 그 사이 오사는 도성으로 불려갔다가 감옥에 갇혔고, 언장사가 초평왕의 명을 받고 성보 땅으로 와서 오씨 형제를 유인해 도성으로 데려가고자 한 것이다.

그는 먼저 오상을 만나 왕명을 전한 뒤 다시 오자서를 만나고자 했다. 오상이 부친의 서신을 들고 내실로 돌아와 동생 오자서에게 보여주며 말했다.

"부친이 다행히 죽음을 면한 듯하다. 또 우리 형제에게 후작侯爵을 내린다고 한다. 지금 사자가 문 밖에 와 있으니 나가서 만나보도록 해라."

오자서가 말했다.

"부친을 죽이지 않겠다고 한 것만도 다행한 처사인데 우리에게 무슨 공이 있다고 후작을 내린단 말입니까? 이는 우리를 유인하려는 술책입니다. 우리가 가면 틀림없이 죽임을 당할 것입니다."

오상이 말했다.

"부친이 직접 서신을 써서 보냈는데 어찌 그 안에 거짓이 들어 있겠는가?"

오자서가 대답했다.

"부친은 오직 나라에 충성하는 길밖에 모릅니다. 당신이 죽임을 당하면 우리 형제가 반드시 복수에 나설 것을 알고 있습니다. 그 경우 초나라가 큰 혼란에 빠질 것이기에 우리 형제를 불러 함께 죽임을 당함으로써 초나라의 후환을 없애고자 한 것입니다."

오상이 말했다.

"동생의 억측이 지나치다. 만일 부친의 서신 내용이 거짓이 아니고 진정眞情일 경우 우리는 불효의 죄를 짓는 셈이 된다. 이를 어떻게 변명할 수 있겠는가?"

오자서가 말했다.

"형님은 잠깐 앉아 계십시오. 제가 점을 쳐서 길흉 여부를 알아보겠습니다."

그러고는 괘를 뽑아 점을 친 뒤 말했다.

"오늘은 갑자일甲子日이고, 시각은 사시巳時입니다 땡볕에 뱀이 나왔다가 몸이 상하는 괘입니다. 상하의 기氣가 서로 받아들이지 못하니 주군은 신하를 속이고, 아비는 자식을 속이는 괘상입니다. 우리가 가면 죽게 될 뿐입니다. 무슨 후작 벼슬을 받는단 말입니까?"

오상이 대답했다.

"내 벼슬을 탐하는 게 아니라 곤경에 처한 부친을 만나고 싶은 생각에 가려는 것일 뿐이다."

오자서가 말했다.

"초왕은 우리 형제가 외지에 나가 있으면 우리의 보복이 두려워 틀림없이 부친을 죽이지 못할 것입니다. 이를 간과하고 부친에게 가면 이는 부친의 죽음을 재촉하는 게 됩니다."

오상이 대답했다.

"부자간의 사랑은 마음속에서 우러나오는 것이다. 만일 부친을 만나 뵙고 죽을 수만 있다면 나는 기꺼이 그곳으로 갈 것이다!"

오자서가 하늘을 우러러 탄식했다.

"부친과 함께 죽는 게 앞으로의 일에 무슨 도움이 되겠습니까? 형님이 꼭 가고자 하면 저는 이곳에서 작별인사를 드릴 수밖에 없습니다."

오상이 울며 물었다.

"동생은 어디로 갈 생각인가?"

오자서가 대답했다.

"능히 초나라에 복수할 수 있는 곳이면 어디든 가겠습니다."

▪ 오상이 몸으로 부친과 환난을 함께하다

오상이 말했다.

"나의 지혜와 힘이 동생만 못하다는 걸 안다. 나는 초나라 도성으로 가겠다. 동생은 다른 나라로 가도록 해라. 나는 부친과 함께 죽는 식으로 효도를 할 터이니 동생은 부친의 원수를 갚는 식으로 효도를 해라. 우리 형제는 각자 행동해야 할 때가 온 듯하다. 앞으로는 영영 서로 만날 수 없게 됐구나!"

오자서는 오상에게 공손히 4번 절했다. 영결永訣을 고하는 절이었다. 오상이 눈물을 닦고 밖으로 나가 언장사에게 말했다.

"나의 동생은 벼슬을 원치 않는 까닭에 억지로 데려갈 수는 없소."

언장사는 할 수 없이 오상만 데리고 도성으로 돌아왔다. 초평왕은 오상을 인견한 뒤 곧바로 옥에 가두었다. 오사는 오상 홀로 도성으로 온 것을 보고 탄식했다

"난 처음부터 원員이 오지 않을 줄 알았다."

비무극이 다시 초평왕에게 말했다.

"오원이 아직 밖에 남아 있습니다. 그를 급히 잡아들여야 합니다. 늦으면 다른 나라로 달아날 염려가 있습니다."

초평왕이 그의 주청을 비준批准했다. 비무극이 즉시 대부 무성흑武城黑에게 병사 200명을 내주고 오자서를 잡아오도록 했다. 오자서는 자신을 잡으러 온다는 소문을 듣고 울며 말했다.

"부친과 형님이 결국 죽음을 못 면하게 된 듯하구나!"

오자서가 아내 가씨賈氏에게 말했다.

"나는 체포당하기 전에 다른 나라로 몸을 피할 것이오. 장차 그 나라 군사를 빌려 부형의 원수를 갚을 생각이오. 지금 형편으로는 그대를 돌볼 수 없으니 앞으로 이를 어찌하면 좋겠소?"

가씨가 눈을 부릅뜨고 오자서를 바라보며 말했다.

"대장부가 부형의 원수를 갚기 위해 원한을 가슴에 품는 것만으로도 폐부肺腑를 칼로 베는 듯할 터인데 어느 겨를에 부인을 돌본단 말입니까? 이 첩은 염려하지 말고 속히 떠나도록 하십시오."

그러고는 안방으로 들어가 목을 매고 자진했다. 오자서는 죽은 아내를 위해 한바탕 통곡했다. 이어 시신을 짚으로 싸서 매장했다. 아내를 장사지낸 오자서는 지체 없이 봇짐을 싸고 흰 도포를 한 채 어깨에 활을 메고 허리에 칼을 차고 성보 땅을 떠났다.

그가 떠난 지 반나절도 안 돼 무성흑이 거느린 병사들이 당도해 오자서의 집을 에워쌌다. 집안을 샅샅이 뒤졌지만 오자서는 없었다. 무성흑은 내

오자서

심 오자서가 동쪽으로 달아났을 것으로 생각했다. 급히 어자에게 명해 수레를 빨리 몰아 뒤를 추격케 했다. 300리를 쉬지 않고 오자서를 추격했다.

오자서는 초나라 병사들이 자신을 추격해 오는 것을 알고 사람이 없는 광야의 한 곳에 멈춰서서 활을 들고 기다렸다. 무성흑이 탄 수레가 앞장서서 질풍처럼 달려왔다. 오자서가 활을 들어 어자를 향해 쐈다. 어자가 화살을 맞고 수레에서 굴러 떨어져 죽었다.

오자서가 다시 활시위를 당겨 무성흑을 쏘려고 하자 무성흑이 겁이 나 수레에서 황급히 뛰어내려 달아나려고 했다. 오자서가 들었던 활을 내리고 큰 소리로 외쳤다.

"내가 너를 죽일 것이나 잠시 목숨을 살려준다. 돌아가서 초왕에게 내 말을 전해라. 초나라 종묘사직을 보전하려거든 나의 부형 목숨을 살려 두라고 일러라. 그리하지 않으면 내가 틀림없이 초나라를 멸망시키고 초왕의 목을 끊어서 원한을 갚고야 말 것이다."

무성흑이 머리를 싸매고 생쥐처럼 달아다는 포두서찬抱頭鼠竄의 모습을 보였다. 그는 돌아가서 초평왕에게 오자서의 말을 그대로 전하며 이같이 덧붙였다.

"오원이 이미 멀리 달아났습니다."

초평왕이 그 말을 듣고 대로했다 즉시 비무극에게 명해 오사 부자를 저잣거리로 끌고 가 참수케 했다. 비무극이 형을 집행하려고 하자 오상이 그의 얼굴에 침을 뱉으며 꾸짖었다.

"너는 참언讒言으로 군주를 현혹하고 충량한 신하를 죽이고 있다."

오사가 말렸다.

"나라가 위기에 처하면 목숨을 바치는 견위수명見危授命[2]이 신하된 자의 도리이다. 충신과 간신은 백성들의 공론公論에 의해 가려지게 마련이다. 무엇 때문에 비무극을 욕한단 말인가? 다만 네 동생 원員이 이 아비에게 오지 않았으니 초나라 군신이 이제부터는 조식朝食도 편히 먹지 못하게 됐다. 나는 오히려 이것이 걱정이다."

오사는 말을 마친 뒤 큰 아들 오상과 함께 목을 내밀어 참수형을 받았다. 백성들은 오사 부자가 죽는 걸 보고 모두 눈물을 흘렸다. 이날 문득 하늘도 어둡고 해도 빛을 잃었다. 비풍悲風은 참열慘冽[3]했다.

2 견위수명見危授命은 『논어』「헌문」에서 인격이 완성된 성인成人을 두고 이익을 보고 의를 생각하고, 위태로움을 보고 목숨을 바친다는 취지로 언급한 '견리사의見利思義, 견위수명見危授命' 구절에서 차용한 것이다.

3 참열慘冽은 전한 초기 사마상여司馬相如의 「미인美人賦」에 나오는 표현이다. 한랭寒冷 또는 추위가 살을 엘 듯이 추운 늠렬凜冽의 뜻이다.

사신이 이를 시로 읊었다.

비풍이 참열하고 해도 빛 잃으니	慘慘悲風日失明
3대 충신의 자손이 죽임을 당하다	三朝忠裔忽遭坑
이후 초나라 군신들 아첨만 하니	楚庭從此皆讒佞
오군을 도성에 불러들인 배경이다	引得吳兵入郢城

초평왕이 비무극에게 물었다.

"오사가 죽을 때 무슨 원망의 말이라도 했는가?"

비무극이 대답했다.

"별다른 말은 없었습니다. 다만 오원이 오지 않았으니 앞으로 초나라 군신은 편히 밥을 먹지 못할 것이라고 했습니다."

초평왕이 말했다.

"그가 비록 달아났다 할지라도 멀리 가진 못했을 것이다. 응당 그를 다시 추격해야 할 것이다."

초평왕은 좌사마인 심윤沈尹 술戌[4]에게 군사 3천 명을 내주면서 곧바로 오자서를 잡아오게 했다. 오자서는 달아나다가 장강에 다다랐다. 강을 건너려고 했으나 그곳은 나루터가 아니어서 배가 눈에 띄지 않았다.

문득 한 가지 꾀를 생각해냈다. 입고 있던 흰 도포를 벗어 버드나무 가지 위에 걸고, 신발을 벗어 부근에 버렸다. 이어 짚신으로 바꿔 신고 강을 따라 곧바로 아래쪽으로 내려갔다. 심윤 술은 강가에 이르러 오자서의 흰 도포와 신발을 주워 갖고 돌아갔다. 그는 초평왕에게 이같이 보고했다.

"오원이 어디로 갔는지 알아내지 못했습니다."

4 심沈 땅의 수령인 술戌이 『열국지』 원문에는 수戌로 나오나 『춘추좌전』에는 술戌로 돼 있다. 번역문은 『춘추좌전』을 좇아 '술'로 바꿔 놓았다.

비무극이 나서서 말했다.

"신에게 한 가지 계책이 있습니다. 그의 도주로를 모두 봉쇄하면 됩니다."

초평왕이 물었다.

"어찌해야 그럴 수 있는가?"

비무극이 대답했다.

"먼저 나라 안의 사방에 방을 내건 뒤 누구를 막론하고 오원을 잡아 바치는 자에게 곡식粟 5만 석을 하사하고, 상대부의 벼슬을 내린다고 하십시오. 그를 유숙시키거나 달아나도록 놓아 준 자는 온 가족을 참수형에 처한다고 하십시오. 또 모든 길의 관문關門과 나루터에서 왕래하는 행인들을 엄중히 검문하게 하십시오. 이어 열국의 제후들에게 사자를 보내 오원을 받아들이지 말도록 청하십시오. 그러면 달아날 길도, 머물 곳도 없게 될 것입니다. 당장 잡지 못할지라도 결국 잡게 될 것입니다. 세력이 이미 고단해졌는데 어찌 큰일을 저지를 수 있겠습니까?"

초평왕은 그 계책을 빠짐없이 시행토록 지시했다. 지시에 따라 오자서의 초상을 그린 전단이 전국 각지에 내걸렸다. 모든 간문과 나루터마다 엄중한 검문이 시행됐다.

당시 오자서는 강물을 따라 동남쪽으로 내려갔다. 오나라로 망명하겠다는 일념뿐이었다. 하지만 오나라로 가는 길은 멀고 험할 뿐만 아니라 일거에 당도하기가 어려웠다. 길을 가다가 문득 생각이 났다.

'태자 건建이 지금 송나라에 망명해 있다. 왜 그를 좇지 않는 것인가?'

이내 방향을 송나라 도성인 수양睢陽 쪽으로 바꿨다.

오자서는 송나라로 가다가 문득 한 무리의 사람들이 수레와 말을 몰고 오는 것을 보았다. 초나라 병사들이 자신을 잡으러 오는 것이나 아닌지 의심했다. 곧바로 숲속으로 몸을 숨기고 그 일행을 살펴봤다.

뜻밖에도 수레를 탄 사람은 신포서申包胥였다. 그는 일찍이 오자서와 서로 8번 절하고 의형제를 맺는 이른바 8배지교八拜之交를 나눈 사이였다. 신포서는 다른 나라에 사자로 갔다가 일을 마치고 돌아오는 길이었다. 오자서가 숲속에서 뛰어나가 수레 앞을 막았다.

신포서가 오자서를 보자 황망히 수레에서 내려 물었다.

"자서는 무슨 까닭에 홀로 다니며 이곳에 온 것이오?"

오자서는 초평왕이 부형을 죽인 사실을 울며 말했다. 신포서가 측은한 생각이 들어 슬픈 표정을 지으며 물었다.

"그대는 이제 어디로 갈 생각이오?"

오자서가 말했다.

"내가 듣건대, 부모의 원수는 불공대천不共戴天[5]이라고 했소. 나는 장차 다른 나라에 간 뒤 그 나라 군사를 빌려 초나라를 칠 생각이오. 초왕의 살을 날로 씹고, 비무극을 수레에 매달고 사지를 찢어 죽이는 거열車裂을 행해야만 한을 풀 수 있을 것이오."

신포서가 말했다.

"초왕이 비록 무도하지만 그래도 군주요. 그대 집안은 누대에 걸쳐 초나라의 국록을 받아 왔소. 이미 오래 전에 초왕과 그대 사이에는 군신의 분수가 정해진 셈이오. 어찌 신하가 군주를 원수로 삼을 수 있는 것이오?"

오자서가 말했다.

"옛날 하나라 폭군 걸桀과 은나라 폭군 주紂도 그 신하에게 죽임을 당했소. 무도했기 때문이오. 초왕은 자부를 가로챘고, 적자인 태자 건을 버렸고, 간악한 무리의 말만 믿고 충신을 죽였소. 나는 당초 초나라를 위해서라도 다른 나라 군사를 이끌고 영도를 쳐 더러운 무리를 소탕掃蕩코자 했소. 하물며 골육의 원수를 어찌 갚지 않을 수 있겠소? 초나라를 멸망시키지 못하

5 불공대천不共戴天은 함께 같은 하늘을 이고 살 수 없다는 뜻이다. 『예기』「곡례曲禮 상」의 '부지구父之仇, 불여공대천弗與共戴天' 구절이 출전이다.

면 맹세코 이 천지간에 살지 않을 작정이오!"

신포서가 탄식했다.

"내가 그대에게 초왕에 대한 원수를 갚으라고 말하면 불충不忠이 되고, 원수를 갚지 말라고 말하면 이는 그대를 불효에 빠뜨리는 게 될 것이오. 그대는 소신에 따라 알아서 행하시오. 나는 붕우의 의리상 아무에게도 그대의 일을 누설하지 않겠소. 하지만 이것만은 분명히 알아두오. 그대가 앞으로 초나라를 전복시키면 나는 틀림없이 존속시키고, 그대가 초나라를 위기에 빠뜨리며 나는 틀림없이 안정시킬 것이오."

오자서는 신포서와 작별하고 송나라를 향해 떠났다. 며칠 만에 당도했다. 곧 태자 건을 찾아갔다. 서로 머리를 감싸 안고 울었다. 두 사람은 초평왕이 자신들에게 가한 악행을 서로 호소했다.

오자서가 한참 만에 물었다.

"태자는 송군宋君을 만난 적이 있습니까?"

태자 건이 대답했다.

"지금 송나라는 커다란 혼란에 빠져 있소. 군신이 오랫동안 서로 싸우고 있는 게 그렇소. 아직 송군을 만나보지 못했소."

당시 송나라 태자 이름은 좌佐였다. 송평공宋平公의 애첩 소생이었다. 송평공은 시인寺人 이려伊戾의 참소를 곧이듣고 장자인 태자 좌痤를 죽이고 애첩 소생의 좌佐를 태자로 봉했다. 주경왕 13년인 기원전 532년, 송평왕이 죽자 태자 좌가 보위를 이었다. 그가 바로 송원공宋元公이다.

송원공은 못생긴데다 마음도 나약했다. 매사를 사사롭게 처리하고, 신의도 없었다. 그는 대대로 경卿의 자리에 오른 화씨華氏 일족의 강성함을 미워했다. 이내 공자 인寅과 공자 어융禦戎을 비롯해 상승向勝과 상행向行 등과 함께 화씨 일족을 없애려는 계책을 상의했다.

도중에 상승이 이 비밀을 동족인 상녕向寧에게 누설했다. 상녕은 화씨 일족인 화향華向과 화정華定 및 화해華亥 등과 가까웠다. 송원공의 음모를 이들 화씨 일족에게 귀띔해 줬다. 화씨 일족이 선수를 쳐 난을 일으키기로 했다.

화해가 거짓으로 병이 든 체 꾸미고 자리에 눕자 동료 신하들이 화해의 집으로 가 문병했다. 화해가 가병들을 시켜 문병을 온 공자 인과 공자 어융을 잡아 죽였다. 이어 문병을 온 상승과 상행을 곡식창고인 창름倉廩에 가뒀다. 보고를 접한 송원공이 직접 수레를 타고 화해의 집에 가 상승과 상행의 석방을 요구했다. 그러나 화해는 송원공을 위협하면서 태자와 신임하는 신하 1인을 인질로 내줘야 석방하겠다고 버텼다.

송원공이 대답했다.

"옛날 주평왕周平王과 정장공鄭莊公은 군신지간인데도 각각 아들을 볼모로 교환한 적이 있소. 그 전례를 좇아 과인이 태자를 경의 집에 인질로 보낼 터이니 경 역시 아들을 과인에게 인질로 보내시오."

화해는 일족과 상의한 뒤 자신의 아들 화무척華無慼과 화정의 아들 화계華啓, 상녕의 아들 상라向羅를 송원공에게 인질로 보냈다. 송원공은 태자 난欒을 비롯해 동모제인 공자 진辰과 공자 지地를 화해의 집에 인질로 보냈다. 화해가 이들을 인질로 잡은 뒤 상승과 상행을 석방했다. 두 사람은 송원공을 좇아 조정으로 돌아왔다.

이후 송원공과 부인은 태자 난을 걱정한 나머지 날마다 화해의 집으로 행차했다. 태자가 아침밥을 먹는 것을 보고서야 환궁했다. 화해는 송원공이 매일 집에 오는 것을 몹시 불편하게 여겼다. 태자 난을 다시 궁으로 돌려보내기로 했다. 이 소식을 들은 송원공이 크게 기뻐했다.

그러나 상녕이 나서서 반대했다.

"우리가 태자를 볼모로 잡은 것은 주공을 믿지 못하기 때문이오. 태자를 돌려보내면 우리는 틀림없이 큰 화를 당할 것이오."

화해가 그 말을 듣고 태자를 돌려보내지 않기로 했다. 대로한 송원공이 대사마 화비수華費遂를 시켜 갑사들을 이끌고 가 화해의 집을 치게 했다.

화비수가 대답했다.

"태자가 화해의 집에 볼모로 붙들려 있습니다. 주공은 이를 잊은 것입니까?"

송원공이 말했다.

"사람의 생사는 천명에 달려 있소. 과인은 이런 치욕을 더 이상 참을 수 없소."

화비수가 대답했다.

"주공의 뜻이 정 그렇다면 이 노신老臣이 어찌 감히 동족이라고 해서 화씨 일족에 사정私情을 두어 명을 거스르겠습니까?"

그러고는 그날로 군사를 동원해 화해의 집으로 쳐들어갔다.

당시 송원공은 볼모로 와 있는 화무척과 화계 및 상라를 모두 참수케 했다. 화비수의 아들 화등華登은 평소 화해와 사이가 좋았다. 화등은 조정에 나와 있다가 화해의 인질이 모두 참수 당했다는 이야기를 듣자 곧바로 화해의 집으로 달려가 이를 알렸다. 화해가 급히 가병을 모았다. 그러나 결국 화비수의 군사에게 패하고 말았다. 화해와 함께 싸우던 산녕이 태자 난을 죽이려고 했다.

화해가 말했다.

"내가 이미 군주에게 죄를 지었는데 다시 태자까지 죽이면 세인들이 나를 크게 비난할 것이다."

마침내 태자와 나머지 인질을 모두 석방한 뒤 일당과 함께 가까운 진陳나라로 달아났다.

대사마 화비수에게 3명의 아들이 있었다. 장자는 화추華貙, 차자는 화다료華多僚, 막내는 화등華登이었다. 화다료는 평소 형 화추와 사이가 좋지 못했다. 그는 화씨의 난이 일어난 걸 기회로 삼아 형 화추를 송원공에게 참소했다.

"화추는 화해 및 화정 등과 함게 이번 일을 꾸몄습니다. 지금 망명한 화해 등을 진陳나라로부터 불러들이려 하고 있습니다. 그들이 오면 화추는 도성 안에서 내응하고 나설 것입니다."

송원공이 이를 곧이듣고는 시인寺人 의료宜僚를 시켜 이 일을 그 아비 화비수에게 고하게 했다. 화비수가 의료에게 말했다.

"이는 화다료가 무함한 것임에 틀림없소. 군주가 정 화추를 의심하면 국외로 추방토록 말씀해 주시오."

화추의 가신 장개張匃가 이 이야기를 엿듣고는 의료가 방밖으로 나오자 붙잡고 캐물었다. 의료가 대답하지 않자 장개가 칼을 뽑아들고 위협했다.

"네가 말하지 않으면 당장 죽이고 말겠다."

시인 의료가 칼을 보자 겁이 나서 희비수에게 한 말을 모두 털어놓았다. 장개가 즉시 화추에게 보고하며 화다료를 죽일 것을 청했다.

화추가 대답했다.

"막내 동생 화등이 화해와 함께 진陳나라로 달아난 일만으로 부친이 상심하고 있다. 내가 또 동생 화다료를 죽이면 부친이 큰 충격으로 인해 어찌 더 살 수 있겠는가? 내가 한동안 피신해 있는 게 낫다."

화추는 장개와 함께 송나라를 떠나기에 앞서 하직인사를 드리러 갔다. 도중에 궁으로부터 수레를 타고 돌아오는 화비수를 만났다. 화다료가 부친인 화비수의 수레를 몰고 있었다.

장개는 화다료를 보자 분노가 폭발했다. 칼을 빼 들고 수레 위로 뛰어올라 한칼에 화다료를 쳐 죽였다. 이어 대경실색한 화비수 곁에 화추를 태운 뒤 도성의 남문인 노문盧門을 빠져나와 남리南里 땅에 주둔했다.

화추가 사람을 진陳나라로 보내 화해와 상녕 등을 불렀다. 화해 등이 오자 이들은 남리에 진을 치고 송원공 축출을 위한 난을 일으켰다. 송원공이 이들을 치기 위해 악대심樂大心을 대장으로 삼은 뒤 군사를 이끌고 가 남리를 포위케 했다. 화비수의 아들 화등은 초나라로 가 군사원조를 간청했다. 초평왕은 대부 위월薳越에게 명해 원군을 이끌고 가 화씨 일족을 구하게 했다.

오자서가 송나라에 왔을 때가 바로 그 즈음이었다. 그는 초나라 군사가 송나라로 쳐들어온다는 소문을 듣고 한탄했다.

"이젠 송나라에도 머물 수 없게 됐다."

오자서는 태자 건 및 그의 처자와 함께 송나라의 서쪽에 있는 정나라로 달아났다.

이를 뒷받침한 시가 있다.

천 리 밖 태자 만났으나 쉴 새도 없이	千里投人未息肩
성문에서 북소리가 하늘을 뒤흔들다	盧門金鼓又喧天
외로운 신하와 쫓겨난 태자 허둥지둥	孤臣孽子多顚沛
다시 정나라 향해 말채찍을 휘두르다	又向滎陽快著鞭

초나라 군사가 화씨를 구하러 오자 진경공晉頃公도 송나라 구원에 나섰다. 제후들은 초나라 군사와 싸울 생각이 없는 까닭에 송원공에게 남리의 포위를 풀 것을 권했다. 포위가 풀리자 화해와 상녕 등은 초나라로 달아났다. 쌍방이 모두 군사를 거뒀다. 이는 훗날의 이야기다.

144話 오자서가 미복으로 소관을 통과하다
– 오자서미복과소관伍子胥微服過昭關

당시 정나라에서 상국으로 있던 상경上卿 공손 교僑 즉 자산子産이 병사했다. 정정공鄭定公이 크게 애통해 했다. 그는 평소 오자서가 초나라의 3대에 걸친 충신 후예이고 비할 바 없는 영웅이란 걸 잘 알고 있었다. 당시 정나라는 진晉나라와 화목하게 지내면서 초나라와는 원수지간이 돼 있었다.

정정공은 초나라 태자 건이 망명해 왔다는 보고를 받고 크게 기뻐했다. 곧 접대를 담당하는 행인行人을 시켜 객관에 모신 뒤 음식을 후하게 대접케 했다. 태자 건과 오자서는 정정공을 배견拜見할 때마다 울며 억울한 사정을 호소했다.

정정공이 말했다.

"우리 정나라는 병력이 미약해 별로 쓸 만한 군사가 없소. 그대들은 복수를 하고자 하면서 어찌하여 진晉나라와 상의하지 않는 것이오?"

태자 건이 오자서에게 정나라에 남아 자신의 처자를 돌보게 한 뒤 직접 진나라로 가 진경공晉頃公을 알현했다. 진경공은 태자 건의 호소를 자세히 들은 뒤 우선 관역으로 가 쉬게 했다. 곧 6경六卿을 불러 초나라 정벌 문제를 상의했다.

진나라의 실권을 쥐고 있는 6경은 과연 누구인가? 위서魏舒와 조앙趙鞅, 한불신韓不信, 사앙士鞅, 순인荀寅, 순력荀躒을 말한다. 이들 모두 제각기 권력을 휘둘렀다. 세력이 서로 비등했다. 군주가 약하고 신하들이 강한 이른바 군약신강君弱臣强의 상황에 처해 있었다. 진경공이 매사에 자기 뜻대로 결정하지 못한 이유다.

이들 6경 가운데 위서와 한불신만 현명하다는 평을 받았을 뿐 나머지 4명 모두 권력을 탐하고 세력만 믿고 패악을 행하는 무리였다. 특히 순인은 뇌물을 크게 밝혔다. 자산이 살아 있을 때는 그가 워낙 예절과 대의로써 매사를 처리한 까닭에 진나라 6경도 정나라를 만만히 보지 못했다.

그러나 자산이 죽고 유길游吉이 상국이 되자 6경 가운데 한 사람인 순인은 대뜸 정나라로 사람을 보내 뇌물을 요구했다. 유길이 거절했다. 순인이 늘 정나라를 미워한 이유다.

그러던 차에 진경공이 6경를 소집해 초나라 칠 일을 상의한 것이다. 순인이 진경공에게 말했다.

"자고로 정나라는 형편에 따라 진나라 또는 초나라에 붙었습니다. 그 마음이 일정하지 않은 것은 어제오늘의 일이 아닙니다. 지금 초나라 태자 건이 정나라에 망명해 있는데 정나라는 틀림없이 그를 믿고 있을 것입니다. 태자 건이 내응만 해주면 우리는 군사를 보내 정나라를 멸망시킬 수 있습니다. 정나라를 멸망시키고 태자 건을 정나라에 봉한 뒤 계책을 세워 서서히 초나라를 도모하면 초나라도 멸망시킬 수 있습니다. 불가한 게 뭐 있겠습니까?"

진경공이 이를 좇았다. 곧 순인을 시켜 은밀히 그 계책을 태자 건에게 고하게 했다. 태자 건이 흔연히 수락했다. 그는 진경공에게 작별 인사를 올린 뒤 정나라로 돌아왔다. 곧 오자서와 이를 상의했다. 오자서가 간했다.

"옛날 진秦나라 장수 기자杞子와 양손楊孫이 정나라 도성에 머물면서 틈을 노려 도성을 습격해 점령코자 했습니다. 그러나 일이 틀어지자 겨우 정나라를 빠져나왔지만 돌아갈 데가 없었습니다. 남이 나를 성실과 신의로 대하는데 그런 남을 해코지하면 말이 되겠습니까? 이는 요행을 바라는 간계에 지나지 않습니다. 반드시 그리해서는 안 됩니다."

태자 건이 말했다.

"나는 이미 진晉나라 군신에게 그리하기로 허락했소."

오자서가 말했다.

"진나라와 약속한 일은 사악한 것인 까닭에 지키지 않아도 죄가 되지 않습니다. 하지만 태자가 정나라를 속이면 이는 신의信義를 모두 잃고 맙니다. 사람이 신의를 잃으면 어찌 사람이라 할 수 있겠습니까? 태자가 이를 행하려 들면 틀림없이 재앙이 닥칠 것입니다."

태자 건은 초나라를 얻겠다는 욕심이 앞선 나머지 오자서의 충고를 듣지 않았다. 그는 초나라에서 가지고 온 재물을 뿌려 은밀히 효용驍勇한 자를 모집했다. 게다가 정정공 좌우의 근시들과 결탁했다. 그들에게 뇌물을 주면서 거사하면 도와달라고 부탁했다. 태자 건의 뇌물을 받은 자들은 그리하기로 약속했다.

진晉나라가 비밀리에 사람을 보내 거사일을 약정하기에 이르자 음모가 점차 밖으로 새나가기 시작했다. 근시들 가운데 비밀이 누설되는 걸 두려워한 한 근시가 정정공에게 이를 고했다. 정정공이 상국 유길과 상의했다. 곧 유길의 계책을 좇아 궁중 후원에 연회 자리를 마련하고 태자 건을 초청했다. 문지기들을 시켜 태자 수행원들을 들어오지 못하게 했다.

정정공은 술이 세 순배쯤 돌았을 때 태자 건에게 말했다.

"과인은 호의로 태자를 우리 정나라에 받아들이고 머물게 했소. 대접도 태만히 하지 않았소. 그런데 태자는 어째서 우리 정나라를 도모하려는 것이오?"

태자 건이 황망히 대답했다.

"그런 뜻을 품은 적이 없습니다."

정정공이 좌우 근시를 불러내 대질시켰다. 태자 건이 더 이상 비밀을 숨길 수 없었다. 대로한 정정공이 역사들에게 명해 태자 건을 그 자리서 포박해 참수케 했다. 이어 태자 건에게 뇌물을 받고도 자수하지 않은 좌우 근시 20여 명도 끌어내 참수케 했다.

당시 오자서는 관역에 있었다. 문득 몸이 절로 떨렸다. 마음을 가다듬고 진정시키려고 했으나 진정되지 않았다. 오자서가 홀로 중얼거렸다.

"태자가 위험한가보다!"

얼마 후 태자 건을 따라갔던 자가 도망쳐 돌아와 태자 건의 살해 사실을 알렸다. 곧바로 오자서는 태자 건의 아들 공자 승을 이끌고 정나라 도성을 빠져나왔다. 어디로 가야할지 금방 생각이 나지 않았다. 결국 오나라 행을 결정할 수밖에 없었다.

염옹이 이를 시로 읊었다.

초왕이 아들을 원수처럼 여겨 쫓아내고	親父如仇隔釜鬵
정백은 친절 베풀다 해를 당할 뻔하다	鄭君假館反謀侵
사람의 속마음 측량할 수 없는 까닭에	人情難料皆如此
영웅의 의로운 마음까지 싸늘히 만들다	冷盡英雄好義心

오자서는 공자 승과 함께 달아나면서도 혹여 정나라 군사가 추격해 오지나 않을까 두려웠다. 낮에는 산속에 숨어 있다가 밤에만 길을 걸었다. 그들이 겪은 천신만고千辛萬苦는 일일이 다 말할 필요는 없을 것이다.

오자서 일행은 진陳나라를 경유했다. 그곳엔 머물 곳이 못됐다. 오나라로 가려면 다시 초나라를 경유해야 했다. 이들은 초나라 경내로 들어와 주위를 살피며 동쪽으로 걸음을 옮겼다.

이들은 며칠 만에 지금의 안휘성 함산 북쪽의 소관昭關에 이르렀다. 소관은 인근 소현산小峴山의 서쪽에 있었다. 양쪽에 솟아 있는 높은 두 산 사이의 좁은 골목을 지키는 관문이었다. 그 길목은 여주廬州와 호주濠州를 왕래하려면 반드시 통과해야 하는 요충이었다. 소관을 지나면 바로 장강에 이르게 된다. 거기서부터 수로를 이용해 오나라로 갈 수 있었다.

소관은 지세가 험악하고 통로가 매우 좁았다. 원래 관원을 상주시켜 지켰으나 근래 오자서를 체포하기 위해 우사마 위월薳越이 군사를 이끌고 와 주둔한 이후 검문이 삼엄해졌다. 오자서는 지금의 안휘성 화현에 있는 역양산歷陽山까지 다가갔다. 소관까지는 60리쯤 됐다. 오자서는 공자 승과 함께 그 산의 깊은 숲속으로 들어가 몸을 숨긴 채 더 나아가질 못했다. 무사히 소관을 통과할 방도를 찾아야만 했다. 이렇다 할 방도를 찾지 못해 근심에 싸여 언저리를 배회했다.

이때 문득 한 노인이 지팡이를 짚고 숲속으로 들어왔다. 그 노인은 오자서를 보더니 괴위魁偉한 용모에 놀라 그 앞으로 와 읍을 했다. 오자서도 답례했다. 노인이 물었다.

"그대는 오씨伍氏의 자손이 아니오?"

오자서가 크게 놀라 물었다.

"어째서 그런 걸 물으십니까?"

노인이 대답했다.

"나는 원래 명의 평작扁鵲의 제자 동고공東皐公이라고 하오. 어려서부터 의술을 밑천 삼아 천하를 두루 돌아다니다가 이젠 늙어서 이 산속에 은거하고 있소. 며칠 전에 초나라 장수 위월이 가벼운 병에 걸려 나를 부르기에 가서 치료하고 왔소. 관문 위에 내걸린 오자서의 형모形貌를 보니 그대의 모습과 꼭 닮았기에 물어본 것이오. 그대는 굳이 숨기지 마시오. 내가 거처하는 오두막이 이 산 뒤에 있소. 나와 함께 그곳으로 가서 그대의 앞일을 상의하는 게 어떻겠소?"

오자서는 그가 예사 사람이 아닌 걸 알았다. 곧 공자 승을 이끌고 동고공을 따라갔다. 몇 리쯤 따라가자 동고공의 오두막이 나타났다. 동고공이 읍하며 오자서를 집안으로 맞아들였다. 오자서가 동고공에게 재배했다.

동고공이 황망히 답례하며 말했다.

"이곳은 군자가 쉴 곳이 못되오."

그러고는 다시 초당 뒤 서쪽으로 안내했다. 이윽고 작은 울타리가 나타났다. 그곳을 지나 다시 대밭 속으로 들어서니 흙으로 지은 3칸 토옥土屋이 있었다. 토옥의 문이 마치 구멍과 같아 모두 머리를 숙이고 안으로 들어갔다. 방에는 궤상机床이 하나 놓여 있었다. 좌우로 뚫어 놓은 작은 창을 통해 햇빛이 들어왔다. 동고공이 오자서에게 상좌에 앉기를 청했다. 오자서가 공자 승을 가리키며 말했다.

"이 분이 나의 어린 주인이시오. 나는 그 곁에 앉겠습니다."

동고공이 물었다.

"이 분은 누구시오?"

오자서가 대답했다.

"바로 초나라 태자 건의 아들인 공자 승勝입니다. 저도 실은 바로 오자서입니다. 공이 친절을 베푸시니 감히 은정隱情을 감추지 않겠습니다. 저에게는 부형을 죽인 원수가 있는 까닭에 그 원수를 갚기 위해 맹서했습니다. 어른은 이를 누설하지 마십시오."

동고공이 이내 윗자리에 공자 승을 앉힌 뒤 자신과 오자서는 동서로 나눠 자리를 잡고 마주 보며 대답했다.

"이 늙은이는 사람을 치료하는 의술인 이른바 제인지술濟人之術만 갖고 있을 뿐이오. 어찌 사람을 죽이는 마음인 살인지심殺人之心을 갖고 있겠소? 내가 이곳에 와서 산 지 1년 반이 지났으나 아무도 내가 여기 있는 줄 모르오. 다만 소관의 검문이 삼엄하니 공자 승과 그대가 어떻게 그곳을 통과할 수 있을지 모르겠소. 반드시 만전지책萬全之策을 세워야만 걱정 없이 그곳을 빠져나갈 수 있을 것이오."

오자서가 무릎을 꿇고 청했다.

"선생은 무슨 수를 써서라도 저를 무사히 통과하게 해주십시오. 훗날 반드시 그 은공을 두터이 갚도록 하겠습니다."

동고공이 말했다.

"이곳은 궁벽하고 인적이 드문 곳이오. 공자와 그대는 마음을 편히 먹고 머무르도록 하시오. 그간 내가 계책을 세워 그대들 군신君臣이 무사히 통과하도록 해보겠소."

오자서는 칭사稱謝했다. 동고공은 날마다 오자서와 공자 승에게 주식酒食으로 제공하며 성의를 다해 크게 대접하는 관대款待를 행했다. 오자서는 7일 동안 그곳에 머물며 동고공이 계책을 일러주길 기다렸다. 그러나 관문을 통과하는 일에 대해 아무런 말도 하지 않았다. 참다 못한 오자서가 동고공에게 말했다.

"저에게는 꼭 보복해야 할 큰 원수인 대구大仇가 있습니다. 일각一刻이 마치 1년 같습니다. 여기서 세월을 보내며 시간을 허비하면 산송장이나 다름없습니다. 선생의 고의高義로 볼지라도 애처롭지 않습니까?"

동고공이 대답했다.

"이 늙은이가 이미 1가지 계책을 생각해냈으나 아직 기다리는 사람이 오지 않았을 뿐이오."

오자서는 그 말을 듣고 의심이 나 결단하지 못했다. 그날 밤 번민하느라 잠을 이루지 못했다. 동고공에게 작별을 고하고 떠나자니 관문을 통과하지 못하고 신분이 들통 나는 화를 당할 듯했다. 그냥 머물러 있자니 시일만 허송할뿐더러 온다는 사람이 과연 누구인지조차 알 수 없어 답답했다.

오자서는 이리 돌아눕고 저리 돌아눕는 전전반측輾轉反側을 하며 이리저리 생각하는 심사尋思를 했으나 불안하기만 했다. 심신心身이 까끄라기나 가시인 망자芒刺에 찔린 듯 아팠다. 누웠다가 다시 일어나 방안을 계속

오자서가 미복으로 소관을 통과하다

빙빙 돌았다. 동쪽 하늘이 밝아오는 것도 깨닫지 못했다.

얼마 뒤 동고공이 방문을 두드리고 나서 방안으로 들어오다가 오자서를 보고 크게 놀랐다.

"족하足下의 머리와 수염이 하룻밤 동안 하얗게 변했으니 이게 웬 일이오? 지나치게 근심한 나머지 그리된 게 아니오?"

오자서는 자신의 머리와 수염이 문득 하얗게 셌다는 이야기를 믿을 수 없었다. 거울을 빌려 자신의 얼굴을 비춰봤다. 그의 검은 머리가 서리를 맞은 듯 물건 따위가 오래돼 예스러운 느낌이 은근히 나는 창연蒼然한 모습으로 이미 백발이 돼 있었다.

후대에 전해오기를, '오자서가 소관을 지나기 전날 너무 노심초사한 까닭에 하룻밤 사이 백발이 됐다.'고 했다. 이는 낭언浪言이 아니다.

오자서가 방바닥에 거울을 내던지며 통곡했다.

"뜻한 바를 1가지도 이루지 못했는데 벌써 머리와 수염이 하얗게 세었다. 아, 하늘이여, 하늘이여!"

동고공이 위로했다.

"족하는 슬퍼하지 마시오. 머리가 백발로 센 것은 족하에게 좋은 징조요.

오자서가 눈물을 닦으며 물었다.

"좋은 징조라니 그 까닭이 무엇이오?"

동고공이 대답했다.

"그대의 상은 웅위雄偉한 까닭에 사람들이 쉽게 알아보오. 이제 머리와 수염이 하얗게 세었으니 사람들이 쉽게 알아보지 못할 것이오. 더구나 내 늙은 친구가 왔으니 나의 계책이 성취되려는가 보오."

오자서가 물었다.

"선생의 계책이 어떤 것입니까?"

동고공이 대답했다.

"내 친구는 성이 복성復姓인 황보皇甫이고, 이름이 눌訥이오. 이곳에서 서남쪽으로 70리쯤 떨어진 용동산龍洞山에 살고 있소. 키가 9척이고, 미간의 너비가 8촌이나 되오. 용모와 체구가 족하와 방불하오. 족하는 그의 시종처럼 가장하시오. 소관에서 족하로 가장한 내 친구가 병사들에게 잡혀 옥신각신하는 사이 기회를 놓치지 말고 사람들 틈에 끼어 소관을 빠져나가면 될 것이오."

오자서가 물었다.

"선생의 계책이 비록 좋기는 하나 선생의 친구 분에게 누를 끼치게 될 것이니 마음이 편치 못합니다."

동고공이 대답했다.

"그건 염려하지 마시오. 족하가 소관을 빠져나가면 그 친구를 구해낼 계책이 따로 있소. 이 늙은이가 이미 그 친구에게 그에 관한 것을 자세히 일러뒀소. 그 친구도 강개慷慨한 선비인 까닭에 이번 일을 거절하지 않고 곧바로 맡아줬소. 족하는 지나치게 염려하는 과려過慮를 할 필요가 없소."

그러고는 사람을 시켜 황보눌을 방안으로 데리고 들어오게 한 뒤 오자서와 인사를 시켰다. 오자서가 보니 자신과 3할三分가량 닮은 듯해 내심 크게 기뻐했다. 동고공이 오자서에게 탕약을 주며 얼굴을 씻게 했다. 오자서의 안색이 꺼멓게 변했다.

황혼이 되자 동고공은 오자서에게 소복을 벗게 해 황보눌에게 입혔다. 그는 또 거친 베옷인 갈의葛衣를 갖고 나와 오자서에게 입혔다. 종복으로 분장시킨 것이다. 또 공자 승은 촌아이처럼 가장시켰다. 오자서와 공자 승은 동고공에게 작별인사로 4번 절을 했다. 오원이 마지막으로 동고공에게 말했다.

"제가 뜻한 바를 이루면 꼭 선생의 은혜에 보답하겠습니다."

동고공이 말했다.

"이 늙은이는 족하의 원통한 사정을 안타깝게 여겨 돕는 것일 뿐이오. 내가 어찌 보답을 바라겠소?"

오자서와 공자 승이 황보눌을 따라 밤새도록 소관을 향해 걸어갔다. 소관에 당도할 때쯤 날이 밝았다. 관문을 여는 시각이었다. 초나라 장수 위월이 직접 관문의 누대 위에서 호령했다.

"동쪽으로 가는 북쪽 사람은 검색을 더욱 철저히 하고, 아무 이상이 없는 게 명확할 때만 비로소 관문을 통과시키도록 하라."

관문 앞에는 범인의 용모와 특징을 그린 오자서의 용모파기容貌疤記 그림이 걸려 있었다. 소관은 물 한 방울 샐 틈이 없고, 나는 새도 그냥 지나갈 수 없을 만큼 경비가 삼엄했다.

황보눌이 곧바로 관문 앞으로 걸어갔다. 관문을 지키는 병사들은 황보눌의 용모가 오자서의 화상과 닮고, 몸에 소복을 입었고, 관문으로 다가올수록 걸음걸이가 움츠러드는 것을 보고는 그를 오자서로 여겼다. 다짜고짜 황보눌을 잡아 세운 뒤 위월에게 오자서를 검거했다고 보고했다.

위월이 보고를 듣자마자 관문으로 급히 달려 나왔다. 멀리서 황보눌을 보고 크게 외쳤다.

"바로 그 자이다!"

그러고는 좌우에 명해 그를 속히 소관의 누대 위로 끌고 오게 했다. 황보눌은 왜 체포됐는지 모르는 체 하며 방생放生을 애걸했다.

위월 수하의 장졸과 관문의 안팎에 사는 백성들 모두 나라를 떠들썩하게 만든 오자서가 체포됐다는 소식을 듣고 떼 지어 뛰쳐나와 그 광경을 지켜봤다. 혼잡 속에 관문은 크게 열려 있었다. 구경꾼 속에 섞여 있던 오자서는 그 틈을 이용해 공자 승을 데리고 소관을 빠져나왔다.

오자서가 무사히 소관을 통과한 데는 몇 가지 이유를 들 수 있다. 첫째, 구경꾼이 대거 몰려들어 혼잡을 이뤘기 때문이다. 둘째, 오자서가 종복으로 가장했기 때문이다. 셋째, 오자서의 안색이 검게 변한데다 머리와 수염이 하얗게 세서 그를 알아보기 힘들었기 때문이다. 넷째, 오자서가 이미 체포됐다는 소문에 병사들이 검문을 제대로 하지 않았기 때문이다.

덕분에 오자서는 공자 승과 함께 군중에 휩쓸려 소관을 무사히 통과할 수 있었다. 그야말로 물속의 잉어가 낚시 바늘에서 벗어나자마자 꼬리와 머리를 흔들며 멀리 달아나는 '이어탈각금구거鯉魚脫卻金鉤去, 파미요두재불래擺尾搖頭再不來'와 닮았다.

옛 사람이 시를 지어 이를 증명했다.

호표 1천 마리 관문을 지켜도	千群虎豹據雄關
망명객은 관문지나 하산하다	一介亡臣已下山
이후 오나라가 승기를 잡으니	從此勾吳添勝氣
영도는 전쟁으로 쉴 날 없다	郢都兵革不能閒

초나라 장수 위월은 황보눌을 오자서로 알았다. 고문을 해서라도 자백을 받은 뒤 영도로 압송코자 했다. 그러나 황보눌이 자신은 오자서가 아니라고 완강히 부인했다.

"나는 용동산에 사는 은사 황보눌이란 사람이오. 친구인 동고공과 함께 관문을 나가 동쪽 명승지로 놀러 가려던 참이었소. 아무 죄도 없는데 무슨 이유로 나를 체포한 것이오?"

위월은 그 목소리를 듣고는 내심 이같이 생각했다.

'오자서는 눈빛이 번개 같고 목소리는 큰 종소리 같다고 했다. 이 살마은 얼굴과 체격은 비슷한데 목소리가 너무 작다. 혹여 그간 도망 다니느라 풍찬노숙風餐露宿을 많이 해 목소리가 작아진 게 아닐까?'

그가 의혹에 쌓여 있을 때 문득 보고가 들어왔다.

"동고공이 장군을 찾아 왔습니다."

위월이 병사들에게 명해 황보눌을 데리고 나가 가두게 한 뒤 동고공을 맞아들였다. 두 사람이 주객의 예를 갖춘 뒤 자리에 앉았다. 동고공이 먼저 말했다.

"이 늙은이가 관문 밖 동쪽으로 놀러가려던 참인데 장군이 망신亡臣인 오자서를 잡았다는 소식을 듣고는 경하 드리려고 특별히 찾아왔소."

위월이 말했다.

"관문을 지키는 병사들이 오자서와 비슷한 사람을 체포했으나 아직 자백을 받지 못하고 있습니다."

동고공이 말했다.

"장군은 일찍이 오자서 부자와 함께 초나라 조정에 있었는데 어찌 진위를 분별치 못하는 것이오?"

위월이 말했다.

"오자서는 눈빛이 번개처럼 번쩍이고 목소리가 큰 종소리 같은데 이번에 잡은 사람은 눈이 좀 작고 목소리가 여자처럼 가늘었소. 혹여 그간 너무 고생을 많이 해서 저 지경이 되지 않았나 의심하는 중입니다."

동고공이 청했다.

"이 노부老夫도 오자서와 일면식이 있소. 그 자를 이리 불러내면 내가 한번 보고 허실을 가려낼 수 있소."

위월이 병사들로 하여금 그 죄수를 데려오게 했다. 황보눌이 동고공을 보고는 급히 외쳤다.

"그대는 나와 함께 관문 밖으로 나가기로 약속해 놓고 왜 제 시간에 오지 않아 나에게 이런 봉변을 당하게 만든 것이오?"

동고공이 웃으며 위월에게 말했다.

"장군이 잘못 보셨소. 저 사람은 나의 고향 친구인 황보눌이오. 저 친구가 오늘 함께 소관 밖으로 놀러 가자고 하기에 관문 앞에서 만나자고 약속했소. 뜻하지 않게 그가 서둘러 온 모양이오. 장군이 믿지 못하면 여기 과관문첩過關文牒이 있으니 한 번 보시오. 어찌하여 내 친구를 망신亡臣으로 무함하는 것이오?"

그러고는 소매 속에서 문첩을 보여주었다. 위월이 크게 부끄러워하며 직접 황보눌의 결박을 풀어준 뒤 좌우에 명해 술을 내려 놀란 가슴을 진정시켜 주게 했다.

"이 일은 병사들이 친구 분을 알아보지 못한 탓이니 너무 심하게 나무라지는 마십시오."

동고공이 말했다.

"장군이 조정을 위해 법을 엄히 집행하느라 벌어진 일인데 노부가 무엇을 탓할 수 있겠소?"

위월이 돈과 비단을 내놓으며 동쪽으로 놀러가는 노자로 쓰라고 했다. 두 사람이 칭사稱謝한 뒤 관문을 빠져나왔다. 위월이 휘하 병사들에게 관문을 튼튼히 지킬 것을 명했다.[6]

한편 소관을 무사히 빠져나온 오자서는 기쁜 마음을 억누르며 공자 승과 함께 큰 걸음으로 성큼성큼 걸어갔다. 몇 리쯤 갔을 때 아는 사람을 만났다. 그의 성은 좌左이고, 이름은 성誠이었다. 소관에서 딱따기를 치며 야경夜警을 하는 격탁擊柝의 소졸小卒로 있었다. 원래 그는 성보城父 출신으로 일찍이 오씨 부자를 따라 사냥을 한 적이 있다. 오자서가 그를 금방 알아본 이유다. 그 역시 오자서를 보고 깜짝 놀랐다.

"조정에서 지금 다급하게 공자를 찾고 있는데 공자는 어떻게 관문을 빠져나온 것입니까?"

오자서가 대답했다.

"주상은 내게 야광주夜光珠가 있다는 걸 알고 내게 그것을 바치라고 했소. 야광주를 이미 다른 사람에게 준 까닭에 그걸 찾으러 가는 길이오. 위월 장군에게 이를 말했더니 나를 바로 보내주셨소."

좌성이 그 말을 믿지 못하고 말했다.

"초왕이 공자를 풀어준 자는 일족을 참수하겠다는 명을 내렸소. 공자는 저와 함께 관문으로 돌아가 위 장군에게 자세한 사정을 밝힌 뒤 다시 떠나

6 북경 일대에서 유행하는 경극京劇 「문소관文昭關」은 『열국지』에 나오는 이 일화를 소재로 한 것이다. 원래 이 일화는 후한 초기 조엽趙曄이 쓴 『오월춘추吳越春秋』 「왕료사공자광전王僚使公子光傳」에서 따온 것이다. 여기에는 관리關吏 좌성左誠의 이름이 나오지 않는다. 『열국지』의 일화가 백성들 사이에서 널리 유포됐음을 방증하는 대목이다.

갈대밭 속의 어부

도록 하시오."

오자서가 말했다.

"만일 위 장군을 만나면 이미 야광주를 너에게 맡겼다고 말하겠다. 그럼 너의 온몸이 찢기고 말 것이다. 차라리 나를 풀어준 뒤 나중에 좋은 얼굴로 만나는 게 좋을 것이다."

좌성은 오자서의 영용英勇을 아는 까닭에 감히 대항할 생각을 하지 못하고 이내 동쪽으로 가게 했다. 관문으로 돌아와 아무 말도 하지 않았다.

오자서는 공자 승과 함께 발걸음을 재촉했다. 지금의 호북성 악주시인 악저鄂渚에 이르러 큰 장강이 바라다 보였다. 장강은 넓고 아득한 망망호호

茫茫浩浩의 모습을 보였다. 파도를 크게 일으키며 아래로 흘러갔다. 좌우를 돌아봤으나 몸을 싣고 강을 건널 배가 보이지 않았다. 앞에는 큰 강이 가로막고 있는 상황에서 위월이 추격해 올지도 모를 일이었다.

오자서가 불안해했다. 바로 이때 어옹漁翁 한 사람이 배를 타고 하류에서 강물을 거슬러 올라오는 게 보였다. 오자서가 기뻐하며 말했다.

"하늘이 아직 내 목숨을 끊지 않으려는가 보다."

급히 어옹을 불렀다.

"어부는 나를 맞은 편 강기슭으로 건네주시오."

어옹은 강기슭에 배를 대려다가 강 언덕에서 또 다른 사람이 움직이는 것을 보고는 큰 소리로 이같이 노래했다.

일월 밝게 빛나다 물에 문득 잠기니 日月昭昭乎浸已馳
그대와 갈대밭 기슭에서 만나리라 與子期乎蘆之漪

오자서는 그 노래를 듣고 어옹의 뜻을 알아챘다. 곧 강을 따라 하류로 내려갔다. 한참 가자 우거진 갈대밭이 나타났다. 갈대밭 속에 몸을 숨겼다. 얼마 후 어옹이 그곳으로 와서 배를 강기슭에 대려고 했다. 사람이 보이지 않자 다시 큰 소리로 노래했다.

해가 져 저녁 되니 日已夕兮
내 마음 서글퍼져 予心憂悲
달은 둥실 떴는데 月已馳兮
왜 도강하지 않나 何不渡爲

그제야 오자서가 자승을 이끌고 갈대밭에서 나왔다. 어옹이 손짓해 두 사람을 급히 배에 태웠다. 긴 삿대를 강기슭을 짚고 배를 강 쪽으로 밀어냈다. 배가 강기슭을 벗어나자 어옹은 가볍게 삿대를 저어 배를 강심江心으로 몰고 갔다. 한 시각도 안 돼 오자서를 태운 배가 맞은편 언덕에 닿았다.

어옹이 말했다.

"어젯밤 꿈에 큰 별 하나가 내 배에 떨어졌소. 이 늙은이는 이인異人이 틀림없이 강을 건너게 해달라고 부탁할 줄 알았소. 오늘 배를 타고 강으로 나왔더니 과연 그대를 만났소. 그대의 용모를 보니 참으로 비상하오. 그대는 나에게 그대가 누구인지 속이지 말고 말해 주시오."

오자서가 하나도 숨기지 않고 어옹에게 말했다. 어옹이 오자서의 이름을 듣고는 연식 탄식했다.

"그대 안색을 보니 기색飢色이 완연하오. 내가 마을에 가서 밥을 얻어올 터이니 잠시만 기다려 주시오."

어옹이 배를 강기슭의 버드나무에 맨 뒤 밥을 얻으러 마을로 갔다. 한참 기다렸는데도 어옹이 오지 않았다.

오자서가 공자 승에게 말했다.

"사람의 마음은 헤아리기 어렵소. 그 어옹이 마을 사람을 모아 나를 잡으러 올지도 모르오."

그러고는 함께 다시 갈대밭 속으로 들어가 깊이 숨었다. 이윽고 어옹이 보리밥과 소금에 절인 생선, 국이 담긴 사발을 들고 다시 버드나무 아래로 돌아왔다. 오자서는 그 자리에 없었다. 어옹이 큰 소리로 외쳤다.

"노중인蘆中人, 노중인蘆中人! 나는 그대를 팔아 이득을 볼 사람이 아니오."

그제야 오자서가 갈대밭 속인 노중蘆中에서 나왔다. 어옹이 물었다.

"그대가 굶은 것을 딱하게 여겨 일러 밥을 얻으러 간 것인데 어찌해서 나를 피한 것이오?"

오자서가 대답했다.

"성명性命은 하늘에 속해 있다고 하나 지금은 내 목숨은 노인에게 매어 있습니다. 오랫동안 망명생활을 하다 보니 마음속에 우환이 쌓여 정신이 황망합니다. 얼떨결에 몸을 숨긴 것이지 어찌 감히 의심할 리 있겠습니까?"

어옹이 오자서에게 음식을 내주었다. 오자서가 공자 승과 함께 배부르게 먹었다. 이어 그곳을 떠나기 전 허리에 차고 있던 칼을 풀어 선물로 내주면서 말했다.

"이 검은 옛날 초왕이 우리 조상에게 하사한 것입니다. 이 검엔 보석으로 만든 북두칠성이 새겨져 있습니다. 그 값이 100금金은 나갈 것입니다. 장인丈人의 은혜에 보답하기 위해 이 검을 드리겠습니다."

어옹이 웃으며 대답했다.

"내가 들으니 초왕이 하령키를, '오원을 잡아서 바치는 자에겐 5만 석의 곡식과 상대부上大夫의 벼슬을 내린다.'고 했다고 하오. 내가 그런 큰 상금과 벼슬을 받을 생각이 없는데 하물며 100금의 값어치밖에 안 되는 그대의 검을 받아 뭐하겠소? 그대는 검이 없어선 안 될 것이오. 그대에겐 반드시 필요한 물건이지만 나에겐 아무 소용이 없소."

오자서가 물었다.

"장인이 검을 받지 않겠다고 하니 성함이라도 가르쳐 주십시오. 그래야 훗날 은혜에 보답할 수 있을 것입니다."

어옹이 화를 냈다.

"나는 그대가 원통한 일을 당한 것을 딱하게 여겨 이 강을 건너게 해준 것일 뿐이오. 자꾸 보답을 하겠다고 하나 내가 보답을 바란다면 대장부가 아니오."

오자서가 말했다.

"장인이 비록 보답을 바라지 않는다고 말하지만 그냥 떠나려고 하니 저의 마음이 편안치 않습니다."

그러면서 굳이 성명을 알려달라고 간청했다. 어옹이 말했다.

"오늘 그대와 만났으나 그대는 초나라의 수배를 받아 달아나는 사람이고, 나는 초나라의 도적을 놓아준 사람이오. 내가 누구인지 알아서 어디에 쓸 것이오? 더구나 나는 배를 타고 고기를 잡아 생계를 이어가는 어부요. 평생 물결 속에서 사는 사람이니 내 이름을 일러준들 언제 다시 재회를 기약할 수 있겠소? 만일 하늘이 우리를 다시 만나게 해주면 내가 그대를 갈대밭 속의 사람이라는 뜻의 '노중인'이라고 불렀으니, 그대 역시 나를 고기 잡는 노인이라는 뜻의 어장인漁丈人이라고 부르시오. 그렇게 부르면 우리는 서로 알아볼 수 있지 않겠소?"

오자서는 그 말을 듣고는 흔연히 재배하며 작별을 고한 뒤 발걸음을 옮겼다. 몇 걸음 가다가 뒤를 돌아보며 당부했다.

"혹여 나를 추격해 오는 병사들을 만나더라도 내 종적을 누설해서는 안 됩니다."

오자서가 어옹을 돌아보면서 한 그 말이 결국 어옹의 목숨을 잃게 했다.

뒷일을 알고자 하면 다음 회를 보라.

제73회

145話 오원이 퉁소를 불며 오나라 저자에서 구걸하다 – 오원취소걸오시伍員吹簫乞吳市

어장인漁丈人은 배로 오자서를 건네주고 또 음식까지 얻어다 먹였지만 오자서가 선물한 검을 받지 않았다. 오자서는 가다 말고 돌아서서 어옹에게 자기의 일을 비밀에 붙여달라고 부탁했다. 어옹이 하늘을 우러러 길게 탄식했다.

"나는 그대에게 덕을 베풀었지만 그대는 오히려 나를 의심하는 것이오? 만일 초나라 병사들이 다른 곳에서 강을 건너와 그대를 추격하면 내가 어떻게 나의 결백을 밝힐 수 있겠소? 차라리 내가 이 자리서 자진해 그대의 의구심을 끊어 놓겠소."

그러고는 배를 맨 줄을 풀고 배에 올라탔다. 배가 강심江心에 이르자 어옹이 삿대를 버리고 키를 뽑았다. 이어 배를 뒤집어 강물 속으로 몸을 던졌다.

사신이 이를 시로 읊었다.

여러 해 낚시하며 은거하다가	數載逃名隱釣綸
초나라 망명객 배로 건네주다	扁舟渡得楚亡臣
그대 걱정 끊으려고 자진하니	絶君後慮甘君死
천고에 어옹의 이름을 전하다	千古傳名漁丈人

지금도 무창武昌 동북쪽 통회문通淮門 밖 해검정解劍亭이 있다. 당시 오자서가 어옹에게 주려고 허리에 차던 칼을 끌렀던 곳이다. 당시 오자서는 어옹이 스스로 강물에 빠져죽는 걸 보고 탄식했다.

"나는 그대 때문에 살았는데 그대는 나 때문에 죽었으니 어찌 애달프지 않은가!"

오자서가 공자 승과 함께 마침내 오나라 경계 안으로 들어갔다. 두 사람은 오나라 율양溧陽 땅에 이르렀다. 배가 고파 밥을 빌어먹으려고 했다. 마침 뇌수瀨水 가에서 무명베를 빠는 여인을 만났다. 그녀 곁에는 밥을 담은 소쿠리가 놓여 있었다. 오자서가 걸음을 멈추고 그 여인에게 청했다.

"부인은 이 나그네에게 밥 한 그릇만 빌려 줄 수 있겠소?"

여인이 머리를 숙이고 대답했다.

"첩은 홀어머니와 함께 사는데 나이 30이 넘도록 출가하지 않았습니다. 어찌 감히 길가는 나그네에게 밥을 드릴 수 있겠습니까?"

오자서가 다시 청했다.

"나는 객지에서 노자가 떨어져 몹시 궁한 상황입니다. 주린 배를 채울 수 있게 밥 한 술만 주십시오. 부인은 사람을 먹이는 덕을 베푸는 것인데 어째서 마다고 하는 것입니까?"

여인이 그제야 머리를 들어 괴휘魁偉하게 생긴 오자서의 풍채를 보고 말했다.

"첩이 군자의 용모를 보니 비상인非常人인 듯싶습니다. 어찌 작은 혐의를 두려워해 군자의 곤경을 좌시할 수 있겠습니까?"

마침내 여인이 무릎을 꿇고 오자서에게 소쿠리를 통째로 바쳤다. 오자서가 여인의 몫을 남겨 놓을 요량으로 밥을 절반만 먹었다. 여인이 말했다.

"군자는 원행遠行을 하는 모양인데 어째서 포식飽食하지 않는 것입니까?"

그제야 두 사람은 남은 음식을 모두 먹었다. 오자서가 떠나면서 그 여인에게 말했다.

"부인은 내게 목숨을 살려주는 은혜인 활명지은活命之恩을 베풀었소. 그 은혜를 폐부에 새겨 두겠소. 나는 초나라의 망명객입니다. 혹여 누가 와서 물을지라도 부인은 말하지 마십시오."

여인이 처량한 심경으로 처연凄然히 탄식했다.

"아, 첩은 홀어머니를 모시고 나이 30이 넘도록 시집도 안 가다가 뜻밖에 낯선 남자에게 밥을 내주고 말까지 주고받았으니 규중처자의 정절을 잃은 셈이다. 그러고도 내가 어찌 정절을 지킨 여인이라고 할 수 있는가? 군자는 어서 떠나가시오."

오자서는 여인과 작별하고 몇 걸음 가다가 뒤를 돌아보았다. 여인이 어느새 큰 돌을 안고 뇌수에 몸을 던져 자진했다.[1]

1 오자서를 배로 건네준 어부가 강물에 투신하고 무명베를 빠는 여인이 자진하는 일화는 풍몽룡이 만들어낸 게 아니다. 『사기』「오자서열전」에는 나오지 않으나 『오월춘추』「왕료사공자광전王僚使公子光傳」에 이 일화가 나온다. 풍몽룡이 춘추전국시대에 관한 각종 사료를 토대로 『열국지』를 저술했음을 뒷받침하는 대목이다. 『열국지』를 또 하나의 사서로 보아야 하는 이유다. 『열국지』는 『삼국연의』와 달리 저자인 풍몽룡이 창작해 낸 대목이 거의 없다

후대인이 시를 지어 칭송했다.

율양 땅 북쪽 거주하는　溧水之陽
무명베 빨던 그 여인은　擊綿之女
홀어미와 함께 살면서　惟治母餐
남자와 말도 안 해봤다　不通男語
나그네를 불쌍히 여겨　矜此旅人
소쿠리 음식을 바쳤다　發其筐筥
나그네 배를 채웠지만　君腹雖充
여인은 정절을 잃었다　吾節已窳
잔약한 몸 강물에 던져　捐此孱軀
규수의 법도를 밝혔다　以存壼矩
뇌수가 마르지 않듯이　瀨流不竭
천고에 명성 전하리라　茲人千古

오자서는 여인이 물에 빠져죽는 걸 보고 치솟는 슬픔을 억제하지 못했다. 손가락을 깨물어 바위 위에 혈서 20자를 썼다.

그대는 빨래를 하는데　爾浣紗
나는 밥을 빌어먹었다　我行乞
나는 굶주림 면했으나　我腹飽
그대는 물에 투신했다　爾身溺
앞으로 10년이 지나면　十年之後

고 해도 과언이 아니다.

꼭 천금으로 답하리라 千金報德

오자서는 혈서를 쓴 뒤 다시 남들이 볼까 두려운 나머지 흙으로 그 바위를 덮어 버렸다.

율양을 지나 다시 300여 리를 걸어 한 곳에 당도했다. 오나라 도성에서 가까운 그곳의 지명은 오추吳趨였다. 오자서는 그곳에서 한 장사를 보았다. 그 장사는 이마가 넓고 눈이 쑥 들어갔다. 행동은 굶주린 호랑이 같았고, 목소리는 우레 같았다.

그는 저잣거리에서 한 대한大漢과 치고받으며 싸우고 있었다. 여러 사람이 말렸지만 소용이 없었다. 그때 한 부인이 와서 그를 불렀다.

"전제專諸야, 그래선 안 된다."

장사가 송구스런 표정을 지으면서 곧바로 싸움을 중지하고 부인을 좇아 집안으로 들어갔다. 오자서는 무서운 장사가 여인에게 쩔쩔매는 것을 괴이하게 여겨 곁에 있는 사람에게 물었다.

"저런 장사도 부인을 무서워하는 것입니까?"

그 사람이 대답했다.

"저 사람은 우리 고을의 용사입니다. 그 힘은 1만 명의 장정을 대적할 만합니다. 아무리 강한 자도 두려워하지 않습니다. 평생 의리를 좋아해 뭐든지 불공평한 일을 보면 목숨을 내놓고 싸웁니다. 방금 전에 그를 부른 부인은 그의 어머니입니다. 전제가 바로 그의 이름입니다. 그는 원래 대단한 효자여서 어머니의 말이면 추호도 어기는 일이 없습니다. 몹시 화를 내 싸우다가도 어머니 목소리를 들으면 곧바로 그칩니다."

오자서가 탄복했다.

"실로 열사烈士이다!"

이튿날 오자서는 옷을 갈아입고 전제의 집으로 갔다. 전제가 그를 맞아들인 뒤 내력을 물었다. 오자서가 자신의 이름을 말한 뒤 자신의 내력과 억울한 일을 당한 사정을 자세히 설명했다.

전제가 물었다.

"그대에게 그런 원통한 사정이 있다면 그대는 왜 오왕을 알현하고 군사를 빌려 원수를 갚지 않는 것입니까?"

오자서가 대답했다.

"나를 이끌어 소개시켜 줄 사람이 없소. 감히 스스로 나설 수는 없소."

전제가 말했다.

"옳은 말씀이오. 오늘 이 누추한 거처인 황거荒居를 찾아온 이유는 무엇이오?"

오자서가 말했다.

"그대의 효행에 관해 듣고 감동했소. 그대와 결교結交코자 하오."

전제가 크게 기뻐했다. 곧 안방으로 들어가 모친에게 이를 고했다. 모친이 교결을 허락했다. 전제가 바깥방으로 나와 서로 8번 절하며 의형제를 맺는 8배지교八拜之交를 행했다. 오자서가 전제보다 2세 더 많았다. 전제가 오자서를 형님으로 불렀다.

오자서는 전제의 안내를 받고 안방으로 들어가 전제의 어머니에게 절을 올리고 의모義母로 대했다. 전제가 자신의 처자를 불러 의형인 오자서와 상면하게 했다. 그날 전제는 닭을 잡고 기장밥을 지어 올리면서 오자서를 골육처럼 환대했다. 그날 밤 오자서와 공자 승은 전제의 집에서 묵었다.

이튿날 아침 오자서가 전제에게 말했다.

"나는 이제 동생과 작별하고 오나라 도성으로 들어갈 것이오. 기회를 보아 오왕을 섬길 작정이오."

전제가 말했다.

"오왕은 용기를 좋아는 하지만 교만합니다. 공자 광光은 현자를 좋아하고 선비를 예우합니다. 그는 틀림없이 자신이 품은 뜻을 이룰 것입니다."

오자서가 말했다.

"동생의 충고를 깊이 명심하겠소. 훗날 동생을 쓸 데가 있으면 부를 터이니 거절하지 마시오."

전제가 응낙했다. 오자서가 전제와 작별한 뒤 공자 승을 이끌고 오추를 떠났다. 두 사람은 이내 지금의 강소성 무석현인 오나라의 초기 도성 매리梅里에 당도했다. 매리는 중원 열국의 도읍에 비해 성곽이 낮고 좁았다. 조당朝堂과 거리도 엉성했다. 다만 성안의 운하를 통해하는 배와 거리를 달리는 수레가 많아 소란스러웠다. 사방을 둘러보았으나 아는 사람은 하나도 없었다.

오자서는 공자 승 즉 미승羋勝을 교외에 감춰둔 뒤 성안으로 들어갔다. 이때 머리를 풀어헤치고 미치광이 걸인으로 분장했다. 얼굴에 숯검정을 칠한 채 맨발로 들어왔다. 반죽斑竹으로 만든 통소를 불면서 저잣거리를 돌아다녔다. 배가 고프면 밥을 빌어먹었다. 통소를 불며 노래를 불렀다. 첫 번째 가사는 이러했다.

오자서, 오자서여	伍子胥, 伍子胥
송과 정 거쳐도 기댈 곳 없지	跋涉宋鄭身無依
천신만고 겪어 처량키만 하니	千辛萬苦凄復悲
부친원수 못 갚아 어찌 살거나	父仇不報, 何以生爲

두 번째 가사는 이러했다.

오자서, 오자서여	伍子胥, 伍子胥
소관 지나니 수염 눈썹 세었지	昭關一度變鬚眉

온갖 공포 겪어 처량키만 하다	千驚萬恐淒復悲
형님원수 못 갚아 어찌 살거나	兄仇不報, 何以生爲

세 번째 가사는 이러했다.

오자서, 오자서여	伍子胥, 伍子胥
갈대 포구 율양 강물 거쳐 왔지	蘆花渡口溧陽溪
난관 이겨내고 오나라에 왔으나	千生萬死及吳陲
퉁소 불고 걸식해 처량키만 하다	吹簫乞食淒復悲
내 몸 원수 못 갚아 어찌 살거나	身仇不報, 何以生爲

시정市井 사람들은 아무도 퉁소 소리의 뜻을 알아듣지 못했다. 때는 주 경왕 25년이자 오왕 요僚 7년인 기원전 520년이었다.

당시 오나라 공자 광光은 원래 오왕 제번諸樊의 아들이다. 제번이 죽었을 때 공자 광은 부친의 뒤를 이어 보위에 올라야만 했다. 오왕 제번은 선왕인 수몽壽夢의 유언을 지켜 보위를 아들 대신 동생에게 전했다. 제번의 동생인 여채와 이말이 차례로 즉위한 이유다.

그러나 이말이 죽었을 때 계찰은 보위를 마다하고 봉지인 연릉延陵 땅으로 달아나 숨어버렸다. 응당 제번의 아들인 공자 광이 보위를 이어야 했다. 이말의 아들 요僚가 보위를 탐해 스스로 보위에 올랐다. 공자 광이 불평을 품었다. 내심 기회를 보아 은밀히 오왕 요를 제거코자 하는 생각을 갖게 된 이유다. 신하들 모두 오왕 요의 무리가 되어 있었다. 공자 광은 의논할 사람조차 없었다.

공자 광은 조정의 이런 형편을 감안해 일단 은인자중하다가 문득 한 가지 계책을 생각해냈다. 그 계책은 바로 피리被離라는 관상가를 조정에 천거해 시장을 관할하는 시리市吏로 임명케 한 뒤 그로 하여금 시정이나 초야에 묻혀 있는 호걸을 찾아내 자신의 참모로 삼는 방안이었다.

하루는 오자서가 퉁소를 불며 오나라 도성의 저잣거리를 지나가던 중이었다. 관상가 피리는 퉁소소리가 매우 애절한 것을 듣고는 그 가락에 사연이 있는 것을 직감했다. 곧 귀를 기울여 가락을 2–3번 듣다가 저잣거리로 나가 오자서의 상을 살펴보고는 크게 놀랐다.

'내가 많은 사람의 관상을 봤지만 이처럼 뛰어난 상을 지닌 사람은 처음이다.'

그러고는 곧 오자서에게 가서 읍을 한 뒤 자신이 근무하는 관아로 초치했다. 이어 윗자리에 앉기를 청하자 오자서가 사양했다.

피리가 물었다.

"내가 듣건대 초왕이 충신 오사를 죽이자 그의 아들 오자서가 국외로 망명했다고 했습니다. 혹여 그대가 바로 오자서가 아니시오?"

오자서가 몸을 움츠리며 대답하지 않았다. 피리가 다시 말했다.

"나는 그대를 해치려는 사람이 아닙니다. 그대의 상이 비범한 것을 보고 그대가 부귀를 누릴 수 있도록 도와주려고 하는 것일 뿐입니다."

오자서는 그제야 자신의 원통한 사연을 피리에게 호소했다. 이때 피리의 동료 한 사람이 오자서의 하소연을 엿듣고는 재빨리 오왕 요에게 이 일을 보고했다. 호기심이 발동한 오왕 요가 피리에게 오자서를 데리고 입궁할 것을 명했다.

피리는 한편으로 사람을 오공자 광에게 보내 이 사실을 알렸다. 이어 오자서로 하여금 목욕을 하고 옷을 갈아입게 했다. 피리가 옷을 갈아입은 오자서와 함께 입궁해 오왕 요를 알현했다.

오왕 요는 오자서의 용모가 기위奇偉한 것을 보고 함께 세상사를 논하고는 그가 매우 현명하다는 것을 알았다. 곧바로 그에게 대부 벼슬을 내렸다.

오원이 통소를 불며 오나라 저자에서 구걸하다

이튿날 오자서가 다시 입궁해 오왕 요에게 사은한 뒤 부형의 원수를 갚게 해달라고 청했다. 원통하게 죽은 부형의 이야기를 할 때는 입을 악물고 이를 갈았다. 눈에서는 불길이 활활 타올랐다.

오왕 요는 그 기개를 장하게 여기면서도 한편으로는 불쌍하다는 생각이 들었다. 이내 군사를 일으켜 원수를 갚아주겠다고 약속했다.

한편 공자 광은 오자서가 지혜롭고 용기가 있다는 소문을 들어온 까닭에 그를 자기 사람으로 만들고 싶어 했다. 그는 오왕 요가 오자서를 먼저 만난 것을 알고는 오자서가 오왕 요의 측근 신하로 임용될까 겁이 났다. 마음이 불안해진 그는 곧 오왕 요에게 가서 말했다.

"듣건대 초나라 망명객 오자서가 우리나라로 왔다고 합니다. 그를 만나보니 어떻습니까?"

오왕 요가 대답했다.

"현명하고도 효성스런 사람이었소."

공자 광이 물었다.

"뭘 보고 그렇다는 걸 알았습니까?"

오왕 요가 대답했다.

"그를 만나보니 용기와 담력이 비상했소. 과인이 그와 함께 국사를 논해보니 그의 견해는 모두 핵심을 찔렀소. 그래서 그가 현명한 사람이란 걸 알았소. 그는 또 부형의 원수를 잠시도 잊지 않았소. 원수를 갚기 위해 과인에게 군사를 빌려 달라고 청한 게 그렇소. 그래서 그가 효성스런 사람이란 걸 알았소."

공자 광이 또 물었다.

"그래서 그의 원수를 갚아주기로 약속했습니까?"

오왕 요가 대답했다.

"그 정성이 너무 딱하기에 그리하기로 허락했소."

공자 광이 간했다.

"만승의 군주가 한낱 필부의 원수를 갚기 위해 군사를 일으켜서는 안 됩니다. 최근 오나라와 초나라는 서로 여러 번 전쟁을 벌였지만 우리가 초나라에 대승을 거둔 적이 별로 없습니다. 그런 터에 오자서를 위해 군사를 일으키는 것은 필부의 원수를 나라의 수치보다 중히 여기는 게 됩니다. 설령 우리가 싸워 이길지라도 이는 오자서의 원한을 씻어주는 일에 불과하고, 싸워서 지면 나라에 큰 치욕을 안기는 게 됩니다. 그의 원수를 대신 갚아주는 일은 결코 해서는 안 됩니다."

오왕 요는 이 말을 그럴 듯하게 여겼다. 마침내 초나라를 치는 일을 파의

罷議하고 다시는 거론하지 않았다. 오자서는 공자 광이 간해 그리됐다는 이야기를 듣고는 속으로 중얼거렸다.

'공자 광은 지금 그 뜻이 나라를 도모하는 데 있다. 외국과 전쟁을 벌이는 것과 같은 외사外事는 아직 거론할 때가 아니다.'

오자서는 자신의 건의를 받아들이지 않자 곧 대부 벼슬을 내놓고 받지 않았다. 공자 광이 다시 오왕 요에게 말했다.

"오자서는 군사동원이 무산되자 대부 벼슬을 사양하고 받지 않았습니다. 이는 대왕을 원망하는 마음이 있기 때문입니다. 그를 등용해서는 안 됩니다."

오왕 요가 이를 좇았다. 오자서를 멀리하면서 다만 생계를 꾸릴 수 있도록 양산陽山의 밭 100무畝를 하사했다. 오자서가 공자 승과 함께 양산의 밭을 경작하며 살았다.

하루는 공자 광이 은밀히 양산 땅으로 가서 오자서를 만났다. 미속米粟과 포백布帛을 갖고 가 예물로 전하면서 말했다.

"그대는 오나라와 초나라의 경계를 넘나들며 여러 곳을 돌아다녔소. 일찍이 그대처럼 재주와 용기를 겸비한 재용지사才勇之士를 만난 적이 있소?"

오자서가 대답했다.

"저 같은 사람이야 족히 말할 것도 안 됩니다. 제가 만난 전제專諸란 사람은 실로 용사입니다."

공자 광이 청했다.

"원컨대 그대의 주선으로 전제 선생과 사귀고 싶소."

오자서가 대답했다.

"전제는 이곳에서 그리 멀지 않은 곳에 살고 있습니다. 오늘이라도 사람을 보내 부르면 내일이라도 당장 공자가 찾아올 것입니다."

공자 광이 말했다.

"그 분이 실로 '재용지사'라면 응당 내가 직접 찾아가 뵙겠소. 어찌 감히 앉아서 부를 수 있겠소?"

그러고는 즉시 오자서와 함께 수레를 타고 직접 전제의 집으로 갔다. 당시 전제는 어떤 사람의 부탁을 받고 돼지를 잡기 위해 저잣거리에서 마침 칼을 갈고 있었다. 전제는 훌륭한 수레가 요란스레 달려오는 걸 보고 일어나 몸을 피하려고 했다.

전제를 본 오자서가 수레 위에서 불렀다.

"우형愚兄이 여기 왔소."

전제가 황망히 들고 있던 칼을 놓고 오자서에게 왔다. 오자서가 수레에서 내려 인사를 나눴다. 이어 공자 광을 가리키며 말했다.

"이 분은 오나라의 장공자長公子로 동생이 영웅인 것을 사모해 특별히 이곳까지 찾아온 것이오. 동생은 몸을 피하지 마시오."

전제가 공자 광 앞에게 말했다.

"이 몸은 여항閭巷의 소민小民입니다. 무슨 덕능德能이 있다고 여기까지 번거롭게 찾아주신 것입니까?"

공자 광에게 읍을 한 뒤 자기 집으로 인도했다. 공자 광 3인은 전제의 오두막집 사립문을 제치고 마당으로 들어선 뒤 다시 쑥대로 엮은 방문을 열고 방안으로 들어갔다. 방문이 너무 낮고 작아 3인은 머리를 숙이고 몸을 옆으로 틀어 들어갔다.

공자 광이 먼저 전제에게 절하고 사모의 뜻을 나타냈다. 전제가 답배했다. 공자 광이 갖고 온 황금과 비단을 예물로 내놓았다. 전제는 굳이 사양하고 받지 않았다. 오자서가 곁에서 받을 것을 힘써 권했다. 그제야 전제는 마지못해 예물을 받았다. 이로써 전제는 공자 광의 사람이 됐다.

공자 광은 날마다 사람을 시켜 전제에게 곡식과 고기를 보냈다. 또 매달 비단과 무명베인 포백布帛을 지급했다. 이어 불시에 전제의 집으로 가서 전제의 어머니에게 문안을 드렸다. 전제는 공자 광의 성의에 감격했다.

하루는 전제가 공자 광에게 물었다.

"이 몸은 촌야村野의 소민에 불과합니다. 그런데도 공자가 이처럼 저를 후대하니 그 은혜를 갚을 길이 없습니다. 혹여 저에게 시킬 일이 있으면 분부대로 따르겠습니다."

공자 광이 좌우 시종을 물리친 뒤 오왕 요를 척살할 뜻을 밝혔다. 전제가 말했다.

"선왕인 이말이 세상을 떠난 뒤 그 아들 요가 즉위하는 게 당연하지 않습니까? 공자는 무슨 명분으로 오왕 요를 죽이려 하는 것입니까?"

공자 광이 자신의 조부인 선왕 수몽이 막내 숙부인 계찰에게 보위를 물려주기 위해 유언한 사실을 설명하면서 이같이 덧붙였다.

"막내 숙부인 계찰이 보위를 사양하고 달아났으니 보위는 응당 적장자의 자손에게 돌려줘야 하오. 그 적장자의 아들이 바로 나 광光이오. 조부의 셋째 아들인 이말의 아들 요僚가 즉위할 수 있단 말이오? 나는 힘이 부족해 대사를 도모하지 못하고 있소. 힘 있는 자의 도움을 받고자 하는 이유요."

전제가 대답했다.

"공자는 왜 오왕 요의 근신들을 시켜 그런 사유를 조용히 진언해 물러나게 하지 않는 것입니까? 공자가 사사롭게 자객을 써서 그 일을 행하면 선왕의 덕을 손상시키는 일이 될 것입니다."

공자 광이 말했다.

"오왕 요는 탐욕스런 데다가 자신의 힘만 믿고 있소. 그는 즉위에 따른 이익만 알 뿐 퇴양退讓할 줄 모르는 사람이오. 그에게 그런 권고를 했다가는 오히려 시기를 받아 해를 입을 것이오. 나와 오왕 요는 그 세력이 서로 양립할 수 없는 이른바 세불양립勢不兩立의 관계에 있소."

전제가 말했다.

"공자 말씀이 옳소. 다만 저에겐 노모가 계시는 까닭에 이 몸을 감히 다른 사람에게 허락할 수 없습니다."

공자 광이 대답했다.

"나도 그대의 노모와 어린 아들이 있다는 걸 잘 알고 있소. 그러나 그대가 아니면 이를 도모할 사람이 없소. 실로 이 일만 이룰 수 있다면 그대의 노모와 어린 하들은 나의 모친과 아들이나 다름없소. 나는 응당 그대의 노모와 어린 아들을 위해 정성을 다해 봉양하고 양육하겠소. 어찌 감히 나를 위해 공을 세운 그대를 저버릴 리 있겠소?"

전제가 한참 동안 생각에 잠기는 침사沈思를 한 뒤 말했다.

"무릇 일이란 경거輕擧하면 공을 세울 수 없습니다. 반드시 만전지계萬全之計를 세워야 합니다. 1천 길의 물속에 노니는 고기가 어부의 손에 잡히는 것은 어부가 향기로운 미끼를 쓰기 때문입니다. 오왕 요를 척살하려면 반드시 그가 좋아하는 걸 미끼로 던져 그에게 가까이 접근할 수 있어야 합니다. 그가 좋아하는 게 무엇입니까?"

공자 광이 대답했다.

"그는 맛있는 음식을 좋아하오."

전제가 물었다.

"맛있는 음식 가운데 가장 좋아하는 것은 무엇입니까?"

공자 광이 대답했다.

"물고기에 양념을 해 대꼬챙이에 꿰어 불에 구운 어적魚炙을 가장 좋아하오."

전제가 말했다.

"청컨대 저는 얼마 동안 공자 곁을 떠나 있도록 하겠습니다."

공자 광이 물었다.

"어디로 간다는 것이오?"

전제가 대답했다.

"이제부터 요리 만드는 법을 배워야 오왕 요에게 접근할 수 있을 것입니다."

전제는 마침내 태호太湖로 가 생선을 굽는 자어炙魚[2]의 비법을 배웠다. 3달 동안 '자어'의 비법을 배우자 그가 구운 어적魚炙을 맛본 사람들 모두 맛이 좋다고 칭송했다. 그제야 태호를 떠나 공자 광에게 돌아갔다. 공자 광이 그를 자신의 부중府中에 숨겨둔 뒤 오왕 요를 척살할 기회가 오길 기다렸다.

염옹이 이를 시로 읊었다.

오자서 강직하다고 말하지만	剛直人推伍子胥
광에게 아첨해 전제 천거했지	也因獻媚進專諸
오왕 시해의 배경이 무엇일까	欲知弒械從何起
3달 익힌 자어의 조리법이다	三月湖邊學炙魚

공자 광이 오자서를 불러 물었다.

"전제가 이미 '자어'의 비법을 배워왔소. 어찌해야 그를 오왕 요에게 접근시킬 수 있소?"

오자서가 대답했다.

"무릇 사람이 홍혹鴻鵠[3]을 제압할 수 없는 것은 그들에게 날개인 우익

2 자어炙魚의 자炙는 고기를 굽는다는 뜻의 동사로 사용된 것이다. 명사로 사용될 때는 어적魚炙 내지 산적散炙처럼 '적'으로 읽는다.

3 홍혹鴻鵠은 기러기나 고니, 따오기, 두루미 등 높게 나는 큰 새를 총칭하는 말이다. 참새와 제비 등의 작은 새를 상징하는 연작燕雀과 대비된다. 매우 높게 나는 까닭에 큰 뜻을 품은 사람을 상징하는 말로 사용됐다. 고대에는 홍鴻, 혹鵠, 학鶴 등이 혼용돼 사용됐다. 고대의

羽翼이 있기 때문입니다. 홍혹을 잡으려면 반드시 그 우익부터 없애야 합니다. 제가 듣건대 오왕 요의 아들 공자 경기慶忌는 근골이 무쇠처럼 강해 장정 1만 명도 그를 당해내지 못한다고 합니다. 그는 손으로 나는 새를 잡고, 맨주먹으로 맹수를 때려죽인다고도 합니다. 오왕 요가 늘 곁에 공자 경기를 데리고 다니는 까닭에 손을 쓰기가 어렵습니다. 더구나 오왕 요의 동모제인 공자 엄여掩餘와 촉용燭庸이 병권을 장악하고 있습니다. 그러니 비록 용과 범을 잡는 용기와 귀신도 모를 계책을 갖고 있을지라도 어찌 이들을 상대할 수 있겠습니까? 공자가 꼭 오왕 요를 죽일 생각이라면 먼저 공자 경기와 엄여 및 촉용 등 3인부터 제거하십시오. 그래야만 가히 대사를 도모할 수 있습니다. 그리하지 않으면 설령 요행으로 성공할지라도 보위를 어찌 오랫동안 유지할 수 있겠습니까?"

공자 광이 머리를 숙이고 한참 동안 생각하다가 말했다.

"그대의 말이 옳소. 그대는 식읍인 양산陽山으로 돌아가 당분간 밭일이나 보시오. 기회가 닥치면 그대를 불러 상의토록 하겠소."

오자서는 하직으로 고하고 양산으로 돌아갔다.

그해에 주경왕周景王이 세상을 떠났다. 적통의 태자 맹猛과 둘째아들 개匃가 있었다. 그밖에도 서장자인 조朝가 있었다. 주경왕은 서장자인 조를 총애했다. 대부 빈맹賓孟에게 당부해 태자 맹을 폐하고 서장자 조를 태자로 세우고자 했다. 이처럼 태자의 폐립을 꾀하는 와중에 문득 죽고 만 것이다.

발음에는 홍鴻과 황黃, 곡鵠과 학鶴의 발음이 비슷했다. '홍혹'을 황혹黃鵠 또는 황학黃鶴 등으로 표현한 이유다. 고대 전설에는 '홍혹'을 흰색의 봉황鳳凰으로 간주했다. 전국시대 중엽 진秦나라를 최강의 군사대국으로 만든 상앙商鞅의 스승으로 알려진 시자尸子의 저서 『시자』에 나오는 다음 구절이 그 증거다. "홍혹은 날개가 합쳐지지 않는다. 사해를 품은 마음이 있기 때문이다." '홍혹'을 봉황처럼 상서로운 새의 의미로 사용한 것이다. 흔히 홍혹을 '홍곡'으로 읽고 있으나 이는 잘못이다. 혹鵠은 과녁을 뜻하는 정곡正鵠 등의 의미로 사용될 때만 '곡'으로 읽는다.

주왕실의 경사卿士인 유헌공劉獻公 지摯도 잇달아 죽었다. 자가 백분伯盆인 아들 유권劉卷이 부친의 작위를 이어받았다. 유권은 원래 대부 빈맹과 사이가 좋지 못했다. 그는 이내 선목공單穆公 기旗와 공모해 빈맹을 죽이고 태자 맹을 옹립했다. 그가 바로 주도왕周悼王이다.

당시 빈맹의 척살에도 불구하고 서장자 조의 일당이 사라진 건 아니었다. 윤문공尹文公 고固와 감평공甘平公 추鰌, 소장공召莊公 환奐은 평소 공자 조에게 아첨해 왔다. 이들은 네 집안의 가병을 한데 모은 뒤 상장上將인 남궁극南宮極으로 하여금 이들을 이끌고 가 유권을 치게 했다. 그러자 유권은 남궁극에게 밀려 양揚 땅으로 달아났다. 선목공 기旗는 주도왕 맹을 모시고 황皇 땅으로 달아났다. 세력을 잡은 공자 조가 심복인 심힐鄩肸에게 명해 군사를 이끌고 가 주도왕이 있는 황 땅을 치게 했다. 그러나 심힐은 크게 패하고 전사했다.

한편 진경공晉頃公 거질去疾은 주왕실이 크게 어지러워졌다는 소식을 듣자 대부 적담籍談 및 순력荀躒에게 명해 황 땅으로 가서 주도왕을 낙양 곁의 왕성王城으로 모시게 했다. 그러자 공자 조가 윤문공 고 등에 의해 왕으로 행세하게 됐다.

얼마 후 주도왕이 왕성 땅에서 세상을 떠났다. 선목공 기와 유권 등이 주도왕의 동생 공자 개를 옹립했다. 그가 바로 주경왕周敬王이다. 이후 주경왕은 다시 경사京師인 낙양 인근의 적천翟泉으로 옮겨가 살았다. 세인들이 주경왕을 동왕東王, 공자 조를 서왕西王으로 불렀다.

동왕과 서왕이 6년 동안 싸웠으나 결말을 내지 못했다. 그 사이 서왕 조의 신하인 소장공 환奐이 죽고, 남궁극도 벼락을 맞고 죽었다. 낙양의 민심이 무슨 재앙이라도 당하지 않을까 두려워하여 흉흉해졌다.

진晉나라 대부 순력이 제후들의 군사를 이끌고 와서 주경왕을 경사에서 가까운 성주成周 땅으로 이어移御하게 했다. 윤문공 고가 군사를 이끌고 제후들의 군사를 저지했으나 이내 패하고, 그 또한 순력에게 사로잡히고 말았다. 서왕인 공자 조가 소장공 환의 아들인 소은召嚚으로 하여금 제후들의 군사를 공격케 했으나 소은은 사세가 불리한 것을 알고 반기를 들어 오히려 서왕인 공자 조를 공격했다. 공자 조가 초나라로 달아났다.

제후들의 군사가 성주 땅에 주경왕이 기거할 성을 지은 뒤 각자 본국으로 돌아갔다. 주경왕은 사세를 살펴 이리저리 붙은 소은을 윤문공 고와 함께 저잣거리에 끌어내 참형에 처하게 했다. 주나라 백성들이 이를 보고 모두 통쾌하게 여겼다. 그러나 이는 모두 훗날의 이야기다.

주경왕 원년은 오왕 요 8년인 기원전 519년이었다. 당시 정나라에서 죽임을 당한 초나라 태자 건의 모친은 고향인 채나라 격양郹陽 땅에서 살고 있었다. 초나라의 간신 비무극은 태자 건의 생모가 오자서와 무슨 연락이라도 하지 않을까 겁이 났다. 초평왕에게 태자 건의 생모를 죽여야 한다고 권했다.

태자 건의 모친이 이 소식을 듣고 은밀히 사람을 오나라로 보내 구원을 청했다. 오왕 요가 공자 광에게 명해 태자 건의 모친을 오나라로 데려오게 했다.

공자 광이 격양으로 가는 도중 초나라의 종리鍾離 땅에 이르렀을 때 초나라 장수 위월薳越이 군사를 이끌고 와 그의 앞길을 막았다. 위월은 사람을 초나라 도성인 영도로 보내 이를 고했다. 초평왕이 영윤 양개로 대장을 삼은 뒤 진陳나라와 채나라, 호胡나라, 심沈나라, 허許나라 등 5국의 군사를 소집해 위월을 돕게 했다.

호나라 군주 곤髡과 심나라 군주 영逞은 직접 군사를 이끌고 왔다. 진陳나라에서는 대부 하설夏齧이 군사를 이끌고 왔고, 채나라와 돈頓나라 및 허나라 역시 대부가 군사를 이끌고 왔다. 초나라 군사를 주력으로 한 7개국 연합군이 종리 땅에 이르러 영채를 세웠다. 호나라와 심나라 및 진나라는 오른쪽, 돈나라와 허나라 및 채나라는 왼쪽에 영채를 세웠다. 초나라 영윤 양개가 이끄는 군사는 그 중간에 영채를 세웠다.

공자 광이 오왕 요에게 이를 황급히 보고했다. 오왕 요가 공자 엄여와 함께 직접 군사 1만 명과 죄수 3천 명을 이끌고 종리 부근의 계보鷄父 땅에 이르러 영채를 세웠다.

양쪽 군사가 아직 개전을 하기도 전에 초나라 연합군의 대장인 영윤 양개가 문득 병사했다. 초나라 장수 위월이 대장이 됐다.

공자 광이 오왕 요에게 말했다.

"초나라 군사의 대장이 죽은 까닭에 병사들의 사기가 크게 저상沮喪됐을 것입니다. 초나라 군사와 함께 온 6국의 군사는 비록 숫자는 많기는 하나 모두 약소국입니다. 초나라가 무서워 부득이 따라 왔을 뿐입니다. 몸소 출전한 호나라와 심나라 군주는 나이도 어리고 싸움에 익숙하지 못합니다. 진陳나라 군사를 이끌고 온 대부 하설은 용기는 있으나 꾀가 없습니다. 돈나라와 허나라 및 채나라는 오랫동안 초나라의 압제를 받아온 까닭에 내심 불복하고 있을 것입니다. 이들 7국 연합군은 힘을 다해 싸우지 않을 것입니다. 싸움은 같이 하지만 속셈은 각각 다릅니다. 이번에 새로 대장이 된 위월은 지위가 낮고 위엄이 없습니다. 우리가 군사를 나눠 먼저 오른쪽에 포진한 호나라와 심나라 및 진나라 등 3국의 군사를 치면 그들은 틀림없이 흩어져 달아날 것입니다. 여타 열국의 군사 역시 괴란乖亂에 빠질 것입니다. 초나라 군사 역시 두려움을 느껴 전의를 상실할 것입니다. 그 기회를 놓치지 말고 치면 저들 7국 연합군을 전패全敗시킬 수 있습니다. 청컨대 먼저 노약자를 앞세워 우선 오른쪽에 영채를 차린 3국의 군사를 유인한 뒤 대기시켜 놓은 정예부대를 내보내 적을 엄습토록 하십시오."

오왕 요가 이를 좇아 오나라 군사를 3진陣으로 나눈 뒤 직접 중군을 이끌었다. 공자 광은 좌군, 공자 엄여는 우군을 거느렸다. 오나라 군사 모두 배불리 먹은 뒤 진영을 정비하며 명이 내리길 기다렸다. 그날 밤 오왕 요가 죄수 3천 명으로 하여금 초나라 연합군의 우영右營을 치게 했다.

그때는 가을 7월 그믐날이었다. 원래 병가兵家에서는 깜깜한 그믐날을 기피한 까닭에 군사 행동을 취하지 않는 게 관례였다. 호나라 군주 곤髡과 심나라 군주 영逞, 진나라 대부 하설夏齧이 아무런 대비도 하지 않은 이유다.

이들은 오나라 군사가 기습적으로 쳐들어온다는 보고를 받고 황급히 영문을 열고 영격迎擊했다. 죄수들은 원래 규율이 없었다. 3천 명의 오나라 죄수들은 싸워보지도 않고 달아나거나 공격을 멈추거나 했다.

호나라와 심나라, 진陳나라 등 3국 군사는 오나라 죄수들이 혼란에 빠지자 서로 공을 세우기 위해 용기를 내서 달아나는 죄수들을 추격했다. 이들은 추격에 급급한 나머지 전혀 대오를 짓지 못했다.

대기하고 있던 오나라 공자 광의 좌군이 무질서한 적군 속으로 돌진했다. 공자 광은 그 와중에 진陳나라 대부 하설과 조우했다. 그는 창으로 하설을 찔러 수레 아래로 떨어뜨렸다.

호나라와 심나라 군주는 그 모습을 보고 크게 놀라 황급히 달아나려고 했다. 이때 공자 엄여가 이끄는 오나라의 우군이 쳐들어왔다. 두 나라 군주는 달아난다는 것이 오히려 그물 속으로 뛰어든 격이 됐다. 달리 달아날 방도가 없게 된 두 나라 군주는 이내 오나라 군사에게 사로잡히고 말았다. 오나라 군사가 수많은 적군 병사를 도륙했다. 사로잡은 적군만도 8백여 명이나 되었다.

공자 광이 큰 소리로 호령했다.

"호나라와 심나라 군주를 참수하라."

이어 사로잡은 적군을 모두 놓아줬다. 그들로 하여금 돌아가서 연합군의 좌군에게 우군右軍의 패전 소식을 전하도록 조치한 것이다. 공자 광의 의도

대로 석방된 연합군 우군 포로들은 좌군에 가서 중구난방으로 떠들었다.

"호나라와 심나라 군주를 비롯해 진陳나라 대부 하설이 모두 살해당했다."

이 말을 들은 연합군 좌군인 허나라와 돈頓나라 및 채나라 장병들은 간담이 떨어질 만큼 크게 놀랐다. 감히 오나라 군사와 싸울 생각을 하지 못하고 각자 길을 찾아 달아났다.

오왕 요가 이끄는 중군은 좌우의 2개 부대와 합세한 뒤 승세를 몰아 초나라 군사를 격파했다. 기세가 마치 태산이 무너져 내리는 듯했다. 위월이 이끄는 초나라 군사는 미처 진영을 정돈하기도 전에 오나라 군사의 공격을 받고는 대부분 사방으로 흩어져 달아났다. 오나라 군사가 그들을 추격하며 엄살했다. 초나라 병사들의 시체가 들판을 뒤덮었다. 흘러내린 피가 도랑을 이루면서 흘러내렸다. 위월이 이끄는 초나라 군사는 대패해 50리나 달아나서야 겨우 추격에서 벗어났다.

공자 광은 곧바로 채나라의 격양郹陽 땅으로 가서 죽은 초나라 태자 건의 생모인 초부인楚夫人을 데리고 오나라로 돌아왔다. 채나라 사람들은 감히 초부인을 이끌고 가는 공자 광에 대항하지 못했다.

당시 황급히 달아나던 초나라 장수 위월은 간신히 숨을 돌린 뒤 패잔병을 수습했다. 살아남은 병사는 채 절반도 되지 못했다. 그는 오나라 공자 광이 채나라 격양 땅으로 갔다는 보고를 받고는 초부인을 빼앗기지 않기 위해 밤을 도와 채나라 쪽으로 달려갔다. 그러나 그가 채나라에 당도했을 때는 이미 오나라 군사가 초부인과 그곳을 떠난 지 2일이나 지난 뒤였다. 이미 멀리 가버린 공자 광을 추격할 수 없게 되자 위월이 하늘을 우러러 탄식했다.

"나는 왕명을 받고 소관昭關을 지켰으나 능히 오자서를 체포하지 못했다. 또 7국 연합군을 이끌고 오나라 군사와 싸우다 패전하고 초부인마저 빼앗겼다. 공은 하나도 세우지 못하고 죄만 2번이나 지었다. 무슨 면목으로 돌아가 군주를 대하겠는가?"

그러고는 이내 목을 매고 자진했다.

초평왕은 오나라 군사의 형세가 왕성하다는 보고를 받고 내심 크게 근심했다. 죽은 양개 대신 낭와囊瓦를 영윤으로 임명했다. 낭와가 초평왕에게 건의했다.

"현재의 도성 영도는 성곽이 낮고 비좁습니다. 영도의 동쪽에 터를 닦고 규모가 큰 새 도성을 축조해야 합니다."

초평왕이 이를 좇았다. 영도 동쪽에 새로 지은 도성은 높이가 옛 성에 비해 7척이나 더 높고, 성의 길이도 옛 성보다 20리나 더 길었다. 옛 성은 기산紀山의 남쪽에 위치해 있기에 이름을 고쳐 기남성紀南城이라고 불렀다. 새로 축조한 도성은 옛 도성의 이름을 그대로 사용해 영도郢都라고 불렀다.

초평왕은 새로 지은 성으로 도읍을 옮기고 새 궁전에 기거했다. 그는 다시 새 도성의 동남쪽에 또 하나의 성을 축조했다. 새 도성의 오른팔로 삼은 것이다. 그 성은 맥성麥城으로 명명했다. 기남성과 영도 및 맥성 등 3개의 성은 마치 '품品'자와 같은 형국을 이뤄 서로 긴밀히 연락을 취할 수 있었다. 초날 백성들은 모두 낭와의 공이라고 칭송했다.

그러나 대부 심윤沈尹 술戌은 자가 자상子常인 낭와를 냉소했다.

"자상은 덕정을 베푸는 데 힘쓰지 않고 한낱 성을 쌓는 것을 일삼고 있다. 만일 오나라 군사가 쳐들어오는 날이면 비록 도성이 10곳이 있다고 한들 그들을 막는 데 무슨 도움이 되겠는가?"

당시 영윤 낭와는 계보鷄父 땅에서 오나라 군사에게 패한 굴욕을 씻고자 했다. 전선戰船을 대거 건조하고 수군을 훈련시켰다. 3달 동안 훈련하자 수군 모두 수전에 익숙한 병사가 됐다. 낭와가 이들 수군을 이끌고 장강을 따라 오나라 경계까지 쳐들어갔다. 변경을 습격해 위엄을 과시한 뒤 돌아왔다.

공자 광은 초나라 수군이 변경을 침공했다는 보고를 받고 밤낮을 가리지 않고 그곳으로 달려갔다. 그러나 그가 당도했을 때는 이미 초나라 수군이 돌아간 뒤였다.

공자 광이 수하 장수들에게 말했다.

"초나라 군사가 방금 쳐들어왔다가 무력을 시위하는 요무耀武를 한 뒤 돌아갔다. 초나라 변경의 수장守將들은 틀림없이 마음을 놓고 방비를 소홀히 하고 있을 것이다."

이내 군사를 이끌고 초나라 경계로 잠입했다. 이어 초나라 소巢 땅을 공략한 뒤 종리鍾離 땅도 크게 노략질했다. 이어 개선가를 부르며 회군했다.

초평왕은 두 지역이 오나라 군사에게 크게 노략 당했다는 보고를 받고 크게 놀랐다. 이내 울화병에 걸려 오랫동안 낫지 않았다. 주경왕 4년인 기원전 541년에 이르러 병세가 위독해졌다.

곧 영윤 낭와와 자가 자서子西인 공자 신申을 탑전榻前에 불러 태자 진珍을 충심으로 보필할 것을 당부한 뒤 숨을 거뒀다. 낭와가 극완郤宛과 상의했다.

"태자 진은 아직 나이가 어리오. 그의 생모는 사실 태자 건의 부인으로 삼기 위해 진秦나라에서 온 여인이오. 태자 진을 옹립하는 것은 옳지 않소. 자서子西는 비록 서출이기는 하나 선왕의 자제들 가운데 가장 나이가 많고 성품 또한 선하오. 장자를 옹립하면 명분도 서고, 성품이 선하니 나라도 잘 다스릴 것이오. 자서를 옹립하면 초나라 백성들이 틀림없이 그에게 의지할 것이오."

극완이 낭와의 말을 공자 신에게 전했다. 공자 신이 화를 내며 말했다.

"만일 태자 진을 폐하면 이는 선왕의 추한 행실을 널리 드러내는 게 되오. 태자의 생모인 맹영孟嬴은 태자 진을 낳고 군부인君夫人에 봉해졌소. 그러니 어찌 태자 진을 적통의 후사가 아니라고 할 수 있소? 적통의 후사를 폐해 군부인의 친정인 진秦나라의 지원을 잃게 되면 안팎으로 커다란 말썽이 일어날 것이오. 영윤이 사사로운 이득을 얻기 위해 나를 재앙에 빠뜨리려 하니 미친 짓이 아니오? 다시 그 말을 꺼내면 나는 틀림없이 영윤을 죽여 버릴 것이오."

영윤 낭와는 공자 신이 대로했다는 말을 듣고 두려운 마음이 생겼다. 태자 진을 받들어 주상主喪으로 모신 뒤 곧바로 보위에 오르게 했다.

태자 진은 즉위 직후 이름을 진軫으로 바꿨다. 그가 바로 초소왕楚昭王이다. 초소왕은 낭와를 영윤에 유임시킨 뒤 극완을 좌윤左尹, 언장사鄢將師를 우윤右尹으로 삼았다. 비무극은 초소왕의 태자 시절 사부로 있었던 덕분에 낭와 등과 함께 국정에 참여케 됐다.

146話 전제가 음식을 올리며 오왕 요를 척살하다
– 전제진적척왕료專諸進炙刺王僚

당시 정정공鄭定公은 오나라 공자 광이 초나라 태자 건의 생모인 초부인을 데리고 오나라로 돌아갔다는 소식을 듣고 곧바로 주옥과 금으로 만든 비녀와 귀걸이 등을 보냈다. 자신이 죽인 태자 건의 생모인 초부인의 원한을 조금이라도 풀어주고자 한 것이다.

초부인이 공자 광의 호위를 받아 오나라에 당도하자 오왕 요가 서문 밖의 저택을 하사했다. 그녀의 손자인 공자 승勝이 그녀를 모시고 살았다.

당시 오자서는 초평왕이 죽었다는 소식을 듣고는 가슴을 치며 통곡했다. 이 광경을 보자 공자 광이 의아해하며 물었다.

"죽은 초왕은 바로 그대의 원수요. 원수가 죽었으니 당연히 통쾌해할 터인데 어째서 통곡하는 것이오?"

오자서가 대답했다.

"나는 죽은 초왕의 죽음을 통곡하는 것이 아닙니다. 내가 직접 그의 머리를 베어 효수梟首함으로써 원한을 씻지 못하고, 그가 방안에서 편히 죽게 한 것이 원통해서 우는 것입니다."

공자 광이 연신 애달프게 여기며 한탄하는 차탄嗟歎을 했다.

호증 선생이 이를 시로 읊었다.

부형의 원수를 갚기도 전에	父兄冤恨未曾酬
음탕한 원수가 편안히 죽다	已報淫狐獲首邱
오자서는 칼로 찌르지 못해	手刃不能償夙願

오자서는 초평왕이 죽기 전에 복수를 하지 못한 걸 매우 원통히 생각했다. 3일 동안 잠을 이루지 못했다. 부형의 원수를 갚기 위한 방안을 골몰히 연구한 끝에 1가지 계책을 생각해냈다. 곧 공자 광에게 가서 말했다.

"공자는 대사를 행하려고 하면서 어째서 이 기회를 노리지 않는 것입니까?"

공자 광이 말했다.

"밤낮으로 그걸 생각하고 있으나 아직 기회를 얻지 못했소."

오자서가 말했다.

"지금 초왕이 죽고, 초나라 조정에 양신良臣이 없습니다. 공자는 왜 오왕에게 상주하지 않는 것입니까? 초나라 국상을 틈타 군사를 일으켜 치면 능히 패업을 이룰 수 있습니다."

공자 광이 물었다.

"오왕이 나를 대장으로 삼아 출전케 하면 어찌 대처해야 하오?"

오자서가 대답했다.

"공자는 짐짓 수레에서 떨어져 다리를 다치도록 하십시오. 그러면 오왕은 공자를 출전시키지 않을 것입니다. 다리를 다친 후 엄여와 촉용을 장수로 삼으라고 권하십시오. 이어 다시 공자 경기慶忌를 정나라와 위나라로 보내 두 나라 군사를 빌려 초나라를 치는 방안을 건의하십시오. 그러면 그물을 한 번 던져 오왕을 돕는 3개의 날개를 몽땅 제거할 수 있습니다. 그들만 없으면 오왕의 목숨은 공자의 손아귀에 들어온 것이나 다름없습니다."

공자 광이 또 물었다.

"오왕을 돕는 3개의 날개를 제거할지라도 지금 숙부 계찰이 연릉에서 조정으로 돌아와 있는데 숙부가 이를 용납하겠소?"

오자서가 대답했다.

"지금 오나라는 진晉나라와 사이가 좋습니다. 계찰을 진나라로 보내 중원의 열국이 오나라의 초나라 공략을 어찌 생각하는지 살피게 하는 방안을 오왕에게 건의하십시오. 오왕은 일을 크게 벌이는 걸 좋아하고, 계략에는 어두운 까닭에 틀림없이 찬성할 것입니다. 이들이 멀리 사자로 가 있을 때 보위를 도모하면 그들이 귀국할지라도 이미 정해진 보위에 대해 어찌 다시 폐립을 논의할 수 있겠습니까?"

공자 광이 자신도 모르게 자리에서 내려와 오자서에게 절을 했다.

"내가 그대를 얻은 것은 하늘이 내게 보물을 내려준 것이오."

이튿날 공자 광이 궁으로 들어가 오왕 요에게 초나라의 국상을 틈타 초나라를 치는 것이 유리하다고 진언했다. 오왕 요가 흔연히 받아들였다. 공자 광이 덧붙여 말했다.

"이번 일은 응당 제가 맡아 모든 노력을 다해야겠지만 며칠 전 수레에서 떨어져 다리를 다쳤습니다. 지금 치료 중인 까닭에 이번에 출전할 수 없게 된 것을 안타깝게 생각하고 있습니다."

오왕 요가 물었다.

"그럼 누구를 대장으로 삼는 게 좋겠소?"

공자 광이 대답했다.

"이번 일은 대사입니다. 대왕이 친신親信하는 자가 아니면 맡길 수 없습니다."

오왕 요가 말했다.

"엄여와 촉용이면 되겠소?"

공자 광이 대답했다.

"그 두 사람이면 틀림없을 것입니다."

이어 이같이 덧붙였다.

"지난날 진晉나라와 초나라가 중원의 패권을 다투는 바람에 우리 오나라는 속국 노릇을 했습니다. 이제 진나라도 쇠미해졌고, 초나라도 우리 오나라와 진나라에 여러 번 패했습니다. 현재 제후들의 마음이 진나라와 초나라에서 떠나 있습니다. 아직 이들은 귀부할 나라를 찾지 못하고 있는 실정입니다. 남쪽의 초나라와 북쪽 진나라가 쥐고 있던 패권이 점차 동쪽의 오나라로 옮겨질 낌새를 보이고 있습니다. 차제에 공자 경기를 정나라와 위나라로 보내 두 나라를 설득케 하십시오. 이들과 합세해 초나라를 치면 더욱 빠르게 초나라를 제압할 수 있습니다. 동시에 연릉延陵의 계찰로 하여금 진나라를 빙문聘問케 하여 중원의 형세를 살피게 하십시오. 그 사이 수군을 훈련시킨 뒤 육군을 지원케 하면 가히 패업을 이룰 수 있습니다."

오왕 요가 크게 기뻐했다. 곧바로 엄여와 촉용에게 명해 군사를 이끌고 가 초나라를 치게 했다. 이어 계찰로 하여금 진나라를 빙문케 했다. 그러나 공자 경기만은 곁에 두고 밖으로 내보내지 않았다.

엄여와 촉용이 군사 2만 명을 이끌고 초나라를 향해 수륙으로 동시에 진격했다. 곧바로 지금의 안휘성 잠산 인근의 초나라 잠읍潛邑을 포위했다. 잠읍을 지키던 초나라 대부는 굳게 성문을 닫아걸고 출전하지 않았다. 이어 영도로 사람을 보내 급한 사정을 고했다.

당시 초소왕은 갓 즉위한데다 나이도 어린 까닭에 군신들이 서로 중상모략을 일삼고 있었다. 초나라의 군신은 오나라 군사의 잠읍 침공 사실을 보고받고 크게 당황해 어쩔 줄을 몰랐다.

공자 신이 초소왕에게 말했다.

"오나라 군사가 우리의 국상을 틈타 침공해 왔습니다. 우리가 군사를 출동시켜 저들과 싸우지 않으면 우리의 허점을 드러내는 게 됩니다. 저들은 더욱 사기가 올라 우리의 깊숙한 곳까지 쳐들어올 것입니다. 신의 우견愚見으로는 좌사마인 심윤 술에게 명해 육군 1만 명을 이끌고 가 잠읍을 구원하게 하고, 다시 좌윤 극완에게 명해 수군 1만 명을 이끌고 회예淮汭에서 배를 타고 하류로 내려가 오나라 군사의 퇴로를 차단케 하는 게 좋을 듯합니다. 그러면 오나라 군사는 앞뒤로 공격을 받아 힘을 쓰지 못하고, 오나라 장수 또한 가히 앉아서 사로잡을 수 있을 것입니다."

초소왕은 크게 기뻐하며 이를 좇았다. 곧 좌사마 심윤 술과 좌윤 극완에게 명해 각각 군사 1만 명을 이끌고 수륙으로 전진해 오나라 군사의 공격을 저지케 했다.

오나라 장수 엄여와 촉용이 잠읍을 공격하는 와중에 오나라 첩자가 와서 고했다.

"초나라 원군이 이리로 오고 있습니다."

두 장수가 크게 놀랐다. 이들은 군사를 반씩 나눠 반은 계속 잠읍을 공격하고, 반은 초나라 원군을 맞이해 싸우기로 했다. 하지만 원군을 이끌고 온 초나라 장수 심윤 술은 보루를 쌓고 오나라 군사와 싸우려 하지 않았다. 동시에 군사를 사방으로 보내 오나라 군사가 식수를 긷기 위해 다니는 길과 밥을 짓는데 필요한 땔감을 채취하러 가는 길을 모두 끊고 굳게 지키도록 했다.

오나라 장수 엄여와 촉용은 이를 알고 놀랐다. 그 와중에 첩자가 또 와서 보고했다.

"초나라 장수 극완이 수군을 이끌고 회예로부터 내려와 강어귀를 막고 있습니다."

오나라 군사가 진퇴양난의 곤경에 처하게 됐다. 오나라 군사는 육군과 수군이 따로 영채를 세우고 서로 의지하는 기각지세掎角之勢로 초나라 군사와 대치했다. 이어 본국 사람을 보내 구원을 청했다.

공자 광은 엄여 등으로부터 구원 요청을 받은 오왕 요에게 말했다.

"신이 전에 정나라와 위나라 군사의 힘을 빌려야 한다고 말한 것은 바로 이 때문입니다. 지금이라도 늦지 않았으니 곧 사람을 정나라와 위나라로 보내 원조를 청하십시오."

그제야 오왕 요는 자기 아들인 공자 경기를 급히 정나라와 위나라로 보냈다. 결국 공자 광은 공자 경기와 계찰, 엄여, 촉용 등 4명의 공자를 모두 국외로 보내는 데 성공했다. 오나라 안에는 오직 공자 광만 남게 됐다.

오자서가 공자 광에게 물었다.

"공자는 좋은 비수를 미리 구해 뒀습니까? 이제는 전제가 일을 할 때입니다."

공자 광이 대답했다.

"모두 준비됐소. 전에 월왕이 유명한 대장장이 구야자歐冶子를 시켜 보검 다섯 자루를 만들게 했소. 그 중 세 자루를 우리 오나라에 바쳤소. 잠로湛盧, 반영磐郢, 어장魚腸이란 이름을 가진 보검이오. 어장이 바로 비수요. 비록 모양은 볼이 좁고 짧지만 날카롭기가 짝이 없어 무쇠도 진흙처럼 자르오. 전에 선왕이 나에게 그 어장을 하사했소. 지금도 보물처럼 여기면서 늘 머리맡에 감춰두고 비상시에 대비하고 있소. 어장은 밤마다 빛을 발하오. 아마도 신물神物이어서 스스로 칼날을 시험하고 싶어 그러는 줄 아오. 나는 어장에게 오왕 요의 피를 포식케 만들 생각이요."

공자 광이 어장을 꺼내 오자서에게 보여주었다. 오자서가 칭찬해 마지않았다. 공자 광이 즉시 전제를 불러 비수를 내줬다. 전제가 공자 광이 말을 꺼내기 전에 그 뜻을 짐작했다.

전제가 분개하는 모습으로 개연慨然히 말했다.

"이젠 오왕을 죽일 수 있습니다. 그의 두 동생인 엄여와 촉용이 멀리 떠나 있고, 공자 경기도 사자가 되어 타국으로 갔습니다. 오왕이 측근들로부터 고립되어 있는데 과연 이 전제를 어떻게 막을 수 있겠습니까? 다만 노모를 모시고 있는 제가 저의 생사가 걸린 일을 혼자 결정할 수 없으니 노모에게 품한 뒤 공자의 명을 따르도록 하겠습니다."

전제가 집으로 돌아온 뒤 노모를 보자마자 차마 말을 못하고 울기만 했다.

모친은 마음속에 짚이는 게 있어 물었다.

"너는 무엇 때문에 그리 슬피 우는 것이냐? 공자 광이 이제 너를 쓰려고 하기 때문이 아니냐? 우리 온 가족이 공자의 은혜를 입었다. 그 은덕을 응당 갚아야 한다. 자고로 충과 효는 양전兩全할 수 없다. 너는 나를 걱정하지 말고 속히 가서 공자의 뜻을 따르도록 하라. 공자가 도모하는 대사를 이뤄 네 이름을 후대에 남기면 이 어미는 죽어도 살아 있는 것과 같다."

전제가 노모의 손을 놓지 못하고 머뭇거렸다. 노모가 말했다.

"시원한 물이 먹고 싶구나. 냇가에 가서 물 한 그릇만 떠다 다오."

전제는 노모의 말을 듣고 냇가의 우물로 물을 뜨러 갔다. 급히 가서 물을 떠왔지만 당堂에 있던 노모가 보이지 않았다. 아내에게 노모의 행방을 묻자 아내가 대답했다.

"방금 전에 몸이 피곤하니 자리에 눕겠다며 방안으로 들어가 문을 닫았습니다. 밖에서 떠들지 말라고 당부했습니다."

전제가 의심이 나서 급히 방문을 열고 방안으로 들어가 보니 노모가 침상 위에서 목을 매 죽어 있었다.

염선이 이를 시로 읊었다.

아들 명성 이뤄주려 목숨 버려	願子成名不惜身
끝내 효자를 충신으로 바꿨다	肯將孝子換忠臣
세인들 목숨 탐해 잘못 사는데	世間盡爲貪生誤
구구한 노부인에게 못 미치다	不及區區老婦人

전제가 한바탕 통곡한 뒤 노모의 시신을 염해 서문 밖에 장사지냈다. 이어 아내에게 말했다.

"내가 공자로부터 대은大恩을 입고도 감히 그를 위해 죽지 못한 것은 노모가 계셨기 때문이었소. 이제 노모가 돌아가셨으니 나는 공자의 급한 일을 봐줘야겠소. 내가 죽더라도 당신과 아들은 공자로부터 후한 보살핌을 받게 될 것이오. 나를 붙잡지 마시오."

말을 마친 뒤 곧바로 공자 광에게 가서 노모의 자진 소식을 전했다. 공자 광이 자신의 조급한 마음을 내비치지 않고 십분十分 전제를 위로했다. 여러 날이 지난 뒤 전제와 더불어 오왕 요에 관한 일을 상의했다.

전제가 말했다.

"공자는 집에서 연회를 베풀고 오왕을 초대하십시오. 그가 오기만 하면 일은 십중팔구 성공한 것이나 다름없습니다."

공자 광이 궁중으로 들어가 오왕 요를 알현하고 말했다.

"이번에 신이 포인庖人 한 사람을 새로 뒀습니다. 태호太湖에서 오랫동안 생선을 굽는 새로운 방법을 연구했다고 합니다. 그가 구운 생선구이는 맛이 아주 선미鮮美합니다. 청컨대 신의 누추한 집인 하사下舍에 욕림辱臨해 그 생선구이를 맛보시기 바랍니다."

오왕 요는 구운 생선인 어적魚炙을 특히 좋아하는 까닭에 흔연히 수락했다.

"그럼 과인이 내일 왕형王兄의 부중府中으로 가겠소. 잔치를 차리는 데 너무 많은 비용은 쓰지 마시오."

공자 광이 그날 밤 집안에 따로 지어놓은 굴실窟室 속에 미리 갑사를 매복시켜 놓았다. 이어 오자서에게 결사대인 사사死士 100명을 이끌고 집 밖에서 대기하고 있다가 일이 벌어지면 신속히 접응토록 당부했다. 동시에 주방에는 성대한 잔치를 준비토록 지시했다.

전제가 음식을 올리며 오왕 요를 척살하다

공자 광은 이튿날 아침 일찍 궁으로 가 거듭 오왕 요를 초청했다. 오왕 요가 내궁으로 들어가 모친에게 고했다.

"공자 광이 자기 집에 주연을 베풀고 초청했는데 무슨 음모라고 있는 건 아닐까요?"

모친이 말했다.

"공자 광은 늘 자신이 즉위하지 못한 것을 원망하고 있기에 불편한 기색을 띠고 있소. 이번 초청도 호의에서 나온 게 아닐 터인데 어째서 거절하지 않았소?"

오왕 요가 말했다.

"거절하면 서로 틈이 생기게 됩니다. 단단히 대비하고 가면 두려울 게 뭐 있겠습니까?"

오왕 요는 속에다 당예搪猊[4]의 가죽으로 지은 갑옷을 세 겹이나 입은 뒤 전후좌우로 호위병을 이끌고 갔다. 왕궁에서 공자 광의 부중 대문 앞까지 무수한 병사들을 담을 쌓듯이 세워 놓은 뒤 끊임없이 연락을 주고받게 했다.

오왕 요의 어가가 당도하자 공자 광이 영접해 안으로 모신 뒤 배견拜見했다. 오왕이 특별히 마련한 상석에 앉자 공자 광이 그 곁에 앉았다. 오왕 요를 수행한 공실의 친척과 군신들이 자리를 꽉 채웠다. 안으로 들어가지 못한 자들은 여러 층의 계단을 차지하고 앉았다. 오왕 요를 호위하고 온 역사 100명이 모두 긴 창과 볼이 넓은 칼을 들고 마당 양편으로 늘어섰다. 오왕 요의 좌우에도 두 역사가 칼을 들고 호위했다.

포인들이 한 사람씩 그릇에 담은 음식을 바칠 때마다 모두 마당 어귀에서 몸수색을 받고 옷을 갈아입은 뒤 무릎으로 걸어서 앞으로 나아갔다. 두 역사가 내려와 한 손으로 칼을 들고 다른 한 손으로 포인의 양쪽 겨드랑이를 끼고 당堂 위로 올라가게 했다.

포인들은 오왕 요의 식탁에 자신이 들고 온 음식을 올린 뒤 감히 오왕 요를 바라보지 못하고 다시 무릎으로 뒷걸음질 쳐 마당으로 내려갔다. 여러 포인들이 음식을 가져와 잔칫상을 차리자 공자 광은 옥잔에 술을 따라 바치면서 경의를 표했다. 이때 문득 고개를 숙여 다리를 주무르는 좌족跓足의 모습을 보였다. 짐짓 아픈 표정을 지으면서 오왕 요에게 말했다.

"지난날 수레에서 떨어져 다친 다리가 수시로 쑤시고 아픕니다. 이럴 때는 긴 비단 띠로 아픈 다리를 꽉 묶어야만 간신히 진정됩니다. 잠시 안으로

4 당예搪猊는 고대에 존재했던 야수의 일종으로 갑옷 등의 재료로 사용됐다. 전설적인 동물인 사자와 유사한 산예狻猊의 잘못으로 보기도 한다.

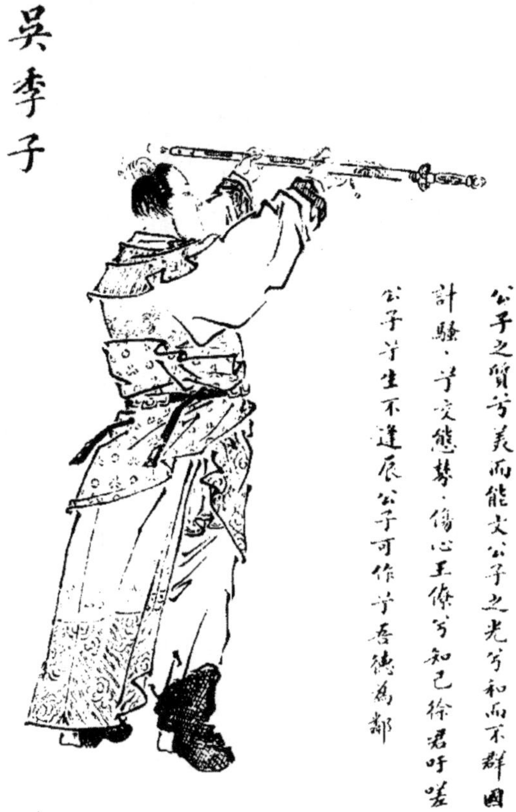

오나라 현대부 계찰

들어가 다리를 동여매고 다시 나오겠습니다."

오왕 요가 말했다.

"왕형은 그리하도록 하시오."

공자 광이 걸음을 옮길 때마다 절뚝거리며 안으로 들어갔다. 그는 안으로 들어오자마자 곧바로 굴실로 들어가 몸을 숨겼다.

잠시 뒤 전제가 어적魚炙을 얹은 쟁반을 들고 나타났다. 호위병들이 다른 포인에게 한 것과 마찬가지로 몸수색을 하고 옷을 갈아 입혔다. 그러나 전제가 날카로운 비수인 어장魚腸을 어적 속에 숨겨 놓았을 줄 누가 알았겠는가? 오왕 요의 좌우에 시립한 두 역사가 이번에도 무릎으로 걷는 전제의 양쪽 겨드랑이를 끼고 오왕 요 앞으로 갔다.

전제는 오왕 요 앞으로 다가가자 어적을 바치는 체하다가 문득 어적 속에 감춰둔 비수를 꺼내 번개처럼 오왕 요의 가슴을 찔렀다. 손놀림의 형세인 수세手勢가 십분 침중沈重했다. 비수가 3중으로 된 견고한 갑옷을 뚫고 가슴을 관통했다. 비수 끝이 등 뒤로 투출透出됐다.

오왕 요가 크게 외마디 비명을 지르며 자리에 쓰러진 뒤 숨이 끊어졌다. 크게 놀란 오왕 요의 호위병들이 일제히 전제에게 달려들어 창칼로 마구 찔렀다. 전제가 삽시간에 사람 형태를 잃고 한 무더기의 다진 고기인 육니肉泥로 변했다.

밖이 크게 소란하자 굴실 속에 숨어 있던 공자 광은 대사가 성공한 걸 알아챘다. 곧바로 숨어 있던 갑사들을 풀어 오왕의 호위병들을 공격케 했다. 갑사들은 전제가 일을 성사시킨 것을 안 까닭에 기세가 10배나 더 올랐다. 반대로 호위병들은 오왕 요가 죽은 걸 본 까닭에 기세가 크게 꺾였다. 결국 절반은 살육당하고 절반은 달아났다. 길거리를 경비하던 오왕 요의 병사들은 오자서가 이끌고 나온 사사死士들에 의해 죽임을 당하거나 사방으로 흩어져 달아났다.

오자서가 공자 광을 수레에 태우고 조정으로 들어갔다. 공자 광이 문무백관을 소집했다. 이어 오왕 요가 선왕들의 약속을 어기고 스스로 보위에 오른 죄를 명백히 밝힌 뒤 이같이 말했다.

"오늘 이 광光이 거사를 한 것은 보위를 탐해서 그런 게 아니오. 요僚가 의롭지 못하게 즉위했기 때문에 그런 것이오. 나는 임시로 섭정의 자리에 있다가 숙부인 계찰이 귀국하면 응당 숙부를 옹립할 것이오."

그러고는 오왕 요의 시신을 염습해 예법에 따라 장사지내게 했다. 전제도 후하게 장사지내게 한 뒤 그의 아들 전의專毅를 상경에 임명했다. 오자서에겐 행인行人의 직책을 수행케 했다. 그를 귀빈으로 예우하면서 신하로 대하지 않았다. 시리市吏로 있던 관상가 피리被離는 오자서를 천거한 공을 높이 사 대부로 삼았다. 이어 재물과 곡식을 풀어 가난한 백성인 궁민窮民을 진휼賑恤했다.

공자 광은 내심 죽은 오왕 요의 아들 공자 경기를 두려워했다. 걸음을 잘 걷는 자를 위나라로 보내 경기가 언제 돌아올 예정인지 염탐케 했다. 이어 직접 대군을 이끌고 장강 어귀로 나가 경기가 돌아오기를 기다렸다.

공자 경기는 정나라와 위나라에서 자신이 맡은 임무를 수행하다가 국내에 변이 일어났다는 소문을 듣고 급히 귀국했다. 강어귀까지 왔다가 공자 광이 자신을 체포하기 위해 그곳까지 나와 있는 것을 보고는 곧바로 달아났다. 공자 광이 4필의 말이 이끄는 수레를 타고 추격했으나 따라잡지 못했다.

공자 광이 병사들에게 명해 일제히 활을 쏘게 했다. 경기는 날아오는 화살을 두 손으로 쳐내며 달아났다. 화살을 한 대도 맞지 않았다. 공자 광은 경기를 포획할 수 없다는 걸 알고는 서쪽 변경의 수장守將들에게 경기의 잠입을 엄중히 단속할 것을 명한 뒤 도성으로 돌아갔다.

며칠 뒤 진晉나라에 갔던 계찰이 돌아왔다. 그는 오는 도중 오왕 요가 살해당했다는 소문을 들었다. 곧바로 오왕 요의 묘소로 가 곡을 하고 상복을 입었다. 며칠 동안 묘소 곁을 떠나지 않았다. 공자 광은 직접 오왕 요의 묘소로 가서 숙부 계찰에게 보위를 넘겨줄 뜻을 밝혔다.

"숙부의 즉위는 조부와 다른 숙부들의 뜻입니다."

계찰이 대답했다.

"그대가 구해서 얻은 것인데 왜 나에게 양보하려 하는 것이오? 실로 그 누구든 즉위한 뒤 종묘사직을 폐하게 하지 않고 백성들 또한 그를 폐하지 않는다면 나는 그를 나의 군주로 삼을 것이오."

공자 광이 더 이상 권하지 못하고 이내 보위에 올랐다. 스스로 합려闔廬[5]라고 칭했다. 계찰은 뒤로 물러나 신하의 분수를 지켰다. 이는 주경왕周敬王 5년인 기원전 540년의 일이다.

계찰은 자신의 귀국이 백성들에게 조카와 보위를 다투기 위한 것으로 비쳐지는 것을 수치로 여겼다. 연릉으로 돌아가 늙어죽을 때까지 산 이유다. 그는 도성에 한 번도 오지 않았다. 국사에도 참여하지 않았다. 당시 사람들이 이를 높이 평가했다.

그는 죽은 뒤 연릉 땅에 묻혔다. 공자孔子가 몸소 계찰의 비석에 이같이 제명題名을 썼다.

'유오연릉계자지묘有吳延陵季子之墓'

사신史臣이 시를 지어 계찰을 찬贊했다.

탐욕스런 자는 이익 위해 목숨 걸고	貪夫殉利
한 소쿠리 콩을 놓고도 얼굴 붉히다	簞豆見色
춘추시대 당시 군주 시해 빈발했으니	春秋爭弑
골육지친조차 서로 돌아보지 않았다	不顧骨肉
그 누가 계찰의 모습 보일 수 있었나	孰如季子
그는 시종일관해 보위를 양보했으니	始終讓國
오왕 요와 공자 광 부끄럽게 만들고	堪愧僚光
오나라 시조인 태백에 부끄럼 없다	無慚泰伯[6]

5 합려闔廬가 『열국지』 원문에는 합려闔閭로 나온다. 『오월춘추』에는 합려闔閭로 나오지만 원전에 해당하는 『춘추좌전』과 『국어』에는 합려闔廬로 되어 있다. 『사기』는 합려闔廬와 합려闔閭를 혼용하고 있다. 번역문은 『춘추좌전』과 『국어』를 좇아 합려闔廬로 표기했다.

6 태백泰伯은 주무왕의 증조부인 태왕太王 고공단보古公亶父의 장남이다. 태왕의 의중을 읽고는 막내 동생 왕계王季에게 후사 자리를 물려주기 위해 남쪽으로 달아나 오나라를 세웠다.

후대의 한나라 송유宋儒는 계찰이 보위를 사양하는 바람에 변란이 일어났고, 이는 그에게 오점으로 남았다고 평했다. 이를 읊은 시가 있다.

시종 사양해 분쟁이 일어났으니	只因一讓啓群爭
막내에게 전하라는 뜻 저버리다	辜負前人次及情
계찰이 부친의 뜻 받아들였으면	若使延陵成父志
어찌 오나라 패망이 빚어졌을까	蘇臺麋鹿豈縱橫[7]

한편 엄여와 촉용은 잠읍潛邑을 포위하기는 했으나 초나라 군사의 저항이 완강해 곤경에 처해 있었다. 더구나 긴급한 요청에도 불구하고 구원병이 전혀 올 기미를 보이지 않았다. 두 사람은 한동안 망설이다가 자신들만이라도 탈신脫身할 수 있는 방안을 모색했다. 이 와중에 공자 광이 오왕 요를 죽이고 즉위했다는 소문을 들었다. 두 사람은 동복형인 오왕 요의 죽음을 애도하면서 통곡했다. 이들은 서로 상의했다. 엄여가 촉용에게 말했다.

"광光이 우리 형을 시해하고 보위를 찬탈했으니 틀림없이 우리 두 사람을 용납하지 않을 것이다. 초나라로 가서 몸을 맡기려고 해도 우리를 믿어줄지 의문이다. 실로 집이 있어도 달려가지 못하고, 나라가 있어도 투항할 수 없다는 뜻의 '유가난분有家難奔, 유국난투有國難投' 속담과 맞아떨어지는 상황이다. 어찌하면 좋은가?"

촉용이 말했다.

"지금 우리가 곤경에 처해 있는데 언제까지 이곳에 머물러 있을 수는 없

7 '소대미록기종횡蘇臺麋鹿豈縱橫' 구절은 '폐허가 된 고소성에 사슴과 노루만이 이리저리 뛰어노는 일이 어찌 가능했겠는가?'라는 의미이다. 오왕 합려闔廬가 고소산姑蘇山 밑에 화려한 성을 짓고 도읍을 옮겼지만 결국 그의 아들인 오왕 부차夫差 때에 이르러 패망하게 된 것을 지적한 것이다.

습니다. 야음을 틈타 샛길로 빠져나가 소국小國으로라도 달아납시다. 거기서 훗날을 도모키로 합시다."

엄여가 말했다.

"초나라 군사가 앞뒤로 가로막고 있으니 우리 처지는 마치 나는 새가 조롱 속으로 들어온 비조입롱飛鳥入籠의 신세이다. 어찌해야 이곳을 벗어날 수 있겠는가?"

촉용이 대답했다.

"내게 한 가지 계책이 있습니다. 두 영채의 장병들에게 내일 초나라 군사와 싸울 준비를 하라고 짐짓 명을 내린 뒤 오늘 밤에 미복微服을 입고 비밀리에 이곳을 빠져나가는 방안입니다. 그러면 초나라 군사는 의심치 않을 것입니다."

엄여가 이를 좇았다. 대장의 명을 받은 두 영채의 오나라 군사는 군마에게 꼴을 먹이고 자신들도 배불리 밥을 먹었다. 진영을 정비한 뒤 오로지 진격명령이 떨어지기만 기다렸다.

그날 밤 엄여와 촉용은 심복 몇 명만 데리고 정탐을 나가는 초마哨馬 소졸小卒처럼 변장한 뒤 본영을 빠져나왔다. 엄여는 서徐나라, 촉용은 종오鍾吾나라로 달아났다.

하늘이 밝은 뒤에야 두 영채의 오나라 군사들은 자신들의 두 대장이 없어진 것을 알고 큰 혼란에 빠졌다. 그들은 저마다 배를 빼앗아 타고 황망히 오나라로 돌아갔다. 이들이 버린 병기와 갑옷이 수를 헤아릴 수 없을 정도로 많았다. 그들은 달아나다가 대부분 극완이 이끄는 초나라 수군에게 사로잡혔다.

초나라 장수들은 오나라에 변란이 난 틈을 타 오나라로 쳐들어갈 것을 주장했다. 극완이 말했다.

"저들이 우리의 국상을 틈타 쳐들어온 것은 비의非義한 짓이었소. 우리가 왜 저들을 흉내 낸단 말이오?"

그러고는 육군 대장 심윤 술의 동의를 얻어 함께 회군했다. 도성으로 돌아온 극완은 수군이 노획한 오나라 포로들과 무기를 초소왕에게 바쳤다. 초소왕이 극완의 공을 크게 칭찬한 뒤 그가 바친 포로와 무기의 절반을 도로 그에게 하사했다. 이후 일이 있을 때마다 극완에게 자문을 구하며 상의했다. 그는 극완을 몹시 존경하며 예우했다. 비무극이 더욱 시기했다. 마침내 극완을 해칠 계책을 생각해냈다.

끝내 비무기는 어떤 계책을 생각해 낸 것일까? 다음 회를 보라.

제74회

147話 낭와가 비방을 두려워해 비무극을 주살하다 – 낭와구방주무극囊瓦懼謗誅無極

비무극은 자가 자오子惡인 극완을 시기한 나머지 언장사와 함께 한 가지 계책을 꾸몄다. 영윤 낭와囊瓦를 찾아가 거짓으로 지어낸 말을 했다.

"자오가 술자리를 마련해 영윤을 초청할 생각이라며 영윤의 뜻이 어떤지 알아보라고 내게 부탁했습니다. 영윤은 이에 응할 생각입니까?"

낭와가 대답했다.

"그가 나를 초청하는데 내가 가지 못할 이유가 없지 않소?"

비무극이 다시 극완에게 가서 말했다.

"영윤이 그대의 집에 와서 술이나 한 잔 마시고 싶은데 그대의 의향이 어떤지 알아보라고 내게 부탁했소."

극완은 그게 비무극의 계책인 줄도 모르고 응답했다.

"영윤은 나의 상관이고, 나는 그 밑에 있는 하료下僚요. 영윤이 우리 집에 욕되게도 찾아오는 왕가枉駕를 행하면 실로 나에게는 영행榮幸이오. 내일 조촐한 술자리인 초작草酌이라도 차려 모실 터이니 번거롭겠지만 나의 그런 뜻을 영윤에게 알려 주시오."

비무극이 극완에게 물었다.

"그대는 영윤을 모시기 전에 무슨 선물로 경의를 표할 생각이오?"

극완이 대답했다.

"영윤이 무엇을 좋아하는지 모르겠소."

비무극이 말했다.

"영윤이 가장 좋아하는 물건은 견고한 갑옷과 예리한 창칼이오. 그대의 집에서 술을 마시고자 하는 것도 실은 이번에 군주가 오나라 포로와 무기를 절반이나 하사한 까닭에 그것을 보고 싶어 그러는 듯하오. 그대가 갖고 있는 무기를 모두 꺼내 내게 보여주시오. 영윤이 좋아할 만한 것을 내가 골라보겠소."

극완은 초소왕으로부터 하사받은 무기를 비롯해 원래 집안에서 소장해 온 무기와 갑옷도 꺼내 보여주었다. 비무극은 무기와 갑옷 가운데 견고하고 손질이 잘 된 것으로 각각 50점을 고른 뒤 이같이 말했다.

"이만하면 됐소. 그대는 대문 옆에 천막을 치고 그 안에 이것들을 진열해 놓으시오. 영윤이 오면 반드시 무기에 대해 물어볼 것이오. 그러면 이 무기들을 보여주시오. 영윤이 틀림없이 좋아하며 마음에 드는 물건을 만져볼 것이오. 그때 그것을 영윤에게 바치면 크게 기꺼할 것이오. 영윤은 다른 물건은 좋아하지 않소."

극완은 그 말을 사실로 믿었다. 서둘러 대문 왼쪽에 천막을 치고 그 안에 비무극이 골라놓은 갑옷과 무기를 진열했다. 또 안주와 과일 등을 준비하라고 주방에 분부했다. 이어 비무극에게 다시 가서 내일 영윤 낭와를 모시고 올 것을 새삼 부탁했다.

이튿날 낭와가 극완의 집으로 가려고 했다. 비무극이 말했다.

"사람의 마음은 불가측不可測입니다. 내가 영윤을 위해 먼저 극완의 집에 가서 술자리 준비가 어찌 됐는지 한번 살펴보고 오겠습니다. 연후에 모시고 가도록 하겠습니다."

비무극이 좌윤 극완의 집으로 간 지 얼마 안 돼 황망히 돌아왔다. 가쁜 숨을 몰아쉬며 낭와에게 고했다.

"내 하마터면 영윤에게 큰 잘못을 저지를 뻔했습니다. 오늘 자오子惡가 호의로 영윤을 청한 게 아닙니다. 영윤이 갔으면 위해를 당할 뻔했습니다. 자오의 집에 가보았더니 대문 옆에 쳐놓은 천막 안에 갑사들이 숨어 있었습니다. 영윤이 영문도 모른 채 갔더라면 틀림없이 그의 독수毒手에 걸려들었을 것입니다."

낭와가 의아해했다.

"자오는 평소 나와 아무런 혐극嫌隙이 없소. 무슨 이유로 나를 해치려 한단 말이오?"무극이 말했다.

"극완은 왕의 총애만 믿고 영윤의 자리를 빼앗을 생각을 하고 있습니다. 내 듣자하니 은밀히 오나라와 내통하고 있다고 합니다. 전번에 우리 초나라 군사가 잠읍을 구하러 갔을 때 제장들이 차제에 오나라를 칠 것을 주장했지만 극완이 몰래 오나라의 뇌물을 받고 남의 나라가 혼란할 때 쳐들어가는 것은 의롭지 못하다며 반대했습니다. 이어 함께 출전한 좌사마 심윤 술을 강요하다시피 해서 회군했습니다. 오나라는 우리의 국상을 틈타 쳐들어왔는데 우리가 오나라의 변란을 틈타 쳐들어가는 것은 그에 대한 당연한 보복입니다. 어찌 이를 막을 수 있는 것입니까? 그가 오나라의 뇌물을 받지 않았으면 어떻게 제장들의 건의를 어기면서까지 가벼이 돌아올 수 있었겠습니까? 극완이 득세하면 앞으로 우리 초나라는 위태로워질 것입니다."

낭와는 비무극의 말을 믿지 못했다. 좌우의 시종에 명해 좌윤 극완의 집을 살펴보고 오도록 했다. 시종이 돌아와 고했다.

"대문 옆 천막 속에 과연 갑영甲兵이 매복돼 있었습니다."

낭와가 대로했다. 곧 사람을 보내 언장사를 불렀다. 이어 우윤 언장사에게 좌윤 극완이 자신을 해치려 한다고 호소했다. 비무극과 함께 음모를 꾸민 언장사가 말했다.

"원래 극완은 양영종陽令終과 양완陽完 및 양타陽佗 3형제를 비롯해 대부 진진晉陳 등 3족三族 연합의 파당을 만들어 초나라 정권을 잡으려고 꾀한 게 하루 이틀이 아닙니다."

낭와가 화를 냈다.

"필부가 언감생심 그런 장난을 꾀한단 말인가? 내가 응당 내 손으로 그를 벨 것이오."

낭와는 초소왕에게 좌윤 극완이 변란을 도모하고 있다고 고한 뒤 우윤 언장사로 하여금 군사를 이끌고 가 극완을 치게 했다. 극완은 그제야 비무극이 자신을 영윤 낭왕에게 팔아 넘겼다는 것을 알고 스스로 목을 찌르고 죽었다. 백주리의 손자 백비伯嚭[1]는 자신에게도 재앙이 미칠까 두려워 교외로 도망쳐 달아났다.

낭와가 국인國人들에게 명해 극완의 집을 불태우도록 했다. 그러나 아무도 그 명에 따르지 않았다. 낭와가 더욱 화를 내며 엄명을 내렸다.

"극완의 집에 불을 지르지 않는 자는 극완과 같은 죄로 다스릴 것이다."

1 『열국지』 원문은 이 대목에서 백비伯嚭를 극완의 아들로 간주해 '기자백비其子伯嚭'로 표현해 놓았다. 그러나 『춘추좌전』 「노정공 4년」조는 극완이 자진한 게 아니라 살해됐고, 극완의 당우黨友로 있던 백비의 조부 백주리도 함께 죽었고, 백비는 이내 망명한 것으로 기록해 놓았다. 이름이 알려지지 않은 백비의 부친은 이 사건에 연루돼 함께 죽은 것으로 추정된다. 번역문은 『춘추좌전』의 기록을 좇았다.

중인衆人들은 극완이 현신賢臣이라는 사실을 알고 있었다. 아무도 그의 집에 불을 지르려 하지 않은 이유다. 그러나 이내 낭와의 강요에 못 이겨 각자 손에 지푸라기 한 줌씩 들고 나와 극완의 집에 던지고는 급히 달아났다.

낭와는 부득이 직접 가병들을 이끌고 가서 극완의 집 앞뒷문을 에워싸고 불을 질렀다. 극완의 집은 큰 불길로 변했다. 가련하게도 극완의 좌윤부左尹府가 속한 도성의 한 구역이 삽시간에 잿더미로 변했다. 극완의 시신도 불에 타 형체가 없는 한 줌의 재가 됐다.

영윤 낭와는 그날로 극완의 일족을 몰살하고 다시 그 일당인 양령종과 양완 및 양타 등 3형제와 진진을 잡아들였다. 그들에게도 오나라와 내통했다는 죄목을 씌워 초소왕에게 무고한 뒤 한꺼번에 죽여 버렸다. 초나라에서 이 일을 원통히 여기지 않는 자가 없었다.

며칠 후 영윤 낭와가 누각에 올라 홀로 달빛을 구경할 때 문득 시정市井에서 가사를 분명히 알 수 있는 노랫소리가 맑은 소리의 모습으로 낭연朗然히 들려왔다. 그가 귀를 기울여 들었다. 가사는 이러했다.

대부 극완을 배우지 말게	莫學郤大夫
충신인 그가 죽임을 당했다	忠而見誅
그 몸이 원통히 죽었는데도	身旣死
뼈마저 타버려 남지 않았지	骨無餘
초나라는 군주 없는 셈이니	楚國無君
비무극과 언장사만 존재하지	惟費與鄢
영윤은 나무로 된 인형인가	令尹木偶
오직 남을 위해 벼슬 했지	爲人作繭[2]

2 작견作繭은 크게 3가지 뜻이 있다. 첫째, 누에가 고치를 만드는 것을 말한다. 둘째, 관직의 길로 나가는 출사出仕를 뜻한다. 셋째, 여인이 아이를 회잉懷孕하고 생육生育하는 것을 가리

만일 하늘이 이를 안다면　　天若有知
반드시 원통함을 갚아주리　　報應立顯

영윤 낭와가 급히 좌우의 시종들을 시켜 그 노래를 부른 사람이 누구인지 알아오게 했다. 그러나 그들은 누가 그 노래를 불렀는지 알아내지 못했다. 시정의 가게와 집들 모두 신주를 모셔 놓고 향을 피우고 있었다. 시종 가운데 한 사람이 물었다.

"신주가 누구의 것이오?"

한 백성이 대답했다.

"초나라 충신 극완의 신주입니다. 아무런 죄도 없이 원통하게 죽었습니다. 그의 원통한 사정을 하늘에 호소하는 중입니다."

시종들이 돌아가 그대로 보고했다. 이튿날 영윤 낭와가 조정에 나가 극완의 일을 여러 대부들에게 물어보았다. 공자 신 등이 대답했다.

"극완은 오나라와 내통한 일이 없습니다."

낭와는 집으로 돌아가서 크게 후회했다. 좌사마 심윤 술은 교외에서 귀신에게 치성을 드리는 사람들이 모두 영윤을 저주한다는 소문을 듣고는 낭와를 찾아와 말했다.

"국인들이 모두 영윤을 원망하고 있는데 영윤 홀로 못 들었소? 저 비무극은 몹쓸 간신이오. 그는 언장사와 어울려 군주와 조정의 이목을 가려왔소. 채나라 충신 조오朝吳와 채후蔡侯가 주朱를 내치게 하고, 선왕으로 하여금 인륜을 돌보지 않고 자부子婦를 데리고 살게 하고, 태자 건으로 하여금 정나라에서 죽게 만들고, 오사 부자를 원통하게 죽게 만든 게 모두 그의 짓이오. 이제는 좌윤 극완을 죽게 하고 백주리의 백씨伯氏를 비롯해 양씨陽

킨다. 여기서는 두 번째 의미로 사용된 것이다.

낭와가 비방을 두려워해 비무극을 주살하다

氏와 진씨晉氏 집안을 멸족하게 만들었소. 백성들은 비무극과 언장사를 크게 원망하고 있소. 그 원망이 골수에 사무쳐 있소. 영윤이 그들로 하여금 악을 저지르도록 방치했다며 영윤까지 저주하는 소리가 온 나라에 가득하오. 남을 비방하는 것을 막기 위해 사람을 죽이는 일을 인자仁者는 하지 않소. 하물며 사람을 죽여 비방을 일으켜서야 되겠소? 훗날 초나라에 혼란이 생겨 외적이 쳐들어올 때 국인들은 군주와 조정에 등을 돌리게 될 것이오. 그땐 영윤도 위험이 닥칠 것이오. 간특한 자를 믿다가 자신을 위기로 몰아넣는 것과 간특한 자를 속히 없애 스스로 안전을 기하는 것 가운데 어느 쪽이 영윤을 위해 더 낫겠소?"

낭와가 송구스런 모습으로 자리에서 내려와 말했다.

"모든 게 나의 잘못이오. 청컨대 심沈 사마는 나를 도와 두 도적을 도륙해 주시오."

심윤 술이 대답했다.

"그리 하는 게 나라의 복인데 어찌 감히 명을 따르지 않겠습니까?"

심윤 술은 곧 수하 장수로 하여금 저잣거리로 나가 이같이 외치게 했다.

"좌윤 극완을 죽게 한 것은 비무극과 언장사이다. 영윤이 이제 간악한 자들에게 속은 것을 깨닫고 이제 두 도적을 치라고 명했다. 도적 토벌에 나선 심 사마를 따르고자 하는 자는 모두 오도록 하라."

그 말이 끝나기도 전에 도성의 수많은 백성들이 무기를 들고 앞장서서 그들의 집으로 쳐들어갔다. 낭와는 이들에게 잡혀온 비무극과 언장사의 죄를 낱낱이 들어 크게 꾸짖은 뒤 참형에 처했다. 이어 두 수급을 저잣거리에 효시케 했다.

백성들이 이번에는 영윤의 명을 기다리지도 않은 채 비무극과 언장사의 집에 불을 질러 잿더미로 만들었다. 낭와는 비무극과 언장사의 일족을 모두 도륙케 했다. 그런 후에야 비로소 초나라 백성들의 낭와에 대한 비방과 저주가 사라졌다.

사신이 이를 시로 읊었다.

충신 애도하며 간신 집 불사르니	不焚伯氏焚鄢費
공론과 공심이 백성에게 있었지	公論公心在國人
영윤이 미리 사마와 상의했다면	令尹早同司馬計
충신이 어찌 무함으로 죽었을까	讒言何至害忠臣

비무극과 언장사는 평생 남을 해치다가 결국 자기 자신을 해쳤다. 남을

참소하고 악한 짓을 하는게 남은 말할 것도 없고 자신에게 무슨 이득이 되겠는가? 이를 읊은 시가 있다.

순풍에 불을 놓아 남을 태우더니	順風放火去燒人
문득 바람 바뀌어 자신을 태우다	忽地風回燒自身
독계와 간모는 마치 이와 같으니	毒計奸謀渾似此
이를 모면할 악인이 얼마나 될까	惡人幾個不遭屯

오왕 합려闔廬 원년은 바로 주경왕 6년인 기원전 539년이었다. 합려가 오자서에게 나라를 다스리는 방안을 물었다.

"과인은 오나라를 강국으로 만들어 패업을 도모코자 하오. 어찌해야 이룰 수 있겠소?"

오자서가 머리를 숙인 채 눈물을 흘리며 대답했다.

"신은 초나라에서 쫓겨난 망명객입니다. 부형이 원한을 품고 죽었지만 그 몸은 땅에 묻히지 못하고 그 혼백은 제사도 받지 못하고 있습니다. 신은 온갖 치욕을 겪고 난 뒤 겨우 대왕에게 몸을 의지하고 있습니다. 대왕이 신을 죽이지 않는 것만도 다행인데 어찌 감히 오나라 국정에 참여할 수 있겠습니까?"

오왕 합려가 말했다.

"무릇 그대가 아니었으면 과인은 남의 밑에 있는 굴욕을 이제껏 면치 못했을 것이오. 다행히도 그대의 가르침을 받아 오늘이 있게 됐소. 이제 그대에게 나라를 맡기려던 참인데 어째서 문득 중도에서 물러나려는 것이오. 과인이 부족한 사람이기에 그런 것이오?"

오자서가 말했다.

"신은 대왕을 부족하다고 생각한 적이 없습니다. 신은 소원한 사람은 친

근한 사람을 갈라놓을 수 없다는 뜻의 '소불간친疏不間親, 원불간근遠不間近'이라는 말을 들었습니다. 신이 어찌 타국에서 망명한 나그네 같은 신하인 이른바 기려지신羈旅之臣의 신분으로 오나라의 쟁쟁한 모신謀臣들 위에 있을 수 있겠습니까? 더구나 신은 부형의 원수도 갚지 못해 마음이 늘 요동치고 있습니다. 자신의 일도 도모하지 못한 터에 어찌 국사를 도모할 수 있겠습니까?"

오왕 합려가 말했다.

"오나라 모신들 가운데 그대 앞에 나설 자가 없소. 그대는 사양치 마시오. 국사가 어느 정도 안정되면 과인이 그대를 위해 원수를 갚아주겠소. 경은 명만 내리시오."

오자서가 말했다.

"대왕이 도모코자 하는 게 무엇입니까?"

오왕 합려가 말했다.

"우리 오나라는 궁벽한 동남쪽에 치우쳐 있어 땅이 험하고 음습한데다 바닷물이 넘치는 해일의 피해까지 자주 발생하오. 창고는 곡식으로 가득 차지 못하고, 전답도 제대로 개간되지 않고 있소. 나라에는 방위시설이 없고, 백성에게 나라를 지키려는 굳센 의지가 없소. 이웃 나라에 오나라의 위엄을 보일만한 게 아무것도 없는 셈이오. 이를 어찌하면 좋겠소?"

오자서가 말했다.

"신이 듣건대 백성을 다스리는 방도는 백성들로 하여금 안정된 삶을 살도록 하는 데 있다고 했습니다. 패업을 성취하려면 가까운데서 시작해 점차 먼 곳을 제압해 나가야 합니다. 먼저 성곽을 세우고 방어시설을 갖춰야 합니다. 농사를 장려해 창고를 곡식으로 가득 채우고, 군사체제를 개혁해 안으로는 나라를 지키고 밖으로는 외적과 싸울 수 있는 실력을 길러야 합니다."

합려가 말했다.

“좋은 방안이오. 과인이 그대에게 국정을 맡길 터이니 그대는 과인을 위해 그 일을 도모해주시오.”

상국이 된 오자서는 지형의 고저를 살피고 땅에서 샘솟는 물이 단물인지 짠물인지 맛을 본 뒤 고소산姑蘇山 동북쪽 30리 지점에 큰 성을 쌓았다. 성의 둘레가 47리나 되었다.

육문陸門과 수문水門이 각각 8개였다. 육문은 8개 방위를 상징하는 바람인 8풍八風[3]을 의미하고, 수문은 땅의 8괘八卦 즉 8총八聰을 본뜬 것이다. 8개의 육문이 무엇인가? 남쪽의 반문盤門과 사문蛇門, 북쪽의 제문齊門과 평문平門, 동쪽의 누문婁門과 장문匠門, 서쪽의 창문閶門과 서문胥門을 말한다.

‘반문’은 문 앞으로 강이 굽이쳐 돌아가기 때문에 붙인 이름이고, ‘사문’은 사방巳方에 위치해 12지 가운데 방향이 뱀에 속하기 때문에 붙인 이름이다. ‘제문’은 북쪽에 제나라가 있기 때문이고, ‘평문’은 물과 뭍이 그곳에서 가지런히 닿아 있기 때문이고, ‘누문’은 누강婁江이 그곳에서 보이기 때문에 붙인 이름이다. 또 ‘장문’은 장인匠人들을 그곳에 모아 일하게 했기 때문이고, ‘창문’은 천상의 창합문閶闔門으로부터 흘러 내려오는 기를 통하게 한다는 취지에서 붙인 것이고, ‘서문’은 고서산姑胥山 즉 고소산과 마주보고 있기에 붙인 이름이다. 월나라가 동남쪽인 사방巳方에 위치한 까닭에 ‘사문’ 위에는 나무로 뱀을 조각해 박아놓았다. 뱀의 머리를 도성 안쪽으로 향하게 했다. 월나라가 오나라에 신복臣服하는 것을 상징했다.

3 8풍八風은 8방方을 상징하는 바람을 말한다. 동북쪽의 염풍炎風 내지 융풍融風, 동쪽의 도풍滔風 내지 서풍庶風, 동남쪽의 훈풍熏風 내지 청명풍淸明風, 남쪽의 거풍巨風 내지 개풍凱風, 서남쪽의 처풍凄風 내지 양풍涼風, 서쪽의 요풍飂風 내지 창합풍閶闔風, 서북의 여풍厲風 내지 부주풍不周風, 북쪽의 한풍寒風 내지 광막풍廣莫風이 그것이다.

사문 밖에는 다시 둘레가 10리쯤 되는 작은 성을 축조했다. 그 성의 남쪽과 북쪽 및 서쪽에 각각 문을 냈지만 동쪽은 문을 내지 않았다. 월나라 쪽으로 햇빛을 보내지 않겠다는 취지에서 그리한 것이다. 원래 오나라는 동쪽에 위치하고 있어 동쪽은 진방辰方에 해당하는 까닭에 12지의 용에 속한다. 작은 성의 남문 위에 2마리의 도롱뇽이 마주보는 양예兩鯢를 새겨서 붙였다. 용의 뿔을 상징한 것이다.

고소성의 성곽과 궁궐이 준공되자 오자서는 옛 도성인 매리梅里에서 오왕 합려闔廬를 맞아들여 도읍을 옮기게 했다. 새 도읍의 건물 배치를 보면 우선 전주후시前朝後市의 원칙에 입각해 조당朝堂이 앞에 있고, 시정市井을 뒤에 두었다. 또 좌조우사左祖右社의 원칙을 좇아 궁궐의 왼쪽에 종묘를 세우고, 오른쪽에 사직단社稷壇을 설치했다. 이어 곡식과 보물 등을 저장하는 창름부고倉廩府庫[4]도 빠짐없이 세웠다.

도읍을 옮기는 일이 일단락되자 오자서는 장정들을 선발해 전투하는 법과 진을 치는 법, 말을 모는 법, 활을 쏘는 법 등을 가르쳤다. 그는 또 지금의 강소성 소주에 있는 봉황산鳳凰山 남쪽에 성을 하나 더 쌓았다. 월나라의 침공을 막기 위한 것이었다. 성의 이름을 남무성南武城이라고 했다.

오왕 합려는 오왕 요를 척살할 때 사용한 비수 어장을 상서롭지 못한 물건으로 여겨 단단히 봉함한 뒤 깊숙한 곳에 간직했다. 또 우수산牛首山 밑에 쇠를 전문으로 다루기 위한 야성冶城을 쌓았다. 장인들로 하여금 그곳에 기거하면서 수많은 칼을 주조하게 했다. 그들이 만든 칼이 수천 자루나 됐다. 그 칼들을 편제扁諸라고 했다.

이어 널리 칼을 잘 만드는 장인을 널리 모집했다. 여러 사람들의 천거를 좇아 오나라 사람 간장干將을 초치해 따로 극히 예리한 검을 만들게 했다.

4 창름부고倉廩府庫의 '창'은 쌀을 제외한 여러 곡식 창고, '름'은 쌀 창고, '부'는 도서 및 문서 창고, '고'는 보물 및 무기창고를 가리킨다.

간장은 비수 어장魚腸을 만든 구야자와 함께 같은 스승 밑에서 칼 만드는 법을 배운 장인이었다.

간장은 필생의 명검을 만들기 위해 천하의 명산인 동쪽의 태산泰山과 서쪽의 화산華山, 북쪽의 항산恒山, 남쪽의 형산衡山, 중앙의 숭산嵩山 등 5악五嶽으로부터 정기가 서린 깨끗한 철과 천하의 4방인 6합六合의 기운이 깃든 고운 황금을 채취했다.

간장은 하늘과 땅의 기운을 살펴 철광석을 녹이기에 알맞은 날을 택했다. 그날은 하늘의 기운이 내려오고 땅의 기운이 올라가서 서로 합치는 날이었다. 여러 기신이 모여들어 천지의 기운이 서린 칼을 만드는 것을 지켜보는 날이기도 했다.

그는 우선 숯을 산더미처럼 쌓아놓고 동남童男과 동녀童女 300명에게 풀무질을 하도록 했다. 이들은 숯덩이가 시뻘겋게 타오르도록 밤낮을 가리지 않고 풀무질을 했다. 그러나 이토록 3달 동안 쉬지 않고 풀무질을 했지만 용광로 속의 철광석과 합금 재료가 서로 녹아들지 않았다. 간장은 그 이유를 알 수 없었다.

하루는 아내 막야莫邪가 남편인 간장에게 말했다.

"무릇 신물神物을 만들려면 천기天氣와 지기地氣뿐만 아니라 사람의 기운인 인기人氣까지 들어가야 합니다. 칼을 만들기 시작한 지 3달이 지나도 아직 철광석과 합금 재료가 서로 녹아들지 않는 것도 바로 인기를 받아들인 뒤에야 명검이 되려고 그런 게 아니겠습니까?"

간장이 대답했다.

"지난날 나의 스승은 쇠를 녹이려고 하는데도 쇠가 녹지 않자 부부가 함께 용광로 속으로 몸을 던졌소. 그러자 쇠가 녹아 물건을 만들어낼 수 있었소. 지금도 산에서 쇠를 정련할 때 반드시 삼으로 만든 머리띠인 수질首絰을 한 채 초의草衣를 입고 용광로 앞에서 제사를 지낸 뒤 불을 피웠소. 지금 내가 검을 만들지 못하고 있으니 나 또한 그리해야 할 듯하오."

아내 막야가 말했다.

"스승이 부인과 함께 자신의 몸을 녹여 신검神劍을 만들었는데 그것을 본받는 게 뭐 그리 어렵겠습니까?"

막야는 재계를 하고 머리카락과 손톱을 자른 뒤 용광로 곁에 서서 동남동녀들로 하여금 다시 풀무질을 하게 했다. 숯불이 시뻘겋게 타오르자 막야가 스스로 용광로 속에 몸을 던졌다. 용광로 속의 철광석과 합금 재료가 문득 서로 녹아들면서 순식간에 시뻘건 쇳물이 되었다. 간장이 마침내 그 쇳물을 거푸집에 부어 보검을 주조해냈다.

먼저 만든 양검陽劍에는 자신의 이름을 붙여 '간장', 나중에 만든 음검陰劍은 아내의 이름을 붙여 '막야'라고 불렀다. 양검에는 거북무늬인 귀문龜文, 음검에는 물결무늬인 만리漫理를 새겨 넣었다. 간장은 양검인 간장은 숨겨둔 채 음검인 막야만 오왕 합려에게 바쳤다. 오왕 합려가 그 칼을 돌에 시험해 보았다. 칼이 한번 지나가자 돌이 둘로 쪼개졌다. 지금 호구산虎邱山에 있는 시검석試劍石이 바로 당시 검을 시험한 돌이다. 오왕 합려는 간장에게 상으로 황금 100금金을 내렸다.

이후 오왕 합려는 간장이 검 한 자루를 숨겨뒀다는 것을 알았다. 사람을 보내 검을 가져오게 했다. 검을 내주지 않을 경우 죽이고 빼앗아 오도록 했다. 오왕 합려의 사자가 간장에게 가자 그는 양검인 간장이 든 상자를 들고 밖으로 나왔다. 이때 양검인 간장이 상자 속에서 뛰쳐나와 청룡으로 변했다. 간장이 올라타자 청룡이 곧바로 하늘로 올라가 버렸다.

사자가 돌아와 자신이 본 광경을 그대로 고했다. 오왕 합려가 탄식해 마지않았다. 이후로 오왕 합려는 보검 막야를 더욱 애지중지했다. 보검 막야는 오나라에 있었으나 이후 행방이 묘연해졌다. 이후 600여 년 뒤 삼국시대를 마무리 지은 사마씨의 서진西晉 때 다시 발견됐다. 상국 장화張華가 견우성과 북두성 사이에 붉은 기운이 뻗쳐 있는 것을 보았다. 그는 천문지리에 능통한 뇌환雷煥을 불러 물어보았다. 뇌환이 밤하늘을 살펴본 뒤 말했다.

"저 기운은 보검의 정기인데 예장군豫章郡 풍성豊城 땅에서 피어오르는 듯합니다."

상국 장화가 곧 뇌환을 풍성 현령에 임명했다. 풍성에 부임한 뇌환이 사람을 시켜 옛 감옥이 있던 자리를 파게 했다. 거기서 석함石函 하나를 발견했다. 길이는 6척이 넘고, 넓이도 3척이나 됐다.

그가 석함을 열어보니 그 안에 검 한 쌍이 들어 있었다. 사람을 시켜 남창南昌 땅 서산西山의 흙으로 닦게 했다. 한 쌍의 검에서 눈이 시릴 정도의 염려艶麗한 빛이 났다. 그는 검 한 자루만 상국 장화에게 보내고 나머지 한 자루는 자신의 허리에 차고 다녔다. 얼마 후 도성으로부터 장화의 서신이 왔다.

> 내가 받은 검을 자세히 살펴보니 간장干將이라는 명문銘文이 새겨져 있었소. 그렇다면 막야莫邪도 있을 터인데 왜 내게 보내지 않은 것이오? 비록 그렇기는 하나 이들 신물神物은 종당에 서로 합쳐질 것이오.

이후 뇌환과 장후가 각각 암수의 검을 차고 연평진延平津에서 함께 배를 타게 됐다. 배가 강심에 이르자 두 검이 칼집에서 뛰쳐나와 강물 속으로 들어갔다. 장화가 급히 잠수부로 하여금 물속으로 들어가 검을 건져내게 했다.

잠수부가 물속에 들어가 보니 검은 오간데 없고 두 마리 용이 있어 강물 속으로 들어갔던 사람은 그만 기겁초풍을 했다. 커다란 용 두 마리가 갈기인 종렵鬃鬣을 편 채 서로 바라보고 있었다. 눈에서 오색 빛이 번쩍였다. 잠수부가 황망히 배 위로 기어 올라와 이 사실을 고했다. 이후 간장과 막야는 다시 세상에 나타나지 않았다. 세인들은 두 보검 모두 신물이라 끝내 하늘로 돌아갔을 것으로 생각했다.

지금도 풍성현에는 검지劍池가 있다. 검지 앞에 석함 하나가 절반쯤 땅에 묻혀 있다. 세인들은 그곳을 석문石門이라고 부른다. 뇌환이 검 한 쌍을 찾아낸 자리이다. 이게 명검인 간장과 막야에 관한 일화의 결말이다.

후대인이 그 검 한 쌍을 두고 「보검명寶劍銘」을 지었다.

오악의 정기 받은 깨끗한 쇠	五山之精
육합의 기운 서린 고운 황금	六氣之英
정련하고 벼려내 검 만드니	煉爲神器
칼날은 번개 및 서리와 같다	電爗霜凝
무지개가 물결무늬에 비추고	虹蔚波映
용 같은 양검은 거북무늬다	龍藻龜文
금옥을 자를 정도로 예리해	斷金切玉
그 위세에 3군이 진동하다	威動三軍

오왕 합려는 막야를 애지중지하면서 장식용 고리인 금구金鉤를 잘 만드는 장인을 모집했다. 마음에 드는 금구를 만든 자에겐 황금 100금을 내리겠다고 했다. 많은 장인들이 금구를 만들어 바쳤다.

이때 후한 상금에 욕심을 낸 한 장인이 자신의 두 아들을 죽인 뒤 그 피를 황금에 섞어 만든 금구를 바쳤다. 며칠 후 그 장인이 궁궐 문 앞으로 가서 상금을 달라고 청했다. 오왕 합려가 말했다.

"그간 금구를 만들어 바친 사람이 매우 많다. 어찌해서 너만 홀로 상금을 요구하는 것인가? 네가 만든 금구는 다른 사람이 만든 것과 무엇이 다른 것인가?"

그 장인이 대답했다.

"신은 대왕의 상금을 타기 위해 두 아들을 죽여 금구를 만들었습니다. 어찌 다른 사람이 만든 것과 같겠습니까?"

오왕 합려가 좌우에 명해 그가 만든 금구를 찾아오게 했다. 이내 시종이 와서 고했다.

"수많은 금구 속에 섞여 있고 모양이 비슷해 판별할 수 없습니다."

장인이 말했다.

"신이 찾아보도록 하겠습니다."

좌우 시종들이 수많은 금구를 모두 들고 나와 그 장인 앞에 펼쳐 놓았다. 그 장인도 자신이 만든 금구를 쉽게 찾아낼 수 없었다. 이내 자신의 두 아들 이름을 불렀다.

"오홍吳鴻아, 호계扈稽야! 아비가 왔다. 너희는 어찌해서 대왕 앞에서 영험을 드러내지 않는 것인가?"

부르는 소리가 아직 끝나기도 전에 문득 2개의 금구가 날아와서 그 장인의 가슴에 착 달라붙었다. 오왕 합려가 크게 놀랐다.

"네 말이 과연 거짓이 아니었구나!"

곧바로 상금 100금을 내렸다. 이후 그는 늘 허리에 막야와 함께 한 쌍의 금구를 몸에 찾고 다녔다.

한편 극완의 사건 때 함께 죽은 백주리의 손자 백비는 국외로 달아나 이리저리 유랑하다가 오자서가 오왕 합려의 신임을 얻어 중용됐다는 소식을 듣고는 마침내 오나라로 갔다. 오나라에 당도한 백비는 오자서를 찾아가 만났다. 두 사람은 서로 부둥켜안고 통곡했다.

오자서는 이내 백비를 이끌고 궁으로 들어가 오왕 합려를 배알케 했다.

합려가 백비에게 물었다.

"과인은 중원에서 멀리 떨어진 궁벽한 동해 가에 살고 있소. 그대가 1천 리를 멀다 않고 이 궁벽한 곳까지 찾아왔으니 장차 과인에게 무엇을 가르쳐 줄 생각이오?"

백비가 대답했다.

"신의 조부 백주리는 2대에 걸쳐 성심껏 초나라를 섬겼습니다. 부친도 마찬가지였습니다. 그러나 이내 간신의 무함에 걸려 목숨을 잃고 집까지 불에 타 없어졌습니다. 신이 사방을 떠돌아다니며 정착할 곳조차 없는 신세가 된 이유입니다. 도중에 신은 대왕이 높은 의기로 곤궁한 처지의 오자서를 발탁해 중용했다는 이야기를 들었습니다. 그래서 1천 리가 멀다고 여기지 않는 불원천리不遠千里의 마음가짐으로 여기까지 오게 된 것입니다. 신은 신명身命을 모두 바칠 생각이니 대왕이 신의 생사生死를 알아서 처분해 주시기 바랍니다."

오왕 합려가 측은한 생각이 들어 백비에게 대부 벼슬을 내린 뒤 오자서와 함께 국사를 상의토록 했다.

하루는 전에 관상가로 있던 대부 피리가 오자서에게 물었다.

"그대는 무엇을 보고 백비를 신용하는 것입니까?"

오자서가 대답했다.

"나의 원한은 백비의 원한과 같소. 같은 병을 앓는 사람은 서로 연민하고 같은 걱정을 하는 사람은 서로 돕는다는 뜻의 '동병상련同病相憐, 동우상구同憂相救'라는 속담이 있소. 놀라서 날아오른 새들은 서로 뒤를 따르며 함께 모인다는 뜻의 '경상지조驚翔之鳥, 상수이집相隨而集'과 여울 아래로 흘러든 물은 함께 굽이치며 흐른다는 뜻의 '뇌하지수瀨下之水, 인부구류因復俱流'라는 속담도 있소. 그대는 무엇을 의심하는 것이오?"

대부 피리가 대답했다.

"그대는 그의 겉만 보고 그 속마음은 모르는 까닭에 그리 말하는 것이오. 내가 그의 관상을 보니 그는 매처럼 곁눈질로 사람을 보고 먹이를 노리는 호랑이처럼 살금살금 걷는 응시호보鷹視虎步의 관상을 갖고 있소. 이는 욕심이 많은데다 아첨을 잘하고 공을 세우기 위해 사람을 멋대로 죽이는 상이오. 그를 가까이하지 마시오. 그를 중용하면 훗날 반드시 상국에게 누를 끼칠 것이오."

오자서가 이를 듣지 않고 마침내 백비와 함께 오왕 합려를 섬겼다.

후대인이 이같이 평했다.

피리는 오자서의 현명함과 백비의 망녕됨을 단박에 알았으니 실로 하늘이 내린 관상가인 신상神相이라고 할 만하다. 오자서가 피리의 충고를 듣지 않았으니 이 어찌 하늘의 뜻이 아니겠는가?

이를 읊은 시가 있다.

충용과 간녕을 단박에 알아보니	能知忠勇辨奸回
피리같은 신상은 실로 기이하다	神相如離亦異哉
자서에게 미리 대비토록 했으면	若使子胥能預策
어찌 고소대서 미록이 뛰어 놀까	豈容麋鹿到蘇臺

148話 요리가 명성을 탐해 경기를 척살하다
– 요리탐명자경기要離貪名刺慶忌

이야기가 둘로 나뉜다. 당시 오나라 공자 경기는 오왕 합려에게 쫓겨나 국외로 달아났다가 초나라와 오나라의 접경지역인 애성艾城에 머무르고 있었다. 그곳에서 사사死士를 모으고 이웃나라와 연락을 취하면서 장차 오나라로 쳐들어가 부왕인 오왕 요의 원수를 갚을 기회를 노리고 있었다.

오왕 합려가 그 소문을 듣고 오자서에게 말했다.

"지난날 전제가 대사를 성취하기는 했으나 그건 그대가 과인을 위해 그를 천거하고 계책을 마련해준 덕분이었소. 근자에 경기가 오나라를 도모할 마음을 품고 있다고 하오. 요즘 음식을 먹어도 맛을 모르겠고, 앉아 있어도 자리가 편하지 않소. 그대는 과인을 위해 그를 제거해 주시오."

오자서가 대답했다.

"신은 충忠이 아니면 행하지 않습니다. 지난날 신이 대왕과 더불어 사실私室 속에서 오왕 요를 제거하는 방안을 꾀한 이유입니다. 이제 그 아들까지 제거코자 하는 것은 하늘의 뜻을 거스르는 게 아닐까 두렵습니다."

오왕 합려가 말했다.

"옛날에 주무왕은 은나라 주紂를 죽이고 다시 그 아들 무경武庚까지 죽였소. 하지만 주나라 백성은 이를 비난하지 않았소. 하늘이 은나라를 버린 까닭에 그런 하늘의 뜻을 받들어 그 일을 행했기 때문이오. 경기가 살아 있는 것은 오왕 요가 살아 있는 것이나 다름없소. 과인은 늘 그대와 더불어 성패成敗를 함께 해왔소. 어찌 차마 그리할 수는 없다는 작은 인정에 얽매여 큰 우환을 남겨 두려는 것이오? 과인이 전제 같은 사람만 하나 더 얻으면 그 일을 해결할 수 있을 것이오. 그대가 널리 용사를 구해온 것은 어제오늘의 일이 아니오. 전제 같은 용사를 또 구해 놓지 않았소?"

오자서가 대답했다.

"참 말씀드리기 곤란합니다만 신이 눈여겨 보아둔 세인細人이 있기는 합니다. 그 사람이면 가히 함께 도모할 수 있을 것입니다."

오왕 합려가 말했다.

"경기는 장정 1만 명을 대적할 수 있는 힘을 지니고 있소. 한낱 세인이 어찌 그를 상대할 수 있겠소?"

오자서가 대답했다.

"그는 비록 세인이지만 실로 1만 명을 상대할 수 있는 용기를 지니고 있습니다."

오왕 합려가 말했다.

"그 사람이 누구요? 그대는 어떻게 그가 용사라는 것을 아시오? 시험 삼아 과인에게 그의 용기에 대해 말해 보시오."

오자서가 그 용사의 성명을 말하고 그 용기에 대해 자세히 설명했다.

바로 다음 시에서 읊은 것과 같은 인물이었다.

말 한마디에 화악산 흔들리고	說時華嶽山搖動
그의 화술에 장강도 역류하다	話到長江水逆流
오자서가 그를 천거했기 덕에	只爲子胥能擧薦
요리 이름 춘추시대에 전하다	要離姓字播春秋

오자서가 말했다.

"그 사람의 이름은 요리要離이고, 오나라 출신입니다. 신은 얼마 전 그가 장사 초구흔椒邱訢을 여지없이 면박하는 걸 보고 그의 용기를 알았습니다."

요리가 명성을 탐해 경기를 척살하다

오왕 합려가 물었다.

"그래 어떻게 초구흔을 면박했다는 것이오?"

오자서가 대답했다.

"초구흔은 동해 가에 사는 사람입니다. 그의 친지 한 사람이 오나라에서 벼슬을 살다 죽었습니다. 초구흔은 그 친지의 죽음을 조상하려고 오나라로 오게 됐습니다. 그의 수레가 회진淮津에 이르자 그는 수레를 끄는 말에게 물을 먹이려고 강가로 갔습니다. 당시 나루를 지키던 관원이 말하기를, '이 강물 속엔 귀신이 있소. 말만 보면 곧 나타나서 덥석 물고 들어가오. 아예 말에게 물을 먹일 생각을 하지 마시오.'라고 했습니다. 초구흔이 그 말을 듣지 않고 대답키를, '여기 천하장사가 있는데 어느 귀신이 감히 내 일을 방해한단 말이오?'라고 했습니다. 이내 시종을 시켜 말에 강물을 먹였습니다. 과연 물을 먹던 말이 '히힝'하고 코를 불면서 물속으로 끌려들어갔습니다. 나루를 지키던 관원이 '귀신이 나와 말을 잡아갔다.'고 소리쳤습니다. 대로한 초구흔이 곧바로 칼을 입에 물고 옷을 벗어 던진 뒤 귀신과 결전을 벌이기 위해 강물로 뛰어들었습니다. 귀신이 큰 파도를 일으키고 몸으로 물을 치면서 초구흔에게 덤벼들었습니다. 초구흔은 3일 동안 귀신과 싸웠지만 끝내 말을 되찾지는 못했습니다. 물속에서 나왔을 때 한쪽 눈을 귀신에게 얻어맞아 애꾸가 되었습니다. 초구흔은 오나라로 와서 친지를 조상했습니다. 그는 초상집에서 귀신과 싸운 것을 크게 자랑했습니다. 큰소리를 치는 그의 기개는 좌중을 압도했고, 불손한 언사는 그 자리에 앉아 있던 사대부들까지 멸시했습니다. 바로 그 자리에 요리가 참석해 있었습니다. 요리가 듣다못해 안색이 달라졌습니다. 곧 그 자리서 면박키를, '그대는 사대부들까지 멸시하며 거만을 떨고 있는데 그대는 자신을 용사로 여기고 있는가? 내가 듣건대 용사는 싸울 때 반나절을 넘기지 않고, 귀신과 싸울지라도 끝장을 보기 전에는 돌아서지 않고, 사람과 싸울 때는 자신의 명예에 손상이 가지 않도록 하고, 어떤 경우에나 차라리 죽을지언정 치욕은 당하지 않는다고 했다. 그런데 그대는 이번에 물귀신과 싸우면서 잃어버린 말을 되찾지 못했고, 더구나 눈까지 잃는 치욕을 당했다. 결국 애꾸눈이 되고 명예도 떨어뜨렸다. 그러고도 죽지 않은 채 오히려 가련한 여생에 연연하는 것인가? 그대야말로 천지간에 가장 쓸데없는 물건이다. 그런 그대가 무슨 낯으로 사람들을 대하고 또 사대부들까지 능멸하는 것인가?'라고 했습니다. 초구흔은 그런 모욕을 당하고도 입을 다문 채 한마디 대꾸도 못하고 얼굴만 빨개져서 밖으로 나가버렸습니다. 요리는 그날 밤 집으로 돌아가 아내에게 말하기를, '내가 용사 초구흔을 대갓집 초상자리서 면박하며 모욕했소. 그는 틀림없이 원한을 품고 오늘 밤 나를 죽여 울분을 풀고자 할 것이오. 나는 이제부터 방에 누워 그를 기다릴 터이니 그대는 대문을 닫지 말도록 하시오.'라고 했습니다. 요리의 아내는 남편의 용기를 잘 알고 있기에 시키는 대로 대문을 닫지 않았습니다. 한밤중에 과연 초구흔이 시퍼런 칼을 들고 요리의 집 앞에 나타났습니다. 그는 대문이 닫혀 있지 않고 크게 열려 있는 걸 보고 바로 방안으로 들어갔습니다. 방안엔 한 사람이 머리를 풀고 사지를 쭉 뻗고 창 밑에 누워 있었습니다. 자세히 보니 요리였습니다. 요리는 들어온 초구흔을 빤히 쳐다보고 누워만 있었습니다. 두려워하는 기색이 전혀 없었습니다. 초구흔이 비수를 요리의 목에 들이대고 말하기를, '네가 죽어야 할 죄를 3가지 지었는데 너는 이를 아는가?'라고 했습니다. 요리가 모른다고 하자 초구흔이 말하기를, '네가 대갓집 초상자리에서 나를 모욕했으니 그게 첫 번째 이유이다. 네가 집으로 돌아와 문도 닫아걸지 않았으니 그게 두 번째 이유이다. 내가 왔는데도 피하지 않고 빤히 쳐다볼 뿐 몸을 피하지 않았으니 그게 세 번째 이유다. 네가 죽음을 자초했으니 나를 원망치 마라.'고 했습니다. 요리가 대답키를, '나는 죽어야 할 3가지 잘못을 저지른 적이 없다. 오히려 너에게 얼마나 못난 놈인지를 보여주는 3가지 부끄러움이 있다. 너는 이를 아는가?'라고 했습니다. 초구흔이 모른다고 하자 요리가 말하기를, '내가 많은 사람들 앞에서 너를 모욕했지만 너는 감히 나에게 한마디로 대꾸하지 못했으니 그게 첫 번째 이유다. 너는 내 집 문에 들어설 때 기침소리도 내지 않았고 방안으로 들어오면서도 소리를 내지 않았다. 이는 내가 눈치 채지 못하는 사이에 나를 죽이려고 한 것이니 그게 두 번째 이유다. 여러 사람들 앞에서 한마디 대꾸도 못한 네가 내 목에 칼을 들이대고서야 큰 소리를 쳤으니 그게 세 번째 이유다. 너는 이런 3가지 부끄러움을 보이고도 오히려 나를 꾸짖는 것인가? 그런 너를 어찌 비루하다고 말하지 않을 수 있는가?'라고 했습니다. 이 말에 초구흔이 비수를 거두고 한탄키를, '나는 내 용기가 이 세상의 누구보다 뛰어난 줄 알고 있었다. 내 위에 바로 네가 있었다. 너는 실로 천하에 둘도 없는 용사이다. 내가 너를 죽이면 세인들이 나를 비웃을 것이다. 또 너를 죽이지 못하면 이 세상의 그 누가 나를 용사라고 일컬어주겠는가?'라고 했습니다. 그러고는 비수를 방바닥에 던져버리고는 자신의 머리를 창문틀에 짓찧고 죽었습니다. 초구흔이 상가에 있을 때 신 역시 마침 그 자리에 있었습니다. 그래서 그 일의 자세한 내용을 수소문해 알게 됐습니다. 그런 요리를 어찌 1만 명을 상대할 수 있는 용사라고 말하지 않을 수 있겠습니까?"

오왕 합려가 말했다.

"그대는 나를 위해 그 요리를 불러주시오."

오자서는 요리의 집으로 가서 말했다.

"오왕이 그대의 고의高義에 관한 이야기를 듣고는 한번 안색顔色을 보고 싶다고 했소."

요리가 놀라며 물었다.

"나는 오나라의 소민小民입니다. 내게 무슨 덕능德能이 있어 감히 오왕의 부름을 받들 수 있겠습니까?"

오자서는 거듭 오왕 합려가 만나보고 싶어한다는 이야기를 했다. 요리가 마침내 오자서를 따라 왕궁으로 들어가 오왕 합려를 알현했다.

오왕 합려는 오자서가 요리의 용기를 몹시 칭찬한 까닭에 내심 그의 용모가 괴위魁偉하고 몸집도 장대한 줄 알았다. 막상 보니 키는 겨우 5척 남짓하고, 허리가 짚 한 다발도 못되게 가늘었고, 형용形容 또한 추루醜陋했다. 오왕 합려가 크게 실망하며 내심 기뻐하지 않았다.

곧 요리에게 물었다.

"오자서가 용사라고 칭찬한 요리가 바로 그대인가?"

요리가 대답했다.

"신은 키가 작고 몸이 가늘 뿐 아니라 힘이 약해 바람이 앞에서 불면 뒤로 넘어지고 뒤에서 불면 앞으로 넘어집니다. 그런 신에게 무슨 용기가 있겠습니까? 하지만 대왕이 시킬 일이 있다면 어찌 감히 진력盡力하지 않겠습니까?"

오왕 합려가 입을 다문 채 아무 대답도 하지 않았다. 오자서가 오왕 합려의 속뜻을 알고 말했다.

"무릇 양마良馬의 가치는 그 몸집이 고대高大한 데 있지 않습니다. 무거운 짐을 지는 힘과 먼 길을 가는 능력인 역능임중力能任重이 귀한 것입니다. 비록 요리의 용체는 비루하지만 그 지술智術은 비상합니다. 이 사람이 아니면 능히 그 일을 성취할 수 없습니다. 그를 놓쳐서는 안 됩니다."

오왕 합려가 그 말을 듣고서야 깊숙한 후궁으로 요리를 불러 자리를 내주며 앉게 했다. 요리가 오왕 합려에게 말했다.

"대왕이 내심 걱정하는 인물이 바로 죽은 선왕의 아들인 공자 경기가 아닙니까? 신은 능히 그를 죽일 수 있습니다."

오왕 합려가 웃으며 말했다.

"경기는 뼈와 힘살이 모두 날아다닐 정도로 민첩한 이른바 골등육비骨騰肉飛의 인물이오. 발걸음 또한 말보다 빠르오. 날래기가 마치 귀신과 같아 1만 명의 장사도 그를 당해낼 수 없소. 그대가 그를 대적하지 못할까 두렵소."

요리가 말했다.

"사람을 잘 죽이는 자는 지혜를 쓰지 힘을 쓰지 않습니다. 신이 경기에게 접근할 수만 있으면 닭을 잡듯이 그를 죽일 수 있습니다."

오왕 합려가 말했다.

"경기는 지혜롭고 명민한 사람이기도 하오. 그는 지금 사방으로 망명객

들을 불러들여 결사대를 조직하고 있소. 어찌 그대 같은 오나라 사람을 믿고 경솔히 접근토록 허락할 리 있겠소?"

요리가 말했다.

"경기가 망명객을 불러들이는 것은 장차 오나라를 치기 위한 것입니다. 신은 거짓으로 오나라에 죄를 짓고 달아나려고 합니다. 원컨대 대왕은 신의 처자를 죽이고 신의 오른팔을 자르십시오. 그러면 경기는 틀림없이 신을 믿고 가까이 할 것입니다. 연후에 그를 도모할 수 있습니다."

오왕 합려가 언짢은 표정을 지으며 말했다.

"그대에겐 아무 죄도 없소. 어찌 차마 그대와 그대의 처자에게 그런 참혹한 짓을 할 수 있겠소?"

요리가 말했다.

"신이 듣건대 처자를 편안히 해주려고 군주를 섬기는 도리를 다하지 않으면 충忠이 아니고, 집안을 사랑하는 데 골몰해 군주의 근심을 덜어주지 않으면 이는 의義가 아니라고 했습니다. 신이 충의로 후대에 이름을 남기려고 합니다. 비록 온 집안이 모두 죽을지라도 이를 달게 받겠습니다."

오자서가 옆에서 진언했다.

"요리가 나라를 위해 집안을 잊고, 군주를 위해 몸을 잊겠다고 하니 실로 천고의 호걸입니다. 다만 성공한 뒤 그의 처자를 표창하고, 그의 업적을 잊지 않게 기록해 그 이름을 후대에 드날리게 하면 그것으로 족할 것입니다."

마침내 오왕 합려가 요리의 주청을 허락했다. 이튿날 오자서가 요리와 함께 다시 궁으로 들어가 요리를 장수로 천거했다. 그로 하여금 군사를 이끌고 가 초나라를 치는 방안을 건의했다. 오왕 합려가 오자서를 꾸짖었다.

"과인이 보기에 요리의 힘은 어린애만도 못할 듯하오. 어찌 그에게 초나라 토벌을 맡길 수 있겠소? 더구나 과인은 이제 겨우 나라를 겨우 안정시켜 놓았는데 어찌 그대의 원수를 갚아주기 위해 군사를 출동시킨단 말이오?"

요리가 나서서 말했다.

"대왕은 실로 어질지 못합니다. 그는 대왕이 보위에 오를 수 있도록 진력했는데 대왕은 그의 원수를 갚아주려 하지 않으니 어찌 그럴 수 있단 말입니까?"

오왕 합려가 대로했다.

"이는 국가대사인데 너 같은 야인野人이 어찌 알 수 있겠는가? 더구나 조정에 와서 과인을 어찌 책망할 수 있단 말인가?"

그러고는 역사들에게 명해 그를 끌고 나가 오른팔을 자르고 감옥에 가두도록 했다. 또 갑사들을 그의 집으로 보내 처자도 체포해 가둘 것을 명했다. 오자서가 이를 보고 탄식하며 조정에서 나왔다. 군신들은 그 내막을 알지 못했다.

며칠 후 오자서가 은밀히 옥리獄吏 한 사람을 불러 요리의 감금을 느슨하게 할 것을 지시했다. 요리가 느슨해진 감시를 틈타 탈옥했다. 오왕 합려는 보고를 받자 곧바로 감금 중인 그의 처자를 죽이게 했다. 이어 그들의 시체를 불태워 저잣거리에 내버리도록 했다.

후대의 송유宋儒가 이같이 평했다.

> 비록 무고無辜한 자를 한 사람 죽여 천하를 얻을 수 있다 할지라도 인인仁人은 차마 그런 일을 할 수 없다. 까닭 없이 남의 집 처자를 죽여 불의한 계책을 행하고자 했으니 합려의 잔인함이 극에 이르렀다고 할 것이다. 요리도 합려로부터 평생지은平生之恩을 입은 게 없는데 오직 용협勇俠의 이름을 남기기 위해 자신의 몸과 집안을 잔해殘害했으니 그를 어찌 양사良士라고 할 수 있겠는가?

그는 또 이런 시도 지었다.

일 이뤄 군주에게 보답코자	祇求成事報吾君
무고한 처자를 죽이게 하다	妻子無辜枉殺身
천하 향해 용기를 자랑마라	莫向他邦誇勇烈
오나라 사람 잔인타 여기니	忍心害理是吳人

탈옥한 요리가 오나라 국경 밖으로 달아났다. 길가는 사람을 만날 때마다 자신의 원통한 사정을 호소했다. 공자 경기가 애성艾城을 떠나 위衛나라에 가 있다는 소문을 듣고 곧바로 위나라로 갔다. 위나라에 당도한 요리가 공자 경기를 찾아가 자신의 억울한 사정을 호소했다.

공자 경기는 요리가 혹여 속임수를 쓰는 게 아닌지 의심하고 받아들이지 않으려고 했다. 요리가 웃옷을 벗어 자신의 몸을 보였다. 공자 경기는 그의 오른쪽 팔이 없는 걸 보고 비로소 그의 말을 믿었다. 요리에게 물었다.

"오왕이 너의 처자를 죽이고 네게 몹쓸 형벌을 가했는데 무슨 까닭으로 나를 찾아온 것인가?"

요리가 대답했다.

"신이 듣건대 오왕은 공자의 부친을 시해하고 대위大位를 찬탈했다고 합니다. 이제 공자가 제후들과 연결連結해 복수의 의거를 하려 한다는 소문을 듣고 잔명殘命을 바쳐 도움을 줄 요량으로 몸을 맡기고자 왔습니다. 신은 오나라 최근 사정을 잘 압니다. 영용한 공자가 신을 향도로 써주면 오나라로 쳐들어가는 일이 어렵지 않을 것입니다. 그러면 공자는 부왕의 원수를 갚고 보위에 오를 수 있고, 신 또한 원통하게 죽은 처자의 원한을 씻을 수 있습니다!"

그러나 공자 경기는 아직도 요리를 깊이 신뢰하지 않았다. 얼마 뒤 국내 사정을 정탐하기 위해 오나라로 갔던 심복이 돌아와 요리의 처자가 참형을 당한 뒤 불에 태워져 저잣거리에 내버려진 사실을 고했다. 공자 경기가 마침내 요리를 의심하지 않게 됐다. 요리에게 다시 물었다.

"내가 듣건대 오왕이 오자서와 백비를 모사로 삼아 군사를 훈련시키고 장수도 새로 뽑아 임명했다고 했소. 또 나라도 잘 다스린다고 들었소. 나는 군사도 미약하고 역량도 모자라오. 어찌해야 흉중의 분기憤氣를 풀 수 있겠소?"

요리가 대답했다.

"백비는 무모無謀한 자이니 족히 염려할 게 없습니다. 다만 오나라에 인물이 있다면 오자서 하나뿐입니다. 그는 지용智勇을 족비足備하고 있습니다. 지금 그와 오왕 사이에 틈이 벌어져 있습니다."

공자 경기가 물었다.

"오자서는 오왕의 은인이고, 오왕은 오자서를 곤궁 속에서 구해냈으니 군신이 서로를 얻은 셈이오. 어째서 둘 사이에 틈이 벌어졌다고 말하는 것이오?"

요리가 대답했다.

"공자는 하나만 알고 둘을 모르고 있습니다. 오자서가 마음을 다해 오왕을 섬기는 것은 오나라 군사를 빌려 부형의 원수를 갚고자 하는 것입니다. 지금 그의 원수인 초평왕과 비무극이 모두 죽었습니다. 그는 하루라도 여타 원수라도 갚을 생각에 마음이 다급합니다. 오왕은 즉위한 뒤 부귀만 탐하면서 오자서의 원수를 갚아줄 생각을 하지 않고 있습니다. 신이 오자서를 위해 초나라를 쳐야 한다고 말했다가 오왕의 노여움을 받아 팔이 잘리고 처자도 잃고 말았습니다. 이번 일로 오자서가 오왕을 원망하고 있는 게 분명합니다. 신이 무사히 탈옥한 것도 실은 오자서가 뒤에서 돌봐줬기 때문입니다. 신이 달아날 때 그는 당부키를, '그대는 국외로 달아나면 반드시 공자 경기를 만나 그 뜻이 어떠한지 알아보도록 하시오. 만일 이 오자서를 위해 원수를 갚아줄 생각이 있으면 국내에서 내응하고 지난날 선왕을 시해한 죄도 속죄할 생각이오.'라고 했습니다. 공자는 이 기회를 놓치지 말고 군사를 출동시켜 오나라로 쳐들어가야 합니다. 결단하지 못한 채 머뭇거리다가 오왕과 오자서가 다시 손을 잡으면 신과 공자의 원수를 갚을 날은 다시 오지 않을 것입니다."

요리가 말을 마친 뒤 통곡하며 기둥에 머리를 짓찧어 죽는 촉사觸死를 감행하는 모습을 보였다. 공자 경기가 급히 말렸다.

"내가 그대의 말을 듣겠소, 그대의 말을 듣겠소!"

경기가 마침내 요리와 함께 거점인 애성으로 돌아왔다. 그는 요리를 심복으로 삼은 뒤 그로 하여금 병사들을 훈련시키게 했다. 이어 배를 대대적으로 수리하면서 새로 건조했다.

3달 뒤 경기의 군사가 배를 탄 뒤 장강의 물길을 따라 오나라 공벌에 나섰다. 공자 경기는 요리와 같은 배를 탔다. 배가 중류中流에 이르렀을 때 뒤따라오는 배와 상당한 거리가 생겼다.

요리가 말했다.

"공자는 친히 배의 선두船頭에 자리를 잡고 뱃사람들을 경계하며 타이르는 계칙戒飭을 해야 합니다."

공자 경기가 이를 좇아 선두에 나와 좌정했다. 요리가 외팔로 짧은 창인 단모短矛를 잡고 공자 경기 곁에 시립했다. 문득 강 한가운데서 세찬 바람이 일어났다. 요리가 때를 놓치지 않고 몸을 돌려 바람을 등지고 섰다. 바람의 힘을 빌려 몸을 앞으로 숙이면서 들고 있는 창으로 경기의 앞가슴을 찔렀다. 창날이 가슴을 뚫고 등 뒤까지 나갔다.

창에 찔려 엎어지는 순간 공자 경기가 한 손으로 요리의 한쪽 다리를 잡고, 그의 머리를 강물 속에 처박았다. 그렇게 3번이나 되풀이한 뒤 털썩 주저앉았다. 경기가 요리를 자기 무릎 위에 올려놓은 뒤 주변을 돌아보며 웃었다.

"천하에 이런 용사가 있는가? 감히 나를 찌르다니!"

좌우의 병사들이 일제히 창을 들어 요리를 찌르려고 했다. 공자 경기가 손을 들어 제지했다.

"이 자는 천하의 용사다. 나도 천하용사인데 어찌 하루 만에 천하용사를 2명이나 죽게 만들 수 있겠는가?"

그러고는 좌우의 병사들에게 당부했다.

"요리를 죽이지 말고, 그가 오나라로 돌아가게 놓아주어라. 그러면 표창을 받고 그 충성심을 널리 떨칠 수 있을 것이다."

그는 말을 마치자 요리를 무릎 아래로 밀어내고 가슴에 박혀 있는 창을 뽑았다. 피가 콸콸 쏟아졌다. 이내 숨을 거뒀다.

요리의 목숨이 어찌됐는지 알 길이 없으니 다음 회를 보라.

제75회

149話 손무가 진법 시연에 미희를 참하다
– 손무자연진참미희孫武子演陣斬美姬

공자 경기는 죽으면서 좌우의 병사들에게 요리를 죽이지 말고 그대로 보내 표창을 받게 하라고 당부했다. 병사들은 경기의 유언을 좇아 요리를 석방코자 했다. 하지만 요리는 일어나지 않고 병사들에게 말했다.

"나는 천하에 용납될 수 없는 3가지 이유가 있다. 비록 공자가 나를 용서했지만 내 어찌 살기를 원하겠는가?"

병사들이 물었다.

"세상에 용납되지 않는 3가지 이유가 무엇이오?"

요리가 대답했다.

"나는 내 아내와 자식을 죽이고 군주로부터 이번 일을 맡았으니 이는 인

仁이 아니다. 새 군주를 위해 이전 군주의 아들을 죽였으니 이는 의義가 아니다. 남의 일을 성취시키려고 내 몸을 해치고 온 집안을 다 없앴다. 이는 지智가 아니다. 이런 3지 잘못을 저지른 내가 무슨 면목으로 이 세상에서 살 수 있겠는가?"

말을 마치자 일어나 강물에 몸을 던졌다. 병사가 그를 건져냈다. 요리가 물었다.

"너희들은 무슨 마음으로 나를 건져냈는가?"

병사가 대답했다.

"오나라로 돌아가면 그대는 틀림없이 높은 벼슬과 많은 녹봉을 받을 것이다. 어째서 돌아가려 하지 않는 것인가?"

요리가 웃으며 말했다.

"나는 내 목숨과 처자에게도 애착이 없는데 하물며 벼슬과 녹봉을 탐하겠는가? 너희가 내 시신을 갖고 오나라로 가면 많은 상을 받을 수 있을 것이다."

그는 한 병사의 칼을 빼앗아 자신의 다리를 자른 뒤 다시 목을 찌르고 죽었다.

사신이 시를 지어 요리를 찬했다.

옛 사람은 죽는 것을 두고	古人一死
새털보다도 가벼이 여겼다	其輕如羽
제 목숨만 그런 게 아니라	不惟自輕
처자의 목숨까지 그러했다	幷輕妻子
온 집안도 모두 목숨 바쳐	闔門畢命
가장 한 사람만 좇아갔다	以殉一人
요리는 자기 목숨을 버려	一人旣死

합려의 걱정을 덜어주었다　　吾志已伸
전제도 비록 죽긴 했으나　　專諸雖死
그 아들은 남길 수 있었다　　尙存其胤
애달프고 애달프다, 요리여　　傷哉要離
사후에 남긴 게 일절 없다　　死無形影
어찌 자애하지 않으랴마는　　豈不自愛
남의 공을 위해 그러했다　　遂人之功
공 이루고 이름 남겼으니　　功遂名立
죽음을 영화로 여겼으리라　　雖死猶榮
칼 휘둘러 의협에 죽는 게　　擊劍死俠
이후 점차 풍속으로 변해　　釀成風俗
지금도 오나라 사람들은　　至今吳人
의를 위해 목숨을 바치지　　趨義如鶩

그 사신史臣은 공자 경기가 장정 1만 명과 대적할 힘을 지닌 천하장사였지만 결국 가냘픈 외팔이 필부에게 죽었으니 용력은 믿을 게 못 된다는 시도 지었다.

공자 경기는 천하에 드문 효웅이나　　慶忌驍雄天下少
일순 외팔이 필부에게 죽임 당하다　　匹夫一臂須臾了
세인들이여, 함부로 힘자랑을 마라　　世人休得逞强梁
소도 뿔 상하면 생쥐의 밥만 되지　　牛角傷殘鼷鼠飽

군사들은 토막 난 요리의 지체肢體를 거둬 공자 경기의 시체와 함께 수레에 싣고 오나라로 돌아와 오왕 합려에게 투항했다. 오왕 합려가 크게 기빼하고 중상을 내린 뒤 이들을 오나라 군사에 편입시켰다. 이어 요리를 상경의 예우로 장사지내고 도성의 창문閶門 밖에 묻었다.

오왕 합려가 요리를 묻은 뒤 말했다.

"그대의 용기를 빌려 이 성문을 지킬 것이다."

요리의 죽은 처자에게도 훈작을 추증했다. 전제와 요리를 함께 모신 사당을 짓고 해마다 춘추로 제사지냈다. 공자 경기도 예를 갖춰 장사지내고 그의 부친인 오왕 요의 무덤 곁에 묻었다.

연후에 오왕 합려가 큰 잔치를 베풀어 신하들을 위로했다. 잔치자리에서 오자서가 울며 말했다.

"이제 대왕의 우환거리는 모두 제거됐습니다. 신은 언제나 원수를 갚을 수 있겠습니까?"

백비도 눈물을 흘리며 속히 군사를 일으켜 초나라 토벌에 나설 것을 청했다.

오왕 합려가 대답했다.

"그 문제는 내일 아침 의논토록 합시다."

이튿날 아침 오자서가 백비와 함께 궁으로 갔다. 오왕 합려가 말했다.

"과인은 두 경卿을 위해 군사를 출동시킬 생각이오. 누가 대장이 되겠소?"

오자서와 백비가 일제히 대답했다.

"대왕이 써 주기만 하면 그 누구든 감히 목숨 걸고 싸우지 않겠습니까?"

오왕 합려는 내심 초나라 출신인 오자서나 백비는 원수를 갚고 나면 오나라를 위해 힘을 다하지 않을 것으로 생각했다. 말없이 입을 다물고 있다가 남풍이 불어오는 쪽을 향해 휘파람을 불었다. 그러다가 다시 장탄식을 했다.

오자서가 그 속뜻을 짐작하고 다시 앞으로 나서서 말했다.

손무자

"대왕은 초나라가 병사도 많고 장수도 많은 걸 우려하는 것입니까?"

오왕 합려가 대답했다.

"그렇소."

오자서가 말했다.

"신이 한 사람을 천거하겠습니다. 그 사람이면 초나라 군사와 싸워 반드시 이길 수 있을 것입니다."

오왕 합려가 흔쾌한 심경으로 흔연欣然히 물었다.

"경이 천거하려는 사람이 누구이고, 그 사람의 재능은 어떠하오?"

오자서가 대답했다.

"그 사람의 성은 손씨孫氏이고, 이름은 무武입니다. 바로 오나라 출신[1] 입니다."

오왕 합려는 손무가 오나라 출신인 걸 알고 희색喜色을 띠었다. 오자서가 계속 말했다.

"그는 육도삼략六韜三略에 정통합니다. 귀신도 헤아리지 못할 정도로 기변機變에 능하고, 천지를 감싸고 뒤덮는 포장包藏을 할 정도의 묘책을 지니고 있습니다. 그는 『병법兵法』 13편을 저술했으나 세상이 그의 재주를 알아주지 않자 지금 나부산羅浮山 동쪽에 은거하고 있습니다. 그를 군사軍師로 삼으면 온 천하를 동원할지라도 대적할 수 없는데 어찌 초나라 따위야 거론할 필요가 있겠습니까?"

오왕 합려가 말했다.

"경은 과인을 위해 그 사람을 불러주시오!"

오자서가 대답했다.

"그 사람은 가볍게 벼슬길에 나서지 않습니다. 심상尋常한 사람과는 비교할 수 없으니 예를 갖춰 초빙해야 합니다."

오왕 합려가 이를 좇아 황금 10일鎰과 백벽白璧 한 쌍을 내놓은 뒤 오자서로 하여금 말 4필이 끄는 수레를 몰고 나부산으로 가 손무를 초빙해 오게 했다. 오자서가 손무를 만나 예물을 바치며 오왕 합려가 그를 흠모하는 정황을 마음에 담아 자세히 이야기했다. 손무가 오자서를 좇아 산에서 내려와 오왕 합려를 만났다. 합려가 계단 아래까지 내려와 손무를 만났다. 앉을 자리를 마련해 준 뒤 병법에 관해 물었다. 손무가 자신이 지은 『병법』 13편을 차례로 진상했다. 합려가 오자서를 시켜 처음부터 한 편씩 차례로 낭

1 『열국지』 원문에는 오나라 출신을 뜻하는 오인吳人으로 되어 있으나 『사기』 「손자오기열전」에는 제齊나라 출신으로 나온다. 후대에 많은 논란이 있었던 것처럼 손무는 가공의 인물일 공산이 크다.

송하게 했다. 매 편이 끝날 때마다 찬탄을 금치 못했다. 그 13편은 어떤 내용인가?

제1편 「시계始計」, 제2편 「작전作戰」, 제3편 「모공謀攻」, 제4편 「군형軍形」, 제5편 「병세兵勢」, 제6편 「허실虛實」, 제7편 「군쟁軍爭」, 제8편 「구변九變」, 제9편 「행군行軍」, 제10편 「지형地形」, 제11편 「취지就地」[2], 제12편 「화공火攻」, 제13편 「용간用間」으로 구성돼 있다.

오왕 합려가 오자서를 돌아보고 말했다.

"이 병법은 실로 하늘에 통하고 땅을 꿰뚫은 통천철지通天徹地의 재주라 하겠소. 하지만 과인의 나라가 작고 병력이 미약하니 어찌해야 좋을지 모르겠소."

손무가 나서서 대답했다.

"신의 병법은 비단 졸오卒伍에게만 쓸 수 있는 게 아닙니다. 신의 군령만 지키면 비록 부녀자라도 나아가서 싸우게 만들 수 있습니다."

오왕 합려가 손뼉을 치며 웃었다.

"선생의 말이 어찌 그리 우활迂闊하오. 천하의 어느 곳에 부녀자에게 무기를 주어 전쟁을 연습시키는 자가 있겠소?"

손무가 대답했다.

"대왕이 신의 말을 우활하다고 하니 청컨대 신으로 하여금 후궁의 궁녀를 훈련시키게 해주십시오. 신의 군령이 시행되지 않을 경우 어떠한 벌도 달게 받겠습니다."

오왕 합려가 즉시 궁녀 3백 명을 불러냈다. 이어 손무로 하여금 군사훈련을 시키게 했다. 손무가 다시 청했다.

"대왕의 총희寵姬 2명만 보내 주십시오. 그 두 총희를 대장隊長으로 삼

2 현존 『손자병법』은 제11편의 제목 '취지就地'를 대개 '구지九地'로 표현하고 있다.

은 뒤 호령을 내려야 궁녀의 군대를 통솔할 수 있습니다."

오왕 합려가 이를 받아들여 총희 2명을 불러냈다. 우희右姬와 좌희左姬로 불리는 2명의 총희가 앞으로 나오자 합려가 손무에게 말했다.

"이들은 과인이 사랑하는 후궁이오. 가히 대장으로 삼을 만하오?"

손무가 대답했다.

"그만하면 됐습니다. 다만 군대란 먼저 호령을 엄히 하고 나중에 상벌을 내리는 까닭에 비록 이 훈련이 규모는 작지만 갖출 것은 갖춰야 합니다. 군법을 집행하는 집법執法이 1명 필요하고, 군리軍吏 2명을 임명해 그들로 하여금 장수의 명령과 유시諭示를 하달토록 하겠습니다. 또 전고戰鼓를 담당한 고수가 2명 필요하고, 역사力士 몇 명도 아장牙將으로 임명해 도극刀戟과 부월斧鉞을 들고 단상에 늘어서도록 해 군용軍容을 장壯하게 만들고자 합니다."

오왕 합려가 그리하도록 허락했다. 손무가 명을 내려 300명의 궁녀를 좌우 2대로 나눴다. 우희가 우대, 좌희는 좌대를 맡았다. 궁녀들 모두 갑옷을 입고 무기를 들었다. 손무가 좌우 2대에 군법을 설명했다.

"첫째, 항오行伍를 이탈하거나 혼란하는 행동은 금한다. 둘째, 함부로 말하거나 떠드는 것을 금한다. 셋째, 약속을 어기거나 고의로 위반하는 것을 금한다. 이는 지키기 어려운 게 아니니 반드시 준수해야 한다. 내일 새벽 5경 교장教場에 집합토록 하라. 즉시 훈련을 실시할 것이다."

이튿날 오왕 합려가 누대에 올라가 훈련을 관람했다. 새벽 5경이 되자 2개 대로 편성된 궁녀들이 빠짐없이 교장에 집합했다. 몸에 갑옷을 입고, 머리에 투구를 쓰고, 오른손에 칼을 들고, 왼손에 방패를 들었다. 좌희와 우희도 투구를 쓰고 갑옷을 입은 모습으로 두 궁녀부대의 장관將官이 되어 양쪽에 늘어섰다. 이들 모두 손무가 군막의 단상에 올라 명을 내리기만 기다렸다.

손무가 명을 내리기에 앞서 직접 교장에 새끼줄과 횟가루로 줄을 치고 금을 그어 진을 치는 장소와 행진 방향 등을 표시했다. 이어 호령을 전하는 전유관傳諭官에게 명해 좌희와 우희에게 군사 지휘를 상징하는 황기黃旗 2개를 각각 1개씩 나눠 주게 했다.

궁녀들에게는 대장 뒤에 줄을 서게 했다. 5명으로 오伍를 짜고 10명으로 총總을 구성케 했다. 대원들은 앞에 선 대원을 따르면서 북소리에 맞춰 진퇴進退했다. 구령에 따라 좌우로 회선回旋하고, 촌보寸步도 어지러운 모습을 보이지 못하게 했다. 전유관이 명을 전하자 손무는 대원들로 하여금 땅에 엎드려 명을 기다리게 했다. 잠시 후 명이 하달됐다.

"북소리가 한 번 울리는 1통一通 때는 좌대와 우대 모두 기립한다. 2통 때는 좌대는 오른쪽으로 돌고 우대는 왼쪽으로 돈다. 3통 때는 각자 검을 뽑아들고 전투태세를 취한다. 징을 치면 각 부대는 원래의 위치로 돌아간다."

궁녀들은 명을 하달 받고도 생전 처음 해보는 일이어서 모두 손으로 입을 가린 채 낄낄거리며 웃었다. 고수가 손무에게 품稟했다.

"북을 한 번 울리도록 하겠습니다."

북이 한 번 울렸는데도 궁녀들은 일제히 기립하지 않고 일어나는 자도 있고 그냥 앉아 있는 자도 있었다. 대오가 무질서했다. 손무가 자리에서 일어나 말했다.

"군령의 약속이 불분명하고 명이 제대로 하달되지 않은 탓이다. 모두 장수의 죄이다."

그러고는 군리를 시켜 앞의 명령을 다시 전달하게 하고, 고수에게도 다시 북을 울리게 했다. 그제야 궁녀들이 모두 일어섰지만 서로 비스듬히 기대 여전히 시시덕거렸다. 손무는 소매를 걷어붙인 뒤 친히 북채를 잡고 북을 치며 다시 1번 앞의 명령을 반복했다. 좌희와 우희를 비롯해 궁녀들 가운데 킬킬거리며 웃지 않는 자가 없었다. 손무가 격노했다. 두 눈이 날아갈 듯 치켜 올라갔다. 머리칼이 솟구쳐 투구가 튕겨나갈 정도였다. 곧바로 소리쳤다.

"집법은 어디에 있는가?"

집법이 앞으로 달려와 무릎을 꿇었다. 손무가 말했다.

"군령의 약속이 불분명해 명이 잘 시행되지 않으면 이는 장수의 죄이다. 하지만 3번이나 약속을 반복해 일러줬는데도 명을 따르지 않으면 이는 병사들의 죄이다. 군법은 이런 죄를 어떻게 다스리는가?"

집법이 말했다.

"참해야 합니다."

손무가 말했다.

"병사들을 모두 참하기는 어렵다. 이 죄는 두 대장에게 있다."

이어 좌우를 둘러보며 말했다.

"곧바로 두 대장을 참해 수급을 병사들에게 보여주도록 하라."

궁녀 병사들은 격노한 손무의 모습을 보고 감히 명을 어기지 못했다. 곧바로 달려가 좌희와 우희 두 대장을 포박했다. 당시 오왕 합려는 망운대望雲臺 위에서 훈련 모습을 지켜보고 있었다. 이때 문득 두 총희가 포박당하는 것을 보고 크게 놀랐다. 황급히 백비에게 명해 군명君命의 상징인 부절符節을 갖고 속히 달려가 그녀들을 구하게 했다. 백비가 나는 듯이 말을 달려가 부절을 보인 뒤 오왕 합려의 명을 전했다.

"과인은 이미 장군의 용병 능력을 알았소. 다만 우희와 좌희는 과인의 곁에서 건즐巾櫛을 받들고 있을 뿐만 아니라 과인의 뜻에 맞게 시중을 잘 드는 총희들이오. 그녀들이 없으면 과인은 음식을 먹어도 맛을 알지 못하오. 청컨대 장군 두 총희를 사면토록 해주시오."

손무가 백비에게 말했다.

"군중軍中엔 희언戱言이 없소. 자고로 신하가 명을 받아 장수가 되고, 장수가 군중에 있을 때는 군명君命일지라도 부당한 것이면 받지 않는 법이오. 만일 군명을 좇아 죄 있는 자를 사면하면 어떻게 군사를 지휘할 수 있겠소?"

이어 큰 소리로 좌우에 다시 명했다.

"속히 두 대장의 목을 참하라."

이어 두 총희의 수급을 궁녀 대원들 앞에 효시梟示했다. 궁녀 대원들 모두 대경실색해 다리를 떨었다. 너무 두려운 나머지 감히 손무를 쳐다보지도 못했다. 손무가 다시 궁녀 2명을 선발해 좌우 대장으로 삼았다. 이어 고수로 하여금 명을 내리는 북을 치게 했다.

북이 1번 울리자 일제히 기립했다. 2번 울리자 우대는 왼쪽으로 돌고, 좌대는 오른쪽으로 돌았다. 3번 울리자 칼을 높이 들고 전투태세를 취했다. 마지막으로 징소리가 울리자 제자리로 돌아가 정렬했다. 좌우진퇴左右進退와 선회왕래旋回往來가 모두 손무가 그어놓은 금과 쳐놓은 줄에 조금의 착오도 없이 들어맞았다. 처음부터 끝까지 적연寂然할 뿐 말소리 하나 들리지 않았다.

손무가 집법을 시켜 오왕 합려에게 이같이 보고토록 했다.

"병사들을 모두 훈련시켜 놓았으니 직접 교장으로 행차해 사열토록 하십시오. 비록 끓는 물로 뛰어들고 시뻘건 숯덩이를 밟고 지나가는 부탕도화赴湯蹈火를 명할지라도 피하거나 물러나지 않고 전진할 것입니다."

염옹이 이를 시로 읊었다.

강한 군사만 패업을 다투니	强兵爭霸業
병법 시연해 군용을 빛내다	試武耀軍容
애교떠는 아름다운 궁녀를	盡出嬌娥輩

싸우는 용사로 훈련시켰다 猶如戰鬪雄
비단소매 걷어 창 휘두르니 戈揮羅袖卷
갑옷에 연지한 얼굴 비치다 甲映粉顔紅
웃음 가린 채 기 아래 서고 掩笑分旗下
부끄럼 머금고 대열을 짓다 含羞立隊中
북소리에 신속히 움직이니 聞聲趨必速
명령 어기면 통하지 않기에 違令法難通
두 총희 참수하는 걸 보고 已借妖姬首
비로소 장수의 위풍을 알다 方知上將風
부탕도화 감행할 기세이니 驅馳赴湯火
백전백승 성공 보장하리라 百戰保成功

오왕 합려는 사랑하는 두 총희의 죽음을 크게 슬퍼하며 횡산橫山에 묻게 했다. 사당을 세워 두 총희를 제사지내게 하면서 그 이름을 애희사愛姬祠라고 지었다. 그는 손무를 등용하지 않고 나부산으로 돌려보낼 작정이었다. 오자서가 말했다.

"신이 듣건대 무릇 병兵은 흉기라고 했습니다. 군대에서는 실없는 말을 하지 않습니다. 군법을 위반하면 반드시 처벌해야 합니다. 그리하지 않으면 군령을 시행할 길이 없습니다. 대왕이 초나라를 정벌해 패업을 이루고자 하면 양장良將을 얻어야 합니다. 무릇 장수는 과감하고 의연해야 합니다. 손무 같은 장수를 버리면 누가 능히 회수淮水와 사수泗水를 건너 1천 리 밖으로 나가 적과 싸우겠습니까? 두 총희로 인해 현장賢將을 버리면 이는 쓸데없는 가라지인 유초莠草를 얻기 위해 좋은 벼인 가화嘉禾를 버리는 것과 같습니다!"

오왕 합려가 그 말을 듣고 비로소 자신의 어리석음을 깨달았다. 곧 손무를 상장군으로 삼은 뒤 군사軍師의 역할을 겸하게 했다. 이어 초나라 공벌의 책임을 떠맡겼다.

오자서가 손무에게 물었다.

"초나라를 치려면 어느 쪽으로 쳐들어가야 하오?"

손무가 대답했다.

"무릇 용병할 때는 먼저 내환內患을 제거한 뒤 외정外征에 나서야 합니다. 내가 듣건대 선왕인 오왕 요의 동생인 엄여와 촉용이 각각 서徐나라와 종오鍾吾나라에 머물면서 모두 형의 원수를 갚을 기회를 노린다고 합니다. 군사를 출동시키려면 먼저 엄여와 촉용부터 제거한 뒤 초나라를 쳐야 할 것입니다."

오자서가 그럴 듯하게 생각했다. 곧 오왕 합려에게 가서 손무의 말을 그대로 고했다.

오왕 합려가 말했다.

"서나라와 종오나라 모두 소국이오. 두 나라에 사자를 보내 체포해 압송하라고 하면 두 나라 모두 감히 복종치 않을 수 없을 것이오."

오나라가 서나라와 종오나라에 각각 사자를 보냈다. 서나라 군주 장우章羽는 차마 망명해 온 엄여가 붙들려가 죽는 것을 모른 체 할 수 없었다. 은밀히 사람을 엄여에게 보내 달아날 것을 종용했다. 엄여는 달아나는 도중에 종오나라에서 귀띔을 받고 도망쳐 나온 촉용과 만났다. 두 형제가 서로 의논한 뒤 초나라로 망명했다.

초소왕이 이들의 망명 소식을 듣고 크게 기뻐했다.

"두 공자는 틀림없이 오나라를 깊이 원망하고 있을 것이오. 그들이 궁지에 몰려 있을 때 깊이 사귀어둘 필요가 있소."

초소왕이 두 공자로 하여금 서성舒城에 머물며 군사를 훈련시켜 오나라 군사의 침공에 대비토록 했다. 오왕 합려가 그 소식을 듣고 서나라와 종오

손무가 진법 시연에 미희를 참하다

나라가 명을 어긴 사실에 크게 화를 냈다. 곧 손무에게 명해 서나라를 치게 했다. 손무는 곧 군사를 이끌고 가 서나라를 멸망시켰다. 서나라 군주 장우도 초나라로 달아났다. 손무가 군사를 돌려 종오나라를 친 뒤 종오나라 군주를 사로잡아 함거에 싣고 돌아왔다. 이어 다시 서성을 공격해 격파하고 엄여와 촉용을 잡아 죽였다.

오왕 합려가 승세를 몰아 초나라 도읍 영도까지 쳐들어갈 작정이었다. 손무가 말했다.

"잇달아 3번이나 전쟁을 치른 까닭에 군사가 크게 지쳐 있습니다. 병사를 너무 심하게 부려서는 안 됩니다."

그러고는 이내 반사班師했다. 며칠 뒤 오자서가 오왕 합려에게 초나라 공벌 계책을 말했다.

"무릇 적은 군사로 많은 적을 이기고 약한 자가 강한 자를 이기려면 먼저 적을 수고롭게 하면서 아군은 편안한 계책인 이른바 노일지수勞逸之數를 구사해야 합니다. 옛날 진도공晉悼公은 진나라 4군을 3개 군단으로 편제한 뒤 1개 군단씩 번갈아가며 초나라 군사와 싸우게 해 초나라 군사를 지치게 만들었습니다. 덕분에 소어蕭魚 싸움에서 승리를 거뒀습니다. 나는 편하고 적은 수고롭게 만드는 '노일지수'를 구사한 덕분입니다. 지금 초나라의 정권을 잡고 있는 자들 모두 욕심만 많고 용렬한 자들입니다. 그들에겐 외환外患을 감당할 능력이 없습니다. 청컨대 대왕도 전군을 3군으로 나눈 뒤 초나라를 수고롭게 만드십시오. 우리가 1개 군단만 보내도 초나라 군사는 모두 몰려나올 것입니다. 저들이 나오면 우리는 물러나고, 저들이 돌아가면 우리는 교대로 다음 1군을 보내면 됩니다. 이렇게 몇 번이고 되풀이하면 저들을 피로하게 만들 수 있습니다. 저들이 지친 나머지 나태할 때를 노려 갑작스런 모습으로 졸연猝然히 급습을 가하면 반드시 이기지 못할 리가 없습니다."

오왕 합려가 이를 좇았다. 곧 전군을 3개 군단으로 나눈 뒤 1개 군단씩 번갈아가며 초나라 변경을 치게 했다. 이어 초나라에서 군사를 보내 변방을 구원하면 즉시 회군했다. 초나라 군사는 시간이 지나면서 점차 지치고 게을러졌다.

당시 오왕 합려에게 사랑하는 딸이 하나 있었다. 이름은 승옥勝玉이었다. 언젠가 궁에서 연회가 베풀어졌다. 포인이 생선찜인 증어蒸魚를 올렸다. 오왕 합려가 증어를 반쯤 먹다가 배가 불러 나머지를 승옥에게 보냈다. 승옥이 화를 냈다.

"부왕이 먹다 남은 고기를 내게 준 것은 나를 모욕한 것이다. 내가 살아서 무엇 하겠는가?"

그러고는 이내 연회 자리에서 물러난 뒤 자진했다. 오왕 합려가 크게 슬퍼했다. 곧 후하게 염殮한 뒤 도성의 서문인 창문閶門 밖에 묻게 했다. 인부들이 봉분을 만들기 위해 흙을 쌓아올렸다. 흙을 파낸 자리가 커다란 호소湖沼가 됐다. 요즘 세인들이 여분호女墳湖라고 부르는 게 바로 그것이다.

오왕 합려는 무늬가 있는 문석文石을 끊어 석곽石槨을 만들게 한 뒤 금으로 된 솥인 금정金鼎과 옥배玉杯, 은으로 된 술잔인 은준銀尊[3], 옥구슬로 만든 옷인 주유珠襦 등 부고에 수장된 보물을 거의 절반이나 꺼내 딸과 함께 묻게 했다. 또 명검 반영磐郢도 함께 묻어줬다.

그는 또 군사들을 시켜 길들인 백학을 몰고 저잣거리로 나가 춤을 추게 함으로써 백성들이 실컷 구경하게 했다. 백성들이 쏟아져 나와 백학이 춤추는 걸 구경했다. 군사들이 지시받은 대로 구경 나온 백성들을 꾀여 무덤 안에 뚫어놓은 길인 수도隧道로 들여보냈다. 수도에는 기계 장치가 돼 있었다. 백성들이 수도 안으로 들어오자 이내 기계를 작동시켰다. 수도의 입구가 닫혔다. 이날 생매장을 당한 남녀가 1만 명에 달했다.

오왕 합려가 보고를 받고 말했다.

"내 죽은 딸을 위해 1만 명을 순장殉葬했으니 저승에서도 그리 적막하지는 않을 것이다."

지금도 오나라 지방에서는 장사를 지낼 때 빈청 위에 백학을 만들어 매다는 풍습이 있다. 오왕 합려의 이 고사에서 나온 것이라고 한다. 합려의 무도한 모습이 극에 달했던 셈이다.

사신이 시를 지어 이를 탄식했다.

3 은준銀尊의 준尊은 '존'이 아니라 '준'으로 읽어야 한다. 준樽과 같은 뜻이다. 은나라 때 만든 크고 작은 술잔을 통칭한 말이다.

3량을 순장한 진나라 비판하는 판에	三良殉葬共非秦[4]
어떻게 학을 이용해 만인 매장하나	鶴市何當殺萬人
오나라가 부차 때 패망한 게 아니니	不待夫差方暴骨
이날 합려는 이미 백성 지지 잃었다	闔閭今日已無民

4 3량三良은 진秦나라 자거씨子車氏의 세 아들이다. 세인들은 그들 모두 현명하다는 이유로 '3량'으로 통칭했다. 진목공이 죽었을 때 함께 순장을 당했다.

150話 채소후가 인질을 바치고 군사를 빌리다
– 채소후납질걸오사蔡昭侯納質乞吳師

이야기가 둘로 나뉜다. 당시 초소왕은 어느 날 밤 궁에서 자다가 문득 잠이 깼다. 베개 곁에 차가운 빛을 내는 물건이 있었다. 눈을 비비고 자세히 보니 한 자루의 보검이었다. 날이 새자 도검을 잘 아는 풍호자風胡子를 불러 검을 보여주었다. 풍호자가 그 검을 보고 크게 놀랐다.

"대왕은 어디서 이 칼을 얻은 것입니까?"

초소왕이 대답했다.

"과인이 지난밤에 자다가 깨어보니 이 칼이 베개 곁에 놓여 있었소. 이 검이 어떤 검이고 이름이 무엇인지 나는 알지 못하오."

풍호자가 말했다.

"이 칼은 잠로湛盧라는 보검입니다. 지난날 도검을 만드는 오나라의 장인 구야자歐冶子가 주조한 칼입니다. 당시 월왕 윤상允常이 구야자를 불러 명검 5자루를 만든 일이 있었습니다. 이후 오왕 수몽이 이 소문을 듣고는 월왕 윤상에게 검을 만든 사람이 오나라 사람이니 일부를 자신에게 달라고 요구했습니다. 월왕이 보검 3자루를 보냈습니다. 3자루의 보검이 바로 어장魚腸과 반영磐郢, 담로湛盧입니다. 어장은 오왕 요를 척살하는 데 사용됐고, 반영은 지난번에 오왕 합려가 자기 딸 승옥을 묻을 때 함께 묻었고, 오직 잠로만이 오나라 궁중에 남아 있었습니다. 이 칼은 5악五嶽에서 두루 캐낸 무쇠의 정수와 태양의 정기로 이뤄져 있다고 들었습니다. 검을 칼집에서 뽑으면 신령한 모습을 드러내고, 허리에 차면 위엄을 북돋워줍니다. 더구나 이 검을 지닌 군주가 옳지 못한 짓을 하면 즉시 떠난다고 합니다. 나아가

이 검이 있는 나라는 국운이 오래 지속되고 크게 번성한다고 합니다. 오왕 합려는 선왕인 오왕 요를 죽이고 즉위했고, 딸의 무덤에 백성 1만 명을 생매장했습니다. 오나라 백성들이 비통해하면서 합려를 원망하고 있습니다. 잠로가 무도한 합려 곁을 떠나 유도有道한 대왕 곁으로 온 것도 바로 그 때문인 듯합니다."

초소왕은 크게 기뻐했다. 늘 그 칼을 허리에 차고 애지중지했다. 널리 백성들에게 이 사실을 알린 뒤 하늘이 보낸 상서祥瑞로 여겼다.

오왕 합려는 잠로를 잃은 뒤 사람을 각방으로 보내 검을 수소문했다. 한 사람이 와서 고했다.

"그 검은 지금 초왕에게 가 있습니다."

오왕 합려가 대로했다.

"필시 초왕의 뇌물을 받은 자가 나의 근시들 가운데 있을 것이다. 그 자가 내 검을 훔쳐서 보냈을 것이다."

오왕 합려가 좌우의 근시들 수십 명을 죽였다. 마침내 손무와 오자서 및 백비에게 군사를 내주며 초나라를 치게 했다. 또 사자를 월나라로 보내 초나라 토벌에 도움을 줄 것을 청했다. 월왕 윤상은 초나라와 서로 거래하는 우호관계를 단절하지 않을 요량으로 군사를 일으키지 않았다.

당시 초나라로 쳐들어간 손무와 오자서는 육읍六邑과 잠읍潛邑 두 고을을 점령했다. 하지만 오나라의 후속부대가 오지 않아 더는 진격하지 못하고 회군했다. 오왕 합려는 월나라가 초나라 토벌에 참여하지 않은 것을 못마땅하게 생각했다. 다시 월나라를 치고자 했다. 손무가 간했다.

"금년엔 목성인 세성歲星이 월나라 쪽에 가 있습니다. 월나라를 치는 것은 불리합니다."

오왕 합려가 이를 듣지 않고 군사를 일으켜 월나라를 쳤다. 오나라 군사가 취리檇李 땅에서 월나라 군사를 격파하고 크게 노략한 뒤 돌아왔다. 손무가 오자서에게 말했다.

"40년 뒤 월나라가 강성해지고 오나라는 국운이 다할 것입니다."

오자서가 손무의 그 말을 머릿속에 묵기默記해 두었다. 오왕 합려 5년인 기원전 510년의 일이었다.

이듬해에 초소왕이 영윤 낭와에게 명해 수군을 이끌고 가 육읍과 잠읍을 침탈당한 지난해의 패전을 보복케 했다. 오왕 합려는 손무와 오자서에게 낭와의 초나라 수군을 영격케 했다. 손무와 오자서가 소巢 땅에서 초나라 군사를 격파하고 초나라 장수 미번芈繁을 생포한 뒤 회군했다.

오왕 합려가 말했다.

"초나라 도읍 영도에 쳐들어가지 못하면 비록 초나라 군사에게 이겼다 할지라도 공을 세웠다고 할 수 없소."

오자서가 대답했다.

"신이 어찌 잠시라도 영도를 잊을 리 있겠습니까? 아직 초나라는 천하의 강국인 까닭에 경솔히 대적할 수 없습니다. 초나라 영윤 낭와는 비록 민심을 얻지 못하고 있지만 아직 열국의 제후가 그를 증오하고 있지는 않습니다. 욕심이 많은 낭와는 열국의 제후에게 탐욕스럽게 뇌물을 요구한다고 합니다. 불구不久에 열국이 낭와를 미워할 때가 올 것입니다. 초나라를 치려면 그때를 노려야 합니다."

오왕 합려가 이를 좇아 손무에게 장강 어귀로 나가 수군을 훈련시키게 했다. 오자서는 날마다 첩자를 초나라로 보내 초나라 실정을 정탐케 했다. 하루는 한 첩자가 돌아와 오자서에게 고했다.

"당唐나라와 채蔡나라가 우리와 통호하기 위해 사자를 보냈다고 합니다. 사자들이 이미 도성 밖의 교외에 와 있습니다."

오자서가 기뻐했다.

"당나라와 채나라는 모두 초나라의 속국이다. 두 나라가 아무 까닭 없이 멀리 떨어진 오나라에 사자를 보낼 리 없다. 초나라에 원망을 품고 있기 때문이다. 이는 하늘이 나에게 초나라를 깨뜨리고 영도로 들어가도록 한 것이다."

당초 초소왕이 명검 잠로를 얻은 이야기가 널리 알려지자 제후들이 초나라로 가 경하했다. 당성공唐成公과 채소후蔡昭侯도 그 일을 경하하기 위해 초나라로 갔다.

원래 채소후에게 양의 비계처럼 새하얀 패옥인 양지백옥패羊脂白玉佩 한 쌍과 은색 담비 가죽으로 만든 갖옷인 은초서구銀貂鼠裘 두 벌이 있었다. 채소후는 경하하는 취지로 양지백옥패 1개와 은초서구 1벌을 초소왕에게 바치고 남은 1벌의 은초서구는 자신이 입고, 양지백옥패 1개도 자신의 허리에 찼다. 영윤 낭와는 욕심이 난 나머지 사람을 채소후에게 보내 갖옷과 구슬을 달라고 청했다. 채소후는 갖옷과 구슬을 애지중지한 까닭에 이 요청을 거절했다.

당시 당성공에게도 명마 2필이 있었다. 이들 명마를 숙상肅霜이라고 불렀다. 숙상은 원래 기러기를 부르던 용어이다. 그 명마의 털은 새로 누인 하얀 명주와 같았고, 높다란 머리에 긴 목이 마치 기러기와 닮아 '숙상'이라는 이름을 얻게 됐다. 후대인은 다시 각 글자에 마馬 변을 덧붙여 숙상驌驦으로 표현했다.

2필의 '숙상'은 천하의 명마였다. 당성공은 바로 '숙상'이 이끄는 수레를 타고 초나라로 왔다. 수레는 매우 빠르면서도 편안해 보였다. 낭와가 또 탐이 난 나머지 당성공에게 사람을 보내 숙상을 달라고 청했다. 당성공 역시 숙상을 애지중지한 까닭에 이 요청을 거절했다.

채소후와 당성공이 하례를 마친 뒤 돌아가려고 하자 낭와가 궁으로 들어가 초소왕에게 이같이 참소했다.

"당나라와 채나라는 비밀리에 오나라와 내통하고 있다고 합니다. 그냥 돌려보내면 틀림없이 오나라를 끌어들여 초나라를 칠 것입니다. 차라리 잡아 두는 게 좋을 것입니다."

곧 채소후와 당성공을 까닭 없이 관역館驛에 억류했다. 이어 각각 1천 명의 병사들로 하여금 두 군주의 관역을 나눠 지키게 했다. 명목은 호위였지만 실은 감금이었다.

당시 초소왕은 나이가 어려 영윤 낭와가 국정을 도맡아 처리했다. 두 나라 군주는 이후 3년 동안 초나라에 갇혀 있었다. 본국으로 돌아가고 싶은 생각이 간절했지만 관역 밖으로 나올 수조차 없었다.

당나라 태자는 부친인 당성공이 3년이 지나도록 돌아오지 않자 대부 공손 철哲을 초나라로 보냈다. 당성공의 근황을 살펴보고 오랫동안 억류당한 이유를 알아오게 한 것이다. 공손 철이 초나라로 가서 당성공에게 말했다.

"이마二馬와 일국一國 가운데 어느 쪽이 더 중합니까? 주공은 어찌하여 말을 바치고 귀국할 생각을 하지 않는 것입니까?"

당성공이 대답했다.

"그 말은 세상에 보기 드문 보물이고 과인이 애지중지하는 것이오. 내가 초왕에게도 바치지 않았는데 어찌 영윤에게 바친단 말이오? 영윤은 탐욕스럽기 그지없는 자요. 그가 위력으로 과인의 말을 빼앗으려고 하니 과인은 죽을지언정 그 요구에 응할 수 없소."

공손 철이 본국에서 데리고 온 종자에게 은밀히 말했다.

"주공이 말을 내주기 싫어 초나라에 억류당하고 있으니 어찌 그처럼 가축을 중시하고 나라를 경시할 수 있단 말인가? 우리가 말을 몰래 훔쳐다가 영윤에게 바치면 주공이 본국으로 돌아갈 수 있을 것이다. 우리가 귀국한 뒤 말을 훔친 벌을 당할지라도 주공만 모시고 돌아갈 수 있다면 무슨 여한이 있겠는가?"

종자가 머리를 끄덕였다. 두 사람이 말을 돌보는 어인圉人에게 술을 먹여

채소후가 인질을 바치고 군사를 빌리다

만취케 만든 뒤 말을 훔쳐내 낭와에게 바쳤다.

"우리 주공이 영윤의 덕망이 높고 무거운 걸 알고 저희들로 하여금 두 명마를 바치게 했습니다. 여윤은 구치驅馳할 때 이 말들을 쓰십시오."

낭와가 크게 기뻐하며 말들을 받았다. 이튿날 궁으로 들어가 초소왕에게 고했다.

"원래 당나라는 지역이 좁고 군사가 미약해 큰일을 저지르기에 부족합니다. 당후를 사면해 귀국토록 허락해 주십시오."

초소왕은 당성공을 석방해 귀국케 했다. 당성공이 귀국하자 공손 철과 종자가 스스로 몸을 결박한 뒤 전각 앞으로 나아가 대죄待罪했다. 당성공이 말했다.

"그대들이 과인의 말을 그 탐욕스런 자에게 바치지 않았던들 과인은 귀국할 수 없었을 것이오. 모두 과인의 잘못이오. 그대들이 과인을 원망하지만 않으면 그것으로 족하오."

그러고는 이들에게 후한 상을 내렸다. 지금도 덕안부德安府 수주성隨州城 북쪽에 숙상피驌驦陂라는 언덕이 있다. 그 말들이 그곳을 지나갔다고 해서 붙여진 이름이다.

훗날 당나라 때 호증胡曾 선생이 이를 두고 영사시 「숙상피」를 지었다.

서쪽으로 가 거친 언덕 이르러	行行西至一荒陂
기미 살피지 못한 당공 비웃다	因笑唐公不見機
말을 내주는 걸 왜 아까워했지	莫惜驌驦輸令尹
궁궐 속히 올 수 있었을 텐데	漢東宮闕早時歸

염선도 이를 시로 읊었다.

3년 갇혀 치욕 인내 어려웠던 건	三年拘系辱難堪
탐람한 자에게 명마 안 준 탓이지	只爲名駒未售貪
시의 맞게 말을 훔치지 않았으면	不是便宜私竊馬
당공 어찌 초나라 떠날 수 있으리	君侯安得離荊南

채소후는 당성공이 말을 바치고야 귀국했다는 소문을 듣고 비로소 양지백옥패를 풀고 은초서구를 벗어 낭와에게 바쳤다. 낭와가 초소왕에게 고했다.

"당나라와 채나라는 한 몸과 같은 나라입니다. 당후唐侯가 귀국했으니 채후蔡侯만 머물게 할 수는 없습니다."

초소왕이 이를 좇았다. 채소후는 영도를 벗어나자 분을 터뜨렸다. 백벽白璧을 한수에 던지며 맹서했다.

"과인이 초나라를 치지 않은 채 이 나루를 다시 건너면 저 대천大川처럼 덧없이 흘러 사라져버릴 것이다."

채소후는 귀국하자마자 곧바로 태자 원元을 진晉나라에 인질로 바치고 군사를 빌리고자 했다. 진정공晉定公이 채소후의 요청을 받자 사자를 주왕실로 보내 부당하게 감금당한 사실을 고소하게 했다. 주경왕周敬王이 경사卿士인 유권劉卷에게 명해 열국의 군사를 소집케 했다.

주왕의 왕명에 의해 송나라와 제나라, 노나라, 위나라, 진陳나라, 정나라, 허許나라, 조曹나라, 거莒나라 주邾나라, 돈頓나라, 호胡나라, 등滕나라, 설薛나라, 기杞나라 소주小邾나라, 채나라 등 모두 17국 제후가 일제히 군사를 일으켰다. 이들 17국 군주 모두 초나라 영윤 낭와의 탐욕으로 인해 원한을 품고 있던 터였다. 주왕의 왕명을 받고 일제히 군사를 일으킨 이유다.

진경공도 대부 사앙士鞅과 순인荀寅을 대장과 부장으로 임명한 뒤 두 장수로 하여금 군사를 이끌고 약속 장소인 소릉召陵으로 가 17러路 제후의 군사와 회동케 했다. 당시 진晉나라 부장 순인은 자신이 채나라를 위해 군사를 이끌고 온 만큼 채나라에 공로가 있다고 생각했다. 그 대가로 채나라로부터 많은 재물을 받아내려고 했다. 곧 채소후에게 사람을 보냈다.

"듣건대 군후가 백옥패와 초서구를 초나라 군신에게 주었다고 하오. 어째서 우리에겐 아무것도 주지 않는 것이오? 우리는 불원천리하여 오로지 군후를 돕기 위해 군사를 이끌고 왔소. 군후는 무엇으로 우리 진晉나라 군사를 호궤할 것이오?"

채소후가 사자로 하여금 돌아가서 순인에게 이같이 말하게 했다.

"고孤는 초나라 영윤의 탐욕과 불의를 참을 수 없어 초나라를 버리고 진

晉나라에 의지코자 한 것이오. 대부는 오직 진晉나라가 제후들의 맹주인 점을 유념해 강포한 초나라를 멸하고 약소한 나라를 붙들어주시오. 그대가 초나라를 멸망시키기만 하면 초나라 땅 5천리가 모두 진나라 군사를 호궤하는 재물이 될 것이오. 고에게 재물을 얻는 것과 초나라 땅을 다 차지하는 것 가운데 어느 쪽이 더 이득이 크겠소?"

순인이 그 말을 전해 듣고 얼굴을 붉혔다. 때는 주경왕 14년인 기원전 506년 춘3월이었다. 봄인데도 대우大雨가 계속됐다. 10일 동안 내렸다. 궂은 날씨로 인해 주왕실의 경사 유권이 먼저 학질에 걸려 앓아누웠다.

순인이 대장인 사앙에게 말했다.

"지난날 5패 가운데 제환공이 가장 큰 힘을 행사했소. 그 제환공이 바로 이곳 소릉에서 여러 제후들의 군사를 소집해 초나라를 치려고 했지만 초나라에 타격을 주지 못하고 말았소. 우리 선공 진문공도 겨우 성복城濮 땅에서 초나라 군사에 대승을 거뒀을 뿐이오. 이후 우리는 여러 차례 초나라와 싸웠으나 신통한 성과를 올리지 못했소. 그러다가 두 나라가 전쟁을 하지 않기로 화해를 한 이후 우리 진나라와 초나라 사이에 틈이 생긴 적이 없소. 그런 터에 초나라와 전쟁을 개시하는 것은 불가하오. 더구나 지금 계속해서 대우가 내리고 있고 학질 등의 질병도 퍼지고 있소. 우리가 진격해도 꼭 이긴다는 보장이 없고, 우리가 물러가면 초나라 군사가 그 틈을 타 추격에 나설 것이오. 잘 생각지 않을 수 없소."

사앙 역시 탐욕스런 자였다. 그도 순인처럼 채소후가 자신에게 뇌물을 보내줄 것으로 기대했다. 그러나 그런 욕심이 채워지지 않았다. 마침 대우가 와 원정군에 불리하고, 진격하기도 어렵다는 핑계를 대고 소릉까지 데리고 온 채소후의 인질을 돌려보낸 뒤 회군 명령을 내렸다.

진나라 군사가 초나라 공벌을 주도하지 않은 채 철군하자 열국의 제후들 역시 각각 흩어져 귀국했다.

염선이 시를 지어 이를 탄식했다.

제후들 모두 병거 끌고 왔으니	冠裳濟濟擁兵車
초나라를 뜻대로 칠 힘 족했다	直搗荊襄力有餘
중원에 의사 없다고 말했으니	誰道中原無義士
낭와 같은 자들만 가득 했구나	也同囊瓦索苞苴

채소후는 소릉 땅에 모인 제후들의 군사가 모두 흩어져 돌아가는 것을 보고 크게 실망했다. 본국으로 돌아가는 길에 심沈나라를 지나다가 심나라 군주 가嘉가 초나라 토벌에 가담하지 않은 것을 괘씸하게 생각해 대수 공손 성姓으로 하여금 심나라를 치게 했다. 공손 성이 작은 심나라를 쳐서 없애고 군주 가를 잡아 죽였다. 채소후의 분풀이에 심나라만 희생된 셈이다.

초나라 영윤 낭와가 이 소식을 듣고 대로했다. 곧 군사를 일으켜 채나라를 쳤다. 이내 채나라 도성을 포위하자 공손 성이 채소후에게 말했다.

"진晉나라는 믿을 만한 나라가 못됩니다. 차라리 동쪽 오나라로 가서 구원을 청하는 게 낫습니다. 오나라 국정을 맡고 있는 신하는 초나라에서 망명한 오자서와 백비입니다. 그들은 초나라에 큰 원한을 품고 있습니다. 초나라를 치려는 우리를 반드시 도와줄 것입니다."

채소후가 이를 좇았다. 즉시 공손 성으로 하여금 당성공을 찾아가 두 나라가 함께 초나라를 칠 것을 약속케 했다. 당성공도 동의했다. 곧 사자를 선발해 오나라에 군사지원을 요청하러 가는 공손 성과 동행케 했다. 공손 성이 오나라에 인질로 맡길 채소후의 차자인 공자 건乾 및 당나라 사자와 함께 오나라로 갔다.

공손 성이 먼저 오자서를 만났다. 오자서가 이들을 맞이한 뒤 오왕 합려에게 그들을 알현시켰다. 그 자리서 오자서가 이같이 말했다.

"당나라와 채나라가 초나라에 대한 원한을 갚기 위해 우리의 앞장을 서겠다고 자원해 왔습니다. 위기에 빠진 채나라를 구하면 오나라의 명성을 떨칠 수 있고, 초나라를 무찌르면 많은 이익을 얻을 수 있습니다. 대왕이 초나라 도성인 영도로 들어가고자 하면 이번 기회를 잃어서는 안 됩니다."

오왕 합려가 이를 좇았다. 채소후가 보낸 공자 건을 볼모로 받은 뒤 오나라 군사의 출병을 허락했다. 그는 먼저 공손 성과 당나라 사자를 돌려보내 각각 자국의 군주에게 이를 보고하게 했다. 합려가 막 군사를 일으키려고 할 즈음 근신이 급히 보고했다.

"지금 군사軍師 손무가 강어귀로부터 돌아와 고할 게 있다며 알현을 청했습니다."

합려가 손무에게 무슨 일로 도성으로 돌아왔는지 물었다. 손무가 대답했다.

"지금까지 초나라를 치기 어려웠던 것은 초나라 속국이 많아 바로 초나라 지경으로 쳐들어갈 수 없었기 때문입니다. 이번에 진晉나라가 초나라 토벌을 위해 제후들을 소집하자 18개국이 모였습니다. 이들 가운데 평소 초나라 속국 역할을 해 온 진陳나라와 허許나라, 돈頓나라, 호胡나라도 있습니다. 이들이 초나라를 버리고 진나라에 복종한 것은 천하의 민심이 초나라를 원망하고 있기 때문입니다. 초나라의 속국들 가운데 꼭 채나라와 당나라만 초나라에 원한을 품은 게 아닙니다. 지금 초나라는 속국들이 떨어져 나가 고립돼 있습니다. 이때야 말로 초나라를 칠 때입니다."

오왕 합려가 크게 기뻐했다. 곧 피리被離와 전의專毅로 하여금 태자 파波[5]를 보필해 도성을 지키게 한 뒤 직접 군사를 이끌고 초나라 토벌에 나섰다. 손무를 대장, 오자서와 백비를 부장으로 삼았다. 또 친동생인 공자 부개

5 『춘추좌전』「노정공 6년」조에는 오왕 합려의 장자인 태자 파波의 이름이 종류終纍로 나온다.

夫槩를 선봉으로 삼고, 공사 산山으로 하여금 군량을 전담해 감독케 했다.

오왕 합려는 군사 6만 명을 총출동 시키면서 10만 대군이라고 자칭했다. 오나라 군사가 수로를 따라 진격하다가 회진淮津에서 장강을 건넜다. 오나라 군사는 초나라 군사에 의해 포위당한 채나라 도성을 구하기 위해 먼저 채나라로 진입했다.

채나라 도성을 포위하고 있던 초나라 영윤 낭와는 채나라를 구원하러 온 오나라 군사의 숫자가 많은 것을 알고 이내 포위를 풀고 달아났다. 초나라 군사의 추격이 두려운 나머지 한수를 건넌 뒤에야 비로소 영채를 세우고 주둔했다. 낭와가 급히 도성인 영도로 사자를 보내 위급을 알렸다.

채소후는 초나라 군사가 물러가자 오왕 합려를 도성 안으로 영접한 뒤 울면서 초나라 군신의 악행을 합려에게 울며 호소했다. 얼마 후 당성공도 채나라 도성으로 와 오왕 합려와 만났다. 당성공과 채소후는 오나라 군사의 날개가 되어 초나라 토벌에 앞장설 것을 다짐했다.

오나라 연합군이 초나라로 쳐들어가기에 앞서 손무가 문득 병사들에게 명해 배를 모두 회진의 물굽이인 회예淮汭에 놓아둔 채 상륙케 했다. 오자서가 손무에게 그 이유를 묻자 손무가 대답했다.

"배로 가면 물을 거슬러 올라가야 하는 까닭에 속도가 느려집니다. 초나라 군사가 천천히 대비할 시간을 주는 셈입니다. 그러면 초나라를 격파할 수 없게 됩니다."

오자서가 그 말에 탄복했다. 오나라 대군이 강물의 북쪽 길을 따라 지금의 호북성 종상현 서남쪽의 장산章山을 거쳐 곧바로 한양漢陽으로 진격했다. 초나라 군사는 한수 남쪽에 진을 치고 있었다. 낭와는 오나라 군사가 배를 타고 한수를 건너올까 걱정하다가 오나라 군사가 배를 회예에 남겨둔 채 육로로 진격한다는 보고를 받고는 다소 마음을 놓았다.

당시 초소왕은 오나라가 크게 군사를 일으켰다는 보고를 받고 신하들을 소집한 뒤 계책을 물었다.

공자 신申이 나서서 자가 자상子常인 낭와에 관해 말했다.

"자상은 장수재목이 아닙니다. 속히 좌사마 심윤 술에게 명해 군사를 이끌고 가 오나라 군사가 한수를 건너지 못하게 막으라고 하십시오. 먼 곳을 온 오나라 군사는 후속부대와 군량 등을 지원받기 어려워 틀림없이 오래 머물지는 못할 것입니다."

초소왕이 이를 좇았다. 좌사마 심윤 술이 군사 1만5천 명을 이끌고 오나라 군사의 진공을 막기 위해 영윤 낭와가 있는 한양漢陽으로 떠났다. 낭와가 그를 대채大寨로 맞이했다. 심윤 술이 물었다.

"오나라 군사가 어느 길로 왔기에 이토록 빨리 온 것이오?"

낭와가 대답했다.

"배들을 회예에 놓아둔 채 육로로 예장豫章을 거쳐 왔다고 하오."

심윤 술이 거듭 웃음을 터뜨리면서 말했다.

"세상 사람이 말하기를 손무는 용병을 귀신같이 한다고 하는데 이번 일로 보아서는 실로 아이들 장난에 불과합니다."

낭와가 물었다.

"어째서 그렇다는 것이오?"

심윤 술이 대답했다.

"오나라 사람은 어렸을 때부터 주즙舟楫에 익숙한 까닭에 수전水戰에 능합니다. 그런데도 배를 버리고 모두 뭍으로 올라온 것은 속히 이겨야겠다는 허욕에서 비롯된 것입니다. 싸움에 이기지 못할 경우 돌아갈 길이 없게 됩니다. 그래서 웃는 것입니다."

낭와가 물었다.

"저들은 지금 한수 이북에 주둔하며 있소. 어찌해야 저들을 격파할 수 있겠소?"

심윤 술이 대답했다.

"제가 이끌고 온 군사 가운데 5천 명을 나눠 드릴 터이니 영윤은 한수 남쪽 연안에 진영을 벌여 세우고, 오나라 군사가 배를 구하지 못하도록 이곳 한수 일대의 배를 모두 강의 남쪽 기슭으로 끌어오십시오. 이어 다시 경주輕舟를 탄 수군들로 하여금 조석으로 상류와 하류를 오가며 오나라 군사의 배를 약탈해 도강을 저지케 하십시오. 저는 휘하의 군사를 이끌고 신식新息 땅을 통해 회예淮汭로 가서 그곳에 집결돼 있는 오나라 군사의 배를 모두 불태우겠습니다. 이어 다시 오나라로 통하는 해동海東 땅의 좁고 험한 길을 나무와 돌을 쌓아 끊도록 하겠습니다. 그리하면 영윤은 군사를 이끌고 한수를 건너 오나라 대채를 치십시오. 저는 오나라 군사의 배후로 돌아가 기습하겠습니다. 적들은 육로와 수로가 모두 끊기고 앞뒤로 협공을 받게 됩니다. 오나라 군신의 목숨이 모두 우리 손아귀에 들어오게 됩니다."

낭와는 크게 기뻐했다.

"좌사마의 고견에는 도저히 미치지 못하겠소."

심윤 술이 휘하장수 무성흑武城黑에게 명해 병사 5천 명을 이끌고 그곳에 남아 영윤을 돕게 했다. 자신은 나머지 군사 1만 명을 이끌고 신식 땅을 향해 출발했다.

오나라와 초나라의 승패가 어찌될지 알 길이 없으니 다음 회를 보라.

제76회

151話 초소왕이 도성을 버리고 서쪽으로 달아나다
– 초소왕기영서분楚昭王棄郢西奔

심윤 술이 군사 1만 명을 이끌고 신식 땅을 향해 출발하자 오나라와 초나라 군사가 한수를 사이에 두고 며칠 동안 대치했다. 심윤 술의 휘하장수 무성흑은 영윤 낭와에게 아첨할 생각으로 나서서 말했다.

"오나라 군사가 배를 버리고 뭍으로 올라온 것은 배를 잘 다루는 장기에 위배되는 일입니다. 더구나 그들은 이곳의 지리를 잘 모릅니다. 심 사마 역시 오나라 군사는 반드시 패할 것이라고 예측한 바 있습니다. 저들은 우리와 대치한 지 수일이 지났지만 도강하지 못하고 있습니다. 저들의 마음이 크게 태만해져 있을 것입니다. 이럴 때 속히 쳐야 합니다."

낭와가 총애하는 장수 사황史皇도 권했다.

"초나라 사람들 가운데 영윤을 사랑하는 사람은 적고 심 사마를 사랑하는 사람은 많습니다. 만일 심 사마가 군사를 이끌고 가 오나라 배를 불태우고 퇴로를 차단하면 오나라 군사를 물리친 최고의 공을 차지하게 됩니다. 영윤은 벼슬도 높고 명망도 높지만 그간 여러 번 실수를 했습니다. 이번에 다시 오나라 군사를 물리치는 공을 심 사마에게 양보하면 어떻게 문무백관 위에 설 수 있겠습니까? 틀림없이 심 사마가 영윤 대신 정권을 잡을 것입니다. 차라리 무성흑 장군의 계책을 좇아 한수를 건너가 오나라 군사와 결전을 벌이는 게 상책일 듯합니다."

영윤 낭와가 그 말에 혹했다. 마침내 3군에 명을 내려 모두 강을 건너게 했다. 이어 지금의 호북성 한천현에 있는 소별산小別山에 이르러 진세를 폈다. 초나라 장수 사황이 먼저 군사를 이끌고 나와 오나라 군사에게 도전했다.

손무가 선봉인 공자 부개에게 명해 사황의 군사를 영격케 했다. 오왕 합려의 동생인 공자 부개가 휘하병사 300명을 선발한 뒤 각각 단단한 나무로 만든 몽둥이를 1개씩 들고나가 싸우게 했다. 이들이 초나라 군사를 향해 몽둥이를 마구 휘두르며 진격했다. 초나라 군사는 그런 전법을 본 적이 없었다. 미처 손을 쓰지 못하고 무참히 난타 당했다. 사황이 크게 패해 달아났다.

영윤 낭와가 패주한 사황을 책망했다.

"그대는 나에게 강을 건너게 했소. 그런데 첫 싸움에서 패주했으니 무슨 면목으로 나를 보러는 것이오?"

사황이 대답했다.

"싸워서 적장을 참하지 못하고, 공격해서 적의 군주를 사로잡지 못하는 것은 병가의 대용大勇이라고 말할 수 없습니다. 지금 오왕의 대채가 대별산大別山 아래 차려져 있습니다. 소소한 싸움의 승리는 오늘 밤 적의 대채를 출기불의出其不意로 급습해 대공을 세우느니만 못합니다."

낭와가 이를 좇았다. 곧 정예군 1만 명을 선발한 뒤 함매銜枚시키고 대별산 뒤로 돌아가서 오왕 합려를 사로잡고자 했다. 초나라 정예군이 낭와의 계책을 좇아 곧바로 행동에 들어갔다.

한편 손무는 공자 부개가 첫 싸움에 이겼다는 보고를 받았다. 오나라 장수들이 서로 축하하며 기뻐했다.

손무가 말했다.

"낭와는 그릇이 작은 두소지배斗筲之輩[1]이고, 요행이나 바라며 공을 탐하는 자요. 초나라 장수 사황이 약간 패했다고는 하나 초나라 군사가 큰 손상을 입은 건 아니오. 오늘 밤 틀림없이 우리 대채를 기습할 것이니 불가불 그에 대비해야 하오."

그러고는 공자 부개를 비롯해 도성에 있다가 전선으로 나온 전의에게 명해 각각 휘하 병사를 이끌고 대별산 좌우에 매복케 했다. 뿔 나팔인 초각哨角 소리가 나면 그걸 신호로 삼아 일제히 뛰쳐나와 적과 싸우도록 했다. 또 당성공과 채소후에게는 각각 자국의 군사를 이끌고 좌우 양로兩路의 매복군에 접응케 했다. 이어 오자서로 하여금 군사 5천 명을 이끌고 소별산으로 가서 군사가 빠져나간 낭와의 본채를 겁탈케 했다. 백비는 일부 군사를 이끌며 오자서를 접응케 했다.

손무가 다시 공자 산山에게 명해 오왕 합려를 호위하며 지금의 호북성 무한시 인근의 한음산漢陰山으로 자리를 옮기게 했다. 접전 장소에서 멀리 떨어져 있게 한 것이다. 이어 대채에 크고 작은 깃발을 세운 뒤 노약老弱한 병사 수백 명만 두어 지키게 했다. 오나라 군사는 손무의 호령을 좇아 각기

1 두소지배斗筲之輩는 국량이 작은 소인배를 지칭한다. 두斗는 1말 들이 용기이고, 소筲는 1두2승升 용량의 죽기竹器이다. 『논어』「자로」에 두소지인斗筲之人 표현이 나온다. 위정자의 그릇이 작은 것을 지적한 말이다.

분주히 움직였다.

어느덧 3경이 됐다. 공을 탐한 낭와가 심윤 술과 약속한 당초의 계책과 달리 자신이 직접 정예군을 이끌고 은밀히 대별산의 뒤를 돌아와 오나라 대채를 급습했다. 이들은 오나라 대채가 고요한 것을 보고 함성을 지르며 대채 안으로 쇄도해 들어갔다. 그러나 그곳엔 병사도 없고 오왕 합려도 보이지 않았다. 그제야 오나라 군사가 매복해 있지 않나 의심하며 황망히 대채 밖으로 쏟아져 나왔다.

이때 문득 초각 소리가 일제히 나면서 매복해 있던 공자 부개와 전의의 군사가 뛰쳐나와 초나라 군사를 협공했다. 낭와는 크게 놀라 일면 싸우면서 일면 달아났다. 병사의 3분의 1가량을 잃고서야 간신히 위급상황에서 벗어날 수 있었다.

낭와가 얼마쯤 달아났을 때 문득 포성이 크게 일어났다. 문득 오른쪽과 왼쪽에서 채소후와 당성공이 동시에 군사를 이끌고 달려 나오며 낭와와 패잔병의 앞길을 막았다. 먼저 당성공이 외쳤다.

"나의 숙상마肅霜馬를 내놓아라. 그래야 죽음을 면할 것이다."

채소후도 외쳤다.

"내 갖옷과 백옥을 내놓아라. 그래야 네 목숨을 살려줄 것이다."

낭와는 부끄럽기도, 괴롭기도, 황급하기도, 무섭기도 했다. 그가 이런 위기에 처해 있을 때 무성흑이 군사를 이끌고 달려왔다. 그는 채나라 및 당나라 군사와 크게 싸우면서 위기에 처한 낭와를 구출해 함께 달아났다. 이들이 몇 리쯤 달아났을 때 초나라 본영을 지키던 병사들이 달려왔다. 낭와를 보자 황급히 보고했다.

"초나라 본영이 오나라 장수 오자서에 의해 겁탈 당했습니다. 사황 장군이 싸우다 대패했는데 지금 어디에 있는지 모르겠습니다."

낭와는 그 보고를 듣자 심담心膽이 찢어지기라도 할 듯이 아팠다. 낭와가 패잔병을 이끌고 밤을 도와 달아났다. 백거柏擧 땅에 이르러 비로소 퇴각을 멈췄다. 한참 뒤 사황도 패잔병을 이끌고 백거 땅으로 왔다. 흩어져 달아났던 패잔병들도 점차 다시 모여들었다. 낭와가 백거 땅에 영채를 세우게 했다.

낭와가 사황에게 말했다.

"손무의 용병을 보니 과연 임기응변에 능하오. 차라리 영채를 버리고 영도로 퇴각했다가 병사를 더 많이 청해 다시 싸우는 게 좋을 듯하오."

사황이 대답했다.

"영윤이 대군을 이끌고 출정한 것은 오나라 군사를 막기 위한 것인데 영채를 버리고 돌아가는 것은 타당치 않습니다. 만일 오나라 군사가 한수를 건너 장구長驅하여 영도에 침공하면 영윤은 패전의 책임을 어떻게 면할 것입니까? 그보다는 차라리 있는 힘을 다해 오나라 군사와 싸우다가 전사하느니만 못합니다. 그러면 후대에 향명香名이라도 남길 수 있습니다."

낭와가 결단하지 못하고 주저躊躇했다. 이때 군리가 와서 고했다.

"왕이 영윤을 돕기 위해 일군一軍을 보내 접응케 했습니다."

낭와가 곧바로 밖으로 나가서 증원군의 대장 위석薳射을 맞이했다. 위석이 낭와에게 말했다.

"주상이 오나라 군사의 형세가 크다는 보고를 듣고는 혹여 영윤이 오나라 군사를 이기지 못할까 걱정해 특별히 소장에게 명해 군사 1만 명을 내주면서 영윤을 돕게 했습니다."

그러고는 교전상황을 물었다. 낭와가 교전이 빚어진 과정을 상세히 설명한 뒤 얼굴에 부끄러워하는 기색을 띠었다. 위석이 말했다.

"영윤이 심 사마의 말을 좇았다면 어찌 이 지경에 이르렀겠습니까? 이제 우리가 취할 수 있는 계책은 해자를 깊이 파고 보루를 높이 쌓아올려 지키면서 오나라 군사와 접전하지 않는 것입니다. 방어만 하면서 심 사마의 군사가 오기를 기다렸다가 합세한 뒤 적을 쳐야만 합니다."

낭와가 말했다.

"내가 적은 수의 군사를 이끌고 가 오나라 대채를 습격하다가 오히려 우리 본채를 겁탈 당했소. 이제 나와 장군이 함께 오나라 군사를 대적하면 우리 초나라 군사가 어찌 오나라 군사보다 약할 리 있겠소? 장군이 새로 이끌고 온 군대는 사기가 왕성할 것이니 그 예기銳氣에 올라타 적과 결전을 벌여야 할 것이오."

그러나 위석이 이를 좇지 않았다. 그는 낭와의 영채에서 멀리 떨어진 곳에 따로 영채를 세웠다. 명목은 2개 부대가 서로 의지하는 기각지세掎角之勢를 취하자는 것이었다. 그러나 서로 10여 리나 떨어져 있었던 까닭에 '기각지세'는 허울에 지나지 않았다. 낭와는 자신의 벼슬과 지위가 높은 것만 믿고 위석을 얕잡아 보았다. 위석 역시 위석대로 낭와의 무능을 비웃으며 그의 명에 따르려 하지 않았다. 두 사람은 서로 견해를 달리한 까닭에 적을 물리칠 계책을 상의하지도 못했다.

당시 오나라 군사의 선봉인 공자 부개는 초나라의 두 장수가 서로 불화의 상태에 있다는 첩보를 접하고 오왕 합려에게 이같이 건의했다.

"낭와는 탐욕스럽고 불인不仁한 까닭에 평소 인심을 잃었습니다. 이번에 초나라 장수 위석이 군사를 이끌고 도우러 왔으나 이들은 서로 의견이 맞지 않아 따로 떨어져 영채를 세웠다고 합니다. 초나라 병사들 모두 투지를 잃었을 것입니다. 이 기회를 틈타 저들을 치면 틀림없이 이길 수 있습니다."

오왕 합려가 이를 허락하지 않았다. 공자 부개가 오왕 합려 앞에서 물러나온 뒤 말했다.

"군주가 명을 내릴 때 신하는 그 뜻을 실행하면 된다. 내가 홀로 가서 다행히 초나라 군사를 격파하면 곧바로 초나라 도성으로 쳐들어갈 수 있을 것이다."

그러고는 이튿날 새벽 휘하의 군사 5천 명을 이끌고 낭와의 영채를 향해 진격했다. 뒤늦게 이 사실을 안 손무가 오자서로 하여금 급히 군사를 이끌고 가 접응케 했다. 공자 부개는 신속하고도 은밀하게 초나라 군사의 주둔지로 다가가 낭와의 대채를 급습했다. 전혀 싸울 준비를 하지 않고 있던 초나라 영채는 큰 혼란에 빠졌다.

초나라 장수 무성흑이 목숨을 걸고 오나라 군사에 맞섰다. 그 사이 낭와는 병거도 타지 못한 채 걸어서 영채 밖으로 달아났다. 이 와중에 왼팔에 화살을 맞았다. 초나라 장수 사황이 휘하의 병사를 이끌고 급히 달려와 낭와에게 자신의 병거를 내주면서 말했다.

"영윤은 어디로 가든 속히 몸을 피하십시오. 소장은 여기서 싸우다 죽을 것입니다."

낭와가 전포와 갑옷을 벗어던진 채 병거를 몰아 질주했다. 그러나 감히 영도로 돌아갈 생각을 하지 못했다. 마침내 정나라로 달아났다.

염옹이 시를 지어 탄식했다.

갖옷에 패옥차고 명마 수레 타고	披裘佩玉駕名駒
천년토록 영도에서 살기를 꿈꾸다	只道千年住郢都
전쟁서 패하고 달아나기 급급하니	兵敗一身逃難去
수많은 사람들 그 탐욕을 비웃다	好教萬口笑貪夫

오자서가 또 군사를 이끌고 쳐들어오자 사황은 낭와가 추격을 당할까 두려운 나머지 자신의 휘하 군사를 이끌고 오나라 군사들 속으로 쇄도해 들어갔다. 창을 높이 들어 좌충우돌하면서 오나라 군사 200여 명을 죽였다. 초나라 군사 역시 많은 사상자를 냈다. 사황은 온몸에 중상을 입고 죽었다. 무성흑도 부개와 어울려 싸우면서 물러서지 않다가 끝내 공자 부개의

칼에 맞아 죽었다.

당시 초나라 장수 위석의 아들 위연薳延은 낭와의 영채가 무너졌다는 급보를 받자 급히 부친 위석에게 이를 알린 뒤 군사를 이끌고 가 낭와를 도우려 했다. 그러나 위석이 허락지 않았다. 그는 진영 앞으로 나가 이같이 호령하며 병사들을 탄압彈壓했다.

"난동자亂動者는 참할 것이다."

낭와의 패잔병들이 모두 위석의 영채로 도망쳐 왔다. 군리가 점호해 보니 그 숫자가 1만여 명에 달했다. 초나라 군사의 사기가 다시 올라갔다. 위석이 장병들에게 이같이 말했다.

"오나라 군사가 승세에 올라타 이곳까지 추격해 오고 있으니 그들을 당해낼 수 없다. 그들이 이르기 전에 대오를 정비해 떠나야 한다. 일단 도성으로 돌아갔다가 다음 조처를 취해야 한다."

위석의 명에 따라 초나라 군사가 일제히 영채를 뽑고 영도로 회군했다. 위연이 선두에 서서 군사들을 인솔했고, 위석이 직접 후미를 맡아 오나라 군사의 추격을 차단했다. 부개는 초나라 군사가 백거 당에서 떠난 걸 알고 그 뒤를 추격했다.

오나라 군사가 지금의 호북성에 있는 청발수淸發水에 이르러 보니 초나라 군사는 그곳에서 배들을 그러모아 도강할 준비를 하고 있었다. 오나라 병사들이 이를 보고 분격奮擊하려고 하자 공자 부개가 제지했다.

"쫓기는 짐승도 궁지에 몰리면 오히려 돌아서서 싸운다는 뜻의 곤수유투困獸猶鬪 속담이 있다. 하물며 사람의 경우이겠는가? 저들을 너무 급하게 핍박하면 사력을 다해 덤벼들 것이다. 추격을 중지하고 기다리다가 저들이 강을 절반쯤 건너갔을 때 공격해야 한다. 이미 건넌 자들은 살아서 돌아갈 수 있는 까닭에 싸울 마음이 없을 것이고, 아직 건너지 못한 자들은 서로 먼저 건너기 위해 아우성을 칠 것이다. 누가 우리와 죽기로 싸우려 하겠는가? 우리는 틀림없이 승리할 것이다."

부개가 20리를 물러나 영채를 세웠다. 이내 오왕 합려와 손무 등이 이끄는 중군이 당도했다. 오나라 장수들은 부개의 전술을 전해 듣고 탄복했다.

합려가 오자서에게 말했다.

"과인에게 이런 영특한 아우가 있는데 어찌 영도 입성을 못할까 염려할 필요가 있겠소?"

오자서가 대답했다.

"전에 관상을 잘 보는 대부 피리로부터 들은 이야기가 있습니다. 부개의 잔털이 거슬러 올라간 것은 나라를 배반하고 주인을 거역할 상이라고 합니다. 그가 비록 영용하기는 하나 모든 일을 다 맡겨서는 안 됩니다."

그러나 합려는 그리 생각하지 않았다.

당시 초나라 장수 위석은 오나라 군사의 추격 소식을 접하고는 곧바로 진을 치고 싸울 준비를 했다. 이때 다시 오나라 군사가 20여 리 가량 후퇴했다는 보고를 받았다. 얼굴에 희색을 띠며 말했다.

"나는 전부터 오나라 사람이 겁이 많다는 걸 알고 있었다. 감히 우리를 추격하진 못할 것이다."

그는 병사들에게 명해 이튿날 새벽 5경에 배불리 먹고 일제히 도강토록 했다. 이튿날 새벽 초나라 군사가 10분의 3가량 도강하고 있을 때 문득 부개가 군사를 이끌고 돌진했다. 크게 놀란 초나라 군사가 먼저 도강하기 위해 서두르자 커다란 혼란이 일어났다.

초나라 장수 위석이 제지코자 했으나 역불급이었다. 부득이 도강을 포기한 채 병거를 타고 급히 달아났다. 도강하지 못한 병사들은 대장이 달아나는 걸 보고는 그 뒤를 따라 어지럽게 도주했다. 오나라 군사가 그 뒤를 추격하며 닥치는 대로 엄살했다. 초나라 군사가 버리고 간 깃발과 북, 창과 갑옷 등을 무수히 노획했다.

손무가 당성공과 채소후에게 각각 본국의 군사를 이끌고 가서 초나라 군사가 도강키 위해 강기슭에 대놓은 배를 탈취토록 했다. 이어 강을 따라 진격해 부개의 군사와 접응케 했다.

한편 초나라 장수 위석은 간신히 지금의 호북성 경산현인 옹서雍澨 땅에 당도했다. 뒤따라온 초나라 장병 모두 지치고 굶주려 더 이상 달아날 수 없었다. 그나마 다행인 것은 오나라 군사의 추격으로부터 멀리 벗어난 것이었다. 그러나 밥이 다 되었을 때 오나라 군사가 들이닥쳤다. 초나라 군사들은 밥을 목에 넘기기도 전에 황급히 달아났다. 솥 안의 밥이 고스란히 남았다. 오나라 군사들이 그 밥을 배부르게 먹었다.

오나라 군사는 밥을 먹은 뒤 더욱 힘을 내 초나라 군사를 추격했다. 초나라 군사는 쫓기면서 서로 밟거나 넘어져 무수히 죽었다. 위석이 타고 달리던 병거도 넘어졌다. 부개가 병거에서 떨어져 땅바닥에 나동그라진 위석을 한 창에 찔러 죽였다.

위석의 아들 위연도 오나라 군사에게 포위당했다. 위연이 사력을 다해 좌충우돌하며 싸웠으나 포위에서 벗어나지 못했다. 이때 문득 동북쪽에서 함성이 크게 일어났다. 위연이 탄식했다.

"오나라 군사가 또 오는 모양이다. 내 목숨도 이젠 끝났다."

하지만 이는 오나라 군사가 아니었다. 좌사마 심윤 술이 이끌고 온 초나라 군사였다.

원래 심윤 술은 오나라 군사의 배후를 치기 위해 신식 땅까지 갔으나 낭와의 군사가 패했다는 소식을 듣고는 다시 옛길을 따라 되돌아오던 중이었다. 그는 옹서 땅에 이르러 오나라 군사가 위연의 군사를 포위 공격하는 것을 목도케 된 것이다. 심윤 술이 즉시 휘하 군사 1만 명을 3개 대로 나눠 오나라 군사를 공격케 했다.

공자 부개는 오나라 군사의 연전연승만 믿고 기세를 올리다가 문득 초나라 군사가 3로路로 나눠 쳐들어오는 걸 보고는 적의 숫자가 얼마나 되고 어느 길로 오는 적부터 상대해야 될지 몰랐다. 이내 위연에 대한 포위를 풀고 달아났다. 심윤 술은 달아나는 오나라 군사를 추격해 1천여 명을 죽였다.

좌사마 심윤 술은 추격을 계속해 살육전을 펼치려 했다. 마침 오왕 합려의 대군이 도착했다. 오나라와 초나라 군사가 각각 영채를 세우고 대치했다. 심윤 술이 가신인 오구비吳句卑에게 말했다.

"영윤이 홀로 공을 세우려고 욕심을 부리다가 내 계획까지 망쳐놓고 말았다. 모두 천운이다. 지금 적의 우환이 심각한 지경에 이르렀다. 내일 나는 목숨을 걸고 적과 결전을 벌일 생각이다. 다행히 승리하면 적이 영도까지 오지 못할 것이다. 이는 초나라의 복이다. 그러나 적에게 패하면 내 목을 너에게 맡길 터이니 결코 적이 내 목을 갖고 가는 일은 없게 하라."

이어 위연에게 분부했다.

"그대의 부친이 적에게 죽임을 당했으니 그대까지 죽어서는 안 될 것이오. 그대는 지금 당장 영도로 돌아가서 공자 신申에게 도읍 영도를 잘 지키라는 내 말을 전해 주시오."

위연은 심윤 술에게 작별의 절을 올리며 말했다.

"원컨대 사마는 동쪽의 외구外寇를 구제驅除하고 속히 대공을 세우도록 하십시오."

그러고는 눈물을 흘리며 하직을 고했다.

이튿날 오나라와 초나라 군사가 서로 진을 치고 교전했다. 심윤 술은 평소 병사들을 아끼며 잘 다독였다. 초나라 병사들은 심윤 술의 명이 떨어지자 진력盡力해 사투를 벌였다. 오나라 선봉 공자 부개는 비록 용맹하기는 했으나 사투를 벌이는 초나라 군사를 이길 수 없었다. 시간이 갈수록 패색이 짙어졌다.

그때 손무가 이끄는 대군이 쇄도했다. 오른쪽에선 오자서와 채소후, 왼쪽에선 백비와 당성공이 이끄는 군사가 달려 나왔다. 활과 쇠뇌를 잘 쏘는 강궁強弓과 경노勁弩가 전열의 앞에서 활과 쇠뇌를 쏘았다. 창과 칼 등의 단병기短兵器를 든 병사들이 그 뒤를 따르며 진격했다. 초나라 군사는 노도처럼 밀려드는 오나라 군사를 당해내지 못해 수없이 살육당하면서 이리저리 흩어져 달아났다.

심윤 술은 사력을 다해 싸우면서 겹겹이 에워싼 오나라 군사의 포위망을 벗어났으나 몸에 여러 대의 화살을 맞고 이내 병거 위에 쓰러졌다. 더 이상 싸울 힘이 없다는 걸 알았다. 급히 가신 오구비를 불렀다.

"난 이제 무용지물이다. 속히 내 목을 끊어 초왕에게 갖다 바치도록 하라."

오구비가 차마 주인의 목을 자르지 못했다. 심윤 술이 있는 힘을 다해 큰 소리로 재촉했다. 그러고는 눈을 감고 다시는 뜨지 않았다. 오구비가 부득이 칼을 뽑아 심윤 술의 목을 끊었다. 이어 자기 옷을 벗어 목을 싼 뒤 가슴에 품었다. 머리가 없는 시신은 땅에 묻었다. 이어 병거를 급히 몰아 영도로 돌아갔다. 오나라 군사는 마침내 승세를 타고 장구長驅하며 영도로 쳐들어갔다.

사관이 시를 지어 초나라 좌사마 심윤 술을 칭찬했다.

초나라 군주 하는 짓 옳지 못해	楚謀不臧
현자를 죽이고 간신 승진시키다	賊賢升佞
오자서 집안 이미 화를 당했고	伍族既捐
극완 일족도 도륙 당한 적 있다	郤宗復盡
오직 심윤 술 한 사람만 남아서	表表沈尹
큰 집을 지키는 기둥 역할 했다	一木支廈
그는 적을 손바닥 보듯 했는데	操敵掌中

탐욕스런 낭와 때문에 실패하다	敗於貪瓦
비록 공 무너지고 몸 죽었지만	功隳身亡
그 기상 서릿발과 폭염 같았다	凌霜暴日
하늘이 그런 충신 도운 것일까	天祐忠臣
그의 머리만은 무사히 돌아왔다	歸元於國

한편 위연은 먼저 영도로 돌아가 초소왕에게 영윤 낭와가 대패해 정나라로 달아나고, 부친 위석이 전사한 사실을 울며 고했다. 초소왕은 그 말을 듣고 크게 놀랐다. 곧 공자 신申과 공자 결結 등을 불러 상의한 뒤 심윤 술에 증원군을 보낼 참이었다.

이때 오구비가 돌아와 초소왕에게 심윤 술의 목을 바치며 초군이 패한 이유를 상세히 고했다.

"이번에 우리 초나라 군사가 패한 것은 영윤이 심 사마의 계책을 따르지 않은 탓입니다. 사태가 이 지경에 이르게 된 것은 모두 영윤의 죄입니다."

초소왕이 통곡했다.

"아니다. 고孤가 진작 심 사마를 영윤으로 발탁해 쓰지 않은 탓이다. 모두 고의 죄이다!"

그러고는 낭와가 달아난 정나라 쪽을 가리키며 크게 꾸짖었다.

"나라를 그르친 오국간신誤國奸臣이 그러고도 목숨을 부지하려고 달아난 것인가? 견시犬豕도 그 고기는 먹지 않을 것이다!"

오구비가 다시 고했다.

"오나라 군사가 날마다 영도를 향해 진격해오고 있습니다. 심 사마의 유언처럼 대왕은 속히 영도를 보전할 계책을 세우십시오."

초소왕이 심윤 술의 아들인 심제량沈諸梁을 불러 그의 부친 수급을 내주며 후하게 장례를 치를 수 있도록 지원했다. 또 심제량을 섭공葉公에 봉했다. 이어 군신들로 하여금 도성을 버리고 서쪽으로 달아날 대책을 상의케 했다.

자가 자서子西인 공자 신이 통곡하며 간했다.

"종묘사직과 선왕의 능침陵寢이 모두 영도에 있는데 이곳을 버리고 어디로 간단 말입니까? 한번 영도를 버리면 다시는 돌아올 수 없을 것입니다"

초소왕이 대답했다.

"초나라가 믿는 것은 장강과 한수라는 두 천험天險이오. 이미 그곳을 잃었으니 오나라 군사가 내일 아침이나 저녁에 들이닥칠 기세요. 어찌 속수무책으로 적에게 결박을 당할 수 있겠는가?"

자가 자기子期인 공자 결이 간했다.

"아직도 성안에는 장정이 수만 명이나 있습니다. 대왕은 궁중에 있는 곡식과 비단을 모두 꺼내 이들에게 나눠주고 성첩城堞을 지키도록 격려하십시오. 이어 사자를 한수 동쪽인 한동漢東의 열국으로 보내 구원병을 청하십시오. 오나라 군사가 우리 초나라 경내에 깊이 들어오면 들어올수록 본국과는 거리가 멀어져 군량을 계속해 운반키가 어려울 것입니다. 그러면 저들이 어찌 오래 견딜 수 있겠습니까?"

초소왕이 말했다.

"오나라 군사는 우리 곡식을 노략질해 먹을 터인데 무슨 군량 걱정을 하겠소? 또 전에 진晉나라가 우리나라를 치려고 열국의 제후를 소집하자 심지어 돈나라와 호나라 같은 소국도 이에 호응했소. 지금 오나라 군사는 동쪽에서 쳐들어오고 당나라와 채나라 군사는 선두에 서서 오는 중이오. 우리 초나라를 섬기던 나라들이 이미 모두 우리를 버렸는데 이제 어느 나라를 믿을 수 있겠소?"

공자 신이 말했다.

"신들이 모든 군사를 이끌고 적과 대항하겠습니다. 싸워서 이기지 못하면 그때에 달아나도 늦지 않습니다."

초소왕이 말했다.

"이 나라의 존망이 두 형에게 달려 있소. 그러고자 하면 그리하도록 하시오. 과인은 더 상의할 게 없소."

그러고는 눈물을 머금고 내궁으로 들어갔다. 공자 신과 공자 결이 오나라 군사를 저지할 계책을 세웠다. 대장 투소鬪巢로 하여금 군사 5천 명을 이끌고 가 맥성麥城을 지키며 북로北路를 막고, 대장 송목宋木으로 하여금 군사 5천 명을 이끌고 가서 기남성紀南城을 지키며 서북로西北路를 막게 했다.

공자 신은 스스로 정예군 1만 명을 이끌고 노복강魯洑江으로 가서 영채를 세운 뒤 오나라 군사가 영도로 오는 동쪽 진격로인 강의 나루터를 방비했다.

서쪽에서 영도로 들어오는 길인 천강川江과 남쪽에서 들어오는 길인 상강湘江은 워낙 지형이 험준해 오나라 군사가 이곳으로 들어오는 것은 거의 불가능했다. 두 곳에 군사를 배치하지 않은 이유다.

공자 결은 왕손인 유우由于[2]와 어圉를 위시해 대부 종건鍾建 및 신포서申包胥 등을 이끌고 영도를 순시하며 군사들을 배치했다.

한편 오왕 합려는 제장들을 소집해 영도 진공 방안을 상의했다. 오자서가 나서서 말했다.

"초나라 군사가 비록 여러 번 패했지만 영도는 아직 방비가 엄중합니다. 더구나 영도와 기남성 및 맥성 등 3개의 성은 서로 긴밀히 연락을 취하면서 서로 돕기 때문에 영도를 함락시키기가 쉽지 않습니다. 여기서 서쪽으로 가

2 유우由于가 『열국지』의 일부 판본에는 유우繇于 내지 유어繇於로 나온다. 그러나 『춘추좌전』「노정공 4년」조 등에는 유우由于로 돼 있다. 번역문은 『춘추좌전』을 좇아 유우由于로 바꿔 놓았다.

면 노복강이 나옵니다. 그 길이 영도로 들어가는 첩경입니다. 틀림없이 많은 적군이 지키고 있을 것입니다. 우리는 크게 우회해 북쪽 길을 통해 들어가야 합니다. 군사를 3대로 나눈 뒤 1대는 맥성, 1대는 기남성을 치도록 하십시오. 대왕은 주력군인 1대를 이끌고 직접 영도를 공격하십시오. 그러면 저들은 빠른 우레에는 귀를 막을 틈이 없다는 뜻의 질뢰불급엄이疾雷不及掩耳 속담처럼 이곳을 지키려다가 저곳을 잃는 처지에 놓이게 됩니다. 이런 식으로 공격해 맥성과 기남성을 격파하면 영도는 지켜낼 수 없을 것입니다."

손무가 말했다.

"자서의 계책이 매우 좋습니다."

오왕 합려가 이를 좇았다. 오자서로 하여금 공자 산山과 함께 군사 1만 명을 이끌고 가 맹성을 치게 했다. 채소후는 본국의 군사를 이끌고 오자서를 돕게 했다. 또 손무로 하여금 공자 부개와 함께 군사 1만 명을 이끌고 가서 기남성을 공격케 했다. 당성공은 본국의 군사를 이끌고 손무를 돕게 했다. 합려 자신은 백비 등과 함께 대군을 이끌고 영도를 직접 공격하러 갔다.

오자서가 며칠 동안 동쪽으로 진격하고 있을 때 문득 첩자가 와서 보고했다.

"여기서 맥성까지는 불과 30리 정도밖에 안 됩니다. 초나라 장수 투소가 군사를 이끌고 와 맥성을 지킨다고 합니다."

오자서가 영채를 세우고 일단 군사를 쉬게 했다. 이어 미복으로 갈아입은 뒤 소졸 2명을 데리고 영채 밖으로 나갔다. 사방의 지형을 살피며 앞으로 가다가 한 촌락에 이르렀다. 마을 안으로 들어가 보니 한 촌부가 당나귀 고삐를 잡고 연자방아의 맷돌을 돌려 보리를 갈고 있었다. 나무막대로 당나귀의 엉덩이를 쳐 당나귀가 맷돌을 돌리면 맷돌에서 보릿가루가 분분히 흘러내렸다. 오자서가 문득 깨달은 바가 있어 홀로 말했다.

■ 초소왕이 도성을 버리고 서쪽으로 달아나다

'내가 맥성을 격파할 방법을 찾아냈다.'

그러고는 영채로 돌아와 은밀히 명을 내렸다.

"모든 병사들은 각각 부대 한 자루씩 마련해 흙을 가득 채우고, 풀 한 다발씩 묶도록 하라. 내일 새벽 5경까지 이를 바치도록 하라. 명을 어기는 자는 참할 것이다."

이튿날 5경이 되자 다시 분부했다.

"모든 병사들은 돌덩이 3~4개를 휴대토록 하라. 명을 어기는 자는 참할 것이다."

하늘이 밝자 오자서는 군사를 2대로 나눴다. 채소후는 1대를 이끌고 맥성의 동쪽으로 가고, 채소후의 아들인 공자 건乾이 이끄는 1대는 맥성 서쪽으로 가게 했다. 이어 모든 병사가 각각 짊어지고 온 흙과 돌 및 풀 묶음으로 동서 양쪽에 영루營壘처럼 작은 성을 쌓게 했다. 오자서는 친히 두 성의 규모를 지시하면서 병사들의 조속한 축조를 독려했다. 두 성이 삽시간에 지어졌다.

동쪽 성은 좁고 길게 쌓아 당나귀 모습을 본떴다. 이름을 당나귀 여驢 자를 붙여 여성驢城이라고 했다. 서쪽 성은 원형으로 쌓아 맷돌 모습을 본떴다. 이름을 갈 마磨 자를 붙여 마성磨城이라고 했다.

채소후가 오자서에게 물었다.

"왜 이렇게 작은 성을 2개씩이나 쌓았는지 그 뜻을 모르겠소."

오자서가 웃으며 대답했다.

"동쪽 당나귀가 서쪽 맷돌을 돌리는데 어찌 보리로 만든 성인 맥성麥城이 무너지지 않겠습니까?"

초나라 장수 투소는 오나라 군사가 와서 동서 양쪽으로 성을 쌓는다는 보고를 받고 황급히 군사를 이끌고 달려 나왔다. 그러나 두 성이 이미 견고하게 세워진 뒤인 것을 누가 알았으랴? 투소가 먼저 동쪽 '여성'으로 갔다. 성 위엔 깃발이 가득 꽂혀 있었고, 병사들이 울리는 요령 소리가 그치질 않았다.

투소가 크게 노해 곧바로 성을 공격코자 했다. 이때 오나라 군영의 원문轅門이 열리면서 한 소년 장수 하나가 군사를 이끌고 나왔다. 투소가 성명을 묻자 그가 대답했다.

"나는 바로 채후蔡侯의 차자인 공자 건乾이다!"

투소가 말했다.

"너 같은 어린애는 내 적수가 아니다. 오자서는 어디 있는가?"

공자 건이 대답했다.

"너의 맥성을 치러간 지 이미 오래다!"

투소는 더욱 노해 긴 창을 움켜잡고 달려들어 공자 건과 어울려 싸웠다. 싸운 지 20여 합에 이르렀을 때 문득 초나라 초마哨馬가 달려와 투소에게 고했다.

"지금 오나라 군사가 들이닥쳐 맥성을 공격하고 있습니다. 장군은 속히 돌아오십시오."

투소는 근거지를 잃을까 우려한 나머지 맥성으로 돌아가기 위해 급히 징을 쳐 군사를 거둬들였다. 싸우다 말고 돌아가는 바람에 초나라 군사의 대오가 크게 어지러웠다. 공자 건이 그 틈을 타 달아나듯 돌아가는 초나라 군사를 엄살했다. 그러나 감히 끝까지 추격하지는 않았다.

투소는 맥성으로 돌아오다가 이내 군사를 지휘해 성을 에워싸고 있는 오자서와 마주쳤다. 그는 들고 있는 창을 가로누인 뒤 공수拱手하며 말했다.

"자서는 그간 무양無恙했습니까? 족하足下의 부형이 원통하게 죽은 것은 모두 비무극의 참소 때문이었습니다. 간악한 비무극은 이미 주살을 당했습니다. 족하가 지금 보복해야 할 원수는 없습니다. 그대 집안은 3대에 걸쳐 초나라 국록을 받았습니다. 족하가 어찌 그 사실을 잊을 수 있단 말입니까?"

오자서가 대답했다.

"나의 선인들은 초나라에 대공을 세웠소. 그런데도 초왕은 그 공로를 망각하고 나의 부형을 원통하게 죽였소. 또 나의 목숨까지 끊으려고 했소. 난 다행히 하늘의 도움을 받아 곤경에서 벗어날 수 있었소. 이후 19년 동안 원한을 되새기면서 오늘에 이르렀소. 그대가 나의 이런 사정을 양해한다면 속히 먼 곳으로 가서 몸을 피하도록 하시오. 나의 예봉에 맞서지 않으면 서로 안전을 기할 수 있을 것이오."

투소가 오자서를 크게 꾸짖었다.

"주인을 배반한 역적을 두고 내가 몸을 피하면 어찌 호한好漢이라고 할 수 있겠는가!"

그러고는 창을 높이 들고 앞으로 달려 나왔다. 오자서도 창을 들고 영격했다. 두 사람이 3-4합쯤 교봉交鋒했을 때 오자서가 말했다.

"너는 이미 지쳤다. 네가 성으로 돌아갈 수 있도록 너를 놓아주겠다. 내일 다시 만나 싸우자."

투소가 말했다.

"내일은 내가 너와 사생결단을 내겠다."

양측 모두 군사를 거뒀다. 맥성을 지키고 있던 초나라 병사들은 성 위에서 초나라 군사가 돌아오는 것을 보고는 성문을 열어 이들을 맞아들었다. 한밤중이 되자 문득 성 위에서 함성이 일어났다. 한 병사가 뛰어와 투소에게 고했다.

"오나라 군사가 이미 성안으로 들어왔습니다!"

원래 오자서의 군사 속엔 옹서雍澨 전투 때 투항한 병사가 많이 있었다. 오자서는 그들 가운데 몇 명을 뽑아 초나라 군사처럼 차려입은 뒤 투소가 성안으로 들어갈 때 그 속에 섞여 들어가게 했다. 이들은 맥성 안의 으슥한 곳에 숨어 있다가 한밤중에 성 위로 올라가 미리 준비해 온 긴 줄을 성 아래로 내려뜨렸다. 성 밑에서 기다리고 있던 오나라 군사가 그 줄을 타고 맥성 위로 올라간 것이다.

초나라 초병이 그 사실을 알았을 때는 이미 오나라 군사 100여 명이 성안으로 들어온 뒤였다. 그들은 초나라 군사를 물리치고 성문을 연 뒤 일제히 크게 소리를 지르는 눌함吶喊을 했다. 성 밖에서 있던 오나라 군사가 '눌함'으로 호응했다.

오나라 군사의 '눌함'에 놀란 초나라 군사는 이미 성이 함몰된 줄 알고 각각 숨을 곳을 찾아 사방으로 달아났다. 투소는 이들을 막지 못했다. 그 역시 부득이 초거軺車를 타고 달아나야만 했다.

오자서는 달아나는 초나라 군사를 추격하지 않았다. 맥성을 점령한 뒤 오왕 합려에게 전령을 보내 승첩을 고했다.

잠연潛淵 선생이 이를 시로 읊었다.

마성과 여성으로 맥성 점령하니	西磨東驢下麥城
우연히 본 걸 이용한 성공이다	偶因觸目得功成
자서의 지용을 당할 자 없으니	子胥智勇眞無敵
초나라는 일거에 오른팔 잃었다	立見荊蠻右臂傾

152話 오자서가 무덤을 파헤쳐 시신을 매질하다
– 오자서굴묘편시伍子胥掘墓鞭屍

당시 손무는 군사를 이끌고 지금의 호북성 형문시 서남쪽의 호아산虎牙山을 지나 당양當陽의 언덕으로 전입轉入했다. 거기서 멀리 북쪽으로 장강漳江의 물이 도도히 흐르는 걸 바라보았다. 남쪽에 있는 기남성은 지세가 낮은데다 서쪽 적호赤湖의 물길은 기남성과 영도 아래로 흘러갔다. 손무가 이를 보고 1가지 계책을 생각해냈다.

곧바로 병사들에게 명을 내려 높은 언덕에 주둔케 했다. 이어 각각 삼태기와 삽을 준비해 밤새 장강과 적호 사이에 깊은 참호를 판 뒤 장강의 물을 적호로 끌어들이게 했다. 또 적호의 낮은 호반湖畔에 긴 둑을 쌓아 적호로 흘러든 물이 밖으로 흘러나가지 못하게 했다. 호수 안쪽의 평지 수심이 2–3장丈에 이르렀다.

마침 겨울이어서 서풍이 거세게 불었다. 불어난 호수 물이 바람을 타고 기남성 안으로 쏟아져 들어갔다. 기남성의 수장守將 송목은 장강의 물이 범람한 것으로 생각해 급히 백성들을 이끌고 영도로 피신했다. 그러나 수세水勢가 매우 호대浩大했다. 어느새 영도의 성 밑까지 밀어닥쳤다. 성 밑이 마치 강호江湖 같았다.

손무가 병사들에게 명해 산 위의 대나무를 베어 뗏목을 만들게 했다. 오나라 군사는 그들이 만든 수많은 뗏목을 타고 영도 성으로 육박해 들어갔다. 성안의 초나라 백성들은 그제야 비로소 오나라 군사가 물길을 터서 끌어들인 물이라는 사실을 알아챘다. 그들은 두려움을 느낀 나머지 사방으로 달아났다.

초소왕도 더 이상 영도를 지키기가 어렵다는 사실을 알았다. 급히 잠윤箴尹 고固에게 명해 배를 구해 도성의 서문 앞에 대게 했다. 사랑하는 누이 계미季芈[3]만 이끌고 서문으로 가서 배를 탄 뒤 성 밖으로 빠져나갔다.

공자 결은 성 위에서 병사들을 독려해 불어나는 물을 막으려고 하다가 이 소식을 듣게 됐다. 부득이 문무백관을 이끌고 그 뒤를 따라 성 밖으로 나간 뒤 초소왕의 거가車駕를 호위했다. 그는 가족을 돌볼 겨를이 없어 도성 안에 그대로 둔 채 자신만 홀로 초소왕을 따라 나간 것이다.

영도는 주인이 달아나자 공격을 받기도 전에 절로 함락됐다.

사관이 이를 시로 읊었다.

방성산 들어앉아 한수로 막았으나	虎踞方城阻漢川
오나라 군사 신속히 영도 휩쓸다	吳兵迅掃若飛煙
충신 모두 죽어 아첨꾼 횡행하니	忠良棄盡讒貪售
하늘에 닿은 고성도 두렵지 않다	不怕隆城高入天

마침내 손무는 오왕 합려를 받들고 영도로 입성했다. 그는 즉시 병사들을 시켜 장강을 가로막은 긴 둑을 허물고 물길을 본래의 강으로 흐르게 했다. 또 군사들을 합쳐 사방의 교외를 굳건히 지키게 했다.

오자서도 맥성에서 군사를 이끌고 영도로 들어와 오왕 합려를 알현했다. 합려가 초왕의 옥좌에 앉았다. 오나라 장수와 관원이 모두 그 앞에 나아가 하례를 올렸다. 당성공과 채소후도 입조해 칭송하는 말을 하는 치사致詞를 행한 뒤 경사스런 날을 축하하는 칭경稱慶을 했다.

오왕 합려는 그토록 바라던 영도 입성이 실현된 사실에 고무돼 크게 기

3 계미季芈의 이름이 『춘추좌전』 「노정공 4년」조에는 계미비아季芈畀我로 나온다. '계'는 여동생을 뜻한다. '미'는 성씨, '비아'는 '계미'의 자이다.

뻐했다. 대규모 연회를 베풀고 군신들과 함께 기쁨을 나눴다.

그날 밤 합려는 초왕의 왕궁에서 유숙했다. 좌우 시신들은 초소왕의 부인을 데려와 합려에게 바쳤다. 합려가 시침侍寢을 들게 할 생각이었으나 선뜻 마음을 정하지 못했다. 오자서가 말했다.

"남의 나라도 차지했는데 하물며 그 나라 군주의 처첩이야 더 말할 게 있습니까?"

합려가 이를 좇아 초소왕의 부인과 동침했다. 이어 초소왕의 잉첩들에게도 돌아가며 시침케 했다. 좌우 시신들 가운데 한 시신이 초소왕의 생모인 백영伯嬴 즉 맹영孟嬴에 대해 말했다.

"초소왕의 생모 백영은 원래 초나라 태자 건建에게 시집을 왔습니다. 그러나 초평왕이 며느리로 온 그녀를 빼앗아 자기 부인으로 삼았습니다. 지금 백영의 나이는 아직 젊고 색도 쇠하지 않았습니다."

오왕 합려가 마음이 동한 나머지 사람을 시켜 그녀를 불렀다. 백영은 부름에 응하지 않았다. 합려가 화가 나 좌우에 명했다.

"백영을 끌고 와 과인을 알현케 하라."

시신들이 백영에게 가자 백영이 방문을 굳게 닫은 뒤 칼로 문을 치며 말했다.

"첩이 듣건대 제후는 일국의 모범이 돼야 한다고 했소. 예법에 이르기를, '남녀는 같은 자리에 앉지 않고, 같은 그릇에 음식을 먹지 않는다.'고 했소. 남녀가 유별하다는 것을 나타내기 위한 것이오. 이제 주상이 군주의 위의威儀를 버리면서까지 국인들로부터 음란하다는 소리를 들어야 하겠습니까? 이 미망인은 차라리 검 위에 엎드려 죽을지언정 군왕의 명을 좇지 못하겠습니다."

오왕 합려가 크게 부끄러워했다. 곧 근시를 보내 사과했다.

"과인이 평소 부인을 경모해 안색顔色이나 1번 볼까 해서 부른 것이지 감히 음란한 생각을 품고 그런 건 아니오. 부인은 안심하시오."

이어 원래 백영을 모시던 초나라 시종들로 하여금 그녀의 거처를 지키게 하면서 오나라 사람이 함부로 그녀의 처소에 들어가지 못하게 금했다.

오자서는 각방으로 사람을 놓아 초소왕을 찾았지만 결국 잡지 못하게 되자 손무와 백비 등에게 초나라 대부들의 집을 나눠 점거한 뒤 그 처첩들을 간음케 했다.

당성공과 채소후는 공자 산과 함께 낭와의 집으로 가서 온 집안을 뒤졌다. 채소후의 은초서구와 백옥패는 고스란히 장롱 속에 들어 있었다. 당성공의 숙상마는 2필은 마구간에 매여 있었다. 두 사람은 각기 자신의 물건을 되찾아 오왕 합려에게 바쳤다.

낭와의 집 창고에는 보화寶貨와 금백金帛이 가득 들어차 있었다. 그들은 휘하 장졸들로 하여금 보물을 마음대로 가져가게 했다. 운반하는 사이 떨어뜨린 온갖 보물이 길에 넘쳐났다. 낭와는 평생 뇌물을 수집하는 데만 신경을 썼을 뿐 어찌 1번이라도 제대로 써보고자 한 적이 있었는가? 공자 산은 낭와의 부인을 취할 생각이었으나 마침 부개가 도착해 공자 산을 내쫓고 자신이 취했다. 당시 오나라 군신들은 음행을 멋대로 저질렀다. 남녀의 구별이 없었다. 영도는 그야말로 금수가 떼로 몰려 있는 형국이었다.

염용이 이를 시로 읊었다.

초나라 군신의 처첩 마구 범해	行淫不避楚君臣
사욕만 채우고 인륜을 더럽히다	但快私心瀆大倫
오로지 백영만 늦은 절개 지켜	只有伯嬴持晚節
한줄기 청풍 미망인에게서 불다	清風一線未亡人

오자서가 오왕 합려에게 초나라의 종묘를 모두 허무는 방안을 건의했다.

손무가 나서서 말했다.

"군려軍旅는 의를 좇아 움직여야 명분이 섭니다. 전에 초평왕은 태자 건을 내쫓고 진秦나라 여인 백영의 아들 진軫을 태자로 세우고, 탐욕스럽고 참소나 하는 간신을 임용했습니다. 안으로 충량한 신하를 죽이고, 밖으론 제후들에게 횡포를 부린 배경입니다. 우리가 초나라를 격파하게 된 것도 바로 이 때문입니다. 대왕은 응당 오나라에 살고 있는 태자 건의 아들 공자 승勝을 초왕으로 세워 그로 하여금 초나라 종묘를 지키게 하고, 초왕을 대신토록 하십시오. 그러면 초나라 백성들은 지난날 억울하게 죽은 태자 건을 동정하기에 반드시 민심이 안정될 것입니다. 또 공자 승 역시 우리 오나라 덕을 입은 까닭에 조공을 바치며 순종할 것입니다. 초나라를 용서해 주는 게 바로 초나라를 얻게 되는 길입니다. 그게 명분과 실리를 동시에 얻을 수 있는 길이기도 합니다."

오왕 합려는 차제에 초나라를 아예 없앨 욕심에 이를 좇지 않았다. 초나라의 종묘를 불태워 없앨 것을 오자서에게 지시한 이유다. 당성공과 채소후는 오왕 합려에게 하직하고 각각 본국으로 돌아갔다.

오왕 합려는 다시 장화궁의 누대에서 군신들의 노고를 위로하기 위한 연회를 크게 베풀고 함께 즐겼다. 악공들이 주악奏樂하는 가운데 군신들 모두 즐거워했다. 오직 오자서만 홀로 울음을 터뜨렸다. 합려가 물었다.

"경의 초나라에 대한 보복이 이뤄졌는데 어째서 또 슬퍼하는 것이오?"

오자서가 함루含淚의 모습으로 대답했다.

"초평왕은 이미 죽고 그의 아들인 초왕은 달아나 버렸습니다. 신은 부형의 원수를 아직도 1만분의 1도 갚지 못했습니다."

합려가 물었다.

"경은 어찌할 생각이오?"

오자서가 대답했다.

"원컨대 대왕은 신에게 초평왕의 무덤을 파헤치고 그 관을 쪼개 초평왕의 목을 참하도록 허락해주십시오. 그래야 비로소 원한이 풀릴 것입니다."

합려가 말했다.

"그간 경은 과인을 위해 많은 덕을 베풀었소. 과인이 어찌 썩은 뼈다귀인 고골枯骨을 아껴 경의 사사로운 해원解冤 행보를 위로하지 못하겠소?"

그러고는 곧바로 허락했다. 오자서가 초평왕의 무덤 행방을 수소문했다. 영도의 동문 밖에서 한참 떨어진 실내장室內莊 마을의 요대호寥臺湖에 있다는 걸 알았다. 곧바로 휘하 군사를 이끌고 그곳으로 갔다. 넓은 평원에는 마침 겨울철이라 마른 들풀만 수북하고 호수가 아득해 어디에 무덤이 있는지 알 수 없었다. 병사들을 시켜 사방으로 찾게 했다. 그러나 그 흔적조차 찾을 수 없었다.

오자서가 가슴을 치며 하늘을 우러러 외쳤다.

"하늘이여, 하늘이여! 나로 하여금 부형의 원수를 갚지 못하게 하려는 것입니까?"

그때 한 노인이 다가와 읍한 뒤 물었다.

"장군은 초평왕의 무덤을 찾는 듯한데 무엇 때문에 그러는 것입니까?"

오자서가 대답했다.

"초평왕은 자기 아들을 내쫓고 자부를 빼앗았소. 또 충신을 죽이고 간신을 임용했을 뿐 아니라 내 종족을 몰살했소. 그런데도 나는 그가 살아 있을 때 그의 목에 칼을 들이대지 못했소. 그가 비록 죽었지만 그 시체라도 참해 지하에 있는 부형의 원수를 갚으려는 것이오."

노인이 말했다.

"초평왕은 생전에 많은 원망을 받고 있다는 걸 스스로 알고 있었소. 그는 자신이 죽은 뒤 무덤이 파헤쳐질까 두려워 호수 속에 묻어 달라고 유언했소. 장군이 꼭 초평왕의 무덤을 찾고자 하면 호수 물을 빼낸 뒤 찾아보시오. 그러면 관을 얻을 수 있을 것이오."

그러고는 요대寥臺에 올라 손가락으로 관이 묻힌 지점을 가리켰다. 오자서가 잠수를 잘하는 병사로 하여금 호수 속으로 들어가 관을 찾게 했다. 그 병사가 호수 속으로 들어가 보니 과연 요대호 동쪽 밑바닥에 석곽이 놓여 있었다.

석곽의 위치를 알아낸 오자서는 각 병사들로 하여금 모래부대 한 자루씩 짊어지고 물속으로 들어가 그 높이가 수면 위에 닿을 만큼 석곽 주위에 쌓게 했다. 이어 모래부대들로 쌓아올린 우물 통 안의 물을 퍼내게 했다. 연후에 석곽의 뚜껑을 열게 했다. 그 안에 목관이 있었다. 매우 무거웠다. 오자서가 그 관을 뭍으로 끌어올리게 한 뒤 관을 쪼개고 그 속을 들여다봤다. 그 안에는 의관衣冠과 정철精鐵 수백 근이 들어 있었다.

그 노인이 말했다.

"이건 사람을 헷갈리게 만들기 위한 가짜 관인 의관疑棺입니다. 진관眞棺은 그 밑에 있습니다."

오자서가 다시 석곽 바닥에 깔려 있는 석판石板을 제거한 뒤 그 밑을 파게 했다. 과연 또 하나의 관이 나타났다. 오자서가 뭍으로 끌어올린 관을 쪼갠 뒤 안에 있는 시신을 꺼내게 했다. 살펴보니 과연 초평왕의 것이었다. 관을 수은으로 가득 채우고 시신을 수은에 담가놓은 까닭에 시신의 피부도 전혀 변하지 않았다.

오자서는 그 시신을 보자 가슴 속의 원한이 하늘을 찌를 듯 치솟았다. 구리로 만든 9마디의 채찍인 이른바 9절동편九節銅鞭으로 초평왕의 시신을 300번이나 매질했다. 시신은 살점이 산지사방으로 흩어지고, 뼈가 무수히 조각나는 육란골절肉爛骨折의 모습으로 변했다. 오자서가 다시 왼쪽 발로 시신의 배를 밟은 뒤 오른손으로 두 눈알을 뽑았다. 이어 크게 꾸짖었다.

"너는 살아 있을 때 이런 눈알을 갖고 있었기에 충녕忠佞을 분별하지 못

■ 오자서가 무덤을 파헤쳐 시신을 매질하다

했다. 간신의 참언讒言을 듣고 나의 부형을 살해했으니 어찌 원통하지 않은가!"

마침내 시신의 목을 끊은 뒤 수의壽衣를 갈기갈기 찢고 관을 깨부쉈다. 이어 '윤란골절'된 시신과 함께 들판에 내다버렸다.

염옹이 시를 지어 오자서를 찬했다.

원망을 쌓이게 해서는 안 되고 怨不可積
원한을 극하게 해서도 안 되지 冤不可極
원한 크면 군주도 안중에 없고 極冤無君長

원망 쌓이면 생사를 불문하지	積怨無存歿
필부인 간신 복수를 면했으나	匹夫逃死
죽은 군주는 부관참시 당하지	僇及朽骨
피눈물 흘리며 매질을 가하니	淚血灑鞭
원통한 기운 뻗쳐 해를 가리다	怨氣昏日
효도 이루려고 충성 내버리니	孝意奪忠
집안의 원한이 나라에 미쳤다	家仇及國
열렬하구나, 그대 오자서여	烈哉子胥
천고 역사 그대 위해 통곡하다	千古猶爲之飮泣

오자서가 초평왕의 시신에 매질을 한 뒤 노인에게 물었다.

"노인은 초평왕이 묻힌 곳을 어떻게 알았고, 진관 이외에 의관이 있는 걸 어떻게 알았습니까?"

노인이 대답했다.

"나는 다른 사람이 아니고 초평왕의 무덤을 만든 석공입니다. 지난날 초평왕은 우리 석공 50여 명을 시켜 가짜 무덤인 의총疑塚을 만들게 했소. 이어 기밀이 누설되지나 않을까 우려해 의총이 만들어지자 석공을 모두 무덤 안에 묻어 죽였소. 나는 미리 눈치 채고 무덤이 거의 이뤄질 무렵 달아나 간신히 목숨을 구했소. 나는 오늘 장군의 지극한 효성에 감격한데다 50여 원귀冤鬼의 한을 조금이나마 풀어줄 요량으로 일러준 것이오."

오자서가 노인에게 많은 황금과 비단을 가져와 후하게 사례한 뒤 그곳을 떠났다.

한편 당시 초소왕은 배를 타고 서쪽으로 달아났다. 저수沮水를 건너고 다시 남쪽으로 내려가 큰 강을 건너 운중雲中 땅으로 들어갔다.

그날 밤 그 지역의 초적草賊 수백 명이 초소왕의 배를 습격했다. 그들 가운데 한 도적이 창을 번쩍 들어 초소왕에게 달려들었다. 왕손 유우由于가 급히 초소왕의 앞을 가로막으며 크게 꾸짖었다.

"이 분은 초왕이시다. 네가 무슨 짓을 하려는 것인가?"

그러나 말이 끝나기도 전에 그 도적이 초소왕을 향해 창을 내질렀다. 이때 왕손 유우가 이를 막다가 어깨를 찔렸다. 피가 발꿈치까지 흘러내렸다. 도적이 말했다.

"우린 그저 재물만 알 뿐 왕 같은 건 모른다. 영윤과 대신도 오히려 뇌물을 탐하는데 하물며 소민小民의 경우이겠는가?"

도적들이 배 안을 샅샅이 뒤져 황금과 비단과 보화를 찾아내기에 바빴다. 잠윤 고固가 급히 초소왕을 부축해 강기슭으로 올라가 몸을 피했다. 초소왕이 외쳤다.

"누가 과인의 누이를 호지護持할 것인가? 다치지 않도록 조심하라."

당시 하대부 종건鍾建이 초소왕의 누이 계미를 등에 업은 채 초소왕을 따라 강기슭으로 올라왔다. 초소왕 일행이 내려다보니 도적들이 불을 질러 배를 태우고 있었다. 그날 밤에 초소왕 일행은 10여 리를 걸어서 달아났다.

이튿날 아침이 되자 공자 결이 송목宋木과 투신鬪辛 및 투소鬪巢와 함께 초소왕을 찾아왔다.

투신이 초소왕에게 말했다.

"신의 집이 운鄖 땅에 있습니다. 이곳에서 불과 40리도 채 안 됩니다. 대왕은 힘들더라도 우선 신의 집으로 가는 게 좋을 듯합니다. 거기서 다시 앞일을 상의토록 하십시오."

얼마 후 왕손 유우가 초소왕이 일행이 머물고 있는 곳으로 왔다. 초소왕이 크게 놀라며 물었다.

"그대는 배 안에서 중상을 입었는데 어떻게 살아서 돌아온 것이오?"

왕손 유우가 대답했다.

"신은 어깨 통증이 심해 일어나지 못했는데 도적들이 지른 불이 신의 몸 가까이 번져왔습니다. 그때 문득 어떤 사람이 신의 몸을 강기슭으로 밀어 올렸습니다. 정신이 혼미한 와중에도 그의 말을 들을 수 있었습니다. 그는 말하기를, '나는 전에 죽은 영윤 손숙오孫叔敖이다. 왕에게 오나라 군사는 불구不久에 절로 물러가고 초나라 사직은 연면連綿히 이어질 것이라고 전하라.'고 했습니다. 그는 또 신의 어깨 상처에 약을 발라주었습니다. 그제야 정신을 차려 일어나 보니 피도 멈췄고 통증도 사라졌습니다. 덕분에 이곳까지 올 수 있었습니다."

초소왕이 말했다.

"손숙오는 이곳 운중 땅 출신이다. 그 혼백이 지금까지 흩어지지 않고 도운 것이다."

초소왕 일행이 차탄嗟歎해 마지않았다. 투소가 자신이 가져온 건량乾糧을 꺼내 바쳤다. 군신이 그걸 먹고 주린 배를 채웠다. 잠윤 고가 표주박으로 물을 떠서 초소왕에게 올렸다.

초소왕이 투신에게 명해 성구成臼 나루로 가서 배를 찾게 했다. 투신이 가서 보니 배 1척이 동쪽에서 오고 있었다. 배 안에 아낙네와 어린 아이들이 타고 있었다. 자세히 살펴보니 대부 남윤藍尹 미亹였다.

투신이 그를 불렀다.

"대왕이 이곳에 계시오. 속히 배를 대 대왕을 태워 주시오."

남윤 미가 말했다.

"나라를 망친 군주를 내가 왜 태워야 하는 것이오?"

그러고는 돌아다보지도 않은 채 가던 길을 갔다. 투신이 한참 동안 기다린 뒤 어선 1척이 오는 걸 보았다. 자신이 입고 있던 비단 옷을 벗어 어부에게 주고서야 간신히 어선을 강기슭에 댈 수 있었다.

초소왕은 계미와 함께 그 배를 타고 강을 건너 운읍鄖邑으로 갔다. 초소왕이 그곳으로 온다는 전갈을 받은 투신의 둘째 동생 투회鬪懷가 나와 초소왕을 영접했다. 투신이 투회에게 음식을 장만해 올리게 했다. 투회가 음식을 올리며 연신 초소왕을 힐끔힐끔 쳐다봤다.

투신은 투회의 행동에 의심을 품었다. 그날 밤 투신은 투소와 함께 초소왕을 모시고 잤다. 한밤중에 칼을 가는 소리가 들렸다. 투신이 방문을 열고 나가서 보니 투회였다. 시퍼렇게 날이 선 칼을 들고 성난 얼굴을 하고 있었다. 투신이 물었다.

"동생은 칼을 갈아 무엇을 하려는 것인가?"

투회가 대답했다.

"왕을 죽여야만 하겠소!"

투신이 물었다.

"너는 왜 그런 역심逆心을 품게 된 것인가?"

투회가 대답했다.

"지난날 부친 투성연鬪成然은 초평왕에게 충성을 다했소. 그런데도 초평왕은 비무극의 참소를 곧이듣고 부친을 죽였소. 나는 이제 초평왕의 아들을 죽여 부친의 원수를 갚을 작정이오. 이를 어찌 잘못된 일이라고 하겠소?"

투신이 꾸짖었다.

"군주는 하늘과 같다. 하늘이 사람에게 재앙을 내렸는데 사람이 어찌 감히 하늘을 원수로 삼을 수 있겠는가?"

투회가 말했다.

"군주는 나라가 있어야 군주라고 할 수 있소. 이제 초왕은 나라를 잃었으니 단지 원수에 불과하오. 원수를 보고도 죽이지 않으면 사람이라고 할 수 없소."

투신이 말했다.

"자고로 아무리 원수일지라도 그 아들에게까지 원수를 갚지는 않는다고 했다. 더구나 초왕은 선왕의 잘못을 한탄하며 우리 형제를 임용했다. 네가 위기에 처한 초왕을 시해하면 하늘이 우리 형제를 용서치 않을 것이다. 네가 그런 못된 생각을 버리지 않으면 내가 먼저 너를 참할 것이다."

투회가 칼을 옆구리에 찬 채 대문 밖으로 나가며 울분을 금치 못했다. 초소왕은 잠결에 밖에서 나는 소리를 듣고는 가만히 일어나 그 소리를 엿들었다. 형제가 말다툼하게 된 배경을 알게 된 초소왕은 더 이상 운읍에 머물려고 하지 않았다. 이튿날 투신과 투소 형제는 공자 결과 상의한 뒤 초소왕을 모시고 북쪽 수隨나라로 달아났다.

당시 공자 신은 노복강 어귀를 지키다가 영도가 함락되고 초소왕이 출분出奔했다는 소식을 들었다. 영도에 사는 국인들이 그 소식을 듣고 다른 곳으로 가거나 사방으로 흩어질까 우려했다. 곧 군주의 의관을 한 채 가마를 타고 돌아다니며 스스로 초소왕을 칭했다. 그는 우선 비설脾泄 땅에 임시로 나라를 세우고 백성들을 안심시켰다. 백성들이 오나라 군사의 침공으로 인한 전란을 피해 비설 땅으로 찾아와 초소왕을 자칭한 공자 신에 의지했다.

얼마 후 공자 신은 초소왕이 수나라에 가 있다는 소식을 들었다. 곧바로 백성들에게 이를 널리 알린 뒤 수나라로 가서 초소왕을 시종侍從했다.

한편 오자서는 초소왕을 사로잡지 못한 걸 원통하게 생각했다. 오왕 합려에게 말했다.

"초왕을 사로잡지 못했으니 초나라는 아직 망한 게 아닙니다. 원컨대 신이 군사를 이끌고 서쪽으로 강을 건넌 뒤 초왕의 종적을 찾아내 반드시 사로잡아 돌아오겠습니다."

오왕 합려가 이를 허락했다.

오자서가 군사를 이끌고 초소왕의 종적을 찾다가 이내 수나라에 가 있다는 걸 알았다. 마침내 수나라 지경까지 가서는 수군隨君에게 서신을 보냈다. 초소왕을 사로잡아 압송해 달하라는 내용이었다.

초소왕의 운명이 어찌될지 알 길이 없으니 다음 회를 보라.

제77회

153話 신포서가 진나라에서 울며 차병하다
-읍진정신포서차병泣秦庭申包胥借兵

당시 오자서는 수隨나라 남쪽 접경에 군사를 주둔시킨 뒤 수후隨侯에게 서신을 보냈다. 그 내용은 대략 이러했다.

> 주왕실의 자손으로서 한수漢水 근처인 한천漢川에 나라를 세운 소국은 거의 모두 초나라에 병탄됐습니다. 이제 하늘이 오나라를 도와 초군楚君에게 죄를 묻게 했습니다. 군후가 만일 초나라 진軫을 우리에게 보내주고 우리와 우호를 맺으면 한수 이북의 한양漢陽 땅은 모두 군후의 차지가 될 것입니다. 과군은 군후와 더불어 대대로 형제로 지내면서 함께 주왕실을 섬기고자 합니다.

수후가 서신을 읽은 뒤 군신들을 소집해 상의했다. 초소왕을 따라온 공자 결은 용모가 초소왕과 닮았다. 그가 수후에게 말했다.

"일이 급하게 됐습니다. 내가 가짜 초왕으로 분장할 터이니 군후는 나를 오자서에게 바치십시오. 그러면 이번 위기를 모면할 수 있을 것입니다.

수후가 우선 태사太史에게 길흉에 대해 점을 치게 했다. 이어 점괘의 주사繇詞를 수후에게 바쳤다. 주사는 대략 이러했다.

평탄하면 필히 기울고	平必陂
가면 필히 되돌아오니	往必復
오래된 것 버리지 말고	故勿棄
새로운 것 바라지 마라	新勿欲
서쪽 이웃은 범이 되고	西鄰爲虎
동쪽 이웃은 고기 되다	東鄰爲肉

수후가 괘사를 보고 말했다.

"초나라는 오래된 것이고 오나라는 새로운 것이다. 귀신이 나에게 분명히 보여줬다."

그러고는 공자 결을 오자서에게 넘겨주지 않은 채 사자를 보내 이같이 말하게 했다.

"폐읍은 초나라에 의지하며 나라를 유지하며 대대로 동맹을 맺어 왔습니다. 초군楚君이 폐읍으로 왕림하는 하욕下辱을 하면 감히 받아들이지 않을 수 없습니다. 초군은 과연 얼마 전에 폐읍으로 왔지만 폐읍이 협소한 까닭에 이내 다른 나라로 떠났습니다. 장군은 이런 사정을 밝게 살펴주시기 바랍니다."

오자서는 내심 이전의 초나라 영윤 낭와가 정나라에 망명해 있는 까닭에 초소왕도 그쪽으로 갔을 것으로 의심했다. 정나라 사람들이 태자 건을 죽였는데도 아직 원수를 갚지 못한 일이 생각났다. 마침내 군사를 이동시켜 정나라 교외를 포위했다.

당시 정나라는 현신인 유길游吉이 죽은 뒤였다. 정정공은 오나라 군사의 공격을 받고 크게 두려워했다. 모든 책임을 낭와에게 돌렸다. 궁지에 몰린 낭와가 자진했다. 정정공이 사자를 시켜 낭와의 시신을 오자서에게 내주면서 초소왕이 오지 않은 사실을 자세히 설명케 했다.

하지만 오나라 군사는 물러가지 않았다. 차제에 아예 정나라를 쳐 없애고 태자 건의 원수를 갚을 작정이었다. 정나라 대부들은 정정공에게 도성을 등지고 나라의 존망을 건 결전을 치를 것을 청했다.

정정공이 말했다.

"그대들은 우리 정나라 군사가 초나라 군사보다 더 강하다고 여기는 것이오? 초나라 군사도 오나라 군사에게 격파 당했소. 하물며 우리 정나라 군사야 더 말할 필요가 있겠소?"

정정공이 급히 도성 안에 명을 내렸다.

"능히 오나라 군사를 물리칠 수 있는 자가 있으면 과인은 그와 함께 나라를 나눠 다스릴 것이다."

거리마다 이런 내용의 방문이 나붙은 지 3일째 되던 날 한 사람이 정정공을 찾아와 능히 오나라 군사를 물리칠 수 있다고 고했다. 그는 다른 사람이 아니라 지난 날 악저鄂渚에서 궁지에 몰린 오자서를 자신의 배에 태워 강을 건너게 해주고 이내 목숨까지 버린 어장인漁丈人의 아들이었다. 그는 오나라와 초나라 사이에 전쟁이 빚어지자 병란을 피해 정나라 도성에 와 있었다.

그는 정나라 도성을 포위한 오나라 군사의 대장이 초나라를 격파하고 수나라로 초소왕을 잡으러 갔다가 정나라로 쳐들어온 오자서란 소문을 듣게 됐다. 자신의 부친인 어장인의 은혜를 입은 오자서라면 자신의 요구를 들어줄 것으로 생각해 정정공을 찾아온 것이다.

정정공이 그에게 물었다.

"그대가 오나라 군사를 물리치려면 얼마나 많은 군사가 필요하오?"

그가 대답했다.

"신은 1촌寸의 무기도 1두斗의 군량도 필요 없습니다. 다만 신에게 배 젓는 요橈[1] 하나만 주십시오. 신이 노래를 부르면 오나라 군사는 물러갈 것입니다."

정정공은 그 말을 믿을 수 없었다. 그렇다고 달리 뾰족한 방법이 있는 것도 아니었다. 곧 신하를 시켜 배 젓는 노 하나를 내줬다.

"경이 능히 오나라 군사를 물리칠 수만 있다면 과인이 경에게 상상上賞을 아끼지 않을 것이오."

어장인의 아들이 밧줄을 타고 성 밖으로 내려갔다. 곧바로 오나라 군진 속으로 들어갔다. 영채 앞에서 노를 두드리며 갈대 속의 사람을 뜻하는 「노중인蘆中人」 노래를 불렀다.

노중인蘆中人, 노중인이여	蘆中人, 蘆中人
허리에 칠성 보검을 찬 그대여	腰間寶劍七星文
강을 건널 때의 일을 기억할까	不記渡江時
누가 보리밥 생선국 먹였는지	麥飯鮑魚羹

오나라 병사들이 그를 붙잡은 뒤 오자서가 있는 곳으로 끌고 갔다. 그는 오자서 앞에서 다시 「노중인」을 불렀다. 오자서가 크게 놀라 자리에서 황

1 요橈는 배를 젓는 노를 뜻하는 집楫과 삿대를 뜻하는 장槳을 모두 가리킨다. 여기서는 문맥상 삿대보다는 노로 해석하는 게 그럴 듯하다.

급히 일어났다.

"족하足下는 누구인가?"

그가 노를 한번 들어 보이고 대답했다.

"장군은 제 손에 있는 노를 보지 못했습니까? 저는 바로 악저에서 죽은 어장인의 아들입니다."

오자서가 개연慨然히 말했다.

"그대의 부친은 나 때문에 죽었소. 나는 늘 그 은혜를 갚고자 했으나 갚을 길이 없어 한탄하고 있던 중이었소. 다행히 오늘 그대를 만나게 됐소. 그대가 노래를 부르면서 나를 찾아왔으니 필시 내게 할 말이 있을 듯싶소."

그가 대답했다.

"별다른 일이 아닙니다. 지금 정나라는 장군의 병위兵威를 크게 두려워해 거리에 방문을 내붙였습니다. '능히 오나라 군사를 물리치는 자가 있으면 그와 함께 나라를 나눠 다스리겠다.'는 내용입니다. 지난날 저의 선친은 창졸간에 장군을 만났지만 장군을 구해 준 일이 있습니다. 원컨대 장군은 정나라를 1번만 용서해 주십시오."

오자서가 하늘을 우러러 탄식했다.

"슬프다! 이 오자서에게 오늘이 있는 것은 어장인이 나를 구해준 덕분이다. 하늘이 창창蒼蒼한데 내 어찌 그 은혜를 잊을 수 있겠는가!"

그러고는 곧바로 명을 내려 포위를 풀고 정나라 도성을 떠나갔다. 어장인의 아들이 궁으로 돌아가 이를 보고했다. 정정공은 크게 기뻐하며 그를 사방 100리의 땅에 봉했다. 이후 정나라 백성들은 그를 어대부漁大夫로 불렀다. 지금도 진수溱水와 유수洧水 사이에 장인촌丈人村이란 곳이 있다. 그곳이 바로 정정공이 어대부에게 하사한 땅이다.

염옹이 이를 시로 읊었다.

갈대밭서 나눈 밀어 생사 가르니 密語蘆洲隔死生
노의 노래가 사면초가와 닮았다 橈歌强似楚歌聲[2]
오나라 군사 떠나자 봉지 받으니 三軍旣散分茅土
오자서 강 건널 때 은혜 안 잊다 不負當時江上情

당시 오자서는 정나라에 대한 포위를 푼 뒤 다시 초나라 국경 안으로 회군했다. 각 요로要路에 군사를 배치해 지키게 했다. 또 미麋 땅에 영채를 세웠다. 이어 사방으로 사람을 보내 초나라 패잔병의 투항을 선무宣撫케 했다. 동시에 초소왕의 행방도 정탐케 했다.

한편 초나라 대부 신포서申包胥는 영도가 오나라 군사에게 함몰되자 이릉夷陵의 석비산石鼻山 속으로 도피했다. 그는 오자서가 초평왕의 무덤을 파헤친 뒤 시신에 채찍질을 가하고 다시 초소왕까지 잡으려고 한다는 소문을 듣고는 사람을 시켜 오자서에게 서신을 보냈다.

그 내용은 대략 이러했다.

> 그대는 원래 초평왕의 신하로서 북면北面하여 섬긴 바 있다. 그런데도 그 시신을 육욕戮辱했으니 비록 복수라고는 하나 너무 심한 게 아닌가? 물극필반物極必反[3]이라고 했소. 그대는 속히 군사를 이끌고

2 요가강사초가성橈歌强似楚歌聲 구절의 '초가성楚歌聲'은 초한전 때 유방의 한漢나라 군사가 항우의 초楚나라 군사 사기를 꺾기 위해 초나라 군영의 사면을 포위한 가운데 부른 초나라의 노래를 의미한다. 이른바 사면초가四面楚歌이다. 이 구절은 요가橈歌의 위력이 '사면초가' 못지않게 강력했다는 취지이다.

3 물극필반物極必反은 『여씨춘추呂氏春秋』 「박지博志」에 나온다. 원문은 '전즉필결全則必缺, 극즉필반極則必反'이다. 모든 사물이 온전하면 이내 흠결이 생기고, 정점에 달하면 반드시 반대방향으로 되돌아간다는 의미이다. 이는 『도덕경』은 제40장에 나오는 반자도지동反者道之動을 달리 표현한 것이다. 근본으로 돌아가는 것은 도의 움직임이라는 뜻이다. 도가사상의 정수精髓에 해당한다.

오나라로 돌아가도록 하시오. 그리하지 않으면 이 신포서가 지난날 그대에게 맹서한 것처럼 초나라 회복의 약속을 실천할 것이오.

오자서가 서신을 읽고 한동안 침음沈吟하다가 사자에게 말했다.

"내가 군무에 바빠 답서를 쓸 시간이 없소. 그대의 입을 빌려 신군申君에게 치사致謝코자 하오. 그대는 돌아가서 '충효는 양전兩全할 수 없고, 해가 저무는데 갈 길이 먼 일모도원日暮途遠의 처지에 있는 까닭에 매사를 거꾸로 시행할 수밖에 없다.'[4]고 전해 주시오."

사자는 신포서에게 이를 전하자 신포서가 한탄했다.

"오자서가 기어이 초나라를 멸망시키려는 모양이다. 앉아서 나라가 망하는 걸 기다릴 순 없다."

신포서는 초평왕의 부인 백영이 진애공秦哀公의 누이동생이라는 사실을 상기했다. 초소왕은 진애공의 생질인 셈이다. 초나라의 위기를 해결하기 위해서는 진秦나라에 구원을 청할 수밖에 없다고 생각했다.

그는 밤낮을 가리지 않고 서쪽으로 내달렸다. 그의 발은 모두 부르트고 터져 걸음을 옮길 때마다 피가 흘렀다. 옷을 찢어 피나는 발을 싸매고 걸어 마침내 진나라 도읍인 옹주雍州에 당도했다.

서둘러 진애공을 알현한 뒤 말했다.

"오나라는 탐욕스럽기가 마치 큰 돼지인 봉시封豕와 같고 독하기가 마치 긴 뱀인 장사長蛇와 같습니다. 오래 전부터 제후들의 나라를 병탄할 야욕을 품고 마침내 초나라 공격으로 그 일을 시작했습니다. 과군은 오나라의 침공으로부터 종묘사직을 지키지 못하고 지금 초야에 숨어 있습니다. 과군

4 여기서 어떤 일을 급박하게 처리하느라 순리를 거슬러 행동하는 도행역시倒行逆施 성어가 나왔다. 『사기』 「오자서열전」에 나오는 '도행이역시지倒行而逆施之' 구절에서 따온 성어이다.

신포서

이 특별히 신에게 명해 초나라의 급한 사정을 상국에 알리도록 했습니다. 원컨대 군후는 생질과 외숙 사이의 정인 생구지정甥舅之情을 생각해 속히 군사를 일으켜 우리 초나라를 재액災厄에서 건져주십시오."

진애공이 말했다.

"우리 진나라는 궁벽한 서쪽에 치우쳐 있소. 군사도 미약하고 장수들도 적소. 나라를 지키기에도 힘에 겹소. 어느 겨를에 다른 나라를 도와줄 수 있겠소?"

신포서가 말했다.

"우리 초나라와 진秦나라는 국경이 연접해 있습니다. 초나라가 당하는 전란을 구해주지 않으면 오나라는 초나라를 멸망시킨 뒤 틀림없이 진나라로 쳐들어올 것입니다. 군후가 초나라를 보존하는 것은 진나라를 견고하게 하는 길입니다. 진나라가 초나라를 살려 두어 내 편으로 만드는 것이 오나라와 상종하는 것보다 낫지 않겠습니까? 이번에 살려주어 종묘사직에 대한 제사를 끊이지 않게 해주면 초나라는 세세世世로 북면하여 진나라를 섬길 것입니다."

진애공이 그 말을 듣고도 머뭇거리며 결정하지 않는다. 신포서에게 말했다.

"대부는 관역에 나가 휴식을 취하도록 하시오. 고孤가 군신들과 상의해 보겠소."

신포서가 말했다.

"지금 과군은 초야에 숨어 안거安居하지 못하고 있습니다. 하신下臣이 어찌 감히 관역에서 편히 쉴 수 있겠습니까?"

당시 진애공은 주야로 술에 절어 사는 침면어주沈湎於酒의 모습을 보이며 국사를 전혀 돌보지 않았다. 신포서가 더욱 급하게 졸랐다. 그러나 진애공은 끝까지 허락하지 않았다.

신포서는 의관도 벗지 않고 진나라 궁정 뜰에 서서 주야로 호곡號哭했다. 칠일칠야七日七夜 동안 물 한 모금 마시지 않고 울기만 했다. 진애공은 그 이야기를 듣고 크게 놀랐다.

"초나라 신하가 그 군주를 생각하는 것이 어찌 이토록 지극한 것인가? 초나라에 저런 현신이 있는데도 오나라는 기어이 없애려고 한다. 과인에겐 저런 현신조차 없으니 앞으로 오나라가 우리 진나라를 그냥 둘 리 있겠는가?"

그러고는 눈물을 흘렸다. 이어『시경』「진풍秦風, 무의無衣[43]에 실려 있는 노래를 불러 신포서의 충성심을 표창했다.

어찌 옷이 없다고 할까만 豈曰無衣
그대와 이 전포 입으리라 與子同袍
군주인 내가 군사 일으켜 王于興師
함께 그 원수를 갚으리라 與子同仇

신포서는 진애공의 허락을 얻어내자 머리를 조아려 칭사稱謝한 뒤 비로소 국밥인 호손壺飧[6]을 먹었다.

진애공은 대장인 자포子蒲와 자호子虎에게 명해 병거 500승을 이끌고 신포서를 따라가 초나라를 구원케 했다.

신포서가 두 대장에게 말했다.

"지금 오군吾君은 수나라에 머물며 구원병이 오기를 마치 가뭄에 단비를 바라듯 기다리고 있습니다. 내가 먼저 수나라로 가 이를 고할 터이니 두 원수는 상商과 곡穀 땅을 경유해 우선 동쪽으로 진군토록 하십시오. 그러면 5일 만에 양양襄陽 땅에 당도할 것입니다. 양양에서 남쪽으로 대로를 따라 내려가면 곧 형문荊門에 이르게 됩니다. 나는 오군을 알현한 뒤 흩어진 초나라 병사를 모아 석량산石梁山을 경유해 남쪽으로 내려가겠습니다. 그러면 3일 내에 양양에서 만날 수 있을 것입니다. 오나라 군사는 틀림없이 승리에 취해 아무런 대비도 하지 않고 있을 것입니다. 더구나 그들은 오랫

5 여기에 실린 시는 『시경』 「진풍, 무의」의 각각 5행行으로 된 3수首 가운데 제1수를 옮긴 것이다. 그러나 제1수 가운데 제4행인 '나는 짧은 창과 긴 창을 닦아'의 뜻인 수아과모脩我戈矛 구절이 생략돼 있다.

6 호손壺飧은 단지 안에 가득한 탕반湯飯 내지 익은 음식인 숙식熟食을 가리키는 말이다. 일종의 국밥에 가깝다. 『춘추좌전』 「노희공 25년」조에 '호손' 표현이 나온다. 『삼국지』 「위지, 화흡전和洽傳」에는 '호손'이 호찬壺餐으로 되어 있다.

동안 나라 밖에 나와 있는 까닭에 고향을 그리워하는 마음이 간절할 것입니다. 우리가 일군一軍만 격파하면 나머지 오나라 군사는 절로 와해되고 말 것입니다."

진나라 장수 자포가 말했다.

"나는 초나라로 가는 길을 잘 알지 못하오. 초나라 군사가 반드시 안내해 줘야 하오. 대부는 약속한 날을 실기失期해서는 안 되오."

신포서가 진나라 장수들과 작별한 뒤 밤을 도와 수나라로 내달렸다. 초소왕을 만나 말했다.

"신이 진나라의 원군을 얻어냈습니다. 그들은 이미 진나라 경계 밖으로 나왔습니다."

초소왕이 크게 기뻐하며 수후에게 말했다.

"전날 귀국의 태사가 말하기를, '서쪽 이웃은 범이 되고, 동쪽 이웃은 고기가 된다.'고 했소. 진나라는 우리 초나라의 서쪽, 오나라는 동쪽에 있으니 과연 영험靈驗이 있는 말이오."

당시 초나라 장수 위연薳延과 송목宋木 등은 남은 군사를 수습해 초소왕을 수행하고 있었다. 수나라에 와 있던 공자 신과 공자 결은 이들 초나라 군사와 함께 수나라로부터 빌린 군사를 이끌고 진격을 개시했다. 진나라 군사는 양양 땅에 영채를 세운 뒤 초나라 군사가 오기를 기다렸다. 신포서가 공자 신과 공자 결을 이끌고 가 진나라 장수들과 상견케 했다. 초나라 군사가 앞장서 길을 인도하고, 진나라 군사가 그 뒤를 따라 행군했다. 기수沂水에서 오나라 공자 부개의 군사와 맞닥뜨렸다. 자포가 신포서에게 말했다.

"대부는 초나라 군사를 이끌고 가 먼저 오나라 군사와 싸우시오. 나는 싸움의 형세를 관망한 뒤 출전토록 하겠소."

신포서는 달려 나가 공자 부개와 맞붙어 싸웠다. 공자 부개는 자기 용맹만 믿고 신포서를 아무 것도 아닌 무물無物처럼 간주했다. 이들은 10여 합

신포서가 진나라에서 울며 차병하다

을 싸웠으나 승부가 나질 않았다.

이때 진나라 장수 자포와 자호가 군사를 이끌고 쳐들어갔다. 부개는 '진秦' 자가 씌어 있는 깃발을 보고 크게 놀라 외쳤다.

"서쪽의 진나라 군사가 어찌하여 이곳에 왔단 말인가?"

공자 부개가 급히 군사를 거뒀다. 그러나 이미 군사의 절반이 꺾인 뒤였다. 공자 신과 공자 결은 달아나는 오나라 군사를 엄살하며 50리가량 추격했다.

싸움에 진 공자 부개가 황급히 영도로 돌아가 오왕 합려에게 말했다.

"초나라를 도우러 온 진나라 군사의 기세가 몹시 날카롭습니다. 막아내기가 어렵습니다."

오왕 합려가 그 말을 듣고 두려운 기색을 보였다. 손무가 나서서 말했다.

"원래 병兵은 흉기이니 잠시만 써야지 오랫동안 써서는 안 됩니다. 더구나 초나라는 땅이 넓고, 민심도 오나라에 순종하지 않고 있습니다. 신이 초나라 태자 건의 아들인 공자 승을 초왕으로 세우고, 초나라 백성을 위무해야 한다고 건의한 이유입니다. 바로 오늘과 같은 일이 빚어질까 우려했기 때문입니다. 차라리 사자를 진나라로 우호관계를 맺고 초소왕의 복귀도 허락하십시오. 그 대가로 초나라 동쪽 변경의 땅을 우리 오나라에 할양케 하십시오. 그런 식으로 국토를 넓히면 대왕은 큰 이득을 얻는 게 됩니다. 초나라를 멸망시키는 일에 집착해 진나라 군사와 대치하면 초나라 사람들은 더욱 분노해 힘을 내 싸울 것입니다. 우리 병사들은 이겼다는 자만심 때문에 이미 교만해져 나태한 모습을 보이고 있습니다. 이제 범 같은 진나라 군사가 분노한 초나라 합세해 반격할 경우 우리에겐 이로울 게 없습니다. 대왕은 신의 건의를 좇아 진나라와 화해하고 초나라에서 철군하는 게 만전지책萬全之策입니다."

오자서도 이젠 초소왕을 잡을 수 없다는 걸 안 까닭에 이에 동조했다. 오왕 합려도 이를 좇아 철군코자 했다. 백비가 나서서 말했다.

"우리 오나라 군사가 출동한 후 파죽지세로 진격해 5번 모두 이긴 결과 영도를 점령하고 초나라 종묘를 불살랐습니다. 이제 진나라 군사와 만나 1번 싸운 뒤 반사班師하는 것은 처음에는 용감하다가 나중에 비겁한 모습을 보이는 게 아닙니까? 신에게 군사 1만 명만 내주십시오. 반드시 진나라 병사가 단 1명도 본국으로 돌아가지 못하게 무찌르겠습니다. 이기지 못하면 그땐 군령을 달게 받겠습니다."

오왕 합려는 백비의 말을 장하게 여겨 출전을 허락했다. 손무와 오자서가 애써 말렸으나 백비는 이를 듣지 않은 채 군사를 이끌고 영도를 떠났다.

백비는 영도 서북쪽의 군상軍祥 땅에서 초나라 군사와 만났다. 양쪽이 서로 진을 치고 대치했다. 백비는 초나라 군사의 행렬이 정돈되지 못한 것을 보고 병사들로 하여금 북을 울리며 일제히 진격케 했다. 그는 공자 신과 마주쳤다.

큰 소리로 꾸짖었다.

"너는 1만 번 죽었다가 겨우 살아난 찌꺼기인 만사지여萬死之餘일 뿐이다. 초나라는 이미 불타버린 잿더미이다. 너는 식은 잿더미 속에서 아직 불이 피어나기를 바라는 것인가?"

공자 신이 역시 크게 꾸짖었다.

"나라를 배반한 역적아! 네가 무슨 낯으로 나를 보려고 왔는가!"

대로한 백비가 창을 바로잡고 공자 신에게 달려들었다. 공자 신도 창을 휘두르며 맞서 싸웠다. 공자 신이 3–4합 싸우다가 짐짓 패주했다. 백비가 그 뒤를 추격했다.

백비가 2리쯤 추격했을 때 왼쪽에서 초나라 장수 심제량, 오른쪽에서 초나라 장수 위연이 군사를 이끌고 뛰쳐나왔다. 가운데로는 진나라 장수 자포와 자호가 전의에 불타는 진나라 군사를 이끌고 오나라 진영을 직관直貫했다. 오나라 군사가 세 동강 났다.

백비가 좌충우돌했으나 적군 속에서 빠져나오지 못했다. 이때 오자서가 군사를 이끌고 와 초나라와 진나라 연합군의 일진一陣을 격파하고 백비를 구출해냈다. 그러나 백비가 이끌고 간 1만 명의 병사들 가운데 살아남은 자는 겨우 2천여 명에 불과했다.

백비는 스스로 몸을 결박한 뒤 오왕 합려 앞에 나아가 대죄待罪했다. 손무가 오자서에게 말했다.

"백비는 위인이 교만하고 잘난 체 하는 사람입니다. 훗날 틀림없이 오나라의 우환이 될 것입니다. 이번의 패배를 핑계로 군령을 좇아 참하느니만 못합니다."

오자서가 대답했다.

"그가 이번에 비록 많은 군사를 잃었지만 전날에 세운 공로도 적지 않소. 더구나 적군이 목전에 있는데 아군의 장수를 참하는 건 옳지 않소."

오자서는 오왕 합려에게 간청해 백비의 죄를 사면케 했다.

당시 진나라 군사는 바로 영도로 직핍直逼했다. 오왕 합려는 공자 부개와 공자 산에게 명해 영도를 지키게 하고, 자신은 대군을 이끌고 기남성으로 가서 주둔했다. 또 오자서와 백비에게는 각각 마성과 여성에 나눠 주둔하며 기각지세掎角之勢를 이루게 했다. 이어 사자를 당나라와 채나라로 보내 구원병을 징발케 했다.

이 소식을 들은 초나라 장수 공자 신이 진나라 장수 자포에게 말했다.

"오나라 군사는 영도를 본거지인 소혈巢穴로 삼고 있는 까닭에 엄중히 지킬 것이오. 그런 터에 당나라와 채나라 군사가 와서 도울 경우 대적키가 어렵소. 차라리 먼저 당나라로 쳐들어가 격파토록 합시다. 그러면 채나라는 두려움을 느껴 자국을 지키기에 급급할 것이오. 이후 마음 놓고 전력을 기울여 오나라 군사를 칠 수 있소."

진나라 장수 자포가 찬동했다. 그는 공자 결과 함께 군사를 이끌고 가 당나라를 쳤다. 두 사람은 당성공을 잡아 죽이고 당나라를 멸망시켰다. 채소후가 이 소문을 듣고 크게 겁을 먹었다. 감히 오나라를 돕기 위한 출병을 결행할 수 없었다.

당시 오나라 공자 부개는 초나라를 쳐 영도를 함락시킨 수공首功이 자신에게 있다고 자부했다. 그러나 지난번에 기수에서 진나라 군사에게 단 1번 패한 일로 인해 오왕 합려는 그에게 영도를 지키라며 전방에 내보내지 않았다. 내심 앙앙불락했다.

이때 오왕 합려가 진나라 군사와 대치한 채 결전을 벌이지 못하고 있다는 소식을 듣게 됐다. 딴 마음이 동했다. 내심 이같이 생각했다.

'우리 오나라의 관례는 형이 죽으면 동생이 보위에 오르게 돼 있다. 형이 죽으면 내가 응당 보위를 차지해야 한다. 그런데도 형은 자기 아들 파波를 태자로 세웠다. 내가 즉위할 길이 없다. 오나라 대군이 초나라를 치기 위해 출정한 탓에 지금 나라 안은 텅 비어 있다. 이때를 틈타 은밀히 귀국해 칭왕稱王하며 보위를 빼앗는 게 어찌 훗날 조카인 태자와 보위를 놓고 싸우는 것보다 낫지 않겠는가?'

그러고는 마침내 휘하 군사를 이끌고 영도의 동문을 빠져나간 뒤 한수를 건너 귀국했다. 그는 귀국하면서 거짓으로 이같이 선포했다.

"오왕 합려는 진나라 군사와 싸우다 대패해 행방불명이 됐다. 나는 오나라의 관례를 좇아 응당 형을 대신해 즉위해야 한다."

그러고는 오왕을 자칭했다. 아들 부장扶臧에게 명해 군사를 이끌고 회예淮汭 어귀로 가서 오왕 합려의 귀로를 차단케 했다. 오나라 태자 파波는 부개가 변란을 일으켰다는 소식을 듣고는 곧바로 전제의 아들 전의專毅와 함께 도성의 성곽에 올라 수비를 단단히 하며 부개의 입성을 막았다. 부개가 삼강三江[7]을 거쳐 사자를 월나라로 보내 군사 파견을 설득했다. 월나라가 오나라 협공에 가담하면 오나라 동쪽의 5개 성읍을 할양해 사례하겠다고 약속했다.

당시 오왕 합려는 진나라 군사가 당나라를 멸망시켰다는 소식을 듣고 크게 놀랐다. 이어 제장들을 불러 진나라 군사를 막을 계책을 상의코자 했다. 이때 문득 공자 산山이 보고를 올렸다.

"부개가 아무 이유도 없이 휘하 군사를 이끌고 은밀히 오나라로 돌아갔

7 삼강三江은 『한서漢書』「지리지地理志」에 따르면 지금의 상해 송강松江, 송강에서 갈라져 동북쪽으로 장강에 이르는 누강婁江, 송강에서 갈라져 동남쪽으로 흐르는 동강東江을 가리킨다. 지금은 송강만 남고, 누강과 동강은 물길이 거의 끊겼다.

습니다."

오자서가 말했다.

"공자 부개가 돌아간 것은 틀림없이 반역을 꾀하려는 것입니다."

오왕 합려가 물었다.

"장차 이를 어찌하면 좋소?"

오자서가 말했다.

"부개는 일개 용부勇夫에 불과하니 염려할 게 없습니다. 지금 염려가 되는 것은 월나라 사람들이 변란 소식을 듣고 군사를 움직이는 것입니다. 대왕은 속히 귀국해 내란을 평정하십시오."

합려는 손무와 오자서에게 영도를 지키게 한 뒤 자신은 백비와 함께 배를 타고 강물을 따라 하류로 내려갔다. 한수를 건너자마자 태자 파의 급보를 받았다.

"부개가 조반造反해 칭왕하고 있습니다. 또 월나라와 결탁해 적병을 오나라로 불러들였습니다. 도성의 위기가 단석旦夕에 달려 있습니다."

오왕 합려가 크게 놀랐다.

"오자서의 예측이 빗나가지 않았다."

곧 사자를 영도로 보내 손무와 오자서로 하여금 속히 회군케 했다. 자신은 밤을 새워 오나라 도성인 고소성姑蘇城를 향해 내달렸다. 그는 장병들로 하여금 강을 따라 내려가면서 회예淮汭 일대를 지키고 있는 부개의 병사들에게 이같이 유시諭示케 했다.

> 부개를 버리고 당장 귀순한 장병은 원래의 자리로 복귀시킬 것이다. 그리하지 않는 자는 참할 것이다.

유시를 들은 회예의 병사들 모두 창을 거꾸로 들고 귀순했다. 부개의 아들 부장扶臧은 부하병사를 잃자 서둘러 곡양穀陽 땅으로 돌아갔다.

부개는 강제로 백성을 징집해 무기를 나눠준 뒤 오왕 합려와 싸우고자 했다. 그러나 백성들은 오왕 합려가 살아 있다는 소문을 듣자 모두 달아나 숨었다. 부개가 부득이 휘하군사만 이끌고 돌아오는 오왕 합려와 싸우려고 출발했다.

오왕 합려는 부개와 마주치자 이같이 물었다.

"내가 너를 수족처럼 여겼는데 무엇이 부족해 반역했는가?"

부개가 대답했다.

"너는 선왕인 오왕 요를 시해했다. 그건 반역이 아닌가?"

오왕 합려가 화를 내며 백비에게 분부했다.

"그대는 나를 위해 저 역적을 사로잡도록 하시오."

백비가 달려 나가 부개와 몇 합을 싸우기도 전에 합려가 대군을 휘몰아 부개를 쳤다. 부개가 비록 용맹하기는 했으나 중과부적衆寡不敵을 면치 못했다. 이내 대패해 달아났다.

그의 아들 부장은 강어귀에서 배를 대어 놓고 있다가 부친 부개를 태우고 강을 건너 달아났다. 부개 부자는 오나라 군사의 추격을 피해 송나라로 달아났다.

오왕 합려는 그곳 백성을 위무하며 안정시킨 뒤 도성으로 돌아갔다. 태자 파가 성문을 열고 나와 부왕을 영접한 뒤 함께 입성했다. 궁으로 돌아온 합려는 군신들과 함께 월나라 군사를 막을 대책을 상의했다.

154話　오군을 물리치자 초소왕이 환국하다 – 퇴오사초소왕반국退吳師楚昭王返國

당시 손무는 속히 회군하라는 오왕 합려의 지시를 받고 오자서와 함께 상의했다. 이때 문득 보고가 올라왔다.

"초나라 군영에서 어떤 병사가 서신을 갖고 왔습니다."

오자서가 서신을 받아 보니 신포서가 보낸 것이었다. 내용은 대략 이러했다.

> 그대들 오나라의 군신이 영도를 점령한지 9달이 지났지만 아직 초나라를 제압하지 못했소. 하늘의 뜻이 초나라의 패망에 있지 않다는 것을 알 수 있소. 그대는 지난날 망명길에서 내게 말하기를, '초나라를 반드시 멸망시키겠다.'고 했소. 그대는 이미 그 맹서를 실천했소. 당시 나 또한 그대에게 말하기를, '초나라를 반드시 회복시키겠다.'고 했소. 나는 이제 그 다짐을 실천하려고 하오. 우리 두 사람은 의형제를 맺은 친구의 정의가 있소. 서로 상대를 존중하고 해치지는 말아야 할 것이오. 그대는 오나라의 무위를 끝까지 밀어붙일 생각을 하지 마시오. 나 또한 진나라 군사의 힘을 끝까지 빌릴 생각이 없소.

오자서가 서신을 손무에게 보이며 말했다.

"이번에 우리 오나라가 수만 명의 군사를 이끌고 승승장구하여 초나라를 격파하고 종묘를 불태우며 사직을 훼손했소. 또 사자의 시체를 매질하고 초나라 대부들의 집을 차지한 채 그 처첩을 능욕했소. 자고로 신하된 자의

오군을 물리치자 초소왕이 환국하다

군주에 대한 복수가 이처럼 통쾌한 적이 없소. 또 진秦나라 군사가 우리 군사의 일부를 패퇴시켰다고는 하나 큰 손실을 본 건 아니오. 옛 병서인 『병법兵法』에 싸울 만하다고 판단되면 나아가고 싸우기 어려운 걸 알면 물러난다는 뜻의 '견가이진見可而進, 지난이퇴知難而退'[8]구절이 있소. 다행히 초나라가 아직 우리의 급한 사정인 부개의 반란을 눈치 채지 못한 듯하오. 이럴 때 물러나는 게 좋을 듯하오."

8 '견가이진見可而進, 지난이퇴知難而退' 구절은 『춘추좌전』「노선공 12년」조에서 인용한 것이다. 『열국지』 원문에는 '지난이퇴'가 '지난즉퇴知難則退'로 되어 있다. 번역문은 『춘추좌전』을 좇아 '지난이퇴'로 바꿔 놓았다.

손무가 말했다.

"우리가 초나라에 들어왔다가 별 수확도 없이 그냥 물러나면 초나라 사람들이 우리를 비웃을 것입니다. 그대는 어찌하여 초나라에 공자 승을 받아들이라고 요구하지 않는 것입니까?"

오자서가 대답했다.

"좋은 말씀이오."

그러고는 곧 신포서에게 답신을 보냈다. 그 내용은 대략 이러했다.

> 초평왕은 죄 없는 아들을 내쫓고 죄 없는 신하를 죽였소. 나는 그에 대한 울분을 이기지 못해 오늘날 이런 일을 저지르기에 이르렀소. 옛날 제환공은 패망하다시피 한 형邢나라와 위衛나라를 도와 존속시켰소. 또 진목공은 3번이나 진晉나라 군주를 세워줬으면서도 그 땅을 탐하지 않았소. 지금까지 제환공과 진목공에 대한 칭송이 자자한 이유요. 나는 비록 재주는 없으나 그것이 의로운 일이라는 것쯤은 들어서 알고 있소. 지금 태자 건의 아들 공자 승은 오나라에서 촌토寸土의 봉지도 없이 어렵게 호구糊口하고 있소. 초나라가 공자 승을 귀국시켜 죽은 태자의 제사라도 받들게 하면 내가 어찌 초나라에서 물러가지 않겠소? 내가 물러가면 초나라를 반드시 회복하겠다는 그대의 뜻도 이뤄질 것이오.

신포서는 오자서의 답신을 읽고 그 내용을 공자 신에게 말했다. 공자 신이 찬동했다.

"고태자故太子의 후사를 봉하는 것은 바로 나의 뜻이기도 하오."

그러고는 즉시 사자를 오나라로 보내 공자 승을 맞이하고자 했다. 곁에서 섭공葉公 심제량이 간했다.

"태자 건은 오래전에 폐출되었고, 공자 승은 우리의 원수에 해당합니다. 무엇 때문에 원수를 키워 나라를 해를 끼치려는 것입니까?"

공자 신이 말했다.

"공자 승은 일개 필부에 지나지 않소. 그가 무슨 해를 끼칠 수 있겠소?"

그러고는 초소왕의 명으로 공자 승을 소환한 뒤 대읍大邑에 봉할 것을 허락했다. 초나라 사자가 공자 승을 맞이하기 위해 오나라로 떠나자 손무와 오자서도 영도를 떠나 오나라로 회군했다. 이들은 회군할 때 초나라 부고에 있는 금은 보옥을 꺼내 여러 대의 수레에 가득 싣고 떠났다. 또 초나라 변경에 사는 민호 1만 호를 강제해 오나라의 빈 땅으로 이주시켰다.

오자서는 손무를 수로로 먼저 돌아가게 한 뒤 자신은 육로를 통해 지난날 오나라로 망명할 때 경유한 역양산歷陽山 쪽으로 갔다. 망명 당시 자신을 숨겨준 동고공東皐公을 찾아가 은혜를 갚고자 한 것이다.

그러나 그곳에서 의원 노릇을 했던 동고공도 없고, 그가 살았던 집도 사라지고 없었다. 오자서는 다시 사람을 용동산龍洞山으로 보내 자신의 탈출을 위해 대역을 해준 황보눌皇甫訥을 찾게 했다. 황보눌의 종적도 찾을 길이 없었다.

오자서가 탄식했다.

"내가 찾을까 숨어버리니 실로 고사高士이다."

이내 동고공의 빈 집터에 꿇어앉아 재배한 뒤 그곳을 떠났다. 이어 당시 행인들을 엄중히 검문했던 소관昭關에 이르렀다. 관문을 파수把守하는 초나라 병사는 하나도 없었다. 오자서는 병사들에게 명해 관문을 헐어버리게 했다.

그는 다시 그곳을 떠나 율양溧陽의 뇌수瀨水 기슭을 지나게 됐다. 뇌수를 보자 감회에 젖어 홀로 탄식했다.

"지난날 내가 이곳을 지나면서 너무 배가 고파 이곳에서 빨래하는 여자에게 걸식을 했다. 당시 그 여인은 내게 한 소쿠리의 밥을 줘 먹게 한 뒤 뇌수에 몸을 던져 죽었다. 당시 나는 이곳 바위 위에 글을 써뒀는데 지금도 남아 있는지 모르겠다."

그러고는 좌우를 시켜 덮어 놓은 흙을 걷어내게 했다. 바위 위의 옛 글자가 지워지지 않은 채 뚜렷한 상태로 완연宛然히 모습을 드러냈다. 오자서는 1천금으로 당시의 은혜를 갚고자 했으나 여인의 집이 어디에 있는지 알 수 없었다. 오자서가 뇌수 가운데 금을 던져 넣도록 명한 뒤 이같이 말했다.

"여인의 영혼이 있다면 내가 은혜를 저버리지 않았음을 분명히 알 것이다."

다시 그곳을 떠나 1리쯤 갔을 때 한 노파가 오나라 군사의 행군을 보고 곡읍哭泣했다. 군사들이 노파를 붙잡고 곡절을 물었다.

"노파는 무슨 연유로 이토록 왜 슬피 우는 것이오?"

노파가 대답했다.

"내겐 딸이 하나 있었는데 나이 30세가 넘도록 시집도 안가고 나를 봉양했소. 지난날 뇌수에서 빨래를 하다가 행색이 곤궁한 한 군자를 만나 밥을 대접했소. 그 일이 남에게 알려질까 우려해 뇌수에 몸을 던졌소. 이후에 들으니 내 딸이 밥을 먹여준 사람이 초나라에서 오나라로 망명한 오군伍君이라고 했소. 오늘 오군이 전쟁에서 이기고 돌아온다고 하는데 내 딸은 보답도 받지 못하게 됐소. 나는 내 딸이 헛되이 죽은 게 슬퍼 우는 것이오."

병사들이 노파에게 말했다.

"우리 대장이 바로 오군伍君이오. 이번에 1천금으로 보답키 위해 이곳까지 왔으나 사는 집을 알 수 없어 조금 전 뇌수 속에 1천금을 던져 넣었소. 왜 속히 가서 찾지 않는 것이오?"

노파가 뇌수에 가서 1천금을 건져 갖고 돌아갔다. 지금도 오자서가 황금을 던져 넣었던 곳은 투금뢰投金瀨로 불리고 했다.

염선이 이를 시로 읊었다.

투금뢰 물결 도도히 흘러가는데	投金瀨下水澌澌
망명객 오자서의 보은 기억하다	猶憶亡臣報德時
나이 서른 돼도 낭군 없었으나	三十年來無匹偶
명성은 오자서와 함께 전해지다	芳名已共子胥垂

당시 월왕 윤상은 손무와 오자서가 군사를 이끌고 돌아왔다는 소식을 들었다. 그는 손무가 용병에 뛰어나다는 사실을 들어서 알고 있었다. 공자 부개의 요청으로 오나라로 출병했던 그는 손무를 상대로 이기기 어렵다는 걸 알고 이내 반사班師했다. 그는 반사하며 말했다.

"앞으로 월나라의 적은 오나라이다."

귀국한 후 스스로 월왕越王을 칭했다.

한편 도성으로 개선한 오왕 합려는 군신들로 하여금 전쟁을 승리로 이끈 장수들의 공을 논의케 했다. 손무의 공이 수공首功으로 꼽혔다. 하지만 손무는 모든 벼슬을 사양하면서 굳이 은둔처인 나부산으로 돌아갈 뜻을 밝혔다. 합려가 오자서를 시켜 만류케 했다. 손무가 오자서에게 사적으로 말했다.

"그대는 천도天道를 아시오? 더위가 가면 추위가 오고, 봄이 오면 이내 가을이 이르게 됩니다. 오왕은 초나라를 격파한 덕분에 변경의 걱정거리를 없앴습니다. 지금 그는 오나라의 강성을 자부하고 있습니다. 그런 자부심은 그를 교만하고 방탕하게 만들 것입니다. 지금 공을 이룬 내가 물러나지 않으면 반드시 내게 후환이 닥칠 것입니다. 내가 물러나고자 하는 것은 단지 나만 보전하자는 게 아닙니다. 그대로 하여금 내가 왜 물러나는지 깨닫도록 해 그대도 보전해 주려는 것입니다."

그러나 오자서는 그렇지 않다고 말하면서 손무를 만류했지만 손무는 바람처럼 사라지는 모습으로 표현飄然히 떠나갔다. 오왕 합려는 마지못해 황금과 비단을 가득 실은 수레 수십 대를 딸려 보냈다. 손무는 길을 가면서 그것을 길가의 가난한 백성에게 모두 나눠주었다. 이후 그가 어디서 살다가 언제 죽었는지는 아무도 알지 못했다.

사신이 시를 지어 손무를 칭송했다.

손무의 놀라운 재주는	孫子之才
오자서 통해 드러나다	彰於伍員
군법으로 총희 참하니	法行二嬪
위엄이 삼군에 떨치다	威振三軍
대군을 1인 다루듯 해	禦衆如一
적의 계략 훤히 꿰다	料敵若神
초나라에서 뜻을 펴고	大伸於楚
진군에게 약간 꺾였다	小挫於秦
지혜는 치우침이 없고	智非偏拙
계모는 모두 쓰지 않다	謀不盡行
작록을 받지 않았으니	不受爵祿
존망 이치 알았음이다	知亡知存
세상 나와 도 드러내고	身出道顯
물러나며 이름 남기다	身去名成
그가 지은 병서 13편	書十三篇
병가의 경전이 되었다	兵家所尊

손무가 떠난 이후 오왕 합려는 오자서를 상국에 임명했다. 그는 옛날 제

환공이 관중의 자인 중仲에 존경의 뜻을 담은 보父를 덧붙여 중보仲父라고 부르고, 초성왕이 영윤 투누오도鬪穀於菟를 그의 자인 자문子文으로 부른 일을 본받았다. 오원伍員을 자서子胥라고 부르며 이름을 부르지 않은 게 그렇다. 또 백비에게 태재太宰의 벼슬을 내려 오자서와 함께 국정을 보살피게 했다.

그는 도성의 서문인 창문閶門을 초나라를 깨뜨렸다는 취지에서 파초문破楚門으로 고치고 남쪽 국경에 돌을 쌓아 관문을 만들었다. 그 관문에 군사를 주둔시켜 월나라 군사의 침입에 대비했다. 관문의 이름을 석관문石關門으로 정했다.

당시 월나라 대부 범리范蠡[9]도 절강 어귀에 성을 쌓아 오나라의 침공에 대비했다. 범리는 그 성을 굳게 지켜야 한다는 취지에서 고릉固陵이라고 했다. 그때가 주경왕 15년인 기원전 530년이었다.

한편 초나라 공자 신과 공자 결은 오나라 군사가 철수하자 이내 영도로 돌아왔다. 두 사람은 들판에 널려 있는 초평왕의 시신 조각을 거둬 다시 장사지냈다. 불타버린 종묘를 새로 세우고 훼손된 사직을 수리했다.

또 신포서로 하여금 수군을 이끌고 한수를 건너 수나라로 가서 초소왕을 모셔오게 했다. 초소왕은 수후와 헤어지면서 영구적으로 침범하지 않겠다고 맹서하고, 동맹 조약도 맺었다. 초소왕이 신포서를 따라 수나라를 떠나던 날 수후가 배 타는 데까지 따라 나가 전송했다.

초소왕은 배를 타고 넓은 강을 건너면서 배의 난간에 기대 사방을 둘러봤다. 피난의 와중에 겪어야 했던 일을 상기했다. 오늘 다시 강을 건너 본국

9 범리范蠡를 통상 '범려'라고 읽으나 이는 잘못이다. 리蠡는 크게 3가지 발음이 있다. 첫째, 좀을 먹는다는 뜻이거나 조개를 뜻할 때는 '려'로 읽는다. 려蠡와 같다. 둘째, 소라를 뜻할 때는 '라'로 읽는다. 라嬴와 같다. 셋째, 달팽이를 뜻하거나 인명 또는 지명으로 사용될 때는 '리'로 읽는다.

으로 돌아갈 수 있게 됐고, 자신이 탄 배가 이미 강의 중류에 떠 있는 걸 생각했다. 마음이 크게 기뻤다.

이때 문득 강물 위에 한 물건이 떠 있었다. 크기가 도량형기인 말斗만 했고, 색깔은 진홍빛이었다. 초소왕이 배를 젓는 자를 시켜 이를 건져 올리게 했다. 군신들에게 어떤 물건인지 물어보았으나 아무도 아는 사람이 없었다. 차고 있던 패도를 뽑아 그것을 잘랐다. 속이 참외 비슷했다. 먹어보니 맛이 좋았다. 초소왕이 좌우 신하들에게 나눠주며 말했다.

"이 과일의 이름을 알려면 아마 박물지사博物之士가 나타나길 기다려야 할 듯하오."

하루가 다 되기 전에 초소왕 일행이 운중 땅에 당도했다. 초소왕이 사방을 둘러보고 탄식했다.

"지난날 과인이 도적을 만난 곳이 바로 여기다. 이곳을 잊어서는 안 된다."

그러고는 강기슭에 배를 대고 뭍으로 올라간 뒤 투신으로 하여금 인부를 독려해 운택雲澤과 몽택夢澤 사이에 작은 성을 쌓게 했다. 길을 가는 나그네가 편히 쉬도록 배려한 것이다. 오늘날도 운몽현雲夢縣에 가면 초왕성楚王城 지명이 있다. 초소왕이 투신을 시켜 성을 짓게 한 곳이다.

당시 공자 신과 공자 결 등은 영도에서 50리 지점까지 나와 초소왕을 영접했다. 군신이 서로 그간의 고생을 위로한 뒤 영도로 향했다. 영도가 가까워질수록 길과 들판에는 백골이 널려 있었다. 영도 안으로 들어가 보니 궁궐은 모두 무너지고 반쯤 남아 있었다. 자신도 모르게 눈물을 흘렸다.

그는 맨 먼저 모친인 백영의 처소로 가서 문안인사를 올렸다. 모자가 서로 붙들고 울었다.

초소왕이 말했다.

"나라가 불행해 이런 큰 변을 당했습니다. 게다가 종묘사직이 불타고 부왕의 능묘가 파헤쳐지는 치욕을 당했습니다. 이 원한을 언제 씻어야 할지 가슴이 무너지는 듯합니다."

백영이 말했다.

"오늘 복위復位했으니 먼저 상벌을 밝히고 백성들을 위무하며 구휼救恤해야 하오. 오나라에 대한 원한은 나라의 기력을 회복되기를 기다렸다가 그때 가서 갚도록 하시오."

초소왕이 모친인 백영에게 재배하고 가르침을 받들었다. 이날 초소왕은 감히 침소에 들지 않고 사당 옆에 제사를 지내기 위하여 지은 누각인 재궁齋宮에서 잤다.

이튿날 초소왕은 새로 지은 종묘와 사직에 가서 고제告祭를 올리고 선왕의 능묘를 찾아 참배했다. 연후에 궁으로 돌아와 정전의 옥좌에 앉았다. 문무백관이 칭하稱賀했다.

초소왕이 말했다.

"과인이 행동이 단정치 못한 도적인 비인匪人을 등용했다가 하마터면 나라를 망칠 뻔했소. 경들이 없었으면 어찌 저 하늘의 해를 다시 볼 수 있었겠소? 나라를 잃은 것은 모두 과인의 죄이고, 나라를 되찾은 것은 경들의 공이오."

군신들이 계수稽首하며 황공해했다. 초소왕이 연회를 베풀어 진나라 장수들을 대접하고 진나라 병사들로 후하게 호궤했다. 자포와 자호는 초소왕의 극진한 대접을 받은 뒤 진나라로 돌아갔다. 초소왕이 곧바로 논공행상에 들어갔다. 공자 신을 영윤, 공자 결을 좌윤에 임명했다. 또 진나라 군사를 청해 온 신포서의 공을 높이 평가해 우윤에 임명코자 했다.

신포서가 굳이 사양했다.

"신이 진나라로 가서 군사를 청하는 걸사乞師를 한 것은 대왕을 위한 것이지 결코 신을 위해 한 게 아닙니다. 이제 대왕이 복위했으니 신은 소원을 성취한 셈입니다. 어찌 감히 '결사'를 빙자해 일신의 이득을 취하겠습니까?"

그러면서 굳이 벼슬을 사양했다. 초소왕이 강제로라도 벼슬을 내리고자 했다. 신포서가 이내 처자를 이끌고 영도를 떠났다.

신포서의 아내가 물었다.

"당신은 몸을 고달프게 하고 정신을 소진시키는 노형피신勞形疲神을 하여 진나라로부터 '결사'를 허락받았습니다. 초나라를 되찾게 했으니 군주로부터 상을 받는 게 마땅한 일인데 어째서 벼슬을 마다하고 달아나는 것입니까?"

신포서가 대답했다.

"지난날 오자서는 나에게 초나라를 뒤엎겠다고 말한 적이 있소. 나는 붕우의 의리를 지키기 위해 그런 음모를 누설하지 않았소. 오자서로 하여금 초나라를 치도록 내버려둔 것은 나의 죄요. 그런 죄를 범한 내가 공을 세웠다고 상을 받는 것 나의 수치요."

마침내 신포서가 처자를 이끌고 깊은 산 속으로 들어가 은거했다. 이후 그는 산 속에서 나오지 않고 일생을 마쳤다. 당시 초소왕은 사람을 시켜 각방으로 그를 찾았다. 그러가 결국 찾지 못했다. 신포서가 살던 마을에 정문旌門을 세우고, 충신지문忠臣之門으로 명명했다.

초소왕이 왕손 유우由于에게 우윤의 벼슬을 내리며 말했다.

"그대가 운중 땅에서 과인을 대신해 도적의 창에 찔린 것을 과인이 어찌 잊을 수 있겠는가?"

초소왕은 그밖에도 심제량沈諸梁과 종건鍾建, 송목宋木, 투신鬪辛, 투소鬪巢, 위연薳延 등에게 벼슬을 올리고 봉읍을 더해주는 이른바 진작가읍進爵加邑의 포상을 했다. 초소왕은 또 자신을 죽이려 했던 투회鬪懷에게도 상을 내리려고 했다.

공자 신이 나서서 말했다.

"투회는 시역을 감행하려던 자입니다. 그에겐 벌을 주는 게 마땅한데 하물며 상이 웬 말입니까?"

초소왕이 말했다.

"그는 부친의 원수를 갚기 위해 그랬으니 효자라 할 만하다. 효자가 어찌 충신이 되는 게 어려운 일이겠는가?"

이내 투회를 영도로 불러들여 대부로 삼았다.

하루는 산택山澤을 관장하는 남윤南尹 미亹가 초소왕을 알현하러 왔다. 초소왕은 지난 날 그가 배를 타고 성구成臼 나루를 지나면서 급박한 처지에 있는 자신을 태워주지 않은 것을 크게 원망하고 있었다. 내심 그를 잡아 죽이려던 참이었다. 먼저 사람을 보내 물었다.

"너는 과인을 도로道路에 버려둔 채 달아난 자가 아닌가? 무엇 때문에 감히 뻔뻔하게 과인을 찾아왔는가?"

남윤 미가 이같이 전하게 했다.

"지난날 영윤 낭와가 덕을 버려 많은 원망만 산 까닭에 백거柏擧 싸움에서 오나라에 참패를 당했습니다. 그런데도 대왕은 어찌하여 낭와를 본받으려 하는 것입니까? 성구 나루를 지나갔던 신의 배와 영도의 궁궐 가운데 어느 쪽이 더 편안하겠습니까? 영도의 궁궐을 버린 대왕이 신의 배를 타지 못한 걸 원망해서는 안 됩니다. 신이 성구에서 대왕을 버리고 돌보지 않은 것은 대왕을 경계하기 위한 것이었습니다. 신이 오늘 여기에 온 것은 대왕이 과연 지난날의 잘못을 뉘우치고 있는지 살펴보고자 했기 때문입니다. 대왕은 나라를 잃은 잘못은 반성하지 않고 신이 대왕을 배에 태워주지 않은 죄만 기억하고 있습니다. 신은 이제 죽어도 애석할 게 없습니다. 단지 초나라의 종묘사직의 앞날이 애석할 뿐입니다."

영윤인 공자 신이 말했다.

"남윤 미의 말이 옳습니다. 대왕은 그를 용서하고 전날의 실패를 잊어서는 안 될 것입니다."

초소왕이 남윤 미의 알현을 허락한 뒤 전처럼 대부 벼슬을 줬다. 신하들이 초소왕의 관대한 도량을 보고 크게 기뻐했다.

초소왕의 부인은 오왕 합려에게 몸을 더럽힌 까닭에 지아비를 대할 면목이 없었다. 그녀는 목을 매고 자진했다.

당시 월나라와 오나라의 적대관계는 날로 증대되고 있었다. 월왕 윤상은 초소왕이 나라를 회복했다는 소식을 듣고 사자를 초나라에 보내 축하했다. 이어 공족의 종녀宗女를 바쳤다. 초소왕이 죽은 부인 대신 그녀를 계실繼室로 삼았다. 월희越姬는 덕이 있고 현명했다. 초소왕이 월희를 경애하며 예우했다.

초소왕은 누이동생 계미가 시종 피난을 함께하며 고생한 것을 생각하고 좋은 배필을 구해 시집보내려고 했다. 계미가 말했다.

"여인은 외간 남자를 가까이하지 않는 법입니다. 전에 운중 땅에서 도적들이 닥치자 종건이 나를 업어 구출했습니다. 이 몸의 남편은 종건입니다. 다른 사람에게는 시집갈 수 없습니다."

초소왕이 그 말에 따라 계미를 종건에게 시집보내고, 종건을 궁중음악 담당 대부인 사악司樂에 제수했다. 또 전 영윤 손숙오의 혼령이 나타나 왕손 유우를 구하고 초나라의 앞날을 예언한 걸 상기했다. 운중 땅에 손숙오의 사당을 지은 뒤 춘추로 제사를 올리게 했다.

영윤인 공자 신은 영도가 많이 파괴됐고 오나라 군사가 오랫동안 머문 것을 꺼렸다. 초나라 도성과 인근의 지리와 도로를 소상히 알게 된 것을 우려한 것이다. 이내 초소왕의 허락을 얻어 지금의 호북성 의성현인 약鄀 땅을 새 도읍지로 선정한 뒤 성곽과 궁궐을 축조했다. 종묘와 사직을 지은 뒤 천도했다. 새 도읍을 신영新郢으로 명명했다.

초소왕이 새로 지은 궁궐에서 크게 연회를 베풀고 군신들과 함께 술을 마시며 지난날의 고생을 잊은 듯이 희희낙락했다. 군신 모두 술이 거나하게 취하자 더욱 소리를 높여 떠들어댔다. 이를 보고 악사樂師 호자扈子는 내심 초소왕이 오늘의 즐거움에 안주해 전날의 괴로움을 잊은 나머지 초평왕의 고철故轍을 다시 밟을까 우려했다. 이내 거문고를 안고 초소왕 앞으로 나아가 말했다.

"신이 「궁뉵窮衄」[10]의 노래를 들려드리고 싶습니다."

초소왕이 말했다.

"과인도 들어보고 싶다."

호자가 거문고를 끌어당겨 탄주하며 노래를 불렀다. 노랫소리가 매우 처량하고 원망이 담겨 있었다. 가사는 대략 이러했다.

왕이여, 왕이여, 왜 정신을 못 차리나	王耶王耶何乖劣
종묘 돌보지 않고 간신의 말을 듣다	不顧宗廟聽讒孽
비무극 등용해 많은 사람 죽여 놓고	任用無極多所殺
충신과 효자 주살하니 기강이 끊기다	誅夷忠孝大綱絶
오자서와 백비는 오나라로 망명했고	二子東奔適吳越
오왕이 원한 품은 그들을 도와줬지	吳王哀痛助忉怛
누가 눈물 뿌리며 고국 초나라 쳤나	垂涕擧兵將西伐
오자서와 백비와 손무가 앞을 다퉜다	子胥伯嚭孫武決
5전 전패하자 왕이 영도서 달아나고	五戰破郢王奔發
오왕 합려가 초나라 궁궐을 점령했다	留兵縱騎虜荊闕
오자서는 선왕의 수중릉을 파헤치고	先王骸骨遭發掘
시신 매질하니 그 굴욕을 언제 갚나	鞭辱腐屍恥難雪

10 「궁뉵窮衄」은 몹시 곤궁한 처지에 놓여 오그라들었다는 뜻으로 좌절과 패배가 극에 달했음을 상징한다.

초나라 종묘사직 거의 망할 뻔했으니	幾危宗廟社稷滅
왕은 살기 위해 산과 강 넘고 건넜고	君王逃死多跋涉
신하는 떨고 백성은 피눈물 통곡하다	卿士淒愴民泣血
적은 떠났으나 놀란 가슴 쉬지 못해	吳軍雖去怖不歇
원컨대 대왕은 충신 발탁해 임용하고	願王更事撫忠節
참소하는 무리의 비방을 듣지 마소	勿爲讒口能謗褻

초소왕은 악사 호자가 거문고를 뜯으면서 부른 노래의 내용에 감동해 하염없이 울었다. 호자는 노래를 마친 뒤 거문고를 들고 섬돌 아래로 내려갔다. 초소왕이 곧바로 잔치를 파했다.

이후 초소왕은 아침 일찍 일어나 조회를 열고 연회는 일절 베풀지 않는 식으로 국정에 매진했다. 형벌을 줄이고, 세금을 감면하고, 군대를 양성하며 병사를 훈련시키고, 모든 관문과 요충지를 수리하거나 새로 설치한 뒤 수비병들로 하여금 엄중히 지키게 했다.

또 태자 건의 아들 공자 승이 오나라로부터 돌아오자 백공白公에 봉한 뒤 봉지에 성을 쌓아주고 백공성白公城으로 명명했다. 공자 승이 마침내 백白을 성씨로 삼고, 일족을 그곳으로 불러 함께 살았다.

송나라에 망명중인 오왕 합려의 동생 공자 부개는 초소왕이 구원舊怨에 얽매이지 않는다는 소문을 듣고 초나라로 갔다. 초소왕은 부개가 용맹하다는 걸 알고 당계堂谿 땅에 봉했다. 부개는 초나라에 살면서 당계堂谿를 성씨로 삼았다.

영윤 공자 신은 오나라의 침공이 당나라와 채나라로 인해 빚어진 것에 커다란 분노를 느끼고 있었다. 분풀이로 당나라를 쳐서 멸망시켰지만 채나라는 아직 남아 있었다. 초소왕에게 채나라 토벌을 청했으나 초소왕이 허락지 않았다.

"국사가 대충 안정된 상황에서 더 이상 백성을 수고스럽게 할 수 없다."

『춘추좌전春秋左傳』은 초소왕이 재위 10년인 기원전 506년에 나라 밖으로 출분했다가 1년 뒤인 즉위 11년에 환국한 것으로 기록해 놓았다. 그는 그로부터 9년이 지난 재위 20년인 기원전 496년에 군사를 일으켰다. 그해에 출병해 돈頓나라를 멸망시키고 군주 장牂을 생포했다.

이어 재위 21년인 기원전 495년에 호胡나라를 멸망시키고 군주 표豹를 사로잡아 포로로 만들었다. 초소왕은 진晉나라가 초나라를 칠 때마다 진나라 쪽에 선 돈나라와 호나라에 대한 보복을 그때 결행한 셈이다.

그는 재위 22년인 기원전 494년에 다시 군사를 출동시켜 채나라 도성을 포위케 했다. 지난날 오나라 군사가 영도로 쳐들어왔을 때 가담한 죄를 물은 것이다. 채소후가 곧바로 항복했다. 초소왕은 채나라를 벽지인 장강長江과 여강汝江 사이로 옮기게 했다. 그는 10년 동안 민력을 휴식케 만든 뒤 군사를 출동시켜 승리를 거둔 것이다. 보검 잠로湛盧와 강물에 떠내려 온 이상한 과일인 평실萍實의 출현이 초나라의 부흥 조짐을 알린 상서祥瑞였다.

뒷일을 알고자 하면 다음 회를 보라.

제78회

155話 공자가 협곡회맹에서 제나라를 물리치다
– 회협곡공자각제會夾谷孔子卻齊

당시 제경공은 진晉나라가 감히 초나라를 치지 못하는 약세를 드러내고 제후들의 마음이 진나라를 떠나 별이 흩어지는 것처럼 성산星散하자 진나라를 대신해 패권을 잡으려고 조바심을 냈다. 겨우 정나라와 위나라만 규합한 뒤 맹주를 자칭한 게 그렇다.

노소공魯昭公은 권신 계손의여季孫意如에 의해 나라 밖으로 쫓겨나 있었다. 제경공은 맹주로서 의로운 일을 해야 한다고 생각해 노나라로 사람을 보내 노소공의 복위를 꾀했다. 그러나 노나라의 권신 계손의여는 제경공의 청을 거절했다.

노소공이 이번에는 다시 진晉나라로 가서 자신의 환국을 도와달라고 간청했다. 하지만 진나라 상국 순력荀躒은 노나라 계손의여로부터 뇌물을 받고 이를 훼방했다. 노소공이 복위하지 못한 채 열국을 떠돌아다니다가 객사한 이유다.

노나라 계손의여는 마침내 태자 연衍과 동모제인 공자 무인務人을 폐한 뒤 노소공의 서제庶弟인 공자 송宋을 옹립했다. 그가 바로 노정공魯定公이다. 계손의여는 진나라 순력에게 뇌물을 주고 사귄 사이여서 진나라만 섬기며 이웃한 제나라는 섬기지 않았다.

제경공은 이를 알고 대로했다. 세신世臣인 국하國夏에게 명해 군사를 이끌고 가 누차 노나라 변경을 치게 한 이유다. 국력이 약한 노나라는 제나라에 보복하지 못했다.

이 와중에 계손의여가 병사했다. 아들 계손사季孫斯가 뒤를 이어 상국이 됐다. 후대인은 그의 시호를 덧붙여 계환자季桓子[1]라고 불렀다.

당시 노나라는 군주를 국외로 추방할 만큼 신하들의 세력이 컸다. 특히 노환공의 후손인 계손씨季孫氏와 맹손씨孟孫氏 및 숙손씨叔孫氏 등 이른바 3환三桓이 그러했다. 이들 3환은 노소공이 보위에 있을 때 이미 노나라는 3분하다시피 해 하나씩 차지했다. 각각 가신을 두어 영지를 다스린 게 그렇다. 노나라 군주는 자신을 섬기는 조정의 신하를 두지 못한 셈이다.

이후 이들 3환의 가신家臣들이 점차 힘을 길러 주인인 3환의 권력을 대신 행사하기 시작했다. 마침내 커다란 힘이 생긴 가신들은 주인인 3환을 압도한 나머지 능멸하는 지경에 이르렀다. 당시 3환 가문을 대표하는 가주家主는 각각 시호가 환자桓子인 계손사季孫斯, 시호가 의자懿子인 중손하기

1 계환자季桓子가 『열국지』 원문에는 계강자季康子로 나온다. 풍몽룡의 착오로 보인다. 강자康子는 시호가 환자桓子인 계손사의 아들 계손비季孫肥의 시호이다. 번역문은 『춘추좌전』 및 『사기』 등의 기록을 좇아 '계강자'를 '계환자'로 바꿔 놓았다.

仲孫何忌[2], 자가 무숙武叔이고 시호가 의자懿子인 숙손주구叔孫州仇였다.

이들 3환은 노나라에서 솥발처럼 정립鼎立하고 있었지만 사실상의 주인은 이들의 가신이었다. 이들 가신은 3환 집안의 본거지인 종읍宗邑을 다스리는 가신들의 우두머리인 가재家宰가 되어 종읍을 마치 자신의 영지처럼 여겼다. 주인의 명을 듣지도 않고 시행치도 않은 이유다. 3환의 가주는 막강한 힘을 가진 이들 가신들을 어찌할 수 없었다. 3환의 가신인 이른바 3가家의 세력이 날로 팽창한 배경이다.

계손씨의 종읍은 비읍費邑이고 가재는 공산불뉴公山不狃[3]였다. 맹손씨의 종읍은 성읍成邑이고 가재는 공렴양公斂陽[4]이었다. 손숙씨의 종읍은 후읍郈邑이고 가재는 공약막公若藐[5]이었다. 이들 3환의 본거지인 종읍의 성벽은 3환이 임의로 증축해 매우 두텁고 견고했다. 규모 면에서도 노나라 도성 곡부曲阜와 비슷했다.

3환의 가신들 가운데 계손씨의 가재인 공산불뉴가 가장 유력했다. 성격도 포학했다. 계손씨의 가신 가운데 양호陽虎란 자도 있었다. 그는 자를 화貨[6]라고 했다. 나면서부터 어깨가 수리 같았고 이마가 두드러졌다. 장성하자 키가 9척이나 됐다. 용력이 월등하고 지모도 백출百出했다.

2 중손하기仲孫何忌가 『열국지』 원문에는 맹손무기孟孫無忌로 나온다. 그러나 『춘추좌전』에는 '중손하기仲孫何忌'로 표현돼 있다. 맹손씨는 중간에 성씨를 중손씨仲孫氏로 바꾼 까닭에 같은 인물을 가리킨다. '중손하기'를 그의 시호에 주목해 맹의자孟懿子나 맹손하기孟孫何忌로 표현하는 이유다. 『열국지』에 나오는 '맹손무기'의 무기無忌는 하기何忌의 완전한 착오이다. 번역문은 『춘추좌전』을 좇아 '맹손하기'를 '중손하기'로 바꿔 놓았다.

3 공산불뉴公山不狃가 『논어』에는 공산불요公山弗擾로 나온다. 그러나 『춘추좌전』에는 '공산불뉴'로 돼 있다.

4 공렴양公斂陽이 『춘추좌전』에는 공렴처보公斂處父로도 나온다.

5 공약막公若藐을 두고 『춘추좌전』을 주석한 서진西晉 때의 두예杜預는 숙손씨의 일족으로 보았다. 이밖에도 노소공과 가까운 공실의 일원으로 해석하는 견해 등 여러 이견이 있다.

6 『열국지』는 양호陽虎의 자가 화貨라고 했으나 이는 잘못이다. 『논어』에 「양화陽貨」편이 편제돼 있다. 그의 이름이 달리 '양화'로 불렸음을 알 수 있다. 고대 음운에서 호虎와 화貨가 서로 통한 결과로 보는 게 합리적이다.

당초 계손사는 양호를 심복으로 부리다가 종읍인 비읍費邑의 가재家宰 자리를 맡겼다. 이후 양호는 점차 계손씨 가문의 살림살이인 가정家政을 멋대로 처리하면서 위복威福의 권력을 틀어쥐었다. 주객이 전도돼 계손씨가 오히려 제압을 당하는 꼴이 됐다. 계손씨도 이들을 어찌할 도리가 없었다. 계손씨는 안으로 배신陪臣들의 압제를 받고, 밖으로 제나라 군사의 침릉侵凌 위협에 시달리면서 속수무책의 처지에 놓이게 됐다.

당시 소정묘少正卯란 자가 있었다. 소정묘는 기억력이 뛰어나고 박식한 박람강기博聞强記를 자랑했다. 게다가 교묘한 언변으로 사람을 설복하는 데 능한 교변능언巧辯能言의 인물이었다. 국인들은 그를 두고 견문이 넓어 명망이 높다는 취지에서 문인聞人[7]이라고 불렀다. 3환도 그의 변설에 의지하는 바가 컸던 까닭에 그를 중시했다.

그러나 그는 앞에서는 옳다고 하고 뒤돌아서는 틀렸다고 말하는 면시배비面是背非의 대표적인 인물이었다. 그의 언행은 겉과 속이 달랐다. 3환과 만나면 군주와 나라를 위해 대공을 세웠다고 아첨하고, 양호 등 3환의 가신을 만나면 노소공의 공가公家를 강화하고 3환의 사가私家를 억압해야 한다고 부추겼다. 양호 등의 가신으로 하여금 군주를 끼고 3환을 호령해야 한다고 설득한 것이다. 그는 이처럼 윗사람과 아랫사람을 물과 불처럼 이간하는 데 능했다. 그럼에도 사람들은 그의 교묘한 변설에 넘어가 기뻐만 할 뿐 그의 간악함을 깨닫지 못했다.

3환 가운데 중손하기仲孫何忌는 중손확仲孫貜의 아들로 중손멸의 고손高孫이었다.[8] 중손확은 생전에 공자孔子에 대한 소문을 듣고 늘 사모했다.

7 문인聞人은 2가지 뜻이 있다. 첫째, 명망이 있는 사람을 가리킨다. 둘째, 복성復姓을 가리킨다. 후한 때 응소應劭가 쓴 『풍속통의風俗通義』는 소정묘少正卯가 명망이 높았던 까닭에 이후 '문인' 성씨가 나왔다고 기록했다. 후한 말기의 패국沛國 출신 대신인 문인습聞人襲이 '문인' 성씨의 대표적인 인물이다.

8 고손高孫이 『열국지』 원문에는 손孫으로 되어 있다. 『춘추좌전』에 따르면 중손하기仲孫何

이내 아들 중손하기로 하여금 공자에게 보내 예를 배우게 했다.[9]

공자의 이름은 구丘이다. 그의 부친 이름은 숙량흘叔梁紇이다. 숙량흘은 일찍이 추읍鄹邑의 하사下士[10]로 있었다. 그는 노양공 10년인 기원전 563년 당시 노나라 군사가 진晉나라 군사를 도와 핍양偪陽을 칠 때 홀로 성문을 두 손으로 떠받치고 위기에 처한 노나라 병사들을 구한 용사이다.[11]

숙량흘은 원래 노나라 출신 시씨施氏 여인에게 장가를 들었다. 시씨는 딸만 여럿 낳고 아들을 낳지 못했다. 이후 첩의 몸에서 아들 하나를 얻었다. 이름을 맹피孟皮로 지었다. 그는 다리가 불구인데다가 나이가 들자 폐인이 됐다.

忌 즉 맹손하기孟孫何忌는 중손멸의 고손에 해당한다. 맹손씨의 가계도에 따르면 중손멸仲孫蔑(맹헌자孟獻子) → 셋째 아들인 중손속仲孫速(맹장자孟莊子) → 중손갈仲孫葛(맹효백孟孝伯) → 중손확仲孫貜(맹희자孟僖子) → 중손하기仲孫何忌(맹의자孟懿子) → 중손체仲孫彘(맹무백孟武伯)로 되어 있다. 번역문에서는 『춘추좌전』을 좇아 '손'을 '고손'으로 바꿔 놓았다.

9 중손하기는 부친인 중손확의 명에 따라 동모제인 남궁경숙南宮敬叔 즉 중손열仲孫說과 함께 공자의 제자가 된 인물이다. 『춘추좌전』「노소공 7년」조에 자세한 내용이 나온다. 공자의 제자들 가운데 송나라 사마 환퇴桓魋의 동생인 사마우司馬牛와 더불어 가장 신분이 높았던 인물에 속한다. 『논어』「위정」에 중손하기와 그의 아들 맹무백이 공자에게 효에 관해 물은 일화가 소개돼 있다. 「공야장」에는 맹무백이 공자에게 자로를 비롯한 제자들의 인물평을 구한 일화가 실려 있다. 맹무백이 공자의 제자였는지 여부를 놓고 설이 대립한다.

10 하사下士가 『열국지』 원문에는 대부大夫로 나온다. 그러나 『춘추좌전』「노선공 10년」조에는 무사武士로 나온다. 당시에는 대부大夫와 사士 사이에 커다란 신분적 차이가 있었다. 대부뿐만 아니라 사士에도 상사上士, 중사中士, 하사下士의 구별이 있었다. 교토대 교수를 지낸 기무라 에이이치木村英一는 지난 1984년에 펴낸 『공자와 논어-孔子と論語』에서 숙량흘은 하사 출신이었다고 주장했다. 번역문은 『춘추좌전』 등의 기록을 좇아 '대부'를 '무사'로 바꿔 놓았다.

11 공자의 부친인 숙량흘은 『춘추좌전』에 모두 두 차례에 걸쳐 언급돼 있다. 「노양공 10년」조에 처음 나온다. 당시 뛰어난 용력을 자랑한 숙량흘은 핍양성偪陽城 전투 당시 무서운 힘으로 현문懸門을 받쳐 들어 적의 계략에 말려 성 안으로 들어갔다가 몰살 위기에 빠진 연합군 병사들을 모두 무사히 탈출시키는 데 성공했다. 그는 핍양성 전투가 끝난 지 7년 뒤인 노양공 17년인 기원전 556년 가을에 다시 한 번 뛰어난 용력을 발휘해 세인들의 칭송을 받았다. 기무라 에이이치는 당시의 기준에서 볼 때 은나라 유민의 후손으로 알려져 다소 경멸의 대상으로 취급되었을 공산이 크다고 했다.

숙량흘이 아들을 얻기 위해 안씨顔氏 집안에 청혼했다. 안씨 집안은 시집을 가지 않은 딸이 5명이나 있었다. 안씨는 숙량흘의 나이가 많은 게 마음에 걸렸다. 딸들을 불러 놓고 물었다.

"너희들 가운데 누가 추읍의 숙량흘에게 시집을 갈 것인가?"

딸들 모두 대답이 없었다. 막내딸 징재徵在가 대답했다.

"여인은 출가 전에 부친의 말씀을 좇는 게 도리입니다. 물으실 게 뭐 있습니까?"

안씨는 그 말을 기특하게 여겼다. 징재를 숙량흘에게 시집보냈다. 숙량흘은 징재와 살면서 자식이 없는 것을 걱정했다. 이들은 니구산尼丘山에 올라가 기도를 올렸다. 징재가 니구산으로 올라갈 때 초목의 잎이 모두 위를 향해 일어섰다. 기도를 마치고 내려올 때 잎들이 모두 고개를 약간 숙였다.

그날 밤 징재가 꿈을 꿨다. 꿈속에 흑제黑帝가 나타나 말했다.

"그대는 성자聖子를 둘 것이다. 산달이 차면 반드시 은나라 탕왕이 태어난 적이 있는 공상空桑으로 가서 해산토록 하라."

꿈을 꾸고 난 뒤 임신했다. 하루는 정신이 황홀해 마치 꿈을 꾸는 듯했다. 노인 5명이 집 앞 뜰로 들어섰다. 그들이 말했다.

"우리는 오성五星의 정기精氣요."

이들은 한 짐승을 이끌고 왔다. 크기는 송아지만 하고 뿔이 하나만 있었다. 온몸에 용의 비늘 같은 무늬가 있었다. 그 짐승이 징재를 향해 무릎을 꿇더니 입으로 옥척玉尺을 토해냈다. 옥척에 수정水精의 아들이 쇠미한 주왕실을 계승해 지위가 없는 소왕素王이 된다는 뜻의 '수정지자水精之子, 계쇠주이소왕繼衰周而素王'이라는 글이 씌어져 있었다.

징재가 내심 이상한 조짐인 줄 알고는 곧 가지고 있던 붉은 수실을 짐승의 외뿔에 매주었다. 그러나 노인들이 그 짐승을 데리고 나갔다. 징재가 남편에게 그 일을 이야기했다. 숙량흘이 말했다.

"그 짐승은 틀림없이 기린麒麟이었을 것이오."

해산할 날이 가까워지자 징재가 남편에게 물었다.

"공상이란 곳이 있습니까?"

숙량흘이 대답했다.

"곡부의 남쪽 산에 공두空竇란 굴이 있소. 굴은 석문石門으로 되어 있고, 그 안엔 물이 없소. 세인들은 '공두'를 '공상'으로 부르기도 하오."

징재가 말했다.

"전 그곳으로 가서 해산할 생각입니다."

숙량흘이 그 까닭을 묻자 징재가 꿈 이야기를 했다. 해산일이 다가오자 징재가 남편과 함께 이불을 갖고 남산으로 갔다. 굴속에 이불을 폈다.

그날 밤 하늘에서 창룡蒼龍 두 마리가 내려와 남산의 좌우를 지켰다. 또 신녀神女 두 사람이 공중에서 향로香露를 뿌리며 내려온 뒤 징재를 목욕시켰다. 한참 후 다시 하늘로 올라갔다.

그날 밤 징재가 공자를 낳았다. 석문 안에서 문득 맑은 샘물이 솟았다. 온천수처럼 따뜻했다. 징재가 그 물로 몸을 씻자 물이 곧바로 말라 버렸다. 지금도 곡부현에서 남쪽으로 30리쯤 가면 속칭 여릉산女陵山이 있다. 공상은 바로 그 산 속에 있다.

공자는 태어나면서부터 용모가 특이했다. 입술은 소의 입술, 손바닥은 범의 손바닥, 어깨는 솔개, 등은 거북 같았다. 입은 매우 컸고, 목은 아주 굵었다. 정수리는 가운데가 우묵하며 전후좌우가 두드러진 사방 짱구였다.[12] 숙량흘이 징재에게 말했다.

"이 아이는 니구산의 영험한 정기를 받고 태어난 듯하오."

12 『열국지』 원문은 정문상여반우頂門狀如反宇이다. 여기의 반우反宇는 중간이 우묵하고 주변이 높다는 뜻으로 사방 짱구를 가리킨다. 반우反羽와 같다. 『사기』「공자세가」는 수상우정首上圩頂으로 표현해 놓았다. 여기의 우圩 역시 가운데가 움푹 파였다는 뜻이다.

그러고는 산의 이름을 구丘, 자를 중니仲尼[13]로 지었다. 공자가 태어난 지 얼마 안 돼 숙량흘이 세상을 떠났다. 공자는 홀어머니 징재 밑에서 컸다. 장성하자 키가 9척 6촌이나 됐다. 사람들은 그를 장인長人이라고 불렀다.

공자는 성덕聖德을 지니고 있었다. 학문을 좋아하고 배우는 일을 게을리 하지 않았다. 그는 열국을 주유周遊하며 견문을 넓혔다. 그가 가르친 제자들이 천하에 가득했다.

열국의 제후들 모두 공자에 관한 소문을 듣고 그를 경모했다. 그러나 공자는 열국의 실권을 쥐고 있던 권신과 귀척貴戚의 시기와 훼방을 받았다. 어느 나라도 그를 써주지 않았다. 이내 고국인 노나라로 돌아왔다. 하루는 대부 중손하기가 상국인 계손사에게 말했다.

"우리 노나라가 안팎의 우환을 없애려면 공자를 등용하는 길밖에 없습니다."

계손사는 공자를 소환해 종일토록 이야기를 나눴다. 공자의 도량과 학문이 바다와 같아 그 끝을 엿볼 수 없었다. 계손사가 용변을 위한 갱의更衣를 하려고 자리에서 일어나 안으로 들어갔다. 이때 영지인 비읍 땅에서 사람이 와서 보고했다.

"비읍에서 우물을 파던 자가 땅 속에서 액체를 담는 그릇인 토제土製 장군인 토부土缶 하나를 캐냈습니다. 그 속에 양 비슷한 짐승 한 마리가 들어 있었다고 합니다. 그게 무슨 짐승인지 아무도 모른다고 합니다."

계손사는 공자의 학식을 시험해 볼 요량으로 아무에게도 그 이야기를 하질 말라고 당부했다. 이어 다시 공자가 기다리고 있는 외당外堂으로 나와 공자에게 물었다.

"어떤 자가 우물을 파다가 땅속에서 개 비슷한 짐승을 얻었는데 그게 무

13 공자의 자 중니仲尼의 '중'은 큰 아들 맹피孟皮 다음으로 얻은 둘째 아들이라는 의미이고, '니'는 니구산에 기도를 올려 얻은 아들이라는 취지에서 나온 것이다.

엇인지 알 수 있겠습니까?"

공자가 대답했다.

"저의 대답을 듣고자 한다면 그것은 개가 아니라 필시 양일 것이오."

계손사는 속으로 크게 놀라 그 이유를 묻자 공자가 대답했다.

"제가 듣건대 산의 요괴는 기夔와 망량魍魎, 물의 요괴는 용龍과 망상罔象, 땅의 요괴는 분양羵羊이라고 했습니다.[14] 우물을 파다가 땅속에서 짐승을 얻었다고 하니 그것은 틀림없이 '분양'일 것입니다."

계손사가 다시 물었다.

"어째서 그것을 분양이라고 하는 것이오?"

공자가 대답했다.

"그것은 암컷도, 수컷도 아닙니다. 그저 두 형태를 지니고 있기에 '분양'이라고 한 것입니다."

계손사는 비읍 땅에서 온 사람에게 물어 봤다.

"그 짐승이 수컷인가, 암놈인가?"

그 사람이 대답했다.

"그것은 암수 생식기의 시늉만 지니고 있을 뿐 암컷도 수컷도 아니었습니다."

계손사가 크게 놀랐다.

"중니의 학식은 누구도 따라갈 수 없겠다."

곧 노정공에게 말해 중도中都를 다스리는 중도재中都宰로 삼게 했다. 그 소문이 널리 퍼져 마침내 초나라에까지 전해졌다.

초소왕이 사자를 시켜 노나라의 공자에게 보내면서 지난번에 강을 건너

14 기夔는 다리가 하나밖에 없는 도깨비로 머리는 소처럼 생겼고 뿔이 없다. 망량魍魎은 그림자 바깥에 생기는 더 희미한 그림자로 여기서는 원숭이를 닮은 산도깨비를 가리킨다. 망상罔象은 어린애의 모습을 하고 귀가 크고 팔이 긴 물속의 도깨비를 말한다.

면서 건져 올린 과일이 과연 어떤 것인지 묻게 했다. 공자가 초나라 사자에게 대답했다.

"그것은 부평초 열매인 평실萍實이라는 과일이오. 쪼개면 그 속을 먹을 수 있소."

그 사자가 물었다.

"부자夫子는 그걸 어떻게 아셨습니까?"

공자가 대답했다.

"내가 지난날 초나라를 지나다가 강가에서 나루가 어디 있는지 물은 적이 있소. 그때 아이들이 나타나 이런 노래를 불렀소.

초왕 도강하다 평실 하나 건지니	楚王渡江得萍實
크기는 말만 하고 붉기는 해와 같아	大如斗, 赤如日
쪼개서 먹으니 그 맛 꿀만 같았지	剖而嘗之甛如蜜

나는 그 동요를 듣고 비로소 그게 '평실'이란 걸 알게 됐소."

사자가 다시 물었다.

"그것을 언제든 구할 수 있습니까?"

공자가 대답했다.

"평萍은 늘 물에 떠다니는 풀로 한 곳에 뿌리를 내리는 게 아니오. 그것은 서로 떠돌아다니다가 서로 엉겨 붙어야 씨받이가 이뤄져 열매를 맺소. 1천 년이나 1백 년에 1번도 그 열매를 맺기가 어렵소. '평실'을 얻었다는 것은 흩어졌다가 다시 모이고 쇠잔해졌다가 다시 부흥하는 상서로운 징조요. 가히 초왕을 위해 경하할 일이오."

사자는 초나라로 돌아가 초소왕에게 공자의 말을 전했다. 초소왕이 탄복해 마지않았다.

당시 공자는 중도재가 되어 중도 땅을 잘 다스렸다. 이 소문을 듣고 열국에서 수시로 중도 땅으로 사람을 보내 공자의 정교政敎를 살펴본 뒤 나라를 다스리는 법칙으로 삼았다. 노정공魯定公이 공자의 현명함을 알고 조정으로 불러 사공으로 삼았다.

주경왕周敬王 19년인 기원전 501년, 계손사의 가신인 양호가 변란을 일으켜 노나라의 정권을 잡고자 했다. 계손씨의 서자인 숙손첩叔孫輒이 숙손씨 일족으로부터 천대를 받고 있고, 계손사의 가재로서 비읍 땅을 다스리는 공산불뉴와 절친한 사이란 사실을 알았다. 곧 숙손첩과 공산불뉴를 불러 노나라 정권을 장악할 계책을 상의했다.

먼저 계손사를 죽이고 중소하기와 숙손주구도 제거한 뒤 공산불뉴가 계손자, 숙손첩이 숙손주구, 양호 자신은 공손하기의 자리를 차지하는 방안이었다. 양호는 진작부터 공자의 현명함을 사모하고 있었다. 공자를 끌어들이고자 했다. 사람을 공자에게 보내 공자의 의중을 떠보았다. 공자가 이를 좇지 않았다. 양호는 예물을 보내면 반드시 답례를 해야 하는 당시의 관행을 이용해 공자를 설득할 요량으로 삶은 돼지 1마리를 예물로 보냈다.

공자가 제자들에게 말했다.

"양호가 나를 유인하기 위해 이런 걸 보냈구나."

그러고는 답례를 표하기 위해 한 제자로 하여금 양호가 외출한 틈을 타 이름과 주소 및 신분 등을 적은 명함인 명자名刺를 양호의 집 대문 안에 넣고 돌아오도록 했다. 결국 양호는 공자를 끌어넣지 못했다.

하루는 공자가 중손하기에게 사적으로 말했다.

"장차 양호가 난을 일으킬 듯하오. 그는 계손씨부터 없애려 할 것이오. 미리 대책을 강구해 두어야 화를 면할 수 있을 것이오."

중손하기가 남문 밖에다 집을 짓는다고 헛소문만 낸 뒤 좋은 목재를 운반해 목책을 만들었다. 이어 소와 말을 키우는 장정들 가운데 건장한 젊은

이 300명을 선발했다. 명목은 목책을 세우고 집을 짓기 위한 고용인이지만 사실은 양호의 난에 대비한 가병들이었다.

그는 또 자신의 종읍인 성읍成邑의 읍재 공렴량으로 하여금 갑옷과 무기를 수선해 놓은 뒤 자신의 명을 기다리도록 했다.

"내가 급보를 보내거든 그대는 밤을 도와 곡부로 달려와 나를 돕도록 하시오."

이해 가을 8월, 나라에서 지내는 큰 제사인 노나라의 체제禘祭를 올리는 날이 다가왔다. 양호는 체제를 지낸 이튿날 지금의 산동성 곡부시 인근의 포포蒲圃에서 주인을 위해 잔치를 베풀겠다고 말하면서 주인인 계손사를 초정했다.

중손하기가 그 소식을 듣자 더럭 의심이 났다.

'양호가 계손사에게 향응을 베풀겠다고 하니 매우 수상한 일이다.'

곧 사람을 공렴양에게 보내 체제 이튿날 한낮까지 갑사들을 이끌고 곡부성의 동문으로 들어갔다가 다시 남문으로 나오되 노상에서 수상한 일이 빚어지면 즉각 행동할 것을 지시했다.

체제를 지낼 날이 되자 양호는 직접 계손사의 집으로 간 뒤 계손사를 청해 수레에 오르게 했다. 양호는 수레를 타고 계손사를 앞에서 인도하고, 양호의 종제 양월陽越이 그 뒤를 따랐다. 계손사의 수레를 좌우에서 호위한 자들 모두 양호의 일당이었다. 오직 계손사의 수레를 모는 어자만 대대로 계손씨 집안에서 식객 노릇을 해온 인물이었다. 이름이 임초林楚였다.

계손사는 낌새가 이상한 것을 보고는 그제야 양호가 변란을 일으키려는 게 아닌지 의심했다. 곧 임초에게 은밀히 말했다.

"너는 능히 수레를 몰아 남문 밖 맹손씨 목책으로 갈 수 있겠는가?"

임초가 그 뜻을 알고 머리를 끄덕였다. 그는 수레가 도성 중심부인 큰 네거리에 이르자 문득 말고삐를 잡아당기면서 남문 쪽을 향해 질주했다. 채찍을 들어 올려 말들을 매질하며 전속력으로 내달렸다. 뒤따라오던 양월이 이를 보고 큰 소리로 외쳤다.

"고삐를 늦춰라!"

그러나 임초는 뒤도 돌아보지 않고 더욱 세차게 채찍을 휘둘렀다. 수레가 미친 듯이 내달렸다. 양월이 화급히 뒤를 쫓아가며 활을 쐈다. 다행히 임초에게는 맞지 않았다. 이때 임초는 너무 황급히 말을 몰다가 그만 채찍을 떨어뜨리고 말았다. 뒤쫓던 양월이 길바닥에 떨어진 채찍을 집어 올렸을 때 수레는 이미 멀리 사라진 뒤였다.

계손사는 남문 밖으로 나와 곧바로 중손하기의 목책 안으로 들어갔다. 그는 목책의 문을 걸어 닫게 한 뒤 큰 소리로 외쳤다.

"맹손씨는 나를 구해주시오!"

중손하기가 300명의 장사들로 하여금 활을 들고 목책의 문 안에 매복케 했다. 양월이 이내 그곳에 당도했다. 곧 무리를 이끌고 목책을 공격했다. 매복해 있던 300명의 장사가 일제히 활을 쐈다. 양월의 무리가 화살을 맞고 대거 쓰러졌다. 양월 역시 여러 대의 화살을 맞고 말에서 떨어져 죽었다.

한편 양호는 동문 가까이 이르러서야 비로소 뒤를 돌아보았다. 뒤따라와야 할 계손사의 수레가 보이지 않았다. 황급히 말을 돌려 지나온 길을 되돌아가 네거리에 이르렀다. 길을 가는 사람들에게 물었다.

"상국의 수레를 보지 못했는가?"

길 가는 사람이 대답했다.

"말이 놀랐는지 질풍처럼 내달려 남문을 빠져 나갔습니다."

그 말이 끝나기도 전에 양월의 패잔병들이 도망쳐 왔다. 양호는 그들로부터 종제인 양월이 화살에 맞아 죽고 계손사가 중손하기의 목책 안으로 들어가 피신하고 있다는 소식을 들었다.

대로한 양호가 무리를 이끌고 궁중으로 들어가 노정공을 궁궐 밖으로 끌어내 앞장을 세웠다. 이때 마침 궁으로 들어오는 숙손주구와 마주쳤다. 양호가 숙손주구도 납치했다.

그는 또 궁중의 갑사를 모두 징발해 강제를 끌어낸 뒤 숙손씨의 가병과 함께 남문 밖의 중손하기를 공격케 했다. 중손하기가 300명의 장사를 이끌고 대항했다. 양호가 불을 질러 목책을 태울 것을 명했다. 계손사는 유일한 방어벽인 목책이 불에 탈까 두려워했다. 중손하기가 중천에 떠 있는 해를 쳐다보며 말했다.

"나의 본거지인 성읍의 군사가 거의 이를 때가 됐으니 과히 걱정하지 마시오."

그 말이 채 끝나기도 전에 동쪽에서 한 장수가 군사를 이끌고 달려왔다. 그는 병사들로 하여금 호초呼哨를 불어 신호를 보내게 하면서 큰 소리로 외쳤다.

"나의 주인을 범하지 마라, 공렴양이 여기 있다!"

대로한 양호가 긴 창을 휘두르며 공렴양과 싸웠다. 두 장수가 50여 합을 싸웠다. 양호가 더욱 분발해 싸웠으나 공렴양은 점차 힘이 빠졌다. 이때 양호에게 강제로 끌려온 숙손주구가 문득 거짓으로 외쳤다.

"양호가 패했다!"

이어 자신의 가병들을 이끌고 노정공을 앞뒤로 호위하며 서쪽으로 달아났다. 강제 끌려왔던 궁중의 갑사들도 그 뒤를 따랐다. 목책 밖의 상황이 일변한 것을 본 중손하기가 곧바로 목책 문을 열어젖힌 뒤 장사들을 이끌고 달려 나와 양호의 무리를 쳐부쉈다. 계손사의 가신 점월苫越도 가병들을 이끌고 그곳으로 달려왔다.

양호는 중과부적으로 세가 불리해지자 창을 거꾸로 들고 달아났다. 이내 자신의 근거지인 지금의 산동성 태안시 남쪽의 환양관讙陽關으로 들어가 웅거했다. 맹손씨 등 3화의 가병들이 합세해 환양관을 공격했다. 양호는 환양관을 지킬 수 없게 되자 관문에 불을 지르게 했다. 3환의 가병이 불길을 피해 잠시 뒤로 물러섰다. 양호가 그 틈을 타 탈출한 뒤 제나라로 달아났다. 그는 제경공에게 환양관 일대의 땅을 바치고 제나라 군사를 빌려 노나라를 공격코자 했다.

제나라 대부 포국鮑國이 나서서 말했다.

"노나라가 지금 공자를 등용하고 있으니 노나라와 싸워서는 안 됩니다. 차라리 양호를 잡아 노나라로 보내고 그가 바친 땅도 되돌려줘 공자의 비위를 맞추느니만 못합니다."

제경공이 이를 좇아 양호를 서쪽 변경인 서비西鄙에 가두게 했다. 양호가 옥리에게 술을 잔뜩 먹인 뒤 짐수레인 치거輜車를 훔쳐 타고 송나라로 달아났다. 송나라가 양호에게 광匡 땅에 살게 했다.

양호가 광 땅에 가 살며 그곳 백성을 모질게 부렸다. 광 땅의 백성들은 견디다 못해 양호를 잡아 죽이고자 했다. 양호가 다시 진晉나라로 달아났다. 진나라 권신인 조앙趙鞅의 가신이 되어 그를 섬겼다.

훗날 송나라 때 유학자인 어떤 송유宋儒가 양호를 논했다.

> 양호는 배신陪臣인데도 음모를 꾸며 주인 계손씨를 죽이려고 했다. 이는 분명한 반역이다. 그러나 계손씨도 그 군주를 쫓아내고 정권을 잡았다. 그 가신이 곁에서 주인의 그런 소행을 지켜본 게 어찌 하루 이틀이겠는가? 사실이다. 하지만 양호의 주인 계손씨는 군주까지 내쫓고 노나라 정권을 잡은 사람이다. 가신이 주인의 그런 소행을 본받은 것은 천리天理에 따른 당연한 인과응보의 법칙으로 조금도 괴이할 게 없다.

그는 또 시를 지어 탄식했다.

당시에 계손씨는 군주를 능멸하더니 當時季氏淩孤主
이젠 그 가신이 계손씨를 배반 했지 今日家臣叛主君
자신이 지은 죄 되돌려 받은 것이니 自作忠奸還自受
앞 수레 바퀴소리는 뒤 수레가 듣지 前車音響後車聞

또 다른 송유는 이같이 논했다.

노나라는 노혜공魯惠公 때부터 천자의 예악을 참람하게 사용했다. 노나라 대부에 불과한 3환이 천자만이 행하는 팔일무八佾舞를 추고, 종묘제사 후 제상을 물릴 때 연주하는 음악인 옹철雍徹의 노래를 불렀다. 제후의 눈에 천자가 없고, 대부의 눈에 제후가 없었기에 가신의 눈에도 대부가 없었던 것이다. 노나라 군신과 가신들 상하가 서로 유사한 모습을 패역悖逆을 저질렀으니 실로 그 연원이 매우 오래됐다.

그는 또 이를 시로 읊었다.

천자의 음악과 춤을 즐기는 자들아 九成干戚舞團團
묻건대 누가 참람의 단초 열었을까 借問何人啓僭端
만일 국내의 역적을 없애고자 하면 要使國中無叛逆
주왕실로 가서 예악 물어야 하리라 重將禮樂問周官

제경공은 양호를 놓치고 난 뒤 노정공이 역적을 용납했다고 비난할까 걱정했다. 곧 사자를 노나라로 보내 양호가 송나라로 달아난 전말을 알리고,

양국의 경계에 있는 협곡夾谷에서 회맹하는 방안을 청했다. 평화회맹인 승거지회乘車之會를 통해 양국의 우호를 다지고 전쟁을 영구히 종식시키는 내용의 국서를 노정공에게 올린 게 그렇다.

노정공이 곧 3환을 소집해 그 일을 상의했다. 중손하기가 말했다.

"제나라는 원래 속임수를 잘 씁니다. 주공은 경솔히 허락하면 안 됩니다."

계손사가 나서서 말했다.

"제나라는 누차 우리 노나라를 침공했습니다. 그때마다 우리는 제대로 대응치 못했습니다. 제나라가 우호관계를 맺자고 청했는데 어찌 거절할 수 있겠습니까?"

노정공이 물었다.

"과인이 간다면 누가 어가御駕를 보위할 수 있겠소?"

중손하기가 말했다.

"신의 스승인 공자孔子가 아니면 안 될 것입니다."

노정공이 이를 좇아 곧바로 공자를 불렀다. 그는 공자에게 양국 군주의 회맹에서 자신을 보좌하고 예를 행하는 일을 맡아달라고 청했다. 이후 승거乘車가 모두 준비되고 마침내 협곡으로 출발하려고 하자 공자가 말했다.

"신이 듣건대 '문사文事에는 반드시 무비武備가 있어야 한다.'고 했습니다. 문무는 서로 떨어질 수 없는 것입니다. 자고로 제후가 나라 밖으로 행차할 때는 반드시 문관과 무관을 함께 이끌고 떠났습니다. 지난날 송양공이 우盂 땅의 회맹 때 무비를 소홀히 했다가 초나라로부터 굴욕을 당한 일을 거울로 삼아야 합니다. 청컨대 좌우 사마司馬와 동행해 불의의 사태를 대비키 바랍니다."

노정공이 이를 좇아 대부 신구수申句須를 우사마, 악기樂頎를 좌사마로 삼았다. 또 이들에게 명해 병거 200승을 이끌고 멀리서 자신을 뒤따르게 했다. 이어 대부 자무선玆無還에게 명해 병거 300승을 이끌고 가 협곡에서 10리쯤 떨어진 곳에 영채를 세우게 했다.

이같이 대비한 뒤 노정공이 마침내 공자와 함께 협곡으로 갔다. 제경공이 먼저 와 있었다. 그는 이미 흙으로 단을 쌓아 놓고 노정공을 기다렸다. 맹서를 위한 단은 3층이었고 제도는 간략했다. 제경공은 단의 오른쪽 막사, 노정공은 단의 왼쪽 막사에 들었다.

공자는 제나라 군사의 경비가 엄중한 걸 보고는 신구수와 악기에게 노정공을 밀착해 호위할 것을 당부했다. 제나라 대부 여미黎彌는 꾀가 많다는 평을 듣고 있었다. 양구거 사후 제경공이 여미를 총신寵信했다. 그날 밤 여미가 제경공의 막사로 알현을 청했다. 제경공이 물었다.

"경이 무슨 일로 이 밤중에 과인을 찾아 왔는가?"

여미가 대답했다.

"제나라와 노나라가 원수가 된 것은 어제 오늘의 일이 아닙니다. 그런 터에 현명하고 성덕이 있는 공자가 노나라 정사를 좌우한다면 훗날 제나라에 큰 해가 미치지나 않을까 우려됩니다. 이제 주공이 노후魯侯와 회맹코자 하는 것도 그 대비책을 강구코자 하는 취지일 것입니다. 신이 오늘 공자를 보니 그는 예만 알 뿐이지 용기가 없습니다. 전쟁이나 정벌에 관해 알지 못하는 듯합니다. 내일 회맹의 의식이 끝나면 주공은 사방의 음악을 연주해 노후를 즐겁게 하라고 명하십시오. 그러면 신이 내이萊夷 300명으로 하여금 악공으로 가장해 음악을 연주케 하면서 노후 앞으로 다가가 문득 노후와 공구를 사로잡겠습니다. 이어 신은 따로 병사를 대기시켜 놓았다가 그들과 함께 단 아래에서 노나라 병사를 무찔러 사방으로 흩어놓겠습니다. 그리하면 노나라 군신의 목숨은 우리 손아귀에 들어올 것입니다. 주공은 이들을 어찌 처분하든 군사를 일으켜 노나라를 치는 것보다 낫지 않겠습니까?"

제경공이 대답했다.

"이 일은 내가 상국과 상의해 결정하겠소."

여미가 말했다.

"안영은 평소 공자와 친하게 지낸 사이입니다. 이를 안영에게 알리면 신이 의도한 바를 결행할 수 없습니다. 청컨대 신에게 이 일을 맡겨 주십시오."

제경공이 말했다.

"그렇다면 경에게 이 일을 맡기도록 하겠소. 자세히 살펴서 행하도록 하시오."

여미는 계책을 실행하기 위해 몰래 내이 부족의 군사들과 약속을 했다.

이튿날 아침, 노정공과 제경공이 단 아래 모여 서로 읍양揖讓한 뒤 단상으로 올라갔다. 제나라에서는 상국인 안영, 노나라에서는 공자가 의례를 집행했다. 안영과 공자는 서로 읍양한 뒤 각자 자신의 군주를 좇아 단상으로 올라가 다시 정식으로 교배交拜했다.

주나라의 건국 원훈인 제나라 시조 강태공姜太公과 주나라 문물제도를 제정한 노나라 시조 주공周公 단旦으로부터 이어져 내려온 우호관계를 다짐했다. 이어 양국 군주가 서로 옥백을 교환한 뒤 술을 나눠 마시는 예를 거행했다.

의식이 끝나자 제경공이 말했다.

"과인이 사방의 여러 음악을 준비했소. 원컨대 군후와 함께 즐길까 하오."

이어 내이의 악공을 불러 음악을 연주케 했다. 악공으로 가장한 내이의 군사 300명이 일제히 북을 두드리며 등장했다. 새의 깃털로 만든 이족夷族의 옷을 입은 내이 300명이 갖가지 깃발과 깃털, 창검 및 방패 등을 들고 벌떼처럼 올라왔다. 입으로 호초呼哨의 소리를 내며 서로 끊임없이 화답했다. 단으로 연결된 계단의 절반까지 뛰어올라오자 노정공의 안색이 변했다. 공

공자가 협곡회맹에서 제나라를 물리치다

자가 태연히 일어나 제경공 앞으로 다가가 소매를 들고 이들을 제지한 뒤 말했다.

"두 나라 군주가 우호관계를 다짐하는 자리이니 중국의 예악을 행해야 합니다. 어찌 이적의 음악을 연주하게 하는 것입니까? 유사有司는 이들을 물리쳐 주기 바랍니다."

안영 역시 여미가 꾸며낸 계책인 줄 모른 까닭에 동조해 말했다.

"공자의 말이 예의에 맞는 말입니다."

제경공이 그 말을 듣고 크게 부끄러워했다. 급히 손을 내저어 내이들을 물리쳤다. 당시 여미는 단 아래 있었다. 악공들이 손을 쓰면 곧바로 병사를 움직여 노나라 군사를 무찌르려고 모든 준비를 갖춘 채 대기하고 있었다. 문득 음악을 중지시키는 걸 보고 몹시 화를 냈다. 곧 본국에서 이끌고 온 배우들이 있는 곳으로 가 분부했다.

"회맹의식이 끝났으니 곧 단 위에서 잔치가 벌어질 것이다. 내가 너희들을 불러 노래를 부르고 음악을 연주토록 할 것이다. 그 자리에서 「폐구敝笱」의 노래를 하고 멋대로 희학질을 하도록 하라. 노나라 군신이 너희들의 그런 행동을 보고 웃거나 성을 내면 내가 후한 상을 내릴 것이다."

『시경』「제풍齊風, 폐구」의 시는 원래 노나라 문강文姜의 음란한 행보를 노래한 시이다. 여미는 노나라 군신에게 망신을 줄 생각이었다. 여미가 제경공 앞으로 나아가 말했다.

"청컨대 두 군주의 장수를 위해 궁중 음악을 연주코자 합니다."

제경공이 말했다.

"궁중 음악은 오랑캐의 음악이 아니니 속히 연주토록 하라."

여미는 제경공의 명을 배우들에게 전했다. 배우와 난쟁이 어릿광대인 주유侏儒에게 이상한 옷을 입힌 뒤 얼굴에 색칠을 하게 했다. 이어 남녀로 분장하고 단 위로 오르게 했다. 남녀 양대兩隊로 나뉜 이들은 노정공 면전에서 뛰기도 하고 춤도 추면서 노래를 불렀다. 가사가 모두 음탕한 내용이었다. 이들은 노래를 부르며 마구 웃어젖혔다.

공자가 허리의 칼에 손을 얹은 채 눈을 똑바로 떠 제경공을 바라보며 말했다.

"필부로서 군주를 희롱하는 자는 응당 참해야 합니다. 청컨대 제나라 사마에게 법을 집행토록 명하십시오."

제경공이 못들은 척했다. 배우들이 계속 희학질을 하며 깔깔거렸다. 공자가 단호히 말했다.

"두 나라가 이미 우호를 맺었으니 두 나라 군주는 형제와 같다. 노나라 사마도 제나라 사마와 다를 게 없다."

그는 소매를 들어 단 밑을 향해 휘두르며 크게 불렀다.

"신구수와 악기는 어디에 있는가?"

두 장수가 나는 듯이 단 위로 뛰어 올라왔다. 두 장수가 남녀로 분장한 양대의 행수行首를 붙잡아 즉석에서 참했다. 배우와 주유들이 크게 놀라 사방으로 달아났다. 제경공은 내심 해괴하게 생각했지만 당장 어찌할 도리가 없었다.

노정공이 곧바로 자리에서 일어나 공자와 함께 두 장수를 이끌고 단 아래로 내려갔다. 당초 여미는 노정공이 단 아래로 내려오면 그 앞을 가로막을 작정이었다. 하지만 감히 그리할 수 없었다. 첫째, 공자의 과감한 언동에 놀랐기 때문이다. 둘째, 신구수와 악기가 용맹한 장수라는 사실을 알고 있었기 때문이다. 셋째, 10리 밖에 노나라 군사가 주둔하고 있다는 사실을 전해 들었기 때문이다. 여미는 목을 움츠리고 그 자리를 피했다.

회맹이 끝나자 제경공이 막사로 돌아왔다. 여미를 불러 책망했다.

"공자가 그 군주를 도와 행한 바는 모두 옛 사람의 법도에 어긋나지 않았소. 그런데 그대는 과인으로 하여금 상도常道에 어그러진 이적의 풍속을 따르게 했소. 과인은 본래 노나라와 우호관계를 닦으려고 생각했는데 이제는 도리어 노나라의 원한을 사게 됐소."

여미가 황공한 나머지 한마디도 대답치 못했다. 상국 안영이 말했다.

"소인은 허물을 허황된 말로 사과하고, 군자는 허물을 마음이 담긴 선물로 사과한다는 뜻의 '소인지기과小人知其過, 사지이문謝之以文. 군자지기과君子知其過, 사지이질謝之以質.' 구절을 들은 적이 있습니다. 이제 우리는 노나라 문양汶陽 땅을 3곳이나 차지하고 있습니다. 첫째, 환양讙陽 땅입니다. 전에 양호가 주공께 바친 의롭지 못한 땅입니다. 둘째, 운鄆 땅입니다. 전에 노소공을 복위시켜 준다는 명목으로 받은 땅입니다. 셋째, 귀음龜陰 땅입니다. 전에 선군 제경공齊頃公이 진晉나라의 힘에 의지해 빼앗은 땅입니다. 이들 3곳을 모두 돌려보내십시오. 전에 선군 제환공은 노나라와 전쟁에서 이겨 문양 땅을 할양받은 적이 있습니다. 이후 노장공과 회맹할 때 노나라 장수 조말의 겁박으로 인해 그 땅을 돌려주었습니다. 그런 문양 땅을 돌려주지 않으면 노나라는 우리 제나라를 곱게 보지 않을 것입니다. 주공은 이번 기회에 노후에게 사과하는 표시로 환양과 운, 귀음 땅을 모두 되돌려 주십시오. 그러면 노나라 군신 모두 크게 기뻐할 것이고 두 나라의 우호관계 또한 더욱 굳건해질 것입니다."

제경공이 이 말을 듣고 크게 기뻐했다. 즉시 그 땅들을 노나라에 반환했다. 이는 주경왕周敬王 24년인 기원전 496년의 일이다.

사신이 시를 지어 칭송했다.

오랑캐 창칼 들어 가무 행하는데	紛然鼓噪起萊戈
단 앞에서 떠드는 소리 어이할까	無奈壇前片語何
예를 하는 사람 용기도 지녔으니	知禮之人偏有勇
두 군주 화합케 하고 땅도 찾다	三田買得兩君和

또 사신은 제경공이 능히 마음을 비우고 사과한 것은 현군의 행보이고, 덕분에 거의 중원의 패권을 잡게 됐다고 칭송했다.

또 다른 시를 지어 이를 칭송했다.

여미 말 듣고 회맹서 실수하나	盟壇失計聽黎彌
신하가 간하자 그 말을 좇았다	臣諫君從兩得之
세 곳의 땅 돌려주며 사과하니	不惜三田稱謝過
천추의 명성 안팎에 드러내다	顯名千古播華夷

제나라가 돌려준 세 곳의 땅은 옛날 노희공이 자신을 잘 보필한 숙부이자 계손씨의 선조인 계우季友에게 하사한 땅이다. 노나라로 반환됐으나 실은 계우의 자손인 계손사의 소유로 돌아갔다. 계손사는 내심 공자에게 감사하는 마음을 지녔다. 특별히 귀음 땅에 성을 축조한 뒤 명칭을 공자에게늘 감사한다는 취지의 사성謝城으로 지은 이유다. 그는 이어 노정공에게 주청해 공자를 대사구大司寇로 승진시켰다.

당시 노나라와 접경한 제나라의 남쪽 경계에 문득 큰 새 한 마리가 날아와 여러 날 머물렀다. 길이가 3척이나 되고, 몸은 검고, 목은 희고, 부리는 길고, 다리는 하나뿐이었다. 밭 사이에서 두 날개를 펼쳐 춤을 췄다. 농부들이 그 새를 쫓아냈으나 그 새는 떠나지 않았다. 그러다가 며칠 뒤 북쪽을 향해 날아가 버렸다.

계손사가 괴이하게 여겨 공자에게 묻자 공자가 대답했다.

"그 새 이름은 상양商羊으로 북해의 바닷가에서 생겨납니다. 하늘에서 큰 비를 내릴 때는 상양이 나타나 춤을 춥니다. 그 새가 춤을 추면서 내려다본 땅에는 반드시 홍수의 재앙이 일어납니다. 제나라와 노나라 접경지역은 미리 홍수에 대비해야 합니다."

계손사는 이를 좇았다. 곧바로 문양 땅에 사람을 보내 미리 수해에 대비하라고 지시했다. 백성들이 둑을 수리하고 집집마다 지붕을 튼튼히 고치는 등 홍수에 대비했다. 그런지 3일이 못돼 과연 큰 비가 내리기 시작하더니 마침내 문수汶水가 범람했다. 노나라는 미리 대비한 까닭에 아무런 피해도 입지 않았다.

제경공이 이 소문을 듣고 공자를 신처럼 생각했다. 이후 공부자孔夫子가 박학하다는 소문은 천하에 널리 퍼졌다. 세인들 모두 공자를 성인聖人으로 칭했다.

이를 뒷받침하는 옛 시가 있다.

오전 공부한 박식한 자 가운데	五典三墳漫究詳
누가 평실과 상양을 판별했을까	誰知萍實辨商羊
다재다능한 성인 하늘이 내리니	多能將聖由天縱
천추만세 꽃다운 이름을 전하다	贏得芳名四海揚

156話 공자가 성을 헐고 소정묘를 주살하다
–타삼도문인복법墮三都聞人伏法

당시 노나라 상국 계손사가 공자 문하에서 인재를 선발코자 했다. 먼저 공자를 찾아가 청했다. 공자가 제자들 가운데 중유仲由 즉 자로子路와 염구冉求 즉 자유子有를 천거했다. 이후 자로와 자유는 계손사의 가신이 되어 그를 도왔다.

하루는 계손사가 문득 공자에게 물었다.

"양호는 비록 달아나고 없지만 우리 계손씨의 종읍인 비읍의 읍재 공산불뉴가 다시 일을 도모하면 이를 어떻게 제지해야 합니까?"

공자가 대답했다.

"그를 제지하려면 예법과 제도를 분명히 밝혀야 합니다. 옛날엔 신하는 가병을 두지 않았고, 대부는 사방이 100치雉 즉 300장丈이 넘는 큰 성을 소유하지 않았습니다. 대부의 가신인 읍재가 반란을 일으킬 근거가 없었던 이유입니다. 그대는 어째서 비읍의 성을 헐고 성을 방어하기 위한 무기를 철거하지 않는 것입니까? 그리하면 대부와 가신 모두 편안하고 반란도 영구히 일어나지 않을 것입니다."

계손사가 공자의 말을 옳게 여겨 중손하기와 숙손주구에게도 이 뜻을 전했다.

중손하기가 찬동했다.

"그리하는 것이 실로 집안과 나라를 위해 이롭다면 어찌 나의 소유물이라고 해서 아낄 리 있겠소?"

당시 소정묘少正卯는 공자와 그 제자들이 등용되는 것을 시기하고 있었다. 공자가 뜻하는 바를 방해키로 결심한 이유다. 그는 숙손첩으로 하여금 비밀리에 비읍의 읍재 공산불류에게 서신을 보내 반란을 부추기게 했다. 서출로 태어나 늘 숙손씨에 불만을 품고 있을 뿐만 아니라 계손씨에 대해서도 불평을 하는 걸 이용한 것이다.

비성을 근거로 늘 반란을 일으킬 생각을 품고 있던 공산불뉴가 서신을 받고 크게 고무됐다. 그는 공자가 노나라 백성들의 존경을 받고 있는 걸 알고 우선 공자의 도움을 받고자 했다. 공자에게 후한 예물과 함께 서신을 보냈다. 그 내용은 대략 이러했다.

> 3환이 진작부터 노나라 정사를 멋대로 처리한 까닭에 군주는 약하고 신하는 강한 이른바 군약신강君弱臣强 현상이 빚어졌습니다. 민심이 3환에게 분노하는 이유입니다. 이 공산불뉴는 어쩌다가 계손사의 가신으로 있습니다만 실은 공의公義를 사모하고 있습니다. 제가 원하는 바는 이 비읍을 공실에 바치고 계손씨의 가신이 아니라 군주의 신하가 되는 것입니다. 이후 공실을 도와 강포한 3환을 갈아엎도록 하겠습니다. 그러면 노나라는 주공의 옛 제도를 회복할 수 있을 것입니다. 혹여 부자夫子가 이에 동의한다면 이 비읍으로 왕림해 주시기 바랍니다. 직접 상면해 그 일을 결정코자 합니다. 노자에 보탤 생각으로 변변치 못한 물건을 노호路犒로 보냅니다. 엎드려 바라건대 누추하게 여기지 말아 주십시오.

공자가 서신을 보고 난 뒤 노정공에게 말했다.

"공산불뉴가 반란을 일으키면 결국 군사 출동의 수고를 감수해야만 합니다. 신이 홀로 그곳으로 가서 자신의 잘못을 깨닫고 마음을 돌리도록 설득해 보겠습니다."

공자가 성을 헐고 소정묘를 주살하다

노정공이 불허했다.

"나라가 다사다난한 까닭에 부자가 국사를 처결해 주기만 믿고 있소. 그런 터에 어찌 부자로 하여금 과인의 곁을 떠나게 할 수 있겠소?"

공자가 예물과 서신을 비읍으로 돌려보냈다. 공산불뉴는 공자가 오지 못하게 된 사정을 알고 성읍의 읍재 공렴양과 후읍의 읍재 공약막과 함께 군사를 일으키기 위해 연락을 취했다. 그러나 두 사람 모두 청을 거절했다.

당시 공약막이 다스리는 숙손씨의 후읍에 말을 키우고 관리하는 마정馬正의 자리에 있는 후범侯犯이라는 사람이 있었다. 힘이 세고 활을 잘 쏘았다. 후읍의 백성들이 그를 두려워했다. 원래 후범은 공약막의 수하 노릇을 하지 않을 생각이었다. 이내 휘하의 어인圉人을 사주해 공약막을 찔러 죽이게 했다. 이어 스스로 후읍의 읍재가 됐다. 그러고는 후읍의 백성을 징발해 성 위로 올라가 성을 지키게 했다. 후읍의 가주家主인 숙손주구가 명을 내릴지라도 이를 거절키 위해 그리한 것이다.

숙손주구는 읍재인 공약막이 부하인 후범에게 피살됐다는 보고를 받자 중손하기에게 이를 알렸다. 중손하기가 말했다.

"내가 팔 하나의 힘인 일비지력一臂之力의 도움을 주겠소. 함께 가서 모반한 종인 그 반노叛奴를 멸합시다."

맹손씨와 숙손씨는 곧바로 두 집안의 가병을 일으켜 후읍으로 쳐들어갔다. 이내 후읍의 성을 포위했다. 후범이 결사적으로 저항했다. 공격하던 가병이 많이 죽었다. 후범을 이길 수 없었다. 중손하기가 숙손주구로 하여금 제나라에 구원을 청하게 했다.

숙손씨의 가신 가운데 사적駟赤이란 자가 있었다. 그는 후읍의 성 안에 있었던 까닭에 형편상 후범을 돕는 체했다. 후범은 사적을 신임했다. 사적이 후범에게 말했다.

"듣자하니 숙손주구가 제나라에 사람을 보내 원군을 청했다고 합니다. 제나라 군사가 3환의 가병과 합세해 공격하면 당해낼 길이 없습니다. 그대는 이 후읍을 제나라에 바치고 투항하십시오. 제나라는 겉으로만 노나라와 친할 뿐 속으로는 꺼리고 있습니다. 제나라가 후읍을 얻으면 이곳을 근거로 노나라를 핍박할 수 있는 까닭에 반드시 크게 기뻐할 것입니다. 제나라는 그대에게 이보다 갑절이나 큰 다른 땅을 내줄 것입니다. 땅도 얻고 위험도 벗어나 평안한 곳에 갈 수 있으니 이 어찌 이로운 일이 아니겠습니까?"

후범이 말했다.

"그 계책이 매우 좋소!"

후범은 곧바로 제나라로 사람을 보내 후읍을 바치고 투항할 뜻을 밝혔다. 제경공이 상국 안영에게 물었다.

"노나라 숙손씨는 후읍을 치면서 원군을 애걸하고 있고, 후범은 우리에게 후읍을 바치고 투항하겠다고 하오. 과인은 어느 쪽 말을 듣는 게 좋겠소?"

안영이 대답했다.

"우리는 노나라와 동맹한 처지입니다. 이런 터에 어찌 노나라에 반역한 자가 바치는 땅을 받을 수 있겠습니까? 숙손씨를 도와주는 게 옳습니다."

제경공이 웃으며 말했다.

"후읍은 숙손씨의 사사로운 영지이니 노후魯侯와는 아무 관계가 없소. 더구나 숙손씨는 가신과 극심히 다투며 상대를 어육魚肉으로 만들고자 하니 그러면 그럴수록 노나라에게는 불행이지만 우리 제나라에겐 다행이오. 과인에게 1가지 계책이 있소. 양쪽 사자들에게 그 요청을 모두 들어주겠다고 허락해 양쪽의 속셈을 모두 틀어지게 만드는 방안이 그것이오."

그러고는 사마양저司馬穰苴를 불러 분부했다.

"사마는 군사를 이끌고 가 노나라 접경지대에 주둔하면서 싸움을 지켜보도록 하시오. 후범이 능히 숙손씨를 막아 내면 곧바로 후읍으로 들어가 그 성을 점거한 뒤 후범을 귀순케 하시오. 만일 숙손씨가 이길 듯하면 곧바로 숙손씨를 도와 후읍을 공격토록 하시오."

이는 제경공의 간웅奸雄 행보를 보여준 것이다.

당시 사적은 후범이 제나라로 사자를 보낸 걸 보고 다시 후범에게 말했다.

"제나라는 노후와 새로 동맹을 맺은 까닭에 숙손씨를 도울지 아니면 우리 후읍을 도울지 여부는 아직 알 수 없습니다. 응당 성문에 많은 무기와 갑옷을 비치해 두었다가 불측지변不測之變이 빚어질 경우 곧바로 자위自衛

에 나서야 합니다."

후범은 지모가 없는 일개 용부勇夫에 지나지 않았다. 그는 사적의 말을 옳게 여겨 성문 밑에 갑옷과 창칼 등을 비치했다. 사적이 서신을 맨 화살을 성 밖으로 쏘아 보냈다. 숙손씨의 가병이 화살을 주워 숙손주구에게 갖다 바쳤다. 숙손주구가 서신을 뜯어보니 내용은 대략 이러했다.

> 이 사적이 반역한 후범을 이미 10 중 7–8을 제어해 두었습니다. 며칠 간의 불일不日에 성안에서 변이 일어날 것입니다. 주공은 괘념掛念치 마십시오.

숙손주구가 크게 기뻐하며 중손하기에게 그 내용을 일러줬다. 이어 가병을 엄중히 단속하며 때를 기다렸다. 며칠 뒤 후범의 사자가 제나라에서 돌아와 후범에게 고했다.

"제후齊侯가 우리의 청을 허락했습니다. 후읍을 제나라에 바치면 제나라의 다른 땅을 주겠다고 약속했습니다."

사적이 곁에서 경하한 뒤 밖으로 나와 사람들을 시켜 백성들에게 이같이 선언케 했다.

"후범 장군은 후읍의 백성을 이끌고 제나라의 다른 곳으로 옮겨갈 것이라고 했소. 제나라에서 돌아온 사자의 말에 따르면 제나라 군사가 곧 이리로 온다고 했소. 이를 어찌하면 좋겠소?"

후읍의 민심이 문득 흉흉해졌다. 많은 백성들이 사적의 집으로 몰려가 소문이 사실인지 따져 물었다. 사적이 말했다.

"나도 그 소문을 들었소. 제나라는 새로 우리 노나라와 우호관계를 맺은 까닭에 이곳을 차지하는 게 불편할 것이오. 후읍의 백성만 데리고 가 사람이 없는 요섭聊攝 땅을 채우려 한다고 하오."

예로부터 안토중천安土重遷이라는 말이 있다. 자기 땅에 사는 걸 편히 여기며 옮겨가는 걸 꺼린다는 의미이다. 후읍의 백성들은 고향과 마을을 떠나 다른 나라로 옮겨가야 한다는 말을 듣자 모두 두려워하고 불안해했다. 백성들이 사적에게서 들은 말을 서로 퍼뜨리며 후범을 원망했다.

그날 밤, 후범이 술을 마시고 얼근히 취해 있을 때 사적이 수십 명의 심복에게 명해 성 안을 돌아다니며 크게 외치게 했다.

"제나라 군사가 성 밖에 도착했다. 우리는 속히 행리行李를 꾸려 3일 안으로 떠나야 한다."

그들은 말을 마치자 분하다는 듯이 울음을 터뜨렸다. 후읍 백성들이 크게 놀라 모두 후범의 집 앞으로 몰려들었다. 노약자들은 체읍涕泣했고, 젊은 장정들 가운데 어금니를 꽉 물고 이를 가는 교아절치咬牙切齒를 하지 않는 자가 없었다. 그들은 후범의 집으로 몰려갔다. 성문 앞을 지나다가 성문 앞에 많은 무기와 갑옷이 비치되어 있는 걸 보고 잘 되었다는 듯이 각각 갑옷을 입고 무기를 손에 든 뒤 함성을 질렀다.

이들은 후범의 집을 사방으로 에워쌌다. 성을 지키던 병사들도 후범을 배반하고 백성들과 합세했다. 사적이 후범의 집으로 들어가 말했다.

"후읍의 백성들이 제나라에 귀부하는 걸 원치 않는 듯합니다. 성안의 백성들이 변란을 일으켰습니다. 남은 무기와 갑옷이 있으면 속히 저에게 넘겨주십시오. 그 군사를 이끌고 나가 백성들을 공격하겠습니다."

후범이 말했다.

"갑옷과 무기 모두 백성들에게 약탈당했소. 지금 형편으로는 화를 면하는 게 상책이오."

사적이 말했다.

"제가 목숨을 걸고 그대를 국외로 내보내주겠소."

그러고는 다시 밖으로 나가서 백성들에게 말했다.

"여러분은 후범이 달아날 수 있도록 길을 비켜주시오. 그가 나라 밖으로 달아나면 제나라 군사도 이곳에 오지 않을 것이오."

백성들이 길 양쪽으로 비켜서서 한 가닥 길을 내줬다. 사적이 앞을 서고 후범이 그 뒤를 따랐다. 후범의 가속家屬 100여 명과 가재도구를 실은 수레 10여 승乘이 따랐다. 사적이 곧바로 후범을 동문 밖으로 내보냈다. 이어 숙손씨의 가병을 이끌고 입성한 뒤 백성들을 위로해 집으로 돌아가게 했다.

중손하기가 후범을 추적하려고 하자 사적이 말했다.

"신이 이미 그에게 화를 면하게 해주겠다고 허락했습니다."

결국 후범을 추격하지 않았다. 숙손주구는 후읍 성의 윗부분을 3척쯤 헐어내 그 높이를 낮췄다. 사적을 후읍의 읍재로 삼았다.

후범은 결국 제나라로 출분했다. 제나라의 사마양저는 숙손주구의 가병이 후읍을 점령한 걸 알고 제나라로 회군했다. 반란을 진압한 숙손주구와 중손하기도 곡부의 조정으로 돌아왔다.

당시 비읍의 공산불류는 후범이 후읍을 근거지로 삼아 반란을 일으키고, 숙손씨와 맹손시가 가병을 모아 후읍을 치러갔다는 소식을 듣고 크게 기뻐했다. 홀로 중얼거렸다.

"이제 도성인 곡부엔 계손씨만 외로이 남았다. 이 기회를 틈타 곡부를 치면 노나라를 통째로 얻을 수 있다."

그는 마침내 비읍의 병사를 모두 이끌고 곡부로 쳐들어갔다. 이미 공산불뉴와 내통해 온 숙손첩이 성문을 열고 맞아들였다. 급보를 접한 노정공이 급히 공자를 불러 위급 상황을 벗어날 계책을 물었다. 공자가 대답했다.

"궁궐을 지키는 주공의 군사는 너무 약해서 쓸 데가 없습니다. 청컨대 신은 주공을 모시고 계손씨 집으로 가고자 합니다."

즉시 노정공이 탄 수레를 몰아 계손사의 집으로 갔다. 계손사의 집은 담장이 궁궐의 성벽만큼이나 견고했다. 대문 안에 높은 누대가 있어 수비하기에도 좋았다.

노정공이 누대 위에 좌정했다. 잠시 후 사마인 신구수와 악기가 달려왔다. 공자가 계손사로 하여금 가병을 모두 차출해 신구수와 악기에게 내주게 했다. 이어 두 장수에게 가병을 나눠 이끌며 누대 좌우에 매복토록 했다. 또 노정공을 따라온 궁중의 군사는 누대 앞에 늘어서게 했다.

당시 도성 안으로 들어온 공산불뉴는 숙손첩과 상의했다. 숙손첩이 말했다.

"우리들이 이번 거사에 내세워야 할 명분은 군주의 공실公室을 붙들어 세우고 3환의 사가私家를 억제하는 것이오. 노정공을 받들지 않으면 계손사를 이길 수 없소."

이내 군사를 이끌고 궁 안으로 들어가 사방으로 노정공을 찾았으나 보이지 않았다. 한동안 이리저리 헤매다가 노정공이 계손사의 집으로 갔다는 사실을 알게 됐다.

공산불뉴와 숙손첩이 군사를 이끌고 가 계손사의 집을 쳤다. 먼저 누대 앞을 지키고 있는 궁중 군사들과 싸웠다. 약해빠진 궁중 군사는 변변히 싸우지도 못한 채 사방으로 흩어져 달아났다. 이때 문득 누대의 좌우에서 떠들썩한 소리가 났다. 신구수와 악기 두 장수가 정예한 가병을 이끌고 나타나 반란군과 싸웠다.

공자는 노정공을 모시고 누대 위에서 비읍의 병사들에게 말했다.

"주공이 여기 계신데 너희들은 어찌하여 순역順逆의 도리도 모르는 것인가? 속히 무기를 버리고 투항하면 기왕의 잘못을 묻지 않겠다."

비읍의 가병들 모두 공자가 성인인 것을 잘 알고 있었다. 공자의 말을 좇지 않을 수 없었다. 이들 모두 무기를 버리고 누대 아래 꿇어 엎드렸다. 공산불뉴와 숙손첩은 사세가 급변한 것을 알고 황급히 몸을 피했다. 두 사람 모두 오나라로 출분했다.

종읍의 반란을 진압한 숙손주구는 곡부로 돌아온 뒤 후읍의 성을 3척쯤 허문 사실을 언급했다. 계손사가 이내 사람을 보내 영지인 비읍의 성을 헐어낸 뒤 대부의 신분에 맞도록 낮게 복원했다. 중손하기 역시 영지인 성읍의 성을 헐어내고자 했다. 그 소식을 들은 성읍의 읍재 공렴양이 소정묘에게 물었다. 소정묘가 대답했다.

"후읍과 비읍은 읍재들이 반란을 일으킨 까닭에 헐어 버린 것이오. 만일 성읍의 성마저 허물면 아무런 잘못도 저지르지 않은 그대가 반란을 일으킨 두 집안의 가신들과 무엇이 다르겠소? 그대는 말하기를, '성읍은 노나라의 북쪽을 지키는 요새인데 성읍의 성을 무너뜨렸다가 막상 제나라 군대가 북쪽에서 쳐들어오면 어떻게 막을 수 있겠습니까?'라며 그 주장을 끝까지 굽히지 마시오. 그러면 그대가 비록 주인의 명을 거역할지라도 반역자로 몰리지는 않을 것이오."

공렴양이 이를 좇기로 했다. 그는 부하들로 하여금 갑옷을 입고 성 위로 올라가 성을 허물기 위해 그곳으로 온 중손하기와 그 가병들의 입성을 거부했다. 그가 성 위에서 외쳤다.

"우리는 맹손씨을 위해 이 성을 지키는 게 아니고 실로 노나라 사직을 위해 지키고 있는 것입니다. 우리가 두려워하는 것은 내일 아침이라도 제나라 군사가 들이닥쳤을 때 이 성이 아니면 그들을 방어할 도리가 없다는 점입니다. 우리의 소원은 한 목숨을 바쳐 이 성을 지키다가 함께 부서지는 것입니다. 아무도 감히 이 성의 벽돌 한 장 흙 한 줌 들어낼 수 없습니다."

중손하기가 곡부로 돌아와 공자에게 그 말을 전했다. 공자가 웃으며 말했다.

"공렴양은 그런 말을 생각해낼 위인이 못됩니다. 틀림없이 노나라의 명망가인 소정묘가 가르쳐 준 말일 것입니다."

계손사는 공자가 비읍의 반란군을 진압한 공을 높이 평가했다. 자기로 선 공자의 1만분의 1도 따를 수 없다는 걸 알았다. 상국으로 있으면서 공자로 하여금 상국의 업무를 섭행攝行케 하면서 매사에 공자의 자문을 받은 이유다.

하지만 소정묘는 매번 공자가 한 말을 바꾸거나 왜곡했다. 그는 공자의 말을 듣는 사람으로 하여금 그 말의 진의를 의심하게 만들었다. 공자가 은밀히 노정공에게 말했다.

"노나라가 흥하지 못하는 이유는 충신과 간신을 분별하지 않고, 형벌과 포상이 분명하지 못하기 때문입니다. 무릇 좋은 곡식을 얻으려면 반드시 가라지 같은 해초를 뽑아 버려야 합니다. 청컨대 주공은 이번엔 고식책姑息策을 쓰지 마십시오. 나라의 위엄을 나타내기 위해 종묘의 크고 작은 부월斧鉞을 꺼내 궁궐 중문中門의 좌우 누각인 양관兩觀 앞에 세워 놓고 누가 옳은 말을 하는지 여부를 가려내십시오."

노정공이 말했다.

"그리 하겠소."

이튿날 노정공이 종묘의 부월을 꺼내 양관 앞에 세워 놓은 뒤 군신들을 소집했다. 이어 성읍의 성을 허무는 게 나라에 이로운지 여부를 논의케 했다. 노정공이 공자로 하여금 여러 신하들의 의견을 듣고 마지막으로 재결케 했다.

신하들 가운데 일부는 성읍의 성은 마땅히 허물어야 한다고 주장했고, 일부는 국방의 요충이니 그대로 두어야 한다고 주장했다. 간악한 소정묘는 공자의 뜻에 영합코자 했다.

"성읍의 성을 허물어야 할 6가지 이유가 있습니다. 첫째, 한 나라의 군주 밑에 군주처럼 높은 신하가 있어서는 안 됩니다. 둘째, 한 나라의 도성 이외에 도성과 같은 성이 있어서는 안 됩니다. 셋째, 공실이 아닌 사가를 억제할 수 있습니다. 넷째, 대부의 가신들의 발호할 수 있는 근거지를 없앨 수 있습니다. 다섯째, 3환이 서로 경쟁하지 않게 되어 그들의 마음을 평안히 만들 수 있습니다. 여섯째, 우리가 당연한 도리에 따라 개혁한 것을 본 열국의 제후들로 하여금 노나라를 존경케 만들 수 있습니다."

공자가 노정공에게 말했다.

"소정묘의 말은 아주 그럴 듯하게 들리지만 사실은 옳지 않습니다. 성읍이 다른 두 읍으로부터 고립되어 있는데 무슨 수로 반란을 일으키겠습니까? 더구나 성읍의 읍재 공렴양은 공실에 충성을 다하는 사람입니다. 그런 그를 어찌 반란을 일으킨 다른 두 읍재와 견줄 수 있겠습니까? 소정묘는 쓸데없는 말로 나라의 정사를 어지럽히고 군신 사이를 이간하려는 것입니다. 국법에 비춰 볼 때 응당 참형에 처해야 합니다."

군신들이 입을 모아 말했다.

"소정묘는 국인들로부터 '문인聞人'이란 말을 들을 정도로 명성이 높은 사람입니다. 그의 말에 혹여 부당한 점이 있을지라도 그 죄가 참형에 해당하지는 않을 것입니다."

공자가 다시 말했다.

"소정묘는 허위를 사실인 것처럼 교묘히 꾸며서 말합니다. 그의 행동은 공정한 것처럼 보이나 실은 편벽되고 고집스럽습니다. 그는 교묘한 언행으로 헛된 명성을 얻어 많은 사람들을 현혹하고 있습니다. 그를 죽이지 않으면 나라를 제대로 다스릴 수 없습니다. 청컨대 신이 사구司寇의 자리에 있는 만큼 부월의 법전을 올바르게 적용하겠습니다."

그러고는 역사들에게 명해 소정묘를 결박한 뒤 양관 밖으로 끌고 가 참수케 했다. 역사들이 곧바로 끌고 가 참수했다. 군신들 모두 이 광경을 보고 안색이 변했다. 3환도 심중에 두려움을 느껴 몸을 떨었다.

사신이 이를 시로 읊었다.

강태공은 은자인 화사 주살하고　　養高華士太公誅[15]
공자는 간사한 소정묘 제거했다　　孔子偏將少正除
성인이 정안 열어주지 않았으면　　不是聖人開正眼
세인들은 그들 책만 읽었으리라　　世間盡讀兩人書

소정묘가 주살된 후 공자의 뜻이 비로소 펼쳐지기 시작했다. 노정공과 3환도 공자의 말을 사심 없이 들었다. 공자는 나라의 기강을 바로세우고, 예의로 백성을 가르쳐 염치廉恥를 알게 했다. 백성은 분란을 일으키지 않고, 나라는 절로 다스려졌다.

3달이 지나자 풍속이 크게 바뀌었다. 시장에서 양고기와 돼지고기를 파는 자도 값을 부풀리지 않았고, 남녀가 길을 갈 때도 좌우로 나눠 문란하지 않게 통행했다. 길에 물건이 떨어져 있어도 자기 것이 아니면 줍지 않았다. 사방에서 온 빈객도 노나라에 들어서면 제공받는 물품이 넉넉해 곤궁을 겪지 않았고, 마치 집으로 돌아온 것처럼 여겼다. 국인들이 이같이 노래했다.

곤의와 장보 착용하고　　袞衣章甫
우리 있는 곳에 오다　　來適我所
장보와 곤의 착용하고　　章甫袞衣
공평히 우리 위로하다　　慰我無私

15 양고화사태공주養高華士太公誅의 '화사華士'는 나라에 협조하지 않은 은자를 가리킨다. 『한비자』「외저설 우상」에 따르면 제나라에 봉해진 태공망太公望 여상呂尙이 도성인 영구營丘에 이르러 동해 바닷가에 손수 농사를 지어 먹고 사는 고귀한 은자 광휼狂矞과 화사華士 형제가 있다는 이야기를 들었다. 두 사람을 여러 번 불렀으나 오지 않았다. 결국 사람을 보내 죽였다. 주공이 그 이유를 묻자 대답키를, '천자를 섬기지도 않고 제후와 사귀지도 않으면서 초청에도 응하지 않는 자는 반역의 무리와 같다.'고 했다.

이 노래가 제나라에도 퍼졌다. 제경공이 그 노래를 듣고 크게 놀랐다.

"공자가 이처럼 나라를 잘 다스리니 장차 노나라에게 예속될지 모르겠다!"

제경공이 어떤 계책을 사용할지 알 길이 없으니 다음 회를 보라.

제79회

157話 여미가 여악을 보내 공자를 저지하다
- 귀여악여미조공자歸女樂黎彌阻孔子

제경공이 협곡 땅에서 노정공과 동맹을 맺고 돌아온 지 얼마 안 돼 상국 안영이 노환으로 세상을 떠났다. 제경공이 며칠 동안 슬피 울며 안영의 죽음을 애도했다.

그는 조정에 안영만한 인물이 없는 것을 걱정했다. 그런 터에 공자가 노나라 국정을 보살핀다는 소식을 듣고 크게 놀랐다.

"공자가 노나라 국정을 보살피면 틀림없이 패업을 이룰 것이다. 패업을 이루면 반드시 타국과 땅을 다퉈야 하는데 우리 제나라는 노나라와 이웃해 있다. 그 화가 먼저 우리에게 미칠 게 아닌가? 이를 어찌하면 좋단 말인가?"

대부 여미가 말했다.

"주공이 공자의 등용을 걱정하면 어찌하여 그의 등용을 저지하지 않는 것입니까?"

제경공이 대답했다.

"노나라가 이미 공자에게 국정을 맡긴 터에 내가 어떻게 저지할 수 있겠소?"

여미가 말했다.

"신은 나라가 잘 다스려지고 안정되면 반드시 교만과 안일한 마음이 일어난다는 뜻의 '치안지후治安之後, 교일필생驕逸必生' 구절을 들은 적이 있습니다. 청컨대 주공은 음악을 잘하는 여악女樂을 성장盛裝시켜 노후魯侯에게 보내십시오. 노후가 받아들이면 틀림없이 정사를 게을리 할 것이고, 공자도 자연히 멀리할 것입니다. 그러면 공자는 틀림없이 노나라를 버리고 다른 나라로 갈 것입니다. 그리되면 주공은 편히 베개를 베고 지낼 수 있습니다."

제경공은 크게 기뻐했다. 즉시 여미에게 명해 국내의 여염집에서 나이 20세 미만의 아름다운 처녀 80명을 선발케 했다. 이어 그들을 8명씩 10대隊로 편성했다. 수놓은 비단 옷을 입히고, 밤낮 없이 노래와 춤과 음악을 가르쳤다. 춤을 추며 노래를 부르는 무곡의 제목은 「강악康樂」이었다. 「강악」은 가락과 춤사위를 모두 새로 만든 것이었다. 가락과 춤사위가 모두 극히 아름다운 곡으로 이전에는 전혀 존재하지 않았던 것이다.

여악이 가무를 모두 익히자 좋은 말 120필을 고른 뒤 황금으로 만든 굴레를 씌우고 정묘한 조각을 베푼 안장으로 치장했다. 털 색깔이 각양각색이어서 멀리서 보면 마치 비단을 두른 듯했다.

제경공은 사자를 시켜 국서와 함께 여악과 말들을 노정공에게 바치게 했다. 제나라 사자가 노나라 도성인 곡부에 이르러 성의 남문에 2곳에 비단 장막을 쳤다. 동쪽 비단 장막에는 말을 매고, 서쪽 비단 장막에는 여악이 머물게 했다. 이어 성안으로 들어가 노정공에게 국서를 바쳤다.

노정공이 국서를 뜯어보니 내용은 대략 이러했다.

> 저구杵臼가 노현후魯賢侯 전하殿下에게 돈수頓首하며 글을 올립니다. 고孤는 지난번 협곡 회맹 때 현후에게 죄를 지은 후 아직도 그 부끄러움을 잊지 못하고 있습니다. 다행히도 현후가 고의 성심어린 사과를 받아들여 회맹을 무사히 마쳤습니다. 진작 문후를 올리고자 했으나 그간 나라에 근심이 많은 다우多虞로 인해 빙문聘問을 결缺했습니다. 현후의 즐거움을 도와줄 수 있는 가비歌婢 10군群과 양마良馬 30사駟를 보냅니다. 고는 현후의 대신들을 앙모하는 까닭에 글로나마 경의를 표합니다. 엎드려 바라건대 기꺼이 받아주십시오.

당시 노나라 상국 계손사는 나라가 태평하고 심신이 편안해지자 지난날의 어려움을 잊고 사치와 향락을 즐기고자 했다. 그런 터에 마침 제나라가 여악을 보내왔다는 보고를 접하게 됐다. 그는 제나라가 뜻밖의 선물을 보낸 것을 알자 당장 한번 보고자 했다.

즉시 미복으로 갈아입은 뒤 심복 몇 사람과 함께 수레를 타고 은밀히 남문 밖으로 나갔다. 당시 여악은 장막 안에서 한창 가무를 연습하고 있었다. 계손사가 장막 안을 엿보았다. 노랫소리는 구름을 가리고, 춤추는 자태는 향기로운 바람을 일으키는 듯했다. 일진일퇴一進一退하는 모습이 눈길을 사로잡았다. 마치 천상에서 노니는 선녀를 보는 듯해 실로 인간 세상에서는 구경할 수 없는 광경이었다.

계손사는 시간이 가는 줄도 모르고 구경했다. 여악의 아름다운 용색과 화려한 복식을 보다가 손발이 마비되다시피 했고, 눈이 휘둥그레지고 입이

헤벌어졌다. 마음과 정신이 혼미해져 몸에서 혼백이 빠져나간 듯했다.

노정공은 그날 3번이나 계손사를 불렀지만 그는 여악을 보는 데 정신이 팔려 끝내 입궁하지 않았다. 이튿날 입궁해 알현하자 노정공이 제나라 국서를 보여줬다. 계손사가 말했다.

"이는 제군齊君의 미의美意에서 나온 것입니다. 물리쳐서는 안 됩니다."

노정공도 슬며시 구미가 동해 물었다.

"제나라에서 온 여악은 지금 어디에 있소? 과인도 시험 삼아 한번 볼 수 있소?"

계손사가 말했다.

"지금 도성의 남문인 고문高門 밖에 머물고 있습니다. 주공이 보실 생각이면 신이 모시고 가겠습니다. 다만 백관을 경동驚動시키면 곤란하니 백성들이 입는 미복微服으로 가는 게 편할 것입니다."

군신이 모두 조정에서 입는 법복法服을 벗고 미복으로 갈아입었다. 각각 작은 수레를 타고 남문 밖으로 나갔다. 남문 밖의 서쪽 장막에 이르자 제나라 정탐꾼이 이를 탐지해 사자에게 보고했다.

"지금 노나라 군주가 미복 차림으로 여악을 보러 왔습니다."

제나라 사자가 여악에게 명해 모든 재주를 다 부려 가무에 임하도록 했다. 노랫소리가 더욱 교태를 띠었고, 춤추는 소매는 더욱 요염했다. 10대隊의 여악은 번갈아 가며 춤을 추고 노래를 불렀다. 가무는 한 눈을 팔 수 없을 정도로 눈과 귀를 빼앗는 화려한 것이었다. 노나라의 두 군신은 가무를 보다가 흥겨워진 나머지 자신도 모르게 손과 발이 움직이며 춤을 추는 수무족도手舞足蹈의 모습을 보였다.

이를 뒷받침하는 시가 있다.

노래 한 곡 한 덩이 금이고　　　　一曲嬌歌一塊金

한바탕 춤 한 상의 보배다	一番妙舞一盤琛
10대隊 미녀 얼굴 앞에서	只因十隊女人面
군신 2인 마음을 빼앗기다	改盡君臣兩個心

노정공을 수행한 시종이 동쪽 비단 장막의 양마를 거론하며 구경할 것을 권했다. 노정공이 말했다.

"이것만으로도 충분히 보았다. 더 이상 말을 봐서 뭣하겠는가?"

노정공은 궁으로 돌아간 뒤 밤새도록 한 잠도 못 잤다. 귓속에 노랫소리가 맴돌았고, 베갯머리에 미인들이 누워 있는 듯했다. 내심 백관들의 의견이 일치하지 않을까 걱정했다. 이튿날 아침 계손사만 불러들여 제나라에 보낼 답서를 쓰게 했다. 답서 안에 여악을 보내줘 감격했다는 취지를 드러냈다. 답서의 내용에 관해 더 이상 자세히 언급할 필요가 없을 것이다. 제나라 사자에게 황금 100일鎰을 주어서 돌려보냈다.

노정공은 궁중으로 여악을 거둬들인 뒤 여악 가운데 30명을 계손사에게 하사했다. 또 제나라에서 보낸 말 120필은 어인으로 하여금 궁중 마구간에서 기르게 했다.

노정공과 계손사는 낮이면 노래와 춤으로 소일하고 밤이면 미인들을 끼고 즐겼다. 3일 동안 노정공은 조회를 열지 않았다. 공자가 이 소문을 듣고 탄식했다. 제자 자로가 공자에게 청했다.

"노군魯君이 정사를 돌보지 않으니 노나라를 떠나십시오."

공자가 대답했다.

"천지에 지내는 제사인 교제郊祭가 며칠 남지 않았다. 주공이 제례를 폐하지 않으면 그래도 나라를 잘 다스릴 수 있는 희망이 있다."

교제를 지낼 날이 되자 노정공은 서둘러 제례를 마친 뒤 곧바로 회궁回宮했다. 그리고 여전히 정사를 보살피지 않았다. 제사를 지낼 때 사용한 고기인 조육胙肉을 신하들에게 나눠 줄 생각도 않았다. 제관이 궁문으로 가 청했다.

"조육을 어찌 나누는 게 좋겠습니까?"

노정공이 그 일을 상국인 계손사에게 위임하자, 계손사는 다시 그의 가신에게 위임했다. 공자는 교제에 참여한 뒤 돌아왔으나 밤이 늦도록 조육이 분배되어 오지 않았다. 공자가 자로에게 말했다.

"내 도道가 행해지지 않고 있다. 이 또한 천명이란 말인가!"

공자가 거문고를 끌어다 놓고 탄주하며 노래했다.[1]

저 여인들 노래 때문에	彼婦之口
내가 이내 떠나게 됐다	可以出走
저 여인들 아첨 때문에	彼女之謁
내가 이내 죽게 되었다	可以死敗
자유롭게 세상 떠돌며	優哉游哉
그렇게 세상 마치리라	聊以卒歲

공자는 노래를 마친 뒤 노나라를 떠날 채비를 했다. 자로와 염유도 벼슬을 버리고 공자를 따랐다. 이후 노나라는 다시 쇠퇴하게 됐다.

사신이 시를 지어 탄식했다.

분 바른 여인 강철 칼보다 세니	幾行紅粉勝鋼刀
여미 술수로 그런 것만도 아니다	不是黎彌巧計高
천운이 쇠해 와해되기에 이르니	天運淩夷成瓦解

1 이 노래는 『사기』「공자세가」에서 취한 것이다. 「공자세가」에는 마지막 두 구절이 '개우재유재蓋優哉游哉, 유이졸세維以卒歲'로 되어 있다.

어찌 노나라 홀로 기를 수 있나 豈容魯國獨甄陶

공자가 노나라를 떠나 위衛나라로 갔다. 위영공衛靈公이 공자를 영접한 뒤 진법陣法에 관해 물었다. 공자가 대답했다.

"저는 진법을 배우지 못했습니다."

이튿날 위나라를 떠났다. 송나라 광匡 땅을 지날 때 평소 양호를 미워하던 광 땅 사람들이 양호와 비슷한 공자를 보고는 양호가 다시 온 줄 알고 공자 일행을 에워쌌다. 자로가 나서서 싸우려하자 공자가 말렸다.

"나는 광 땅 사람들과 원수진 일이 없다. 무슨 까닭이 있을 것이다. 오래잖아 절로 해명될 것이다."

공자가 그 자리에 앉아 거문고를 뜯었다. 이때 마침 위영공의 지시를 받은 사람이 도로 위나라로 모셔가기 위해 그곳으로 왔다. 광 땅 사람들이 실수를 깨닫고 사죄한 뒤 포위를 풀었다.

공자가 다시 위나라로 갔다. 자가 백옥伯玉인 위나라의 현대부 거원蘧瑗의 집에서 유숙했다.

원래 위영공의 부인 남자南子는 원래 송나라의 공녀公女였다. 자색이 아름다웠으나 음탕했다. 그녀는 시집을 오기 전 송나라에 있을 때 공자 조朝와 깊은 관계를 맺고 있었다. 공자 조 역시 유명한 미남자였다. 두 미남미녀는 부부보다도 더 정답게 지냈다. 그러다가 남자가 위영공에게 출가한 뒤 아들 괴외蒯聵[2]를 낳았다. 괴외는 장성하자 태자로 삼았다. 그러나 남자가 공자 조와 맺은 구정舊情은 끊이지 않았다.

2 괴외蒯聵가 일부 판본에는 괴귀蒯聵로 나온다. 그러나 『춘추좌전』에는 '괴외'로 되어 있다. 외聵는 귀머거리 농聾, 귀聵는 소경 맹盲의 뜻이다. 고대에는 귀聵가 외聵와 통용됐다. 이때는 귀聵로 쓰였을지라도 '외'로 읽어야 한다. 대다수 번역본이 '괴귀'로 번역해 놓았으나 이는 잘못이다.

■ 여미가 여악을 보내 공자를 저지하다

당시 위나라에도 미자하彌子瑕라는 미남자가 있었다. 평소 남색男色을 즐긴 위영공의 총애를 받았다. 한번은 미자하가 복숭아를 먹다가 반만 먹고 나머지 반을 위영공의 입에 넣어 줬다. 위영공이 몹시 기뻐하며 미자하가 먹다 남긴 복숭아를 받아먹었다. 그러고는 신하들에게 자랑했다.

"미자하는 이토록 과인을 사랑하오. 복숭아를 먹다가 그 맛이 유별나자 차마 혼자 다 먹지 못하고 과인에게 나머지를 먹게 한 게 그렇소."

신하들 가운데 입을 가리고 웃는 절소竊笑를 하지 않는 자가 없었다.

당시 미자하는 위영공의 총애만 믿고 못하는 짓이 없었다. 위영공은 밤마다 미자하와 남색에 빠져 있었던 까닭에 부인인 남자를 두려워했다. 남자의 비위를 맞춰주기 위해 사람을 송나라로 보내 공자 조를 불러들여 아내와 만나게 했다.

이로 인해 남자에 대한 추문이 나라 안에 널리 퍼졌다. 위영공은 이를 수치로 여기지 않았다. 그러나 태자 괴외는 모친의 음란한 행실을 깊이 원망했다. 이내 가신 희양속戲陽速에게 자신의 생모인 남자를 만나면 곧바로 척살토록 사주했다. 생모에 관한 추문을 잠재우고자 한 것이다.

일이 성사되기 직전 눈치 빠른 남자가 낌새를 알아채고 위영공에게 자식이 어미를 죽이려 한다고 하소연했다. 위영공이 태자 괴외를 국외로 추방하자 괴외는 외가인 송나라로 갔다가 다시 진晉나라로 출분했다. 위영공은 괴외의 아들 공손 첩輒을 후사後嗣로 삼았다.

바로 그 무렵 공자가 다시 위나라로 왔다. 남자는 공자가 성인이라는 소문을 듣고는 공자를 불러 만나 봤다. 공자를 만난 뒤 더욱 공경하게 됐다.

하루는 위영공이 부인 남자와 함께 수레를 타고 출타했다. 그는 공자로 하여금 수레를 타고 뒤를 따르게 했다. 위영공과 공자의 수레가 시가지를 지나자 저잣거리의 백성들이 이같이 비아냥거렸다.

수레에 함께 오른 자는 색인가	同車者色耶
수레를 뒤따르는 자는 덕인가	從車者德耶

공자가 이 노래를 듣고 탄식했다.

"군주의 덕을 좋아하는 호덕好德이 색을 좋아하는 호색好色만 못하구나!"

공자가 다시 위나라를 떠나 송나라로 갔다. 송나라에 도착한 공자는 하릴없이 어느 마을의 큰 나무 아래서 제자들에게 예법을 가르쳤다.

송나라에서도 사마 환퇴桓魋가 남색을 밝히는 송경공宋景公의 총애를 받고 있었다. 그는 송경공의 총애를 믿고 국정을 좌지우지했다. 공자가 송나라 도성으로 들어오는 것을 꺼렸다. 가신을 불러 공자가 제자에게 예를 가르치고 있는 곳의 큰 나무를 베어 버리게 했다. 공자를 압살코자 한 것이다.

미리 이 소식을 들은 공자가 미복으로 바꿔 입고 송나라를 떠나 정나라로 갔다. 정나라에서 다시 진晉나라로 가려고 했다. 황하 가에 이르렀을 때 공자는 진나라 권신 조앙趙鞅이 현신 두주竇犨와 순화舜華를 죽였다는 소문을 들었다. 공자가 탄식했다.

"새나 짐승도 동류를 해치는 걸 미워하는데 하물며 사람의 경우야 더 말할 게 있겠는가!"

공자가 다시 위나라로 돌아왔다. 위나라에 돌아간 지 얼마 안 돼 위영공이 세상을 떠났다. 망명한 태자 괴외의 아들인 첩輒을 옹립했다. 그가 바로 위출공衛出公이다.

괴외는 진晉나라의 원조를 얻어 노나라에서 쫓겨난 양호와 함께 지금의 하남성 복양현 주변의 위나라 척戚 땅을 습격해 그곳을 근거지로 삼았다. 괴외와 그의 아들 위출공 첩이 보위를 놓고 다퉜다. 진晉나라는 괴외, 제나라는 위출공 첩을 원조했다.

공자는 부자간의 권력다툼으로 상징되는 역리逆理를 꺼린 나머지 다시 진陳나라로 갔다가 채나라로 향했다. 당시 초소왕은 공자가 진나라와 채나라 사이에서 방황하고 있다는 소문을 듣고 사람을 보내 공자를 초빙했다.

진陳나라와 채나라 대부들이 모여 상의했다. 초나라가 공자를 임용해 강해질 경우 진나라와 채나라의 앞날이 위태로워질 것을 우려한 것이다. 두 나라 대부들이 군사를 동원해 광야에서 헤매는 공자를 포위했다. 오도 가도 못하게 된 공자 일행은 3일 동안 음식을 먹지 못했다. 공자는 그 동안에도 거문고를 타며 노래를 불렀다.

지금도 개봉부開封府 진주陳州 부근에 상락桑落이란 들판이 있고, 그곳에 액대厄臺라는 누대가 있다. 그곳이 당시 공자가 진陳나라와 채나라 군사에게 포위당한 채 양식이 없어 3일 동안 굶으며 노래를 불렀던 곳이다.

북송 때의 유학자 유창劉敞[3]이 이를 시로 읊었다.

천하를 떠돌아다니는 한 나그네가	四海棲棲一旅人
3일간 식량 끊겨 죽음과 이웃하다	絶糧三日死生鄰
천심이 목탁을 수고롭게 한 것이니	自是天心勞木鐸[4]
진채의 우신이 어찌 앞길 막았을까	豈關陳蔡有愚臣

3일째 되던 날 밤 문득 키가 9척 남짓한 이상한 사람이 나타났다. 높은 관을 쓰고 검은 옷을 입었는데 그 위에 갑옷을 걸치고 창을 들고 있었다. 그가 공자를 큰 소리로 꾸짖었다. 그 소리에 좌우가 진동했다. 자로가 급히 뛰어나가 그를 고대高臺 앞의 뜰로 유인해 싸웠다. 워낙 힘이 세어 당해내지 못했다. 공자가 곁에서 보다가 자로에게 말했다.

"어째서 그 자의 옆구리를 치지 않는가?"

자로가 그의 옆구리를 치자 그 자가 즉시 힘이 빠져 손을 늘어뜨리면서 그 자리에 쓰러졌다. 이내 큰 메기로 변했다. 제자들이 괴이하게 생각했다.

공자가 말했다.

"무릇 사물이 늙어 노쇠해지면 온갖 정령이 달라붙고, 그것을 죽이면 정령도 사라지게 마련이다. 이상할 게 뭐 있는가?"

그러고는 메기를 삶아 허기를 채우게 했다. 굶주림을 면한 제자들이 모

3 유창劉敞은 자가 원보原父로 경사經史와 시문詩文에 두루 밝았다. 구양수歐陽修 및 매요신梅堯臣 등과 교분이 깊었다. 동생 유반劉攽과 함께 북송2유北宋二劉로 일컬어졌다.

4 자시천심로목탁自是天心勞木鐸의 '목탁木鐸'은 공자를 지칭한 말이다. 『논어』「팔일」에 '천하에 도가 없어진 지 오래 되었으니 하늘이 장차 부자를 목탁으로 삼을 것이다.'라는 뜻의 '천하지무도야구의天下之無道也久矣, 천장이부자위목탁天將以夫子爲木鐸' 구절이 나온다.

두 기뻐했다.

"이는 하늘이 내려준 것이다."

마침내 초나라 사자가 군사를 이끌고 와 진陳나라와 채나라 병사를 내쫓고 공자를 영접했다. 공자가 초나라에 당도하자 초소왕이 크게 기뻐하며 1천 사社[5]의 봉읍을 공자에게 내리려고 했다. 영윤인 공자 신이 간했다.

"옛날 주문왕이 풍豐 땅에 있고 주무왕이 호鎬 땅에 있을 때 차지한 영지가 겨우 100리에 지나지 않았습니다. 그런데도 그 땅을 잘 다스려 마침내 은나라를 대신해 천하를 차지했습니다. 오늘날 공자의 덕은 주문왕과 주무왕보다 못하지 않고, 더구나 그 제자들 모두 현명합니다. 만일 공자가 그 땅을 얻게 되면 우리 초나라를 대신해 새로운 나라를 세우는 일도 그리 어렵지 않을 것입니다."

초소왕이 그 말을 듣고는 공자를 봉하려던 일을 그만두었다. 공자는 초소왕이 자신을 임용하지 않는 것을 보고 초나라를 떠나 다시 위나라로 갔다. 위출공 첩이 공자에게 국정을 맡기려고 했다. 하지만 이번엔 공자가 거절했다.

당시 노나라에는 계손사의 뒤를 이어 상국이 된 계강자季康子 비肥가 사람을 위나라에 있는 공자에게 보냈다. 공자의 제자인 염유를 임용할 요량으로 공자를 초청한 것이다. 공자는 제자인 염유의 귀국을 계기로 마침내 노나라로 돌아갔다. 노나라는 나이 70세가 돼 벼슬에서 물러나는 이른바 고로告老를 행한 대부의 예로 공자를 대우했다.

공자의 제자들 가운데 자로子路와 자고子羔는 위衛나라, 자공子貢과 염유冉有와 유약有若 및 복자천宓子賤은 노나라에서 벼슬을 살았다. 이는 훗날의 이야기다. 여기서 공자에 관한 이야기는 일단 접어두고 다음에 이야기

5 사社는 25호戶로 구성된 촌락 단위를 뜻한다.

할 단서인 화병話柄으로 삼고자 한다.

158話 문종이 회계에서 백비와 협상하다
–서회계문종통재비棲會稽文種通宰嚭

당시 오나라는 오왕 합려가 초나라를 패퇴시킨 덕분에 그 위엄이 중원에까지 크게 떨쳤다. 교만해진 오왕 합려는 이후 놀고 즐기는 일에 정신을 팔았다. 이미 있는 궁실을 증축한 외에 성안에 따로 장락궁長樂宮을 신축했다. 또 고소산姑蘇山에 높은 누대를 세웠다. 고소산은 도성의 서남쪽 30리 되는 곳에 있었다. 일명 고서산姑胥山으로도 불렸다.

오왕 합려는 도성의 서문 밖으로 아홉 굽이 길을 만들어 고소산 산길과 통하게 했다. 봄과 여름에는 성 밖, 가을과 겨울에는 성안에서 즐겼다.

하루는 지난날 월나라가 오나라로 쳐들어 왔던 일을 상기하고 이내 보복할 생각을 품게 됐다. 그런 터에 문득 제나라와 초나라가 다시 교통하면서 서로 빙문을 하게 됐다는 보고를 받았다. 오왕 합려가 대로했다.

"제나라와 초나라가 우호관계를 맺으면 우리의 북방에 대한 우려가 커질 수밖에 없지 않은가!"

그는 먼저 제나라를 친 뒤 월나라를 치고자 했다. 상국 오자서가 말했다.

"이웃 나라끼리 사자를 보내 빙문하는 것은 늘 있는 일입니다. 제나라가 초나라를 도와 우리 오나라를 해치지 않는 한 공연히 군사를 일으킬 필요는 없습니다. 지금 태자 파波의 원비元妃가 죽은 지 오래 됐지만 아직 계비繼妃를 맞아들이지 않았습니다. 대왕은 어째서 제나라로 사자를 보내 청혼하지 않는 것입니까? 만일 제나라가 거절하면 그때 쳐도 늦지 않습니다."

오왕 합려가 이를 좇았다. 대부 왕손 낙駱으로 하여금 제나라로 가서 태자 파를 위해 청혼케 했다. 당시 제경공은 이미 늙어서 의욕과 기운이 모두 쇠해 있었다. 그에겐 아직 출가하지 않은 어린 딸이 하나 있었다. 사랑하는 어린 딸을 오나라로 보내고 싶지 않았다. 하지만 궁중엔 양신良臣이 없고 변경엔 양장良將이 없었다. 청혼을 거절하면 틀림없이 오나라 군사가 쳐들어와 제나라도 초나라처럼 재앙을 당하기 십상이었다. 그땐 후회해도 소용이 없었다. 대부 여미가 청혼의 수락을 적극 권했다.

제경공이 부득이 허락했다. 사자 왕손 낙이 오나라로 돌아가 이를 고했다. 오왕 합려가 다시 사자를 제나라로 보내 납폐를 한 뒤 제경공의 딸 소강少姜을 영접해 오게 했다. 납폐納幣하고 신부를 데려오게 했다.

소강이 오나라로 떠나는 날, 제경공은 딸을 사랑하는 마음과 오나라를 두려워하는 마음이 엇갈려 하염없이 눈물만 흘리며 한탄했다.

"안영이나 사마양저 두 사람 가운데 한 사람만 살아 있을지라도 고孤가 어찌 오나라를 두려워하겠는가?"

이내 대부 포목鮑牧에게 당부했다.

"수고스럽겠지만 경이 과인을 위해 오나라까지 소강을 데려다 주시오. 소강은 나의 사랑하는 딸이니 특별히 오왕에게 잘 봐달라고 당부해 주시오."

늙은 제경공은 몸소 소강을 부축해 수레 위에 태웠다. 이어 도성의 남문까지 소강을 배웅한 뒤 환궁했다. 포목이 소강을 모시고 오나라에 당도해 인도한 뒤 오왕 합려에게 제경공의 간곡한 부탁을 전했다. 또 일찍부터 오자서가 현명하다는 이야기를 들은 바 있어 오나라에 온 김에 그와도 만나 깊이 사귀었다.

당시 오나라에 출가한 소강은 나이가 너무나 어려 부부의 즐거움이 뭣인지를 몰랐다. 태자 파와 혼인한 후에도 친정 부모를 잊지 못해서 밤낮 울기만 했다. 태자 파가 거듭 소강을 위로하고 애무했으나 소용이 없었다. 소강이 이내 울적한 심사를 풀지 못해 병이 들어 자리에 눕게 됐다.

오왕 합려는 그런 며느리를 불쌍히 생각해 도성의 북문 성루를 화려하게 개조한 뒤 이름을 망제문望齊門으로 고쳤다. 이어 어린 소강으로 하여금 그 성루 위에 올라가 놀게 했다. 소강은 날마다 성루 난간에 기대 북쪽 하늘만 바라봤다. 그렇다고 제나라 산천이 보일 리 없었다. 그녀의 슬픔은 더욱 심해졌고, 병세도 더욱 악화했다.

마침내 숨을 거두면서 태자 파에게 유언했다.

"첩이 듣건대 우산虞山 꼭대기에 올라가면 동해가 보인다고 합니다. 청컨대 첩을 그곳에 묻어 주십시오. 혼백이라도 동해가 보이는 줄 알면 한번이라도 제나라를 바라볼 수 있을 것입니다."

태자 파는 부친인 오왕 합려에게 이 말을 전했다. 합려가 소강을 우산의 정상에 묻게 했다. 지금도 상숙현常熟縣 우산에 올라가면 제녀묘齊女墓가 있고, 망해정望海亭이라는 정자가 그 곁에 서 있다.

명나라 초기 장홍張洪이 지은 「제녀분齊女墳」을 증거로 삼을 만하다.

남풍 거세게 불고 북풍 미약해	南風初勁北風微
패업 다투려 제녀에 청혼하다	爭長諸姬復娶齊
국경 넘을 때 1천 량 보냈으니	越境定須千兩送
시집오다가 많은 눈물 흘리다	半途應拭萬行啼
고향 생각 누대서 바라봤으나	望鄉不憚登臺遠
묻힌 곳은 무덤 아래 낮은 곳	埋恨惟嫌起塚低
우거진 덩굴풀 이슬눈물 맺혀	蔓草垂垂猶泣露
이 이슬로 고향 흙 적셔주오	倩誰滴向故鄉泥

당시 태자 파 역시 죽은 소강을 잊지 못해 이내 병이 들어 자리에 눕고 말았다. 얼마 안 돼 소강을 따라가듯 세상을 버렸다. 오왕 합려는 여러 아들 가운데 한 사람을 택해 태자로 세우고자 했다. 그러나 누구를 태자로 정해야 할지 결정하지 못했다. 오자서의 말을 들은 뒤 결정코자 했다.

오왕 합려에겐 전비前妃의 몸에서 난 아들이 있었다.[6] 이름이 부차夫差였다. 나이는 26세였다. 부차는 나면서부터 용모가 출중했고 기상이 영위英偉했다. 그는 합려가 후사를 뽑는다는 소문을 듣고 먼저 오자서를 찾아갔다.

"나는 적자嫡子입니다. 앞으로 태자를 세운다면 나 이외에 또 누가 있겠습니까? 이 일은 상국이 한마디 해주면 결정이 납니다."

오자서는 부차를 위해 힘쓸 것을 약속했다. 며칠 뒤 오자서가 오왕 합려의 부름을 받아 궁으로 들어갔다. 합려가 태자를 세우는 일에 관해 물었다. 오자서가 대답했다.

"적자를 세워야 난이 일어나지 않습니다. 비록 태자가 불행히 세상을 떠났으나 부차가 있습니다."

오왕 합려가 말했다.

"내가 보기에 부차는 어리석은데다 인자하지도 못하오. 그가 장차 대통을 제대로 이어나가지 못할까 두렵소."

오자서가 다시 말했다.

"부차는 신의가 있는데다 사람을 사랑하고 예절도 돈독합니다. 경전에는 부친 사후 아들이 뒤를 이어야 한다고 씌어 있습니다. 무엇을 의심하는 것

6 『열국지』 원문은 '오왕 합려'가 '태자 파'로 되어 있다. 원문의 '태자파전비생자太子波前妃生子' 구절을 그대로 좇을 경우 부차夫差는 오왕 합려의 손자가 된다. 그러나 『춘추좌전』 「노정공 14년」조와 『사기』 「오태백세가」 및 『오월춘추』 모두 부차를 합려의 차자次子로 기록해 놓았다. 원문에 나오는 '태자 파'는 '오왕 합려'의 착오로 보인다. 번역문은 '오왕 합려'로 바꿔 놓았다.

입니까?"

오왕 합려가 대답했다.

"과인은 그대의 말을 듣겠소. 부차를 잘 보필해주시오."

부차가 마침내 후사가 됐다. 오자서의 집으로 가 머리를 조아리며 칭사稱謝했다. 그때가 주경왕 23년인 기원전 497년이었다.

당시 오왕 합려는 늙어갈수록 성미가 조급해졌다. 월왕 윤상이 죽고 그의 아들 구천句踐이 즉위했다는 소식을 듣자 국상을 틈타 월나라를 치려고 한 게 그렇다. 오자서가 간했다.

"월나라가 비록 우리 오나라를 침공한 죄가 있지만 국상을 당한 나라를 치는 것은 상서롭지 못합니다. 조금 더 기다렸다가 치도록 하십시오."

하지만 오왕 합려는 이를 듣질 않았다. 이내 오자서와 부차에게 나라를 지키게 한 뒤 직접 백비와 왕손 낙 및 전의 등과 함께 정예병 3만 명을 이끌고 남문을 빠져나간 뒤 월나라를 향해 급속히 진격했다.

월왕 구천은 오나라 군사가 쳐들어온다는 보고를 받고는 제계영諸稽郢을 대장, 영고부靈姑浮를 선봉, 주무여疇無餘와 서한胥犴을 좌우익으로 삼았다. 월나라 군사는 지금의 절강성 가흥시 서쪽의 취리檇李 땅에서 진격해오는 오나라 군사와 조우했다. 양군은 서로 10리 간격을 두고 각각 영채를 세운 뒤 내일의 싸움에 대비했다.

이튿날 양국 군사가 서로 도전장을 전하며 싸움을 벌였으나 승부가 나지 않았다. 오왕 합려가 대로한 나머지 군사를 이끌고 오대산五臺山 앞으로 가서 진을 쳤다. 이어 이같이 경계했다.

"각 군은 경거망동해서는 안 된다. 월나라 군사가 싸움에 지쳐 태만해지기를 기다렸다가 기회를 틈타 진격토록 하라."

월왕 구천이 오대산으로 옮긴 오나라 진영을 바라봤다. 대오가 정연하고, 창칼과 갑옷이 햇빛에 번쩍였다. 대장 제계영을 돌아보고 말했다.

"오나라 군사의 형세가 매우 날카롭소. 저들을 경솔히 대적해서는 안 되오. 반드시 계책을 써서 혼란에 빠뜨려야만 승산이 있을 듯하오."

구천이 좌우익을 이끄는 주무여와 서안에게 명해 각각 결사대 500명씩 이끌고 가 오나라 진영을 치게 했다. 좌익의 결사대 500명은 장창長槍, 우익의 결사대 500명은 대극大戟을 들었다. 좌우익의 결사대 1천 명이 일제히 함성을 지르며 오나라 진영으로 쇄도했다. 오나라 진영이 전혀 동요하지 않았다. 진영의 양쪽 끝인 진각陣脚에 포진한 궁노수弓弩手들이 월나라 결사대에게 활과 쇠뇌를 쏘아 진격을 방해했다. 오나라 군진은 마치 철벽과 같았다. 월나라 결사대는 3번이나 돌진했지만 진을 뚫고 들어가지 못했다. 결국 사상자만 낸 채 돌아갔다.

월왕 구천도 더 이상 어찌 해볼 도리가 없었다. 대장 제계영이 은밀히 말했다.

"죄수들을 한번 써보는 게 어떻겠습니까?"

월왕 구천이 선뜻 그 뜻을 깨달았다. 월나라 진영에는 필요할 때 쓸 생각으로 데리고 나온 사형수 300명이 있었다. 이튿날 월왕 구천이 비밀리에 명을 내렸다. 군법을 어겨 사형의 죄목에 걸린 300명의 사형수를 3대隊로 나눈 뒤 윗도리를 벗고 칼을 목에 댄 채 오나라 진영 앞으로 나아가 자결토록 한 것이다.

그들은 어차피 사형을 당할 처지인 까닭에 나라를 위해 자결하는 게 영광이었다. 오나라 진영 앞에 당도한 죄수들의 우두머리가 오나라 병사들을 향해 큰 소리로 외쳤다.

"오주吾主 월왕이 자기 역량도 헤아리지 못하고 상국에 죄를 지었습니다. 상국 군사가 수고스럽게 이곳까지 우리를 치러 왔습니다. 원컨대 신 등이 월왕의 죄를 대신해 목숨을 아끼지 않고 감히 죽겠습니다."

말을 마치자 300명의 죄수들이 차례로 칼을 들어 자기 목을 찔러 자결

했다. 오나라 병사들은 이런 모습을 본 적이 없기에 괴이하게 여기며 이를 주목注目했다. 이들은 서로 말을 전하며 그 까닭을 물어보느라 정신을 차리지 못했다.

이때 월나라 진영에서 문득 북소리가 났다. 북소리가 사방으로 어지럽게 울렸다. 월나라 장수 주무여와 서안이 2대의 결사대를 이끌고 오나라 군진을 향해 돌진했다. 이번에는 큰 방패와 짧은 창을 든 채 호초呼哨 소리를 내며 들이닥쳤다.

월나라 병사의 가결하는 모습을 보고 기가 질려 있던 오나라 병사들은 크게 당황했다. 오나라 군사의 대오가 이내 흐트러졌다.

월왕 구천이 몸소 대군을 이끌고 주무여와 서한의 결사대 뒤를 좇아 진격했다. 오른쪽은 제계영, 왼쪽은 영고부가 휘하 군사를 이끌고 돌진했다. 철벽같았던 오나라 군진이 이내 뚫리고 말았다. 오나라 장수 왕손 낙駱이 목숨을 걸고 제계영과 싸우며 진로를 막았다.

월나라 장수 영고부는 긴 칼을 휘두르며 좌충우돌했다. 오나라 병사를 추격하며 시살廝殺하다가 오왕 합려와 마주쳤다. 영고부가 칼을 들어 내리쳤다. 칼이 빛나가 오왕 합려의 오른쪽 엄지발가락을 잘랐다. 합려의 가죽신도 앞부분이 잘리면서 발에서 벗겨지는 바람에 병거 아래로 굴러 떨어졌다.

마침 오나라 장수 전의가 급히 달려와 오왕 합려를 구출해 냈다. 전의는 온 힘을 다해 합려를 구하다가 중상을 입었다. 왕손 낙은 합려가 부상을 당한 것을 알고는 감히 더 이상 월나라 군사와 싸울 생각이 없었다. 곧바로 군사를 거둬 달아나기 시작했다. 월나라 군사가 그 뒤를 추격하며 오나라 군사를 크게 쳐부쉈다. 오나라 군사의 절반 이상이 전사했다. 상처를 입은 합려는 곧바로 회군을 명한 뒤 10리 밖에 있는 본채로 돌아갔다.

월나라 장수 영고부는 합려의 신을 월왕 구천에게 바치면서 공을 청했다. 구천이 크게 기뻐했다.

오왕 합려는 본국으로 돌아가는 도중 연로한 탓에 상처의 아픔을 견디지 못했다. 본채에서 7리쯤 떨어진 곳에서 외마디 소리를 지르고 숨을 거뒀다.

백비가 상거喪車를 호위하면서 먼저 돌아갔다. 왕손 낙이 나머지 군사를 이끌고 월나라 군사의 추격을 차단하면서 천천히 회군했다. 월나라 군사도 더 이상 추격하지 않았다.

사신은 오왕 합려가 쉬지 않고 출병해 전쟁을 벌이다 그런 재앙을 당한 것으로 간주하는 내용의 시를 지었다.

초나라 격파하고 제나라 얕본 의기로	破楚淩齊意氣豪
또 월나라 삼키려고 군사를 일으키다	又思呑越起兵刀
싸움 좋아하면 결국 전쟁터서 죽으니	好兵終在兵中死
물결 따라갈 때 정녕 삿대 놓지 마라	順水叮嚀莫放篙

오나라 태자 부차가 성 밖으로 나가 합려의 상거를 모시고 성안으로 들어왔다. 곧 성복成服한 뒤 즉위했다.

보위에 오른 부차는 합려의 장지를 파초문破楚門 밖 해용산海湧山으로 정했다. 인부들을 징발해 산을 파고 묘혈을 만들었다. 하관할 때 전에 전제專諸가 오왕 요를 척살할 때 사용한 비수 어장魚腸도 함께 넣었다. 또 황금과 옥으로 묘혈을 채웠다. 분묘의 조성에 동원된 인부들 모두 산 채로 순장했다.

3일 뒤 어떤 사람이 바라보니 합려의 무덤 위에 백호 한 마리가 쭈그리고 앉아 있었다. 이후 세인들이 해용산을 호구산虎邱山이라 불렀다. 어떤 식자는 말하기를, '그 무덤 속에 많은 황금을 묻은 까닭에 그 정기가 백호로 변해 나타났다.'고 했다.

훗날 6국을 통일한 진시황이 사람을 시켜 합려의 무덤을 팠다. 그러나 아무리 찾아도 황금은커녕 칼 한 자루도 나오지 않았다. 당시 파헤쳐진 곳은 큰 구덩이가 됐다. 거기에 물이 고여 마침내 큰 못이 됐다. 지금의 호구산 검지劍池가 그곳이다. 당시 전의도 부상을 당한 곳의 상처가 악화돼 죽었다. 합려의 무덤 부근인 호구산 뒤쪽에 묻혔다. 무덤의 행방은 이제는 알 길이 없다.

당시 오왕 부차는 조부인 합려의 장례를 마친 뒤 아들 우友를 태자로 삼았다. 늘 시자侍者 10인을 교대로 궁전 뜰에 세운 뒤 자신이 출입할 때마다 큰 소리로 이같이 고하게 했다.

"부차야! 너는 월왕이 너의 부친을 죽인 것을 잊었는가?[7]"

그러면 부차는 그때마다 눈물을 흘리며 대답했다.

"알았습니다. 어찌 잊을 리 있겠습니까?"

오왕 부차는 이같이 하면서까지 복수심을 일깨우려고 했다. 그는 오자서와 백비에게 명해 태호太湖에서 수군을 훈련시키게 했다. 또 영암산靈巖山에 활쏘기 훈련장인 사붕射棚을 세우고 병사들로 하여금 밤낮없이 활 쏘는 법을 익히게 했다. 부친의 3년 상이 끝나기를 기다렸다가 곧바로 군사를 일으켜 월나라로 쳐들어가서 원수를 갚을 작정이었다. 그때가 주경왕 24년인 기원전 496년이었다.

한편 진晉나라는 진경공晉頃公이 국정을 제대로 다스리지 못한 이후 권신인 지씨智氏와 범씨范氏, 중항씨中行氏, 한씨韓氏, 위씨魏氏, 조씨趙氏[8] 등

7 『열국지』 원문은 '이망월왕살이지조호爾忘越王殺爾之祖乎'이다. 그러나 『춘추좌전』「노정공 14년」조는 '이망월왕지살이부호而忘越王之殺而父乎'로 되어 있다. 이而와 이爾는 2인칭 대명사이다. 주목할 것은 『열국지』의 조祖가 『춘추좌전』에는 부父로 나오는 점이다. 번역문에서 『춘추좌전』의 기록을 좇아 부차를 합려의 '손자'에서 '아들'로 바꿔 놓은 이유다.

8 진晉나라 6경 가운데 지씨智氏와 중항씨中行氏는 진헌공의 신하였던 순식荀息의 후손이다.

6경六卿이 붕당을 만들어 권력을 다퉜다. 이들은 서로 상대가 어육魚肉이 되도록 크게 다투었다. 나라의 혼란이 그치지 않은 이유다.

그 가운데 중항씨인 순인荀寅과 범씨인 범길석范吉射은 원래 친했다. 이들은 서로 통혼까지 해 사돈이 되었다. 한불신韓不信과 위만다魏曼多는 사이가 좋은 범씨와 중항씨를 시기했다.

당시 순력荀躒에게 총애하는 가신이 있었다. 이름은 양영보梁嬰父였다. 순력이 양영보를 총애한 나머지 조정의 경卿에 임명코자 애썼다. 양영보도 순력의 총애를 믿고 순인 곧 중항인中行寅을 내쫓고 그 자리를 차지할 생각이었다. 순력 역시 순인과 범길석 일당을 미워했다.

당시 상경上卿으로 있던 조앙에게 총애하는 족자族子 조오趙午가 있었다. 조앙은 조오로 하여금 자기 영지의 한 고을인 한단邯鄲을 다스리게 했다. 조오의 모친이 바로 순인의 여동생이었다. 조오는 순인에게 생질에 해당했다.

전년에 위영공이 제경공과 함께 모의한 뒤 진晉나라를 배반하자 조앙이 군사를 이끌고 가 위나라를 친 적이 있다. 위영공이 겁이 나 진나라에게 위나라 백성 500호를 바치고 사죄했다. 조앙이 이들을 데리고 와서 자신의 영지 한단의 백성으로 살게 하면서 위나라에서 바친 백성이라는 취지에서 위공衛貢이라고 불렀다.

얼마 후 조앙은 이들 '위공'을 자신의 새 근거지로 삼은 진양晉陽으로 옮겨 부족한 인구를 채우고자 했다. 한단 땅을 다스리던 조오는 '위공'이 그런

순수荀首가 지智 땅을 식읍으로 받으면서 그의 자손이 '지'를 성씨로 삼았다. 『춘추좌전』에는 지智가 지知로 나온다. 순씨의 또 다른 갈래인 순림보의 아들 순경荀庚은 상중하 3군의 하나인 중항中行의 장수에 임명된 까닭에 그의 자손은 '중항'을 성씨로 삼았다. 사씨士氏는 범范 땅을 식읍으로 받은 까닭에 '범'을 성씨로 사용키도 했다. 조씨趙氏는 진문공 때의 일등공신인 조최趙衰, 또 위씨魏氏는 공신 위주魏犨의 후손이다. 한씨韓氏는 진여공 때의 대신인 한궐韓厥의 자손이다.

조처에 복종하지 않을지도 모른다고 생각해 조앙의 명을 시행하지 않았다. 화가 난 조앙이 족자인 조오를 진양으로 유인해 잡아 죽였다.

순인 즉 중항인中行寅은 조카인 조오가 억울하게 죽은 것에 대로해 원수를 갚아주고자 했다. 사이가 가까운 범길석과 상의한 뒤 함께 조앙을 치기로 약속했다.

당시 조앙에게 동안우董安于란 가신이 있었다. 그는 조씨의 영지인 진양성을 다스리고 있었다. 중항인과 범길석이 일을 꾸민다는 정보를 입수하자 곧바로 강주絳州로 가 조앙에게 이를 고했다.

"범씨와 중항씨가 지금 화목하게 지내고 있습니다. 이들이 일단 난을 일으키면 진압키가 어렵습니다. 주군은 의당 방비책을 세워야 할 것입니다."

조앙이 대답했다.

"진晉나라 법령에 먼저 난을 일으킨 자는 반드시 처단하기로 되어 있다. 저들이 난을 일으킬 때까지 기다렸다 대응해야만 한다."

동안우가 말했다.

"그때까지 기다렸다가는 진양의 백성들이 많은 피해를 입게 됩니다. 차라리 제가 혼자 죽을 각오로 선제공격을 가하도록 하겠습니다. 법령을 어겼다는 물의가 일면 제가 그 죄책을 감당하겠습니다."

조앙이 수락하지 않았다. 동안우는 할 수 없이 강주의 조앙 부중에 머물며 조씨의 가병들로 하여금 변란에 대비케 했다. 이어 중항인과 범길석이 난을 일으키기만 기다렸다.

마침내 중항인과 범길석이 조앙을 습격키 위해 가병들을 선동했다.

"동안우가 가병을 이끌고 쳐들어와 우리를 해치려 하고 있다."

그러고는 곧바로 두 집안의 가병을 이끌고 쳐들어가 조앙의 부중을 포위했다. 만반의 대비책을 세워놓은 동안우가 가병들과 함께 조앙을 호위하며 한 가닥 혈로를 뚫어 부중을 탈출했다. 그는 조앙을 호위한 채 본거지인 진양성으로 달아났다. 중항인과 범길석의 가병이 추격해 올 것을 우려해 진양성 앞에 보루를 쌓고 굳게 지켰다.

당시 도성 강주에서 순력 즉 지력智躒이 한불신과 위만다에게 말했다.

"조씨는 6경의 수뇌인데도 중항인과 범길석은 군명君命도 없이 멋대로 조앙을 축출했소. 이를 방치하면 진나라 정권은 두 집안에 돌아갈 것이오."

한불신이 말했다.

"우리 진나라에는 먼저 난을 일으킨 자를 처벌하는 법령이 있소. 이 기회에 그들을 잡아 죽이거나 쫓아냅시다."

순력과 한불신 및 위만다 등 3인이 이내 궁으로 가서 진정공晉定公에게 이 일을 고한 뒤 순인 일당을 중형으로 다스리라는 윤허를 얻어냈다. 당시 진경공晉頃公은 이미 죽고 그의 아들 진정공이 보위에 앉아 있었다. 이들 3인은 곧바로 가병들을 이끌고 나와 중항인과 범길석을 쳤다. 이들은 토벌의 정당성을 높이기 위해 진정공을 싸움터로 모시고 나왔다.

중항인과 범길석은 힘껏 싸웠으나 역부족이었다. 이때 범길석은 진정공이 이들에게 끌려나와 있는 걸 보게 됐다. 곧바로 진정공을 빼앗아 올 요량으로 적진을 향해 돌진했다. 한불신이 부하들을 시켜 저잣거리로 나가 큰 소리로 외치게 했다.

"범씨와 중항씨가 반역을 일으켜 군주를 납치하려고 한다!"

백성들이 그 말을 믿고는 각자 무기를 들고 나와 진정공을 호위했다. 마침내 순력과 한불신 및 위만다의 가병들이 백성들과 합세해 중항인과 범길석의 가병을 엄살했다. 싸움에 패한 중항인과 범길석은 결국 조가朝歌 땅으로 달아난 뒤 진짜 반란을 일으켰다.

한불신이 진정공에게 말했다.

"중항인과 범길석은 반란을 일으킨 수괴입니다. 이들을 축출했으니 우리 진나라에 대대로 공을 세운 조씨의 가주家主 조앙을 복위시켜야 합니다."

진정공이 이들의 청을 모두 들어주었다. 조앙이 이내 진양에서 돌아와 원래의 작록을 회복했다.

원래 순력의 가신 양영보는 중항인이 차지했던 6경의 자리를 대신하고자 했다. 중항인이 쫓겨나자 주인인 순력에게 자신이 경의 자리에 오르도록 도와달라고 다시 청했다. 순력이 조앙을 만나 양영보의 경 임명을 부탁했다. 조앙이 이를 동안우에게 물었다.

동안우가 대답했다.

"요즘 우리 진나라는 정사에 개입하는 문파門派가 너무 많습니다. 변란이 끊이지 않는 이유입니다. 만일 양영보를 경으로 세우면 이는 또 한 사람의 중항인을 끌어들이는 것이나 다름없습니다."

조앙이 순력의 청을 물리쳤다. 양영보는 동안우 때문에 자신이 경이 되지 못한 것을 알고 대로했다. 곧 순력을 충동질했다.

"지금 한씨와 위씨는 조씨 편에 가담하고 있습니다. 주인의 집안인 지씨의 형세가 외롭습니다. 조씨가 믿는 자는 가신 동안우입니다. 그를 제거하면 조씨의 세력은 와해될 것입니다."

순력이 물었다.

"동안우를 제거할 계책이 있소?"

양영보가 대답했다.

"사실 조씨가 먼저 가병을 무장시킨 까닭에 중항인과 범길석 일당이 난을 일으킨 것입니다. 그 일을 맡아서 행한 자가 바로 동안우입니다. 누가 먼저 난을 일으켰는지 따지면 그 책임은 동안우에게 있습니다."

순력이 양양보의 말을 조앙에게 그대로 전하면서 가신을 제대로 단속하지 못한 조앙의 책임을 거론했다. 조앙이 상국의 자리에서 쫓겨날까 두려워했다. 부중으로 돌아와 동안우에게 순력의 말을 전했다. 동안우가 말했다.

"신이 저번에 그 일로 말썽이 나면 그 죄책을 신이 지겠다고 말한 바 있습니다. 신이 죽어서 조씨 집안을 평안히 만들겠습니다. 이런 경우는 죽는 게 사는 것보다 현명합니다."

그러고는 집으로 돌아가 스스로 목을 매고 자진하는 자액自縊을 했다. 조앙이 동안우의 시신을 저잣거리에 전시케 했다. 이어 사람을 시켜 순력에게 고했다.

"동안우가 자신의 죄를 순순히 인정하는 복죄伏罪를 했습니다."

순력은 조앙을 더 이상 다그칠 명분이 없어 이내 결맹結盟했다. 그러면서 서로 해치지 않기고 다짐했다.

조앙은 은밀히 동안우의 신주를 가묘家廟에 안치한 뒤 조상들과 함께 그의 제사도 지냈다. 조씨의 안녕을 위해 죽음을 마다하지 않은 충성과 노고에 보답코자 한 것이다.

당시 조가 땅으로 달아난 중항인과 범길석은 호시탐탐 기회를 노렸다. 진晉나라를 배반한 열국의 제후들은 이들을 활용해 진나라를 제압할 생각에 뒤에서 도왔다.

조앙은 누차 군사를 일으켜 조가 땅을 쳤다. 그럴 때마다 제나라와 노나라, 정나라, 위나라 등 4국이 조가 땅으로 곡식과 무기를 원조했다. 조앙이 쉽게 이기지 못한 이유다. 그러는 사이 주경왕 30년인 기원전 490년이 됐다.

조앙은 중항인과 범길석을 그대로 방치할 수 없어 마침내 자신의 집안을 포함해 한불신과 위만다 및 순력 등 네 집안의 가병을 모두 출동시켜 조가 땅을 쳤다. 비로소 조가 땅이 함락됐다. 중항인과 범길석은 한단 땅으로 달아났다가 다시 백인柏人 땅으로 도주했다. 그러나 얼마 후 백인성도 함락됐다.

중항인과 범길석의 일당인 범고이范皐夷와 장류삭張柳朔이 전사하고, 예양豫讓은 순력의 아들 순갑荀甲에게 사로잡혔다. 순갑의 아들 순요荀瑤 즉 지요智瑤가 예양의 사람됨을 보고 살려주었다. 예양은 그 은혜에 보답키 위해 지씨의 신하가 됐다. 중항인과 범길석은 제나라로 달아난 뒤 거기서 숨을 거뒀다.

애석하게도 중항씨는 순림보의 5세손인 순인 즉 중항인에 이르러 멸망하고, 사위士蔿의 7세손인 사길석士吉射 즉 범길석에 이르러 멸망하고 말았다. 이들의 조상 모두 진晉나라의 고굉지신股肱之臣이었다. 그 자손들이 탐욕과 횡포를 부리다가 집안을 패망에 이르게 한 것이다. 이 어찌 애달픈 일이 아닌가?

진나라의 6경 가운데 중항씨와 범씨가 사라지고 조씨와 한씨, 위씨, 지씨 등 네 가문만 남아 진나라 국정을 담당했다. 그러나 이는 훗날의 이야기다.

염선이 이를 시로 읊었다.

6경이 권세 다투다 존망 갈리니	六卿相幷或存亡
사적으로 제 주장만 한 탓이지	總是私門作主張
4경은 이후 나라 나누기에 바빠	四氏瓜分謀愈急
범씨 중항씨 놔둔 것만 못하다	不如留卻范中行

이야기를 잠시 지난날로 되돌리기로 하자. 주경왕 26년인 기원전 494년 봄 2월의 일이다. 오왕 부차가 상복을 벗은 지도 오래 됐다. 오왕 부차는 종묘에 고제告祭를 올리고 국력을 기울인 대군을 동원했다. 오자서가 대장, 백비가 부장副將이 돼 대군을 이끌고 태호의 물길을 따라 월나라로 진격했다.

월왕 구천이 군신들을 소집해 대책을 상의했다. 자가 소백少伯인 대부 범리范蠡가 출반出班해 고했다.

"오나라는 전번에 우리와 싸우다 군주를 잃은 것을 치욕으로 여겼습니다. 이들이 우리에게 보복코자 맹서한 지도 3년이 지났습니다. 오나라 군사

■ 범리

의 마음은 분노에 차 있고, 그 힘은 크게 축적돼 있습니다. 직접 상대하면 우리에게 불리합니다. 응당 군사를 요새와 성안으로 불러들여 굳게 지키는 게 상책입니다."

자가 회會인 대부 문종文鍾이 나서서 말했다.

"신의 어리석은 생각으로는 차라리 비루한 언사로 사죄해 강화를 청하는 게 상책인 줄 압니다. 오나라 군사가 강화를 받아들이고 물러가면 나중에 기회를 보아 오나라를 도모할 수 있습니다."

월왕 구천이 말했다.

"이경二卿은 굳게 지키거나 강화하자고 말하는데 모두 좋은 계책은 아닌 듯하오. 오나라는 대를 이어온 우리의 원수요. 저들이 쳐들어오는데도 맞아 싸우지 않으면 내가 장차 어찌 군을 통솔할 수 있겠소?"

그러고는 국내의 장정을 모두 징집했다. 이같이 조직한 3만 명의 군사를 이끌고 초산椒山 아래로 진군했다. 그곳서 양군이 접전을 벌였다. 오나라 군사가 100여 명의 사상자를 낸 뒤 퇴각했다.

월왕 구천이 승세를 몰아 오나라 군사를 추격했다. 몇 리쯤 나아갔다가 오왕 부차가 이끄는 오나라 대군의 선단船團과 조우했다. 양측이 서로 포진한 채 크게 싸웠다. 오왕 부치가 선두船頭에 서서 직접 북채를 들어 북을 쳐 장병들을 독전했다. 오나라 병사들이 오왕 부차의 독려에 고무돼 사기가 10배나 올랐다.

이때 문득 북풍이 크게 일어나면서 파도가 높게 출렁였다. 오자서와 백비가 북풍을 등지고 각각 오나라의 큰 전함인 여황艅艎을 탄 뒤 강물을 따라 내려갔다. 오나라의 다른 전함들 역시 순풍에 돛을 달고 그 뒤를 따랐다.

오나라 전함에 탄 궁노수들이 월나라 군사를 향해 쇠뇌와 활을 마구 쏘아댔다. 화살이 황충蝗蟲 떼처럼 날아와 월나라 병사들에게 꽂혔다. 월나라 병사들은 바람을 안고 싸워야 했던 까닭에 제대로 응전할 수 없었다.

월나라 군사가 대패해 달아나자 오나라 군사는 3로路로 나뉘어 추격했다. 당시 월나라 장수 영고부는 배를 타고 싸우다가 배가 뒤집히는 바람에 익사했다. 서한 역시 화살을 맞고 죽었다.

오나라 군사가 승세에 올라타 월나라 군사를 추격하며 엄살했다. 오나라 군사에게 도륙을 당한 월나라 군사는 그 숫자를 이루 다 헤아릴 수 없었다.

월왕 구천이 가까스로 달아나 고성固城으로 들어갔다. 이어 그곳에서 방어에 전념했다. 월왕 구천과 패잔병을 추격해 온 오나라 군사가 고성을 겹겹이 에워쌌다. 이어 성안으로 들어가는 물길을 끊었다.

오왕 부차가 기쁜 표정으로 말했다.

"10일 이내에 월나라 군사가 모두 목이 말라 죽을 것이다."

그러나 그는 고성 안의 산꼭대기에 영천靈泉이라는 큰 샘이 있는 걸 몰랐다. 그곳에서 물이 콸콸 흘러 나왔고 물고기도 살았다. 월왕 구천이 사람을 시켜 물고기 수백 마리를 잡아 오왕 부차에게 보냈다. 오왕 부차가 크게 놀랐다.

월왕 구천은 범리에게 명해 고성을 굳게 지키도록 한 뒤 샛길로 빠져나와 회계산會稽山으로 갔다. 그곳에서 무기와 병사들을 점검했다. 남은 군사는 겨우 5천여 명에 불과했다.

월왕 구천이 탄식했다.

"선군으로부터 고孤에 이르기까지 월나라를 다스린 지 30년이 되었다. 그 사이 이처럼 무참히 패한 적은 없었다. 범리와 문종 두 대부의 말을 듣지 않은 게 후회된다. 두 대부의 말을 듣지 않았다가 이 지경에 이르게 됐다."

오나라 군사의 고성에 대한 공격이 더욱 급해졌다. 오자서는 성의 오른쪽, 백비는 왼쪽에 진을 치고 맹공을 가했다. 범리는 고성의 위급을 알리는 전갈을 하루에도 3번씩 월왕 구천에게 보냈다. 월왕 구천이 속수무책으로 있으면서 크게 두려워했다. 문종이 말했다.

"사태가 위급합니다. 이제라도 강화를 청하면 난국에서 벗어날 수 있습니다."

월왕 구천이 물었다.

"오나라가 강화를 거절하면 어찌해야 하오?"

문종이 대답했다.

"오나라 태재 백비는 재물과 여색을 좋아하고, 남의 공을 시기하고, 유능한 인재를 질투하는 자입니다. 그는 오자서와 함께 오왕을 섬기고 있지만 뜻이 같지 않고 취향도 다릅니다. 오왕은 오자서를 경외하면서 백비를 좋아합니다. 우리가 사람을 사사롭게 백비의 영채로 보내 그의 환심을 사두면 강화가 그리 어렵지 않을 것입니다. 오왕은 백비의 말을 거의 다 들어줍니다. 나중에 오자서가 알면 제지하려 들겠지만 이미 이뤄진 일을 그가 어찌 하겠습니까?"

월왕 구천이 말했다.

"경은 백비가 어떤 뇌물을 좋아할 것으로 보시오?"

문종이 대답했다.

"군중軍中에 부족한 건 여인입니다. 실로 미인을 헌상하고 하늘이 우리 월나라에 복을 내리면 백비가 우리의 청을 들어줄 것입니다."

월왕 구천은 이를 좇아 문종을 도성으로 보냈다. 문종은 구천의 부인에게 미녀를 속히 선발해 보내라는 명을 전했다. 구천의 부인이 궁녀들 가운데 자색이 있는 여인 8명을 뽑았다. 곱게 성장盛裝시킨 뒤 백벽白璧 20쌍과 황금 1천 일鎰과 함께 사자에게 내줬다. 사자가 미녀와 뇌물을 수레에 싣고 회계산으로 왔다.

문종이 그날 밤 미녀를 대동한 채 뇌물을 갖고 오나라 태재 백비의 영채로 간 뒤 알현을 청했다. 백비는 당초 그 요청을 거절하려다가 부하를 시켜 문종이 어떤 모습으로 왔는지 살펴보게 했다. 부하로부터 미녀와 뇌물을 싣고 왔다는 보고를 받자 곧 문종을 자기 앞으로 불러들였다. 이어 거만한 모습으로 문종을 맞이했다. 문종이 꿇어 엎드려 비루한 말로 치사致詞했다.

"과군 구천은 나이가 어리고 무지해 능히 대국을 섬기지 못하고 죄를 짓게 됐습니다. 이제 과군은 그에 대해 깊이 후회하고 온 나라를 들어 대국을 섬기고자 합니다. 그러나 오나라 대왕이 저희 죄를 중하다고 여겨 받아들이지 않을까 두려워하고 있습니다. 과군은 태재 각하의 공덕이 산처럼 높아 밖으로는 나라의 간성干城이 되고, 안으로는 대왕의 보필이 된다는 걸 알고 있습니다. 이 하신下臣으로 하여금 먼저 태재 각하의 원문轅門을 두드리게 한 이유입니다. 바라건대 태재 각하는 대왕에게 한 말씀 올려 과군을 대국의 그늘 아래 거둬주게 해주십시오. 변변치 못한 물건이나마 우선 예물로 갖고 왔습니다. 앞으로도 계속 예물을 바치도록 하겠습니다."

문종이 뇌물의 내용을 적은 치부책을 백비에게 바쳤다. 백비가 그것을 보다가 불쾌한 표정을 지으며 꾸짖었다.

"우리는 내일 아침이나 저녁에 월나라를 멸망시킬 수 있소. 그리 되면 월나라 물건은 모두 오나라 소유가 될 것이오. 이런 구구한 걸 갖고 와 내게 사정하는 것이오?"

문종이 한 발짝 다가가면서 말했다.

"월나라 군사가 비록 패하기는 했으나 아직 회계 땅엔 정예군 5천 명이 남아 있습니다. 사세가 여의치 않으면 이들을 이끌고 한바탕 생사를 건 결전을 벌일 것입니다. 싸워서 이기지 못하면 도성의 부고에 쌓여 있는 보물을 모두 불살라 버리고 다른 나라로 달아날 것입니다. 이어 지난날 초왕이 영도를 점거한 오나라 군사를 물리치고 빼앗긴 나라를 되찾은 일을 거울삼아 나라의 광복을 꾀하겠습니다. 그러면 어떻게 월나라 물건이 오나라 소유가 되겠습니까? 설령 월나라 물건이 모두 오나라 소유가 될지라도 대부분 월왕 차지가 되고 각하와 제장들은 하찮은 물건을 나눠 받는 데 불과할 것입니다. 각하가 이번에 강화만 성사시켜 주면 과군은 겉으론 오왕에게 몸을 맡긴 게 되지만 실제로는 태재 각하에게 몸을 맡길 생각을 갖고 있습니다. 봄가을로 대국에 바치게 될 공물도 왕궁으로 보내기 전에 먼저 태재부太宰府로 보낼 것입니다. 이는 태재 각하가 월나라에서 얻은 이득을 임의 처분할 권한을 갖게 되는 게 아니겠습니까? 공을 세운 오나라 장수들도 거기에는 간섭하지 못할 것입니다. 만일 우리의 요청을 거절하면 일이 난처하게 됩니다. 짐승도 궁지에 몰리면 사력을 다해 싸우는 법입니다. 우리가 성을 등지고 결사항전을 하면 불가측不可測의 일이 벌어지지 않겠습니까?"

문종의 유세에 태재 백비가 흐뭇해했다. 자신도 모르는 사이 머리를 끄덕이는 점두點頭를 하며 미소를 지었다. 문종이 단자單子에 적혀 있는 8명의 미녀를 지적하며 말했다.

"이들 8명의 미녀는 모두 월나라 궁중에서만 선발했습니다. 월나라 민간에는 이런 미색들이 얼마든지 있습니다. 과군이 만약 살아서 돌아가면 응당 힘을 다해 미인을 찾아내 뒤 태재 각하에게 보내 태재부의 소제라도 하게 할 것입니다."

태재 백비가 자리에서 벌떡 일어나 말했다.

"대부가 우영右營의 오자서에게 가지 않고 좌영으로 온 것은 내가 위기에 빠져 있는 월나라를 해칠 생각이 없다는 걸 잘 알기 때문이 아니겠소? 내가 내일 아침 응당 그대를 인도해 대왕에게 인사시킨 뒤 곧바로 양국의 화의和議를 결정짓도록 하겠소."

태재 백비가 미인과 물품을 모두 받아들인 뒤 문종을 영채에 머물게 했다. 이어 새삼스럽게 빈주賓主의 예를 갖춰 접대했다.

이튿날 아침 태재 백비가 문종을 이끌고 중군의 영채로 갔다. 먼저 들어가 오왕 부차에게 월나라 대부 문종이 와서 강화를 청한다는 사실을 고했다. 오왕 부차가 발끈 화를 냈다.

"월나라는 과인의 불공대천不共戴天 원수이다. 내 어찌 원수의 강화요청을 들어줄 수 있겠는가?"

백비가 말했다.

"대왕은 지난날에 손무가 한 말을 기억하십니까? 그는 말하기를, '병兵은 흉기이니 잠시만 써야지 오랫동안 써서는 안 된다.'고 했습니다. 월나라가 비록 우리에게 큰 죄를 지었으나 머리를 숙이는 태도가 아주 지극합니다. 월왕은 오나라의 신하가 되겠다고 자청했고, 그 아내는 오나라의 첩이 되겠다고 말했습니다. 월나라 궁중에 보관돼 있는 중기重器와 보물을 모두 꺼내 공물貢物로 바치겠다고 합니다. 월왕이 애걸하는 것은 단 하나로 종묘사직의 보전입니다. 대왕이 월나라의 항복을 받아들이면 안으로는 돌아올 이익이 크고, 밖으로는 월나라의 죄를 용서해 줬다는 칭송을 듣게 됩니다. 명성과 이익을 동시에 차지하면 능히 패업을 이룰 수 있습니다. 만일 끝까지 궁지에 빠진 월나라를 치면 구천은 종묘를 불사르고, 처자를 죽이고, 황금과 옥백을 강물에 던지고, 결사대 5천 명을 이끌고 마지막 한 사람이 죽을 때까지 싸우겠다고 합니다. 그리되면 우리 오나라 군사도 큰 타격을 입을 것이고, 대왕의 좌우 장수들 가운데도 많은 사상자가 생길 것입니다. 월왕을 불공대천의 원수로 여겨 죽이는 것과 월나라의 항복을 받는 것 가운데 어느 쪽이 우리에게 더 이롭겠습니까?"

오왕 부차가 물었다.

"지금 사자로 온 문종은 어디에 있는가?"

백비가 대답했다.

"장막 밖에서 대왕의 분부만 기다리고 있습니다."

오왕 부차는 문종을 불러들였다. 문종이 무릎으로 걸어 오왕 부차 앞에 이르자 재배하고 난 뒤 백비에게 했던 말을 비굴할 정도로 겸손한 비손卑遜한 어조로 다시 고했다.

오왕 부차가 물었다.

"너의 군주 부부가 모두 과인의 신첩臣妾이 되겠다고 하는데 과연 능히 과인을 좇아 오나라로 올 수 있단 말인가?"

문종이 계수稽首하며 대답했다.

"이미 신첩이 되기로 한 이상 생사는 모두 대왕의 뜻에 달려있습니다. 어찌 감히 대왕을 좌우에서 섬기지 않겠습니까?"

백비도 나서서 말했다.

"구천 부부는 우리 오나라에 오기를 원하고 있으니 대왕은 명목상으로는 월나라를 용서해 주는 것이지만 사실은 월나라를 얻는 것과 같습니다.

그밖에 더 무엇을 구하겠습니까?"

마침내 오왕 부차가 강화를 허락했다. 이 소식이 즉시 우영의 오자서에게 전해졌다. 오자서가 급히 중군으로 갔다. 장막 안으로 들어간 그는 백비가 문종과 함께 오왕 부차 곁에 서 있는 것을 보았다. 그는 노기등등한 표정으로 부차에게 물었다.

"대왕은 이미 강화를 허락한 것입니까?"

부차가 대답했다.

"이미 허락했소."

오자서가 연거푸 외쳤다.

"불가, 불가합니다!"

문종이 이 소리에 놀라 몇 걸음 뒤로 물러섰다. 그러고는 오자서의 다음 말에 귀를 기울였다. 오자서가 간했다.

"월나라는 우리와 국경을 접한 이웃나라로 두 나라는 양립할 수 없는 처지에 있습니다. 우리가 월나라를 없애지 못하면 틀림없이 월나라가 우리를 없애 버리고 말 것입니다. 무릇 진晉나라나 진秦나라의 경우는 설령 그 나라를 공격해 이길지라도 워낙 거리가 멀어 그곳에 가서 살 수는 없습니다. 수레도 궤軌가 달라 이용할 수 없습니다. 하지만 월나라를 쳐서 이기면 곧바로 그곳에 가서 살 수 있고, 그들의 배를 탈 수 있습니다. 이는 사직의 중대한 이익에 해당하는 까닭에 결코 포기할 수 없습니다. 더구나 선왕의 원수인 월나라를 없애지 않으면 궁중의 뜰에 사람을 세워 놓고 대왕의 이름을 외치게 하면서 다짐한 맹서는 어찌되는 것입니까?"

오왕 부차는 대답치 못하고 눈으로 백비를 주시했다. 백비가 나서서 말했다.

"상국의 말은 옳지 않습니다. 옛날 주왕실이 제후들을 봉할 때 수향水鄕에도 봉하고, 육지에도 봉했습니다. 오나라와 월나라는 수향에 봉한 나라이고, 진晉나라와 진秦나라는 육지에 봉한 나라입니다. 수향에 봉해진 나라가 서로 이웃 땅에 가서 살 수 있고 그 배를 탈 수 있다면 오나라와 월나라는 서로 공존할 수 없었을 것입니다. 또 진晉나라와 진秦나라를 포함해 제나라와 노나라 등은 육지에 봉해진 나라들입니다. 만일 이들 나라들이 이웃 땅에 가서 살 수 있고 그 수레를 탈 수 있다면 저들 4국은 공존하지 못하고 벌써 한 나라로 통합됐어야 하는 게 아닙니까? 상국은 선왕의 원수이기 때문에 월나라를 용서할 수 없다고 말하지만 상국의 원수인 초나라는 월나라보다 훨씬 정도가 심한데도 왜 초나라를 쳐서 없애지 않고 선왕으로 하여금 강화를 하도록 한 것입니까? 월왕 부부는 강화가 이뤄지면 함께 오나라로 와서 복역하기로 자원했습니다. 상국은 초나라와 강화하면서 겨우 초나라 태자 건의 아들인 공자 승을 초나라에 살게 했을 뿐입니다. 이들 2가지 경우 가운데 어느 쪽이 우리에게 더 이롭겠습니까? 상국은 스스로 충성을 다한다면서 군주에게는 세인들로부터 각박하다는 말을 듣게 할 참입니까? 진정한 충신이라면 그리하지는 않을 것입니다."

오왕 부차가 기뻐했다.

"태재의 말이 이치에 합당한 듯하오. 상국은 잠시 물러가 있도록 하시오. 월나라에서 공물이 오면 응당 상국에게도 나눠 주겠소."

오자서가 백비의 말을 듣고 기가 차서 얼굴이 흙빛으로 변했다. 오왕 부차 앞에서 물러나며 한탄했다.

"내가 지난날 관상가 피리의 말을 듣지 않은 게 후회된다. 그의 말을 듣지 않아 이제 이런 영신佞臣과 함께 일하게 됐구나!"

입에서 한탄하는 소리가 그치지 않았다. 오자서가 오왕 부차의 막부幕府를 나온 뒤 대부인 왕손 웅雄에게 말했다.

"월나라가 앞으로 10년 동안 국력을 회복하고, 이번 일을 교훈삼아 다시 10년 동안 준비하면 불과 20년 안에 우리 오나라는 월나라의 공격을 받아

문종이 회계에서 백비와 협상하다

궁궐이 물고기가 노니는 큰 못으로 변하고 말 것이오!"

대부 왕손 웅은 오자서와 생각이 다른 까닭에 그 말을 깊이 믿지 않았다. 오자서는 분노를 품은 채 자신의 우영으로 돌아갔다.

오왕 부차가 월나라 대부 문종에게 속히 돌아가 강화가 이뤄진 사실을 월왕 구천에게 고하게 했다. 문종이 회계산으로 돌아가 이를 고한 뒤 다시 오나라 군영으로 와 오왕 부차에게 사례를 올렸다. 오왕 부차가 문종에게 월왕 부부가 오나라로 오는 날짜를 물었다.

문종이 대답했다.

"과군은 대왕의 사면을 받아 목숨을 구한만큼 잠시 도성에 돌아가서 옥백玉帛과 미녀를 모두 거둬 대국에 바칠 것입니다. 대왕은 기일을 넉넉히 잡아주십시오. 과군이 상국을 속이거나 실신失信하면 어찌 대왕이 내리는 주살誅殺을 면할 수 있겠습니까?"

오왕 부차가 그 요청을 허락했다. 월왕 구천 부부는 5월 중순까지 오나라로 와서 오왕 부처의 신첩臣妾으로 일하게 됐다. 오왕 부차는 왕손 웅으로 하여금 문종과 함께 월나라로 가서 월왕 구천의 출발을 재촉케 했다. 이어 태재 백비로 하여금 군사 1만 명을 이끌고 가 지금의 절강성 항주 인근의 오산吳山에 주둔하면서 월왕 부부가 기일 안에 오지 않을 경우 곧바로 월나라를 멸망시킨 뒤 돌아와 보고토록 했다. 이같이 조처한 뒤 오왕 부차는 대군을 이끌고 먼저 회군했다.

필경 월왕 구천은 어떻게 오나라로 들어갈 것인가? 다음 회를 보라.

제80회

159話 부차가 간언을 물리치고 구천을 풀어주다 –부차위간석월夫差違諫釋越

월나라 대부 문종은 오왕 부차가 강화를 허락하자 회계산으로 돌아와 월왕 구천에게 보고했다.

"오왕은 이미 오나라로 반사班師했습니다. 오나라 대부 왕손 웅雄이 신과 함께 온 것은 대왕의 출발을 독촉하기 위한 것입니다. 오나라 태재 백비는 지금 군사를 이끌고 강 언덕에 주둔하면서 오직 대왕이 강을 건너 오나라로 들어오기만 기다리고 있습니다."

월왕 구천은 그 말을 듣고는 자신도 모르게 두 눈에서 눈물을 흘렸다. 문종이 말했다.

"오나라로 떠나야 할 5월 중순이 박두했습니다. 대왕은 속히 귀국해 국사를 요리料理하십시오. 쓸데없이 슬퍼하고 있을 때가 아닙니다."

월왕 구천은 눈물을 씻고 회계산에서 도읍인 제기諸暨[1]로 돌아갔다. 시정市井은 전과 다름없었으나 장정들은 쓸쓸하게 소연蕭然한 모습이거나 부끄러운 기색인 참색慚色을 띠고 있었다. 그는 오나라 대부 왕손 웅으로 하여금 관역에 머물게 한 뒤 부고에 수장되어 있던 보물을 모두 꺼내 수레에 실었다. 이어 여인 330명을 선발했다. 300명을 오왕 부차, 나머지 30명을 태재 백비에게 보낼 생각이었다.

시일이 아직 5월 중순이 되지 않았는데도 오나라 대부 왕손 웅은 월왕 구천에게 속히 출발할 것을 재촉했다. 구천이 울며 신하들에게 당부했다.

"고孤는 선왕의 여서餘緖를 이어받아 긍긍업업兢兢業業[2]하는 자세로 나라를 다스리며 감히 잠시도 태만한 적이 없었소. 그러나 이번 부초산夫椒山 싸움에서 한번 패함으로써 나라가 망하고 집안이 깨지는 국망가파國亡家破의 참사를 당하게 됐소. 고는 또 포로가 되어 1천 리나 떨어진 오나라 도성으로 잡혀가게 됐소. 이제 가면 가는 날은 있어도 돌아올 날은 없을 듯싶소."

군신들 가운데 그 말을 듣고 흐느껴 울지 않는 자가 없었다. 문종이 나서서 말했다.

"옛날 은나라 탕왕은 하대夏臺에 갇혔고, 주문왕은 유리羑里에 갇혔으나 이후 1번 떨쳐 일어나자 모두 천자가 됐습니다. 또 제환공은 일찍이 거莒

1 제기諸暨는 지금의 절강성 소흥시에 있는 현급시縣級市이다. '제기'의 명칭은 하나라의 우왕禹王이 천하의 제후들을 이곳에 모았다는 뜻에서 나온 것이다. 제諸는 제후, 기暨는 소집의 뜻이다. 춘추시대 당시 월나라의 도성이었다. 1989년 9월 국무원의 비준을 받아 현縣에서 시市로 승격됐다.

2 긍긍업업兢兢業業은 삼가며 두려워하는 모습을 가리킨다. 긍긍兢兢은 소심하게 근신謹愼하는 것을 뜻하고, 업업業業은 두려워하는 모습을 의미한다. 『시경』「대아, 운한雲漢」에 두렵고 불안해 마치 천둥과 벼락 치는 것 같다는 뜻의 '긍긍업업兢兢業業, 여정여뢰如霆如雷' 구절이 나온다.

나라로 달아났고, 진문공은 일찍이 적翟나라로 망명했지만 이후 1번 일어나자 천하의 패권을 잡았습니다. 그들로 하여금 괴롭고 어려운 역경을 겪게 한 것은 하늘이 장차 그들을 천하의 왕패王伯로 만들기 위해 그런 것입니다.[3] 대왕은 천의天意를 받들어 훗날 다시 일어날 때를 기약해야 할 것입니다. 그런 마당에 대왕이 지나치게 슬퍼해 지기志氣를 손상시켜서는 안 될 것입니다."

월왕 구천이 그날로 종묘에 제사를 지낸 뒤 떠날 채비를 했다. 오나라 대부 왕손 웅은 하루 앞서 떠났다. 군신들 모두 절강浙江 기슭까지 가서 구천을 배웅했다. 범리范蠡는 이미 지금의 절강성 항주에 있는 전단강 주변의 고릉固陵에 배를 대고 월왕 구천을 맞이했다. 구천은 오나라로 길을 떠나기에 앞서 강가에서 노제를 지냈다. 문종이 술잔을 들고 구천 앞으로 나가 축수祝壽했다.

황천은 부디 도움을 내려줘	皇天祐助
침몰 후 일어서게 해주시오	前沉後揚
참화가 덕의 근본 되게 하고	禍爲德根
우환이 복의 터전 되게 하고	憂爲福堂
위세 부리는 자 멸망케 하고	威人者滅
천명 좇는 자 일으켜 주시오	服從者昌

3 이 대목의 『열국지』 원문은 '부간고지경夫艱苦之境, 천지소이개왕패야天之所以開王伯也'이다. 이는 『맹자』「고자 하」에 나오는 "하늘은 장차 대임大任을 어떤 사람에게 내리려고 할 때 반드시 먼저 그 심지心志를 괴롭게 하고, 그 근골筋骨을 힘들게 하고, 그의 체부體膚를 굶주리게 하고, 그 신身을 공핍空乏하게 하고, 그 행하고자 하는 바를 어지럽게 행하게 만든다. 이는 마음을 분발시키고 성질을 참게 해 마침내 불가능한 일을 해낼 수 있도록 도와주기 위한 것이다. - 天將降大任於是人也, 必先苦其心志, 勞其筋骨, 餓其體膚, 空乏其身, 行拂亂其所爲, 所以動心忍性, 曾益其所不能." 구절의 취지를 요약한 것이다.

대왕이 지금 비록 막혔지만	王雖淹滯
이후론 재앙 없게 해주시오	其後無殃
군신이 살아서 생이별 하니	君臣生離
이 정성에 하늘 감동 하소서	感動上皇
모든 사람 슬픔 젖어 있으니	衆夫哀悲
감상하지 않는 자 없으리라	莫不感傷
청컨대 육포안주 함께 하여	臣請薦脯
술 두 잔 정성껏 올리리라	行酒二觴

월왕 구천이 하늘을 우러러 탄식했다. 문종이 바치는 술잔을 받아 들고 하염없이 눈물만 흘리며 아무 말도 못했다. 범리가 나서서 말했다.

"사는 곳이 궁벽하지 않으면 그 뜻이 넓지 못하고, 몸이 고초를 겪어보지 않으면 생각이 심원하지 못하다는 뜻의 '거불유자지불광居不幽者志不廣, 형불수자사불원形不愁者思不遠' 구절을 들은 적이 있습니다. 자고로 성현 모두 곤경을 겪었고, 씻을 수 없는 치욕을 당했습니다. 어찌 대왕만 고초를 겪는 것이겠습니까?"

구천이 말했다.

"옛날에 요임금은 순임금과 우왕에게 대임을 맡겨 천하가 잘 다스려지도록 했소. 비록 중간에 9년에 걸친 홍수가 있었지만 사람들이 큰 피해를 보지는 않았소. 과인도 오늘 월나라를 떠나 오나라로 가는 마당에 이 나라를 여러 대부들에게 맡기고자 하오. 대부들은 어떻게 과인의 소망을 이뤄줄 생각이오?"

범리가 같은 대열에 있는 대부들에게 말했다.

"군주가 근심하면 신하는 치욕으로 생각하고, 군주가 치욕을 당하면 신하는 목숨을 던진다는 뜻의 '주우신욕主憂臣辱, 주욕신사主辱臣死' 구절을 들은 바 있소. 지금 주상은 나라를 떠나는 근심과 오나라의 신하가 되는 치욕을 당하고 있소. 절강 동쪽에 있는 절동浙東의 월나라 선비 가운데 어찌 주상과 함께 근심과 치욕을 나누려는 호걸이 1–2명도 없을 수 있겠소?"

대부들이 일제히 대답했다.

"누가 주상의 신자臣子가 아니겠소? 모두 왕명을 좇을 것이오."

구천이 말했다.

"모든 대부는 과인을 버리지 마시오. 각자 자신의 뜻을 밝혀 주시오. 누가 나와 함께 오나라에 가서 고생하고, 누가 남아서 나라를 지켜야 할지 말해 주시오."

문종이 나서서 말했다.

"나라 안 사방의 형편과 백성들의 사정을 살피는 일은 범리가 신만 못합니다. 군주를 위해 주선하고 임기응변하는 일은 신이 범리만 못합니다."

범리가 말했다.

"문종은 자신이 할 바를 알고 있으니 주상은 그에게 국사를 맡겨 백성을 먹여 살리고, 훗날의 전쟁준비를 하도록 하십시오. 위기에 처한 주상을 돕고, 치욕을 감내하고, 오나라로 갈지라도 반드시 돌아오고, 군주를 위해 복수를 하는 일은 신이 감히 사양하지 않겠습니다."

두 사람의 뒤를 이어 여러 대부들이 각각 자신의 결심을 이야기했다.

궁궐 사무를 담당한 태재太宰 고성苦成이 말했다.

"군령君令을 백성에게 펴고, 군덕君德을 밝히고, 번거로운 것을 통솔하고, 어려운 일을 다스려 백성들로 하여금 본분을 알도록 하는 게 신의 소임입니다."

외교를 맡은 행인行人 예용曳庸이 말했다.

"열국의 제후에게 사자를 보내 교통하고, 나라 사이의 분란을 해결하며 의혹을 풀고, 출국해서는 군명을 욕되게 하지 않고, 입국해서는 백성의 비난을 받지 않도록 하는 게 신의 소임입니다."

간언을 담당한 사직司直 호진皓進이 말했다.

"군주의 잘못을 신하로 하여금 간하게 하고, 군주의 허물을 지적하며 의혹을 풀고, 마음을 올곧게 가져 흔들리지 않고, 권귀權貴에 아부하지 않는 게 신의 소임입니다."

군사를 맡은 사마司馬 제계영諸稽郢이 말했다.

"적을 바라보며 진을 친 뒤 화살을 날리며 무기를 휘두르고, 유혈이 낭자한 가운데 물러서지 않고 진격하는 게 신의 소임입니다."

경제를 담당한 사농司農 고여皐如가 말했다.

"농사를 독려하며 백성들을 무육撫育하고, 사자를 조문하며 병든 자를 치료하고, 검소한 기풍을 진작시켜 밥상에 2가지 고기가 올라가지 않게 하고, 묵은 곡식을 아끼며 새 곡식을 저장하는 게 신의 소임입니다."

천문 등을 담당한 태사太史 계예計倪가 말했다.

"천문과 지리를 살피고, 계절과 음양을 조화시키고, 길흉의 조짐을 미리 읽고 대비하는 게 신의 소임입니다."

월왕 구천은 대부들이 각자 자신의 직분을 충실히 이행하겠다고 다짐하자 이같이 말했다.

"고孤가 비록 북쪽으로 가 오나라에서 비참한 포로 생활을 할지라도 대부들은 자신의 덕과 재능을 모두 발휘해 사직을 잘 보호하겠다고 다짐했소. 고가 장차 무엇을 걱정하겠소?"

월왕 구천이 대부들로 하여금 국내에 남아 나라를 수호하게 한 뒤 범리와 함께 오나라로 갔다. 군신이 강어귀에서 작별하며 눈물을 흘렸다.

구천이 하늘을 우러러 탄식했다.

"사람은 누구나 죽음을 무서워하오. 그러나 고가 죽었다는 소식을 들을지라도 그대들은 절대 슬퍼하지 마시오."

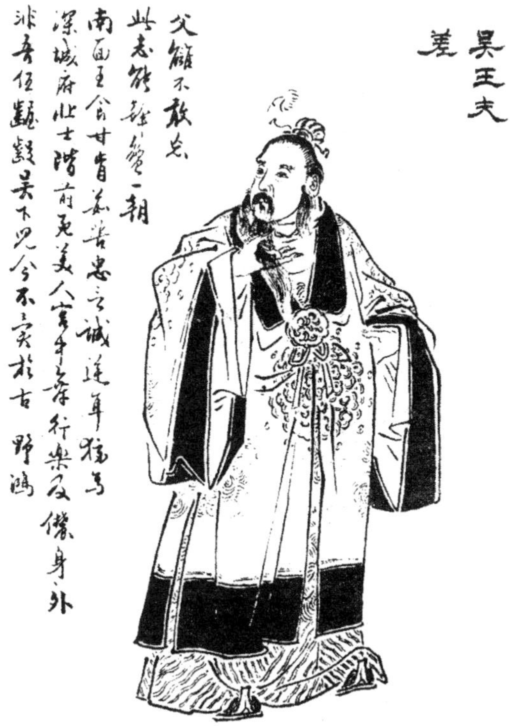

■ 오왕 부차

그러고는 마침내 부인 및 범리와 함께 배에 올라 오나라를 향했다. 배웅하는 신하들 모두 강기슭에 엎드려 절하며 통곡했다. 구천은 끝내 뒤돌아보지 않았다.

이를 뒷받침하는 시가 있다.

석양 비낀 산 밖에 돛단배 가니	斜陽山外片帆開
봄바람 파도 일어 땅에 돌아오다	風卷春濤動地回
오늘 술잔 들어 백사장 이별하니	今日一樽沙際別
강 건너온 그대 언제 다시 볼까	何時重見渡江來

구천의 부인이 뱃전에 기대앉아 울었다. 까마귀와 까치가 강가에서 새우를 쪼아 먹느라 한적하게 오가는 걸 보니 마음이 몹시 서글펐다. 이내 울음을 삼키며 노래했다.

나는 새 바라보니, 까마귀와 솔개여	仰飛鳥兮烏鳶
하늘을 타고 넘으니, 훨훨 날아가다	淩玄虛兮翩翩
모래톱에 모이니, 우아하고 고고하다	集洲渚兮優恣
세찬 깃촉 펼치니, 구름 사이 치솟다	奮健翮兮雲間
흰 새우 쪼아 먹고, 그러고 물마시다	啄素蝦兮飮水
마음대로 노닐고, 날아갔다 돌아오다	任厥性兮往還
첩에게 죄 없으나, 이 땅을 떠나가다	妾無罪兮負地
너무 억울한 마음에, 하늘 원망하다	有何辜兮譴天
표표히 바람 불어, 서쪽으로 가는데	風飄飄兮西往
다시 돌아올 날이여, 그날 언제일까	知再返兮何年
괴로운 마음이여, 칼로 베는 듯하다	心輟輟兮若割
눈물 계속 흐르니, 두 눈 얼룩지다	淚泫泫兮雙懸

월왕 구천은 아내가 자신의 처지를 원망하는 노래를 부르자 내심 통곡했다. 하지만 겉으로는 애써 웃으면서 위로했다.

"나에게는 6명의 뛰어난 신하가 날개의 깃처럼 있소. 틀림없이 언젠간 하늘 높이 날아오를 것이오. 무엇을 그리 걱정하는 것이오?"

구천은 오나라 경계로 들어간 뒤 범리로 하여금 먼저 오산吳山에 가서 태재 백비에게 황금과 비단과 미녀를 바치게 했다. 백비가 범리에게 물었다.

"대부 문종은 어째서 오지 않았소?"

범리가 대답했다.

"과군을 위해 나라를 지켜야 하는 까닭에 감히 오지 못했습니다."

태재 백비가 범리를 따라와 월왕 구천을 만났다. 구천은 백비가 자신을 비호해 준 것에 대해 깊이 감사했다. 백비가 구천에게 말했다.

"힘이 닿는 대로 주선해 고국에 돌아갈 수 있도록 힘써 주겠소."

구천은 그 말에 약간 안심했다. 태재 백비가 군사를 대동한 채 구천을 오나라 도성으로 압송해 갔다. 이어 구천은 인도해 궁중으로 들어가 부차에게 알현시켰다. 그는 항복의 표시로 윗옷을 벗는 육단肉袒의 모습으로 전각의 계단 아래 꿇어 엎드렸다. 구천의 부인도 구천의 뒤에 꿇어 엎드렸다. 범리가 갖고 온 보물과 미녀들의 단자를 바쳤다.

월왕 구천이 재배계수再拜稽首하며 말했다.

"동해의 천신賤臣 구천은 제 힘을 헤아리지 못한 채 상국의 변경을 침범하는 죄를 지었습니다. 대왕이 대죄를 용서해 빗자루를 잡고 오나라 궁정을 소제하도록 허락했습니다. 후은을 입고 극히 짧은 생명인 수유지명須臾之命이나마 유지케 됐으니 실로 감격을 이기지 못하겠습니다. 삼가 대왕 앞에 고수叩首하고 돈수頓首합니다."

부차가 말했다.

"과인이 선군의 원수를 갚기로 했으면 오늘 그대는 살아 있을 리가 없소."

구천이 거듭 고수叩首했다.

"신은 실로 죽어 마땅합니다. 원컨대 대왕은 이 천신을 불쌍히 여겨주십시오."

오자서가 부차 곁에 서 있다가 부차에게 말했다. 눈에서 불똥이 튀는 듯했고, 목소리는 우레와 같았다.

"나는 새가 멀리 구름 위에 있어도 활을 쏘아 잡으려고 하는데 하물며 조정의 뜰에 내려 앉은 새를 어찌하여 쏘아 잡지 않는 것입니까? 구천은 원래 교활하고 음험한 자입니다. 그는 이제 가마솥에 든 물고기인 부중지어釜中之魚와 같기에 그의 목숨은 포인庖人에게 달려 있습니다. 그는 아첨하는 말과 비루한 언사로 형사刑死를 모면코자 하는 것입니다. 그러나 일단 목숨을 부지하고 조금이라도 뜻을 얻으면 오나라의 큰 우환이 될 것입니다. 그를 살려주는 것은 마치 범을 산에 풀어주고, 고래를 바다에 놓아주는 것과 같습니다. 다시는 그를 제압하지 못할 것입니다."

부차가 대답했다.

"과인이 듣건대 항복한 자를 죽이면 그 재앙이 3대에 미친다고 했소. 과인은 월나라를 아껴 그를 살려 두는 게 아니오. 하늘로부터 너무 과하다는 꾸지람을 들을까 두려워 그러는 것이오."

태재 백비가 말했다.

"오자서는 눈앞의 일에는 밝지만 나라를 편안하게 하는 방법은 모르는 듯합니다. 주상은 실로 인자仁者의 말을 했습니다."

오왕 부차는 백비의 아첨하는 말인 영언佞言만 믿고 오자서의 간언諫言을 듣지 않았다. 오자서가 분노를 품은 채 물러났다. 오왕 부차는 월왕 구천이 바친 공물을 받고나자 왕손 웅으로 하여금 선왕 합려의 분묘 곁에 석실 하나를 짓게 했다. 이어 구천 부부를 폄하해 돌을 쌓아 만든 석실 안에서 기거하게 했다.

구천은 의관을 벗고 쑥대머리를 한 채 때 묻은 옷을 입었다. 이어 말을 기르는 일을 했다. 태재 백비가 사적으로 양식을 대준 덕분에 굶주림을 면했다.

오왕 부차가 수레를 타고 행차할 때마다 구천이 종종걸음을 치며 말채찍을 들어 수레를 끄는 말을 몰았다. 오나라 백성들이 구천을 가리키며 말했다.

"저 사람이 월왕이다."

구천은 머리를 숙인 채 아무 말도 하지 못했다.

옛 사람이 시를 지어 이를 증명했다.

슬프다, 영웅이 구덩이에 빠지니	堪歎英雄値坎坷
평생 뜻과 기운 모두 녹아내리다	平生意氣盡銷磨
고국 떠난 혼은 돌아갈 기약 없고	魂離故苑歸應少
장강에 가득한 원한 눈물만 나다	恨滿長江淚轉多

어느덧 구천이 석실에서 지낸지 2년이 지났다. 그간 범리는 조석으로 구천을 모시면서 잠시도 그 곁을 떠나지 않았다. 하루는 오왕 부차가 구천을 궁으로 불러들였다. 구천이 부차 앞에 나아가 꿇어 엎드렸다. 범리는 구천의 뒤에 서 있었다.

오왕 부차가 범리에게 말했다.

"현철한 여인은 파망한 집으로 시집가지 않고, 현명한 자는 멸절한 나라에서 벼슬을 살지 않는다는 뜻의 '철부불가파망지가哲婦不嫁破亡之家, 명현불관멸절지국名賢不官滅絶之國' 이야기를 과인은 들은 바 있소. 오늘날 구천은 무도해 이미 월나라를 망하게 만들었소. 그대들은 노복 한 사람 없이 석실 하나에서 기거하고 있으니 이 어찌 누추하지 않겠소? 과인은 그대의 죄를 용서코자 하오. 그대가 능히 과거를 반성하고 스스로 새로워질 수 있고, 월나라를 버린 채 우리 오나라를 섬기면 과인은 반드시 그대를 중용할 것이오. 그러면 우환에서 벗어나 부귀를 누릴 수 있소. 그대의 뜻은 어떠하오?"

구천은 땅바닥에 엎드려 흐느껴 울기만 했다. 범리가 자신을 버리고 오나라로 귀순하지나 않을까 하고 겁이 난 것이다. 범리가 계수稽首하며 대답했다.

"패망한 나라의 신하는 감히 정사를 논하지 않고, 싸움에 진 장수는 감히 용맹을 말하지 않는다는 뜻의 '망국지신亡國之臣, 불감어정不敢語政. 패군지장敗軍之將, 불감어용不敢語勇' 이야기를 들은 바 있습니다. 신이 월나라 신하로서 충성을 다하지 못하고 신의도 지키지 못해 월왕으로 하여금 선善에 나가도록 보필하지 못함으로써 대왕에게 죄를 짓게 만들었습니다. 다행히 대왕은 신을 죽이지 않고 저희 군신의 목숨을 살려주면서 입궁해서는 소제를 하고 출궁해서는 수레를 따를 수 있도록 허락해주셨습니다. 신은 그것만으로도 족한데 어찌 감히 부귀를 바라겠습니까?"

오왕 부차가 말했다.

"그대가 뜻을 바꾸지 않겠다면 전처럼 석실로 돌아가도록 하시오."

범리가 대답했다.

"삼가 명을 좇겠습니다."

부차가 자리에서 일어나 안으로 들어갔다. 구천과 범리도 석실로 돌아왔다. 구천이 쇠코잠방이인 독비곤犢鼻褌을 입은 채 머리엔 나무꾼이 매는 수건인 초두樵頭를 매고, 꼴을 썰면서 말들을 길렀다. 부인은 꿰매지 않은 치마를 걸치고 오랑캐처럼 옷깃을 왼쪽으로 여미는 좌임左衽의 저고리를 입은 채 물을 길어다가 말똥을 소제했다. 범리는 땔감을 주워 아궁이에 불을 지폈다. 면목이 고고枯槁했다.

오왕 부차는 때때로 사람을 보내 이들을 엿보게 했다. 염탐꾼이 석실을 엿보았다. 군신이 힘써 일하면서 원한의 기색을 조금도 내보이지 않았다. 게다가 밤에 잠을 자면서도 한숨을 내쉬거나 한탄하는 말을 내뱉지 않았다. 부차는 이런 보고를 받고는 구천에게 고국을 생각하는 마음이 모두 사라진 것으로 짐작했다. 오왕 부차가 구천을 치지도외置之度外[4]한 이유다.

4 치지도외置之度外는 마음에 두지 않는다는 뜻으로 여기의 도외度外는 '고려考慮 밖'의 의미이다. 『후한서』「외효전隗囂傳」에 '치차양자어도외置此兩子於度外' 표현이 나온다.

하루는 오왕 부차가 고소대姑蘇臺에 올라 사방을 바라보았다. 멀리 월왕 구천과 그 부인이 말똥 곁에 단정히 앉아 있고, 곁에 범리가 말채찍을 들고 부부 왼쪽에 서 있는 모습이 보였다. 군신의 예禮가 존재했고, 부부의 의義가 갖춰져 있었다.

부차가 백비를 돌아보고 말했다.

"저 월왕은 소국의 군주에 지나지 않고, 범리는 일개 선비에 지나지 않소. 그런데도 저런 어렵고 곤궁한 처지에서 군신의 예를 잃지 않고 있소. 내심 존경하고픈 생각이 드오."

백비가 대답했다.

"그런 생각도 들지만 가련可憐하다는 느낌입니다."

부차가 말했다.

"태재의 말이 옳소. 과인은 차마 저들을 그대로 두고 볼 수 없는 목불인견目不忍見의 심정이오. 과거의 잘못을 깨닫고 스스로 새로워지는 회과자신悔過自新을 했다면 용서해줄 수 있지 않겠소?"

백비가 대답했다.

"신은 보답 받지 못하는 덕은 없다는 뜻의 '무덕불복無德不復' 이야기를 들은 적이 있습니다. 대왕이 성왕聖王의 마음으로 외롭고 궁한 자를 불쌍히 여겨 월왕에게 은덕을 베풀면 월나라가 어찌 후하게 보답하지 않겠습니까? 원컨대 대왕이 결단하십시오."

부차가 대답했다.

"태사太史로 하여금 길을 택하고 그날 월왕을 사면해 돌려보내도록 하겠소."

그날 5경쯤 태재 백비가 사람을 은밀히 석실로 보내 이 희신喜信을 구천에게 전했다. 구천이 크게 기뻐하며 곧 범리에게 이 사실을 알렸다.

범리가 말했다.

"청컨대 주상을 위해 점을 쳐보겠습니다. 오늘이 무인일戊寅日이고 묘시卯時에 그 소식을 들었습니다. 무戊는 갇혀 있는 날인 수일囚日이 되고, 묘卯는 무戊와 상극입니다. 이 점의 주사繇詞는 '하늘의 그물인 천망天網이 사방으로 쳐져 있어 만물이 모두 상하니, 상서로움이 오히려 재앙으로 변한다.'고 돼 있습니다. 비록 그런 소식을 들었다고는 하나 아직 기뻐하기에는 부족합니다."

구천은 그 말을 듣고는 기쁨이 우려로 변했다.

당시 오자서는 오왕 부차가 월왕 구천을 사면해 귀국시킬 것이라는 소식을 듣고는 황급히 오왕 부차에게 달려갔다.

"옛날 하나라 걸桀은 은나라 탕왕湯王을 잡아가두기만 하고 죽이지 않고, 은나라 주紂는 주문왕周文王을 잡아가두기만 하고 죽이지 않았습니다. 이내 천도가 순환해 재앙이 복으로 바뀌는 화전성복禍轉成福이 빚어졌습니다. 대왕이 구천을 잡아만 두고 죽이지 않으면 하나라 걸과 은나라 주가 당한 화를 입을까 두렵습니다."

오왕 부차는 이 말을 듣고는 다시 구천을 죽일 생각을 했다. 이내 구천을 다시 궁으로 불러들이게 했다. 백비가 그 소식을 먼저 구천에게 알렸다. 구천이 크게 놀랐다. 곧바로 범리에게 이 소식을 전했다.

범리가 말했다.

"주상은 너무 겁내지 마십시오. 오왕이 주상을 가둔 지 3년이나 됐습니다. 그간 차마 주상을 죽이지 못했는데 하루 만에 능히 해칠 수 있겠습니까? 오나라 궁중에 들어갈지라도 틀림없이 무양無恙할 것입니다"

구천이 말했다.

"과인이 은인자중하는 와중에 죽임을 당하지 않은 것은 오로지 대부의 계책을 좇은 덕분이오."

그러고는 오왕 부차를 알현하기 위해 궁성으로 들어가 대기했다. 그러나

3일이 지나도록 불러들이지도 않고 조회도 열지 않았다. 4일이 지나자 백비가 궁중으로부터 나왔다. 그가 구천에게 석실로 돌아가라는 왕명을 전했다. 구천이 괴이하게 여겨 묻자 백비가 대답했다.

"대왕은 오자서의 말을 듣고 그대를 죽이기 위해 궁으로 불러들인 것이오. 그런데 마침 대왕이 한질寒疾에 걸려 일어나지 못하게 됐소. 지금 나는 문병을 한 뒤 건의키를, '지금은 응당 병환이 물러가도록 빌고 복 받을 일을 해야 합니다. 지금 월왕이 궐 아래 포복匍匐해 주륙誅戮을 기다리고 있습니다. 그 원통하고 괴로운 기운이 하늘에 뻗쳐 대왕의 병환에 빌미가 되는 듯합니다. 응당 몸을 보중하면서 우선 월왕을 석실로 돌려보내십시오. 병환이 나은 후 다시 도모토록 하십시오.'라고 했소. 대왕이 이를 받아들여 그대를 성 밖의 석실로 돌려보내라고 한 것이오."

월왕 구천이 거듭 감사感謝했다. 그가 석실로 돌아온 지도 3달이 지났다. 오왕 부차의 병이 낫지 않았다. 구천이 범리에게 점을 치게 했다. 범리가 점을 친 뒤 말했다.

"오왕은 죽지 않습니다. 그의 병환은 기사일己巳日부터 차도가 있다가 임신일壬申日엔 틀림없이 완쾌할 것입니다. 대왕은 이때 궁으로 가서 문병하겠다고 청하십시오. 허락을 받고 문병하게 되면 오왕에게 대변을 달라고 해서 그것을 맛보십시오. 이어 그 안색도 살펴본 뒤 두 번 절하고 기사일부터 차도가 있어 임신일엔 완쾌할 것이라는 경하의 말을 하십시오. 예언대로 임신일에 병이 나으면 오왕은 틀림없이 그 정성에 크게 감동할 것이고, 사면을 기대할 수 있습니다."

구천이 눈물을 흘리며 말했다.

"고가 비록 불초하나 남면南面하며 보위에 앉아 있었소. 어찌 오예汚穢를 머금고 치욕을 참으며 남이 배설한 변을 핥을 수 있겠소?"

범리가 대답했다.

"옛날 하나라 주紂는 주문왕을 유리羑里에 가두고, 그 아들 백읍고伯邑考를 죽여 끓는 가마솥에 삶은 뒤 그 고기를 주었습니다. 주문왕은 통분한 마음을 참고 아들의 고기를 먹었습니다. 무릇 큰일을 하고자 하는 사람은 작은 일에 신경을 써선 안 됩니다. 원래 오왕은 아녀자의 어짊인 이른바 부인지인婦人之仁[5]을 지닌 자로 대장부의 결단인 장부지결丈夫之決을 갖지 못한 자입니다. 그는 우리 월나라를 용서해 주기로 했다가 오자서의 말을 듣고 갑자기 다시 마음을 바꿨습니다. 이리 하지 않으면 무슨 수로 그런 심약한 사람의 연민을 얻어낼 수 있겠습니까?"

구천이 이를 좇아 태재부太宰府로 가서 백비를 만났다.

"신자臣子의 도리로 말하면 군주가 병들면 신하는 근심합니다. 그간 대왕이 오랫동안 병으로 누워 있는 까닭에 구천은 밤이 되어도 잠이 잘 오지 않고, 음식을 먹어도 그 맛을 모르겠습니다. 원컨대 태재를 따라서 대왕을 문병해 신자의 정을 표할까 합니다."

백비가 대답했다.

"그대에게 그런 아름다운 뜻이 있다면 어찌 감히 그 뜻을 전하지 않을 수 있겠소?"

이내 궁으로 가서 오왕 부차에게 구천이 신자의 도리로 문병하고자 한다는 뜻을 간곡히 전했다. 부차는 병으로 심신이 피곤한 와중에 그 말을 듣자 측은한 생각이 나 문명을 허락했다. 백비가 밖으로 나가 구천을 이끌고 침실로 들어왔다. 부차가 눈을 억지로 뜨고 말했다.

"구천도 고孤에게 문병을 온 것인가?"

5 부인지인婦人之仁은 『사기』 「회음후열전」에서 차용한 말이다. 초한전 당시 한신韓信은 유방劉邦 앞에서 항우項羽를 두고 평하기를, "항우는 사람을 대할 때 그 태도가 공손하고 자애로우며 말씨 또한 부드럽습니다. 누가 병에 걸리면 눈물을 흘리며 음식을 나눠줍니다. 그러나 부리는 사람이 공을 세워 봉작封爵해야 할 때면 인장이 닳아 없어질 때까지 차마 내주지를 못합니다. 이는 일개 아녀자의 어짊인 '부인지인'에 지나지 않습니다."라고 했다.

구천이 머리를 바닥에 두드리는 고수叩首를 하며 상주했다.

"수신囚臣은 용체가 균형을 잃은 실조失調에 있다는 소식을 듣고 간담을 쥐어짜는 것처럼 가슴이 아팠습니다. 한번 안색이나 한번 살펴보려는 것이지 다른 사유는 없습니다."

구천의 말이 끝나기도 전에 부차는 배가 끓어오르면서 변의便意가 생겼다. 손을 내저으며 구천에게 밖으로 나가 있을 것을 지시했다.

구천이 말했다.

"신이 동해東海의 월나라에 있을 때 의사醫師를 만나 약간 의술을 배운 일이 있습니다. 사람의 변을 살펴보고 병세를 짐작하는 의술입니다."

그러고는 침실 문 앞에서 두 손을 마주잡고 공손히 서서 기다렸다. 곧바로 근시近侍들이 변기통을 들고 침실로 들어와 병상 앞에 놓은 뒤 부차를 부축해 변기통에 앉혔다. 부차가 용변을 마치자 변기통을 들고 침실 밖으로 나가려고 했다. 이때 구천이 변기통의 뚜껑을 열고 손을 집어넣어 부차의 대변을 움켜냈다. 그러고는 공손히 꿇어 앉아 대변을 핥았다. 좌우 시신들 모두 코를 가렸다.

구천이 다시 들어가 머리를 조아리며 말했다.

"수신囚臣은 감히 재배하고 경하를 드립니다. 대왕의 병환은 기사일에 차도가 있고, 3월 임신일엔 완쾌될 것입니다."

부차가 물었다.

"그걸 어찌 알 수 있소?"

구천이 대답했다.

"신이 전에 의사에게 들은 바에 따르면 무릇 대변은 그 맛이 곡식의 맛과 같습니다. 계절과 기운에 순응하면 살고, 역행하면 죽게 됩니다. 수신이 방금 대왕의 대변을 맛보니 그 맛이 쓰고 시었습니다. 이는 봄과 여름으로 옮겨가면서 시들었던 모든 것이 다시 소생하는 기운에 순응하는 조짐입니다. 대왕의 완쾌를 알게 된 배경입니다."

부차가 크게 기뻐하며 구천에 대해 찬탄했다.

"인仁하구나, 구천이여! 신자 가운데 그 누가 군부君父의 변을 맛보고 그 병세를 진단한 적이 있었는가?"

이어 백비를 돌아보고 물었다.

"그대는 능히 구천처럼 할 수 있는가?"

백비가 머리를 좌우로 흔드는 요수搖首의 모습을 보였다.

"신이 비록 대왕을 지극히 사랑하지만 그것만은 못하겠습니다."

부차가 말했다.

"태재뿐만 아니라 과인의 태자도 그 일만은 능히 하지 못할 것이오."

그러고는 즉시 구천에게 분부했다.

"그대는 석실을 떠나 편한 곳에서 기거토록 하시오. 고孤의 병이 나으면 당장 월나라로 돌려보내겠소."

구천은 재배하며 감사를 표한 뒤 궁을 떠났다. 이후 민가에 살며 여전히 말을 기르는 일을 맡아보았다.

오왕 부차의 병은 구천이 예언한 대로 점점 차도를 보이다가 그가 짚어준 날에 완쾌됐다. 부차는 오차의 충성을 마음속에 간직했다. 오랜만에 조당에 나와 국사를 살핀 뒤 문대文臺에서 연회를 베풀고 구천을 불러오게 했다.

구천이 짐짓 죄수의 옷을 입고 궁으로 들어갔다. 부차가 시신에게 명해 곧바로 목욕을 시키고 옷을 갈아입힌 뒤 나오게 했다. 구천이 재삼 사양하며 고마움을 표하는 사사辭謝를 한 뒤 부득이 명을 받들었다. 구천이 목욕을 하고 옷을 갈아입은 뒤 부차에게 재배하고 머리를 조아렸다. 부차가 황망히 구천을 붙들어 세우면서 이같이 명했다.

"월왕은 인덕仁德이 있는 사람이오. 어찌 오랫동안 욕보일 수 있겠소? 과

■ 부차가 간언을 물리치고 구천을 풀어주다

인은 곧 월왕이 수인囚人으로 복역하는 것을 해제하고 그 죄를 사면해 본국으로 돌려보낼 생각이오. 오늘은 특별히 월왕을 위해 북면北面하는 자리를 마련했소. 군신들은 객례客禮로 월왕을 대접토록 하시오."

그러고는 읍양揖讓하며 월왕 구천으로 하여금 빈객의 자리로 나아가 앉게 했다. 오나라 대부들은 모두 구천의 자리 옆에 줄지어 앉았다. 오자서는 오왕 부차가 원수인 월왕 구천이 원수인 것을 잊고 융숭히 대접하는 것을 보자 울화가 치밀어 그 자리에 앉아 있을 수가 없었다. 이내 옷자락을 털면서 자리에서 일어나 밖으로 나갔다.

태재 백비가 부차에게 말했다.

"이제 대왕은 인자仁者의 마음으로 또 다른 인자인 월왕의 허물을 용서했습니다. 같은 소리는 서로 화합하고 같은 기운은 서로 어울린다는 뜻의 '동성상화同聲相和, 동기상구同氣相求' 구절을 들은 적이 있습니다. 오늘 이 자리에서는 인자는 응당 남고, 불인자不仁者는 응당 물러가야 합니다. 상국은 원래 강용剛勇한 성품을 지닌 사람입니다. 이 자리에 앉지 않은 것은 대략 그 점에 대해 부끄럽게 생각했기 때문인 듯 싶습니다."

오왕 부차가 웃으며 말했다.

"태재의 말이 옳은 듯하오."

술이 세 순배 돌자 모두 얼근히 취했다. 이때 범리가 월왕 구천과 함께 일어나 오왕 부차에게 축수祝壽의 잔을 올렸다. 구천이 부차에게 바치는 축사祝辭를 읊었다.

높은 대왕 위에 계시니	皇王在上
따뜻한 봄처럼 은혜롭다	恩播陽春
어진 마음 비할 곳 없어	其仁莫比
덕망이 날로 새로워지다	其德日新
아, 아름답고 위대하다	於乎休哉
그 은덕 끝없이 전하니	傳德無極
만세토록 장수 누리고	延壽萬歲
길이 오나라 보우하길	長保吳國
천하 모두 오나라 좇고	四海咸承
제후들 모두 신복하다	諸侯賓服
술잔 높이 받쳐 올리니	觴酒旣升
길이 만복을 받으리라	永受萬福

오왕 부차가 크게 기뻐하며 만취한 뒤에야 잔치를 파했다. 그는 왕손 웅으로 하여금 구천을 객관까지 전송토록 하면서 구천에게 말했다.

"고가 3일 안에 그대를 본국으로 돌아가게 해주겠소."

이튿날 아침, 오자서가 궁으로 들어가서 부차에게 간했다.

"어제 대왕은 원수를 객례로 대접했습니다. 과연 무슨 생각으로 그리한 것입니까? 구천은 속으로 호랑지심虎狼之心을 지니고 있으면서도 겉으로만 온공지모溫恭之貌의 모습을 꾸미고 있습니다. 대왕은 그의 아첨만 좋아하고 그가 야기할 훗날의 우환은 걱정하지 않는 것입니까? 대왕이 충직을 버리고 참언讒言을 들으면서 소인小仁에 얽매여 대구大仇를 기르면 이는 마치 깃털을 숯불에 던져 넣으며 타지 않기를 바라고, 계란을 1천 균鈞에 달하는 물건 밑에 놓고 깨지지 않기를 바라는 것과 같습니다. 어찌 그게 가능하겠습니까?"

오왕 부차가 발끈 화를 내며 말했다.

"과인이 3달 동안 앓아누웠을 때 상국은 1번이라도 좋은 말로 과인을 위로한 적이 없소. 이는 상국의 불충不忠이오. 또 1번이라도 병에 좋은 물건을 보낸 적도 없소. 이는 상국의 불인不仁이오. 신하 노릇을 하는 삶이 불충하고 불인하면 어디에 쓰겠소? 월왕은 자기 나라를 버리고 1천 리 떨어진 오나라에 와서 과인에게 귀순했소. 게다다 과인에게 월나라 재화를 바치고, 부부가 함께 오나라의 노비가 됐소. 이는 그의 충忠을 보여준 것이오. 또 과인이 병으로 누워 있을 때 직접 과인의 변을 맛보면서 조금도 원망하는 기색이 없었소. 이는 그의 인仁을 보여준 것이오. 과인이 상국의 사사로운 뜻을 좇아 그런 선한 사람을 죽이면 틀림없이 하늘이 과인을 돕지 않을 것이오."

오자서가 간했다.

"대왕은 어찌 구천의 속셈과 상반되는 말만 하는 것입니까? 무릇 범이 몸을 낮추는 것은 장차 사냥감을 덮치기 위한 것이고, 살쾡이가 몸을 움츠리는 것은 장차 먹이를 잡기 위한 것입니다. 월왕이 우리 오나라에 와 신하 노릇을 했으니 그의 마음에는 오나라에 대한 원한이 사무쳐 있을 것입니다. 그런 그의 마음을 대왕은 어찌 짐작이나 하겠습니까? 그가 몸을 낮춰 대왕의 변을 맛본 것은 사실 몸을 일으켜 대왕의 마음을 잡아먹으려는 수작입니다. 대왕이 그의 이런 속마음을 살피지 못하면 이내 그의 간교한 꾀에 빠질 것이고 마침내 오나라는 그의 손에 사로잡히고 말 것입니다."

오왕 부차가 말했다.

"상국은 구천에 관한 일을 그대로 두고 더 이상 말하지 마시오. 과인의 뜻은 이미 결정됐소."

오자서는 더 이상 간할 수 없다는 걸 알고 마침내 울울鬱鬱한 심경으로 물러났다.

오왕 부차는 구천에게 약속한 사흘째가 되자 마침내 구천을 전송하기 위해 남쪽 문인 사문蛇門 밖에 술자리를 베풀고 구천을 전송했다. 오나라 군신들 모두 잔을 들어 권하면서 작별을 고했다. 오직 오자서만 그 자리에 나오지 않았다.

오왕 부차가 구천에게 말했다.

"과인이 그대를 용서해 월나라로 돌려보내니 그대는 응당 오나라의 은혜를 생각하고, 오나라에 대한 원한은 잊도록 하시오."

구천이 계수稽首하며 말했다.

"대왕이 이 외롭고 곤궁한 신하를 불쌍히 생각해 살아서 고국으로 돌아가게 해주시니 응당 생생세세生生世世토록 힘을 다해 그 은혜에 보답하겠습니다. 저 푸른 하늘이 위에서 신의 마음을 굽어보고 있습니다. 신이 오나라를 저버리면 하늘이 신을 돕지 않을 것입니다."

오왕 부차가 말했다.

"군자는 한번 말하면 반드시 지킨다는 뜻의 '군자일언위정君子一言爲定' 구절이 있소. 과인은 그대의 말을 믿겠소. 그대는 귀국하거든 그리하도록 노력하고 또 노력하도록 하시오."

구천은 재배한 뒤 꿇어 엎드려 하염없이 울었다. 차마 정든 오나라를 떠나기 싫다는 표정이었다. 오왕 부차가 구천을 붙들어 일으켜 세운 뒤 직접 수레에 태워 줬다. 범리가 수레에 올라 말고삐를 잡았다. 구천의 부인이 오왕 부차에게 사은의 표시로 재배한 뒤 수레에 올랐다. 월왕 구천 일행을 태운 수레가 남쪽을 향해 내달렸다. 때는 주경왕 29년인 기원전 491년이었다.

사신이 이를 시로 읊었다.

가마솥에 든 고기 신세 구천이	越王已作釜中魚
살아서 회계산 나올 줄 몰랐지	豈料殘生出會稽
원려가 없는 부차가 가소롭다	可笑夫差無遠慮
그물 열어 고래를 바다에 푸니	放開羅網縱鯨鯢

160話 구천이 짐짓 힘을 다해 부차를 섬기다
– 구천갈력사오句踐竭力事吳

당시 구천은 절강浙江 기슭에 이르러 강 건너 고국산천을 바라보았다. 고국의 산천이 더욱 수려해진 듯하고, 천지도 다시 맑아진 듯했다. 좌우를 둘러보며 탄식했다.

"고孤는 내심 월나라 백성을 영원히 이별하고 이역에서 뼈를 묻을 줄 알았다. 어찌 다시 귀국해 종묘제사를 받들 줄 기대했겠는가?"

그러고는 부인과 마주보고 울었다. 범리도 그 말에 감동해 눈물을 흘렸다. 문종은 이미 월왕 구천이 돌아온다는 보고를 받고 곧바로 신하들과 도성의 백성을 이끌고 절강의 대안까지 마중을 나왔다. 환호성이 땅을 뒤흔들었다. 구천이 범리에게 명해 입성하기 좋은 길일을 점치게 했다. 범리가 손가락을 꼽아 점을 친 뒤 말했다.

"기이합니다. 대왕이 입성하기에 가장 길한 날은 내일입니다. 속히 내달려 내일 안으로 입성해야 합니다."

월왕 구천 일행이 이를 좇았다. 모두 수레를 급히 몰면서 밤을 도와 입성했다. 곧바로 종묘에 가서 고제告祭를 지내고 이튿날 아침 조회를 연 것은 말할 필요도 없다.

구천은 회계 땅에서 오왕 부차에게 항복한 치욕을 잊을 수 없었다. 회계 땅에 성을 쌓고 그곳으로 도성을 옮기고자 했다. 이전의 치욕을 잠시도 잊지 말고 더욱 노력해야 한다는 다짐이었다. 상국인 범리에게 회계성 축조의 일을 맡겼다.

범리는 월왕 구천의 명을 받아 회계 땅으로 가서 천문과 지리를 살핀 뒤

구천이 짐짓 힘을 다해 부차를 섬기다

회계산 주변에 새로운 도성을 규모 있게 축조했다. 서북쪽 와룡산臥龍山에 비익루飛翼樓를 세워 하늘의 문인 천문天門을 상징하고, 동남쪽엔 돌구멍인 석두石竇라는 수구水口를 내어 땅의 문인 지호地戶를 상징했다.[6] 성 주위에는 다시 외곽을 설치했다. 오직 비익루가 있는 서북쪽만은 외곽을 쌓지 않았다. 범리는 이런 소문을 퍼뜨렸다.

"월나라가 오나라에 신복했으니 오나라로 공물을 바치러 가는 길을 어찌 막을 수 있겠는가?"

6 전통적으로 풍수가들은 천지인天地人과 팔방八方을 연결시켜 서북西北은 천문天門, 동남東南은 지호地戶, 서남西南은 인문人門, 동북東北은 귀문鬼門으로 간주했다.

그러나 실제로는 훗날 오나라를 치러갈 때 불편한 점이 없도록 미리 길을 터놓은 것이었다. 성을 다 쌓고 나자 성안에 문득 산 하나가 불쑥 솟아났다. 둘레가 몇 리나 되었고, 모습은 거북과 같았다. 솟아오르자마자 금세 초목이 무성했다.

어떤 자는 그 산을 보고는 낭야琅琊 땅에 있던 동무산東武山이 하룻밤 사이에 이곳으로 날아왔다고 말했다. 범리가 그 말을 전해 듣고 월왕 구천에게 고했다.

"신이 성을 축조할 때 위로는 천상天象을 본받아 지었습니다. 하늘이 뭇 산의 조종인 곤륜崑崙을 내려 보낸 듯합니다. 월나라의 패업을 열어줄 조짐입니다."

월왕 구천이 크게 기뻐하며 그 산을 괴산怪山으로 명명했다. 세인들은 산이 날아왔다고 해서 비래산飛來山 또는 모습이 거북 같다고 해서 구산龜山이라고도 했다.

범리는 산마루에 3층의 누각으로 이뤄진 영대靈臺를 세웠다. 구천으로 하여금 누각에 올라 천지의 영물靈物을 볼 수 있게 배려한 것이다.

도성의 모든 제도가 갖춰지자 마침내 도성을 지금의 절강성 제기諸暨에서 회계로 옮겼다. 월왕 구천이 새 궁궐에 좌정한 뒤 범리에게 말했다.

"고孤는 덕이 없어 나라를 잃고 집안을 망하게 했을 뿐만 아니라 몸소 오나라에 가서 노예처럼 사역을 당했소. 실로 상국과 여러 대부들이 돕지 않았다면 어찌 오늘이 있을 수 있었겠소?"

범리가 말했다.

"이는 대왕의 복이지 신들의 공이 아닙니다. 다만 원컨대 대왕은 오나라의 석실에서 겪었던 고생을 잊지 마십시오. 그러면 월나라는 흥할 것이고, 원수인 오나라에 보복할 수 있을 것입니다."

구천이 대답했다.

"상국의 가르침을 경건히 받겠소."

그러고는 대부 문종에게는 국정을 다스리게 하고, 범리에게는 오로지 군사 문제에 매진케 했다. 그는 현자를 존중하며 선비를 예우하는 존현예사尊賢禮士와 노인을 공경하고 빈자를 구휼하는 경로휼빈敬老恤貧을 실천했다. 월나라 백성이 크게 기뻐했다.

월왕 구천은 전에 오왕 부차의 대변을 맛본 뒤 입에서 늘 냄새가 나는 듯해 불쾌했다. 범리가 도성 북쪽 산에서 삼백초인 즙蕺이 자생하는 것을 알았다. 그 산나물을 씹으면 입안의 냄새가 가셨다. 곧 사람을 시켜 그 '즙'을 캐 오게 했다. 구천으로 하여금 아침마다 씹어 입 안의 냄새를 없애게 했다. 후대인은 그 산을 즙산蕺山으로 불렀다.

구천은 오나라에 속히 원수를 갚을 생각에 스스로 몸과 마음을 괴롭혔다. 밤에도 잠을 자지 않았다. 눈이 감기면 여뀌가시로 눈꺼풀을 찔러 졸음을 쫓았고, 겨울에 발이 시려 저절로 움츠러들면 오히려 그 발을 물에 담가서 폈다.

겨울에는 도리어 얼음덩이를 안고 여름이면 노상 화를 곁에 가져다 놓는 포빙악화抱冰握火를 행했다. 침상이나 요를 쓰지 않고 장작을 깔아놓고 그 위에서 잠을 자는 와신臥薪을 했다. 이어 쓸개를 좌석이나 침상 곁에 걸어 놓고 음식을 먹을 때나 기거할 때 늘 그것을 가져다 핥는 상담嘗膽을 했다. 밤중에 잠자리에 들어서도 흐느껴 울었고, 울다가는 다시 한숨을 내쉬었다. 그의 입에서는 '회계會稽' 두 글자가 떠난 적이 없었다.

당시 오나라는 구천이 오나라와 싸우다 대패하는 바람에 장정들의 숫자가 크게 줄어 있었다. 그는 인구를 크게 늘리기 위해 건장한 자는 늙은 여인을 아내로 삼지 못하게 하고, 늙은 남자는 젊은 여인을 아내로 삼지 못하게 했다. 또 여인이 17세가 되어도 결혼하지 않거나 남자가 20세가 지나도록 결혼하지 않으면 당사자는 물론 그 부모까지 처벌했다.

여인이 애를 낳으면 관가에 고해야 했다. 관가는 곧바로 의원을 보내 해산을 돌봐줬다. 남아를 낳으면 산모에게 술 1병과 개 1마리, 여아를 낳으면 술 1병에 돼지 1마리를 선물했다. 아들을 3명 낳으면 나라에서 아들 2명을 길러 주고, 아들 2명을 낳으면 나라에서 아들 1명을 길러 줬다.

구천은 백성이 죽으면 직접 행차해 곡을 하고 조문했다. 또 궁성 밖으로 나갈 때면 늘 뒷 수레에 음식을 싣고 나갔다. 어린아이를 만나면 음식을 나눠 주면서 이름을 물었다. 농사철이 되면 직접 들에 나가 쟁기를 몰며 밭을 갈았다. 부인은 늘 베틀에 앉아 베를 짜면서 백성들과 노고를 함께 했다.

그는 7년 동안 백성들로부터 세금을 걷지 않았고, 고기를 먹지 않았고, 비단옷을 입지 않았다. 그러면서도 1달에 1번씩 오나라로 사자를 보내 오왕 부차에게 문안인사를 올리는 일을 거르지 않았다.

또 남녀를 산으로 보내 칡을 캐오게 했다. 그 칡으로 오왕 부차에게 보낼 황사黃絲 세포細布를 짜게 했다. 황사 세포가 도착하기도 전에 오왕 부차는 구천의 지극한 충성을 가상히 여겨 월나라의 봉지를 더 넓혀 주었다. 덕분에 월나라는 동쪽으론 구용句甬, 서쪽으로 취리檇李, 남쪽으로 고멸姑蔑, 북쪽으로 평원平原에 이르렀다. 종횡으로 800리에 달했다. 모두 월나라 땅이 됐다.

월왕 구천은 봉지를 넓혀준 것에 대한 답례로 잘 다듬은 갈포葛布 10만 필匹, 단지에 담은 꿀 100담罎, 여우 가죽인 호피狐皮 5쌍, 귀한 대나무인 진죽晉竹을 실은 배 10척을 오나라에 바쳤다.

오왕 부차가 크게 기뻐하며 월왕 구천에게 우모羽毛로 장식한 관을 하사했다. 이 소식을 들은 오자서는 분을 참지 못해 이내 병을 핑계하고 조회에 참석하지 않았다.

오왕 부차는 월왕 구천이 오나라에 복종하면서 두 마음을 품지 않은 줄 알고 백비가 한 말을 깊이 믿었다. 하루는 백비에게 물었다.

"이제 사방이 모두 무사하고 나라가 태평하니 과인은 궁실을 넓혀 편히 즐기고자 하오. 어디에 그런 궁실을 지으면 좋겠소?"

백비가 말했다.

"우리 오나라 도성 근처에 있는 숭대崇臺와 승경勝景 가운데 고소산姑蘇山만한 데가 없습니다. 선왕이 그곳에 만든 고소대姑蘇臺는 높지 않아 멀리 바라볼 수 없습니다. 대왕은 고소대를 개축해 100리 밖을 볼 수 있도록 층수를 높이고, 그 크기도 6천 명을 수용할 수 있게 넓히십시오. 이어 노래를 부르는 가동歌童과 춤추는 여인인 무녀舞女를 불러 모아 인간세상의 즐거움을 한껏 누리도록 하십시오."

오왕 부차가 이를 좇았다. 현상금을 내걸고 거대한 누각을 지을 재목을 구했다. 월나라 대부 문종이 이 소식을 듣고 월왕 구천에게 말했다.

"높이 나는 새는 맛있는 과일을 찾다가 죽고, 깊은 못 속의 물고기는 좋은 미끼를 삼키다가 죽는다는 뜻의 '고비지조高飛之鳥, 사어미식死於美食. 심천지어深泉之魚, 사어방이死於芳餌' 구절을 들은 적이 있습니다. 대왕은 늘 오나라에 대한 복수를 생각하고 있습니다. 복수를 하려면 먼저 오왕이 좋아하는 것을 던져주고 그 목숨을 제압해야 합니다."

구천이 물었다.

"오왕이 좋아하는 것을 구해서 줄 수는 있으나 그렇다고 해서 어떻게 그의 목숨을 우리 마음대로 할 수 있는 것이오?"

문종이 대답했다.

"신이 오나라를 격파할 7가지 방안을 생각했습니다. 첫째, 오나라에 뇌물을 보내 군신을 타락시키는 방안입니다. 둘째, 오나라의 곡식과 땔감의 값이 오를 때 오히려 그것을 사들여 비축을 줄이는 방안입니다. 셋째, 미인을 보내 오왕의 마음과 지기志氣를 미혹케 만드는 방안입니다. 넷째, 기교가 뛰어난 목공과 좋은 재목을 보내 많은 궁실을 짓게 함으로써 오나라 국고를 탕진케 하는 방안입니다. 다섯째, 오왕에게 모신謀臣을 보내 오왕이 도모하는 바를 혼란케 만드는 방안입니다. 여섯째, 오왕의 잘못을 간하는 간신諫臣을 궁지에 몰아 자진케 하는 방안입니다. 일곱째, 물자를 비축하고 군사를 양성해 실정失政으로 피폐해진 오나라를 치는 방안입니다."

구천이 말했다.

"경의 계책이 좋소. 우선 어느 방안을 시행하는 게 좋겠소?"

문종이 대답했다.

"지금 오왕이 고소대를 개축한다고 합니다. 명산의 좋은 목재를 구해서 오나라에 바치도록 하십시오."

월왕 구천이 목공 3천여 명으로 하여금 산에 들어가 좋은 재목을 베어 오도록 했다. 1년이 지나도 좋은 재목을 발견하지 못했다. 오랫동안 산 속에서 지내다 보니 목공들은 집 생각이 간절했다. 월왕 구천을 원망하는 마음을 품게 됐다. 고달픔을 달래기 위해 '목수의 노래'를 뜻하는 「목객지음木客之吟」이라는 노래를 지어서 불렀다.

아침에도 나무 베고	朝采木
저녁에도 나무 베고	暮采木
아침과 저녁으로 골짜기 들어가	朝朝暮暮入山曲
막힌 바위 끊어진 계곡 마구 오가다	窮巖絶壑徒往復
하늘이 내지 않고 땅이 키우지 않는 나무	天不生兮地不育
목공 무슨 죄로 이런 고통을 당해야 하나	木客何辜兮受此勞酷

목공들은 날마다 밤이 깊도록 그 노래를 불렀다. 노래를 듣는 사람들 모두 그들을 처량하게 생각했다. 하루는 밤에 신목神木 두 그루가 문득 땅에서 솟아났다. 둘레가 20위圍, 높이가 50심尋 즉 400척尺이나 됐다.

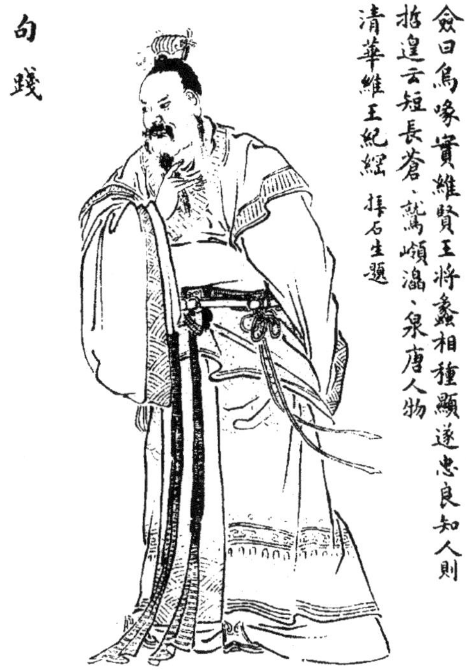

■ 월왕 구천

산의 양지쪽에서 솟아오른 나무는 가래나무梓, 음지쪽에서 솟아오른 나무는 녹나무楠였다. 목공들은 그런 큰 나무를 본 적이 없었다. 곧바로 달려 내려와 월왕 구천에게 보고했다. 군신들이 경하했다.

"하늘이 대왕의 정성에 감동한 나머지 그런 신목을 보내 대왕의 충정衷情에 보답한 것입니다."

월왕 구천이 크게 기뻐했다. 나무 앞에서 제사를 지낸 뒤 베어내게 했다. 목공들이 베어낸 두 그루의 나무를 깎고 다듬은 뒤 겉면에 5색 단청으로 용과 뱀의 무늬를 그렸다. 구천이 문종에게 명해 큰 배에 그 재목을 싣고 절강을 건너가 오왕 부차에게 바치게 했다. 문종이 부차에게 말했다.

"동해의 천신賤臣 구천이 대왕의 힘에 의지해 조그만 궁실을 지으려다가 우연히 큰 재목을 얻었습니다. 감히 월나라 궁실을 짓는 데 쓸 수 없어 하신

下臣으로 하여금 대왕께 바치도록 했습니다."

오왕 부차는 한 쌍의 커다란 재목을 보고 크게 기뻐했다. 오자서가 간했다.

"옛날 하나라 걸桀은 영대靈臺를 짓고, 은나라 주紂는 녹대鹿臺를 짓는 바람에 민력을 고갈시켜 결국 패망하고 말았습니다. 구천이 이런 재목을 보낸 것은 결국 우리 오나라를 해치려는 것입니다. 대왕은 이를 받지 마십시오."

부차가 말했다.

"구천은 이런 좋은 재목을 얻었는데도 짐짓 과인에게 보냈다. 어찌 그의 호의를 물리칠 수 있겠는가?"

그러고는 듣지 않았다. 부차는 고소대를 증축하기 위해 3년 동안 재목을 모았다. 5년 만에 새로운 고소대를 준공했다. 높이가 300장丈, 넓이가 84장이었다. 고소대에 오르면 200리 밖까지 내다볼 수 있었다. 지난날에는 9곡曲의 길을 돌아 고소산으로 오르게 돼 있었다. 그 길을 다시 깎고 넓혀 곧바로 산에 오르게 했다. 오나라 백성들은 거대한 고소대를 짓기 위해 밤낮없이 중노동을 했다. 피로에 지쳐 죽은 백성이 숫자를 알 수 없을 정도로 많았다.

명나라 때의 곤곡崑曲의 작가 양백룡梁伯龍이 시를 지어 이를 증명했다.

1천 길 고소대 태호 마주보고 서니	千仞高臺面太湖
조석의 북장구 소리에 잔치 열리다	朝鍾暮鼓宴姑蘇
부차의 위엄 해외 3천 리에 떨치니	威行海外三千里
고소성이 강남 제일의 도성 이루다	霸占江南第一都

월왕 구천은 오나라가 고소대를 준공했다는 소식을 듣고 문종에게 말

했다.

"그대의 계책대로 오왕 부차에게 솜씨 있는 목공과 좋은 재목을 보내 거창한 궁실을 짓게 해서 오나라 재물을 탕진케 만들었소. 그대의 계책 가운데 하나는 이미 실현됐소. 이젠 반드시 가무를 잘하는 미녀를 뽑아 그 안을 채우려 할 것이오. 절색이 아니면 그의 심지心志를 사치스럽게 만들 수 없소. 과인을 위해 계책을 세워 주시오."

문종이 대답했다.

"흥망의 운수는 하늘이 정합니다. 하늘이 이미 신목을 내려주었는데 어찌 미녀가 없을까 걱정하겠습니까? 미녀를 민간에서 널리 구하면 민심이 동요할 우려가 있습니다. 신에게 한 가지 계책이 있습니다. 민심을 동요시키지 않고 월나라 미녀를 알아낼 방법이 있습니다. 대왕은 그들 가운데 절색을 가리십시오."

대부 문종의 계책이 어떤 것인지 알 길이 없으니 다음 회를 보라.

제81회

161話 부차가 미인계에 빠져 서시를 총애하다
– 미인계오궁총서시美人計吳宮寵西施

월왕 구천은 나라 안의 미녀를 널리 찾아내 오왕 부차에게 바치고자 했다. 문종이 나서서 미녀를 찾아내는 계책을 고했다.

"대왕이 가까이에 두고 부리는 시동侍童 100명만 잠시 신에게 빌려 주십시오. 신은 그들에게 관상을 잘 보는 사람을 1명씩 짝지어 나라 안을 두루 돌아다니게 하겠습니다. 이어 관상가들로 하여금 시동의 신부를 찾는다는 구실로 가가호호 방문해 미녀를 찾도록 하겠습니다. 미녀를 찾아내면 성명과 주소를 적어 바치도록 하면 됩니다. 민심이 동요할 까닭이 없습니다. 대왕은 그들이 찾아낸 미녀들 가운데 절색을 택하면 됩니다. 어찌 미녀가 없을까 걱정할 일이 있겠습니까?"

구천이 이를 좇았다. 관상가들이 시동을 데리고 나라 안을 돌아다닌 지 반년 만에 그들이 보고해 온 미녀는 2천 명이 더 되었다. 구천은 사람을 시켜 그 많은 미녀를 일일이 자세히 살피도록 했다. 그들 가운데 빼어난 미녀 2명을 가려낸 뒤 용모와 몸매를 그려서 바치게 했다.

그 2명의 미녀는 누구인가? 바로 서시西施와 정단鄭旦이었다. 서시는 저라산苧羅山 밑에 사는 초부樵夫의 딸이었다. 저라산엔 동촌東村과 서촌西村이 있었다. 거기엔 시씨施氏 성이 많이 살고 있었다. 두 미인은 서촌 출신이었다. 다른 시씨 여인과 구별하기 위해 '서시'로 불렀다.

정단도 서촌에 살았다. 서시의 바로 이웃집에서 자랐다. 서촌은 강변에 자리 잡고 있어 두 미녀는 날마다 서로 어울려 강기슭에 나와 빨래를 했다. 두 미녀의 발그레한 얼굴과 꽃 같은 모습인 홍안화모紅顏花貌가 강물에 서로를 비추며 반짝거리면 마치 부용芙蓉 즉 연꽃이 나란히 피어 있는 것처럼 찬란했다.

구천은 범리에게 명해 각각 황금 100금을 주고 두 미녀를 데려오게 했다. 두 미녀는 비단옷을 입고 비단 휘장을 겹으로 친 수레를 타고 도성인 회계성으로 갔다. 도성 안의 백성들은 두 미녀가 온다는 소문을 듣고 서로 다퉈 그 얼굴을 보려고 했다. 그들은 모두 교외로 나가 두 미녀가 탄 수레가 나타나기를 기다렸다. 수많은 사람이 성 밖으로 쏟아져 나오는 바람에 성문으로 들어가는 길이 막혀 버렸다. 범리는 교외의 별관에 두 미녀를 들여앉힌 뒤 수하를 시켜 사람들에게 이같이 선언케 했다.

"두 미인을 보고 싶은 사람은 먼저 금전 1문文을 내야 하오."

별관 밖에 설치한 큰 돈궤가 금방 가득 찼다. 범리는 두 미녀로 하여금 별관의 붉은 누각에 올라가 난간에 기대어 서게 했다. 백성들이 누각 밑에서 두 미녀를 올려다보니 마치 하늘의 선녀가 표표飄飄히 구름 위를 거니는 듯했다. 두 미녀는 3일 동안 교외에 머물며 많은 사람에게 아리따운 자색을 구경시켰다.

범리가 그 구경 값으로 벌어들인 돈이 이루 헤아릴 수 없을 정도로 많았다. 그는 그 돈을 모두 부고에 납부해 국용國用에 충당케 했다.

월왕 구천은 두 미녀를 당분간 토성土城 땅으로 보내 머물게 하면서 직접 배웅을 했다. 이어 노성老成한 가무 선생으로 하여금 춤과 노래는 물론 교태를 짓는 법과 아름다운 걸음걸이도 가르치게 했다. 구천은 두 미녀의 기예가 완숙해지면 오나라로 들여보낼 작정이었다. 때는 주경왕 31년이자 월왕 구천이 보위에 오른 지 7년째 되던 해인 기원전 489년이었다.

이보다 1년 전에 제경공齊景公 저구杵臼가 죽었다. 그의 어린 아들 도荼가 뒤를 이어 즉위했다. 같은 해에 초소왕楚昭王 진珍도 죽었다. 뒤를 이어 태자 장章이 즉위했다.

당시 열국의 형세를 보면 초나라는 국내에 여러 일이 많았고, 진晉나라 또한 국력이 극히 쇠미해졌다. 제나라는 상국 안영 사후 이렇다 할 인재가 없었고, 노나라는 공자가 떠난 이후 정사가 더욱 혼란스러웠다. 초나라와 중원의 열국 모두 국세를 크게 떨치지 못했다.

바로 이러한 시기에 남쪽 오나라만 강성해 그 무력이 천하의 으뜸이 될 만했다. 오왕 부차는 강한 군사의 힘만 믿고 산동山東 일대를 잠식蠶食코자 했다. 열국의 제후들 가운데 오나라를 두려워하지 않는 자가 없었다.

당시 제경공의 부인 연희燕姬는 아들을 두었으나 그는 어렸을 때 죽었다. 제경공의 자식들 모두 모두 서출로 6명이었다. 공자 양생陽生이 가장 나이가 많았고, 공자 도荼가 가장 어렸다. 공자 도의 생모는 육사鬻似로 천한 집안 출신이었으나 제경공의 총애를 받았다. 공자 도 역시 어미 덕분에 부친인 제경공의 사랑을 독차지했다. 제경공은 공자 도를 안유자安孺子로 부르며 몹시 사랑했다. 그는 재위 57년에 나이 70세가 넘었지만 태자를 세우려 하지 않았다. 안유자가 장성하기를 기다려 태자에 봉할 심산이었다.

이 와중에 문득 병이 나 일어나지 못하게 되자 급히 세신世臣 국하國夏와 고장高張을 궁으로 불러 자신의 사후 공자 도를 옹립한 뒤 잘 보필해 줄 것을 당부했다.

당시 돈으로 민심을 산 진무우陳無宇의 아들 진기陳乞는 공자 양생과 평소 친하게 지냈다. 그는 공자 양생이 후사 문제로 인해 혹여 죽임을 당할까 우려해 잠시 국외로 몸을 피할 것을 권했다. 공자 양생이 이를 좇아 아들 임壬 및 가신 감지闞止와 함께 노나라로 달아났다.

제경공은 과연 공자 도의 앞날을 염려한 나머지 세신인 국하와 고장을 시켜 모든 공자를 도성에서 멀리 떨어진 내읍萊邑에 살도록 했다. 이후 제경공이 죽고 공자 도가 즉위하자 국하와 고장이 공자 도를 보필하면서 제나라 정권을 잡았다.

진기는 겉으론 국하 등과 뜻을 같이 하는 체했으나 속으론 이들을 시기했다. 여러 대부를 앞에서 국하와 고장을 무함했다.

"지금 국하와 고장은 전조前朝의 제신諸臣들을 제거하고 새롭게 안유자 일당을 임용할 것이라고 하오."

대부들이 진기의 이 말을 믿고 그에게 찾아가 자신들의 자리를 유지할 방안을 물었다. 진기는 국하와 고장을 제거하는 수밖에 없다고 말했다. 이 일의 주창자로 대부 포목鮑牧을 내세웠다. 이어 대부들의 가병을 끌어모아 국하와 고장의 집을 습격했다.

고장은 살해되고, 국하는 자기 집을 탈출해 거莒나라로 달아났다. 두 세신이 사라지자 포목이 우상右相, 진기가 좌상左相이 됐다. 포목과 진기는 고장의 아들 고무비高無丕[1]와 국하의 아들 국서國書로 하여금 고씨와 국씨 집안의 제사를 받들게 했다.

1 고무비高無丕가 『열국지』 원문에는 고무평高無平으로 나온다. 이는 『춘추좌전』에 나오는 비丕를 평平으로 오독한 결과다. 번역문은 '고무비'로 바꿔 놓았다.

당시 보위에 앉아 있던 안유자 도는 어린아이에 불과했다. 너무 어려 남을 좇아서 할 뿐 자신의 주장이 없었다. 진기는 자신과 가까운 공자 양생을 옹립코자 했다. 은밀히 심복을 시켜 노나라에 가 있는 양생을 불러들였다.

양생이 한밤중에 제나라 도성 임치의 교외에 당도했다. 그는 가신 감지와 아들 임壬을 교외에 남겨둔 채 홀로 성안으로 들어와 진기의 집에 몸을 숨겼다. 하루는 진기가 대부들에게 제사음식을 함께 먹자며 집으로 초대했다.

대부들이 모두 진기의 집에 모였다. 포목은 다른 곳에서 술을 마시다가 뒤늦게 연락을 받고 맨 마지막에 진기의 집으로 왔다. 여러 대부들이 좌정하자 진기가 말했다.

"내가 요즘 아주 잘 만든 갑옷 한 벌을 장만했소. 우리 모두 그 갑옷을 구경하는 게 어떻겠소?"

대비들이 모두 말했다.

"원컨대 한번 보고 싶소."

진기가 지시하자 한 역사가 큰 자루를 짊어지고 내문內門에서 나와 외당外堂 앞에 내려놓았다. 진기가 직접 그 자루를 열었다. 자루 안에서 한 사람이 머리를 쳐들고 나왔다. 바로 공자 양생이었다. 대부들이 크게 놀랐다. 진기가 공자 양생을 부축해 남쪽을 향해 서게 했다. 이어 대부들에게 말했다.

"아들을 보위에 앉힐 때 장자를 세우는 이른바 입자이장立子以長이 고금의 통전通典이오. 안유자는 너무 어려 군주가 될 자격이 없소. 우상인 포목의 명을 좇아 가장 연장자인 양생을 옹립키로 했소."

포목이 크게 놀라 눈을 부릅뜨며 말했다.

"나는 그런 모의를 한 적이 없소. 어째서 나를 무함誣陷하는 것이오? 내가 앞서 술을 먹었다고 속임수를 쓰려는 것이오?"

공자 양생이 포목에게 읍을 하며 말했다.

"군주를 폐립하는 일이야 어느 나란들 없겠습니까? 다만 대의명분이 문제입니다. 대부는 대의에 맞는지 여부를 헤아려야지, 어찌하여 모의 유무를 묻는 것입니까?"

진기는 그 말이 끝나기도 전에 포목을 끌어당겨 억지로 양생에게 절을 하게 했다. 대부들이 부득이 북면하여 머리를 조아렸다. 진기는 그 자리서 대부들과 삽혈하며 맹서했다. 이어 대부들과 함께 준비해 둔 수레에 양생을 태우고 입궁했다. 그러고는 양생으로 하여금 옥좌에 오르게 했다. 그가 바로 제도공齊悼公이다.

진기는 공자 도를 궁 밖으로 옮긴 뒤 이내 죽여버렸다. 제도공은 포목이 자신의 즉위를 바라지 않는 게 아닌지 의심했다. 이를 진기에게 물었다. 진기는 평소 포목의 지위가 자신보다 높은 걸 시기하고 있었다. 이내 포목이 여러 공자들과 교신하고 있고, 그를 제거하지 않을 경우 나라가 끝내 안정되지 않을 것이라고 은밀히 참소하는 음참陰讒을 했다.

제도공이 이 말을 믿고 포목을 잡아 죽인 뒤 포목의 아들 포식鮑息으로 하여금 선조인 포숙아의 제사를 받들게 했다. 진기는 제나라의 유일한 재상인 독상獨相이 되어 국정을 좌우했다. 제나라 백성들은 제도공이 무고한 포목을 죽인 것을 보고 크게 원망했다.

제도공에겐 누이동생이 하나 있었다. 그녀는 소국인 주邾나라 군주인 주은공邾隱公 익益에게 시집을 갔다. 주은공 익은 오만무례했다. 늘 노나라와 사이가 좋지 못했다. 노나라 상경 계손비季孫肥[2]가 참다못해 노애공에게 이를 고한 뒤 군사를 이끌고 가 주나라를 쳤다. 곧바로 주나라를 무찌르고 군주 익을 포획해 부하負瑕 땅에 감금했다.

제도공이 이를 알고 대로했다.

2 『열국지』 원문은 계손비季孫肥가 계손사季孫斯로 나온다. 그러나 『춘추좌전』 「노애공 7년」 조에 보면 '계손비'로 나온다. 번역문은 '계손사'를 '계손비'로 바꿔 놓았다.

"노나라가 과인의 매부인 주나라 군주를 구금한 것은 제나라를 업신여긴 것이다."

곧 사자를 오나라로 보내 군사를 빌려달라고 청하고 함께 노나라를 칠 것을 약속케 했다. 오왕 부차는 제나라 청을 듣고 기뻐했다.

"내가 산동山東에서 군사를 시험해 보고자 했는데 이제 그 명분이 생겼다."

그러고는 곧바로 허락했다. 노애공은 제나라와 오나라가 쳐들어올 것이라는 보고를 받고는 크게 두려워했다. 즉시 주은공 익을 석방해 본국으로 돌려보낸 뒤 사자를 제나라로 보내 사죄했다.

주은공을 송환시키는 데 성공한 제도공은 이내 대부 공맹작公孟綽을 오나라로 보내 군사 출동을 사절케 했다. 공맹작이 오나라로 가 부차에게 말했다.

"노나라가 이미 복죄服罪했습니다. 감히 대왕의 군려軍旅를 수고스럽게 만들 수는 없습니다."

오왕 부차가 화를 냈다.

"오나라 군사의 행지行止가 오로지 제나라의 명에 달려 있다면 오나라가 제나라의 속국이라도 된단 말인가? 과인이 직접 제나라로 가서 제후齊侯가 앞뒤가 다르게 명을 내린 배경을 묻도록 하겠다."

노애공은 오왕 부차가 제나라에 대해 크게 화를 냈다는 소식을 듣고는 곧바로 사자를 오나라로 보내 예물을 바친 뒤 함께 제나라를 치자고 청했다. 오왕 부차가 이를 흔연히 수락하고 그날로 군사를 일으켰다. 오나라 군사가 노나라 군사와 함께 제나라로 쳐들어가 순식간에 제나라의 남쪽 변경인 남비南鄙를 포위했다.

제나라 백성들이 크게 놀라며 두려워했다. 제도공이 괜한 짓을 해 외구外寇를 불러들였다고 원망했다. 날로 원망의 소리가 높아졌다. 이땐 진기가

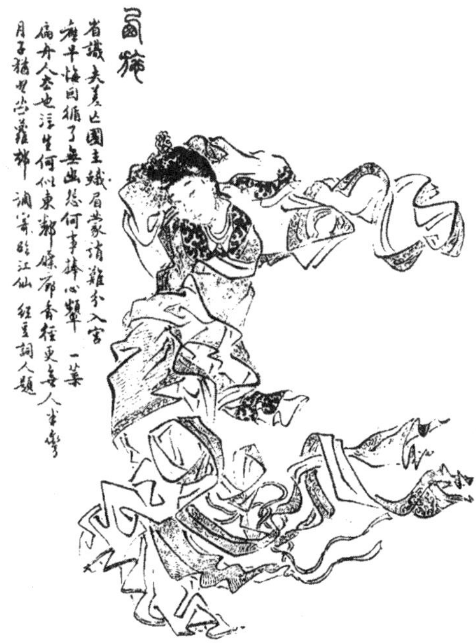

서시

죽고 그의 아들 진항陳恒이 정권을 잡고 있었다. 그는 백성들이 제도공에 순종하지 않을 기색을 보이자 포식에게 말했다.

“그대는 어찌해서 대사를 결행하지 않는 것이오? 그리하면 밖으로는 오나라의 원망을 풀고, 안으로는 억울하게 죽은 그대 부친의 원수도 갚을 수 있지 않겠소?”

포식이 그리할 수 없다며 거절했다. 진항이 말했다.

“그렇다면 내가 그대를 위해 그 일을 행하겠소.”

그러고는 제도공이 군대를 사열하고 궁중으로 돌아오자 피로를 풀어준다는 핑계로 그에게 짐주鴆酒를 마시게 했다. 결국 제도공은 독살됐다. 곧바로 사람을 오나라 군영에 보내 제도공의 죽음을 알렸다.

“상국上國이 천명을 받은 나라인데 과군寡君이 죄를 얻어 마침내 폭질暴

疾로 죽고 말았습니다. 이는 하늘이 대왕을 대신해 그리한 것입니다. 대왕이 우리 제나라를 불쌍히 여기고 종묘사직을 보전케 해주면 원컨대 대대로 상국에 순종하며 섬기고자 합니다."

오왕 부차가 이를 허락하고 반사班師했다. 노나라 군사도 본국으로 돌아갔다. 제나라 백성들은 제도공이 비명에 죽었다는 걸 알면서도 이를 감히 말하지 않았다. 진항의 조부인 진무우가 베푼 은혜를 잊지 않은데다 권력을 쥐고 있는 진항을 두려워한 탓이다.

진항은 제도공의 아들인 공자 임壬을 옹립했다. 그가 바로 제간공齊簡公이다. 제간공은 진씨의 권력을 분산시키기 위해 진항을 우상, 제도공이 공자로 있을 때 가신으로 데리고 있던 감지를 좌상으로 삼았다.

옛 사람은 이같이 평했다.

> 제나라의 재앙은 모두 제경공이 단초를 연 것이다.

이에 관한 시도 있다.

원래 편애 심하면 더 어두워지니	從來溺愛智逾昏
왜 서열 어지럽혀 대통 전했을까	繼統如何亂弟昆
강한 신하와 외적 원망하지 마라	莫怨强臣與强寇
스스로 재앙의 문을 판 게 분명타	分明自己鑿凶門

당시 월왕 구천은 서시西施와 정단鄭旦 두 미녀로 하여금 토성土城에서 3년 동안 가무와 요염하게 걷는 법 등을 배우게 했다. 두 미녀의 기예와 교태가 완숙해지자 범리로 하여금 두 미녀를 구슬로 엮은 포장인 주황珠幌으로 장식한 수레에 태워 오나라로 호송케 했다.

수레가 회계성의 거리를 지나자 두 미녀로부터 풍겨 나오는 향풍이 온 거리에 널리 퍼져 나갔다. 구천은 선파旋波와 이광夷光 등 아름다운 시비 6명을 딸려 보냈다. 상국 범리는 서시와 정단을 데리고 오나라로 갔다.

오왕 부차는 군사를 이끌고 제나라에서 마침 돌아온 참이었다. 범리가 궁으로 들어가 부차에게 재배하고 머리를 조아리며 말했다.

"동해의 천신賤臣 구천은 대왕의 은혜에 감격하고 있으나 처첩들을 이끌고 오나라에 와 대왕을 모시지 못한 것을 아쉬워하고 있습니다. 그래서 온 나라를 뒤져 가무에 능한 여인 2명을 선발해 배신陪臣 범리로 하여금 오나라 궁중에 바치게 했습니다. 이들을 받아들여 궁을 청소하는 쇄소灑掃 등에 쓰도록 하십시오."

부차가 바라보니 마치 선녀가 하강한 듯해 혼백이 술에 취한 듯 몽롱해졌다. 오자서가 간했다.

"신이 듣건대 하나라는 말희妺喜, 은나라는 달기妲己, 주나라는 포사褒姒 때문에 망했다고 했습니다. 무릇 아름다운 여인은 나라를 망치는 요물입니다. 대왕은 받아들이지 마십시오."

부차가 말했다.

"미색을 좋아하는 것은 누구나 똑같소. 구천은 이런 미인을 얻고도 자신이 차지하지 않고 과인에게 바쳤소. 이는 그가 오나라에 충성을 다하고 있다는 증거요. 상국은 그를 의심치 마시오."

부차는 마침내 서시와 정단을 받아들였다. 두 여인 모두 천하절색인 까닭에 부차가 모두 총애했다. 하지만 요염하고 교태를 잘 짓는 것은 서시가 한 수 위였다.

서시는 부차 앞에서 행하는 가무를 도맡다시피 했다. 서시는 고소대에 거처하며 마침내 오왕 부차의 사랑을 독차지했다. 그녀가 출입할 때면 거동이 후비后妃와 다를 게 없었다. 정단은 오궁吳宮에 거처하며 서시를 질투하다가 울울불락하다가 1년을 채 넘기지 못하고 죽었다.

부차는 정단의 죽음을 애석히 생각해 황모산黃茅山에 장사를 지내주고 그곳에 사당을 지어 해마다 제사를 지내주게 했다. 그러나 이는 모두 훗날의 이야기다.

서시를 총애한 부차는 왕손 웅雄에게 명해 특별히 지금의 강소성 소주 서남쪽 교외의 영암산靈巖山에 별궁인 관왜궁館娃宮을 짓게 했다. 구리판으로 도랑을 만들어 물이 흐르게 하고, 옥돌로 난간을 만들고, 주옥으로 궁실을 장식했다. 미인이 거처하며 편히 놀 수 있게 꾸민 거처였다.

관왜궁에는 향섭랑響屧廊이란 익랑翼廊을 설치했다. 무엇을 '향섭'이라고 하는가? 섭屧은 원래 나무로 만든 신발을 뜻한다. 땅을 파 큰 독을 나란히 묻은 뒤 그 위에 두꺼운 판자를 깔았다. 서시가 궁녀들과 함께 '섭'이라는 예쁜 나막신을 신고 그 위를 걸을 때마다 부드럽고 그윽한 소리가 은은히 울려 퍼졌다. '향섭'이라는 이름을 얻게 된 이유다.

오늘날도 염암사靈巖寺 원조탑圓照塔 앞에 비스듬하게 기운 복도가 남아 있다. 바로 향섭랑의 유지遺趾라고 한다. 명나라 때 시인 고계高啓가 「관애궁觀娃宮」이라는 시를 남겼다.

관왜궁 속에 관왜각 있으니	館娃宮中館娃閣
단청 기둥 구름 뚫고 솟다	畫棟侵雲峰頂開
누각 덜 높은 걸 한탄하다	猶恨當時高未極
월나라 군사 침입 못 보니	不能望見越兵來

북송의 한림학사 왕우칭王禹偁도 「제향섭랑벽題響屧廊壁」이라는 시를 남겼다.

익랑 부서지고 이름만 남으니 廊壞空留響屧名
서시 거닐던 익랑인 줄 알다 爲因西子繞廊行
가엾다 오자서 시간 했으나 可憐伍相終屍諫[3]
뉘라 신발 끈 소리 기억할까 誰記當時曳履聲

오왕 부차는 산 위에 완화지玩花池와 완월지玩月池라는 연못을 파게 했다. 또 샘물도 파게 한 뒤 오왕정吳王井이라는 이름을 붙였다. 샘물이 맑고 푸르렀다. 서시는 때때로 오왕정에 가서 자신의 모습을 비춰보며 화장을 했다. 오왕 부차가 따라 나와서는 곁에 서서 머리를 빗으로 빗겨주는 등의 이발理髮을 손수 행했다.

당시 그 산에는 아늑한 동굴이 하나 있었다. 부차는 그 동굴을 서시동西施洞으로 불렀다. 때때로 서시와 함께 그 동굴 속에 들어가 놀았다. 동굴 밖에는 약간 움푹 들어간 바위가 있다. 서시가 앉았던 자리라는 이야기가 전해지고 있다. 또 산 위엔 부차가 서시와 함께 거문고를 탔던 터가 금대琴臺라는 이름으로 산마루에 남아 있다.

부차는 향산香山이라는 동산을 만든 뒤 온갖 향초를 심게 했다. 서시로 하여금 여러 미인들과 함께 향산 곁에 조성한 수로에 띄운 배를 타고 향초를 뜯게 했다. 지금도 영암산 남쪽으로 곧바로 뻗은 수로가 남아 있다. 곧기가 화살과 같다고 해서 사람들은 전경箭涇이라고 부르고 있다. 서시가 향초를 뜯던 곳이라는 취지에서 채향경采香涇으로 불리기도 한다.

고소성 밖 동남쪽에 채련경採蓮涇이란 곳이 있다. 부차가 서시와 함께

3 시간屍諫은 죽음으로써 군주에게 간언諫言을 올려 바로 잡는 것을 말한다. 『공자가어孔子家語』「곤서困誓」에 따르면 위영공衛靈公 때 대부 사추史鰌는 죽음을 맞이하면서 아들에게 자신의 시체를 북당北堂에 두게 했다. 위영공은 깨달은 바가 있어 사추가 생전에 한 간언을 좇아 현능한 거백옥蘧伯玉을 등용하고 불초한 미자하彌子瑕를 내쳤다. 여기서 죽음으로써 간하는 것을 '시간'이라고 부르게 됐다.

연을 땄던 곳이다. 부차는 고소성 안에 큰 참호를 파고 남쪽에서 북쪽으로 길게 물이 흐르게 했다. 그 수로에 비단 돛을 단 배를 타고 놀았다. 수로의 명칭이 금범경錦帆逕인 이유다.

명나라 때 시인 고계가 이를 두고 「백화주百花洲」를 지었다.

오왕 부차 살았을 때 백화가 만발하고	吳王在日百花開
호화로운 배 여악을 싣고 오르내리다	畫船載樂洲邊來
오왕이 세상 떠나자 백화도 떨어지고	吳王去後百花落
노랫소리 끊어지고 강물마저 적막하다	歌吹無聞洲寂寞
꽃은 피고 지고 해마다 봄은 오는데	花開花落年年春
그때와 이때 꽃 본 사람 얼마나 될까	前後看花應幾人
흐르는 물에 비치는 나뭇가지 보지만	但見枝枝映流水
떨어진 꽃잎이 티끌 되는 걸 모르다	不知片片墮行塵
매년 비바람 맞아 고소대 황량한데	年年風雨荒臺畔
황혼에 꾀꼬리 울어 애간장을 끊다	日暮黃鸝腸欲斷
어찌 세상의 꽃을 보려는 이 적을까	豈惟世少看花人
예로부터 이곳은 볼만 한 꽃이 없다	從來此地無花看

고소성 남쪽엔 장주원長洲苑이란 곳이 있다. 부차가 서시와 함께 사냥하던 곳이다. 부차는 어성魚城에선 물고기, 압성鴨城에선 오리, 계피雞陂에선 닭을 기르게 했다. 주성酒城에선 술을 담게 했다.

오왕 부차는 서시와 함께 서동정西洞庭이라는 호수의 남쪽 만灣에서 피서를 하기도 했다. 그 만의 길이가 10여 리나 됐고, 3면이 모두 산으로 둘러

부차가 미인계에 빠져 서시를 총애하다

싸였으나 남쪽은 대문처럼 틔어 있었다. 당시 부차는 서시와 함께 피서를 하며 말했다.

"이곳은 가히 무더운 여름을 보내는 소하消夏를 할 만하다."

그곳의 명칭이 소하만消夏灣이 된 이유다. 명나라 초기의 문인 장우張羽[4]는 일명 '소대가蘇臺歌'로 불리는 「오궁춘사의왕건吳宮春詞擬王建」이라는 시를 지었다.

4 장우張羽는 지금의 강소성 소주인 오중吳中 일대에서 활약한 시인이다. 고계, 양기, 서분과 함께 오중4걸吳中四傑로 꼽힌다.

관왜궁 안에 온갖 꽃이 만발한데 館娃宮中百花開
서시가 새벽녘에 고소대 오르다 西施曉上姑蘇臺
노을빛 치마 비취색 소매 휘날려 霞裙翠袂當空舉
몸이 바람 타고 깃털 날개 편 듯 身輕似展淩風羽

삼강 바라보니 물 한 잔 담은 듯 遙望三江水一杯
아득한 두 점 숲에 가린 동정호 兩點微茫洞庭樹
얼굴 돌린 채 고개를 안 돌리니 轉面凝眸未肯回
고라니 쏘는 부차 보려는 것이다 要見君王射麋處

성 위로 해 질 때 까마귀 깃드니 城頭落日欲棲鴉
서시가 섬돌 내려와 당리화 꺾다 下階戲折棠梨花
강 건너 행인들 이곳 보지 마라 隔岸行人莫倚盼
간장막야 명검이 찬란히 빛나다 幹將莫邪光粲粲

오왕 부차는 서시를 얻은 뒤 고소대를 거처로 삼고 사철 내내 흥이 나는 대로 나가서 놀았다. 이들이 가는 곳은 늘 관현管絃이 뒤따랐다. 부차는 놀이에 빠져 돌아갈 줄 몰랐다. 태재 백비와 왕손 웅이 늘 좌우에서 오왕 부차를 모셨다. 오자서가 알현을 청하면 사절하기 일쑤였다.

월왕 구천은 이제 오왕 부차가 서시를 총애하며 밤낮 없이 유락遊樂한다는 소식을 듣고는 다시 문종과 함께 오나라를 도모할 일을 상의했다.

문종이 말했다.

"나라는 백성을 근본으로 삼고, 백성은 먹는 걸 하늘로 삼는다는 뜻의 '국이민위본國以民爲本, 민이식위천民以食爲天'[82] 구절을 들어본 적이 있습니다. 올해는 작황이 좋지 않아 곡식이 귀할 듯합니다. 대왕은 사람을 오나라로 보내 곡식을 빌려달라고 하십시오. 우리는 곡식을 빌려 백성의 기근을 구해야 합니다. 만일 하늘의 뜻이 오나라를 버리는 데 있다면 오왕은 틀림없이 이 요청을 수락할 것입니다."

구천이 이를 좇았다. 곧바로 문종으로 하여금 많은 뇌물을 갖고 가 태재 백비에게 주고 그에게 그 일을 주선해 달라고 부탁케 했다. 백비가 오왕 부차에게 월나라 사자 문종이 온 사실을 고했다. 부차가 문종을 고소대의 별궁으로 불렀다. 문종이 재배한 뒤 간청했다.

"월나라는 땅이 저습한데다 홍수와 가뭄까지 겹쳐 올해 곡식을 많이 수확하지 못했습니다. 지금 백성들이 기아로 곤경에 처해 있습니다. 원컨대 대왕이 태창太倉의 곡식 1만 석石을 대여해 눈앞의 기아를 구해 주십시오. 내년에 수확하면 곧바로 갚아 드리겠습니다."

부차가 말했다.

"월왕은 우리 오나라에 신복臣服하고 있소. 월나라 백성의 굶주림은 바로 오나라 백성의 굶주림이오. 과인이 어찌 비축한 곡식을 아끼며 월나라를 구하지 않을 수 있겠소?"

당시 오자서는 월나라 사자가 왔다는 소식을 듣고 곧바로 고소대로 달려가 부차를 알현했다. 부차가 월나라에 곡식을 빌려주기로 했다는 소식을 듣고 간했다.

"불가, 불가합니다. 오늘의 형세로 보면 오나라가 월나라를 삼키는 게 아니라 월나라가 오나라를 삼키는 형국입니다. 제가 보건대 월왕이 사자를 보낸 것은 흉년이 들어 양식을 꾸러 온 게 아닙니다. 우리 오나라 창고를 텅 비게 하려는 계책입니다. 식량을 준다고 더 친해지는 것도 아니고, 주지 않

5 이는 『사기』 「역생육가열전酈生陸賈列傳」에서 차용한 것이다. 여기에는 '왕자이민인위천王者以民人爲天, 이민인이식위천而民人以食爲天'으로 나온다. 『한서』 「역이기전酈食其傳」은 '왕자이민위천王者以民爲天, 이민이식위천而民以食爲天'으로 되어 있다.

는다고 다시 원수를 맺는 것도 아닙니다. 대왕은 거절하느니만 못합니다."

부차가 말했다.

"지난날 구천이 우리나라에 잡혀와 있었을 때 그는 과인의 말을 끌기도 했소. 제후들 가운데 이 이야기를 듣지 않은 사람이 없소. 지금 과인이 월나라 사직을 다시 일으켜 세워준 것은 죽은 자를 살려준 것과 같소. 구천은 그 은혜를 잊지 않고 끊임없이 공물을 바치고 있소. 그런 그가 어찌 우리 오나라를 배반할 리 있겠소?"

오자서가 대답했다.

"신이 들으니 월왕은 아침 일찍 조회를 열고, 밤늦게 파하면서 백성을 구휼하고 병사들을 양성한다고 합니다. 우리 오나라에게 복수할 마음을 먹고 있다는 증거입니다. 그런 터에 대왕이 곡식을 보내 원조하면 장차 고소대에 고라니와 사슴인 미록麋鹿이 뛰어놀까 두렵습니다."

부차가 말했다.

"구천은 이미 나에게 칭신稱臣했소. 그런 그가 신하로서 어찌 군주를 칠 리 있겠소?"

오자서가 말했다.

"은나라 탕왕이 하나라 걸을 치고, 주무왕이 은나라 주를 친 것은 신하가 군주를 친 게 아닙니까?"

곁에 있던 태재 백비가 목소리를 높여 오자서를 꾸짖었다.

"상국의 말이 너무 심하오. 어찌 대왕을 폭군인 걸주에 비유한단 말이오!"

그러고는 바로 부차에게 말했다.

"신이 듣건대 전에 제환공은 규구葵邱 회맹 당시 식량 원조를 막지 말라고 했습니다. 이웃 나라를 구제하기 위한 조치였습니다. 게다가 월나라는 대다수 공물貢物이 산출되는 곳입니다. 내년에 곡식이 익으면 꿔준 대로 받아오면 됩니다. 우리 오나라는 아무 손해도 없이 월나라에 덕을 펼 수 있습니다. 무엇을 꺼려 이런 좋은 일을 하지 않는단 말입니까?"

오왕 부차가 곡식 1만 석을 월나라에 보내기로 했다. 문종에게 말했다.

"과인은 신하들의 반대를 물리치고 곡식을 보내는 것이오. 내년에 풍년이 들면 반드시 갚아 신의를 잃지 않도록 하시오."

문종이 재배하고 머리를 조아렸다.

"대왕이 우리 월나라를 불쌍히 여겨 기뇌飢餒를 구해주는데 어찌 감히 약속을 어기겠습니까?"

문종은 오나라 곡식 1만 석을 배에 싣고 귀국했다. 구천은 크게 기뻐했다. 신하들 모두 만세를 외쳤다. 구천은 곧바로 가난한 백성들에게 곡식을 골고루 나눠 줬다. 구천의 은덕을 칭송하지 않는 자가 없었다.

이듬해 월나라는 크게 풍년이 들었다. 구천이 문종에게 물었다.

"이제 오나라에 곡식을 갚지 않으면 신의를 잃게 되고, 갚으면 우리 월나라에 손해를 끼치게 되오. 어찌하면 좋겠소?"

문종이 대답했다.

"정미精美한 곡식을 골라 쪄서 보내십시오. 저들이 우리 곡식을 좋아해 찐 곡식을 파종하면 우리의 계책이 맞아떨어지게 됩니다."

월나라가 살짝 찐 최상품의 곡식을 오나라로 보냈다. 부차가 탄복했다.

"월왕은 실로 신의 있는 사람이다."

그러고는 월나라가 상환한 곡식이 보통 곡식과 다르게 매우 굵은 것을 보고 백비에게 말했다.

"월나라 땅은 비옥해 곡식 종자도 매우 알차오. 백성들에게 나눠줘 심게 하시오."

오나라 백성들 모두 월나라에서 보내온 곡식의 종자를 심었다. 종자가 싹이 트지 않아 오나라 백성들이 기아에 시달리게 됐다. 부차는 아마 오나라 토질이 월나라 토질과 다르기 때문에 그렇거니 하고 생각했다. 월나라가 곡식을 살짝 쪄서 보낸 것을 전혀 알지 못했다. 실로 문종의 계책은 독랄毒剌했다. 바로 주경왕 36년인 기원전 484년 때의 일이었다.

당시 월나라 월왕 구천은 오나라에 기황이 들었다는 소문을 듣고는 곧바로 군사를 일으켜 오나라를 치려고 했다. 문종이 간했다.

"아직 오나라를 칠 때가 아닙니다. 게다가 오나라엔 아직 충신 오자서가 있습니다."

구천은 이 일에 대해서 다시 범리에게 물었다. 범리가 대답했다.

"오나라를 쳐야 할 날이 머지않았습니다. 원컨대 왕은 좀 더 군사를 훈련시켜 그 날에 대비하십시오."

구천이 물었다.

"아직도 싸울 준비가 덜 됐단 말이오?"

범리가 대답했다.

"전쟁을 잘 수행하려면 정예병이 필요합니다. 정예병은 최소한 2명 몫의 전투력을 지녀야 합니다. 무기 가운데 큰 것은 칼과 창인 검극劍戟이고 작은 것은 활과 쇠뇌인 궁노弓弩입니다. 검극과 궁노의 기술을 익히려면 탁월한 교사들로 하여금 병사들을 가르치게 해야 합니다. 신이 알아본 바로는 남림南林 땅에 한 처녀가 있는데 창검에 능하다고 합니다. 또 진음陳音이라는 초나라 사람은 궁시弓矢에 정통하다고 합니다. 대왕은 이들 두 사람을 초빙해 병사들을 가르치게 하십시오."

구천이 2명의 사자에게 명해 각각 많은 예물을 갖고 가 처녀와 진음을 초빙케 했다. 원래 검극을 잘 쓰는 그 처녀의 이름을 아는 사람은 없었다. 그녀는 심림深林에서 태어나 사람이 없는 광야에서 생장했다. 스승으로부터 배우지는 않았지만 스스로 검극의 이치를 터득했다. 사자는 남림 땅에 이르러 수소문 끝에 그 처녀를 만난 뒤 월왕 구천이 초빙한다는 말을 전했다. 그 처녀는 쾌히 수락하고 사자를 따라 북쪽을 향해 길을 떠났다.

그녀가 사자와 함께 산음山陰 길을 따라 얼마쯤 왔을 때 문득 한 백발노인 나타나 수레 앞에 나타나 그녀에게 물었다.

"낭자는 남림 땅의 처녀가 아닌가? 너에게 무슨 대단한 검술이 있다고 감히 월왕의 초빙을 받아들였단 말인가? 원컨대 내가 너와 더불어 검술을 한번 시험해 보고자 한다."

처녀가 대답했다.

"나는 내 재주를 감히 감추지 않겠습니다. 원컨대 노인은 저의 부족한 점을 가르쳐 주십시오."

백발노인이 즉시 숲속의 대밭에서 대 한 자루를 썩은 풀 뽑듯 뽑아들고 처녀를 찌르고자 했다. 처녀는 대의 끝이 몸에 이르기 전에 대의 끝을 손으로 낚아채 노인을 찔렀다. 노인이 민첩한 동작으로 날아서 나무 위로 올라갔다. 이어 흰 잔나비로 변하더니 휘파람을 한번 불고는 어디론지 가 버렸다. 사자는 넋을 잃고 이 광경을 바라봤다.

처녀가 마침내 회계성에 당도해 월왕 구천을 알현했다. 구천이 자리를 내주면서 격검擊劍의 방도에 관해 물었다. 처녀가 대답했다.

"안으론 정신을 가다듬고 겉으론 안일한 표정을 지어 마치 부녀자처럼 보이게 합니다. 그러나 일단 싸울 때는 범처럼 적을 제압해야 합니다. 자세를 펴고 상대의 기를 살피면서 몸과 마음을 한 곳에 집중시켜야 합니다. 몸놀림은 달아나는 토끼처럼 민첩하고, 상대를 쫓을 때는 형체 없는 그림자를 쫓듯 해야 하고, 종횡으로 오가면서도 눈을 깜빡이지 않고 똑바로 떠야 합니다. 저의 검술을 배워 이치를 깨친 자는 일당백一當百, 백당만百當萬이 될 것입니다. 저의 말을 믿지 못하면 한번 시범을 보이겠습니다."

구천은 용사 100명으로 하여금 창을 들고 그녀를 찌르게 했다. 처녀는 그 창들을 되받아 빼앗은 뒤 모두 땅에 던져버렸다. 구천이 크게 탄복하고는 이내 병사들에게 검극을 가르치게 했다.

그녀에게 검극의 기술을 배운 병사가 3천 명이나 되었다. 그녀는 1년 남짓 병사들을 가르친 뒤 구천에게 하직을 고하고 남림 땅으로 돌아갔다. 얼마 후 다시 사자를 보내 그녀를 초빙코자 했으나 그녀는 이미 그곳에 없었다.

어떤 사람이 말했다.

"하늘이 월나라를 흥하게 하고, 오나라를 멸망시키고자 한 것이다. 신녀神女를 내려 보내 검술을 가르치며 월나라를 도운 게 그 증거다."

한편 진음은 원래 초나라 사람으로 살인을 저지른 뒤 복수를 피해 월나라에 와서 살고 있었다. 범리는 진음의 활 솜씨가 백발백중인 것을 알고 월왕 구천에게 천거한 것이다.

구천이 진음에게 물었다.

"무릇 궁노는 어디서 시작했는지 듣고자 하오."

진음이 대답했다.

"신이 들은 바로는 쇠뇌는 활, 활은 탄환에서 유래했습니다. 탄환은 상고上古 때 한 효자가 처음으로 만들었다고 합니다. 옛날에는 사람들이 박실朴實해 배가 고프면 새와 들짐승인 조수鳥獸를 잡아먹고, 목이 마르면 안개와 이슬인 무로霧露를 받아먹었습니다. 또 사람이 죽으면 흰 띠 풀인 백모白茅에 싸서 들판에 버렸습니다. 짐승들이 와서 그 시체를 뜯어 먹었습니다. 한 효자가 있었는데 그는 금수禽獸가 부모의 시신을 먹는 걸 차마 볼 수 없어 고민한 끝에 탄환을 만들었습니다. 탄환을 쏘아 부모의 시체를 보호할 수 있었습니다. 나무를 자르고 대나무로 엮은 뒤 흙덩이를 날려 짐승을 쫓았다는 뜻의 '단목속죽斷木續竹, 비토축육飛土逐肉'[6]이라는 당시의 노래

6 『오월춘추』「구천음모외전句踐陰謀外傳」에 나오는 「탄가彈歌」에서 인용한 것이다. 『오월춘추』에는 단목속죽斷木續竹이 단죽속죽斷竹續竹으로 되어 있다.

가 전하고 있습니다. 이후 신농씨神農氏 때에 이르러 나무를 휘어 호弧 즉 활을 만들고 나무를 깎아 화살을 만들었습니다. 신농씨는 그 활과 화살을 이용해 사방에 위엄을 세웠습니다. 이후 호보弧父란 사람이 초나라 형산荊山에서 태어났는데, 그 부모가 곧바로 죽어 부모를 보지 못했습니다. 호보는 어릴 때부터 스스로 활을 만들어 쏘았고, 그가 쏜 화살은 한 번도 빗나간 적이 없다고 합니다. 그는 궁술을 예羿, 예는 봉몽逢蒙[7], 봉몽은 금씨琴氏에게 전했다고 합니다. 이후 금씨는 열국의 제후들이 서로 공격할 때 활만으론 상대를 제압하지 못하는 것을 보고 활을 옆으로 뉘어 어깨에 대고 쏘는 방법을 고안했습니다. 활에 기계장치를 하여 시위를 당긴 뒤 손가락으로 격발케 만든 것입니다. 그게 노弩 즉 쇠뇌입니다. 금씨는 쇠뇌를 초나라의 세 제후에게 전했습니다. 이후 초나라는 대대로 복숭아나무로 쇠뇌를 만들고, 가시나무로 화살을 만들어 적의 침공을 막았습니다. 신의 조상은 초나라에서 전해 내려온 쇠뇌 제작법을 전수받았습니다. 신이 5대째 자손입니다. 쇠뇌는 빠르고 정확해 새도 날기 전에 맞힐 수 있고, 짐승도 달아나기 전에 맞힐 수 있습니다. 신이 대왕에게 한번 시범을 보이겠습니다."

구천이 진음으로 하여금 병사 3천 명에게 쇠뇌 사용법을 가르치게 했다. 진음이 병사들을 도성의 북쪽 교외로 데리고 나가 그 방법을 가르쳤다. 그는 병사들에게 1번에 화살 3대를 잇달아 쏘는 비법을 가르쳤다. 화살 3대를 연사하는 궁노 앞에선 아무도 그 화살을 막을 수 없었다. 그는 3달 동안 비법을 가르치다가 문득 병사했다. 구천은 그의 장례를 후하게 치러주었다. 그가 묻힌 산을 진음산陳音山으로 명명했다.

7 봉몽逢蒙은 전설적인 명궁으로 봉몽시逢蒙視는 활을 쏠 때처럼 눈을 가늘게 내려 깔고 정시하지 않는 것을 가리킨다. 『춘추좌전』「사마상여열전」과 『오월춘추』 및 『순자』「정론正論」 등에는 '봉몽'으로 나오나 『맹자』「이루離婁 하」에는 방몽逄蒙으로 나온다. 고대에 봉逢과 방逄은 서로 통용됐다.

염선이 이를 시로 읊었다.

검극과 궁노 배운 건 오나라 탓이니	擊劍彎弓總爲吳
구천은 와신상담으로 눈물이 마르다	臥薪嘗膽淚幾枯
고소대엔 가무가 바야흐로 한창이니	蘇臺歌舞方如沸
이웃나라 뭔 일 있는지 황망히 묻다	遑問鄰邦事有無

오자서는 월왕 구천이 열심히 군사를 훈련시킨다는 소문을 듣고는 오왕 부차에게 가서 눈물을 흘리며 간했다.

"대왕은 아직도 구천이 대왕에게 신복하고 있다고 믿는 것입니까? 그는 범리를 시켜 밤낮없이 군사를 훈련시킨다고 합니다. 소문에 따르면 병사들에게 검극과 궁시의 기예를 완전히 습득시켜 정량精良한 군사로 만들었다고 합니다. 저들이 일단 틈을 타 쳐들어온다면 우리 오나라는 재아에서 벗어날 수 없습니다. 신의 말을 믿기 어려우면 왜 사람을 보내 정탐치 않는 것입니까?"

부차가 첩자를 월나라로 보내 정탐케 했다. 첩자가 돌아와 칼 잘 쓰는 처녀와 활 잘 쏘는 진음이 월나라 병사를 가르친 사실을 고했다.

부차가 백비에게 물었다.

"월나라가 이미 우리에게 복종하고 있는 터에 무슨 이유로 다시 군사를 훈련시키는 것이오?"

백비가 대답했다.

"월나라는 대왕으로부터 많은 땅을 하사받았습니다. 군사가 없으면 그 땅을 지킬 수 없습니다. 저들이 군사를 훈련시키는 것은 나라를 지키기 위해 으레 하는 일입니다. 대왕은 뭘 의심하는 것입니까?"

부차는 그 말을 듣고도 석연釋然치 않았다. 마침내 군사를 일으켜 월나라를 칠 생각을 하게 됐다.

162話 자공이 뛰어난 언변으로 열국에 유세하다 – 언어과자공세열국言語科子貢說列國

이야기가 둘로 나뉜다. 당시 제나라 진씨陳氏는 대대로 민심을 얻어 왔고, 진무우陳無宇와 진기陳乞 및 진항陳恒 등 3대에 걸쳐 제나라의 상국이 되어 국정을 좌지우지했다. 진항이 부친인 진기의 뒤를 이어 상국이 되면서 마침내 역모를 꾀하기에 이르렀다. 진항은 우선 세신인 고씨와 국시 및 그 일당이 많은 것을 걸림돌로 여겼다. 제간공에게 넌지시 말했다.

"노나라는 우리의 이웃나라인데도 저번에 오나라와 손을 잡고 우리 제나라를 쳤습니다. 그 원수를 갚아야 합니다."

제간공이 그 말을 듣고 노나라를 치기로 결심했다. 진항은 제간공이 군사를 일으킬 즈음 국서國書를 대장, 고무비高無丕와 종루宗樓를 부장으로 천거했다. 또 대부 공손 하夏와 공손 휘揮, 여구명閭丘明 등도 모두 출전케 했다.

국서 등이 병거 1천 승을 이끌고 노나라를 향해 출발했다. 상국 진항은 몸소 군사를 전송했다. 군사를 따라 문수汶水 기슭까지 와서 머물렀다. 노나라를 멸망시킨 뒤 비로소 돌아갈 각오였다.

당시 공자는 14년간에 걸친 천하유세를 끝내고 노나라로 돌아와 있었다. 그는 날마다 『시경』과 『서경』에 대해 필요한 부분을 삭제하거나 다듬는 산술刪述을 지속했다. 하루는 자가 자장子張인 전손사顓孫師[8]가 스승을 만

8 전손사顓孫師가 『열국지』 원문에는 금뢰琴牢로 나온다. 금뢰의 자는 자개子開 또는 자장子張이다. 『사기』 「중니제자열전」에 따르면 공자와 대책을 논의한 사람은 자가 자장子張인 전손사顓孫師이다. 이밖에도 공자의 사위인 공야장公冶長 역시 자가 자장子張이다. 공자의 제

나기 위해 제나라에서 노나라로 돌아왔다. 공자가 자장에게 제나라 형편을 물었다. 자장이 대답키를, '제나라 군사가 노나라 접경에 집결하고 있다.'고 했다. 공자가 크게 놀랐다.

"노나라는 조상의 무덤이 있는 부모의 나라다. 병화兵火를 당하게 됐으니 가만히 있을 수 없다. 누가 능히 제나라에 사자로 가서 제나라의 침공을 막을 수 있겠는가?"

자가 자장인 전손사를 비롯해 자가 자석子石인 공손룡公孫龍이 서로 가겠다고 자원했다. 공자는 허락하지 않았다. 성이 단목端木이고 이름이 사賜인 자공子貢이 말했다.

"이 사賜가 가면 어떻겠습니까?"

공자가 말했다.

"가可하다."

자공이 그날로 노나라를 떠나 제나라 군사가 집결해 있는 문수汶水 기슭으로 갔다. 진항에게 만나보기를 청했다. 진항은 자공이 공자 문하의 고제高弟인 것을 알고 있었다. 틀림없이 노나라를 공격하지 말아달라고 부탁할 것을 직감했다. 짐짓 엄숙한 표정을 지으며 그를 맞아들였다. 자공은 진항의 그런 표정을 보고도 아무렇지도 않은 듯 탄연坦然히 들어왔다. 마치 옆에 아무도 없는 듯이 행동하는 방약무인傍若無人의 모습을 보였다. 진항이 자공을 영접해 수인사를 나누고 좌정한 뒤 물었다.

"선생이 이곳에 온 것은 노나라를 위해 세객說客 노릇을 하려고 한 게 아닙니까?"

자 가운데 자가 '자장'인 사람이 3명이 있었던 셈이다. 「중니제자열전」에는 '금뢰'가 나오지 않는다. '금뢰'는 『공자가어孔子家語』「제자해弟子解」에만 나온다. 풍몽룡은 「중니제자열전」에 나오는 '자장'을 '전손사'가 아닌 '금뢰'로 착각한 듯하다. 번역문은 「중니제자열전」의 기록을 좇아 '금뢰'를 '전손사'로 바꿔 놓았다.

자공이 대답했다.

"이 사賜가 온 것은 제나라를 위한 것으로 노나라를 위한 게 아닙니다. 무릇 노나라는 치기 어려운 나라인데 상국은 왜 그런 노나라를 치려고 하는 것입니까?"

진항이 반문했다.

"노나라가 왜 치기 어려운 나라라고 말하는 것입니까?"

자공이 대답했다.

"우선 노나라는 그 성벽이 낮고 얇은데다, 그 해자垓字가 좁고 얕습니다. 군주가 약하고 그 대신들이 무능합니다. 또 병사들은 전쟁에 익숙지 않습니다. 노나라가 치기 어려운 이유입니다. 제가 상국을 위해 계책을 말하면 차라리 오나라를 치십시오. 오나라는 성벽이 높고, 해자가 넓고, 병사와 무기가 정예합니다. 또 많은 양장良將이 나라를 지키고 있습니다. 오나라가 치기 쉬운 이유입니다."

진항이 발끈해서 말했다.

"치기가 쉽고 어렵다는 그대의 말은 거꾸로 되어 있소. 왜 낮은 성이 치기 어렵고 높은 성이 치기 쉽단 말이오? 나는 그대의 말을 이해할 수 없소."

자공이 말했다.

"청컨대 좌우를 물리쳐 주십시오. 상국에게 왜 그런지 해명토록 하겠소."

진항이 좌우의 시종을 내보낸 뒤 자공에게 가르침을 청했다.

자공이 말했다.

"무릇 걱정이 국외에 있을 땐 약자를 공격하고, 국내에 있을 땐 강자를 친다는 뜻의 '우재외자공기약憂在外者攻其弱, 우재내자공기강憂在內者攻其強' 이야기를 들은 적이 있습니다. 제가 가만히 상국上國의 사정을 살펴보건대 상국은 여러 대신과 함께 일을 할 수 있는 형편에 있지 않은 듯합니다.

이제 약한 노나라를 쳐서 격파하면 그 공로는 군사를 이끌고 출전한 대신들에게 돌아가고, 상국은 거기에 참여하지 못하게 됩니다. 그 경우 여러 대신들의 세력은 날로 커가고 상국은 위태로워집니다. 이와 반대로 그들로 하여금 오나라를 치게 하면 대신들은 오나라를 무찌르지 못하고 큰 곤경을 겪게 됩니다. 상국은 그 기회를 이용해 제나라 국정을 전제專制할 수 있습니다. 이 어찌 가장 나은 계책이 아니겠습니까?"

진항이 곧바로 안색을 부드럽게 하면서 흔연히 물었다.

"선생의 말씀은 이 항恒의 폐부를 꿰뚫어보고 한 말인 듯싶소. 그러나 군사를 이미 문수 가에 집결시켜 놓았는데 문득 군사를 옮겨 오나라를 치라고 하면 그들이 나를 의심할 것이오. 이는 어찌 대처해야 하오?"

자공이 대답했다.

"상국은 문수에 주둔한 군사를 그대로 놓아두고 움직이지 못하게 하십시오. 나는 이 길로 오나라로 가서 오왕에게 노나라를 구하기 위해 제나라를 치도록 설득하겠습니다. 제나라 군사가 침공해 온 오나라 군사와 싸우는데 누가 상국을 의심하겠습니까?"

진항이 크게 기뻐하며 곧바로 대장 국서를 불러 분부했다.

"내가 듣자니 오나라가 우리 제나라를 치러 올 것이라고 하오. 우리는 당분간 여기에 주둔시킨 군사를 함부로 움직여선 안 될 듯하오. 오나라 군사의 동정을 정탐하고 그들이 쳐들어오면 먼저 패퇴시킨 뒤 노나라를 쳐야 할 것이오."

국서가 수락했다. 진항은 문수 기슭에 계속 머물러 있을 수 없어 이내 제나라 도성 임치로 돌아갔다.

당시 자공은 밤낮을 가리지 않고 동쪽 오나라로 갔다. 오왕 부차를 만나 설득했다.

"지난날 오나라가 노나라와 함께 제나라를 친 까닭에 제나라는 오나라와 노나라에 대한 원한이 골수에 사무쳐 있습니다. 지금 제나라 군사가 문수 기슭에 와 있습니다. 노나라를 친 뒤 반드시 오나라를 칠 것입니다. 대왕은 왜 미리 제나라를 쳐서 노나라를 구하려고 하지 않는 것입니까? 만승萬乘의 나라인 제나라를 격파하고 천승千乘의 나라인 노나라를 거느리면 오나라 위세는 진晉나라보다 더 클 것입니다. 그러면 오나라는 마침내 패업을 이루게 됩니다."

오왕 부차가 대답했다.

"전번에 제나라가 대대로 오나라를 섬기겠다고 했기에 과인은 그 말을 믿고 회군했소. 그런데도 지금까지 제나라는 사자도 공물도 보낸 일이 없소. 과인이 그 죄를 물으려던 참이었소. 요즘 들리는 소문에 따르면 월나라 군주가 국사를 열심히 돌보면서 군사도 훈련시키고 있다고 하오. 우리 오나라를 도모코자 하는 것으로 볼 수밖에 없소. 과인은 먼저 월나라부터 칠 생각이오. 연후에 제나라를 쳐도 늦지 않을 것이오."

자공이 말했다.

"불가합니다. 월나라는 약하고 제나라는 강합니다. 약한 월나라를 쳐서 얻는 이익은 적고, 강한 제나라를 내버려 두면 그 후환이 큽니다. 약한 월나라를 두려워하고 강한 제나라를 피하는 건 용기가 없기 때문입니다. 작은 이익을 추구하면서 큰 후환을 잊는 건 지혜로운 모습이 아닙니다. 대왕이 용기와 지혜를 일거에 잃는다면 앞으로 무엇으로 패업을 이룰 것입니까? 대왕이 월나라를 걱정하면 신이 동쪽으로 월나라를 찾아가 월나라 군주로 하여금 대왕을 위해 직접 활집과 칼집인 고건櫜鞬을 잡고 종군토록 설득하겠습니다. 이 방안이 어떻습니까?"

오왕 부차가 크게 기뻐하며 당부했다.

"실로 그리해주면 고맙겠소. 과인이 바라던 바요."

자공은 오왕 부차에게 하직한 뒤 동쪽 월나라로 갔다. 월왕 구천은 자공

자공이 뛰어난 언변으로 열국에 유세하다

이 온다는 보고를 받고 미리 백성들을 시켜 길을 소제하게 했다. 이어 직접 30리 밖까지 나가 영접한 뒤에 가장 좋은 공관으로 안내했다. 구천이 국궁鞠躬하고 물었다.

"폐읍은 동해의 궁벽한 곳에 처해 있습니다. 고현高賢이 무슨 연유로 이곳까지 번거롭게 온 것입니까?"

자공이 대답했다.

"군후의 처지가 어려운 줄 알고 특별히 위문코자 왔습니다."

구천이 자공에게 재배계수再拜稽首하며 말했다.

"화禍와 복福은 이웃해 있다는 얘길 들은 적이 있습니다. 선생께서 이토록 먼 곳까지 위문 차 왔으니 이는 고의 복입니다. 청컨대 선생의 가르침을 듣고자 합니다."

자공이 말했다.

"신이 이번에 오왕을 만나 오나라가 노나라를 구하기 위해 제나라를 쳐야 한다고 말했습니다. 오왕은 대왕이 그 틈을 타 쳐들어오지나 않을까 의심하고 있습니다. 그는 그런 걱정을 없애기 위해 먼저 월나라를 친 뒤 제나라를 치겠다고 했습니다. 신이 그래서는 안 된다고 만류한 뒤 곧바로 월나라로 온 이유입니다. 무릇 복수할 마음이 없는데도 남으로 하여금 의심을 품게 하는 것은 졸렬한 짓입니다. 또 복수할 마음이 있는데도 남으로 하여금 자기 뜻을 눈치 채게 하는 것은 위험한 짓입니다."

월왕 구천은 자신의 속셈을 꿰뚫어본 말을 듣자 크게 놀라 장궤長跪[9]하고 자공에게 청했다.

"선생은 이 몸을 위해 좋은 방법을 가르쳐 주십시오."

자공이 대답했다.

"오왕은 교만한데다 망령된 말을 좋아합니다. 태재 백비는 국정을 장악하고 있으면서 무함을 잘합니다. 군후는 많은 뇌물로 오나라 군신의 마음을 기쁘게 하고, 비루한 언사로 오나라에 대한 예의를 다하십시오. 이어 몸소 군사를 이끌고 가 오나라가 제나라를 치는 일에 일조하십시오. 오나라가 싸워 이기지 못하면 오나라 세력은 그 날부터 삭감될 것입니다. 싸워 이기면 오왕은 분수에 넘치는 모습으로 치연侈然히 중원을 제패키 위해 강한 진晉나라와 싸우고자 할 것입니다. 그리하면 오나라에 틈이 생길 것이고 월

9 장궤長跪는 현대 일본인들처럼 무릎을 꿇고 앉는 자세를 지칭한다. 고대에는 바닥에 그대로 앉은 까닭에 두 무릎을 땅에 대고, 둔부를 발끝에 붙이도록 했다. '장궤'의 자세를 취할 경우 허리와 몸을 쭉 펴서 장경莊敬한 모습을 드러냈다. 당시의 사람들이 앉을 때 보여준 통상적인 모습이었다.

나라는 그 틈을 이용할 수 있을 것입니다."

구천이 재배하고 말했다.

"선생이 우리 월나라에 온 것은 실로 하늘이 보내준 것입니다. 선생의 말씀은 마치 죽은 사람을 일으켜 백골에 살이 돋아나게 하는 것과 같습니다. 고孤가 어찌 그 가르침을 받들지 않겠습니까?"

구천은 자공에게 황금 100일鎰과 보검 1자루, 양마良馬 2필을 선사했다. 자공이 굳이 받지 않고 월나라를 떠났다. 그는 다시 오나라로 가 오왕 부차에게 다녀온 경과를 알렸다.

"월왕은 자신의 목숨을 살려준 대왕의 은덕에 깊이 감사하고 있습니다. 대왕이 월나라를 의심한다는 말을 듣고는 몹시 송구스런 모습을 보였습니다. 단모旦暮에 사자를 보내 사죄하겠다고 했습니다."

오왕 부차는 자공에게 공관에 가 편히 쉬도록 했다. 자공이 공관에 머문 지 5일째 되던 날, 월나라 대부 문종이 사자로 왔다. 그는 부차 앞에 나아가 고수叩首하며 구천의 말을 그대로 전했다.

"동해의 천신 구천은 대왕이 죽이지 않고 살려준 은혜를 입어 종묘사직을 받들고 있습니다. 비록 간과 뇌를 땅바닥에 바르는 간뇌도지肝腦塗地를 할지라도 어찌 대왕의 은혜를 다 갚을 수 있겠습니까? 듣건대 대왕이 대의를 위해 강포한 자를 주살하고 약소한 자를 구하는 주강구약誅强救弱을 한다기에 하신下臣 문종을 시켜 좋은 갑옷 20벌과 전설적인 장인인 굴로屈盧가 만든 창을 비롯해 목성의 빛을 발하는 명검 보광지검步光之劍을 축하의 뜻으로 바치도록 했습니다. 청컨대 군사를 일으키는 시기를 알려주면 이 구천이 월나라 전역에서 선발한 정예병 3천 명을 이끌고 가 종군토록 하겠습니다. 갑옷을 입고 날카로운 창을 휘두르면서 시석矢石을 무릅쓰고 병사들과 함께 싸울 생각입니다. 그처럼 싸우다 죽을지라도 여한이 없습니다."

오왕 부차가 그 말을 듣고 크게 기뻐했다. 이내 자공을 불러 물었다.

"구천은 과연 신의가 있는 사람이오. 직접 월나라 정예병 3천 명을 이끌고 와 종군하겠다고 했소. 선생은 이를 어찌 생각하오?"

자공이 대답했다.

"불가합니다. 남의 나라 군사를 쓰면서 그 군주까지 부리는 것은 지나칩니다. 군사만 보내라고 하고 군주가 오는 것은 사양토록 하십시오."

오왕 부차가 이를 좇았다. 며칠 뒤 자공이 오나라를 떠나 북쪽 진晉나라로 갔다. 진정공晉定公을 알현한 뒤 이같이 말했다.

"먼 앞날을 내다보지 못하는 자는 반드시 가까운 시일에 근심이 생긴다는 뜻의 '무원려자無遠慮者, 필유근우必有近憂'[10] 이야기를 들은 적이 있습니다. 이제 오나라는 가까운 시일에 제나라와 싸움을 벌일 거입니다. 오나라가 싸워 이기면 반드시 진晉나라와 패권을 다툴 것입니다. 군후는 응당 무기를 수리하고 병사들에게 휴식을 취하게 하면서 그에 대비해야 할 것입니다."

진정공이 말했다.

"삼가 선생의 가르침을 받아들이겠습니다."

자공이 노나라에 돌아갔을 때는 이미 제나라 군사가 오나라 군사에게 패퇴를 당한 뒤였다.

오나라가 어떻게 제나라 군사를 패퇴시켰는지 알 길이 없으니 다음 회를 보라.

10 '무원려자無遠慮者, 필유근우必有近憂' 구절은 『논어』「위령공」에서 인용한 것이다. '원려'는 모든 상황을 고려하며 멀리 내다보는 것을 말하고, '근우'는 가까운 미래에 닥치는 근심을 가리킨다. 「위령공」에는 '무원려자無遠慮者'가 '인무원려人無遠慮'로 나온다.

제82회

163話 부차가 오자서를 죽이고 맹주를 다투다 – 살자서부차쟁삽殺子胥夫差爭歃

주경왕 36년인 기원전 484년 봄, 월왕 구천이 대부 제계영諸稽郢에게 명해 군사 3천 명을 이끌고 가 오나라 군사를 돕게 했다. 당시 오왕 부차는 오나라 9군郡의 병사를 징집해 제나라를 치러 갔다. 그는 미리 지금의 강소성 구용현 부근의 구곡句曲 땅에 사람을 보내 별관을 짓게 했다. 별관 주변에 오동나무를 빙 둘러 심게 하고, 명칭을 오궁梧宮이라고 했다. 서시로 하여금 여름에 오궁으로 와 피서避暑케 했다.

그는 제나라를 격파하고 개선해 돌아오는 길에 오궁에 들러 서시와 함께 여름을 지내고 고소대姑蘇臺로 돌아올 심산이었다. 오나라 군사가 출발 준비를 한창 서두를 때 오자서가 또 간했다.

"월나라는 비유하자면 우리의 심복心腹에 든 병과 같고, 제나라는 그저 부스럼 병인 개라疥癩 정도에 불과합니다. 대왕은 10만 대군을 일으켰으니 제나라를 치려면 1천 리 먼 곳까지 군량을 운반해야 합니다. '개라'와 같은 제나라를 치기 위해 심복의 큰 병인 월나라를 망각하는 것과 같습니다. 신은 우리 오나라가 제나라에 승리하지도 못한 채 월나라로부터 재앙을 입을까 두렵습니다."

부차가 대로했다.

"고孤가 출병하는 날에 이 노적老賊이 불길한 말을 내뱉으며 대계大計를 가로막으려 한다. 이는 무슨 죄에 해당하는가?"

태재 백비가 은밀히 말했다.

"오자서는 선왕을 모신 노신老臣이니 죽여서는 안 됩니다. 차라리 제나라로 보내 전쟁을 알리게 하고 제나라 사람들의 손을 빌려 죽이는 게 더 낫습니다."

부차가 말했다.

"태재의 계책이 실로 좋소."

오왕 부차는 국서國書에 노나라를 치고 오나라를 업신여긴 제나라의 죄를 나열한 뒤 오자서에게 명해 국서를 갖고 가 제간공齊簡公을 만나게 했다. 제나라 군신의 분노를 촉발시켜 오자서를 죽이기 위한 계책이었다. 오자서는 오나라가 틀림없이 망할 것으로 짐작하고 아들 오봉伍封을 데리고 임치로 가 국서를 전달했다. 국서를 읽고 대로한 제간공이 오자서를 잡아 죽이려고 하자 대부 포식이 간했다.

"오자서는 오나라 충신입니다. 누차 간했으나 받아들여지지 않아 이미 오왕과는 물과 불이 서로 용납할 수 없는 것과 같은 사이가 됐습니다. 오왕이 그를 보낸 것은 우리로 하여금 그를 죽이게 함으로써 비방을 모면하려는 속셈입니다. 주공은 오자서를 살려주어 오나라로 돌아가게 하십시오. 그러면 오나라에선 충신과 간신이 서로 싸울 것이고, 부차는 충신을 멀리하고 간신을 가까이했다는 악명을 듣게 될 것입니다."

제간공이 이를 좇아 오자서를 후대했다. 이어 전기戰期를 그해 봄의 끝으로 정해 알려줬다.

원래 오자서는 제나라 포목과 친한 사이였다. 포목의 아들인 포식이 제간공에게 오자서를 죽이지 말라고 간한 이유다. 포식은 사적으로 오자서를 찾아가 오나라의 사정을 물었다. 오자서는 아무 대답도 없이 눈물만 흘렸다. 그는 아들 오봉을 불러 포식에게 절을 하고 형으로 삼게 했다. 이어 제나라에 남아 포식의 집에 기거토록 하면서 이같이 당부했다.

"앞으로는 왕손봉王孫封이라는 이름을 쓰고 오씨伍氏 성은 쓰지 말도록 하라."

포식이 그 말을 듣고 홀로 탄식했다.

"오자서가 장차 오왕에게 간하다가 죽을 모양이다. 자식을 나에게 맡긴 게 그렇다. 제나라에서나마 오씨 조상의 제사를 이어나가려는 속셈이다."

오자서와 오봉 부자가 생이별한 괴로움은 더 이상 말할 필요가 없다.

한편 오왕 부차는 출병할 날을 택한 뒤 그 날이 되자 군사를 이끌고 도성의 서문을 통해 출군했다. 오나라 군사는 고소대를 지나 점심을 먹었다. 오왕 부차는 점심을 먹고 난 뒤 문득 잠이 들었다. 낮잠을 자면서 이상한 꿈을 꿨다. 잠에서 깨어나자 마음속이 황홀했다. 태재 백비를 불러 말했다.

"과인은 잠깐 낮잠을 잤는데 아주 잡다한 꿈을 꿨소. 꿈속에서 장명궁章明宮에 들어가니 2개의 가마솥이 보였소. 아무리 불을 때도 가마솥 안에 있는 것이 익질 않았소. 또 난데없는 검은 개 2마리가 나타나 1마리는 남쪽, 또 1마리는 북쪽을 향해 짖었소. 사방을 둘러보니 궁성 담 위에 삽 2개가 궁궐의 담장 위에 꽂혀 있었소. 물이 넘실거리며 전당殿堂 안으로 흘러들어갔소. 뒷방에선 북소리도 종소리도 아닌 대장장이의 쇠망치 같은 소리 가

들려 왔소. 앞동산엔 별다른 나무는 없고, 오동나무만 비스듬히 서 있었소. 태재는 과인을 위해 그 꿈의 길흉을 점쳐 보시오."

태재 백비가 머리를 조아리며 칭송했다.

"실로 아름답습니다, 대왕의 꿈이여! 이는 대왕이 군사를 일으켜 제나라를 응징할 조짐입니다. 신이 듣건대 장명章明은 적을 무찌르고 전공을 이뤄 개선가를 낭랑히 울린다는 뜻으로 창명彰明과 통합니다. 2개의 가마솥에 불을 때도 음식이 익지 않는 것은 대왕의 덕이 성대해 기운이 남아도는 것입니다. 개 2마리가 각각 남쪽과 북쪽을 향해 짖는 것은 사방의 오랑캐가 모두 복종하고 제후들이 조공을 바칠 조짐입니다. 삽 2개가 궁궐 담자에 꽂혀 있는 것은 백성들이 힘써 농사를 짓는다는 뜻입니다. 큰 물이 전당에 가득 찬 것은 이웃 나라가 공물을 바쳐 재물이 창공에 가득 찬다는 의미입니다. 후궁에서 쇠를 단련하는 소리가 울린 것은 궁녀들이 음악에 맞춰 함께 소리를 낸다는 뜻입니다. 앞 정원의 오동나무가 비스듬히 서 있는 것은 오동나무로 금슬琴瑟을 만들어 조화를 이룬다는 의미입니다. 대왕의 이번 출병은 그 아름다움이 이루 다 말할 수 없을 정도로 많을 것입니다."

오왕 부차는 아첨하는 말을 듣자 기쁘기는 했으나 종내 께름칙한 마음이 가시지 않았다. 다시 왕손 낙駱을 불러 꿈 이야기를 했다. 왕손 낙이 대답했다.

"신은 우매해서 그 꿈이 어떤 조짐인지 알 수 없습니다. 도성의 서쪽 양산陽山에 한 이인異人이 살고 있습니다. 세상에서 그 이인을 공손성公孫聖이라고 부릅니다. 그는 많이 보고 들은 다견박문多見博聞의 인물입니다. 대왕이 마음속에 의혹을 품고 있다면 그를 불러 물어 보십시오."

부차가 말했다.

"그대는 나를 위해 그를 즉시 불러주시오."

왕손 낙이 수레를 타고 내달려 공손성을 데리러 갔다. 공손성은 왕손 낙으로부터 대략적인 이야기를 듣고 땅바닥에 엎드린 채 흐느껴 울었다. 그 아내가 곁에서 웃으며 말했다.

"그대의 성품이 실로 비루鄙陋합니다. 군주 알현을 그토록 바라더니 마침내 군주의 부름을 받게 되자 비 오듯 눈물을 뿌리니 말입니다."

공손성이 하늘을 우러러 길게 탄식했다.

"슬프다! 이 일은 그대가 알 바가 아니오. 내가 일찍이 수명을 짚어봤더니 바로 오늘 죽는 걸 알았소. 이제 당신과 영별永別하게 생겼소. 그래서 슬퍼하는 것이오."

왕손 낙이 공손성을 재촉해 수레에 태운 뒤 고소대로 급히 돌아갔다. 오왕 부차가 곧바로 공손성을 인견하고 꿈 이야기를 했다.

공손 성이 말했다.

"신은 그 꿈을 풀이하는 즉시 죽으리라는 것을 압니다. 그러나 비록 죽더라도 어찌 그 꿈을 풀이하지 않을 수 있겠습니까? 괴이합니다! 대왕의 꿈이. 그 꿈은 군사를 일으켜 제나라를 치는 일에 응한 것입니다. 신이 듣건대 장章은 싸워서 이기지 못하고 창황章皇[1]히 달아날 조짐입니다. 명明은 밝은 곳을 떠나 어두운 저 세상인 명명冥冥으로 들어갈 조짐입니다. 2개의 가마솥에 불을 때도 그 속에 든 것이 익지 않는 것은 대왕이 패주하면서 익힌 음식을 먹지 못할 조짐입니다. 검은 개 2마리가 남북을 향해 짖은 것을 풀이하면 검은 색은 음암陰暗에 속하는 까닭에 양명陽明한 곳을 떠나 음암한 곳으로 갈 조짐입니다. 삽 2개가 궁궐의 담에 꽂혀 있는 것은 앞으로 월나라 군사가 우리 오나라로 쳐들어와 사직을 파헤칠 조짐입니다. 물이 전당

1 창황章皇은 2가지 뜻이 있다. 첫째, 방황彷徨의 뜻이다. 한나라 때 왕일王逸이 쓴 『초사楚辭』「원유장구서遠遊章句序」에 '장황산택章皇山澤' 표현이 나온다. 둘째, 놀라서 어찌할 바를 몰라 하는 창황倉皇 즉 황장慌張의 뜻이다. 송나라 때 손광헌孫光憲의 『북몽쇄언北夢瑣言』 4권에 '장황만단章皇萬端' 구절이 나온다. 여기서는 두 번째 의미로 사용된 것이다. 창章은 통상 '장'으로 읽으나 '문득' 창倉의 뜻으로 사용될 때는 '창'으로 읽는다.

으로 흘러든 것은 전당이 파도에 휩쓸려 후궁이 텅 빌 조짐입니다. 뒷방에서 대장장이의 쇠망치 소리 같은 것이 들린 것은 궁녀들이 포로가 돼 울부짖을 조짐입니다. 앞동산에 오동나무가 비스듬히 나 있는 것을 풀이하면 오동나무는 장례식에 사용하는 갖가지 부장품인 명기冥器를 만드는 나무인 까닭에 곧 사람들이 순장殉葬을 기다릴 조짐입니다. 청컨대 대왕은 제나라 토벌의 군사를 파하고, 태재 백비를 월왕 구천에게 보내 관冠과 윗옷을 벗고 항복의 뜻을 표하는 해관육단解冠肉袒으로 사죄토록 하십시오. 그래야만 오나라가 평안해지고 대왕도 목숨을 부지할 수 있습니다."

백비가 오왕 부차에게 말했다.

"초야의 필부가 요언妖言을 함부로 지껄이니 응당 주륙誅戮해야 합니다."

공손성이 눈을 크게 부릅뜨고 백비를 꾸짖었다.

"태재는 고관이다. 많은 녹봉을 받아먹으면서도 충성을 다해 군주를 섬길 생각은 하지 않고 오로지 아첨만 일삼으니 훗날 월나라 군사가 쳐들어와 우리 오나라를 멸망시킬 때 그대 홀로 목을 보전할 수 있겠는가?"

오왕 부차가 대로했다.

"저 무식한 야인野人이 하나같이 난언亂言을 지껄이고 있다. 주살하지 않으면 틀림없이 백성들을 현혹할 것이다."

이어 역사 석번石番을 돌아보며 분부했다.

"철추鐵錘로 저 도적을 격살擊殺하라."

공손성이 하늘을 우러러 큰 소리로 외쳤다.

"황천이여, 황천이여! 나의 원통함을 알리라. 나는 충성을 바치다 죄를 얻고 무고히 죽임을 당한다. 내가 죽으면 매장하지 말고 야안陽山 밑에 버리도록 하라. 나중에 그림자와 메아리인 영향影響이 되어 대왕에게 보복할 것이다."

부차가 역사 석번을 시켜 공손성을 격살케 했다. 이어 그 시체를 그의 말대로 양산 밑에 버리게 했다. 이때 부차가 죽은 공손성을 꾸짖었다.

"시랑豺狼이 너의 송장을 뜯어먹고, 들불이 너의 백골을 태우고, 바람이 너의 해골을 날릴 것이다. 네 형체는 스러져 그림자마저 없어질 것이다. 네가 어찌 '영향'이 되어 나에게 보복할 수 있겠는가?"

태재 백비가 술잔을 받들어 오왕 부차에게 바치며 말했다.

"대왕이 요얼妖孼을 없앤 것을 경하합니다. 원컨대 이 술 한 잔을 받으십시오. 즉시 출병하는 게 가할 듯합니다."

사신이 시를 지어 탄식했다.

요몽에 이미 흉조 나타났지만	妖夢先機已兆凶
교만한 왕 제나라만 치려하다	驕君尚戀伐齊功
오나라 조정 여러 문무백관아	吳庭多少文和武
누가 공손성만큼 충성 바쳤나	誰似公孫肯盡忠

오왕 부차가 직접 중군을 이끌고, 백비가 부장이 됐다. 대부 서문소胥門巢가 상군上軍, 오왕 부차의 아들인 왕자 고조姑曹가 하군下軍 장수가 됐다. 이들은 10만 대군과 제계영이 이끄는 월나라 군사 3천 명을 이끌고 산동을 향해 호호탕탕 나아갔다. 부차는 사자를 노애공에게 보내 토벌에 합세할 것을 통지했다. 오자서는 오나라로 돌아오다가 도중에 오왕 부차를 만나 사자로 갔다 온 경과를 보고하는 복명復命을 행한 뒤 병을 핑계대고 먼저 오나라로 돌아갔다. 종군을 원치 않았기 때문이다.

당시 제나라 대장 국서國書는 군사를 이끌고 문수 기슭에 주둔해 있다가 오나라와 노나라 연합군이 쳐들어온다는 보고를 받고 곧바로 제장들을 소집해 대책을 상의했다. 이때 문득 초병의 보고가 올라왔다.

"진陳 상국이 동생 진영陳逆을 이곳으로 보냈습니다."

국서와 제장들이 진역을 군영으로 맞아들였다. 국서가 물었다.

"무슨 일로 이곳에 온 것이오?"

진역이 대답했다.

"오나라 군사가 이미 장구長驅하여 영박嬴博[2] 땅을 통과하고 오는 중이라 하오. 국가안위國家安危가 숨을 1번 들이쉬는 순간인 호흡지간呼吸之間에 걸려 있소. 상국은 혹여 제장들이 힘을 다해 싸우지 않을까 우려해 소장을 이곳으로 보내 독전케 한 것이오. 이번 싸움은 전진만 있을 뿐 후퇴는 없고, 죽음만 있을 뿐 살아서 돌아오는 일이 없고, 진격이 신호인 북을 울리는 명고鳴鼓만 허용될 뿐 후퇴의 신호인 징을 울리는 명금鳴金은 허용되지 않소."

제장들이 일제히 대답했다.

"우리는 맹세코 적군과 목숨을 건 결전을 벌일 것이오."

국서가 전군에 명해 영채를 뽑은 뒤 돌진해 오나라 군사를 영격케 했다. 제나라 군사가 애릉艾陵 땅에 이르렀을 때 오나라 장수 서문소가 이끄는 상군이 진격해 왔다. 국서가 제장들에게 물었다.

"누가 감히 나가 적의 선발대를 무찌르겠는가?"

대부 공손휘公孫揮가 나서서 흔연히 대답했다.

"소장이 나가 싸우겠습니다."

그러고는 휘하 군사를 이끌고 적진을 향해 진격했다. 오나라 장수 서문소가 황망히 공손휘를 맞아 30여 합이나 교봉交鋒했으나 승부가 나지 않았다. 국서가 끓어오르는 한 가닥의 예기銳氣를 억누르지 못해 직접 중군을 이끌고 서문소의 군사를 협공했다.

제나라 군중의 북소리가 우레처럼 울려나왔다. 서문소의 오나라 군사가

2 영박嬴博은 오나라 공자 계찰이 자신의 아들을 장사지낸 곳으로 알려졌다. '영'은 지금의 산동성 내무현 서북쪽이고, '박'은 산동성 태안시 남동쪽으로 추정되고 있다.

더 이상 버티지 못하고 크게 패해 달아났다. 첫 싸움에서 승리를 거둔 국서의 의기가 더욱 장해졌다.

국서가 병사들에게 명해 각자 긴 밧줄을 한 가닥씩 들고 싸움에 임하게 했다.

"오나라는 단발斷髮의 풍속을 갖고 있다. 오나라 군사의 수급을 밧줄로 묶어 공을 청하도록 하라."

제나라 군사들은 한바탕 이기고 나자 마치 단모旦暮에 오나라 군사를 쓸어버릴 것처럼 미친 듯이 날뛰었다.

당시 오나라 장수 서문소는 패잔병을 이끌고 본영으로 돌아온 뒤 오왕 부차을 알현했다. 대로한 오왕 부차가 서문소를 참하려고 했다. 서문소가 황망히 말했다.

"신이 처음으로 이곳에 와 그 허실을 알지 못해 우연히 1번 좌절했을 뿐입니다. 다시 싸워 이기지 못하면 그땐 군법을 달게 받겠습니다."

백비 역시 1번만 용서해 줄 것을 힘써 권했다. 그러나 부차는 서문소를 꾸짖어 물리친 뒤 장수 전여展如로 하여금 서문소의 군사를 거느리게 했다.

이때 마침 노나라 대부 숙손주구叔孫州仇가 노나라 군사를 이끌고 오나라 군사와 합세하기 위해 왔다. 부차가 숙손주구에게 검 1자루와 갑옷 1벌을 내주며 길을 인도케 했다.

오나라와 노나라 군사는 애릉에서 5리쯤 떨어진 곳에 영채를 세웠다. 이때 제나라 대장 국서國書가 사람을 시켜 전서戰書를 오나라 군중에 보냈다. 오왕 부차가 곧바로 비답批答했다.

"내일 결전할 것이다."

이튿날 아침, 오나라와 노나라 연합군과 제나라 군사가 각각 진을 치고 대치했다. 오왕 부차는 숙손주구에게 적의 제1진, 전여에게 적의 제2진, 왕자 고조에게 적의 제3진을 치게 했다. 또 서문소로 하여금 월나라 군사 3천

명을 이끌고 이리저리 오가면서 적을 유인케 했다.

오왕 부차는 태재 백비와 함께 대군을 이끌고 높은 언덕에 올라가 주둔하며 형편에 따라 각 군을 지원키로 했다. 오왕 부차가 월나라 장군 제계영에게는 자신 곁에서 싸움을 관전케 했다.

당시 제나라 군사가 포진을 완료하자 진역이 모든 장수에게 이미 나눠준 구슬을 입안에 넣을 것을 분부했다.

"그대들이 싸우다 죽으면 곧바로 염殮을 할 것이오."

제나라 장수 공손하公孫夏와 공손휘는 장병들로 하여금 장송가葬送歌를 부르게 했다. 장송가를 들으며 모두 맹서했다.

"적을 무찌르지 못하고 생환生還하는 자는 열렬한 사내인 열장부烈丈夫가 아니다."

국서가 그들의 말을 장하게 여기며 독려했다.

"여러분이 필사의 각오로 스스로 격려하니 어찌 이기지 못할까 걱정할 필요가 있겠는가?"

양군 진영이 전투태세를 갖추자 오나라 장수 서문소가 먼저 진 앞으로 나와 싸움을 걸었다. 국서가 공손휘에게 명했다.

"저 자는 일전에 그대에게 패한 장수이다. 이번엔 쉽게 사로잡을 수 있을 것이다."

공손휘가 창을 높이 들고 말을 달려 나갔다. 서문소가 싸우지도 않고 말고삐를 돌려 달아나기 시작했다. 이때 노나라 장수 숙손주구가 군사를 이끌고 달려와서 공손휘의 앞을 가로막은 뒤 서로 시살厮殺했다. 그러자 달아나던 서문소가 다시 돌아와 공손휘를 협공했다.

국서는 공손휘가 실수라도 할까 우려해 다시 공손하로 하여금 속히 달려 나가 공손휘를 돕게 했다. 그러자 서문소가 다시 달아나기 시작했다. 화가 난 공손하가 서문소를 추격했다. 상군 대장 전여가 군사를 이끌고 달려 나와 공손하의 앞을 가로막았다. 서문소가 다시 돌아와 대장 전여를 도왔다.

제나라 장수 고무비高無丕과 종루宗樓는 약삭빠르게 이리저리 오가는 서문소를 보고는 분을 참지 못하고 일제히 진 앞으로 달려 나갔다. 그러자 오나라 장수 왕자 고조가 달려와서 제나라 장수 2명을 상대로 싸웠다. 조금도 두려워하는 빛이 없었다.

마침내 양쪽 군사가 동시에 쏟아져 나와 분전했다. 양측 모두 상대방 병사를 시살하면서 물러서지 않았다. 국서는 오나라 군사가 물러가지 않는 걸 보고는 친히 북채를 들고 북을 울렸다. 제나라 대군으로 하여금 일제히 진격해 고무비 등 제나라 장수의 싸움을 돕게 한 것이다.

오왕 부차는 높은 언덕에서 양군이 싸우는 모습을 자세히 살펴봤다. 제나라 군사가 십분十分 분용奮勇하는 데 반해 오나라 군사가 점차 몰리기 시작했다. 곧 태배 백비에게 명해 군사 1만 명을 이끌고 언덕 아래로 내려가 수세에 몰린 오나라 군사를 접응케 했다.

제나라 대장 국서는 오나라 태재 백비가 많은 군사를 이끌고 오는 걸 보고는 곧바로 군사를 나눠 백비의 군사를 영격케 했다. 이때 문득 오나라 군영에서 징소리가 크게 울렸다. 이에 따라 꽹과리와 요령인 정탁鉦鐸의 소리가 일제히 울렸다. 퇴각할 때는 통상 징소리가 울리는 까닭에 제나라 병사들은 이것이 오나라 군사의 퇴각의 신호인 줄 알았다. 그러나 오왕 부차가 몸소 정예병 3만 명을 이끌고 1만 명씩 세 방향으로 나눠 진격하는 신호인 줄은 전혀 생각지도 못했다. 오나라 군사가 징을 치는 것으로 공격의 신호로 삼은 걸 알 리가 없었다.

오왕 부차는 정예병 3만 명을 이끌고 세 방향으로 제나라 군사의 옆구리를 찌르고 들어갔다. 이로 인해 제나라 군사가 세 가닥으로 끊기고 말았다. 오나라 대장 전여와 왕자 고조는 오왕 부차가 직접 나와 지휘하는 걸 보고 더욱 용기백배해 적을 쳐부쉈다.

제나라 군사는 마침내 오나라 군사의 총공세를 감당하지 못하고 사방으로 흩어져 달아나기 시작했다. 전여는 제나라 군사를 무찌르다가 공손하를 사로잡았다. 서문소는 병거에 타고 있던 공손휘를 창을 휘둘러 척살했다. 오왕 부차는 직접 활을 쏘아 종루를 죽였다.

제나라 장수 여구명이 대장 국서에게 말했다.

"계속 싸우다가는 제나라 병사들이 모두 죽고 말 것입니다. 원수元帥는 속히 미복으로 갈아입고 달아나십시오. 그래야 다음에 다시 싸울 수 있습니다."

국서가 탄식했다.

"내가 10만 대군을 이끌고 나와 오왕에게 패했으니 무슨 면목으로 환조還朝할 것인가?"

그러고는 오히려 갑옷을 벗고 오나라 군중으로 들어가 싸우다 죽었다. 여구명은 풀 속에 들어가 숨어 있다가 노나라 장수 숙손주구에게 포획됐다.

결국 오왕 부차는 제나라 군사와 싸워 대승을 거뒀다. 제장들이 모두 부차 앞에 나와 전공을 고했다. 제나라 대장 국서와 장수 공손회의 수급을 취하고, 공손하와 여구명을 생포한 공이 가장 컸다. 부차는 포획한 공손하와 여구명을 즉시 밖으로 끌어내 참수케 했다.

제나라 장수 가운데 고무비과 진역만 목숨을 건져 달아났다. 오나라 군사에 의해 포획되거나 살육당한 제나라 병사들은 그 수를 헤아릴 수 없었다. 제나라가 가죽을 덧씌워 새롭게 만든 병거인 혁거革車 800승도 모두 남김없이 오나라 군사의 전리품이 됐다.

오왕 부차가 월나라 장수 제계영에게 자랑했다.

"그대는 오나라 군사의 강용强勇을 보았소? 월나라 군사와 비교해 어떻소?"

제계영이 계수稽首하며 대답했다.

"오나라 군사의 강용은 천하에 당할 자가 없습니다. 어찌 미약한 월나라 군사와 비교할 수 있겠습니까?"

오왕 부차가 크게 기뻐했다. 그는 이번 싸움에 종군한 월나라 군사에게 후한 상을 내렸다. 이어 제계영으로 하여금 월나라 군사를 이끌고 먼저 돌아가 이 사실을 월왕 구천에게 알리게 했다.

한편 제간공은 제나라 군사가 대패했다는 보고를 듣고 크게 놀랐다. 상국 진항과 감지를 불러 대책을 상의했다. 제나라 군신들은 강화를 청하기로 했다. 곧 사자로 하여금 많은 황금과 폐백을 바치고 강화를 간청하게 했다.

부차가 사자에게 만일 제나라와 노나라가 형제의 우호관계를 다시 닦고 서로 침해하지 않을 것을 맹서하면 강화요청을 받아들일 뜻을 밝혔다. 제간공과 노애공이 오왕 부차의 명을 좇아 맹서했다. 오왕 부차의 군사가 마침내 개선가를 부르며 본국으로 회군했다.

사신이 이를 시로 읊었다.

애릉에 백골이 산처럼 쌓여 있는데	艾陵白骨壘如山
오왕 부차 개선가 부르며 환군하다	盡道吳王奏凱還
장한 기상 한때 우주 삼킬 듯했으니	壯氣一時吞宇宙
누가 우환 숨어 있을 줄 생각했을까	隱憂誰想伏吳關

부차는 돌아오다가 구곡의 신궁新宮에 들러 서시와 만났다.

"과인이 이곳에 그대를 와 있게 한 것은 속히 만나고 싶었기 때문이오."

서시는 절하고 승전을 축하하면서 자세한 배려에 사례했다. 때는 마침 초가을이라 오동나무 그늘이 짙게 드리웠고, 시원한 바람이 불어오기 시작했다. 부차가 서시와 함께 높은 누대에 올라가서 함께 술을 마시며 즐겼다. 그러는 가운데 밤이 깊어갔다. 문득 신궁 밖에서 아이들이 부르는 노랫소리가 들렸다. 부차가 노랫소리에 귀를 기울였다.

오동나무 잎사귀는 차가운데	桐葉冷
오왕은 취해 있나 깨어 있나	吳王醒未醒
오동나무 잎사귀는 가을인데	梧葉秋
오왕은 근심을 하나 안 하나	吳王愁更愁

오왕 부차는 그 가사가 싫었을 뿐만 아니라 마음에 걸렸다. 곧 사람을 시켜 그 아이들을 궁 안으로 잡아들이게 했다. 아이들에게 물었다.

"누가 그 노래를 가르쳐 준 것이냐?"

아이들이 대답했다.

"어디서 왔는지 알 수 없는 붉은 옷 입은 어떤 동자가 와서 노래를 가르쳐 주었습니다. 지금은 어디로 갔는지 알 수 없습니다."

부차가 대로했다.

"과인은 하늘의 뜻에 따라 태어났고 신명神明이 내게 사명使命을 내렸다. 그런 내가 무엇을 근심하겠는가?"

그러고는 아이들을 모두 죽여 버리고자 했다. 서시가 극력 말린 덕분에 부차가 아이들을 죽이지 않고 쫓아내기만 했다. 백비가 부차에게 말했다.

"봄이 되면 만물이 기뻐하고 가을이 오면 만물이 슬퍼합니다. 그게 천도입니다. 대왕은 하늘과 더불어 그 도를 함께 하고 있습니다. 무엇을 염려하는 것입니까?"

오왕 부차가 크게 기뻐했다. 구곡 땅 신궁에 머문 지 3일 만에 어가를 타고 도성으로 돌아갔다. 오왕 부차가 정전에 오르자 문무백관이 일제히 절하고 승전을 축하했다. 오자서도 그 자리에 참석했으나 홀로 아무 말도 하지 않았다. 부차가 오자서를 책망했다.

"그대는 과인이 제나라를 쳐서는 안 된다고 했소. 그러나 과인은 이토록 크게 이기고 돌아왔소. 그대만 아무런 공이 없으니 오히려 부끄럽지 않소?"

그 말을 들은 오자서가 팔을 휘두르며 대로했다. 이내 허리에 차고 있던 칼을 풀어 놓고 대답했다.

"하늘이 장차 나라를 망하게 할 때는 그 나라에 먼저 작은 기쁨인 소희小喜을 맛보게 한 뒤 큰 우환인 대우大憂을 내리는 법입니다. 제나라를 이긴 것은 '소희'에 불과합니다. 신은 '대우'가 곧 닥칠까 걱정입니다."

오왕 부차가 화를 냈다.

"오랫동안 그대를 만나지 않아 귓가가 맑고 깨끗했는데 이제 또 그 지겨운 잔소리인 서괄絮聒를 들어야 한단 말인가?"

부차가 두 손으로 양쪽 귀를 틀어막고 눈을 감은 채 앉아 있었다. 한참 만에 눈을 부릅뜨고 앞쪽을 응시하면서 큰 소리로 외쳤다.

"괴상한 일이다."

신하들이 물었다.

"대왕은 무엇을 보셨습니까?"

부차가 대답했다.

"나는 네 사람이 서로 등지고 기대앉아 있다가 사방으로 흩어져 달아나는 걸 보았소. 전각 아래 두 사람이 서 있다가 북쪽을 향해 있는 사람이 남쪽을 향해 있는 사람을 죽이는 걸 보았소. 경들은 이를 보지 못했소?"

신하들이 말했다.

"신들은 보지 못했습니다."

오자서가 다시 나서서 말했다.

"네 사람이 서로 등지고 기대앉아 있다가 달아난 것은 앞으로 백성들이

■ 부차가 오자서를 죽이고 맹주를 다투다

사방으로 흩어져 달아날 조짐입니다. 북쪽을 향하고 있던 사람이 남쪽을 향하고 있는 사람을 죽인 것은 아랫사람이 윗사람을 해치고, 북면北面하는 신하가 남면南面하는 군주를 시해할 조짐입니다. 대왕이 매사에 신중하고 반성하는 자세를 보이지 않으면 반드시 시해를 당하고 나라가 패망하는 신시국망身弑國亡의 화를 당하고 말 것입니다."

부차가 대로했다.

"네 말은 너무 상서롭지 못하다. 고孤는 네 말을 듣기 싫다."

태재 백비가 말했다.

"사람이 사방으로 흩어지는 것은 곧 사람들이 사방에서 오나라 조정으로 달려오는 것을 뜻합니다. 대왕이 패왕伯王이 되어 주왕실을 대신할 조짐이라고 할 수 있습니다. 이 역시 아랫사람이 윗사람을 해치고, 신하가 군주를 범하는 것에 해당합니다."

부차가 말했다.

"태재의 말은 족히 과인의 답답한 가슴을 열어주었소. 상국은 너무 늙어 그의 말을 채택키가 어렵소."

그로부터 며칠 뒤 월왕 구천은 신하들을 이끌고 직접 오나라에 와 부차에게 조례朝禮를 올리고 승전을 축하했다. 당시 오나라 조정의 대신들은 이미 구천이 제공한 뇌물을 잔뜩 받아먹은 이른바 궤뢰饋賂의 상황이었다. 백비가 오왕 부차에게 말했다.

"이것이 바로 사람들이 오나라 조정으로 달려올 것이라는 신의 말에 응하는 일인 듯싶습니다."

오왕 부차가 문대文臺에서 연회를 베풀었다. 월왕 구천이 오왕 부차를 모시고 곁에 앉았다. 두 나라 대부들이 시립했다. 부차가 말했다.

"군주는 공이 있는 신하를 잊지 않고, 아비는 힘을 지닌 자식을 버리지 않는다는 뜻의 '군불망유공지신君不忘有功之臣, 부불몰유력지자父不沒有力之子' 이야기를 들은 적이 있소. 그간 태재 백비는 과인을 위해 군사를 지휘하고 많은 공로를 세웠소. 그를 상경上卿으로 올려줄 생각이오. 또 월왕 구천은 시종 과인에게 충성을 바치면서 게으름을 피우지 않았소. 그에게 영토를 더 넓혀주어 그 공로에 보답할 생각이오. 대부들의 생각은 어떻소?"

군신들이 대답했다.

"공을 세운 자에게 상을 내리고 노고를 한 자에게 보답하는 상공수로賞功酬勞는 패왕이 하는 일입니다."

오자서가 바닥에 엎드려 울며 말했다.

"아, 슬프다! 충신은 입이 있어도 말을 하지 못하고 군주 곁엔 참부讒夫

들만 곁에 있다. 모두 사설邪說과 아유阿諛로 그른 것을 옳다고 하고, 재앙을 조성하며 간교한 짓만 하고 있다. 난亂을 기르고 간사함을 축적하고 있으니 장차 오나라를 패망케 하고, 종묘사직을 폐허로 만들고, 궁전을 쑥대밭으로 만들고 말 것이다."

부차가 대로했다.

"노적老賊이 온갖 속임수를 써서 우리 오나라를 해치려 드는구나. 이는 멋대로 권력을 휘둘러 나라를 뒤엎으려는 수작이다. 과인이 선왕을 생각해 차마 죽이지는 않겠으나 오늘 물러가 자숙하고 다시는 조정에 나타나지 마라."

오자서가 말했다.

"노신이 충성과 신의가 없었다면 선왕의 신하가 되지 못했을 것입니다. 신은 마치 옛 충신 관용봉關龍逢이 하나라 걸을 만나고, 비간比干이 은나라 주를 만난 것과 같습니다. 비록 주살을 당할 터이지만 대왕 역시 멸망의 길을 걸을 것입니다. 신은 이제 대왕에게 영이별을 고하는 영사永辭를 할 터이니 다시는 만날 수 없을 것입니다."

말을 마치고 바로 조정에서 물러났다. 부차가 분을 삭이지 못하자 백비가 말했다.

"신이 들은 바로는 전에 오자서가 제나라에 사자로 가서 자기 아들을 제나라 대신 포씨에게 맡겼다고 합니다. 오나라를 배반할 마음을 가졌기에 그런 게 아닙니까? 대왕은 그 점을 잘 살피도록 하십시오."

부차가 마침내 사람을 시켜 오자서에게 촉루검屬鏤劍을 보냈다. 오자서가 두 손으로 검을 받아들고 한탄했다.

"왕이 나에게 자진하라는 것이다."

그는 신발도 신지 않은 채 섬돌 밑으로 내려가 뜰 가운데 섰다. 하늘을 우러러 크게 외쳤다.

"하늘이여, 하늘이여! 전에 선왕은 너를 세우려 하지 않았다. 내가 너를 세우자고 애써 권했기에 즉위할 수 있었다. 나는 너를 위해 초나라를 격파하고, 월나라를 패퇴시켜 너의 위엄을 제후들에게 과시케 했다. 그런데도 나의 충고를 듣지 않고 오히려 죽음을 내리는 것인가? 내가 오늘 죽으면 내일 월나라 군사가 쳐들어와 너의 사직을 파헤칠 것이다."

이어 가인家人들을 불러 당부했다.

"내가 죽으면 나의 두 눈을 뽑아 고소성의 동문에 매달아 두도록 하라. 나는 월나라 군사가 오나라로 쳐들어오는 것을 볼 것이다."

말을 마친 뒤 촉루검으로 목을 찌르고 자진했다. 부자의 사자가 촉루검을 회수해 돌아갔다. 사자가 부차에게 오자서가 죽기 전에 한 말을 보고했다. 부차가 수레를 타고 오자서의 집으로 간 뒤 주검을 내려보며 꾸짖었다.

"오자서야, 네가 죽은 뒤에 무엇을 알 수 있겠는가?"

그러고는 주검의 목을 잘라 반문盤門의 성루 위에 걸었다. 또 가죽 부대인 치이鴟夷에 그의 시신을 넣은 뒤 수레에 싣고 가 강물에 던져 버리게 했다. 이어 이같이 말했다.

"해와 달이 네 뼈를 부술 것이고, 물고기와 자라가 네 살을 먹어 치울 것이다. 네 뼈와 살이 부서져 재가 될 터인데 죽은 자가 또다시 무엇을 볼 수 있단 말인가?"

오자서의 시신은 강물 속으로 들어가 물결과 파도를 타고 왕래하다가 격랑에 휩쓸려 무너진 강 언덕에 닿았다. 그곳 백성들이 두려워하면서도 은밀히 건져내 오산吳山에 묻었다. 후대인은 오산을 서산胥山으로 바꾼 이유다. 지금도 서산에는 그를 기리는 사당인 자서묘子胥廟가 있다.

농서거사隴西居士가 오자서에 대한 고풍古風의 시 1편을 지었다.

장군은 어릴 때에 영웅으로 불리니	將軍自幼稱英武

씩씩하고 뛰어난 재주 천고를 넘다　磊落雄才越千古
하루아침에 참소 당해 부형이 죽자　一旦蒙讒殺父兄
강물 건너며 초나라 병탄 맹서하다　湘流誓濟呑荊楚

활 메고 어디로 망명가려 한 걸까　貫弓亡命欲何之
정나라 송나라서 괜히 세월 보내다　滎陽睢水空棲遲
꽉 닫힌 관문 날개 없어 근심하다　昭關鎖鑰愁無翼
귀밑머리 하룻밤 새 하얗게 세었다　鬢毛一夜成霜絲

빨래하던 여인과 어옹이 자진하니　浣女沈溪漁丈死
오나라 사람에게 퉁소를 들려주다　簫聲吹入吳人耳
비수 어장으로 군신관계 맺은 후에　魚腸作合定君臣
다시 강병 기르며 손무를 천거하다　復爲强兵進孫子

원정길에 5번 싸워 초궁 점령하니　五戰長驅據楚宮
초소왕 눈물 머금고 운중으로 가다　君王含淚逃雲中
초평왕 시체 매질하며 원한을 푸니　掘墓鞭屍吐宿恨
그 정성 해 뚫어 무지개 떠오르다　精誠貫日生長虹

영웅이 다시 오나라 패업 일으키니　英雄再振匡吳業
부초산 싸움에서 월나라 제압하다　夫椒一戰棲强越
솥 안의 물고기 포인 손에 달렸더니　釜中魚鱉宰夫手
산속에 범 푸니 입 벌리고 달려들다　縱虎歸山還自囓

고소대 서시가 미소 짓고 나타나니　姑蘇臺上西施笑

간신은 축하하고 충신은 조문 하다	讒臣稱賀忠臣弔
가련하다, 2대에 걸쳐 공 세웠으나	可憐兩世輔吳功
촉루로 자결하는 보답으로 돌아오다	到頭翻把屬鏤報

부대에 싸인 주검 조수에 떠돌면서	鴟夷激起錢塘潮
조석으로 원통해 울부짖고 있으니	朝朝暮暮如呼號
오월의 흥망성쇠 과거사 되었지만	吳越興衰成往事
충신의 천년 원한 해결하기 어렵다	忠魂千古恨難消

오왕 부차는 오자서를 자진케 만든 뒤 태재 백비를 상국으로 승진시켰다. 이어 월나라 구천에게 많은 땅을 하사했다. 구천이 굳이 사양하며 받지 않았다. 그는 월나라로 돌아가자마자 오나라를 도모코자 하는 계획을 더욱 서둘렀다. 부차는 그런 낌새를 전혀 감지하지 못한 채 교만하고 방자하게 행동했다.

그는 수만 명의 병사를 동원해 지금의 강소성 양주시 인근에 한성邗城을 쌓았다. 또 수로를 뚫어 동북쪽으로 사양호射陽湖와 통하게 하고, 서북쪽으로 장강과 회수의 물을 합치게 하고, 북쪽으로 기수沂水에 이르게 하고, 서쪽으로 제수濟水와 연결시켰다.

당시 오나라 태자 우友는 부친인 부차가 다시 중원의 제후들과 회맹할 뜻을 품고 있는 걸 알고 간하고 싶었으나 화를 낼까 두려웠다. 다른 일을 예로 들어 간하는 이른바 풍간諷諫을 통해 부친을 깨우치고자 했다.

하루는 이른 아침에 탄궁彈弓과 탄환彈丸을 갖고 후원으로 들어갔다가 옷과 신이 흠뻑 젖은 채로 돌아왔다. 부차가 태자의 이런 모습을 보고 괴이하게 여겨 물었다.

"왜 그처럼 옷과 신이 젖었는가?"

태자 우가 대답했다.

"소자가 마침 후원에 갔다가 매미가 높은 나무 위에서 우는 걸 봤습니다. 좀 더 자세히 보려고 나무 밑으로 갔더니 매미는 가을바람을 쐬며 만족한 듯이 길게 울고 있었습니다. 이때 당랑螳螂 즉 버마재비가 자신을 잡아먹으려고 나뭇가지를 따라 허리를 끌면서 다가와 매미를 잡아먹으려고 했습니다.[3] 그러나 버마재비 역시 매미에 정신이 팔린 나머지 참새가 녹음 사이를 배회하며 자신을 쪼아 먹으려 한다는 것을 모르고 있었습니다. 참새 또한 버마재비를 쪼아 먹으려는 데 정신이 팔려 소자가 탄환으로 쏘아 잡으려고 한다는 것을 까맣게 모르고 있었습니다. 소자 또한 참새를 잡는 데 정신이 팔린 나머지 앞에 물구덩이가 있는 것을 살피지 못했습니다. 소자는 참새를 잡으려고 한 발을 내딛다가 그만 물구덩이에 빠져 옷과 신을 모두 버리게 됐습니다. 소자가 부왕의 웃음거리가 된 배경이 여기에 있습니다."

부차가 말했다.

"너는 목전의 이익만 탐하느라 후환을 돌아보지 않았다. 너처럼 어리석은 자는 천하에 없을 것이다."

태자 우가 대답했다.

"천하에 소자보다도 더 어리석은 자가 있습니다. 노나라는 성인聖人이라고 할 주공周公의 후예인 데다가 공자의 가르침을 받았기에 이웃나라를 침공하지 않았습니다. 그런데 제나라가 까닭 없이 노나라를 쳐 손아귀에 넣으려고 했습니다. 제나라는 우리 오나라 군사가 1천 리 먼 길을 달려와 자신들을 칠 줄은 몰랐습니다. 우리 오나라 역시 제나라를 쳐서 크게 이겼지만

3 여기서 버마재비가 매미를 엿본다는 뜻의 당랑규선螳螂窺蟬 성어가 나왔다. 참새가 뒤에서 버마재비를 노리고 있다는 뜻의 황작재후黃雀在後와 취지를 같이한다. 모두 목적의 이익만 탐하다가 훗날 재앙을 초래하는 것을 비유할 때 사용된다. 『장자』「산목山木」과 『설원』「정간正諫」에 일화가 나온다.

월왕이 결사대를 이끌고 삼강三江 어귀를 경유해 오호五湖로 들어와 오나라를 도륙하고 오궁吳宮을 폐허로 만들려고 하는 것을 모르고 있습니다. 천하에 이보다도 더 어리석은 일이 없습니다."

오왕 부차가 그 말을 듣고 화를 냈다.

"이는 오자서의 타여唾餘[4]이다. 그 이야기는 이미 신물이 나도록 들었다. 네가 또다시 그런 망발을 입에 담으며 나의 대계를 가로막으려 하는 것인가? 더 이상 지껄이면 내 자식이 아니다."

태자 우가 송구스런 모습으로 송연悚然히 인사하고 물러났다. 마침내 부차가 태자 우와 왕자 지地 및 왕손 미용彌庸에게 나라를 지키게 한 뒤 직접 정예병을 이끌고 한구邗溝를 경유해 북상했다. 지금의 안휘성 소호시 인근의 탁고橐皐 땅에서 노애공과 만나고, 발양發陽 땅에서 위출공과 만났다. 장차 열국의 제후들과 황지黃池 땅에서 회맹키로 약속했다. 부차는 그 회맹에 진晉나라 군주를 초청할 작정이었다. 맹주의 자리를 놓고 진나라와 결판을 낼 심산이었다.

한편 월왕 구천은 오왕 부차가 군사를 이끌고 북쪽으로 떠나갔다는 첩보를 접하고 이내 범리와 함께 오나라를 칠 계책을 상의했다. 마침내 오나라 토벌을 결심한 월왕 구천은 수군 2천 명과 육군 4만 명 및 결사대 6천 명을 이끌고 바다로 나간 뒤 다시 강물을 타고 들어가 오나라를 기습했다. 전대前隊를 이끄는 월나라 장수 주무여疇無餘가 먼저 오나라 도성의 교외에 당도했다.

왕손 미용이 성문을 열고 나와 영격했다. 몇 합쯤 싸우고 있을 때 왕자

4 타여唾餘는 타액지여唾液之餘의 준말로 크게 2가지 뜻이 있다. 첫째, 동물이 소화시키지 못해 토해낸 뼈와 털 및 손톱 등의 작은 덩어리를 말한다. 둘째, 아무 생각 없이 남이 한 언사를 그대로 인용하는 것을 뜻한다. 취할 가치가 없는 허접한 이야기나 논리를 가리킨다. 여기서는 두 번째 의미로 사용된 것이다.

지가 군사를 이끌고 나와 주무여를 협공했다. 주무여는 병거를 이끄는 말이 장애물에 걸려 쓰러지는 바람에 사로잡히고 말았다. 이튿날 월왕 구천이 대군을 이끌고 일제히 당도했다. 오나라 태자 우가 출전하지 않고 성문을 굳게 닫은 채 지키고자 했다. 왕손 미용이 말했다.

"월나라 군사는 아직도 우리 오나라를 두려워하는 마음을 갖고 있습니다. 그들은 먼 길을 달려왔기에 지쳐 있을 것입니다. 우리가 한번만 더 이기면 그들은 틀림없이 달아날 것입니다. 우리가 싸워 이기지 못하면 그때 성문을 닫고 지켜도 늦지 않을 것이오."

태자 우가 그 말에 혹했다. 왕손 미용으로 하여금 군사를 이끌고 성 밖으로 나가 월나라 군사와 싸우게 했다. 곧바로 자신도 군사를 이끌고 그 뒤를 따라 나갔다.

월왕 구천이 직접 진두에 나서서 독전했다. 양군이 한창 싸우고 있을 때 범리와 예용曳庸이 거느린 군사가 월나라 진영의 양 날개에서 큰 소리를 내지르며 달려 나왔다. 기세가 마치 풍우와도 같았다.

오나라 군사들 가운데 용맹하고 전투에 능한 정예병은 모두 오왕 부차를 좇아 출정했다. 오나라에 남아 있던 군사는 제대로 훈련도 받지 못한 약졸들이었다. 반대로 월나라 군사는 여러 해 동안 많은 훈련을 받아온 정예병들이었다. 특히 궁노와 검극의 무예가 십분十分 경지에 올라 있었다. 더구나 범리와 예용은 노련한 숙장宿將이었다. 약졸로 구성된 오나라 군사가 어찌 강력한 월나라 군사를 대적할 수 있겠는가? 오나라 군사가 대패하고 말았다.

왕손 미용은 월나라 장수 예용에게 살해됐다. 태자 우는 월나라 군사에게 포위당한 뒤 빠져나오려고 좌충우돌하다가 몸에 화살만 여러 대 맞고 사로잡히고 말았다. 그는 월나라 군사에게 사로잡혀 욕을 당할까 두려워한 나머지 스스로 목을 찌르고 죽었다.

월나라 군사가 승세를 몰아 오나라 도성 밑까지 물밀 듯 쳐들어갔다. 왕자 지는 성문을 굳게 닫은 뒤 백성을 이끌고 성 위로 올라가 파수把守했다. 동시에 사자를 오왕 부차가 있는 곳으로 보내 위급을 알렸다.

월왕 구천은 수군을 태호太湖 인근에 주둔시키고, 육군을 고소성의 서문胥門과 창문閶門 쪽에 주둔시켰다. 이어 범리를 시켜 고소대에 불을 지르게 했다. 그 불이 1달 동안 꺼지지 않고 탔다. 월왕 구천이 수군의 큰 전함이 여황艅艎을 모두 태호에 집결시켜 수전에 대비했다. 기세에 눌린 오나라 군사는 감히 성 밖으로 나와 싸울 생각을 하지 못했다.

당시 오왕 부차는 약속한 날이 되자 노애공魯哀公 및 위출공衛出公과 함께 황지 땅에 당도했다. 이에 앞서 그는 사자를 보내 진정공晉定公을 초청했다. 진정공은 부득이 응하지 않을 수 없었다. 진정공이 상경인 조앙趙鞅과 함께 황지에 오자 오왕 부차가 왕손 낙駱에게 명해 진나라 상경 조앙과 함께 맹회의 서서誓書에 누가 먼저 서명할 것인지 여부를 논하게 했다.

조앙이 말했다.

"우리 진나라는 대대로 중원의 맹주로 임해 왔소. 어찌 맹주의 자리를 양보할 수 있겠소?"

왕손 낙이 말했다.

"진나라 시조 당숙우唐叔虞는 바로 주성왕의 동생이오. 우리 오나라 시조 태백泰白은 주무왕의 큰할아버지인 백조伯祖요. 상하존비가 무려 4대나 차이가 날 만큼 현저하오. 더구나 진나라가 맹주 노릇을 하고 있다고는 하나 송나라 땅의 회맹과 괵虢 땅의 회맹 모두 초나라의 후원 하에 한 것이오. 우리는 초나라를 격파했소. 진나라가 그런 오나라보다 윗자리를 차지하려고 한단 말이오?"

두 사람은 날마다 논쟁을 했으나 며칠이 지나도록 결론을 내지 못했다. 이때 문득 왕자 지의 밀사가 와서 위급 상황을 부차에게 고했다.

"월나라 군사가 도성으로 쳐들어와 태자를 죽이고, 고소대를 불태웠습니다. 현재 고소성이 포위돼 있어 형세가 매우 위급합니다."

부차는 급보를 받고 크게 놀랐다. 이때 곁에 있던 태재 백비가 문득 칼을 뽑아 밀사를 쳐 죽였다. 부차가 물었다.

"어째서 사자를 죽인 것이오?"

백비가 대답했다.

"도성이 위급한지 여부를 자세히 알 수 없는 터에 사자를 살려두었다가 그 일을 누설이라도 하면 제나라와 진나라가 우리에게 위기가 닥친 줄 알고 일을 벌일 것입니다. 그러면 대왕이 어찌 무사히 돌아갈 수 있겠습니까?"

부차가 말했다.

"그대 말이 옳소. 우리가 진나라와 맹주 자리를 놓고 다투면서 아무런 결론도 내지 못한 터에 이런 급보가 날아오니 몹시 난감하오. 맹회를 그만두고 돌아가든지, 아니면 진나라에 맹주를 양보하고 속히 맹회를 마치든지 어느 쪽이든 속히 결론을 내야만 하오. 경들의 의견은 어떻소?"

왕손 낙이 말했다.

"2가지 방안 모두 불가합니다. 맹회를 그만두고 돌아가면 남들이 우리의 급한 사정을 알아챌 것이고, 진晉나라를 맹주로 인정하면 우리는 장차 진나라의 명을 좇아 움직여야 합니다. 대왕이 이번 회맹의 맹주가 돼야만 비로소 그런 걱정을 하지 않게 됩니다."

부차가 물었다.

"이번 회맹에서 맹주가 되려면 어떤 계책을 써야 하오?"

왕손 낙이 은밀히 대답했다.

"지금 사세가 몹시 급합니다. 청컨대 대왕은 당장 진晉나라 군사에 대해 북을 치고 도전을 하십시오. 진나라 군주의 기를 꺾어야만 합니다."

부차가 말했다.

"그 계책이 좋소."

부차가 그날 밤 명을 내렸다. 오나라 군사가 명을 좇아 한밤중에 밥을 배불리 먹고 말을 잘 먹인 뒤 모두 함매銜枚하고 출격했다. 질풍같이 달려가 진나라 군영에서 불과 1리쯤 떨어진 곳에 포진했다. 100명을 1항行으로 삼고, 각 항마다 커다란 깃발을 세웠다. 총 120항을 1면面으로 삼았다.

중군은 백색 병거와 깃발 및 갑옷, 하얀 깃털이 달린 화살을 사용했다. 멀리서 보면 마치 흰색 갈대꽃이 무수히 핀 듯했다. 오왕 부차는 직접 부월斧鉞을 잡고 흰색 깃발을 휘날리며 중군 가운데 우뚝 섰다.

좌군도 왼쪽에 자리 잡고 120항으로 1면面을 이뤘다. 이들은 모두 적색 병거와 깃발 및 갑옷, 붉은 깃털이 달린 화살을 사용했다. 멀리서 바라보면 마치 불길이 타오르는 듯했다.[5] 태재 백비가 좌군을 이끌었다.

우군도 오른쪽에 자리 잡고 120항으로 1면을 이뤘다. 이들은 모두 흑색 병거와 깃발 및 갑옷, 검은 깃털이 달린 화살을 사용했다. 멀리서 바라보면 마치 검은 먹물을 뿌려 놓은 듯했다. 왕손 낙이 우군을 이끌었다.

갑옷을 입은 오나라 군사 3,600명 모두 동틀 무렵 진영 배치를 끝냈다. 오왕 부차가 북채를 들어 북을 울리자 모든 대열의 북이 일제히 울렸다. 이어 종소리와 방울소리, 징소리가 잇따라 일어났다. 삼군이 질러대는 고함소리까지 뒤섞여 천지를 진동시켰다.

진나라 군사는 문득 들려오는 요란한 소리에 크게 놀랐으나 까닭을 알 수 없었다. 대부 동갈董褐을 오나라 군영으로 보내 그들의 요구를 들어보게 했다. 부차가 동갈에게 말했다.

5 이 대목의 『열국지』 원문은 '일망약화一望若火'이다. 『국어』「오어吳語」는 활짝 핀 띠 풀이 한곳에 모여 있는 것 같다는 의미의 '망지여도望之如荼'로 표현해 놓았다. 여기서 군세軍勢가 막강하거나 사물이 홍성한 것을 의미하는 여화여도如火如荼 성어가 나왔다.

"주왕이 과인에게 밀지를 내려 중원의 맹주가 돼 희성姬姓 제후국 간의 틈을 봉합하라고 했소. 지금 진군晉君이 명을 거스른 채 맹주 자리를 다투며 시일만 지연시키고 있소. 과인은 양쪽 사자가 번거롭게 오가면서 아무런 결론도 내지 못하는 것을 더는 보고만 있을 수 없소. 오늘 진나라 진영 앞에서 과연 진나라가 과인의 명을 따를 것인지 여부를 매듭지을 생각이오."

동갈이 이를 진정공에게 고했다. 그 자리엔 노나라와 위나라 군주도 있었다. 동갈이 조앙을 불러내 말했다.

"내가 보기엔 오왕 부차가 입으론 큰소리를 쳤으나 그 안색이 처참했습니다. 무슨 큰 근심이라도 있는 모습입니다. 월나라 군사가 오나라 도성으로 쳐들어온 것이나 아닌지 모르겠습니다. 우리가 이들에게 맹주 자리를 양보하지 않으면 이들은 틀림없이 독한 심술을 부릴 것입니다. 그렇다고 그냥 양보할 수도 없는 노릇입니다. 왕호王號 포기를 조건을 내세우고 양보해야 명분이 설 것입니다."

조앙이 이를 진정공에게 고한 뒤 동갈을 오나라 군영으로 보내 진정공의 뜻을 전하게 했다. 동갈이 부차에게 말했다.

"군후가 주왕실의 왕명을 제후들에게 선포하면 과군이 어찌 감히 받들지 않겠습니까? 하지만 상국上國은 원래 주왕실로부터 백작伯爵의 작위를 받았는데 지금 왕호를 쓰고 있습니다. 그렇다면 주왕실과 어떤 차이가 있는 것입니까? 상국이 왕호를 버리고 공公을 칭하면 우리 진나라는 군후의 명을 좇도록 하겠습니다."

부차는 그 말이 대의명분에 맞는 까닭에 그 요구를 받아들이지 않을 수 없었다. 이내 군사를 거두고 자기 군막으로 돌아갔다. 이어 제후들과 만나 맹회를 열었다. 부차는 오공吳公을 칭하며 회맹 의식에 따라 맨 먼저 삽혈하고 맹서했다. 이어 진정공과 노애공, 위출공이 차례로 삽혈한 뒤 맹서하며 동맹을 맺었다.

부차는 맹회가 끝나자 곧바로 회군했다. 회수와 장강의 수로를 따라 오나라로 돌아왔다. 돌아오는 도중 잇달아 도성에서 보내온 급보를 받았다. 오나라 병사들은 자기 집과 나라가 월나라 군사에게 피습된 걸 알고 크게 걱정하며 애간장을 태웠다. 게다가 먼 길을 행군해 온 까닭에 모두 지쳐 있었다. 투지가 있을 리 없었다.

부차는 이처럼 사기가 크게 떨어진 오나라 군사를 이끌고 월나라 군사와 크게 싸웠다. 오나라 군사가 대패하고 말았다. 부차가 두려운 얼굴로 태재 백비에게 말했다.

"그대는 과인에게 월나라가 결코 배반하지 않을 것이라고 말했다. 그대의 말만 믿고 구천을 월나라로 돌려보낸 것이다. 이런 사태가 빚어졌으니 그대는 응당 나를 위해 월나라와 강화를 성사시키도록 하라. 그러지 못할 경우 오자서에게 보낸 촉루검이 아직 과인에게 있으니 이번엔 그대 차례가 될 것이다."

태재 백비가 황급히 월나라 군영으로 갔다. 월왕 구천에게 머리를 조아리고 오나라 죄를 용서해 달라고 애걸했다. 이어 전에 월나라가 지난날 오나라 군사에게 베풀었던 것처럼 월나라 군사를 호궤犒饋하겠다고 약속했다.

범리가 월왕 구천에게 말했다.

"아직 오나라를 멸망시킬 수는 없습니다. 잠시 강화를 허락해 오왕이 이번 강화를 태재 백비의 공으로 여기게 만드십시오. 오나라는 더 이상 국력을 떨칠 수 없습니다."

월왕 구천이 이를 좇아 오나라와 강화한 뒤 군사를 거둬 돌아갔다. 그때가 주경왕 38년인 기원전 482년이었다.

이듬해에 노애공이 신하들을 이끌고 거야巨野의 소택지인 대야택大野澤으로 사냥을 나갔다. 숙손씨의 가신인 서상鉏商이란 자가 이상한 짐승 한 마리를 포획했다. 노루의 몸에 쇠꼬리를 달고 있었고, 뿔에도 살이 붙어 있었다. 괴이하게 여겨 죽인 뒤 공자에게 물었다. 공자가 유심히 보더니 말했다.

"이것은 기린이오."

그 짐승의 뿔에는 공자의 모친인 안씨顔氏가 옛날에 묶어준 적색 비단실이 아직까지 묶여 있었다. 이를 본 공자가 탄식했다.

"나의 도道도 마침내 끝났다."

그러고는 제자들을 시켜 기린을 묻게 했다. 지금도 거야의 옛 성터 동쪽으로 10리가량 가면 둘레가 40여 보步가량 되는 흙무덤이 있다. 세상에선 이를 획린퇴獲麟堆라고 한다. 공자가 기린을 묻게 한 곳이다.

공자는 기린을 묻은 뒤 거문고를 탄주하며 노래를 지어 불렀다.

훌륭한 군주가 일어나자, 기린 봉황이 와 노닐다	明王作兮麟鳳游
지금 나올 때가 아닌데, 무얼 찾으려 나타났을까	今非其時來何求
아, 기린이여, 기린이여, 내 마음이 너무 우울하다	麟兮麟兮我心憂

이때부터 공자는 노나라 역사를 쓰기 시작했다. 노은공 원년인 기원전 722년부터 시작해 기린이 잡히는 노애공 14년인 기원전 481년까지 무릇 242년간의 일을 기록했다. 이것이 저 유명한『춘추春秋』다. 세상에선『춘추』를 두고『역경易經』과『시경詩經』,『서경書經』,『예기禮記』,『악기樂記』와 함께 '육경六經'이라고 한다.

이해에 제나라 우상 진항陳恒은 오나라가 월나라에게 굴복했다는 소식을 들었다. 이제 밖으론 강적이 될 만한 나라가 없고, 안으론 자신을 대적할 만한 가문이 없었다. 단지 걸림돌이 되는 것은 좌상인 감지闞止 밖에 없었다.

마침내 진항이 일족인 진역陳逆 및 진표陳豹 등을 시켜 감지를 습격해 죽이게 했다. 감지를 좌상으로 임명한 제간공이 두려워한 나머지 이웃나라로 달아났다. 진항이 심복을 시켜 달아나는 제간공을 잡아 죽이게 했다. 이어 감지 일당을 모두 잡아 죽인 뒤 제간공의 동생 공자 오驁를 옹립했다. 그가 바로 제평공齊平公이다. 진항이 제나라에서 유일한 상국이 됐다.

한편 공자는 제나라의 변란 소식을 듣자 3일 동안 재계한 뒤 궁으로 들어가 노애공을 알현했다. 군사를 일으켜 제나라를 무찌르고 자신의 군주인 제간공을 시해한 진항을 토벌할 것을 청했다. 노애공이 권신인 3환과 상의할 것을 권했다. 공자가 말했다.

"신은 노나라에 노군魯君이 있다는 것만 알 뿐 3환이 있다는 것은 알지 못합니다."

제나라 진항은 열국의 제후들이 자신의 죄를 성토할까 두려워했다. 노나라와 위나라로부터 빼앗은 땅을 모두 돌려준 뒤 북쪽으로 진晉나라의 권신인 조씨趙氏와 지씨智氏와 한씨韓氏 및 위씨魏氏 등 4경卿과 우호를 돈독히 하고, 남쪽으로 사자를 오나라와 월나라에 보내 우호관계를 맺었다.

나라 안으로는 조부인 진환자陳桓子 즉 진무우陳無宇가 행한 선심책을 다시 구사했다. 가난한 백성들에게 재물과 식량을 나눠 주는 식으로 적극적인 구휼에 나선 게 그렇다. 국인國人들이 열복悅服했다.

진항은 점차 포씨鮑氏와 안씨晏氏, 고씨高氏, 국씨國氏 등의 세족과 공족의 가문을 제거한 뒤 제나라 영토 대부분을 자신의 봉읍으로 만들어 버렸다. 그는 또 국내에서 키가 7척 이상 되는 여인 100여 명을 뽑아 자기 부중府中의 후방後房에 데려다 두었다. 진씨 일족이면 누구나 이 후방에 자유롭게 드나들도록 허용했다. 후방에 있는 100여 명의 여인들이 난 아들만도 70여 명이나 됐다. 제나라 모든 성읍의 대부와 읍재邑宰 가운데 진씨 아닌 자가 없었다. 그러나 이는 훗날의 이야기이다.

164話 괴외가 입성하자 자로가 관끈을 매다
– 납괴외자로결영納蒯聵子路結纓

당시 위衛나라 태자 괴외蒯聵는 부친인 위영공에게 쫓겨나 진晉나라에 망명해 있다가 위령공 사후 자신의 아들인 위출공衛出公 첩輒이 자신을 제켜 놓은 채 즉위한 것을 알고 크게 분노했다. 이내 아들 업과 보위를 다투기 위해 위나라 척戚 땅까지 왔다.

위출공 첩은 도성의 국인을 이끌고 도성을 굳게 지키면서 부친인 괴외의 입성을 막았다. 공자의 제자인 대부 고시高柴가 간했으나 듣지 않았다.

원래 괴외에게 누님이 하나 있었다. 대부 공어孔圉에게 출가한 까닭에 사람들이 공희孔姬라고 불렀다. 공희는 아들 공회孔悝를 낳았다. 공회는 부친 공어의 뒤를 이어 대부가 돼 위출공 첩을 섬겼다.

당시 공씨 집의 가신 가운데 혼량부渾良夫란 자가 있었다. 키가 크고 얼굴이 번듯했다. 공어 사후 공희와 정을 통했다.

하루는 공희가 혼량부에게 부탁해 척 땅에 있는 동생 괴외에게 문안을 갔다 오게 했다. 괴외가 혼량부의 손을 잡고 말했다.

"그대가 능히 나로 하여금 도성으로 들어가 즉위할 수 있게 해주면 나는 그대에게 면관冕冠을 쓰고 초헌軺軒을 타도록 해 줄 생각이오. 사죄死罪를 지을지라도 3번까지 용서해 주겠소."

혼량부가 돌아와서 공희에게 이 말을 전했다. 공희가 혼량부에게 부탁해 여인의 복장을 하고 가 괴외를 은밀히 데려오게 했다. 야음을 틈타 괴외도 혼량부처럼 부녀자로 가장한 뒤 용사인 석기石乞와 우염盂黶[93]이 모는 온거溫車를 타고 척 땅을 떠났다. 혼량부는 성문 앞에서 정승인 공회의 모친 공희의 비첩들이라고 속여 무사히 도성 안으로 들어왔다. 괴외는 곧바로 공희의 집으로 가 몸을 숨겼다. 공희가 괴외에게 말했다.

"위나라의 실권은 내 아들 공회가 쥐고 있소. 그는 지금 궁중의 연회에 가 있소. 돌아오면 위력威力으로 겁박해서라도 일을 성사시키도록 하겠소."

그러고는 석기와 우염 및 혼량부로 하여금 갑옷을 입고 검을 든 채 공회가 돌아올 때를 기다리게 했다. 괴외는 집안의 고대高臺 위에 숨어 있게 했다.

잠시 후 공회가 술이 얼근히 취해 돌아왔다. 공희가 아들 공회를 불러 물었다.

"부모의 친척들 가운데 누가 가장 친한가?"

공회가 대답했다.

"부계로는 백부伯父와 숙부叔父, 모계로는 외숙인 구씨舅氏밖에 없습니다."

공희가 말했다.

"너는 이미 너의 외숙이 어미의 지친至親이라는 사실을 알고 있으면서도 어찌하여 나의 동생을 군주로 받아들이지 않는 것인가?"

공회가 대답했다.

"아들을 폐하고 손자를 세우라는 게 선군의 유명이었습니다. 저는 선군의 유명을 감히 어길 수 없습니다."

그러고는 용변을 보기 위해 일어나 측간으로 갔다. 공희는 석기와 우염으로 하여금 측간 밖에서 기다리고 있다가 공회를 덮치게 했다. 공회가 측간 밖으로 나오자 두 사람이 꽉 잡고 말했다.

"지금 태자가 그대를 부르고 있소."

6 우염盂黶이 『열국지』 원문에는 맹염孟黶으로 되어 있다. 그러나 『춘추좌전』 「노애공 15년」 조에는 우염盂黶으로 나온다. 번역문은 『춘추좌전』의 기록을 좇아 '우염'으로 바꿔 놓았다.

그러고는 공회가 뭐라고 말하기도 전에 강제로 고대 위로 끌고 가 괴외 앞에 세웠다. 공희가 이미 괴외 옆에 와 있었다.

공희가 아들을 꾸짖었다.

"태자가 여기 와 있는데 왜 절을 하지 않는 것인가?"

공회가 부득이 하배下拜했다. 공희가 말했다.

"너는 오늘부터 외숙을 따르겠는가?"

공회가 대답했다.

"분부대로 하겠습니다."

공희가 하인들을 시켜 수돼지를 잡게 했다. 이어 괴외와 공회로 하여금 삽혈한 뒤 군신의 맹약을 맺게 했다. 이어 석기와 우염으로 하여금 공회를 고대 위에 붙들어 두게 한 뒤 공회의 명을 내세워 가병들을 소집했다. 혼량부에게 명해 그들을 이끌고 가 공궁公宮을 습격케 했다.

당시 위출공은 술에 취해 막 잠자리에 들려던 참이었다. 이때 문득 변란이 일어났다는 보고를 받았다. 좌우 시신에게 명해 속히 정승인 공회를 불러오게 했다. 시신들이 말했다.

"변란을 일으킨 자가 바로 공회입니다."

위출공이 크게 놀랐다. 곧바로 부고에 소장된 보기寶器를 꺼내 여러 대의 수레에 실은 뒤 노나라로 출분했다. 군신들 가운데 추종하기를 거부한 자들 역시 사방으로 흩어져 달아났다.

당시 공자의 제자 자로子路는 공회의 가신으로 있었다. 볼일이 있어 성 밖으로 나갔다가 공회가 겁박을 당하고 있다는 소식을 듣고는 황급히 성을 향해 달려갔다. 도중에 성안에서 급히 빠져나오고 있는 고시를 만났다.

고시가 자로에게 말했다.

"성문이 이미 닫혔소. 그대는 위나라 국정을 맡고 있는 게 아니니 변란에 끼어들 필요가 없소."

괴외가 입성하자 자로가 관끈을 매다

자로가 말했다.

"이 유由가 공씨의 녹을 먹고 있는데 어찌 감히 좌시할 수 있겠는가?"

그러고는 성문을 향해 잰걸음으로 내달리는 질추疾趨를 했다. 성문 앞에 당도해 보니 과연 성문은 굳게 닫혀 있었다. 성루에서 수문장인 공손감公孫敢이 말했다.

"군주는 이미 출분했소. 그대는 무엇 때문에 들어오려고 하는 것인가?"

자로가 대답했다.

"나는 남의 녹을 먹으면서 그가 당한 재난을 모른 체 하는 자를 미워하오. 공씨를 도우러 들어가는 길이오."

이때 마침 성문이 열리며 한 무리의 사람들이 밖으로 나왔다. 자로가 그 틈을 타 성안으로 들어갔다. 곧바로 내달려 공회의 집 고대 아래로 가 큰 소리로 외쳤다.

"중유仲由가 여기 와 있습니다. 공대부는 속히 아래로 내려오십시오."

공회는 석기와 우염에게 붙잡혀 있는 까닭에 감히 응답할 수 없었다. 화가 난 자로가 고대에 불을 지르겠다고 소리쳤다. 괴외가 황망히 석기와 우염에게 명해 창을 들고 내려가 자로와 대적케 했다. 자로가 칼을 들고 이들을 맞아 싸웠다. 하지만 자로가 어찌 홀로 두 용사를 당할 수 있겠는가? 석기와 우염이 함께 창을 들어 자로를 찔렀다. 그 와중에 자로의 갓끈인 관영冠纓이 끊어졌다. 중상을 입어 곧바로 죽게 된 마당에 자로가 이같이 말했다.

"예법에 '군자는 죽을지라도 관을 벗어서는 안 된다.'고 했다."

그러고는 끊어진 관영을 다시 맨 뒤 숨을 거뒀다.

당시 공회는 마지못해 괴외를 옹립했다. 그가 바로 위장공衛莊公이다. 위장공 괴외는 둘째 아들 질疾을 태자로 세우고, 공을 세운 혼량부에게 경卿의 벼슬을 내렸다.

자로가 죽을 당시 공자 역시 위衛나라에 있었다. 그는 변란 소식을 듣자 제자들에게 이같이 말했다.

"고시는 위나라에서 대부 벼슬을 살고 있지만 이내 돌아올 것이다. 하지만 공회의 가신 노릇을 하고 있는 중유仲由는 이번 변란으로 죽고 말 것이다."

제자들이 까닭을 묻자 공자가 대답했다.

"고시는 대의를 알기에 틀림없이 스스로 일신의 안전을 꾀할 것이다. 하지만 자로는 평소 용맹을 좋아하고 목숨을 가볍게 여기는 까닭에 냉정한 결정을 내리는 일에 어둡다. 그는 틀림없이 죽게 될 것이다."

공자의 말이 끝나기도 전에 과연 고시가 돌아왔다. 사제師弟는 일면 위나라의 변란을 슬퍼하면서도 일면 재회하게 된 것을 기뻐했다. 잠시 후 위장공의 사자가 찾아와 말했다.

"이번에 새로 즉위한 과군寡君이 부자夫子를 경모해 특별한 음식을 보냈습니다."

공자는 일어나 재배하고 받은 뒤 음식을 담은 그릇의 뚜껑을 열었다. 고기로 담근 젓갈인 육해肉醢가 들어 있었다. 공자가 제자를 시켜 급히 그 그릇을 뒤엎게 한 뒤 사자에게 말했다.

"이것이 나의 제자 자로의 고기인가?"

사자가 놀라며 물었다.

"그렇습니다. 부자는 그것을 어찌 아셨습니까?"

공자가 말했다.

"그렇지 않다면 위군衛君이 굳이 이것을 나에게 보낼 리 없소."

공자는 제자들을 시켜 자로의 '육해'를 잘 묻게 한 뒤 통곡했다.

"내가 늘 중유가 수명대로 살지 못할까 염려했는데, 오늘에 이르러 과연 그리 됐구나!"

위나라 사자가 하직을 고하고 돌아갔다.

이 일이 있은 지 얼마 안 돼 공자가 병에 걸려 자리에 누웠다가 침상에서 일어나지 못하고 세상을 떠났다. 향년 73세였다. 때는 주경왕 41년 여름 4월 기축일己丑日이었다.[7]

7 『열국지』는 공자의 향년이 73세라고 했으나 통설은 74세에 세상을 떠난 것으로 본다. 예로부터 공자의 출생시점과 관련해 두 가지 설이 날카롭게 대립해 왔다. 하나는 『춘추곡량전春秋穀梁傳』과 『춘추공양전春秋公羊傳』의 기록을 근거로 노양공 21년인 기원전 552년에 태어났다고 주장하는 견해다. 다른 하나는 『춘추좌전』 및 『사기』「공자세가」의 기록을 근거로 노양공 22년인 기원전 551년에 태어났다고 주장하는 견해이다. '노양공 22년설'은 주희 등이 지지했다. 이에 반해 청대의 고증학자인 전대흔錢大昕과 최술崔述 등은 '노양공 21년설'

사신이 시를 지어 공자를 찬贊했다.

니구산서 성인이 태어나고　尼丘誕聖
궐리 땅서 덕망을 키우다　闕里生德[8]
70명의 제자 성취 이루고　七十升堂
사방에서 법도를 본받았다　四方取則
대궐에서 소정묘 주살했고　行誅兩觀
협곡에서 회맹을 주도했다　攝相夾谷
봉황이 노쇠함을 탄식하니　歎鳳遽衰
기린 보고 우는 일 생기다　泣麟何促
제자백가 거울처럼 받드니　九流仰鏡
만고에 그 자취 흠모하다　萬古欽躅

제자들은 공자를 곡부의 북쪽 굽이치는 땅에 장사지냈다. 무덤의 크기가 1경頃 넓이만 했다. 무덤 근처의 나무엔 새들도 집을 짓지 않았다.

역대 왕조는 공자를 대성지성문선왕大成至聖文宣王에 봉했다. 지금은 대성지성선사大成至聖先師로 고쳐 부르고 있다. 천하가 모두 공자의 위패를 모신 문묘文廟를 세웠다. 해마다 춘추로 제사를 지낸다. 공자의 자손은 대대로 연성공衍聖公이라는 칭호를 세습하면서 후사後嗣가 끊기지 않고

을 지지했다. 사망한 날자와 관련해 『춘추좌전』은 공자가 노애공 16년인 기원전 479년 여름 4월 기축일에 사망했다고 기록해 놓았다. 대개 '기축일'을 11일로 보고 있으나 청대의 고증학자 양옥승梁玉繩은 『사기지의史記志疑』에서 11일은 무신일戊申日이고 이해 4월에는 기축일이 없는 까닭에 4월 18일에 해당하는 '을축일乙丑日'의 오기로 보아야 한다고 주장했다. 공자의 나이를 추정할 때 고증학자들의 주장을 좇는 게 합리적이다. 이들의 주장을 좇아 '노양공 21년설'을 취할 경우 공자는 74세에 세상을 떠난 게 된다.

8 궐리闕里는 공자가 생장한 곳으로 지금의 산동성 곡부시에 소재한 공부孔府가 바로 그곳이다.

있다.

한편 당시 위장공 괴외는 상국 공회가 위출공 첩의 일당이 아닐까 의심했다. 짐짓 잔치 자리에서 취한 체하고 공회를 국외로 쫓아냈다. 공회가 송나라로 출분했다.

위장공은 위출공 첩이 부고의 보기를 모두 꺼내 가지고 달아난 것을 알고 혼량부에게 말했다.

"어찌해야 보물을 되찾을 수 있겠소?"

혼령부가 은밀히 말했다.

"망명한 전 군주 역시 주공의 아들입니다. 어째서 그를 불러들이지 않는 것입니까? 그가 돌아오면 보물도 함께 들어올 것입니다."

위장공이 아들인 위출공 첩을 불러들일지 여부를 알 길이 없으니 다음 회를 보라.

제83회

165話 섭공이 백공 승을 죽이고 나라를 안정시키다 –주미승섭공정초誅羋勝葉公定楚

위장공 괴외는 아들 위출공 첩이 부고의 보물을 갖고 달아난 것을 알고는 혼량부에게 보물을 환수할 계책을 물었다. 혼량부가 대답했다.

"태자 질疾과 망명한 군주 첩 모두 주공의 아들입니다. 주공은 두 아들 가운데 다시 태자를 가려 뽑기로 했다는 구실을 내세워 첩을 소환하십시오. 그가 돌아오면 보물은 절로 되찾을 수 있습니다."

위장공 곁에서 시중드는 동자가 이 말을 듣고 태자 질에게 밀고했다. 태자 질이 대로했다. 장사 몇 명으로 하여금 수퇘지 한 마리를 묶은 뒤 등에 지고 자신의 뒤를 따르게 했다. 기회를 틈타 부친인 위장공을 겁박했다. 망명한 취출공 첩을 소환하지 않고, 혼량부를 반드시 죽여야 한다는 내용이었다. 태자 질은 장사들에게 명해 수퇘지를 잡게 한 뒤 위장공 괴외로 하여금 삽혈하고 맹서케 했다. 위장공이 강요에 못 이겨 삽혈한 뒤 이같이 말했다.

"태자 첩을 국내로 불러들이지 않는 것은 쉬운 일이다. 그러나 나는 전날 혼량부와 맹서하면서 설령 사죄死罪를 지을지라도 3번까지는 살려주겠다고 약속했다. 이를 어찌해야 하느냐?"

태자 질이 말했다.

"청컨대 혼량부가 사죄를 4번 저지르기를 기다렸다가 그때 죽이십시오."

위장공이 그리 하겠다고 허락했다. 얼마 뒤 호랑이 가죽을 이어붙인 호막虎幕을 만들게 한 뒤 호막의 낙성연에 여러 대부들을 불렀다. 혼량부는 궁중 예법을 몰라 자주색 웃옷인 자의紫衣와 여우 갖옷인 호구狐裘를 입고 참석했다. 호구의 어깨 부분만 벗어젖히고, 허리의 칼을 풀어 놓지 않은 채 음식을 먹었다. 태자 질이 역사를 시켜 불문곡직하고 혼량부를 자리에서 끌어내게 했다.

혼량부가 물었다.

"신에게 무슨 죄가 있는 것입니까?"

태자 질이 그의 죄를 나열하며 꾸짖었다.

"신하가 군주를 알현할 때는 규정된 옷을 입어야 한다. 또 군주를 모시고 식사할 때는 칼을 풀어 놓아야 한다. 네가 '자의'를 입은 것은 첫 번째 죄이고, '호구'를 입은 것은 두 번째 죄이고, 칼을 풀어 놓지 않는 것은 세 번째 죄이다."

혼량부가 말했다.

"지난날 주공은 신에게 3번에 걸쳐 사죄를 지어도 용서해 주기로 맹서했습니다."

태자 질이 말했다.

"달아난 군주는 자식으로서 군주인 부친을 거역했으니 대역죄를 범했을 뿐만 아니라 불효막심한 자이다. 그런데도 네가 그를 불러들이려고 했으니 이것이 네 번째 죄가 아닌가?"

혼량부는 능히 대답을 못했다. 목을 숙이고 참형을 받을 수밖에 없었다. 이후 위장공이 꿈을 꿨다. 꿈에 머리를 풀어헤친 악귀가 북면北面을 한 채 소리를 질렀다.

"나는 혼량부다. 하늘에 내 무고함을 알렸다."

위장공이 잠에서 깨어난 뒤 복대부卜大夫 서미사胥彌赦로 하여금 길흉을 점치게 했다. 서미사가 점을 친 뒤 말했다.

"해로운 꿈이 아닙니다."

그러나 궁에서 물러나온 뒤 다른 사람에게 슬쩍 말했다.

"원통하게 죽은 귀신인 원귀冤鬼는 악귀가 되는 법이오. 군주가 몸을 망치고 나라가 위태로워질 조짐이 이미 나타난 셈이오."

그러고는 송나라로 달아나 버렸다. 당시 진晉나라는 위장공 괴외가 즉위한 지 2년이나 되었는데도 1번도 조례를 오지 않자 괘씸하게 생각했다. 진나라 상경 조앙이 군사를 이끌고 가 위나라를 친 이유다.

진나라 군사가 침공하자 위나라 백성들이 난을 일으켜 위장공을 축출했다. 위장공이 융戎나라로 달아났다. 융나라 사람이 그를 죽이고 함께 망명해 온 태자 질도 죽였다. 위나라 사람들이 위장공 괴외의 동생인 공자 반사般師를 옹립했다.

이번에는 제나라 상국 진항陳恒이 위나라를 구원한다는 구실로 군사를 이끌고 쳐들어와 반사를 포로로 잡아가면서 공자 기起를 세웠다. 이후 위나라 대부 석포石圃가 공자 기를 몰아내고 다시 위출공 첩을 국내로 불러들여 복위시켰다.

위출공 첩은 국내로 돌아와 즉위하자 이내 자신을 도와 준 석포를 몰아냈다. 대부들이 격분한 나머지 다시 위출공 첩을 국외로 쫓아내자 위출공 첩이 월나라로 달아났다. 대부들이 공자 묵默을 새 군주로 세웠다. 그가 위도공衛悼公이다.

이후 위나라는 진晉나라에 신하처럼 복종했다. 위나라가 더욱 쇠미해져 진나라 권신 조씨에게 의탁했다. 그 이야기는 여기서 일단 접어두기로 하자.

원래 정정공에게 피살당한 초나라 태자 건의 아들 백공白公 승勝은 기회가 나면 반드시 부친을 죽인 정나라에 보복코자 했다. 그러나 은인인 오자서가 지난날 이미 정나라를 용서해줬고 또 이후 정나라가 초소왕을 잘 섬긴 탓에 그 일에 대해 감히 말을 꺼내지 못했다. 그는 정나라에 대한 원한을 꾹 참고 오랫동안 복수할 기회만 노렸다.

그러던 차에 초소왕이 홍거하자 영윤 자서子西 즉 공자 신申과 사마 자기子期 즉 공자 결結이 초소왕에게 시집 온 월희 소생의 장章을 옹립했다. 그가 바로 초혜왕楚惠王이다.

백공 승은 자신이 태자 건의 유일한 아들인 만큼 내심 영윤인 공자 신이 자신을 불러 초나라 국정을 함께 논의할 것으로 생각했다. 하지만 공자 신은 전혀 그런 기미를 보이지 않았을 뿐만 아니라 녹봉도 더 올려주지 않았다. 백공 승은 공자 신의 그런 처사에 앙앙불락했다.

그러던 차에 오자서가 이미 죽었다는 소식을 듣게 됐다. 그가 말했다.

"이제야 정나라에 복수할 때가 왔다."

곧 사람을 영윤인 공자 신에게 보내 자신의 말을 전하게 했다.

"지난날 정나라가 나의 부친인 선태자先太子를 죽인 일은 영윤도 잘 알 것이오. 자식이 아비의 원수를 갚지 못하면 어찌 사람이라고 할 수 있겠소? 영윤이 선태자의 무고함을 애통히 여기면 군사를 동원해 정나라의 죄를 성토해야 할 것이오. 원컨대 내가 선봉에 서고자 하오. 나는 정나라와 싸우다 죽을지라도 여한이 없소."

공자 신이 거절했다.

"새 군주가 방금 즉위한 까닭에 초나라가 아직 안정되지 않았소. 그대는 잠시 나의 조처를 기다려주기 바라오."

백공 승이 오나라 침입에 대비한다는 핑계를 대고 심복인 석기石乞로 하여금 성을 증축하고, 병사를 훈련시키고, 무기를 대거 비축케 했다. 연후에 다시 영윤인 공자 신에게 정나라 토벌의 선봉이 될 뜻을 밝혔다. 마침내 공자 신이 이를 수락했다.

그러나 백공 승이 미처 가병을 이끌고 출발하기도 전에 진나라 상경 조앙이 대군을 이끌고 정나라를 쳤다. 정나라가 사자를 초나라로 보내 구원을 청했다. 초나라 영윤 공자 신이 군사를 이끌고 가 정나라를 구했다. 초나라 출병을 보고 진나라 군사가 물러간 것이다. 공자 신은 정나라와 동맹까지 맺고 돌아왔다.

백공 승이 그 소식을 듣고 대로했다.

"정나라를 치기는커녕 오히려 구원하니 이는 영윤이 나를 너무 업신여긴 것이다. 응당 영윤부터 죽인 뒤 정나라를 쳐야 할 것이다."

백공 승이 이 문제를 논의키 위해 사람을 보내 종족宗族인 예양澧陽 땅 수령 백선白善을 불렀다. 백선이 거절하며 이같이 전하게 했다.

"그대를 따르면 초나라가 소란해질 것이다. 이는 군주에 대한 불충不忠이다. 또 그대를 돕지 않으면 부친의 원수를 못 갚게 만드는 것이다. 이는 종족에 대한 불인不仁이다. 나는 어떻게 처신해야 할지 모르겠다."

결국 백선은 벼슬을 버리고 낙향한 뒤 농장과 과수원을 경영하며 일생을 마쳤다. 훗날 초나라 사람들이 백선의 농장을 백선장군낙포白善將軍藥圃라고 지은 이유다.

당시 백공 승은 백선이 오지 않을 것이라는 보고를 받고 화를 냈다.

"백선이 도와주지 않는다고 해서 내가 영윤을 죽이지 못할 것 같은가?"

곧 가신인 석기를 불러 상의했다.

"영윤과 사마를 죽이는 데 각각 500명씩 동원하면 가능할까?"

석기가 대답했다.

"그들만으로는 부족합니다. 저잣거리 남쪽에 웅의료熊宜僚라는 용사가 살고 있습니다. 그를 끌어들이면 그 홀로 500명 몫을 할 수 있습니다."

백공 승은 석기와 함께 저잣거리 남쪽으로 웅의료를 찾아갔다. 웅의료가 크게 놀라 말했다.

"왕손의 귀인이 무엇 때문에 몸을 낮춰 왕림한 것입니까?"

백공 승이 말했다.

"내가 하고자 하는 일이 있소. 그대와 함께 상의하려고 왔소."

그러고는 영윤인 공자 신의 척살 계획을 고했다. 웅의료가 머리를 흔들며 대답했다.

"영윤은 나라에 공을 세웠을 뿐만 아니라 저와는 원수진 일이 없습니다. 저는 공자의 명을 받들지 못하겠습니다."

화가 난 백공 승이 문득 칼을 뽑아 웅의료의 목에 들이대고 말했다.

"내 말을 좇지 않으면 너부터 죽여 버리겠다."

웅의료가 안색 하나 바꾸지 않고 조용히 대답했다.

"이 웅의료 하나쯤 죽이는 것은 개미 한 마리를 죽이는 것이나 다름없습니다. 무엇 때문에 그토록 화를 내는 것입니까?"

백공 승이 칼을 바닥에 내던지며 탄식했다.

"그대는 실로 용사요. 내가 잠시 그대를 시험해 봤을 뿐이오."

그러고는 수레에 웅의료를 태워 집으로 돌아갔다. 이어 웅의료를 상빈上賓으로 예우했다. 음식을 먹을 때도 반드시 함께 먹고, 바깥나들이를 할 때도 반드시 함께 다녔다. 웅의료가 백공 승의 정성에 감동했다. 곧 자기 몸을 임의로 쓰는 것을 허락했다.

그때가 바로 오왕 부차가 황지黃池 땅에서 열국 제후들과 함께 회맹을 하던 때였다. 초나라는 오나라의 강성함을 두려워해 변경의 수령들에게 경계태세를 더욱 강화할 것을 지시했다. 또 무기와 방어시설 등도 점검케 했다.

백공 승이 이에 편승해 오나라가 장차 초나라를 침공할 것이라고 떠들면서 오히려 군사를 이끌고 가 오나라 변경을 쳤다. 약간의 무기와 치중을 노획한 뒤 돌아왔다. 그러고는 공적을 과장해 오나라 군사를 대파한 것처럼 선전했다.

그는 영윤 공자 신에게 오나라로부터 노획한 갑옷과 무기를 조정에 바침으로써 나라의 위엄을 떨치게 만들겠다고 말했다. 내막을 모르는 공자 신이 이를 허락했다. 백공 승은 가병들의 무기와 갑옷을 모두 꺼내 오나라에서 노획한 전리품인 것처럼 꾸민 뒤 100여 대의 수레에 나눠 실었다. 이어 직접 장사 1천 명과 함께 수레를 이끌고 조정으로 들어가 초혜왕 앞에 바쳤다. 초혜왕이 전각에 나와 전리품의 목록을 받았다.

영윤인 공자 신과 사마인 공자 결은 초혜왕 곁에 시립하고 있었다. 백공 승의 승첩勝捷 보고가 끝나자 초혜왕이 온 몸에 갑옷을 입고 늠름한 자세로 섬돌 아래 서 있는 두 호한好漢을 보고는 백공 승에게 물었다.

"저들은 누구인가?"

백공 승이 대답했다.

"저들은 신의 부하 장사인 석기와 웅의료입니다. 이번에 오나라를 칠 때 공을 세웠습니다."

그러고는 손을 들어 두 사람을 불렀다. 두 사람이 섬돌을 오르려고 하자 공자 결이 큰 소리로 꾸짖었다.

"대왕이 전상에 있을 때 변경을 지키는 신하인 변신邊臣은 단지 섬돌 아래서 고수叩首할 뿐이다. 섬돌 위로 올라올 수 없다."

그러나 석기와 웅의료가 어찌 그 말을 듣겠는가? 두 사람이 그 말에 아랑곳하지 않고 큰 걸음으로 섬돌을 올라갔다. 공자 결이 시위들을 시켜 두 사람을 저지케 했다. 그러나 웅의료가 손을 뻗어 달려드는 시위를 밀치자 시위들이 동쪽과 서쪽으로 나자빠졌다.

두 사람이 순식간에 전각 안으로 들어갔다. 석기가 검을 뽑아 영윤인 공자 신에게 덤벼들고, 웅의료는 사마인 공자 결에게 달려들었다. 백공 승이 계단 아래를 향해 소리쳤다.

"너희는 왜 일제히 올라오지 않는 것인가?"

백공 승 수하의 장사 1천 명이 벌떼처럼 올라왔다. 백공 승은 초혜왕을 꽉 붙들고 꼼짝하지 못하게 했다. 석기가 영윤인 공자 신을 결박해서 땅바닥에 꿇어 앉혔다. 문무백관이 모두 크게 놀라 사방으로 흩어졌다.

다만 사마 공자 결結만 원래 용력이 있는 까닭에 전각 안에 의장용으로 비치해 놓은 창을 뽑아들고 웅의료와 싸웠다. 웅의료가 들고 있던 검을 버리고 공자 결의 창을 빼앗았다. 순간 공자 결이 웅의료의 칼을 주워 웅의료를 내리쳤다.

웅의료는 왼쪽 어깨에 칼을 맞고 쓰러지면서 창으로 공자 결의 배를 찔렀다. 두 사람 모두 치명상을 입은 채 서로 붙들고 뒹굴다가 함께 계단 아래로 굴러 떨어져 숨이 끊어졌다.

결박을 당한 영윤 공자 신이 백공 승을 꾸짖었다.

"너는 오나라에서 간신히 호구糊口나 하며 살고 있었다. 나는 네가 초나라의 골육지친骨肉之親인 것을 생각해 본국으로 돌아올 수 있게 해주고 공작으로 봉해 주었다. 너는 나의 이런 은혜를 저버리고 어찌하여 반란을 일으킨 것인가?"

백공 승이 대답했다.

"정나라는 나의 부친을 죽인 원수다. 그런데도 너는 이번에 정나라를 도

섭공이 백공 승을 죽이고 나라를 안정시키다

와주고 동맹까지 맺었다. 그러니 너는 정나라나 다를 게 없다. 나는 부친의 원수를 갚아야만 한다. 어찌 너의 사사로운 은혜인 사은私恩까지 돌볼 겨를이 있겠는가?"

영윤 공자 신이 탄식했다.

"내가 지난날 너를 받아들이지 말라는 심제량沈諸梁의 말을 듣지 않은 게 후회가 된다."

백공 승이 칼을 번쩍 들어 공자 신의 목을 쳤다. 이어 머리 없는 시신을 조정 앞마당에 내걸었다. 석기가 백공 승에게 말했다.

"초왕을 죽이지 않으면 이번 일이 결말이 나지 않습니다."

백공 승이 대답했다.

"유자孺子에게 무슨 죄가 있겠는가? 폐하면 그만이다."

그러고는 어린 초혜왕을 별궁인 고부高府에 감금케 했다. 이어 왕자 계啓를 옹립코자 했다. 왕자 계가 고사하자 이내 죽여 버렸다. 석기가 백공 승에게 보위에 오를 것을 권했다.

백공 승이 말했다.

"각 지역을 다스리는 현공縣公이 아직 많다. 응당 그들부터 소환해야 할 것이다."

곧 가병을 종묘에 주둔시켰다. 제나라 관중의 후손으로서 초나라에 망명 와 벼슬을 살던 대부 관수管修는 변란이 일어났다는 급보를 받고 급히 가병을 이끌고 가 백공 승을 쳤다. 그러나 싸운 지 3일 만에 패하고 마침내 붙잡혀 죽임을 당했다.

궁중의 마구간을 관리하는 어공圉公 양陽이 이들이 싸우는 틈을 타 한밤중에 부하를 이끌고 고부로 갔다. 그는 담을 뚫고 들어가 갇혀 있는 초혜왕을 업고 나온 뒤 초소왕의 계실繼室인 소부인昭夫人 월희越姬의 궁에 숨겼다.

한편 섭葉 땅을 다스리는 섭공葉公 심제량은 도성에서 변란이 일어났다는 급보를 받자 섭 땅 군사를 모두 이끌고 밤을 도와 도성으로 달려갔다. 그가 도성의 교외에 당도하자 백성들이 길을 메우다시피 쏟아져 나와 영접했다. 그들은 섭공의 모습을 보고 의아해하며 물었다.

"섭공은 왜 갑옷을 입지 않은 것입니까? 국인들은 마치 어린애가 부모를 기다리듯 섭공이 오기만 기다렸습니다. 만일 도적들이 쏘는 화살에 부상이라도 입으면 우리는 앞으로 누구를 믿고 살아야 합니까?"

섭공 심제량이 그 말을 듣고 갑옷을 입고 투구를 쓴 채 진격했다. 그가 도성의 성문 가까이 가자 한 무리의 백성들이 몰려와 영접했다. 백성들이 의아해 하며 섭공 심제량에게 물었다.

"섭공은 어째서 갑주甲胄를 입은 것입니까? 우리 국인들은 마치 흉년에 곡식을 기다리듯 섭공이 오기만 기다렸습니다. 공의 얼굴을 보기만 해도 죽었다가 다시 살아나는 것처럼 힘이 솟구칠 것입니다. 설령 노약자일지라도 그 누가 공을 위해 사력을 다해 싸우지 않겠습니까? 어째서 투구로 얼굴을 가려 보는 사람으로 하여금 의심을 품게 만들어 힘을 쓰지 못하게 만드는 것입니까?"

섭공 심제량이 투구와 갑옷을 벗어 버리고 진격했다. 그는 민심이 자신을 지지한다는 걸 알았다. 곧 자신의 병거에 '섭葉' 자를 쓴 대패大旆를 세웠다.

당시 잠윤箴尹 고固는 백공 승의 부름을 받자 곧바로 부하들을 이끌고 성으로 들어가려고 했다. 그러다가 '섭' 자가 쓰인 대패가 나부끼고 있는 걸 보고 심제량의 편이 돼 싸웠다.

도성을 지키던 병사들과 백성들도 섭공 심제량이 공격해 오는 것을 보고는 성문을 크게 열고 맞아들였다. 섭공 심제량은 자신이 이끌고 온 군사와 백성들을 이끌고 가 종묘에 진을 치고 있는 백공 승의 군사를 쳤다. 석기가 군사를 이끌고 나와 섭공 심제량과 싸웠으나 이내 패하고 말았다. 그는 곧 백공 승을 부축해 수레에 태운 뒤 용산龍山으로 달아났다.

이들이 망명지를 정하지 못해 망설이고 있을 때 섭공 심제량이 군사를 이끌고 추격해 왔다. 백공 승이 이내 자진했다. 석기는 서둘러 산 뒤편에 백공 승을 묻었다. 섭공의 군사가 석기를 생포했다. 섭공 심제량이 석기에게 물었다.

"백공 승이 어디에 있는가?"

석기가 대답했다.

"이미 자진했소."

섭공이 다시 물었다.

"시신은 어디에 있는가?"

석기가 끝내 대답하지 않았다. 섭공 심제량이 큰 가마솥인 정확鼎鑊을 가져오게 했다. 병사들이 물이 펄펄 끓는 큰 가마솥 앞으로 석기를 끌고 갔다. 섭공 심제량이 말했다.

"백공 승의 시신이 있는 곳을 말하지 않으면 너를 삶아 죽이겠다."

석기는 스스로 옷을 벗은 뒤 웃으며 말했다.

"거사가 성공하면 상경上卿의 귀한 몸이 되고, 성공하지 못하면 팽형烹刑을 당하는 건 당연한 이치이다. 내 어찌 죽은 사람의 시신을 팔아 스스로 살기를 도모하겠는가?"

그러고는 정확 안으로 뛰어 들었다. 삽시간에 온 몸이 벌겋게 익어 죽었다. 끝내 백공 승의 시신이 어디에 있는지 알아내지 못했다. 석기가 비록 옳지 못한 자를 따르기는 했으나 그 역시 당대의 호한好漢이라고 할 만하다.

섭공 심제량은 초혜왕을 소부인의 궁으로부터 맞아들여 복위시켰다.

당시 진陳나라는 초나라에 변란이 일어난 틈을 타 무모하게도 군사를 일으켜 초나라를 쳤다. 섭공 심제량이 초혜왕에게 이를 고한 뒤 군사를 이끌고 가 진나라를 토벌했다. 결국 진나라는 멸망하고 말았다.

섭공 심제량이 죽은 공자 신의 아들 영寧을 영윤, 공자 결의 아들 관寬을 사마로 천거해 죽은 부친의 뒤를 잇게 했다. 그러고는 고로告老한 뒤 섭 땅으로 돌아갔다. 초나라가 위기 상황에서 벗어나 다시 안정을 되찾은 배경이다. 이는 주경왕 42년인 기원전 478년의 일이다.

166話 구천이 부차를 멸하고 패자를 칭하다
– 멸부차월왕칭패滅夫差越王稱霸

진陳나라가 패망하는 주경왕 42년, 월왕 구천이 다시 오나라를 치기 위해 군사를 일으켰다. 오왕 부차는 월나라에 굴복한 후 주색에 빠져 국사를 돌보지 않았다. 더구나 해마다 흉년이 들어 오나라 민심이 자못 흉흉했다.

월왕 구천이 이런 보고를 받고 다시 군사를 일으킨 것이다. 그가 오나라를 치기 위해 군사를 이끌고 교외로 나갔을 때 길 가운데 큰 두꺼비 한 마리가 꼼짝 않고 있었다. 두꺼비는 눈을 부릅뜨고 배를 크게 내밀고 있었다. 크게 노기를 품은 모습이었다. 월왕 구천이 숙연한 자세로 병거의 앞턱 가로나무인 식軾을 잡고 머리를 숙였다.

좌우 장수들이 물었다.

"대왕은 무엇 때문에 경의를 표하는 것입니까?"

월왕 구천이 대답했다.

"내가 보니 성난 두꺼비가 마치 싸우러 나가는 병사 같소. 그래서 경의를 표한 것이오."

군중軍中의 병사들이 그 말을 듣고 서로 말했다.

"대왕이 이번 전쟁의 필승을 위해 화를 낸 두꺼비에게도 경의를 표했다. 우리는 오나라를 치기 위해 여러 해 동안 훈련을 받았다. 어찌 저 두꺼비만 못해서야 되겠는가?"

병사들이 서로 격려하며 필사의 각오로 임할 것을 다짐했다. 백성들은 교외 밖까지 나와 그들의 자제를 전송했다. 모두 읍체泣涕하고 결별訣別하며 서로 말했다.

"이번에 가서 오나라를 멸망시키지 못하면 다시는 상견相見할 생각을 하지 마라!"

월왕 구천이 그 광경을 보고 군중에 명을 내렸다.

"군중에 부자가 모두 출정하는 자들이 있으면 아비 되는 사람은 고향으로 돌아가도록 하라. 또 형제가 모두 출정하는 자들이 있으면 형 되는 사람은 고향으로 돌아가도록 하라. 부모를 봉양할 형제가 없는데도 부모를 남겨두고 온 아들은 집으로 돌아가 부모를 봉양토록 하라. 병에 걸려 출정할 수 없는 자는 상관에게 사유를 고하라. 그런 자는 약과 식량을 지급받아 고향으로 돌아가도록 하라."

장병들 모두 인재를 아끼는 월왕 구천의 은덕에 감격해 우레와 같은 환호성을 울렸다. 월나라 군사가 강어귀에 이르러 그간 군법을 어긴 자를 끌어내 참했다. 모든 군사가 다시 숙연해졌다.

당시 오왕 부차는 월나라 군사가 또 쳐들어온다는 보고를 받자 즉각 군사를 일으켜 강기슭까지 나가 영격코자 했다. 월나라 군사는 강남江南, 오나라 군사는 강북江北에 영채를 세우고 대치했다. 월왕 구천은 군사를 좌중우 3군으로 나눴다. 범리가 우군, 문종이 좌군을 맡았다. 군자지졸君子之卒로 불리는 정예병 6천 명은 자신이 이끄는 중군에 배속시켰다. 이튿날 강 한가운데서 싸움을 벌일 생각이었다.

이튿날 황혼이 되어 해가 왼쪽으로 기울자 월왕 구천이 좌군에 명을 내려 모두 함매銜枚를 한 채 강을 거슬러 5리쯤 올라가서 오나라 군사를 기다리게 했다. 이어 사방을 경계하다가 한밤중에 북소리가 울리면 그것을 신호로 다시 진격토록 조치했다. 또 우군에게도 함매를 한 채 강을 건너 10리쯤 올라간 뒤 좌군이 접전을 벌이면 앞으로 달려가 접응케 했다. 오나라 군사를 협공할 작정이었다. 좌군과 우군 모두 큰 북을 사용해 원근에서 모두 들을 수 있도록 우레처럼 울리도록 했다.

구천이 부차를 멸하고 패자를 칭하다

오나라 군사는 한밤중에 문득 천지를 진동시키는 북소리를 듣고 월나라 군사가 습격하는 걸 알아챘다. 황급히 횃불을 켜 들었으나 사방이 어두워 앞이 자세히 보이지 않았다. 그때 다시 북소리가 멀리서 들려 왔다. 우군이 습격을 개시한 좌군의 북소리에 호응해 치는 북소리였다.

월나라 군사는 그 북소리를 신호로 오나라 군사를 포위한 뒤 압박해 들어오고 있었다. 오왕 부차는 비로소 포위당한 것을 알고 크게 놀랐다. 급히 전령傳令을 시켜 군사를 둘로 나눠 영격에 나서게 했다.

이때 월왕 구천은 6천 명의 정예군을 앞세운 채 금고金鼓를 울리지 않은 채 어둠을 뚫고 진격해 오나라 중군을 기습했다. 아직 먼동이 트기 전이었다. 오왕 부차가 크게 놀라 돌아보니 전후좌우와 중앙이 모두 월나라 군사로 가득 차 있었다.

오나라 군사가 버티지 못하고 이내 사방으로 달아나기 시작했다. 월왕 구천은 중군과 좌우군의 3군을 이끌고 패주하는 오나라 군사를 바짝 추격했다. 양군이 입택笠澤에서 다시 싸웠으나 오나라 군사가 또 패했다. 오나라 군사는 달아나는 도중 월나라 군사를 상대로 잇달아 3번 싸웠으나 3번 모두 패했다. 그 와중에 오나라의 명장인 왕자 고조姑曹와 서문소胥門巢 등이 모두 전사했다.

오왕 부차는 밤낮을 가리지 않고 달아나 도성인 고소성으로 들어갔다. 성문을 굳게 닫고 지키기만 했다. 월왕 구천은 횡산橫山을 지나 고소성으로 진격했다. 오늘날도 횡산 밑에 흐르는 계곡을 두고 당시 월나라 군사가 쳐들어 왔다는 뜻에서 월래계越來溪라고 부른다. 월왕 구천은 고소성 서쪽의 서문胥門 밖에 하나의 성을 쌓고 월성越城이라고 불렀다. 지구전을 펼쳐 오나라를 곤경에 몰아넣기 위한 것이었다.

월나라 군사가 오랫동안 포위하자 고소성 안의 오나라 백성들은 식량 등 물자 부족으로 큰 고통을 겪었다. 태재 백비는 병을 핑계로 조정에 나오지 않았다. 오왕 부차가 마침내 왕손 낙에게 명해 항복의 표시로 웃옷을 벗고 무릎으로 걸어가는 이른바 육단슬행肉袒膝行으로 출성해 월왕 구천에게 강화를 청하도록 했다. 왕손 낙이 부차의 말을 전했다.

"고신孤臣 부차는 지난날 회계산에서 월나라 군사를 격파해 군왕에게 큰 죄를 지었습니다. 당시 이 부차는 군왕의 강화 요청을 감히 거절할 수 없어 군왕과 강화를 맺고 돌아왔습니다. 이제 군왕이 군사를 일으켜 이 고신을 응징하고 있으니 청컨대 이 고신이 지난날 회계산에서 군왕과 강화했듯이 이 신의 강화요청을 허락해 주십시오."

월왕 구천은 그 말을 듣고 측은한 생각이 들어 요청을 들어주려고 했다. 범리가 나서서 말했다.

"대왕은 오나라를 치기 위해 아침 일찍 조회를 열고 밤늦게까지 구사를 살피며 20년 동안 노심초사했습니다. 이제 왜 강화를 받아들여 그간의 노력을 팽개치려는 것입니까?"

월왕 구천이 결국 강화를 비준하지 않았다. 오나라 사자가 7번이나 월나라 군중으로 와 강화를 간청했다. 범리와 문종이 나서서 단호히 거절하는 바람에 끝내 좌절됐다.

월나라 군사가 마침내 북을 울리며 고소성을 공격했다. 오나라 사람들은 더 이상 싸울 힘이 없었다. 문종과 범리는 고소성의 서문胥門을 부수고 입성하기로 의견을 모았다. 그날 밤 두 사람이 고소성 남쪽으로 난 반문盤門을 바라보니 성루 위에 오자서의 머리가 걸려 있었다. 머리가 수레바퀴만 했고 눈이 번개처럼 번쩍거렸고, 머리털과 수염이 사방으로 뻗쳐 있었다. 눈빛이 10리 밖까지 환히 비쳤다. 이를 바라보고 월나라 장병 모두 두려움을 느껴 잠시 공격을 멈췄다.

한밤중이 되자 문득 반문에서 폭풍暴風이 일어나고, 질우疾雨가 쏟아 붓듯이 내리고, 뇌전雷電이 내리치고, 돌과 모래가 사방으로 날아다니며 궁노弓弩보다 더 빨리 날아왔다. 월나라 군사 가운데 돌에 맞아 죽거나 부상당한 사람이 속출했다. 강기슭에 매어 둔 배의 밧줄도 끊어져 더 이상 단속할 길이 없었다.

문종과 범리가 크게 당황한 나머지 웃옷을 벗어 육단肉袒을 한 채 폭우를 무릅쓰고 멀리 남문을 향해 연신 절을 하며 사죄했다. 그러자 한참 뒤 비바람이 멎었다.

문종과 범리는 그 자리서 날이 밝기를 기다리다가 잠시 잠이 들었다. 두 사람의 꿈에 오자서가 백마가 끄는 흰 수레를 타고 나타났다.[96] 의관은 몹시 위엄이 있었고 모습은 살아 있을 때와 같았다. 그가 말했다.

"나는 예전에 이미 너희 월나라 군사가 쳐들어올 걸 알았다. 죽을 때 너희 오나라가 쳐들어오는 걸 볼 수 있게 도성의 동문인 장문匠門에 나의 머리를 걸어 달라고 유언했다. 그런데도 오왕은 내 머리를 남쪽의 반문盤門에 내걸었다. 나의 오나라에 대한 충성심은 아직 끊어지지 않아 너희가 내 머리 아래로 들어오는 것을 차마 두고 볼 수는 없었다. 비바람을 몰고 와 너희를 잠시 물러가게 한 이유다. 그러나 월나라가 오나라를 병탄하는 것은 하늘이 정한 이치이니 내가 어찌 이를 막을 수 있겠는가? 너희가 입성코자 하면 다시 동문 쪽을 택하도록 하라. 내 너희들을 위해 길을 열어줄 것이다."

범리와 문종의 꿈이 똑같았다. 이들은 월왕 구천에게 꿈 이야기를 한 뒤 병사들을 시켜 성의 남쪽에서 동쪽으로 도랑을 파게 했다. 월나라 병사가 남쪽 수문水門인 사문蛇門과 동문인 장문匠門 중간지점까지 도랑을 팠을 때 문득 태호의 물이 넘쳐났다. 서문胥門 쪽으로부터 큰 물살이 흉용洶湧하게 일어나며 파도가 고소성의 외곽인 나성羅城의 모퉁이를 때려 큰 구멍을 뚫었다. 태호에 사는 전어鱄와 복어鯆가 무수히 성안으로 쏟아져 들어왔다.

범리가 이 광경을 보고 말했다.

"이는 오자서가 우리를 위해 길을 열어 주는 것이다."

월나라 군사가 일제히 성안으로 쳐들어갔다. 후대 사람은 월나라 군사가 고소성 안으로 들어가게 된 그 구멍을 다듬어 문으로 만든 뒤 전부문鱄鯆門이라고 명명했다. 그 물이 휩쓸고 간 자리에 생긴 도랑에는 수생식물의 일종인 봉초葑草가 많이 자라났다. 그 문을 봉문葑門, 그 도랑을 봉계葑溪

1 '오자서가 백마가 모는 흰 수레를 타고 나타났다.'는 구절의 『열국지』 원문은 자서승백마소거子胥乘白馬素車이다. 여기서 나라의 멸망이나 사람의 장례를 상징하는 백마소거白馬素車 성어가 나왔다. 소거백마素車白馬로도 표현한다.

라고 했다. 오늘날도 전부문과 봉계는 오자서의 영험이 나타났던 고적으로도 유명하다.

월나라 군사가 오성으로 들어갔을 때 맨 먼저 항복한 자는 태재 백비였다. 오왕 부차는 월나라 군사가 입성했다는 보고를 받고 왕손 낙駱과 그의 세 아들을 이끌고 양산陽山으로 달아났다. 이들은 추격이 있을까 두려워 밤낮을 쉬지 않고 달렸다. 이내 배가 고프고 목이 말라 현기증이 났다.

좌우 시종들이 논의 벼를 훑어 껍질만 벗긴 채 부차에게 바쳤다. 부차가 생쌀을 씹어 먹고 두 손으로 도랑의 물을 움켜 마셨다. 생기를 되찾은 부차가 물었다.

"내가 지금 먹은 게 무엇인가?"

좌우에서 대답했다.

"생쌀입니다."

부차가 탄식했다.

"지난날 공손성公孫聖이 '화식火食을 먹지 못하고 창황章皇히 달아난다.'고 한 말이 맞아떨어졌구나."

왕손 낙이 말했다.

"그것만이라도 배불리 먹고 가야 합니다. 조금 더 가면 깊은 골짜기가 있습니다. 그곳이면 얼마 동안 몸을 숨길 수 있습니다."

부차가 대답했다.

"지난날 요사한 꿈의 몽조가 들어맞으니 내 죽음도 목전에 닥쳐온 듯하다. 잠시 피한들 무슨 소용이 있겠는가?"

오왕 부차가 더 달아나지 않고 양산에 머물렀다. 왕손 낙에게 말했다.

"내가 지난날 공손성을 죽인 뒤 시체를 이곳 양산 꼭대기에 버리게 했소. 공손성이 죽기 직전 나중에 그림자와 메아리인 영향影響이 되어 보복하겠다고 했는데 아직도 그 혼령이 이곳에 있는지 모르겠소."

왕손 낙이 말했다.

"대왕이 직접 한 번 불러 보십시오."

부차가 큰 소리로 불렀다.

"공손성아!"

온 산이 메아리치며 여기저기서 대답했다.

"공손성아!"

3번 불렀는데 3번 모두 호응했다. 오왕 부차가 두려움을 느껴 간수干隧 땅으로 옮겨갔다.

당시 월왕 구천은 범리 및 문종과 함께 정예군 1천 명을 이끌고 추격해 왔다. 이내 부차가 숨어 있는 곳을 겹겹이 포위했다. 부차가 글을 써 화살에 꽂은 뒤 월나라 군사가 있는 쪽으로 쏘아 보냈다. 월나라 군사가 이를 주워 범리에게 바쳤다. 범리와 문종에게 보낸 서신이었다. 서신을 펴 읽어보니 내용은 대략 이러했다.

> 교활한 토끼를 잡고 나면 사냥개를 삶아 먹고, 적국이 멸망하면 모사는 반드시 죽인다는 뜻의 '교토사狡兎死, 이양구팽而良犬烹. 적국여멸敵國如滅, 모신필망謀臣必亡'[2] 구절을 들은 적이 있소. 대부들은 어찌하여 우리 오나라에 한 가닥 활로를 열어주어 스스로 살아남을 수 있는 여지를 남겨두지 않는 것이오?

문종은 답신을 쓴 뒤 화살에 꽂아 오왕 부차가 숨어 있는 쪽으로 쏘아

2 '교토사狡兎死, 양구팽良犬烹.' 구절이 『열국지』 제99회에서는 '교토사狡兎死, 주구팽走犬烹.'으로 나온다. 이 구절에서 인구에 회자하는 토사구팽兎死狗烹 성어가 나왔다. 『한비자』「내저설 하」에 '교토사즉양견팽狡兎死則良犬烹 적국멸즉모신망敵國滅則謀臣亡' 구절이 나온다. 『사기』「월왕세가」는 '비조진蜚鳥盡, 양궁장良弓藏. 교토사狡⊠死, 주구팽走狗烹.'으로 돼 있다. 비蜚는 비飛와 같다.

보냈다. 골자는 대략 이러했다.

> 오나라는 6가지 큰 잘못을 범했소. 첫째, 충신 오자서를 죽였소. 둘째, 바른 말을 한 공손성을 죽였소. 셋째, 간신 백비의 망령된 말만 듣고 그를 신임했소. 넷째, 아무 허물도 없는 제나라와 진晉나라를 누차 침공했소. 다섯째, 이웃한 우리 월나라를 쳤소. 여섯째, 월왕이 자신의 부왕을 죽게 했는데도 보복치 않고 풀어줌으로써 후환을 남겼소. 이런 6가지 큰 잘못을 저지르고도 죽음을 모면코자 하나 그럴 수는 없소. 지난날 하늘이 오나라에 월나라를 내줬건만 받지 않았소. 이제 하늘이 월나라에 오나라를 내줬소. 월나라가 어찌 천명을 어길 수 있겠소!

오왕 부차는 자신이 저지른 6가지 잘못을 지적한 답신을 읽고 눈물을 흘렸다.

"과인은 구천을 살려 줘 선왕의 원수를 망각함으로써 불효한 자식이 되고 말았다. 하늘이 오나라를 버린 이유다."

왕손 낙이 말했다.

"신이 다시 월왕을 찾아가 간곡히 사정해 보겠습니다."

부차가 말했다.

"과인은 복국復國을 원하는 건 아니오. 만일 부용국附庸國으로라도 용서해주면 세세世世로 월나라를 섬기고자 하오. 나의 소원은 그것뿐이오."

왕손 낙은 월나라 군영으로 갔으나 문종과 범리가 만나 주지도 않았다. 구천은 부차의 사자인 왕손 낙이 울며 돌아가는 뒷모습을 보며 측은한 생각이 들었다. 따로 사람을 시켜 부차에게 가서 이같이 말하게 했다.

"과인은 그대가 전에 베푼 인정을 아직도 잊지 못하오. 용동甬東 땅에 안치하고 500호戶를 하사할 터이니 그곳으로 가서 살면서 일생을 마치도록 하시오."

부차가 그 말을 전해 듣고는 눈물을 머금고 그 사자에게 이같이 대답했다.

"군왕이 오나라를 사면해 주면 오나라는 월나라의 외부外府가 될 수 있을 터인데, 사직을 뒤엎고 종묘를 폐하면서까지 500호를 이끌고 월나라의 신하가 될 수는 없소. 나도 이제 늙었소. 백성의 대열에 편입돼 구차하게 살아갈 수는 없소. 고신孤臣에겐 죽음이 있을 뿐이오."

구천의 사자가 그 말을 듣고 돌아갔다. 부차는 선뜻 자진하지 못했다. 구천이 범리와 문종을 불렀다.

"그대들은 왜 속히 부차를 잡아 죽이지 않는 것이오?"

문종과 범리가 대답했다.

"남의 나라 군주일망정 신하된 자가 군주를 감히 주살할 수는 없습니다. 주공이 직접 행하십시오. 이는 하늘이 그에게 죽음을 내리는 것으로 응당 행해야 할 일입니다. 오래 머뭇거려서는 안 됩니다."

구천이 보광검步光劍을 들고 나가 군전軍前에 섰다. 이어 다시 사자를 시켜 부차가 있는 산 속을 향해 외치게 했다.

"이 천하에 만세토록 사는 군주는 없소. 누구나 1번은 죽게 마련이오. 왜 굳이 나의 군사로 하여금 그대에게 칼을 대게 하려는 것이오?"

부차가 거듭 한숨을 쉰 뒤 사방을 돌아보며 울었다.

"나는 충신 오자서와 공손성을 죽였으니 내가 오늘 자살하는 것도 오히려 늦은 셈이다."

이어 좌우에게 말했다.

"지하에 가서 오자서와 공손성을 볼 면목이 없소. 내가 죽으면 반드시 두꺼운 비단 3폭幅으로 내 얼굴을 감싸주기 바라오."

말을 마치자 마침내 패검을 뽑아 자신의 목을 찌르고 죽었다. 왕손 낙이 자신의 옷을 벗어 부차의 시신을 덮었다. 이어 자신의 허리에 두르고 있던 긴 띠를 풀어 부차 곁에서 목을 매고 자진했다.

구천이 제후의 장례법에 따라 부차를 양산에 장사지냈다. 이어 병사들로 하여금 흙을 1삼태기蕢씩 지고 가 봉분을 만들게 했다. 순식간에 큰 봉문을 조성했다.

월왕 구천은 부차의 세 아들을 지금의 강서성 무원현에 있는 용미산龍尾山으로 유배를 보냈다. 후대인은 부차의 세 아들이 살던 용미산 아랫마을을 오산리吳山里라고 불렀다.

명나라 초기의 시인 장우張羽가 오나라의 패망을 탄식한 「등고소대회고登姑蘇臺懷古」를 지었다.

고성 서쪽 황량한 고대 홀로 오르니	荒臺獨上故城西
부차가 다니던 길 초목만 처량하다	輦路淒涼草木悲
폐허가 된 무덤엔 백호장식도 없고	廢墓已無金虎臥
무너진 담장엔 밤마다 까마귀 울다	壞牆時有夜烏啼

향초 길 끊긴 곳엔 사슴이 내려오고	採香徑斷來麋鹿
소리 울리던 회랑은 기장 밭이 됐다	響屧廊空變黍離
오자서 혼령 어디서 조문해야 하나	欲弔伍員何處所
옅은 안개 비낀 달에 시도 못 짓다	淡煙斜月不堪題

호가 성재誠齋인 남송의 시인 양만리楊萬里[3]도 고소대姑蘇臺에서 옛날

3 양만리楊萬里는 남송대의 시인으로 무우尤袤와 범성대范成大 및 육유陸游와 함께 남송4대가南宋四大家로 꼽히고 있다.

을 슬퍼하는 내용의 「소대조고蘇臺弔古」를 지었다.

하늘로 솟은 4개 탑이 구름 속 솟으니	揷天四塔雲中出
물 건너 봉우리는 눈 온 후 더 새롭다	隔水諸峰雪後新
고소대서 저 멀리 300리 내다본다더니	道是遠瞻三百里
어찌해 근위병 6천 명을 보지 못했을까	如何不見六千人

호증 선생도 그때를 읊은 시가 있다.

오왕 부차 패업 믿고 영웅 재략 뽐내니	吳王恃霸逞雄才
탐욕스럽게 고소대서 술에 취해 놀았다	貪向姑蘇醉綠醅
깨닫지 못했으니 전당강 위 하늘 달이	不覺錢塘江上月
하룻밤 새 월나라 병사를 보낼 줄이야	一宵西送越兵來

원나라 때 문인 살도랄薩都剌도 「등고소대登姑蘇臺」를 지었다.

창문 곁 수양버들 봄바람에 춤추고	閶門楊柳自春風
물가 전각 핀 꽃 붉은 눈물 흘리다	水殿幽花泣露紅
버들 솜 해마다 온 성곽에 가득해	飛絮年年滿城郭
길가는 나그네 관왜궁 보지 못하다	行人不見館娃宮

당나라 때 시인 피일휴皮日休[4]는 「관왜궁회고館娃宮懷古」를 남겼다.

4 피일휴皮日休의 『열국지』 원문은 육구몽陸龜蒙이다. 피일휴는 자가 습미襲美로 육구몽과 더불어 전원과 자연을 읊은 영물시詠物詩로 명성을 떨쳤다. 두 사람은 흔히 피륙皮陸으로 병칭됐다. 풍몽룡은 피일휴의 작품을 육구몽의 작품으로 착각했다. 번역문은 '육구몽'을 '피

한밤중 관왜궁이 전쟁터로 변했으니 半夜娃宮作戰場
피비린내 오히려 잔치 향기와 섞이다 血腥猶雜宴時香
서시는 남은 촛불 다 태울 새도 없이 西施不及燒殘蠟
되레 부차 위해 눈물 주르륵 흘리다 猶爲君王泣數行

월왕 구천은 고소성으로 들어가 오나라 궁성을 차지했다. 월나라 문무백관이 고소성으로 와 월왕 구천에게 하례를 올렸다. 태재 백비도 월나라 신하들 속에 끼어 있었다. 그는 전에 여러 가지로 월나라를 위해 주선周旋한 은혜를 믿고 얼굴에 덕색德色을 띠었다.

구천이 백비를 보고 물었다.

"그대는 오나라 태재이다. 과인이 어찌 감히 상굴相屈을 권할 수 있겠는가?[5] 그대의 군주가 지금 양산에 누워 있다. 어째서 그대의 군주를 좇아가지 않는 것인가?"

백비가 부끄러운 나머지 뒤로 물러났다. 구천이 역사를 시켜 그를 잡아 죽였다.[6] 이어 그의 일족까지 도륙케 한 뒤 이같이 말했다.

일휴'로 바꿔 놓았다.

5 『열국지』의 이 대목 원문은 '과인감상굴호寡人敢相屈乎'이다. 대다수 번역본이 '과인이 그대를 감히 받아들일 수 있겠는가?' 또는 '과인이 어찌 감히 네놈에게 허리를 굽히겠는가?'라는 식으로 번역해 놓았다. 전혀 문맥에 닿지 않는 번역이다. 여기의 상굴相屈은 상대방에게 허리를 굽히며 직무에 매진하도록 권한다는 뜻이다. 『진서晉書』「정무열전鄭袤列傳」에 '고복상굴故復相屈', 『삼국지』「관녕전管寧傳」에 '의불상굴義不相屈' 표현이 나온다.

6 『열국지』의 이 대목은 『사기』「오자서열전」의 '월왕 구천이 마침내 오나라를 멸망시킨 뒤 부차를 죽이고 태재 백비를 주살했다.'는 뜻의 '살왕부차殺王夫差, 이주태재비而誅太宰嚭' 구절을 인용한 것이다. 그러나 이는 『춘추좌전』「노애공 22년」 및 「노애공 24년」조의 기록과 배치된다. 「노애공 22년」조의 기록에 따르면 기원전 473년, 오왕 부차가 목을 매어 자진했다. 또 「노애공 24년」조의 기록에 따르면 기원전 471년 당시 백비는 월나라의 태재太宰가 되어 생존해 있었다. 해당 구절이다. "이해 4월 윤달, 노애공이 월나라로 망명한 뒤 월나라 태자 적영適郢과 매우 가깝게 지내게 됐다. 적영이 노애공에게 자신의 딸을 보내고 또 많은 땅까지

"나는 충신 오자서의 원수를 갚은 것이다."

월왕 구천이 나라를 잃은 오나라 백성들을 다독이며 안정시켰다. 이어 대군을 이끌고 장강과 회수를 건넜다. 서주舒州 땅에서 제나라와 진晉나라, 송나라, 노나라 등 4국 군주와 회맹했다. 이때 사자를 주왕실로 보내 공물을 바쳤다.

당시 주경왕周敬王은 이미 붕어하고 태자 인仁이 즉위해 있었다. 그가 바로 주원왕周元王이다. 주원왕은 사자를 구천에게 보내 곤의袞衣와 면류관冕旒冠, 천자를 알현할 때 손에 드는 홀笏과 서옥瑞玉인 규벽圭璧, 천자의 두터운 신임을 상징하는 붉은 색의 활과 화살인 동궁彤弓과 호시弧矢를 하사했다. 이로써 월왕 구천은 동방의 패주伯主가 돼 중원의 패권을 잡았다. 열국의 제후가 각각 사자를 보내 치하했다.

한편 초나라는 진陳나라를 멸망시킨 일로 인해 월왕 구천이 그것을 구실로 쳐들어오지나 않을까 두려워했다. 초혜왕이 구천에게 빙문聘問 사자를 보내 친선을 닦았다. 구천이 그 보답으로 초나라에 회수 일대의 땅을 내줬다. 또 노나라에 사수泗水 동쪽의 100리 땅을 주고, 전에 오나라가 침공해 빼앗은 송나라 땅을 송나라에 돌려 줬다. 열국의 제후들 모두 이를 높이 평가하며 기꺼이 복종하며 패주로 존경했다.

월왕 구천은 서주로부터 다시 오나라 고소성으로 돌아오자 사람을 본국에 보내 회계산에 전승을 축하하는 하대賀臺를 세우게 했다. 전에 회계산에서 부차에게 항복한 치욕을 덮기 위한 조치였다.

구천이 오나라 궁궐의 문대文臺에서 연회를 베풀고 군신들과 함께 술을

떼어주려고 했다. 노나라 대부 공손 유산有山이 급히 노나라로 사람을 보내 이 사실을 계강자季康子에게 알렸다. 계강자는 장차 노애공이 월나라에 기대어 자신을 칠까 두려워했다. 곧 사람을 시켜 월나라 태재 백비에게 뇌물을 전했다. 이로써 이 일은 중지됐다." 사마천이 「오자서열전」을 편제하면서 『춘추좌전』을 보지 않았을 리 없다. 후대인의 가필이 있었다고 보는 게 합리적이다.

마시며 즐겼다. 악사에게 명해 「벌오伐吳」 노래를 짓게 했다. 악사가 거문고를 탄주하며 노래했다. 가사는 대략 이러했다.

우리 왕 영용해 병위를 축적했으니	吾王神武蓄兵威
무도한 오나라 토벌을 언제나 할까	欲誅無道當何時
대부 문종과 범리가 계책을 밝히니	大夫種蠡前致詞
오왕 부차는 참언 듣고 충신 죽이다	吳殺忠臣伍子胥
지금 오나라 치지 않으면 언제 칠까	今不伐吳又何須
양신들 계책 모아 하늘 복 맞이하다	良臣集謀迎天禧
1번 싸워 1천여 리 강토를 넓혔으니	一戰開疆千里餘
그 큰 공업 길이 새겨 후대 전하다	恢恢功業勒常彝
포상 인색치 않고 처벌 어김없으니	賞無所吝罰不違
군신 동락하며 술이 잔에 가득하다	君臣同樂酒盈卮

문대의 잔치에 참여한 신하들 모두 그 노래를 듣고 크게 기뻐하며 웃음꽃을 피웠다. 그러나 월왕 구천의 얼굴엔 희색喜色이 없었다. 범리가 속으로 탄식했다.

'월왕이 이번에 이룬 공을 신하들에게 돌리려는 생각을 하지 않는 모양이다. 신하들을 의심하고 시기하는 단서가 이미 드러난 것이다.'

이튿날 범리가 구천 앞에 나가 사의辭意를 표했다.

"신이 듣건대, '군주가 굴욕을 당하면 신하는 죽어야 한다.'고 했습니다. 전에 대왕이 회계산에서 오나라 부차에게 온갖 굴욕을 당했음에도 신이 죽지 않은 것은 은인隱忍하며 오늘의 성공을 이루기 위한 것이었습니다. 이제 오나라는 멸망했습니다. 대왕이 이제 회계산에서 죽어야 했던 신의 죄를 용서해주면 원컨대 걸해골乞骸骨[102]을 하여 강호에서 늙어 죽고자 합니다."

월왕 구천이 측은한 모습으로 측연惻然히 옷이 젖을 정도로 많은 눈물을 흘리면서 말했다.

"과인은 그대의 헌신적인 노력에 힘입어 오늘을 맞게 됐소. 이제야 비로소 그대의 공에 보답코자 하는데 어째서 과인을 버리고 떠나려는 것이오? 그대가 조정에 남으면 그대와 함께 나라를 함께 다스리는 공국共國[8]을 할 것이나, 굳이 떠나고자 하면 그대의 처자를 주륙하겠소."

범리가 대답했다.

"신은 죽어도 마땅하나 신의 처자야 무슨 죄가 있겠습니까? 그러나 그들의 생사는 대왕에게 달려 있으니 신은 상관하지 않겠습니다."

그날 밤 범리는 홀로 편주扁舟[9]를 타고 제녀문齊女門을 나가 삼강三江을 건너 오호五湖로 들어갔다. 오늘날도 제문 밖에 리구蠡口란 지명이 있다. 범리가 삼강을 건널 때 출발했던 곳이다.

이튿날 월왕 구천은 사람을 보내 범리를 불렀다. 그러나 범리는 이미 떠나고 없었다. 구천이 근심스런 모습으로 초연愀然히 문종에게 말했다.

"범리를 쫓아가 데려올 수 있겠소?"

문종이 대답했다.

"범리는 귀신도 측량할 수 없는 재주를 가진 사람입니다. 쫓아가 봐야 찾을 수 없을 것입니다."

문종은 궁을 나오자 어떤 사람이 서신 1통을 전했다. 문종이 서신을 뜯

7 여기의 걸해골乞骸骨은 몸이 늙은 것을 이유로 관직에서 물러나는 것을 말한다. 고로告老, 치사致仕, 치정致政 등과 같은 뜻이다. '해골'은 통상 시체를 뜻하나 여기서는 늙은 몸의 의미로 사용됐다..

8 공국共國의 국國은 명사가 아닌 동사로 사용된 것으로 치治와 같은 의미이다.

9 편주扁舟는 작은 배를 뜻한다. 당나라 이백李白의 시 「환산류별금문지기還山留別金門知己」에 '편주심조옹扁舟尋釣翁' 표현이 나온다. 흔히 일엽편주一葉扁舟로 표현한다. 일엽편주一葉片舟와 같다.

어보니 바로 범리의 친필 서신이었다. 그 내용은 대략 이러했다.

> 그대는 전에 오왕 부차가 우리 두 사람에게 보낸 서신에 나오는 '교토사狡兔死, 주구팽走狗烹. 적국파敵國破, 모신망謀臣亡'이라는 구절을 기억하고 있소?[10] 월왕 구천은 그 생김새가 목이 길고 입이 새 부리처럼 뾰족한 이른바 장경조훼長頸鳥喙[11]의 모습을 하고 있소. 그런 상을 지닌 자는 굴욕을 잘 참고 견디지만 남의 공을 질투하오. 월왕 구천과는 환란은 함께 할 수 있으나 안락은 함께 누릴 수 없소. 그대가 지금 월나라를 떠나지 않으면 틀림없이 재앙을 면치 못할 것이오.

문종이 서신을 갖고 온 사람을 찾았으나 그는 이미 어디론가 가버리고 없었다. 문종은 자가 소백少伯인 범리의 그런 충고를 듣고 앙앙불락怏怏不樂했다. 그는 오히려 그 말을 깊이 믿지 않았다. 속으로 탄식했다.

"소백은 어찌 이토록 과하게 우려하는 것인가?"

며칠 후 월왕 구천은 군사를 이끌고 미인 서시와 함께 월나라로 돌아왔다. 구천의 부인이 몰래 심복을 시켜 궁 밖으로 끌어내게 했다. 심복은 구천 부인의 명을 좇아 서시를 강변으로 데리고 간 뒤 그녀의 등에 바위를 묶어 강물 속에 빠뜨려 버렸다. 구천의 부인은 서시를 죽였다는 보고를 받고 이같이 말했다.

"그런 망국의 요물을 남겨두어 무엇에 쓰겠는가?"

10 '교토사狡兔死, 주구팽走狗烹'은 『사기』「월왕세가」에 나오는 구절을 인용한 것이고, '적국파敵國破, 모신망謀臣亡'은 『한비자』「내저설 하」에 나오는 구절을 인용한 것이다.

11 장경조훼長頸鳥喙는 『사기』「월왕구천세가」의 구절을 인용한 것이다. 『오월춘추』「구천벌오외전句踐伐吳外傳」에는 장경오훼長頸烏喙로 나온다. 중국에서는 주로 '장경조훼', 한국과 일본에서는 '장경오훼'를 사용한다.

후대인은 그 일을 자세히 알지 못했다. 범리가 서시를 배에 싣고 오호로 들어갔다는 식의 사실과 다른 말을 퍼뜨린 배경이다. 이로 인해 명나라 때 시인 고계高啓는 심지어 이같이 읊기도 했다.[12]

서시를 싣고 떠난 게 어찌 뜻이 없었을까　　載去西施豈無意
나라 망치고 군왕 오도할까 우려한 탓이지　　恐留傾國誤君王

당시 범리는 처자도 버려둔 채 홀로 편주를 타고 떠났다. 그런 판에 오왕 부차의 총희를 어찌 감히 사사로이 배에 싣고 떠나겠는가? 월왕 구천이 서시의 미색에 빠져 부차처럼 나라를 망치지 않을까 우려해 범리가 그녀를 강물에 빠뜨렸다는 말도 전해오고 있으나 이 또한 오류이다.

당나라 말기에서 오대五代 초기에 활약한 시인 나은羅隱이 「서시西施」를 지어 서시의 원통한 죽음을 변호했다.

국가 흥망은 절로 때가 오는 법인데　　家國興亡自有時
어째서 사람들은 서시에 책임 물을까　　時人何苦咎西施
만일 서시가 오나라를 망하게 했다면　　西施若解亡吳國
월나라의 패망은 과연 누구의 몫인가　　越國亡來又是誰

한편 월왕 구천은 범리의 공로를 생각해 그의 처자식을 거둔 뒤 100리의 봉토를 하사했다. 또 솜씨 좋은 장인을 불러 금으로 범리의 상을 만들게 했다. 구천은 마치 범리가 살아 있는 것처럼 그 금상을 늘 자기 곁에 두었다.

12 여기에 인용된 구절은 「삼고사3수三高祠三首」 가운데 제1수首인 「범리范蠡」의 마지막 두 구절이다. 「범리」의 전문은 '공성불련상장군功成不戀上將軍, 일가귀유립택운一舸歸游笠澤雲. 재서시기무의載去西施豈無意, 공류경국갱미군恐留傾國更迷君.'이다.

당시 범리는 오호를 출발해 바다로 나갔다. 이어 은밀히 사람을 보내 처자식을 데려온 뒤 제나라로 갔다. 그곳에서 이름을 치이자피鴟夷子皮로 바꾸고 제나라의 상경 벼슬을 지냈다. 얼마 후 벼슬을 버리고 지금의 산동성 비성현 인근의 도산陶山에 은거하며 목축을 해 1천금의 이익을 남겼다. 이어 스스로 도주공陶朱公을 칭했다. 후대인이 전한 부자 되는 비법서인 『치부기서致富奇書』가 바로 도주공이 남긴 저술이라고 한다.

오나라 사람들이 오강吳江에 범리의 사당을 짓고 춘추로 제사를 지냈다. 이후 범리 이외에 서진西晉 때의 문인 장한張翰과 당나라 때의 문인 육구몽陸龜蒙을 함께 배향케 됐다. 사당의 명칭이 삼고사三高祠로 불린 이유다.

북송 때의 문인 유인劉寅이 「삼고사」를 남겼다.

오나라 사람 어리석다고 하는데	人謂吳癡信不虛
월나라 상국 숭배하니 알만 하다	建崇越相果何如
1천 년의 망국 한 간직해 왔다면	千年亡國無窮恨
응당 오자서 사당 세워야만 했다	只合江邊祀子胥

월왕 구천은 오나라 정벌에도 불구하고 공로에 대한 포상을 하지 않았다. 1척 1촌의 땅도 유공자들에게 나눠주지 않았다. 더구나 지난날의 신하들을 멀리했다. 옛 신하들은 점차 구천을 만나보기조차 힘들게 됐다.

계예計倪는 짐짓 미친 체하고 벼슬자리에서 물러났고, 예용曳庸 등 많은 신하들도 늙었다는 핑계로 벼슬자리에서 물러났다. 문종 역시 범리의 말을 되새기다가 마침내 병을 핑계로 조정에 나아가지 않았다.

원래 구천의 좌우에는 문종을 좋아하지 않는 자들이 있었다. 이들이 좌우에서 구천에게 문종을 참소했다.

"문종은 자신이 큰 공을 세웠는데도 대왕이 그에 합당한 상을 주지 않았다며 늘 불평을 품고 있습니다. 그래서 조정에 나오지 않는 것입니다."

구천은 평소 문종의 뛰어난 재능을 잘 알고 있었다. 내심 오나라를 멸망시킨 만큼 이젠 문종을 이용할 곳이 없게 됐다고 생각했다. 혹여 문종이 불만을 품고 난을 일으킬 경우 제압할 사람이 없을 것을 걱정했다. 이내 문종을 제거키로 작정했으나 적정한 명분을 찾지 못했다.

이때 노애공은 계손씨와 맹손씨 및 숙손씨 등 3환과 사이가 좋지 못했다. 그는 월나라 군사를 끌어들여 3환을 제거코자 했다. 이내 조빙朝聘을 핑계로 몸소 월나라로 갔다. 구천에게 군사지원을 청했으나 구천은 자신이 출정하고 없는 사이 문종이 혹여 반란을 일으키지나 않을까 우려해 군사를 일으키지 않았다. 노애공은 3환이 두려워 본국에도 돌아가지 못했다. 그러다가 마침내 월나라에서 세상을 떠났다.

하루는 구천이 문득 문병을 구실로 그의 집에 행차했다. 문종이 짐짓 앓는 시늉을 하며 방으로 구천을 맞아들였다. 구천이 허리에 찬 검을 풀어놓고 자리에 앉아 문종에게 물었다.

"지사志士는 죽는 것을 두려워하지 않고 다만 자신의 도道가 행해지지 않는 것을 걱정한다는 뜻의 '지사불우기신지사志士不憂其身之死, 이우기도지불행而憂其道之不行'[13] 구절을 들은 적이 있소. 그대에게 7가지 비술인 칠술七術이 있소. 그 가운데 3가지 비술을 써 오나라를 이미 파멸시켰소. 나머지 4가지 비술을 어디에 쓸 생각이오?"

문종이 대답했다.

"신은 쓸 곳을 알지 못하겠습니다."

구천이 말했다.

"그대는 나를 위해 그 나머지 4가지 비술을 저 세상으로 간 오나라 사람

13 이 구절은 북송 때의 문인 소순蘇洵이 「관중론管仲論」에서 언급한 '현자불비기신지사賢者不悲其身之死, 이우기국지쇠而憂其國之衰' 구절을 약간 변용해 인용한 것이다.

에게 쓰는 게 어떻겠소?"

그러고는 곧바로 일어나 남여藍輿를 타고 궁으로 돌아갔다. 월왕 구천이 앉았던 자리엔 검만 남아 있었다. 문종이 그 검을 들어보니 칼집에 촉루屬鏤라는 두 글자가 씌어 있었다. 지난날에 오왕 부차가 오자서에게 보낸 바로 그 검이었다. 문종이 하늘을 우러러 탄식했다.

"옛사람이 큰 덕은 보답 받지 못한다는 뜻의 '대덕불보大德不報'를 언급했다. 내가 범소백范少伯의 말을 듣지 않은 탓에 월왕에게 죽임을 당하게 되었다. 어찌 어리석지 않았는가?"

문종은 한동안 망설이다가 웃으며 다시 스스로에게 말했다.

"백세百世 뒤에 논자들이 반드시 나를 오자서와 나란히 일컬을 것이다. 다시 무엇을 한탄할 것인가?"

그러고는 검 위에 엎드려 죽었다. 구천은 문종이 죽었다는 소식을 듣고 크게 기뻐했다. 곧 문종을 와룡산臥龍山에 묻게 했다. 후대인은 와룡산을 종산種山으로 고쳐 불렀다.

문종을 와룡산에 장사지낸 지 1년 뒤에 큰 해일이 일어나 산의 옆구리를 뚫었다. 문종의 무덤이 무너지고 말았다. 어떤 사람이 보니 오자서와 문종이 앞뒤로 서서 해일의 물결을 타고 어디론가 사라졌다. 오늘날에도 사람들은 전당강錢塘江 어귀로 조수가 밀려들 때면 앞 물결은 오자서이고, 뒤 물결은 문종이라고 말한다.

염옹이 시를 지어 문종을 찬했다.

충성스럽다 문종이여	忠哉文種
나라를 잘 다스린 인걸이지	治國之傑
3가지 비술로 오나라 멸하고	三術亡吳
몸은 월나라 위해 희생했다	一身殉越

범리와 함께 떠나지 않았고　　不共蠡行
오히려 오자서처럼 죽었으니　　寧同胥滅
천년 후도 그 기운 살아있어　　千載生氣
조수처럼 첩첩이 밀어닥치다　　海潮疊疊

이후 월왕 구천은 재위한지 27년 만에 세상을 떠났다. 그때가 주원왕 7년인 기원전 470년이었다. 구천의 자손들은 대대로 패주霸主를 자처했다.

여기서 이야기의 방향을 돌리기로 하자.

진晉나라의 권신인 6경 가운데 범씨范氏와 중항씨中行氏는 이미 패망했다. 지씨智氏를 비롯해 조씨趙氏와 위씨魏氏 및 한씨韓氏 등 4경이 국권을 좌지우지했다. 지씨는 원래 중항씨와 함께 순씨荀氏의 일족이다. 지씨는 지난날 순앵荀罃이 여타 순씨와 구분하기 위해 스스로 지앵智罃이라고 불렀던 고사를 감안해 이내 성씨를 지씨로 바꿔 버렸다. 당시 지씨의 가주家主 지요智瑤는 진나라 상국으로 있었다. 사람들이 그를 지백智伯이라고 불렀다.

당시 제나라에선 전田 땅을 식읍으로 가져 일명 전씨田氏로도 불린 진씨陳氏 세력이 실권을 장악하고 군주까지 멋대로 죽이는 등 전횡을 일삼았다. 열국의 제후들은 이를 토벌하지 못했다. 이를 보고 지백을 비롯한 진晉나라의 4경은 서로 사사롭게 논의한 뒤 각자 편리한 대로 자신들이 점유한 진나라 땅을 아예 자신의 식읍으로 만들었다. 군주인 진출공晉出公의 땅이 4경이 각각 보유한 땅보다 적었다. 진출공은 힘이 없어 이들 4경을 어찌 해볼 도리가 없었다.

조씨 집안의 가주인 조앙趙鞅은 시호가 간자簡子이다. 조간자趙簡子 즉 조앙은 아들이 여러 명 있었다. 큰 아들 이름은 백로伯魯였다. 막내아들의 이름은 무휼無恤[14]로 천비賤婢 소생이었다.

당시 관상을 잘 보는 사람이 있었다. 성은 고포姑布, 이름은 자경子卿이었다. 하루는 자경이 진晉나라에 왔다. 조앙이 고포자경을 집으로 불러 자식들의 상을 보게 했다. 고포자경이 상을 보고 말했다.

"장군이 될 만한 인물이 없는 듯합니다."

조앙이 탄식했다.

"이제 우리 조씨 집안도 망하게 생겼다."

고포자경이 물었다.

"아까 내가 부중으로 들어올 때 한 소년이 길에서 놀고 있었습니다. 그와 함께 있는 사람들 모두 장군의 부중 사람들이었습니다. 혹여 그 소년이 대부의 자제나 아닙니까?"

조앙이 대답했다.

"그는 막내자식 무휼이오. 심히 천한 몸에서 태어났소. 어찌 족히 거론할 만하겠소?"

고포자경이 말했다.

"하늘이 폐하면 아무리 귀한 몸도 반드시 천해지고, 하늘이 일으키면 비록 천한 몸일지라도 반드시 귀하게 됩니다. 그 아들의 골상骨相은 다른 여러 아이들과 다른 것 같은데 그를 자세히 보지는 못했습니다. 내가 그 아들을 자세히 볼 수 있도록 1번 불러주십시오."

조앙이 사람을 보내 무휼을 불러들였다. 고포자경이 멀리서 무휼을 보고는 문득 일어나서 두 손을 맞잡고 말했다.

"이 분이야말로 장군감입니다."

14 무휼無恤이 같은 판본일지라도 장회章回에 따라 무휼無恤 또는 무휼無卹로 나온다. 무휼無恤은 『춘추좌전』「노애공 20년」조, 무휼無卹은 『사기』「조세가」를 좇은 것이다. 풍몽룡이 저술 과정에서 『춘추좌전』과 『사기』를 공히 참조하다가 헷갈렸을 공산이 크다. 번역문은 『춘추좌전』을 좇아 무휼無恤로 통일해 기록해 놓았다.

조앙이 그 말을 듣고는 웃으며 대답하지 않았다. 훗날 조앙이 여러 자식을 불러 놓고 학문에 관해 물어 보았다. 무휼의 대답이 조리가 있고 분명했다. 조앙은 비로소 자식들 가운데 무휼이 가장 출중하다는 걸 알았다. 조앙이 곧 장자인 백로 대신에 무휼을 적자로 삼았다.

어느 날 지백은 정나라가 오랫동안 조공을 바치지 않은 것에 화를 내며 조앙과 함께 정나라를 치고자 했다. 그때 조앙이 우연히 환질患疾이 있어 막내아들 조무휼趙無恤로 하여금 자신을 대신해 지백과 함께 정나라 토벌에 나서게 했다.

정나라를 치러 가는 도중에 지백이 무휼에게 술을 권했다. 무휼은 마시지 않았다. 술에 취한 지백이 화를 내며 옥으로 만든 술잔인 주가酒斝를 무휼의 얼굴에 던졌다. 얼굴에서 피가 흘렀다. 이 광경을 본 조씨의 수하 장수들이 분노해 지백을 치려고 했다. 조무휼이 말했다.

"이는 소치小恥이다. 내가 잠시 참기로 했다."

이후 지백은 무휼과 함께 정나라를 치고 회군했다. 그는 조앙에게 가서 도리어 무휼이 자신에게 잘못을 저질렀다며 폐출을 요구했다. 조앙은 그 말을 듣지 않았다. 이때부터 무휼과 지백 사이에 틈이 생겼다.

얼마 후 조앙은 병세가 위독해지자 무휼을 불러 말했다.

"훗날 진晉나라에 난리가 나면 우리 조씨가 믿을 만한 것이라곤 진양晉陽밖에 없다. 너는 내 말을 명심토록 하라."

말을 마친 뒤 이내 숨을 거뒀다. 무휼이 조앙의 뒤를 이어 조씨 집안의 가주家主가 됐다. 그가 바로 조양자趙襄子 조무휼이다. 때는 주정정왕周貞定王 11년인 기원전 458년이었다.

당시 진출공晉出公 착鑿은 날로 심해져 가는 지씨와 한씨, 위씨, 조씨 등 4경의 전횡에 분노했다. 마침내 제나라와 노나라에 밀사를 보내 곧바로 군사를 일으켜 4경을 토벌해 줄 것을 간청했다. 그러나 제나라의 권신인 전씨

田氏 즉 진씨陳氏와 노나라의 권신인 3환이 오히려 진출공의 이 계책을 지백에게 알려줬다.

지백이 대로했다. 곧 한강자韓康子 한호韓虎, 위환자魏桓子 위구魏駒, 조양자趙襄子 조무휼趙無恤과 상의한 뒤 4경의 가병을 모아 진출공을 쳤다. 진출공이 제나라로 달아났다. 지백이 진소공晉昭公의 증손인 교驕를 새 군주로 세웠다. 그가 바로 진애공晉哀公이다.

이후 진나라의 실권은 사실상 지백에게 넘어갔다. 지백 요瑤는 마침내 자신이 보위에 올라 진나라를 차지할 마음을 품었다. 가신들을 모두 소집해 이를 상의했다.

필경 지백의 성패가 어찌 될 것인가? 다음 회를 보라.

보설-오월시대의 등장인물과 약사

1. 오자서伍子胥

오자서는 초영왕 때 책사로 활약했던 오삼伍參의 증손자이자 초평왕 당시의 대신인 오사伍奢의 아들로 이름은 원員이다. 당시 오사는 오상伍尙과 오원伍員 즉 오자서 등 두 아들을 두고 있었다. 오자서의 '자서子胥'는 오원의 자字이다. 후대인은 그를 높이 기리는 의미에서 이름 대신 '자'를 붙여 통상 오자사로 불렀다.

원래 오씨 집안은 오거의 활약으로 한미한 가문에서 문득 명문가로 발돋움하기 시작했다. 그 배경을 자세히 알기 위해서는 먼저 춘추시대 말기인 이른바 '오월시대'에 대해 간략히 살펴볼 필요가 있다. 사서를 보면 '오월시대'에 뛰어난 책사들이 연이어 등장한 사실을 쉽게 알 수 있다. 대표적인 인물이 바로 오나라의 오자서伍子胥와 월나라의 범리范蠡이다.

원래 '오월시대'의 개막은 남방의 패자 초나라가 오직 중원에만 신경을 곤두세운 채 내정을 소홀히 하며 배후를 공격당할까 걱정하는 근심인 후고지우後顧之憂를 간과한데서 비롯됐다. 그 사이 장강 하류 동남방에선 이변의 요인들이 자라고 있었다. 신흥 강국인 오와 월의 급성장이다. 원래 오나라의 지배계층은 주왕실의 분기分岐이고, 그 백성은 북방의 중원에서 이주해왔다고 한다. 문화적으로 개명된 편이다. 오늘의 강소성 남부와 절강성 북부의 비옥한 평원을 차지하고 있었다. 월나라는 절강성 중남부를 중심으로 발달했다. 지배층 역시 중원에서 이주해왔다. 백성은 한족과 원주민의 혼합체였다. 오와 월은 언어가 동일했다. 그러나 지배계층이 달랐고, 지리적으로도 양립하기 어려웠다. 월나라가 중원을 엿보려면 앞을 가로막는 오나라를 없애야 했고, 오나라가 후고지우後顧之憂를 덜려면 월나라를 쳐 없앨 필요가 있었다. 파란과 곡절이 많은 오월의 상쟁과 흥망성쇠는 후대인의 관심을 끌 만한 요소가 매우 많았다. 문학적 상상력을 가미한 『오월춘추』와 『월절서』가 전한제국 초기에 나온 게 그 증거다. 사람들의 관심이 그만큼 컸다는 것을 반증한다.

오월이 국제무대에 등장해 득세한 데에는 내부적 요인 외에 외국에서 망명해온 인재들의 활약이 매우 컸다. 우선 모순과 원한으로 가득 찬 초나라를 결사 탈출해 오나라로 빠져나온 오자서와 오나라의 불우한 공자 합려의 만남에서 이야기 전개가 본격화된다. 난세엔 제도의 운영보다 인간의 만남이 더 크게 국가의 운명을 좌우하는 법이다. 원래 오자서의 증조부는 초장왕의 곁에서 시중을 들며 총애를 입은 오삼伍參이다. 당시만 해도 그는 아전인 소신小臣에 불과했다. 그러나 그에게 행운의 기회가 찾아왔다. 기원전 597년 여름 6월, 정나라를 둘러싸고 초장왕의 군사가 중원의 패자를 자처하는 진나라 대군과 정면으로 맞붙는 상황이 빚어졌다. 이른바 '필지역邲之役'이다. 당시 오삼은 치밀한 전황분석을 통해 영윤 손숙오와 정반대로 진나라 군사와 정면으로 맞붙을 것을 건의해 초장왕이 패업을 이루는 데 결정적인 공을 세웠다. 오삼이 예상한대로 '필지역'은 초나라의 대승으로 끝났다. 초나라를 '남만'으로 깔보던 중원의 제후들을 경악케 만든 것은 말할 것도 없다. 제환공과 진문공 때 잇달아 패해 '남만'의 멸시를 감수해야 했던 초나라로서는 이전의 패배를 일거에 설욕한 셈이다. 이후 최소한 겉으로는 초나라를 '남만'으로 깔보는 제후국들은 완전히 사라졌다. 물론 결단은 초장왕이 내린 것이기는 하나 오삼의 계책이 결정적인 공헌을 했다.

실제로 초장왕은 개선한 뒤 논공행상을 할 때 오삼의 계책을 높이 평가해 그를 대부로 임명했다. 조정회의에 참여할 수 있는 자격을 얻은 것이다. 노장공을 수행한 공자가 협곡 회동에서 대공을 세운 후 비록 '하대부'이기는 하나 대부의 반열에 올라 노나라의 조정회의에 참석케 된 것에 비유할 만한 일이다. 그러나 이후 오삼의 후손들은 난세의 상황이 심화되면서 적잖은 풍파를 겪어야만 했다. 이는 오삼의 아들 오거伍擧 때 불거지기 시작했다. 당초 오삼은 대부로 있을 때 채나라의 태사로 있는 공자 조朝와 친구로 지냈다. 공자 조는 채문공의 아들이었다. 이로 인해 오삼의 아들 오거 역시 공자 조의 아들인 공자 귀생歸生과 가깝게 지냈다. 문제는 오거가 초나라 왕족인 왕자 모牟의 딸을 아내로 삼은 데서 비롯되었다. 이후 왕자 모가 지금의 상하이 일대인 신申 땅의 장관이 된 뒤 이내 죄를 짓고 망명하는 일이 빚어졌다. 사람들은 왕자 모의 사위인 오거를 의심했다. 초나라 사람들이 말하기를, "오거가 왕자 모를 호송한 것이 확실하다."고 했다. 생명의 위험을 느낀 오거가 정나라로 달아났다가 다시 중원의 진나라로 달아나고자 했다. 당시 송나라의 권신 상술向戌은 진초 두 나라의 화해를 조성하기 위해 애쓰고 있었다. 그는 공자 귀생을 사자로 삼았다. 귀생이 그를 위해 진나라에 사자로 가던 중 우연히 정나라 도성의 교외에서 오거를 만나게 되었다. 귀생이 진나라에서 임무를 마친 뒤 곧바로 초나라로 갔다. 귀생이 초나라 영윤 굴건屈建에게 이른바 초재진용楚材晉用 고사를 언급했다. 이는 초나라의 인재가 초나라에서 쓰이지 못하고 진나라에서 쓰인다는 뜻으로, 후대에 인재의 유출을 차탄하는 뜻으로 전용되었다. '재주는 곰이 넘고 돈은 되놈이 받는다'는 우리말 속담의 취지와 똑같다.

당시 귀생이 '초재진용'을 언급한 것은 크게 두 가지 의미를 지니고 있다. 하나는 진나라가 천하의 중심 역할을 하고 있었던 점이다. 천하의 형세가 겉으로는 G2의 모습을 띠고 있었으나 사실상 진나라가 G1의 역할을 수행했음을 시사한다. 중국이 G2의 일원으로 부상한 21세기 현재 미국이 아직도 G1의 위세를 유지하고 있는 것은 바로 천하의 인재를 모두 빨아들이는 스펀지 역할을 수행하고 있기 때문이다. 여기서 미국을 추월하지 못할 경우 중국의 G1 등극은 불가능하다고 해도 과언이 아니다. 다른 하나는 초나라가 이런 이치를 제대로 알지 못한 채 진나라의 실질적인 G1 역할을 방조하고 있었다는 사실이다. 오거가 진나라로 망명코자 한 게 그 증거다.

공자 귀생의 이야기를 들은 영윤 굴건이 곧바로 초강왕에게 이를 고한 뒤 오거의 봉록과 작위를 올려 주고 귀생에게 오거를 속히 데려올 것을 당부했다. 귀생이 오거의 아들 오명伍鳴을 보내 오거를 모셔오게 했다. 오명은 오자서의 부친인 오사伍奢의 동생이다. 당시 초나라로 복귀한 오거는 승승장구했다. 기원전 541년 봄에 훗날 초영왕으로 즉위하는 영윤 공자 위圍가 결혼을 위해 정나라를 찾아갈 때 부사副使의 자격으로 수행한 게 그 증거다.

원래 초강왕의 친동생인 공자 위는 야심이 많은 인물이다. 그는 이보다 3년 전인 기원전 544년 초에 친형인 초강왕이 병사하자 초강왕의 어린 아들 오敖를 받들고 영윤이 되었다. 원래 '오'는 초나라 말로 '왕'을 뜻하는 말이다. 사서에 그의 이름이 나오지 않는다. 당시 공자 위는 일종의 '섭정왕'처럼 행동하며 보위를 찬탈할 시기를 노렸다. 『춘추좌전』에는 조만간 그가 조카를 제거한 뒤 보위에 오를 것으로 내다본 열국 대부들의 예언이 대거 수록돼 있다. 실제로 그는 오거와 함께 기원전 541년 겨울에 정나라를 재차 빙문할 때 조카를 살해하고 보위에 올랐다.

주목할 점은 공자 위가 '오'를 지금의 하남성 양성현인 겹郟 땅에 장사지낸 직후 겹 땅에서 성을 쌓고 있던 태재 백주리伯州犁를 죽인 점이다. 백주리는 훗날 오자서를 죽음으로 몰아넣은 것으로 알려진 백비白嚭의 조부이다. 백주리의 죽음은 반대세력인 공자 흑굉黑肱 쪽에 줄을 댄 데서 비롯됐다. 『춘추좌전』 「노소공 원년」조는 기록키를, "기원전 541년 가을, 초나라 영윤 공자 위가 공자 흑굉과 백주리에게 명하여 주犨와 겹 땅 등에 성을 쌓게 했다. 이해 겨울, 공자 위가 초왕 '오'를 시해했다. 우윤右尹은 진나라, 공자 흑굉은 정나라로 달아났다. 공자 위가 태재 백주리를 '겹' 땅에서 죽였다."고 했다.

당시 열국의 제후와 대부들은 물론이고 초나라 대부들 사이에서도 공자 위에 대한 평판이 매우 좋지 않았다. 백주리가 이를 모를 리 없다. 그는 공자 흑굉 쪽에 서 있다가 문득 변을 당한 게 거의 확실하다. 그가 진나라에서 망명한 이른바 '기려지신羈旅之臣'이었다는 점에서 볼 때 더욱 그렇다.

기원전 536년 여름, 초영왕의 동생인 공자 기질棄疾이 중원의 진나라로 갔다. 진나라 대부 한기가 초영왕에게 시집을 오는 진나라 공실의 여인을 호송한 일을 회보키 위한 것이었다. 기질은 당시 패망한 채나라의 영토를 다스리는 채공蔡公으로 있었다. 공자 기질은 겸손한 모습을 보여 열국의 제후와 군신들로부터 호평을 받았다.

기원전 529년 봄, 초나라 공자 비比가 망명국인 진나라에서 초나라로 돌아와 초영왕을 시해하는 일이 빚어졌다. 연이어 공자 기질이 공자 비를 죽이고 보위에 올랐다. 즉위 직후 이름을 웅거熊居로 바꿨다. 그가 바로 초평왕楚平王이다. 그는 즉위 직후 오거의 아들인 대부 오사를 태자 건建의 스승으로 삼았다. 태자의 스승이 됐다는 것은 당대 최고의 명문가가 되었음을 반증한다. 초영왕이 집권한 이래 오거의 집안이 계속 번성했음을 암시한다.

당시 대부 비무극費無極도 태자의 스승이 되어 오사 바로 밑에 있는 소사少師가 되었다. 『사기』는 '비무극'의 이름을 '비무기費無忌'로 기록해 놓았다. 후대인들이 비무극의 간신 행보를 미워해 이같이 지었을 공산이 크다. 중국어 발음으로 '극'과 '기'는 같다. '무극'은 대략 충성심이 끝이 없다는 뜻으로 이름을 지은 듯하나 '무기'는 거리낌이 전혀 없다는 뜻이다. 후대인이 '간신행보에 거리낌이 없다'는 식으로 해석해 이름을 자의로 바꿔 불렀을 공산이 크다.

원래 태자 건은 초평왕이 전에 채공으로 있을 때 격양鄖陽 땅 지방장관의 딸과 관계해 낳은 인물이다. 비극은 여기서 시작했다. 『춘추좌전』「노소공 19년」조는 기록키를, "공자 기질이 채 땅에 있을 때 격양의 지방장관인 봉인封人의 딸이 기질이 있는 곳으로 달려가 태자 건建을 낳았다."고 했다. 원문에는 '분奔'으로 되어 있다. 원래는 '정신없이 달려가다'의 뜻이다. 먼 곳에서 부모님의 돌아가신 소식을 듣고 황급히 집으로 달려가는 것을 두고 '분상奔喪'으로 표현하는 게 그 증거다. 원문의 '분'은 정식으로 혼례를 치르지 않고 부부의 인연을 맺은 것을 의미한다. 마치 '분상'을 하듯이 연인이 있는 곳으로 정신없이 달려갔다는 뜻을 담고 있다.

태자 건의 생모는 일개 지방장관의 딸이니 신분도 낮았다. 게다가 태자 건은 정식 혼례도 치르지 않고 낳은 자식이다. 그럼에도 초평왕은 이를 전혀 문제 삼지 않고 그녀를 왕비로 삼았다. 그런 점에서 초평왕은 나름 괜찮은 인물이라고 평할 만하다. 그러나 이게 훗날 문제를 일으켰다. 태자 건이 성장하자 초평왕이 며느리로 낙점한 진秦나라 여인을 자신의 첩으로 삼고 태자 건의 생모를 왕후의 자리에서 폐했기 때문이다. 사람들은 그녀를 통상 진영秦嬴으로 불렀다. 초평왕 부자 사이에 이런 참사가 빚어진 데에는 태자 건의 사부 오사와 소사 비무극의 알력이 크게 작용했다. 『춘추좌전』「노소공 19년」조는 기록키를, "초평왕 6년인 기원전 523년 봄 1월, 초평왕의 새 부인 영씨嬴氏가 진나라에서 도착했다. 일찍이 비무극은 태자 건으로부터 총애를 받지 못하자 태자를 무함할 생각으로 초평왕에게 건의키를, '태자 건이 가히 처를 맞이할 만합니다.'라고 했다. 초평왕이 태자 건을 위해 진秦나라에서 사람을 보내 여인을 맞이하게 되었다. 비무극이 여인을 맞이하러 간 일행에 끼었다. 그가 귀국 길에 먼저 도성으로 들어와 초평왕에게 진나라 여인을 취할 것을 적극 권했다. 이에 마침내 며느리를 부인으로 취하게 된 것이다."라고 했다. 『사기』「초세가」는 이보다 4년 앞선 초평왕 2년인 기원전 527년의 일로 기록해 놓았다. 『춘추좌전』의 기록을 좇는 게 합리적이다.

이는 이해 여름에 태자 건을 변방으로 쫓아낸 사실이 뒷받침한다. 비무극의 계책이 주효한 결과다. 『춘추좌전』에 따르면 이때 초평왕이 수군인 주사舟師를 편성해 초나라 서남부의 소수 민족 거주지인 복濮 땅을 쳤다. 비무극이 건의키를, "진나라가 패자를 칭하게 된 것은 중원의 여러 제후국과 가까이 있기 때문입니다. 우리 초나라는 중원에서 멀리 떨어진 벽지에 처해 있어 진나라와 패권을 다툴 수 없습니다. 만약 성보城父 땅을 대대적으로 수축한 뒤 태자를 보내 북방과 교통하면 대왕은 남방을 편히 다스리면서 쉽게 천하를 호령할 수 있습니다. 이보다 나은 방법은 없습니다."라고 했다. 태자 건이 성보에 머물게 된 이유다. 사실 변방으로 쫓아낸 것이나 다름없다. 『사기』「초세가」는 기록키를, "초평왕이 비무기의 진언에 따라 진나라 여인을 취해 웅진熊珍을 낳았다. 태자에게는 따로 신부를 구하여 결혼시켰다. 당시 태자 건의 나이는 15세였다. 그의 모친은 채나라 사람으로 초평왕의 총애를 얻지 못했다. 이에 초평왕은 점차 태자 건을 소원하게 대했다."라고 했다.

태자 건이 성보에 머물게 된 것은 곧 진영 소생의 '웅진'을 대신 태자로 세우기 위한 사전조치에 해당했다. 태자 건의 돈독한 신임을 받았던 오사에게는 불길한 조짐이었다. 실제로 진영에게 모든 것을 건 비무극은 태자 건의 일당을 모두 제거키로 작심하고 있었다. 태자 건이 성보로 내려간 이듬해인 기원전 522년 봄 2월, 비무극이 초평왕에게 태자 건과 오사를 싸잡아 무함키를, "태자 건과 오사가 무리를 이끌고 반기를 들려고 합니다. 제나라와 진나라가 그들을 도와 우리 초나라를 해치려 하고 있습니다. 그들의 계획은 이미 성사되었습니다."라고 했다.

초평왕이 이 말을 곧이듣고 오사에게 물었다. 오사가 초평왕을 비난했다. 초평왕이 오사를 감옥에 넣은 뒤 사람을 보내 태자 건을 죽이게 했다. 태자 건이 미리 알고 황급히 달아났다. 이해 3월, 태자 건이 송나라로 달아났다. 비무극이 오사의 자식들을 무함하자 초평왕이 오자서 형제를 체포키 위해 사람을 보냈다. 오사의 큰 아들 오상이 동생 오자서에게 말하기를, "너는 오나라로 가도록 해라. 나는 장차 도성으로 돌아가 죽을 생각이다. 나의 지혜는 너만 못하니 나는 죽어도 되지만 너는 살아남아 원수를 갚아야 한다. 내가 부친의 사면을 위해 노력하는 것은 효순孝順이고, 네가 일의 성패를 헤아려 행동하는 것은 인의仁義이다. 내가 죽을 줄 알면서도 피하지 않는 것은 용기勇氣이고, 네가 살아남아 복수를 하는 것은 명지明智이다. 부친을 버려둘 수 없고 명예 또한 버릴 수 없다. 함께 행동하느니 각자 갈 길을 걷는 게 낫다."고 했다.

오상은 혹여 부친인 오사를 살릴 수 있을까 하는 심경으로 명을 좇아 홀로 도성으로 갔다. 비무극은 오자서가 오지 않은 것을 보고 초평왕에게 속히 오자서를 체포키를 청했으나 오자서는 이미 종적을 감춘 뒤였다. 오사와 오상 부자는 저자에서 처형당했다. 당시 오자서는 당초 오나라로 망명하려다가 태자 건이 송나라로 망명했다는 사실을 상기하고 곧 송나라 쪽으로 방향을 돌렸다. 오자서가 송나라로 가 태자 건을 만났다. 당시 송나라는 매우 어지러웠다. 오자서는 태자 건 일행을 이끌고 송나라를 떠나 정나라로 갔다. 정정공鄭定公은 초나라 태자 건이 망명해 왔다는 기별을 받고 크게 기뻐했다. 정정공은 이들에게 공관을 내주고 부족함이 없이 뒤를 돌봐주었다. 태자 건과 오자서가 도움을 청하자 정정공이 반문키를, “우리 정나라는 군사가 많지 못하오. 두 분이 원수를 갚을 생각이면 왜 진晉나라로 가 이를 상의치 않는 것이오?”라고 했다.

태자 건은 오자서를 정나라에 남겨 두고 친히 진나라로 갔다. 『오월춘추』와 『사기』「오자서열전」에 따르면 당시 진경공晉頃公이 태자 건에게 제의키를, “태자는 정나라에 있고 정나라 또한 태자를 신임하고 있소. 태자가 만일 능히 내응하여 나의 정나라 토벌을 도와주면 내가 정나라를 태자에게 봉지로 내리도록 하겠소.”라고 했다. 태자 건을 첩자로 활용해 장차 정나라를 초나라에서 떼어내 진나라 세력권 안으로 끌어들이고자 한 것이다. 태자 건이 이를 수락하고 정나라로 돌아온 뒤 진나라를 위해 첩자 노릇을 하다가 이내 죽임을 당하고 말았다. 『춘추좌전』「노애공 16년」조는 기록키를, “태자 건이 송나라에 내란이 일어나자 난을 피해 정나라로 갔다. 정나라가 그에게 매우 잘 대해 주었다. 그러나 그는 도움을 청하기 위해 진나라로 갔다가 정나라 습격을 모의했다. 내막을 모르는 정나라가 처음과 같이 매우 잘 대해 주었다. 이때 진나라 사람이 첩자를 보내 태자 건과 접선케 했다. 첩자는 태자 건과 거사 일시를 약정한 뒤 태자 건에게 곧 진나라로 돌아올 것을 청했다. 당시 태자 건은 자신의 영지에서 포학한 짓을 일삼았던 까닭에 영지의 사람들이 이미 그를 고발해 놓은 상황이었다. 정나라 관원이 그의 집에 도착해 조사를 벌이던 중 진나라 첩자를 발견하게 되었다. 이에 곧 태자 건을 죽여 버렸다.”고 했다.

「오자서열전」과 『오월춘추』는 정정공이 자산과 협의해 태자 건을 죽인 것으로 기록해 놓았으나 『춘추좌전』에는 그런 언급이 전혀 없다. 자산이 개입했는지 여부와 상관없이 당시 태자 건은 결과적으로 거사를 제대로 일으키지도 못한 채 ‘첩자’의 오명만 뒤집어쓰고 비명횡사한 셈이다. 이와 관련해 『열국지』는 오자서가 태자 건의 진나라 첩자 행보를 적극 만류한 것으로 기록해 놓았다. 그러나 『사기』와 『춘추좌전』은 물론 『오월춘추』에도 이를 뒷받침할 만한 대목을 찾을 길이 없다. 오자서의 전후 행보에 비춰 이를 방조 내지 묵인했을 공산이 크다.

태자 건이 주살을 당할 때 황급히 태자 건의 아들 공자 승을 이끌고 정나라 도성을 빠져나온 게 이를 뒷받침한다. 태자 건의 '첩자' 행보가 이내 들통나리라는 것을 예상치 못했던 것이다. 태자 건의 복수 대상은 부왕인 초평왕이 아니라 비무극이었다. 이에 반해 오자서는 복수의 초점을 초평왕에게 맞추고 있었다. 강도가 훨씬 높았던 것이다. 이후 오나라로 망명한 뒤 훗날 오나라 왕 합려闔廬로 즉위하는 공자 광光을 부추겨 보위를 탈취토록 사주한 사실이 이를 뒷받침한다. 속히 거점을 확보코자 한 것이다. 정나라에 있을 때도 비슷한 심경이었을 것으로 보는 게 옳다. 태자 건의 '첩자' 행보를 방조 내지 묵인하는 차원을 넘어 사주했을 가능성도 배제할 수 없다.

「오자서열전」과 『오월춘추』는 오자서가 공자 승을 데리고 오나라로 망명하는 과정을 나름 상세히 기록해 놓았다. 『열국지』의 내용은 『오월춘추』를 거의 그대로 옮겨 놓은 것이다. 적잖은 사람들이 『열국지』의 영향으로 인해 오자서가 오나라로 도주하는 과정에 빚어지는 여러 일화를 역사적 사실로 알고 있다. 그러나 대부분의 다른 사서에는 나오지 않는 내용이다. 원래 『오월춘추』는 「오자서열전」의 내용을 많이 베낀 것이다. 「오자서열전」에 따르면 당시 오자서는 공자 승과 함께 도주할 때 정나라의 추병追兵들이 가까이 쫓아오자 이내 공자 승과 함께 단둘이 달아나게 됐다. 장강에 이르렀을 때 고기잡이 노인인 어부漁父 한 사람이 배를 몰고 있었다. 그는 오자서가 매우 급한 것을 알고 배를 태워 주었다. 오자서가 보검을 풀어 사례코자 했으나 어부가 사양했다. 역사소설에 가까운 『오월춘추』는 여기에 민간에 전해오는 여러 일화를 덧붙여 놓았다. 이에 따르면 오자서는 오나라에 도착한 후 머리를 풀고 미친 척하며, 맨발을 하고, 얼굴에 흙을 칠하고, 거리에서 구걸하는 모습을 보였다. 여기서 나온 성어가 오시취소吳市吹簫이다. 오자서가 피리를 불며 구걸한 데서 나온 이 성어는 훗날 나그네가 여비가 떨어져 길거리에서 구걸하는 것을 뜻하는 말로 전용되었다. 말할 것도 없이 민간전설에서 나온 성어이다.

『춘추좌전』과 『사기』는 오자서가 훗날 오왕 합려가 된 오나라 공자 광光과 만나게 된 과정에 대해 입을 다물고 있다. 「오자서열전」은 기록키를, "오자서가 걸식을 하며 오나라에 도착했다. 당시 오왕 요가 바야흐로 군사를 크게 일으키고자 했다. 이에 공자 광이 장수가 되었다. 오자서는 이내 공자 광을 통해 오왕 요를 만나게 됐다."고 했다. 『춘추좌전』에는 이런 대목조차 없다.

『오월춘추』는 관상을 잘 보는 시장을 관할하는 관원인 시리市吏가 오자서의 비상한 면모를 알아보고 이내 오왕 요僚에게 천거했고, 오왕 요는 오자서와 더불어 3일 동안이나 이야기하며 크게 탄복했고, 뒤늦게 이 사실을 안 공자 광은 오자서를 이용해 보위를 찬탈할 심산으로 오자서의 계책을 적극 저지하고 나서는 것으로 되어 있다. 공자 광의 소개로 오왕 요를 만났다는 「오자서열전」의 기록과 반대된다. 전후 맥락에 비춰볼 때 『오월춘추』의 기록이 오왕 요와의 회동 장면을 실어 놓은 『춘추좌전』의 기록과 부합한다. 『춘추좌전』에는 「오자서열전」에 생략돼 있는 오자서와 오왕 요의 회동 장면이 실려 있다. 이에 따르면 당시 오자서는 오왕 요를 만나자 초나라 공벌의 이점을 자세히 설명했다. 이때 곁에 있던 공자 광이 말하기를, "오자서의 제의는 자신의 부형이 살육 당한 것을 보복키 위한 것입니다. 그의 말을 좇을 수는 없습니다."고 했다. 오자서가 물러나오면서 독백키를, "공자 광은 장차 딴 뜻을 품고 있다. 잠시 저 사람을 위해 용사勇士를 구해 준 뒤 나는 교외에서 때를 기다려야 하겠다."고 했다. 그리고는 이내 자객 전제專諸를 공자 광에게 추천한 뒤 자신은 교외로 가 농사를 지었다.

이에 대해 『춘추좌전』은 오자서가 공자 광에게 전제를 소개한 사건이 오거와 오상이 저자에서 참수를 당한 기원전 522년 봄에서 불과 반년 밖에 지나지 않은 이해 여름에 일어난 것으로 기록해 놓았다. 일이 매우 급속하게 진행됐음을 짐작케 해주는 대목이다. 결국 오자서는 전제를 이용해 오왕 요를 제거한 뒤 공자 광을 오왕 합려로 옹립하는 데 성공했다. 그러나 그는 합려의 뒤를 이은 오왕 부차夫差와 갈등을 빚다가 결국 비참한 최후를 맞이하게 됐다. 「오자서열전」을 비롯한 사서는 백비의 무함에 따른 것으로 기록해 놓았다. 이게 백비를 '민고의 간신'으로 낙인찍는 데 결정적인 역할을 하고 있다.

그러나 이는 재검토를 요한다. 「오자서열전」의 기록이 『춘추좌전』의 내용과 사뭇 다르기 때문이다. 오자서를 '만고의 충신'으로 평가하는 기존의 견해는 크게 4가지 점에서 의문을 낳고 있다. 첫째, 부차는 왜 구구절절이 옳은 오자서의 간언을 받아들이지 않은 것일까 하는 점이다. 오자서의 간언을 듣지 않은 부차는 암군으로 읽히기 십상이다. 실제로 「오자서열전」 등은 그런 식으로 묘사해 놓았다. 그러나 주의할 대목은 패망한 나라의 군주와 신하는 거의 예외 없이 '암군'과 '간신'의 전형으로 나온다는 점이다. 부차와 백비가 이에 해당한다. 혹여 이들 3인에 대한 인물 형상은 암군과 간신, 충신이라는 고정된 틀 속에서 인위적으로 주조된 것은 아닐까? 그런 혐의가 짙다.

둘째, 부차는 왜 오자서를 제나라에 사자로 보낸 것일까 하는 점이다. 나아가 오자서는 제나라에 사자로 가면서 무슨 이유로 자식을 데리고 가 친구에게 맡긴 것일까 하는 점도 의문이다. 「오자서열전」 등은 이 모든 것이 오자서를 제거하려는 백비의 간계에 의한 것으로 그려 놓았다. 그러나 오자서가 제나라 사자로 갈 때는 이미 부차와 오자서의 갈등이 극에 달했을 때였다. 부차가 직접 오자서를 지목해 보냈을 가능성은 없는 것일까? 한 발 더 나아가 오자서가 자발적으로 원했을 가능성은 없는 것일까? 『춘추좌전』의 다음 기록은 오자서가 사자를 자처했을 가능성을 시사하고 있다.

"오자서가 제나라에 사자로 가서는 아들을 포씨에게 부탁했다." 원문은 '자서사어제子胥使於齊, 촉기자어포씨屬其子於鮑氏'이다. '자서사어제' 구절은 자서가 사자를 자처했음을 뜻한다. 자서가 주어가 되어야 뒷문장인 '촉기자어포씨'의 해석이 자연스럽게 이어진다. 만일 부차가 백비의 사주 또는 독자적인 판단으로 오자서를 제나라에 사자로 보냈다면 '사使'를 사역동사로 사용해 '오왕사자서어제吳王使子胥於齊'로 표현해야 한다. 실제로 「오자서열전」이 바로 이처럼 표현해 놓았다. '아'와 '어'가 다르듯이 이는 하늘과 땅만큼의 차이가 있다.

「오자서열전」은 왜 『춘추좌전』에 분명히 '자서'가 주어로 나오고 있는데도 불구하고 이를 완전히 뒤집어 '오왕'을 주어로 만든 것일까? 오자서를 미화코자 하는 의도가 반영된 것이 아닐까? 그것도 아니면 오자서를 극도로 미화한 항간의 이야기를 아무런 검토도 없이 그대로 실은 것으로 해석할 수밖에 없다. 이같이 해석해야만 오자서가 굳이 자식을 데리고 가 지인인 제나라 대부 포씨에게 맡긴 배경을 짐작할 수 있게 된다. 다른 나라에 사자로 가는 사람이 자식을 데리고 가는 것은 극히 이례적인 일이다. 예나 지금이나 비상식적인 일이기는 마찬가지다. 이는 은밀히 이뤄졌을 가능성을 시사한다. 해방 직후 좌우가 극렬히 대립하는 가운데 살해위협에 시달린 여운형은 은밀히 자식을 북한으로 보낸 바 있다. 오자서도 비슷한 심경에서 이와 유사한 행보를 한 것으로 짐작된다.

셋째, 오자서는 왜 죽는 순간에 오나라의 패망을 단언하며 저주를 퍼부은 것일까 하는 점이다. 억울한 죽음을 당한다는 울분 때문이었을 것이다. 사마천을 비롯한 후대의 사가들 모두 그렇게 생각했다. 부차가 선왕의 일등공신인 무고한 오자서를 죽음으로 내몰았다고 본 것이다. 과연 그럴까? 「오자서열전」에 나오는 백비의 언급에 그 해답이 있다. 골자는 다음과 같다.

"오자서는 위인이 굳세고 사나운 강포剛暴의 모습을 보이고 있는 까닭에 너그럽지 못합니다. 자신과 다른 의견을 가진 사람을 원망하고 시기하는 것이 마치 적을 대하듯이 하는 까닭에 장차 큰 화를 빚을까 두렵습니다. 지금 대왕이 거듭 제나라 토벌을 행하려는 마당에 오자서는 줄곧 거칠게 간하는 강간强諫을 하며 반대하고, 출병을 저지하고 있습니다. 한낱 오나라가 패하는 것으로 자신의 계책이 옳았음을 증명코자 할 따름입니다. 지금 대왕이 국가총력을 기울여 무력으로 제나라를 토벌하려고 하는데 오자서만 홀로 나서서 이를 저지하고 있습니다. 대왕은 이를 대비하지 않으면 안 될 것입니다. 제가 사람을 보내 은밀히 알아보게 했더니 그는 제나라에 사자로 가서 자식을 제나라의 포씨에게 부탁한 사실이 드러났습니다. 무릇 신하가 된 자로서 안에서 뜻을 얻지 못했다고 하여 밖에서 다른 나라 제후에게 몸을 의탁코자 한 것입니다. 스스로 선왕의 모신謀臣이라고 생각했는데 이제 자신의 계책이 받아들여지지 않는다고 생각해 늘 한탄하며 미워하는 앙앙원망鞅鞅怨望

을 하고 있습니다. 원컨대 대왕은 미리 대비키 바랍니다."

오자서가 직선적인 성격으로 인해 강포하며 너그럽지 못한 모습을 보인 것은 사실이다. 견해가 다른 사람을 마치 적을 대하듯이 대했을 공산이 크다. 오왕 부차가 제나라를 토벌코자 한 것은 선왕인 합려의 뒤를 이어 패업을 완수코자 한 데서 나온 것이다. 월왕 구천은 뒤에서 부추기며 이를 활용한 것이지 제나라 토벌의 의지도 없는 부차를 꼬드겨 그리 만든 것은 아니다. 구천이 와신상담하여 그 틈을 노리고 있다는 사실을 간과한 것은 커다란 실수이나 그가 제나라를 토벌해 명실상부한 중원의 패자가 되고자 한 것 자체를 탓할 수는 없는 일이다.

신하가 군주를 설득키 위해서는 반드시 먼저 신임을 얻어야 한다. 그래야 설득이 가능하다. 그렇지 않으면 오히려 오해를 사기 십상이다. 공자는 『논어』「자장」편에서 언급키를, "군자인 신하는 군주에게 간할 때 반드시 신뢰를 받은 이후에 간한다. 신뢰받지 못한 채 간하면 군주는 자신을 비방한다고 여긴다."라고 했다. '간언'이 지니고 있는 이중성을 통찰하고 있는 것이다. '때리는 시어미보다 말리는 시누이가 더 밉다.'는 우리말 속담이 바로 이를 지적한 것이다. 신뢰받지 못한 사람의 중재와 충고는 오히려 더 역효과를 낳을 수 있다. 공자는 단지 군주의 '오해'를 언급하는 데 그쳤으나 사실은 목숨을 잃을 소지가 더 크다. 한비자의 경고가 그것이다. 그는 『한비자』「세난」편에 오자서처럼 잘못된 설득방법을 택한 자들의 위험성을 두고 경고키를, "신하가 간하면서 군주가 아무래도 그만두지 못할 일을 억지로 그만 두도록 간하면 곧 목숨이 위태롭다."라고 했다.

오자서는 주군인 부차의 신임을 얻은 후 차분히 설득할 생각을 하지 않고 오직 '강간'이라는 극단적인 수단으로 설득코자 한 것이다. 오만했다고 평할 수밖에 없다. 한비자는 후대인들이 오자서의 '강간' 행보를 극찬하는 것에 대해서도 의구심을 떨치지 못했다. 그 저의가 불순하다는 것이다. 『한비자』「식사」는 경고키를, "신하된 사람이 군주에게 오자서가 충성을 다해 간하다가 죽임을 당한 것을 칭송하는 것은 자신의 '강간'을 변명키 위한 구실에 지나지 않는다."고 했다.

사마천을 비롯한 대다수의 사가들은 이를 백비의 무함으로 규정했으나 오히려 정반대로 볼 필요가 있다. 실제로 백비가 지적한 내용이 모두 역사적 사실에 부합한다. 오자서는 스스로 당대의 모신謀臣이라고 생각했음에도 주군인 부차는 전혀 그리 생각지 않은데서 비극이 시작된 셈이다. 백비가 지적한 것처럼 오자서는 자신의 계책이 받아들여지지 않는 것에 대로해 늘 '앙앙원망'했을 공산이 크다.

다른 무엇보다 오자서의 행보 중 가장 문제가 되는 것은 제나라에 사자로 가면서 자식을 제나라의 포씨에게 맡긴 점이다. 백비가 사람을 은밀히 파견해 제나라에 사자로 간 오자서의 행보를 감시한 대목은 액면 그대로 믿기 어렵다. 아무리 은밀히 했을지라도 오나라 사람 중 누군가는 그가 출발할 때 자식을 은밀히 대동한 채 제나라로 간 것을 본 사람이 있었을 것이다. 설령 「오자서열전」의 내용처럼 백비가 사람을 은밀히 파견해 오자서의 행보를 감시했을지라도 이를 크게 탓할 일은 아니다. 다양한 정보망을 통해 사행使行의 행보를 감시하는 것은 예나 지금이나 별반 다를 바가 없기 때문이다. 이는 지엽적인 것에 지나지 않는다.

보다 중요한 것은 자식을 적국인 제나라에 맡겨 놓은 데 있다. 이는 모두 오자서의 머리에서 나온 것이다. 그가 오나라를 '조국'으로 생각지 않았음을 암시한다. 오나라 사람의 입장에서 볼 때 이는 '매국' 행보에 해당한다. 오자서는 당대의 '모신'인 자신을 알아주지 않는 주군을 원망한 나머지 이런 짓을 저지른 셈이다. '기려지신'의 한계일 수도 있다. '신하가 된 자로서 안에서 뜻을 얻지 못했다고 하여 밖에서 다른 나라 제후에게 몸을 의탁코자 한 것이다.'라는 백비의 지적은 정곡을 찌른 것이었다. 사마천을 비롯한 후대의 사가들이 무엇을 근거로 백비가 오자서를 '무함'했다고 단언하고 나선 것인지 알 길이 없다.

그가 자진하기 직전 '가래나무' 운운하며 오나라의 패망을 단언한 대목은 후대인이 덧붙여 놓은 '허구'일 가능성이 크다. 실제로 『오월춘추』는 여기에 살을 더 붙여 매우 극적으로 그려 놓았다. 이게 사실이라면 그는 '소인'이라는 지적을 면키 어렵다. 자신의 간언이 받아들여지지 않으면 조용히 물러나는 게 '군자'의 행보다. 백비와 오자서에 대한 기존의 평가는 「오자서열전」에 토대한 것이다. 그러나 이미 검토한 것처럼 이는 사마천이 역사적 사실과 동떨어진 항간의 이야기를 마치 역사적 사실인 양 기록해 놓은 데 따른 것이다. 백비와 오자서에 대한 재평가가 요구되는 이유다.

오자서는 당대의 충신임에 틀림없다. 그러나 안타깝게도 주군을 설득하는 방법이 크게 미욱했다. 자신과 의견이 다른 사람을 포용치 못하는 협량狹量, 자신이 세운 공에 대한 지나친 자부심, 주군을 강압적으로 설득코자 하는 무모함, 자부심의 상처를 스스로 치유치 못한 '앙앙원망' 등이 그렇다. 실제로 이는 그 자신의 불행으로 그치지 않고 오나라를 패망으로 이끄는 배경으로 작용했다. 주군인 부차가 '암군', 같은 기려지신이자 동병상련의 상대방인 백비가 '만고의 간신'으로 몰리게 된 것도 바로 이 때문이다. 결국 그는 뛰어난 책사로 활약했음에도 이런 결점 등으로 인해 자신은 물론 주변 사람과 오나라마저 모두 패망케 만들었다.

2. 부차夫差

부차는 부왕인 오왕 합려闔廬와 함께 오나라의 패업을 이룬 인물이다. 그의 등장은 부왕인 오왕 합려의 어처구니없는 죽음에서 비롯된다. 『춘추좌전』 등 여러 사서의 기록에 따르면 당시 기원전 496년 여름, 합려가 대군을 이끌고 가 월나라를 쳤다. 당시 월왕은 한때 합려와 대립했던 윤상允常이 죽고 그의 아들 구천句踐이 즉위해 있었다. 곧바로 영격에 나선 구천은 지금의 절강성 가흥현인 취리檇李에서 오나라 군사와 대치케 되었다. 사가들은 오월 간의 우열이 뒤바뀌게 된 이 싸움을 두고 취리지역檇李之役이라고 부른다.

'취리지역' 당시 구천은 오나라의 군진이 정연한 것을 보고 곧바로 결사대를 구성해 출동시켰다. 그러나 두 차례에 걸쳐 출정한 결사대 모두 포로가 되고 말았다. 구천이 최후수단으로 죄수들로 구성된 결사대를 조직했다. 이들 죄인 결사대는 각자 자신의 목에 칼을 겨누고 3열로 줄을 지어 전진했다. 이들은 전진하면서 "우리는 군령을 어겨 두 번 다시 병사가 될 수 없다. 이제 감히 죽음으로써 속죄코자 한다."고 했다. 이들이 차례로 자진하자 오나라 군사들이 입을 벌리고 이 신기한 광경을 구경했다. 이 사이 월나라 군사가 일제히 진공해 오나라 군사를 대파했다.

이때 월나라 대부 영고부靈姑浮가 창으로 오왕 합려를 공격했다. 합려가 엄지발가락에 부상을 입고 황급히 달아났다. 영고부는 합려의 신발 한 짝을 노획했다. 합려는 퇴각하던 중 취리에서 7리가량 떨어진 오나라의 형陘 땅에서 숨을 거두었다. 오왕 합려의 아들 부차夫差가 보위에 오른 뒤 사람을 궁정에 세워두고는 출입할 때마다 반드시 자신에게 이같이 말하게 했다. "부차야, 너는 월왕이 너의 부친을 죽인 것을 잊었느냐?" 그러면 부차는 늘 대답키를, "아닙니다, 어찌 감히 잊을 수가 있겠습니까."라고 했다. 이같이 3년을 보낸 뒤 부차는 드디어 출병하여 월나라에 보복케 되었다. 부차와 구천의 악연이 여기서 시작됐다. 이 와중에 합려를 도와 오나라의 패업을 완성한 오자서는 부차의 미움을 사 이내 자진하는 비운의 주인공이 됐다. '만고의 충신' 오자서와 오왕 부차의 왜곡된 전설이 만들어지게 된 것도 바로 여기서 시작됐다.

당초 합려 즉 공자 광光의 조부인 오왕 수몽壽夢에게는 4명의 아들이 있었다. 제번諸樊과 여채餘祭, 여말餘昧, 계찰季札이 그들이다. 공자 광은 제번의 아들이다. 수몽은 임종 전에 4명의 아들을 병상 앞에 불러 놓고 이같이 당부키를, "너희 형제 중 계찰이 가장 인자하다. 그가 보위에 오르면 반드시 우리 오나라가 번영할 것이다. 내가 계찰에게 여러 번 내 뒤를 이을 것을 권했으나 그는 그때마다 사양했다. 내가 죽은 뒤 제번은 훗날 보위를 여채에게 전하고, 여채는 여말, 여말은 계찰에게 차례대로 보위를 전하도록 하라. 결코 보위를 자신의 자식에게 전해서는 안 된다. 내 말을 어기는 자는 불효자다. 하늘도 그를 돕지 않을 것이다."라고 했다. 제번은 부왕의 명을 좇아 보위에 오른 뒤 줄곧 보위를 계찰에게 양보코자 했다. 그때마다 계찰이 사양했다. 이내 가산을 모두 주변 사람에게 나눠준 뒤 농사를 지었다. 제번이 더 이상 권하지 못한 이유다. 오왕 제번은 죽을 때 동생 여채에게 보위를 물려주었다. 공자 광도 조부인 수몽의 유언으로 인해 무슨 말을 할 처지가 못 되었다. 여채는 계찰을 연릉延陵에 봉했다. 이후 계찰은 연릉계자延陵季子로 불렸다. 여채 사후 여말이 보위를 이었다.

『열국지』는 이때 여말이 계찰을 상국相國으로 삼자 계찰이 백성을 편히 하기에 힘썼다고 기술해 놓았다. 다른 사서에 나오지 않는 이야기이다. 보위를 거부했던 계찰이 상국의 자리를 받아들였다는 것은 아무래도 이상하다. 다만 『사기』「오세가」와 『춘추좌전』에 여말 즉위 직후 계찰이 여말의 특사가 되어 중원의 제후국들을 두루 빙문한 사실에 비춰볼 때 상국에 준하는 역할을 수행하며 여말을 적극 돕고 나선 것만은 확실하다. 여말도 죽기 전에 동생 계찰을 불러 보위를 넘겨주고자 했다. 계찰이 또 사양한 뒤 봉지인 연릉으로 들어가 은둔했다. 오나라 대부들이 여말의 아들 주우州干를 옹립했다. 주우는 보위에 오르자마자 자신의 이름을 요僚로 고쳤다.

사실 이는 문제가 있었다. 보위를 4남인 계찰에 이르도록 하라는 수몽의 유언이 계찰의 거부로 3남인 여말로 끝났다면 장남인 제번의 아들인 공자 광이 보위에 오르는 게 상식에 부합했다. 그런데 이를 따르지 않은 것이다. 이때 마침 오나라로 망명한 오자서가 공자 광을 만나 오왕 요를 척살하는 계책을 구사하게 됐다. 『춘추좌전』에 따르면 당시 공자 광과 자객 전제는 오왕 요를 척살키 위해 7년 동안 기다리는 인내심을 보였다. 오자서 역시 이 기간 동안 교외로 가 농사를 지으며 때를 기다렸다.

기원전 515년 봄, 오나라 군사가 초나라의 국상을 틈타 초나라를 쳤다. 초나라에서는 한 해 전에 오자서의 원수인 초평왕이 죽고 진영 소생의 어린 왕자 웅진이 그 뒤를 이어 초소왕楚昭王으로 즉위해 있었다. 당시 오왕 요는 친동생인 공자 엄여掩餘와 공자 촉용燭庸 등에게 명해 주력군을 이끌고 가 지금의 안휘현 곽산현인 잠潛나라를 포위케 했다. 오나라가 그 사이 상당한 무력을 비축했음을 반증한다. 이어 막내 숙부인 당대의 현자 계찰季札를 시켜 중원의 제후국을 빙문케 했다. 무력전과 외교전을 동시에 펼친 것이다.

오나라 군사의 침공 소식을 들은 초소왕은 곧 좌우에 명해 대군을 이끌고 가 잠 땅을 구원케 했다. 좌사마 심윤沈尹 술戌이 도성을 호위하는 초왕의 친병을 이끌고 응원에 나섰다. 도중에 오나라 군사와 지금의 안휘성 곽구현인 궁窮 땅에서 조우했다. 뒤이어 좌윤 극완郤宛 등이 군사를 이끌고 잠 땅에 이르자 오나라 군사는 진퇴양난의 궁지에 몰리게 되었다. 이 소식을 들은 공자 광이 곧바로 전제를 사주했다. 『춘추좌전』「노소공 27년」조에 따르면 기원전 515년 4월, 오나라의 공자 광이 무장한 갑사들을 지하실인 굴실窟室에 숨겨둔 채 오왕 요를 초청해 연회를 베풀었다. 오왕 요는 갑사들을 양쪽 길가에 배치해 자신을 호위케 했다. 호위행렬이 공자 광의 집 대문까지 이어졌다. 공자 광의 집 대문과 계단, 방문, 연회석 등도 오왕 요의 친병들로 가득 차게 되었다. 좌우 양쪽에는 양날이 있는 작은 칼인 이른바 '피鈹'를 든 갑사가 그를 호위했다. 음식을 나르는 자들은 문밖에서 다른 옷으로 갈아입은 뒤 무릎으로 기어 연회석 안으로 들어가야 했다. '피'를 든 갑사들이 양쪽에서 감시했다. 음식을 나르는 자들은 몸에 '피'의 날이 거의 닿을 정도의 위치에서 음식을 식탁에 올리는 자에게 건네야 했다.

이때 공자 광이 문득 발이 아프다는 핑계를 대고 지하실로 들어갔다. 이틈을 타 전제가 물고기 요리 속에 칼을 감추고 들어갔다. 오왕 요에 가까이 다가간 후 문득 물고기 배를 갈라 비수를 뽑아들고는 순식간에 오왕 요를 찔렀다. 오왕 요가 그 자리에서 즉사했다. 전제도 곧바로 호위병들이 휘두른 '피'를 맞고 죽었다. 공자 광은 매복해 있던 군사들을 동원해 오왕 요의 무리를 모두 섬멸한 뒤 보위에 올랐다. 『춘추좌전』과 『국어』 등은 공자 광의 보위에 오른 직후 명칭을 '합려闔廬'로 바꿨다고 기록해 놓았다. 때는 기원전 517년 여름이었다.

이때 초나라에서는 간신 비무극이 좌윤 극완郤宛을 무함해 사지로 몰아넣는 일이 빚어졌다. 극완의 무리로 몰린 백씨 일족이 사방으로 도주했다. 이 과정에서 백비가 오나라로 망명했다. 극완을 죽음으로 몰아넣는 데 일조한 영윤 낭와囊瓦에 대한 비난여론이 들끓었다. 이해 가을 9월, 영윤 낭와가 비무극을 잡아 죽였다. 비난을 화살을 피하기 위한 것이었다.

이로부터 5년 뒤인 기원전 512년, 오나라와 초나라가 마침내 정면충돌을 벌이게 됐다. 이 사이 진나라 현대부 숙향의 일족이 권력투쟁에서 패해 완전히 궤멸됐다. 권신들 간의 세력다툼으로 인해 진나라는 이미 중원의 패자로서의 위세를 잃고 있었다. 초나라라고 특별히 나을 것도 없었다. 영윤 낭와를 비롯한 고관들이 시종 뇌물을 밝히며 주변국들의 반발을 자초했다. 오왕 합려가 이틈을 타 마침내 천하를 호령케 됐다.

이에 앞서 오나라로 망명한 백비는 오자서의 천거로 합려를 만난 뒤 이내 그의 지은知恩을 입어 태재의 자리까지 오르게 됐다. 합려가 백비를 기특하게 여겨 대부로 삼은 뒤 오자서와 함께 군국대사를 논의케 했다. 이때 오나라 대부 피리被離가 오자서에게 묻기를, "그대는 어찌하여 백비를 단 한 번밖에 보지 못했는데 그토록 신임하는 것이오?"라고 했다. 오자서가 대답키를, "나의 원한이 백비와 같기 때문이오. 옛날 노래 중에 같은 병을 앓는 사람이 서로 위로한다는 취지의 동병상련同病相憐과 같은 우환을 겪는 사람은 서로 구원한다는 뜻의 동우상구同憂相救 구절이 있소. 그 누가 자신이 가까이 하는 것을 사랑치 않고 자신이 애틋해 하는 것을 애련히 여기지 않겠소?"라고 했다. 여기서 인구에 회자하는 '동병상련'과 '동우상구'의 성어가 나왔다. 피리가 충고키를, "그대는 지금 그의 겉만 보고 이야기하고 있소. 어찌하여 그의 속셈을 살피지 않는 것이오? 그의 관상을 보건대 그는 매처럼 노려보고 호랑이 걸음을 걷고 있소. 이는 온통 공을 추구하여 멋대로 사람을 죽이는 성정이오. 가까이 해서는 안 되오."라고 했다. 응시호보鷹視虎步 성어가 여기서 나왔다. 당시 오자서는 피리의 충고를 듣지 않고 백비와 함께 합려를 섬겼다.

백비는 오자서와 호흡을 같이 하며 합려를 패자로 만드는 데 결정적인 공헌을 했다. 그러나 합려의 급작스런 죽음 이후 오왕 부차가 즉위하면서 갈등이 빚어졌다. 『춘추좌전』과 『사기』 모두 합려의 차자인 부차가 어떻게 해서 태자로 낙점 받게 되었는지 침묵하고 있다. 『오월춘추』는 오자서가 결정적인 공을 세운 것으로 묘사해 놓았다. 오자서가 부차에게 군주를 두렵게 만드는 위세를 떨친 신하로 각인된 근본 배경이 여기에 있다. 이것이 이후 부차로 하여금 오자서를 '토사구팽'의 대상으로 삼게 만드는 요인으로 작용했다. 불행하게도 부차 역시 오자서 사후 이내 패망으로 치닫고 말았다.

『춘추좌전』은 부차가 목을 매어 자진하자 월나라 군사가 그의 시신을 끌고 귀국했다고 기록해 놓았다. 부차를 정중히 장례 지냈다는 「월왕구천세가」의 기록과 커다란 차이가 있다. 「월어」와 「월왕구천세가」는 부차가 목숨을 구걸할 당시 구천이 매우 관후한 모습을 보인 것으로 묘사해 놓았으나 이를 액면 그대로 믿기 어렵다. 객관적으로 볼 때 부차는 '왕도에 가까운 패도'를 추구하다가 끝내 패망하고 말았다. 구천을 살려준 게 그 증거다. 이는 관중에 의해 정립된 바 있는 '왕도에 가까운 패도'의 시대가 끝났음을 반증한다. 부차는 '왕도에 가까운 패도'의 시대가 끝나고 바야흐로 수단방법을 가리지 않고 패권을 차지하는 시대가 찾아왔다는 사실을 간과한 나머지 끝내 패망하고 말았다. 진시황이 사상 처음으로 건립한 진제국이 15년 만에 무너지면서 군웅이 할거를 하며 패권을 다툰 초한지제楚漢之際 당시, 기선을 제압하고도 끝내 패망하고야 만 초패왕 항우와 사뭇 닮아 있다. 항우는 봉건질서가 완전히 소멸되었는데도 불구하고 이를 제대로 간취하지 못하고 천하질서를 거꾸로 되돌리려다가 스스로 무너지고 말았다. 부차와 마찬가지로 천하대세의 흐름을 제대로 읽지 못하고 일시적인 승리에 도취한 나머지 끝내 패한 셈이다.

이에 반해 '와신상담'으로 천하의 패권을 장악한 구천은 진제국에 이어 사상 두 번째로 천하를 통일한 한고조 유방과 매우 닮았다. 유방은 부차처럼 화려한 겉모습에 치중하며 내실을 기하지 못한 항우가 방심한 틈을 노려 마침내 천하의 주인이 되었다. 항우는 책사 범증范曾의 거듭된 간언에도 불구하고 홍문鴻門의 연회에서 유방을 제거할 수 있는 절호의 기회를 흘려보냈다. 부차가 회계산 싸움에서 결정적인 승리를 거두고도 오자서의 간언을 물리친 채 구천을 살려준 것과 닮았다. 그 결과는 참담했다. 항우 또한 부차와 마찬가지로 장탄식을 하며 회한어린 삶을 마감해야만 했다. 그러나 수단방법을 가리지 않고 성취한 구천의 패업은 과연 따를 만한 것일까? 오랜 세월을 두고 많은 사람들이 이를 문제 삼았다. 21세기 현재까지도 그 정답은 나와 있지 않다. 앞으로도 계속 논란거리로 남을 것이다.

3. 범리范蠡

범리는 월왕 구천을 보필해 패업을 완성한 당대의 전략가이다. 많은 사람들이 '범리'를 '범려'로 읽고 있으나 '려蠡'는 사람 이름으로 쓰일 때 '리'로 읽는 게 맞다. 범리는 같은 시기 오왕 합려를 섬긴 오자서와 더불어 당대의 책사에 해당한다. 오자서와 범리 역시 크게 보면 현신賢臣의 범주에 넣을 수 있다. 후한 초기의 조엽이 쓴 『오월춘추吳越春秋』와 같은 시기에 원강 및 오평이 지었다는 『월절서越絶書』가 바로 이런 입장에 서 있다. 『월절서』「편서 외전기」의 "오자서와 범리는 과연 어떤 사람인가? 오자서는 용감하며 지혜로웠고, 바르며 믿음이 있었다. 범리 또한 지혜롭고 밝았다. 이들 모두 '현신'이다."는 구절이 이를 뒷받침한다.

실제로 오자서와 범리가 없었다면 오나라와 월나라 모두 패업을 이루기가 어려웠을 것이다. 후대의 사가들이 오월의 역사를 두 사람의 활약을 중심으로 바라본 이유다. 『오월춘추』는 상대적으로 오자서, 『월절서』는 범리에 초점을 맞춘 게 약간 다르기는 하나 내용은 대동소이하다. 이는 두 사람의 '현신' 행보가 그만큼 뛰어났음을 방증한다. 범리는 자신을 낮추고 상대를 높여 방심을 유도하는 데 매우 능했다. 그는 오나라를 완전 제압하기 위해 부국강병에 더욱 박차를 가했다. 『오월춘추』에 따르면 논밭을 개간하는 백성들에게 세금과 부역을 감면해 주고 길쌈을 장려하는 등 먼저 부민富民을 이루는 데 만전을 기했다. 그는 인구를 늘리는 데에도 세심한 주의를 기울였다. 17세에 이른 여자는 반드시 시집을 보내고 남자는 20세가 되면 혼인을 시켰다. 이를 어기는 부모는 엄한 벌을 내렸다. 부부가 아들을 낳으면 술 2동이와 개 1마리를 상으로 내렸고, 딸을 낳으면 술 1동이와 돼지 1마리를 주었다. 둘째와 셋째를 계속해서 낳으면 더 많은 포상을 했다. 월나라의 인구는 급격히 늘어난 배경이다.

외교에도 신경을 썼다. 제나라와 동맹을 맺고, 초나라와 가까이 지내며, 진晉나라는 상국으로 모시고, 오나라는 시종 충성스런 모습을 보여 방심토록 만들었다. 장기적인 안목의 심모원려가 돋보이는 대목이다. 오나라와 정면승부를 겨루는 것이 국가존망과 직결돼 있다는 사실을 통찰한 결과로 볼 수 있다. 『오월춘추』「월어」에 따르면 범리는 부국강병의 방략을 묻는 구천의 질문에 대답키를, "먼저 지도地道를 따라야 합니다. 그래야 만물이 때를 잃지 않게 됩니다. 대지는 만물을 육성하고, 이로써 인간의 삶을 가능케 합니다. 남자는 경작하고 여자는 직물을 짜는 남경여직男耕女織을 장려하여 창고를 충실하게 해야 합니다. 그러면 백성이 부유해질 것입니다. 이어 인도人道를 행해 천하의 인재를 고루 기용하고, 천도天道를 좇아 때가 오기를 기다려야 합니다. 오나라에도 장차 틈이 생길 것입니다. 만일 오나라의 인사에 빈틈이 없고, 천시 또한 아직 순환할 조짐을 보이지 않으면 우리는 백성들을 다독이며 천시와 인사가 맞아떨어지는 때가 오기를 기다려야만 합니다."라고 했다.

구천이 오나라에서 귀국한 지 4년이 되던 해인 기원전 486년, 구천이 다시 범리에게 오나라에 복수하는 게 가한지 묻자 범리가 반대했다. 시기상조라는 게 이유였다. 1년이 지난 후 다시 물었으나 대답은 마찬가지였다. 또 다시 1년이 지났으나 반응은 여전했다. 또 다시 1년이 지났을 때 구천이 묻기를, "나는 매번 그대와 함께 오나라 공벌에 관해 논의했소. 그대는 그때마다 아직 때가 오지 않았다고 했소. 지금 오나라는 크게 흉년이 들어 곡식의 종자조차 남아나지 않았소. 이제야말로 오나라를 칠 시기가 도래한 게 아니겠소?"라고 했다. 범리가 대답키를, "하늘의 감응이 나타난 게 사실입니다. 그러나 재난이 아직 극에 달하지 않았습니다. 대왕은 조금 더 인내심을 갖고 기다리십시오."라고 했다. 구천이 화를 내며 묻기를, "지난번에 그대는 천시가 아직 오지 않았다고 말했소. 지금 하늘의 감응이 이뤄졌다고 하면서 또 다시 재난이 극에 달하지 않았다고 말하는 것은 무슨 뜻이오?"라고 했다. 범리가 대답키를, "하늘과 사람과 땅의 징조가 모두 드러난 뒤에야 비로소 성공을 기대할 수 있습니다. 지금 오나라는 거듭 흉년을 만나 민심이 크게 흔들리고 있습니다만 문제는 오나라의 군신 상하가 이런 사실을 익히 알고 있는데 있습니다. 지금 싸우면 저들은 죽기를 각오하고 대적할 것입니다. 의도적으로 우리의 허점을 보여 저들을 방심토록 만들어야 합니다. 민력이 고갈돼 오나라 백성들의 원성이 하늘을 찌를 때 비로소 징벌을 가할 수 있을 것입니다."라고 했다.

이해 가을에 이르자 구천이 다시 질문하자 범리가 마침내 대답키를, "설령 군왕이 말하지 않았을지라도 출병을 청할 생각이었습니다. 제가 듣건대 '시기를 실 보식하는 사람은 마치 도망자를 추적하는 것처럼 신속히 행동한다.'고 했습니다. 급히 뒤를 쫓아도 쫓아가지 못할까 걱정인데 어찌 조금이라도 지체할 수 있겠습니까?"라고 했다. 구천이 크게 기뻐하며 곧바로 총동원령을 내렸다. 당시 객관적으로 볼 때 무력 면에서 오나라가 한 수 위였다. 만일 정면으로 부딪쳤을 경우 월나라는 참패를 면치 못했을 것이다. 이는『춘추좌전』의 기록을 보면 쉽게 알 수 있다.

이에 따르면 기원전 482년 여름 6월 12일, 구천은 부차가 황지의 회맹을 성사시키기 위해 오나라의 정예군을 이끌고 출정한 틈을 노려 마침내 군사를 두 길로 나눠 진군했다. 월나라 대부 주무여疇無餘와 구양謳陽이 남로군南路軍을 이끌고 먼저 오나라 도성의 교외에 이르렀다. 당시 오나라 도성은 태자 우友와 왕자 지地, 왕손 미용彌庸과 수어요壽於姚 등이 지키고 있었다. 이들은 오나라 도성 부근을 흐르는 홍수泓水의 강변에서 월나라 군사의 움직임을 세밀히 관찰했다. 이때 왕손 미용이 월나라 군내에 있는 지금의 절강성 용유현인 고멸姑蔑 땅의 깃발을 보고는 말하기를, "저것은 나의 부친의 깃발이다. 원수를 보고도 죽이지 않는 것은 잘못이다."라고 했다. 일찍이 미용의 부친은 월나라의 포로가 되었는데 이때 깃발도 함께 월나라 군사의 손에 들어갔다. 태자 우가 만류키를, "만일 우리가 월나라 군사와 싸워 승리하지 못하면 도성이 적의 손에 떨어지게 되니 그대는 잠시 구원병이 올 때까지 기다리도록 하오."라고 했다. 그러나 왕손 미용은 이를 듣지 않고 곧바로 휘하 군사 5천 명을 이끌고 출전했다. 이에 왕자 지도 그를 돕기 위해 출전했다.

이해 6월 21일, 왕손 미용이 월나라 군사와 일전을 겨뤄 대승을 거두었다. 왕손 미용이 월나라 대부 주무여를 사로잡고 왕자 지는 구양을 사로잡았다. 당시 오나라 도성에는 늙고 병약한 군사들만이 남아 있었다. 그럼에도 첫 전투에서 월나라의 선봉을 무찌르는 승리를 거둔 것이다. 오나라의 무력이 얼마나 막강했는지를 반증한다. 그러나 월왕 구천이 대군을 이끌고 오자 상황이 바뀌었다. 왕자 지가 급히 뒤로 물러나 도성을 지켰다. 다음날인 6월 22일, 양군이 다시 교전케 되었다. 이는 첫날 전투에서 대승을 거둔 오나라 군사가 월나라 군사를 얕잡아본 데 따른 것이었다. 결과는 참패였다. 태자 우를 비롯해 왕손 미용과 수어요 등이 모두 포로로 잡혔다가 이내 목이 달아났다. 6월 23일, 월나라 군사가 오나라 도성으로 입성했다.『오월춘추』는 이때 월나라 군사들이 지금의 강소성 소주시 서남쪽 고소산에 세워진 거대한 규모의 고소대姑蘇臺를 불태웠다고 기록해 놓았다.

오나라 사자가 급히 오왕 부차에게 달려가 이 사실을 전했다. 회맹을 코앞에 둔 부차는 중원의 제후들이 이 소식을 들을까 크게 두려워한 나머지 친히 칼을 빼어 패보를 전한 오나라 사자 7명의 목을 장하帳下에서 베어버렸다. 이해 가을 7월 7일, '황지의 회맹'이 거행됐다. 부차가 진나라에 앞서 삽혈歃血함으로써 형식상 천하의 패자가 되었다. 부차는 비록 회맹을 강행해 중원의 패자가 되었지만 오나라의 중요한 지역들을 이미 월나라에게 빼앗겼다는 급보에 놀라 황급히 회군했다. 근거지를 잃은 오왕 부차의 주력군은 식량과 무기, 전쟁 물자가 턱없이 부족하여 제대로 전투를 치룰 수 없었다. 월왕 구천도 단숨에 오나라를 무너뜨릴 수 없다는 판단했다. 이해 겨울, 오나라가 월나라와 강화했다. 구천이 곧바로 군사를 이끌고 철군했다.

이때까지도 무력은 오나라가 앞서 있었다. 그런데도 오나라는 3년 뒤 멸망하고 말았다. 명실상부한 천하의 패자로 군림하기 위해 힘을 엉뚱한 데 소진한 후과였다. 기원전 478년, 월나라 군사가 지금의 상하이시 북쪽 오송강인 입택笠澤에서 부차의 주력군을 궤멸시켰다. 3년 뒤인 기원전 475년, 월나라 대군이 오나라의 대부분을 점령하고 마지막으로 부차가 농성하는 오성吳城을 포위했다. 범리의 계책을 좇은 결과다. 독 안의 쥐 신세가 된 부차는 고소산으로 물러나 배수진을 친 뒤 왕손 낙雒을 보내 강화를 청했다. 지난날 자신이 회계산에서 월왕 구천에게 보인 관용을 이번에는 자신에게도 베풀어 달라는 요구였다. 구천이 이를 받아들이려고 하자 범리가 반대했다.

왕손 낙이 돌아가 부차에게 이를 보고했다. 이때 범리가 직접 북을 치며 왕손 낙의 뒤를 쫓아 진병했다. 이로써 오나라는 멸망하고 말았다. 이상이 『국어』「월어」의 내용이다. 『사기』「월왕구천세가」의 내용도 대략 동일하다. 이때 구천은 부차를 가련하게 생각해 곧 사자를 부차에게 보내 전하기를, "나는 그대를 용동甬東에 안치할 생각이오. 시봉할 사람으로 군의 부부에게 각각 3백여 가家를 내리도록 하겠소. 이로써 군이 일생을 편히 마치도록 돕고자 하는데 어찌 생각하시오?"라고 했다. '용동'은 지금의 절강성 정해현 동쪽에 있는 작은 해도海島를 말한다. 부차가 이를 사양한 뒤 마침내 칼 위에 엎드려 죽었다. 『춘추좌전』은 부차가 목을 매어 죽은 것으로 기록해 놓았다.

「월왕구천세가」는 구천보다 범리에 초점을 맞춰 기술돼 있다. 「월어」에 나오지도 않는 구천의 '토사구팽'을 수록해 놓은 게 그 증거다. 그의 '토사구팽' 행보는 수단방법을 가리지 않고 성취한 패업의 의미를 퇴색케 만드는 데 결정적인 배경으로 작용하고 있다. 그러나 이는 동시에 오나라 패망 직후 미련 없이 구천의 곁을 떠남으로써 '토사구팽'의 마수를 벗어난 범리의 현명한 처신을 더욱 돋보이게 만드는 대목이기도 하다. 「월어」에 따르면 범리의 사의 표명은 오나라 패망 직후에 이뤄졌다. 그는 월나라 군사가 오나라 도성에서 철수하자 곧바로 사의를 표했다. 구천이 간곡히 만류했으나 범리가 말하기를, "군왕은 군왕의 법령을 집행토록 하십시오. 저는 제 뜻대로 일을 해나갈 것입니다."라고 했다. 그리고는 작은 배에 올라 오호 사이에서 노닐다가 이내 종적을 감췄다. 이 소식을 들은 구천이 곧 장인들에게 명해 범리의 상을 주조케 한 뒤 대부들에게 명하여 범리의 상에 예를 올리게 했다. 이어 회계를 둘러싼 3백 리의 땅을 베어 범리의 봉지로 삼고는 선언키를, "나의 후손 중 그 누구일지라도 범리의 봉지를 침범하는 자는 이국의 타향에서 죽음을 맞게 하라. 하늘과 땅의 신령이 모두 나의 이 맹서를 증명해 줄 것이다."라고 했다.

이는 「국어」의 맨 마지막에 나오는 일화이기도 하다. 여기서 주목할 것은 구천이 범리에게 만일 멋대로 떠나면 범리는 물론 그의 처자식까지 모두 죽여 버리겠다고 협박한 대목이다. 원래 대공을 세우면 즉시 물러나는 게 현명하다. 「월왕구천세가」는 범리가 월나라를 떠나기 직전 대부 문종에게 서신을 보내 '토사구팽'의 위험성을 경고한 일화를 실어 놓았다. 문종에게 보낸 서신에 "옛날 말에 날렵한 새를 모두 잡으면 좋은 활은 쓸모가 없게 되고, 교활한 토끼를 모두 잡으면 사냥개를 삶아 먹는다고 했소. 월왕은 긴 목에 까마귀 입을 한 이른바 장경오훼長頸烏喙의 상을 하고 있어 환난을 같이 할 수는 있어도 즐거움을 함께 할 수 없는 인물이오."라는 내용이 있었다. 문종이 이 서신을 보고는 이내 병을 칭하며 입조하지 않았다. 그러자 사람들이 그를 무함했다. 마침내 구천이 문종에게 검을 보내며 말하기를, "그대는 과인에게 오나라를 토벌할 수 있는 7술七術을 가르쳐 주었소. 과인은 그 중 3가지 술책을 구사해 마침내 오나라를 멸할 수 있었소. 나머지 4가지 술책은 그대가 아직 구사하지도 않고 있소. 그대는 나의 선왕들을 위해 지하에서 나머지 술책을 구사해 주기 바라오."라고 했다.

결국 문종은 이내 자진하고 말았다. 이에 대해 『오월춘추』와 『월절서』는 7술이 아닌 '9술'로 기술해 놓았다. 과연 '9술'은 무엇을 말하는 것일까? 『월절서』에 따르면 첫째는 하늘을 존중하고 신령을 섬기는 존천사귀尊天事鬼, 둘째는 뇌물을 사용해 적국 군신 사이를 이간하는 중재유군重財遺君, 셋째는 곡물을 대거 수입해 적국의 식량창고를 비게 하는 적속공방糴粟空邦, 넷째는 미인계를 구사해 적국 군신의 마음을 어지럽히는 유미형지遺美熒志, 다섯째는 궁궐 등을 호화롭게 꾸며 재물을 낭비케 하는 기궁진재起宮盡財, 여섯째는 간신을 적극 활용해 정벌을 쉽게 만드는 귀기유신貴其諛臣, 일곱째는 충신을 궁지에 몰아넣어 자살케 만드는 강기간신彊其諫臣, 여덟째는 부국강병을 도모하는 방부비기邦富備器, 아홉째는 은밀히 무력을 비축했다가 적의 폐해가 누적됐을 때 일거에 치는 갑병승폐甲兵乘弊이다.

그렇다면 문종이 구사했다고 하는 3가지 술책은 과연 무엇일까? 천하미인 서시西施를 활용한 '유미형지'와 백비를 이용한 '귀기유신' 및 오자서를 죽음으로 몰아넣은 '강기간신'이 이에 해당한다. 그러나 『오월춘추』와 『월절서』의 내용에 따르면 사실 나머지 6가지 술책을 모두 구사했다고 보는 게 옳다. '7술'과 '9술' 모두 후대인들이 만들어낸 것에 지나지 않는다. 큰 틀에서 볼 때 '9술'은 작은 일에 불과하다. 보다 중요한 술책이 있다. 그것은 바로 적국으로 하여금 자고자대自高自大하도록 만드는 것이다. 『도덕경』이 역설했듯이 모든 만물은 가득 차면 기울기 마련이다. 사람은 특이하게도 스스로를 낮추기도 하지만 스스로 천하제일인 양 우쭐대는 자고자대의 모습을 보이기도 한다. 스스로를 학대하는 자학自虐이 아니라면 스스로를 낮추는 자비自卑는 매우 바람직하다. '자비'의 행보를 견지하는 한 계속 채울 수가 있기 때문이다. 이것이 창조 및 발전의 동인이 되는 것은 말할 것도 없다.

이에 반해 '자고자대'는 패망의 길이다. 천하의 모든 것을 다 거머쥐었다고 생각하는 까닭에 더 이상의 노력을 기울이지 않게 된다. 부차가 바로 이 길을 걸었다. 당시 천하의 패자임을 확인한 황지 회맹은 겉만 화려하고 실속은 하나도 없는 외화내빈의 전형에 해당했다. 더 황당한 것은 절치부심하며 칼을 갈고 있던 구천을 자신의 충실한 신복臣僕으로 착각한 데 있다. 구천은 일국의 군주로 군림하면서 단지 부차에게 신하의 예를 다할 것을 약속했을 뿐이다. 그런데도 부차는 구천이 이전처럼 자신의 말이나 끌던 시절의 모습을 계속 견지할 것이라고 착각한 것이다. 이러고도 패망하지 않는 게 이상한 일이다. 자고자대의 후과에 해당한다.

주목할 것은 『사기』「화식열전」 및 『사기』「월왕구천세가」에 나오는 도주공陶朱公의 일화이다. 이에 따르면 월왕 구천을 떠난 범리는 이내 변성명變姓名을 하여 제나라의 도陶 땅으로 들어가 거만의 재산을 모으게 됐다. 그가 바로 '도주공'이다. 이 일화는 『국어』「월어」는 물론 『오월춘추』와 『월절서』에도 나오지 않는 것이다. 『사기』「화식열전貨殖列傳」과 「월왕구천세가越王句踐世家」에 범리가 거만의 재산을 모으게 된 배경이 소상히 소개돼 있다.

「화식열전」에 따르면 범리는 월왕 구천을 도와 패업을 완성한 뒤 이내 작은 배를 타고 강호江湖를 떠다니다가 제나라로 들어갔다. 치이자피鴟夷子皮로 이름을 바꾼 뒤 도陶 땅에 정착하자 사람들이 그를 주공朱公으로 불렀다. '도주공'이 된 범리는 도 땅이 천하의 중심에 위치한 까닭에 사방의 제후국과 긴밀히 통해 있고, 재화가 활발히 교역되고 있는 것을 알아챘다. 곧 장사에 나서자마자 재화를 사서 쟁여두었다가 시세가 좋을 때 파는 수법으로 거만의 재산을 모았다. 덕분에 19년 동안 모두 3번에 걸쳐 천금의 재산을 모으는 모습을 보였다. 앞서 2번은 가난한 친구들과 먼 형제친척들에게 재산을 모두 나눠주었다. 나중에 1번은 나이가 들어 노쇠해진 까닭에 자손들에게 사업을 맡겨 재산을 모았다. 자손들 역시 생업을 잘 관리하고 몸집을 키워 재산이 수만금에 이르게 되었다. 많은 사람들이 부자를 말할 때 으레 '도주공'을 예로 드는 것은 바로 이 때문이다.

「월왕구천세가」에는 재산이 수만금에 이르게 된 이후의 일화가 실려 있다. 이에 따르면 도주공 즉 범리는 도 땅에 살 때 막내아들을 낳았다. 막내가 청년이 될 무렵, 둘째 아들이 사람을 죽여 초나라 감옥에 갇혔다. 도주공이 말하기를, "살인했으면 죽어 마땅하다. 그러나 내가 듣건대 재력가의 아들은 처형당하지 않는다고 했다."라고 했다. 이어 막내아들을 시켜 살피게 하면서 황금 1천 일鎰을 가져가게 했다. 헝겊 자루에 넣어 한 대의 마차에 실었다. 막내아들을 막 보내고자 할 때 큰아들이 자원했다. 만류하자 자진自盡코자 했다. 부인의 설득으로 도주공이 할 수 없이 장남을 보냈다. 편지 한 통을 써서 오랜 친구인 장선생莊先生에게 건네주게 하면서 당부키를, "그곳에 도착하면 장선생 댁에 이 황금 1천 일을 갖다드려라. 그가 하는 대로 따르고 절대 논쟁하지 마라."라고 했다.

장남은 떠날 때 자신도 수백 금의 황금을 따로 챙겼다. 초나라에 이르자 장선생 집은 외성 벽에 붙어 있었다. 명아주풀숲을 헤치고 겨우 문 앞에 당도해 보니 거처가 매우 빈한했다. 장남은 부친의 말씀대로 편지와 황금 천 일을 건네주었다. 장선생이 말하기를, "어서 빨리 떠나거라. 절대 머물러 있지 마라. 동생이 나오거든, 절대 그 까닭을 묻지 마라."고 했다 장남은 떠난 이후 장선생을 방문하지 않고 몰래 머물렀다. 그는 자신이 따로 가져간 황금을 초나라의 실력자에게 바쳤다. 장선생은 비록 빈민촌에서 살고 있을지언정 청렴결백이 온 나라에 알려져 있어 초왕 이하 모든 사람들이 그를 스승처럼 존경했다. 그는 주공이 보내온 황금을 갖고 싶어서 받은 것이 아니다. 일이 성사된 후 돌려주고 신용을 나타내고 싶어 했다. 황금이 이르자 부인에게 말하기를, "이는 도주공의 것이오. 내가 병들어 죽어 미리 도주공에게 건네주지 못하더라도, 그대는 잊지 말고 돌려주도록 하시오. 절대 손대지 마시오."라고 했다.

도주공의 장남은 이를 모르고 황금이 별다른 작용을 못한 것으로 짐작했다. 그러나 장선생은 적당한 때 입궐해 초왕에게 대사령을 내리도록 했다. 초왕이 장선생의 말을 듣고는 사자를 시켜 금, 은, 동의 세 창고를 봉쇄시켰다. 뇌물을 받은 그 실력자는 깜짝 놀라 도주공의 장남에게 말하기를, "왕이 대사령을 펼 것이오."라고 했다. 도주공의 장남이 그 배경을 묻자 실력자가 대답키를, "왕이 매번 대사령을 할 때는 늘 그 세 창고를 봉쇄시켰소. 어제 밤에 대왕이 사자를 보내 봉쇄시키셨다고 하오."라고 했다. 도주공의 장남은 대사면이 있다면 동생은 당연히 나올 텐데 장선생에게 보낸 황금은 별 의미도 없게 돼 아깝다고 여겨졌다. 이내 장선생을 다시 찾아가자 장선생은 그가 황금을 다시 가져가고 싶어 하는 것을 알고 이내 황금을 돌려주었다. 장남이 곧바로 들어가 황금을 갖고 떠나면서 크게 기뻐했다. 장선생은 주공의 장남에게 배신당한 것을 수치로 여겼다. 이내 입궐해 조현한 뒤 건의키를, "신이 저번에 별의 움직임에 관해 말씀 드리자 대왕은 덕을 베풀어 보답코자 했습니다. 이제 제가 밖에서 들으니 오가는 사람들이 '도주공의 아들이 살인을 저질러 갇혔는데 황금으로 대왕의 측근을 매수했고, 이번 대사면은 백성을 아끼기 때문이 아니라 주공의 아들 때문이다.'라고 수근거립니다."라고 했다. 초왕이 대로한 나머지 곧바로 판결을 내려 둘째 아들을 처형시켰다. 그리고 그 다음날에서야 대사령을 내렸다.

도주공의 장남은 동생의 시신을 지니고 돌아가는 수밖에 없었다. 모친과 마을 사람들이 모두 슬퍼

했으나 주공만은 웃으며 말하기를, "나는 큰애가 동생을 죽음에 이르게 할 줄 원래부터 알았다. 그가 동생을 사랑하지 않아서가 아니라, 단지 아까워서 돈을 쓸 줄 몰랐기 때문이다. 큰애는 어려서부터 나와 함께 고생을 했고, 살기 위해 고난을 겪었으므로, 함부로 돈을 쓰지 못한다. 그러나 막내는 태어나면서부터 내가 부유한 것을 보았고, 좋은 마차와 말을 타고 다니며 사냥이나 하고 다녔으니 돈이 어떻게 생기는 줄 알기나 하겠는가? 쉽게 돈을 쓰고, 아까워하지 않는 이유다. 저번에 내가 막내를 보내려 했던 것은 그가 돈을 아까워하지 않기 때문이다. 큰애는 그리 하지 못해 동생이 죽은 것이다. 이치가 이러하니 슬퍼할 것도 없다. 나는 밤낮으로 둘째 아이의 시신이 도착하기를 기다렸다."라고 했다.

월왕 구천을 도와 패업을 이루게 한 뒤 망명하여 '도주공'의 명성으로 거만의 부를 쌓은 범리의 삶은 한 편의 드라마를 연상시킨다. 절세가인 서시西施와 함께 망명해 자식을 낳는 등의 온갖 설화가 수천 년이 지난 21세기 현재까지 계속 만들어지고 있는 현실이 그렇다. 「월왕구천세가」에 나온 일화가 보여주듯이 돈은 버는 것도 중요하지만 제대로 쓰는 게 더욱 중요하다. 여기서 도주지부陶朱之富 성어가 나왔다. 3번에 걸쳐 천금千金의 재산을 모아 이른바 '3치천금三致千金'의 칭송을 받은 도주공처럼 부를 쌓는 것을 말한다.

이 일화는 사마천이 「월왕구천세가」를 편제하면서 항간에 나돌던 일화를 그대로 수록한 것으로 보인다. 당시 범리와 함께 오랫동안 세인의 관심을 끈 것은 서시西施의 행방이다. 그간 수많은 일화가 만들어졌으나 크게 두 가지로 요약된다. 첫째, 오나라가 멸망할 때 구출되기는 했으나 미녀는 나라의 재앙이 된다는 이유로 구천 내지 범리의 손에 죽었다는 '피살설'이다. 둘째, 애인 범리와 함께 국외로 탈출해 여생을 행복하게 보냈다는 '도피설'이다. 강남 일대의 풍토기인 『오지기吳地記』가 대표적인 작품에 해당한다. 여기에서 서시는 부차에게 보내지기 전에 이미 범리와 사랑에 빠져 있었고, 오나라가 멸망하자 다시 범리의 품에 안기게 되었고, 범리가 벼슬을 내놓자마자 곧바로 함께 멀리 달아난 것으로 되어 있다.

중국인은 오랫동안 해피엔딩으로 끝나는 '도피설'을 더 좋아했다. '도피설'은 사마천이 활약한 전한 초기에 이미 널리 유포돼 있었다. 이는 범리가 서호에서 일엽편주를 타고 표표히 사라졌다는 전설에 살을 더 붙인 것이다. 「월왕구천세가」의 일화는 당대의 거부로 변신한 범리의 부인이 과연 누구인지에 대해 입을 다물고 있다. 호사가들은 서시가 틀림없다고 주장한다. 그리 간주할지라도 큰 무리는 없다. 사마천은 『사기』「화식열전」에서 도주공으로 변신한 범리의 삶을 이같이 요약해 놓았다.

"범리는 19년 간 3차례에 걸쳐 천금의 재산을 모았다. 두 번은 가난한 친구들과 고향에 있는 형제들에게 나눠주었다. 군자는 부유하면 덕을 즐겨 행한다는 게 바로 이를 말한 것이다. 나중에 그가 노쇠해지자 자손들에게 일을 맡겼다. 자손들이 잘 관리하며 이자를 불리자 재산이 수만금에 이르게 되었다. 부자를 말할 때 모두 도주공을 언급하는 이유가 여기에 있다."

당시 사마천이 '도주공 일화'를 역사적 사실로 간주했는지 여부는 자세히 알 길이 없다. 그러나 해당 일화가 수천 년 동안 인구에 회자하면서 많은 사람들이 이를 역사적 사실로 간주한 것만은 확실하다. 아직도 많은 사람들이 『삼국연의』의 내용을 역사적 사실인 양 간주하고 있는 것과 닮았다. 실제로 범리에 관한 일반인들의 존경심이 삼국시대의 제갈량에 버금한다.

4. 구천句踐

월왕 윤상의 아들로 춘추5패春秋五霸의 마지막 패자이다. 여기에는 당대의 책사인 범리의 공이 컸다. 대표적인 일화가 와신상담臥薪嘗膽 고사이다. 「월왕구천세가」는 '와신상담' 행보가 누구의 머리에서 나온 것인지를 기록해 놓지 않았다. 『국어』「월어」는 비록 '와신상담' 일화를 실어 놓지는 않았으나 '와신상담' 계책 역시 범리의 계책에서 나왔을 가능성을 시사한다. 구천은 춘추시대에 명멸한 이른바 '춘추5패'의 마지막 패자에 해당한다. 그러나 객관적으로 볼 때 춘추시대에 패자로 칭할 만한 사람은 결코 5명에 그치지 않았다. 나아가 5명으로 한정할지라도 과연 누구를 5명의 명단에 집어넣는가 하는 문제가 남는다. 예로부터 이에 관해 많은 논란이 있었다. 이에 관해 21세기 현재까지도 합의된 바가 없다.

'춘추5패'와 관련해 『사기』를 비롯한 사서와 『순자』 등의 제자백가서 모두 그 내용이 다르다. 제환공齊桓公과 진문공晉文公에 대해서는 이론의 여지가 없다. 문제는 나머지 3명이다. 후한의 반고가 편제한 『백호통의白虎通義』는 진목공秦穆公과 초장왕楚莊王, 오왕 합려闔閭를 들었다. 여기서 문제가 되는 것은 진목공이다. 진목공은 진문공 사후 일시 커다란 위세를 떨쳤으나 남방의 강자 초나라를 제압한 적이 없다. 중원의 제후들을 모두 제압했다고 보기도 어렵다. 천하를 호령한 시기 역시 매우 짧다. 주왕실이 그를 서백西伯으로 인정한 이유다. 그를 '춘추5패'의 일원으로 꼽은 것은 문제가 있다.

『맹자』에 최초로 주석을 가한 후한의 조기趙岐는 「고자 하」편에 나오는 '춘추5패'의 명단에 진목공, 초장왕, 송양공宋襄公을 들었다. 전국시대 말기에 나온 『여씨춘추』도 같은 입장이다. 이는 송양공을 '춘추5패'의 일원으로 끼워 넣은 점에서 『백호통의』보다 더 큰 문제를 안고 있다. 당시 송양공은 단 한 번도 중원의 제후들로부터 '패자'로 인정받은 적이 없다. 실력이 너무 미약했기 때문이다. 실제로 송양공은 '패자'의 기본조건인 실력을 갖추지 못했다. 춘추시대의 '패자'가 되기 위한 대전제는 막강한 '무력'이다. 후대의 성리학자들은 그의 '인仁'을 높이 평가했으나 이는 정치를 도덕의 잣대로 재단한 것에 불과하다. 맹자가 '춘추5패'를 질타한 상황에서 일면 인의仁義의 상징으로까지 칭송한 송양공을 '5패'의 일원으로 뽑은 것은 자가당착이다.

반고의 『한서』는 진목공과 송양공을 동시에 꼽은 점에서 가장 큰 문제를 안고 있다. 중원의 패자를 자처한 진나라를 제압한 초장왕을 뺀 게 가장 큰 문제다. 맹자의 '왕도'에 입각해 인물을 선정한 결과다. 다만 눈길을 끄는 것은 오왕 부차夫差를 지목한 점이다. 이는 나름 일리가 있으나 그를 꼽을 경우 반드시 월왕 구천까지 함께 거론하는 게 타당하다. 진목공과 송양공을 모두 빼고 오왕 부차와 월왕 구천을 끼워 넣는 게 합리적이다. 그런 점에서 『순자』와 『묵자』가 제환공과 진문공을 비롯해 초장왕과 오왕 합려 및 월왕 구천을 든 것은 역사적 사실에 가장 부합한다.

오월이 천하를 호령하는 춘추시대 후기는 이른바 '오월시대'로 특정할 수 있다. 합려가 초나라 도성을 점령하는 기원전 506년부터 전국시대가 시작되는 기원전 403년까지 1백 년의 기간이 이에 해당한다. 사서는 오나라를 병탄한 월왕 구천이 사망하는 기원전 465년 이후 월나라가 천하의 패권을 계속 장악했는지 여부에 관해 침묵을 지키고 있다. 여러 기록을 종합해 볼 때 구천 사후 천하는 일종의 핵분열 양상을 일으킨 것으로 관측된다. 이 어간에 진나라가 3분되는 일이 빚어진 게 그 증거다. 순자가 오왕 합려와 월왕 구천을 '5패'의 일원으로 삽입시킨 것은 바로 '오월시대'의 이런 특징을 간취한 결과로 볼 수 있다. 역사적으로 볼 때 '오월시대'는 춘추시대가 전국시대로 넘어가는 과도기에 해당한다. 월왕 구천이 바로 '오월시대'의 대미를 장식한 장본인에 해당한다.

『열국지』는 『오월춘추』에 나오는 내용을 토대로 구천이 부차의 밑으로 들어가 치욕을 감수하며 후일을 기약한 일화를 상세히 묘사해 놓았다. 이에 따르면 오왕 부차는 구천이 오나라에 온 지 3년째 되자 구천을 용서해 주고자 하는 마음이 일어났다. 구천 일행을 사면할 생각으로 태재 백비를 불러 상의하자 백비가 대답키를, "대왕이 은덕을 베풀면 구천이 어찌 감히 보답치 않겠습니까?"라고 했다. 부차가 곧 태사에게 명해 구천을 방환할 날을 정하게 했다. 이 소식을 들은 오자서가 급히 부차에게 달려와 간하기를, "하나라는 은나라 탕왕에게 징벌을 당하고, 은나라는 주나라 무왕에 의해 멸망했습니다. 지금 대왕이 이미 구천을 잡아 놓고도 죽이지 않고 있으니 저는 대왕의 미혹이 매우 심하다고 생각합니다. 어찌 하나라 걸과 은나라 주의 화난이 없다고 하겠습니까?"라고 했다. 부차는 이를 듣지 않았다.

얼마 후 부차가 병이나 자리에 눕게 되었다. 3달이 지나도록 차도가 없었다. 범리가 구천에게 건의키를, "오왕은 우리를 용서해 주기로 했다가 오자서의 말을 듣고 또 마음이 변했습니다. 그런 심약한 사람의 동정을 얻으려면 비상수단을 써야 합니다. 대왕은 문병을 가 그의 분변糞便을 받아 직접 맛본 뒤 병세가 점차 호전될 것이라고 말하고 쾌차할 날짜까지 덧붙이십시오. 그 말이 적중하기만 하면 무엇을 염려할 필요가 있겠습니까!"라고 했다. 구천이 이내 태재 백비를 통해 부차를 알현케 되었다. 마침 부차가 대소변을 보았다. 태재 백비가 이를 들고 밖으로 나오다가 방문 밖에서 구천과 만났다. 구천이 말하기를, "제가 대왕의 변을 보고 대왕 병세의 길흉을 판단해 보도록 하겠습니다."라고 했다. 그러고는 손으로 소변과 대변을 각각 떠서는 한 번씩 맛본 뒤 곧 안으로 들어가 말하기를, "대왕에게 축하의 말씀을 올립니다. 대왕의 병은 3월 임신일壬申日에 이르면 완전히 치유될 것입니다."라고 했다. 부차가 그 이유를 묻자 구천이 대답키를, "저는 일찍이 변을 통해 병세를 알아맞히는 사람으로부터 그 방법을 배운 적이 있습니다. 분변은 먹는 곡물의 맛을 좇아야 하니 시령時令의 원기元氣를 거스르는 사람은 곧 죽게 됩니다. 분변이 시령의 원기를 좇게 되면 곧 살아나게 됩니다. 지금 신이 개인적으로 대왕의 분변을 맛보았습니다. 대변의 맛은 쓰고 맵고 십니다. 이 맛은 봄과 여름 사이의 원기에 응하는 것입니다. 이로써 저는 대왕의 병세가 완전히 나을 것을 알 수 있었습니다."라고 했다. 부차가 크게 기뻐하며 좌우에 명하기를, "곧 구천을 석실에서 나와 궁궐로 옮겨 와 살도록 주선토록 하라. 내 병이 낫기를 기다려 월나라로 돌려보낼 것이다."라고 했다. 얼마 후 과연 부차의 병이 완쾌되었다. 여기서 병세를 알아본다는 핑계로 변을 맛보는 식의 아첨을 일삼는 문질상분問疾嘗糞, 변의 맛을 보고 주군의 환심을 산다는 상분득신嘗糞得信, 아첨하기 위해 변을 맛보는 것도 부끄러워하지 않는 자를 뜻하는 상분지도嘗糞之徒 등의 성어가 나왔다.

'문질상분' 일화는 와신상담臥薪嘗膽 일화와 더불어 구천이 행한 이른바 도광양회韜光養晦 행보를 상징하는 대표적인 일화에 해당한다. '도광양회'는 은밀히 어둠 속에서 칼을 가는 것을 말한다. 『사기』「월왕구천세가」에 따르면 당시 구천이 범리과 함께 월나라로 돌아온 것은 기원전 490년이었다. 그는 귀국한 후 오나라에 겪은 수모를 한시도 잊지 않았다. 자리 옆에 쓸개를 매달아 놓은 뒤 앉으나 누우나 이를 쳐다보고 음식을 먹을 때도 이를 핥았다. 그러고는 늘 "너는 회계산의 치욕을 잊었는가?"라고 질문하면서 스스로를 채찍질했다. 여기서 와신상담臥薪嘗膽 성어가 나왔다.

주목할 것은 문종이 토사구팽을 당한 시점이다. 『사기』는 구천이 '패왕'으로 불린 이후의 시기로 기록해 놓았다. 그러나 『열국지』는 그 이전의 일로 간주했다. 이는 토사구팽이 구천 25년인 기원전 472년의 1월 7일 이른 아침에 구천이 문종을 부른 데서 시작된 것으로 묘사해 놓은 『오월춘추』의 기록을 토대로 한 것이다. 『오월춘추』는 기록키를, "월왕 구천은 오나라를 멸망시킨 후 공을 세운 신하에게 한 치의 땅도 상으로 주지 않았다. 뿐만 아니라 지난날의 신하들을 경원했다. 옛 신하들은 점차 월왕 구천을 만나보기조차 어렵게 됐다. 문종도 내심 범리가 떠나기 전 자신에게 한 말을 상기하며 병을 핑계로 조회에 나가지 않았다."고 했다.

당시 범리는 왜 구천의 곁을 떠나고자 한 것일까? 구천의 잔혹한 면을 읽은 결과다. 그는 문종을 찾아가 함께 떠날 것을 권했으나 문종이 듣지 않았다. 범리는 떠나기 직전 문종에게 이런 내용의 서신을 보냈다.

"높이 나는 새가 흩어져 사라지면 좋은 활은 창고로 들어가고, 영리한 토끼가 사라지면 좋은 사냥개는 팽살烹殺당하고, 적국이 멸망하면 모신謀臣은 죽게 되는 법이오. 무릇 구천이라는 사람은 목이 길고 입이 튀어 나온 장경오훼長頸烏喙와 매의 눈초리에 이리의 걸음인 응시낭보鷹視狼步의 상을 하고 있소. 이런 상을 한 사람은 환난을 같이 할 수는 있어도 즐거움을 같이 나눌 수 없고, 모험을 함께 할 수는 있어도 더불어 안락을 즐길 수는 없소. 만일 그대가 그를 떠나지 않으면 그는 장차 그대를 죽이고 말 것이오."

'토사구팽'과 '조진궁장鳥盡弓藏' 성어가 나온 배경이다. 그러나 문종은 끝내 듣지 않았다. 범리가 은신한 지 얼마 안 돼 과연 구천이 문종을 불러 말하기를, "내가 듣건대 '적을 알기는 쉬워도 자기 편을 알기는 어렵다'고 했소. 그러니 내가 어찌 상국이 어떤 사람인지를 알 수 있겠소?"라고 했다. 문종이 대답키를, "신은 이미 여러 차례 간언을 올려 대왕의 심기를 거스른 바 있습니다. 그러나 신은 목숨을 아껴 할 말을 하지 않을 수는 없었습니다. 신은 이미 대왕의 속마음을 읽고 있었습니다."라고 말했다. 얼마 후 구천이 다시 문종을 불러들여 말하기를, "그대는 과인에게 오나라를 토벌할 수 있는 7술七術을 가르쳐 주었소. 과인은 그 중 3가지 술책을 구사해 마침내 오나라를 멸할 수 있었소. 나머지 4가지 술책은 그대가 아직 구사하지도 않고 있소. 그대는 나의 선왕들을 위해 지하에서 나머지 술책을 구사해 주기 바라오."라고 했다. 그러고는 안으로 들어가 버렸다. 문종이 물러나오며 탄식키를, "아, 사람들이 이르기를, '대은大恩은 보답 받을 수 없고, 대공大功은 포상 받을 수 없다'고 하더니 이는 대략 이런 상황을 말한 것이 아닌가? 나는 실로 범리의 계책을 듣지 않아 결국 월왕에게 이렇게 죽임을 당하고야 마는구나!"라고 했다. 결국 문종은 이내 자진하고 말았다. '토사구팽' 성어가 나온 배경이다.

새 왕조가 개창되거나 새 정권이 들어설 때마다 숱한 공신들이 토사구팽을 당했다. 이는 기본적으로 개국공신 내지 정난공신靖難功臣 세력의 발호를 두려워한 데서 비롯된 것이다. 바로 주군을 두려움에 떨게 만드는 진주지위振主之威 때문이다. 창업 초기는 반드시 토사구팽을 해야만 하는 것일까? 꼭 그런 것은 아니다. 창업공신 스스로 권력을 내놓고 편히 여생을 보내면 된다. 이를 거부하는 까닭에 어김없이 토사구팽이 빚어진 것이다. 창업 초기의 토사구팽을 획일적으로 매도할 수 없는 이유다. 구천도 예외가 될 수 없다.

5. 공자孔子

춘추시대 말기의 대학자로 유가儒家의 비조鼻祖이다. 노나라 장령 숙량흘叔梁紇의 서자로 이름은 구丘, 자는 중니仲尼이다. 그는 오왕 합려闔閭 및 부차夫差와 월왕 구천句踐이 천하의 우이牛耳를 놓고 치열한 각축전을 벌였던 이른바 오월시대吳越時代를 살았다. 당시 오월 양국은 오랫동안 중원의 패권국으로 군림했던 진晉나라와 남방의 전통적인 강국이었던 초楚나라를 제압하고 제후들을 호령했다. 이 시기를 흔히 '오월시대'라고 한다. '오월시대'는 춘추시대와 전국시대를 잇는 가교의 역할을 한 시기였다. 전국시대로 들어가면 춘추시대와 달리 패자覇者의 의미가 퇴색되고 제왕帝王의 의미가 강화되기 시작한다. 이는 천하 구도가 수많은 제후국들이 난립하는 구도에서 전국칠웅戰國七雄으로 불리는 소수의 강대국이 각축전을 벌이는 구도로 재편된 데 따른 것이기도 했다. 전국시대는 춘추시대에 나누어진 여러 제후국들이 서로 침략 전쟁을 벌인 기원전 403년부터 기원전 221년까지 약 180년간을 가리킨다.

공자가 활약하는 '오월시대'에 들어와 제후국들 사이에 전쟁이 빈발하고, 국내적으로도 내란이 꼬리를 물고 일어났다. 천자와 제후, 경대부, 사인의 신분적 위계질서가 엄정히 정해져 있던 봉건체제가 급속히 와해되기 시작한 이유다. 이는 주왕조의 통치조칙이 근원부터 무너지기 시작했음을 의미했다.

대부분의 나라에서 공실의 권력은 점차 경卿으로 불리는 대신들에게 빼앗기고, 다시 실권은 대신의 가신들 수중으로 넘어가고 있었다. 노나라는 이런 양상이 가장 먼저 나타난 대표적인 나라였다. 당시 열국의 중앙권력은 이미 붕괴되었고 제후들은 왕에게 단지 명목적인 충성만 하고 있었다. 그러나 제후들 가운데 일부는 가신의 손아귀에서 놀아나는 괴뢰에 불과했다.

이 와중에도 전래 문화가 잘 보존된 일부 국가가 있었다. 송나라와 공자의 고국 노나라가 대표적인 나라였다. 송나라는 은나라 말기의 현자인 미자微子 계啓의 봉국이다. 은나라의 개국조인 탕왕湯王의 제사를 모신 까닭에 주왕실로부터 특별한 대우를 받았다. 노나라 역시 약소국이면서도 강국의 손에 멸망되거나 병합되지 않고 전국시대 말기까지 유지되었다. 이는 당시 노나라가 왕조 창건의 공헌자인 주공周公의 나라이고, 동시에 옛 전통의 요람으로 여겨진 사실과 무관치 않았다. 『춘추』가 다루고 있는 기원전 722년에서 481년 사이에 노나라가 침략을 받은 것은 고작 21회에 불과한 사실이 이를 웅변한다. 10년에 1번꼴로 전쟁이 일어난 셈이다. 당시 거의 모든 나라가 매해 평균 1번꼴로 다른 나라와 전쟁을 치른 것과 대조된다.

당시 노나라는 이른바 3환三桓이 장악하고 있었다. 3환은 춘추시대 중기 이후에 노나라에서 정권을 장악한 세 가문을 말한다. 기원전 771년에서 697년 사이에 재위했던 노환공魯桓公이 낳은 경보慶父와 숙아叔牙 및 계우季友의 후예를 가리킨다. 이들은 삼형제의 자를 따서 가각 맹손孟孫, 숙손叔孫, 계손季孫으로 불렸다. 이들 가운데 가장 성공한 사람은 막내 계손씨였다. 계우는 합법적인 보위 계승자의 생명을 구하고 그 대가로 노나라 재상이 되어 큰 세력을 갖게 되었다. 이후 공자의 시대에 이르기까지 계손씨의 종주가 노나라 재상 자리를 계속 차지했다. 노나라 정권은 기원전 562년에 이르러 이들 3환에 의해 완전히 분할되고 말았다. 이를 3분공실三分公室이라고 한다. 기원전 537년에는 공실 소속의 중군中軍이 폐지되면서 계손씨가 그 중 4분의 2를 차지하고, 숙손씨와 맹손씨가 각각 4분의 1씩 차지하는 일이 빚어졌다. 이를 4분공실四分公室이라고 한다. 이로부터 노나라는 완전히 계손씨의 손에 들어가고 말았다.

공자가 16세가 되는 기원전 537년 계손씨가 노나라의 반 이상을 차지했고, 맹씨와 숙씨는 각각 4분의 1씩 보유했다. 공실은 그들이 내는 희사금 등의 수입에 의존했다. 그렇다고 노나라 공실이 아무런 노력을 기울이지 않은 것은 아니다. 공자가 34세 되던 해에 노소공은 계손씨의 종주를 죽이려고 시도했으나 간발의 차이로 실패하고 말았다. 노소공이 부득불 제나라로 망명을 간 이유다. 계손씨는 노소공과 그 추종자들에게 정기적으로 말과 의복 등을 보내면서도 귀국은 허락지 않았다. 군주를 추방한 셈이다. 결국 노소공은 제나라에서 죽고 말았다.

공자가 48세가 되는 기원전 505년, 계손씨의 가신 양호陽虎가 맹약의 서명을 강요하기 위해 계손씨의 종주를 구금했다. 이듬해인 기원전 504년, 3환의 종주를 비롯한 다른 사람에게도 또 다른 맹약을 강요했다. 당시 노나라의 실질적인 통치자는 노공도 3환도 아닌 양호였다. 2년 뒤 양호는 다른 가신들과 함께 3환의 종주를 모두 살해할 음모를 꾸몄다. 자신이 계손씨의 종주 자리를 차지하려고 했으나 마지막 순간에 발각되어 양호는 국외로 망명했다. 다른 나라도 상황이 비슷했다.

당시 공자는 신분세습의 봉건체제로 인해 바라던 자리에 나아갈 길이 없었다. 오랜 기간의 수양과 구직의 기간을 거친 덕분에 나이 51세인 기원전 502년에 이르러 처음으로 노정공魯定公을 위해 출사케 되었다. '중도中都의 재宰'가 그의 직함이었다. 공실 직할의 중도 땅을 관리하는 집사였다. 공자는 성실히 직책을 수행해 곧 두각을 나타냈다. 특히 제나라 공실과 가진 협곡의 회맹에서 노정공을 수행하여 커다란 성공을 거두었다. 덕분에 이때 상사上士에서 한 단계 격상된 하대부下大夫의 자격으로 국정에 참여케 되었다. 덕분에 2—3년간 현직顯職에 있었다. 그의 생애에서 가장 득의한 시기이기도 했다.

당시 노나라는 부패와 모순으로 가득 차 있었다. 대외관계에서도 곤경에 처해 있었다. 이는 공자가 생각한 바람직한 국가의 모습과 커다란 차이가 있는 것이었다. 그가 볼 때 어떻게든 개혁치 않으면 안 되었다. 노정공을 비롯해 일부 인사는 공자의 식견과 수완에 적잖은 기대를 했을 것으로 짐작된다. 그러나 하급사족에서 몸을 일으켜 겨우 하대부의 반열에 오른 공자에게는 벅찬 과제였다. 더구나 그에게는 우익羽翼도 없었다. 그가 아무리 뛰어난 학덕과 식견을 지녔을지라도 이는 도저히 해결할 수 있는 사안이 아니었다. 결국 개혁에 실패해 직책을 잃고 타국에 망명케 된 배경이다. 당시 공자의 나이는 56세였다.

이후 공자는 14년간에 걸쳐 북으로는 위衛, 남으로는 진陳과 제蔡에 이르기까지 수레를 타고 천하를 주유하는 이른바 철환천하轍環天下를 행하게 되었다. 열국의 제후들은 그의 유세에 고개를 끄덕이면서도 받아들이지는 않았다. 객관적으로 볼 때 14년간에 걸친 그의 천하유세는 실패였다. 그러나 전혀 소득이 없었던 것은 아니다. 덕분에 그는 천하의 실정을 깊이 파악할 수 있었다. 식견과 사상도 원숙해졌다. 이 기간은 그의 생애에서 한 획을 긋는 매우 중요한 시기였다.

공자가 귀국한 해는 노애공 16년인 기원전 479년이다. 당시 그의 나이는 이미 69세에 달해 있었다. 이후 그는 겨우 4년 반밖에 살지 못했다. 그러나 지극히 짧은 이 기간은 공자의 삶을 완전히 새롭게 만드는 결정적인 계기로 작용했다. 무수한 제자를 길러내면서 유가경전을 정리한 덕분이다. 당시 공자는 연륜과 공덕이 최고조에 달해 있었다. 명실상부한 당대 최고의 스승으로 불릴 만한 모든 자격을 완벽히 갖추고 있었다.

노나라로 돌아온 공자는 곧바로 학당을 열고 제자교육에 모든 노력을 기울였다. 이때의 제자들을 후기제자後期弟子라고 한다. 천하유세를 떠나기 전의 제자를 전기제자前期弟子로 부르는 것과 대비된다. 『논어』에 나오는 자공과 자로 및 안회 등은 모두 전기제자이다. 후기제자를 대표하는 인물은 증자와 자하였다.

공자는 『춘추』를 비롯한 고전을 정리하는 와중에 숨을 거뒀다. 귀국한 지 4년 반만의 일이다. 그의 생애에는 별로 극적인 요소가 없다. 나아가 그의 포부 가운데 실현된 것 또한 없다. 공자가 세상을 떠났을 때 모든 사람들이 그를 실패자로 여긴 것도 분명하다. 그 자신도 그같이 생각했을 공산이 크다. 그러나 그는 불멸의 족적을 남겼다. 바로 위대한 제자들을 배출한 게 그렇다. 그의 사후 그의 제자들이 사방으로 퍼져 그의 학문과 사상을 전했다. 후대에 '만세萬世의 사표師表'로 칭송받게 된 근본 배경이 바로 여기에 있다.

6. 자공子貢

공자의 수제자로 원래 이름은 단목사端沐賜이고, 자공子貢은 자字이다. 공자보다 31년 연하이다. 변설에 능해 공자가 늘 이를 경계시키곤 했다. 학계에서는 그를 두고 공부하며 돈을 버는 비즈니스맨인 사상 최초의 유상儒商으로 간주한다. 전한 초기 관자管子의 '부민부국富民富國' 사상과 자공의 유상 행보에 공명하며 지금의 경제학파에 해당하는 이른바 상가商家 이론을 집대성한 인물은 사마천이다. 그는『사기』「화식열전」에서 자공의 유상 행보를 집중 조명하면서 근면히 노력해 부를 이룬 자들을 소왕素王으로 표현했다. 원래 '소왕'은『장자』가 처음으로 언급한 것이다. 후대인들은 이 명예로운 칭호를 공자에게 올렸다. 제왕에 버금하는 '무관無冠의 제왕'이라는 뜻이다.

전 세계의 시장이 하나로 통합된 21세기의 제4차 산업혁명 시대로 들어오면서 '소왕'의 차원을 뛰어넘어 '무관의 황제'에 해당하는 이른바 소제素帝 내지 소황素皇이 출현했다. '손 안의 세계'로 일거에 전 세계의 IT시장을 석권한 애플제국의 창업주 스티브 잡스가 당사자이다. 잡스 사후 버금가는 '소제' 내지 '소황'을 찾기가 힘들어졌지만 전혀 없는 것도 아니다. 지난 2014년 가을, 뉴욕증시 상장으로 일약 중화권 최고 부자로 등극한 중국 최대 전자상거래기업 알리바바阿里巴巴의 창업주 마윈馬雲이 그렇다. '소왕'의 경우는 부지기수로 많다. 국가총력전 양상의 21세기 경제전에서 나라의 흥망을 좌우하는 관건은 이들 '소왕' 내지 '소제'가 쥐고 있다고 해도 과언이 아니다.

주목할 것은「화식열전」을 통해 상가 이론을 집대성한 사마천이『도덕경』의 키워드인 도치道治를 상가사상의 최고 이념으로 삼은 점이다. 법가사상을 집대성한 한비자가『도덕경』에 사상 최초의 주석을 가하면서 '도치'를 법가사상의 최고 이념으로 끌어들인 것과 닮았다.「화식열전」은 기록키를, "최상의 통치는 백성을 천지자연의 도에 부합하도록 이끄는 도민道民이다. 그다음은 백성을 이롭게 하는 식으로 이끄는 이민利民, 그다음은 가르쳐 깨우치는 식으로 이끄는 교민敎民, 그다음은 백성들을 가지런히 바로잡는 식으로 이끄는 제민齊民이다. 마지막으로 최하의 통치는 백성과 이익을 다투는 식으로 이끄는 여민쟁리與民爭利이다."라고 했다. 도민은 도가, 이민은 상가, 교민은 유가, 제민은 법가와 병가의 통치이념을 요약해 놓은 것이다. 사마천은 '도치'를 상징하는 '도민'을 최상의 이념으로 언급하면서 상가의 기본 이념인 '이민'을 그다음에 배치했다. 상가를 유가보다 더 높인 것이다. 이는 결코 터무니없는 것이 아니다. 고금동서를 막론하고 정치의 성패는 결국 인민의 의식衣食 문제를 제대로 해결하는지 여부로 판가름 나기 때문이다. 관중은 이를 통찰했다. 『관자』「목민」은 기록키를, "치국평천하에 성공하려면 다음 11가지 사항을 지켜야 한다. 첫째, 나라를 기울지 않는 땅에 세운다. 둘째, 식량을 마르지 않는 창고에 쌓는다. 셋째, 재부를 다함이 없는 창고에 저장한다. 넷째, 정령을 민심에 부응토록 하여 물 흐르듯 시행한다. 다섯째, 백성에게 쟁론의 여지가 없는 관직을 맡긴다. 여섯째, 거역하면 반드시 죽는 길을 밝힌다. 일곱째, 반드시 이익을 얻는 문을 열어 둔다. 여덟째, 불가능한 일을 하지 않는다. 아홉째, 얻을 수 없는 일을 구하지 않는다. 열째, 오래 지속할 수 없는 일을 하지 않는다. 열한째, 복구할 수 없는 일을 하지 않는다."라고 했다.

요약하면 크게 2가지이다. 첫째, 국가기강을 바로 세운다. 둘째, 백성과 국가의 창고를 가득 채운다. 치국평천하의 출발은 바로 이 두 가지 사항에서 시작한다고 지적한 것이다. 정치와 경제가 동전의 양면 관계를 이루고 있다는 사실을 통찰한 결과이다. 사상 최초의 정치경제학파 상가를 창시한 관중의 기본 입장이 선명히 드러나고 있다. 고금동서를 막론하고 시장은 인민들이 삶을 영위하는 현장이다. 인민들이 먹고 입는 모든 것이 시장을 통해 유통되기 때문이다. 시장과 상업을 중시한 상가의 위대함이 여기에 있다. 사마천이 상가 이론을 집대성한 데에는 전한 초기의 경제상황이 크게 작용했다. 사가들은 사마천이 활약하는 기원전 2세기 초 무렵 전한제국의 인구를 대략 4—5천만가량으로 보고 있다. 당시의 기준에서 볼 때 하나의 거대한 글로벌 시장에 해당했다. 실제로 사방에서 제왕보다 더 큰 위세를 떨치는 부상대고富商大賈가 우후죽순처럼 출현했다. 이런 상황에서 상가 이론이 나오지 않는 것이 오히려 이상할 지경이다. 그 결정판이 바로 「화식열전」이다. 「화식열전」은 『관자』와 마찬가지로 중농이 아닌 중상을 부민부국의 요체로 꼽은 것이 특징이다.

그럼에도 중국의 역대 왕조 모두 중상 대신 중농을 택했다. 여기에는 유학만을 유일한 관학으로 인정한 한무제의 독존유술獨尊儒術 선포 이외에도 여러 요인이 복합적으로 작용했다. 부실한 보건 영양으로 인한 자연적인 인구 감소, 왕조교체기에 군웅할거로 인한 인위적인 인구 감소 등이 그렇다. 개간되지 않은 땅이 널려 있고, 인구가 크게 늘지 않는 상황에서 중상으로 전환할 필요성을 거의 느끼지 못한 것이다. 실제로 진시황 때 4천만가량에 달한 인구는 1800년이 지난 명나라 말기에도 겨우 1억3천만 명으로 늘어나는 데 그쳤다. 왕조교체기 때마다 1억 명을 기준으로 늘어났다 줄어드는 양상을 반복한 결과다.

건륭제 치세 말기인 18세기 말에 이르러 인구가 4억 명에 육박하면서 중상주의로의 전환 필요성이 크게 높아졌다. 비록 중상주의로의 공식적인 전환이 이루어지지는 않았지만 백성들의 자발적인 상업 활동이 극히 활성화됐다. 당시 중국의 GDP가 전 세계 GDP의 3할에 달한 것도 이런 맥락에서 이해할 수 있다. 그러나 19세기에 들어와 서구 열강의 침탈이 가속화되면서 정책 전환을 꾀할 여유가 없었다. 인구 또한 아편전쟁 이래 20세기 중반까지 1백여 년 넘게 혼란스런 상황이 지속된 까닭에 겨우 1억 명 정도 늘어나는 수준에서 그쳤다. 1949년에 중화인민공화국이 들어설 당시 인구는 5억4천만 명 수준이었다.

그러나 이후 대약진운동의 실패로 수천만 명이 기아로 숨지고, 문화대혁명의 혼란기에 수많은 사람이 희생된 데 이어, 당국의 강력한 산아억제정책이 대대적으로 전개됐음에도 인구폭발은 가공할 만했다. 마오쩌둥이 사망하는 1970년대 말에는 9억 명 수준에 육박했다. 중화인민공화국이 들어선 후 불과 20여 년 만에 인구가 거의 두 배 이상 늘어난 셈이다. 마오쩌둥은 역대 왕조와 마찬가지로 중농의 기조를 견지했다. 경제 및 과학기술발전을 뜻하는 전專 대신 이념을 뜻하는 홍紅에 초점을 맞춘 결과다. 마오쩌둥이 더 오랫동안 살았을지라도 불과 20여 년 만에 인구가 두 배로 폭증한 상황에서 중상주의로의 전환은 불가피했다. 공교롭게도 마오쩌둥은 이때 숨을 거두었다.

그의 사후 '홍' 대신 '전'을 주장했다가 두 차례에 걸쳐 내침을 당했던 덩샤오핑이 대권을 거머쥐었다. 그는 곧바로 '흑묘백묘론'을 전면에 내걸고 대대적인 개혁개방을 선언했다. 이는 공자가 『논어』「자로」 제9장에서 역설한 이른바 선부후교先富後敎 이념을 그대로 추종한 것이다. 먼저 백성을 부유하게 만든 뒤 인의예지 등의 덕목을 가르쳐야 한다는 취지이다. 『관자』「목민」이 민생의 안정을 꾀한 뒤 예의염치를 아는 문화대국을 건설할 것을 주문한 것과 취지를 같이한다. 공자학당에서 사상 최초의 유상인 자공이 나온 것을 결코 우연으로 볼 수 없는 이유다. 큰 틀에서 보면 덩샤오핑 역시 관중 내지 공자의 사상적 제자에 해당한다. 공자가 마오쩌둥의 치세 때 보수반동의 괴수로 몰린 것과 대비된다.

객관적으로 볼 때 덩샤오핑이 집권할 당시 그 누가 권력을 잡았을지라도 중상주의로 전환하지 않고는 그 많은 인구를 먹여 살릴 길이 없었다. 중상으로의 전환은 필연이었다. 많은 사람들이 '개혁개방' 자체에 초점을 맞춘 나머지 인구폭발로 인한 중상주의로의 전환 배경을 간과하고 있다. 중국의 전 역사를 통틀어 볼 때 중상주의로의 전환은 한무제의 '독존유술' 선언 이후 2천여 년 만에 처음 있는 일이다. 지난 2010년 현재 중국의 인구는 공식 집계로 14억 명이다. 이후 2015년에 이르기까지 아직 새로운 통계는 나오지 않고 있다. 중국은 14억 명의 인민을 먹여 살리기 위해 앞으로도 계속 중상주의로 나아갈 수밖에 없다. 중국이 '세계의 공장'에 이어 '세계의 시장'이 될 수밖에 없는 근본배경이 여기에 있다. 공자의 수제자 자공이 사상 최초의 '유상'으로 활약한 것은 많은 것을 암시하고 있다. 『논어』가 『관자』와 「화식열전」과 더불어 G2시대 경제전 상황에서 뛰어난 경제경영 이론서로 활용될 수 있음을 보여주는 것이다. 이를 현대적인 의미로 재해석해 잘 활용하는 게 관건이다.

공자의 수제자 자공은 부민부국을 추구한 상가商家의 이념을 실현한 유자儒者인 이른바 유상儒商의 시원인 동시에 요즘의 외교관인 종횡가縱橫家의 선구이기도 하다. 『사기』「중니제자열전」에 그의 '종횡가' 활약이 상세히 소개돼 있다. 이에 따르면 당시 제나라 권신 전상田常이 제나라에서 난을 일으키고자 했다. 그러나 제나라의 세족世族인 고씨高氏, 국씨國氏, 포씨鮑氏, 안씨顔氏의 세력이 두려웠다. 이내 이들의 세력을 약화시키기 위해 함께 노나라를 치는 방안을 고려했다. 공자가 이 소식을 듣고는 제자들과 상의했다. 자로가 열국에 유세코자 했으나 공자가 말렸다. 자장子張과 자석子石이 나서고자 했으나 이 역시 허락지 않았다. 자공이 나서기를 청하자 비로소 허락했다. 자공이 제나라로 가 전상을 설득했다.

"대군大君이 노나라를 치려고 하는 것은 잘못입니다. 노나라는 치기 어려운 상대입니다. 성벽은 얇고 낮으며, 성을 둘러싼 해자垓字는 좁고 얕습니다. 대신들은 위선적인데다 무능하고, 군주는 어리석은데다 어질지 못하고, 병사들과 백성은 전쟁을 싫어합니다. 이런 나라는 싸울 상대가 못 됩니다. 그러니 오나라를 치느니만 못합니다. 오나라는 성벽이 높은데다 두텁고, 해자는 넓고 깊습니다. 무기는 견고한데다 새것이고, 군사들은 정예한데다 배불리 먹고, 중무장한 정예병이 성 안에 있고, 현명한 대부들이 그곳을 지키고 있습니다. 이런 나라는 치기가 쉽습니다."

전상이 화를 내자 자공이 말하기를, "제가 듣건대, 걱정거리가 국내에 있으면 강한 적을 치고, 국외에 있으면 약한 적을 친다고 했습니다. 지금 그대의 걱정거리는 내부에 있습니다. 제나라 왕이 그대를 3번이나 봉하려 했으나 3번 모두 일부 대신의 반대로 무산됐다고 들었습니다. 지금 그대가 저들과 합세해 노나라를 치고 제나라 영토를 넓히면 제나라 군주는 승전으로 인해 더욱 교만해질 것이고, 대신들의 위세는 더욱 높아질 것입니다. 그러면 그대는 공을 인정받지 못하고, 오히려 군주와 관계만 소원해질 뿐입니다. 이처럼 위로 군주를 교만하게 하고, 아래로 군신들을 방자하게 만들면 그대는 뜻하는 바를 이루기 어려울 것입니다. 무릇 군주가 교만해지면 못 할 일이 없게 되고, 신하들이 방자해지면 권력을 다투게 됩니다. 그러면 그대는 위로 군주와 틈이 생기게 되고 아래로 대신들과 서로 권력을 다투게 됩니다. 제나라에서 그대가 설 곳은 더욱 좁아질 것입니다. 제가 오나라를 치느니만 못하다고 말한 이유입니다. 오나라를 쳐 이기지 못하면 세족 휘하 병사는 나라 밖에서 죽고, 대신들은 나라 안에서 그 세력을 잃게 됩니다. 이리되면 당신은 위로 대적할 강신强臣이 없고, 아래로 백성의 비난을 받을 일이 없습니다. 군주를 고립시켜 제나라를 마음대로 좌우할 수 있는 사람은 오직 당신밖에 없게 되는 것입니다."

전상이 이를 받아들여 자공으로 하여금 남쪽으로 가 오왕 부차를 만나보게 했다. 자공이 오왕 부차를 만나 설득키를, "신이 듣건대 '왕자王者는 다른 나라의 후사가 끊어지지 않도록 하고, 패자覇者는 적을 강하게 만들지 않는다. 3만 근斤에 달하는 1천 균鈞 무게도 24분의 1량兩의 무게인 1수一銖에 이내 균형이 무너져 기울어진다.'고 했습니다. 지금 만승萬乘의 제나라가 천승千乘의 노나라를 치려는 것도 바로 이 때문입니다. 오나라와 쟁강爭强하려는 속셈입니다. 저는 실로 왕을 위해 걱정이 됩니다. 노나라를 구하는 것은 명분을 드높이는 것이 되고, 제나라를 치는 것은 큰 이익을 얻는 길입니다. 사수泗水 주변의 제후를 다독여 포악한 제나라를 징벌하고, 여세를 몰아 중원의 진晉나라까지 굴복시키면 이보다 큰 이익은 없을 것입니다. 망해가는 노나라를 존속시키는 명분을 얻고, 강한 제나라를 곤경에 빠뜨리는 실속까지 챙기는 셈입니다. 지혜로운 자라면 이를 의심치 않고 결행할 것입니다."라고 했다.

부차가 월나라를 칠 때까지 기다려줄 것을 청하자 자공이 말하기를, "월나라 국력은 노나라 수준을 넘지 못하고, 오나라 국력은 제나라 수준을 넘지 못합니다. 대왕이 제나라를 놓아둔 채 월나라를 치면 제나라는 이미 노나라를 평정한 뒤일 것입니다. 대왕은 바야흐로 망해가는 노나라를 존속시켜 끊어지는 후사를 잇는 존망계절存亡繼絶의 패업으로 명분을 삼게 되는데도, 작은 월나라를 치고 강한 제나라를 두려워하는 것은 용자勇者의 길이 아닙니다. 무릇 용자는 어려움을 피하지 않고, 인자仁者는 곤경에 처한 사람을 궁지로 몰아넣지 않고, 지자智者는 때를 잃지 않고, 왕자王者는 다른 나라의 후사를 끊지 않음으로써 의를 세웁니다. 지금 월나라를 존속시켜 제후들에게 인덕仁德을 보이고, 제나라에 핍박당하고 있는 노나라를 구해 제나라를 징벌하고, 중원의 진晉나라에 오나라의 위세를 떨치면 제후들이 반드시 서로를 이끌고 조현하러 올 것입니다. 패업覇業도 자연스레 이뤄질 것입니다. 대왕이 월나라를 그토록 염려하면 청컨대 제가 월왕을 설득해 응원군을 보내도록 만들겠습니다. 그러면 월나라를 텅 비게 만드는 실리를 챙기고, 제후를 이끌고 제나라를 친다는 명분도 얻을 수 있습니다."라고 했다. 부차가 크게 기뻐하며 자공을 월나라로 보냈다.

월왕 구천은 길을 청소하고, 교외까지 나와 자공을 맞이했다. 이어 친히 수레를 몰아 숙사에 이른 뒤 자공에게 찾아온 이유를 묻자 자공이 대답키를, "지금 저는 오왕에게 노나라를 도와 제나라를 치라고 권했습니다. 오왕은 그럴 뜻이 있는데도 월나라가 걱정돼 말하기를, '월나라를 칠 때까지 기다리면 그리하겠다.'고 했습니다. 그러니 반드시 월나라를 칠 것입니다. 남에게 설욕할 뜻도 없으면서 남의 의심을 사면 이는 졸렬한 것이고, 설욕할 뜻이 있는데도 남이 이를 알아채게 하면 이는 위태로운 것이고, 계책이 행동으로 옮겨지기도 전에 새어나가면 이는 매우 위험스런 것입니다. 이 3가지는 거사의 대환大患입니다."라고 했다. 월왕 구천이 머리를 조아려 2번 절한 뒤 말하기를, "과인은 일찍이 자신의 힘을 헤아리지 않고 오나라와 싸움을 벌였다가 회계에서 큰 곤욕을 치렀소. 당시의 분통이 골수에 사무쳐 밤낮으로 복수할 생각에 입술은 타들어가고 혀가 바싹 마르고 있소. 오왕과 맞서 싸워 죽는 게 과인의 소원이오."라고 했다. 이어 오나라에 복수할 수 있는 계책을 묻자 자공이 대답키를, "오왕은 사람이 난폭해 신하들이 견뎌내지 못하고, 나라는 잦은 전쟁으로 피폐해졌고, 군사는 더 이상 참지 못하고 있습니다. 백성은 군왕을 원망하고, 대신들은 속으로 동요를 일으키고 있습니다. 오자서는 간하다 죽고, 태재 백비는 국사를 주관하면서 군주의 그릇된 명을 그대로 따르며 사리만 채우고 있을 뿐입니다. 나라를 해치는 정사를 펴고 있는 셈입니다. 지금 대왕이 원군을 보내 그의 의지를 부추기고, 귀중한 보물들을 보내 그의 환심을 사고, 대왕을 스스로 낮춰 그를 높이면 그는 반드시 안심하고 제나라를 칠 것입니다. 오나라가 패하면 왕의 복이고, 설령 이길지라도 반드시 여세를 몰아 중원의 진晉나라까지 공격할 것입니다. 그러면 제가 진나라 군주를 설득해 제나라와 합세해 오나라를 치도록 만들겠습니다. 그러면 오나라의 세력은 반드시 약해질 것입니다. 오나라의 정예군은 제나라에서 기진맥진해질 것이고, 중무장을 한 군사는 진나라에서 곤경에 처하게 될 것입니다. 대왕이 그 틈을 타 치면 오나라의 멸망은 반드시 이뤄질 것입니다."라고 했다.

자공이 이를 오왕 부차에게 보고했다. 닷새 뒤 월왕 구천이 오왕 부차에게 대부 문종文種을 사자로 보냈다. 문종이 머리를 조아리며 부차에게 고하기를, "동해東海 구천의 사자 신 문종이 삼가 대왕의 신하를 통해 문안드립니다. 지금 듣건대 대왕은 대의大義의 군사를 일으켜 강자를 쳐 약자를 구하는 주강구약誅彊救弱을 행하고, 포악한 제나라를 곤경에 빠뜨려 주나라 왕실을 편안케 만들려 한다고 합니다. 국내의 병사 3천 명을 모두 동원한 뒤 구천이 직접 갑옷을 입고 무기를 든 채 선두에 서서 적의 화살과 돌을 받을 생각입니다. 천신賤臣 문종 또한 선대로부터 물려받은 갑옷 20벌과 도끼, 굴로屈盧라는 장인이 만든 창, 차고 다니면 빛이 나는 보광검步光劍을 헌상해 출정을 하례토록 하겠습니다."라고 했다. 부차가 크게 기뻐하며 자공에게 월왕 구천의 제나라 정벌 합류 방안을 묻자 자공이 반대키를, "안 됩니다. 남의 나라를 텅 비게 하고, 남의 군사를 모두 동원하면서 그 군주까지 출정토록 만드는 것은 불의입니다. 대왕은 그가 보내는 예물과 원군만 받고, 월왕의 종군은 사양하십시오."라고 했다.

부차가 이내 9개 군郡의 병사를 동원해 제나라의 정벌에 나서자 자공이 곧 진晉나라로 가 진정공晉定公을 설득키를, "신이 듣건대 '생각을 미리 정하지 않으면 의외의 사태에 대비할 수 없고, 군사를 미리 정비하지 않으면 적을 이길 수 없다.'고 했습니다. 지금 제나라와 오나라가 서로 싸우려 하는데 오나라가 패하면 월나라가 반드시 틈을 노려 오나라를 칠 것이고, 이기면 반드시 여세를 몰아 진나라로 쳐들어올 것입니다."라고 했다. 진정공이 크게 두려워하며 대책을 묻자 군사를 잘 정비하고, 병사에게 휴식을 취하게 한 뒤 기다리도록 했다. 진정공이 그리하겠다고 약속했다.

자공이 진나라를 떠나 노나라로 돌아왔을 때 오왕 부차는 과연 기원전 484년에 제나라와 애릉艾陵에서 싸워 대승을 거뒀다. 7명의 장수를 비롯해 그들이 이끄는 제나라 군사를 대거 포획한 게 그렇다. 이어 여세를 몰아 진나라로 진격했다. 『춘추좌전』은 기원전 484년에 애릉전투에서 제나라 군사를 격파한 뒤 기원전 482년에 부차가 황지에서 제후들과 회맹한 것으로 기록해 놓았다. 진나라 군사와 황지黃池에서 마주쳤다. 서로 강함을 다투다가 오나라가 무력시위 끝에 진나라보다 먼저 삽혈歃血해 패자霸者를 공인받았다. 이 사이 월왕 구천이 강을 건너 오나라를 습격해 도성都城 밖 7리쯤에 주둔했다. 오왕 부차가 소식을 듣고 급히 철군했다. 이후 오호五湖를 사이에 두고 월나라와 접전을 벌이게 됐다. 모두 3번을 싸웠다. 결국은 패해 월나라 군사에 의해 도성이 함몰됐다. 월왕 구천이 마침내 왕궁을 포위해 오왕 부차를 죽이고 패권을 장악했다.

이로써 자공은 단 1번의 유세로 노나라를 존속시키는 존로存魯, 제나라를 혼란에 빠뜨리는 난제亂齊, 오나라를 파멸로 이끄는 파오破吳, 진나라를 강하게 만드는 강진彊晉, 월나라를 패자로 우뚝 서게 하는 패월霸越의 5가지 업적을 이룬 셈이다. 이른바 일석오조一石五鳥에 해당한다. 모두 자공이 사자가 되어 한번 뛰어다니자 각국의 형세에 균열이 생겨 10년 내에 5개국에 각각 큰 변동이 생긴 결과다.

원래 자공은 쌀 때 사두었다가 비쌀 때 내다파는 이른바 폐거廢擧를 좋아했다. 시세를 보아 재화를 유통시키는 방법으로 많은 재산을 모은 이유다. 그는 남의 장점을 드러내주는 것은 좋아했으나 남의 잘못을 덮어주지는 못했다. 일찍이 노나라와 위衛나라에서 재상을 지냈고, 집안에 천금千金을 쌓아두기도 했다. 결국 그는 제나라에서 생을 마쳤다.

7. 손무孫武

오나라 출신의 전설적인 병법가로 춘추시대뿐 아니라 중국사 전체를 통틀어 손꼽히는 최고의 군사가이다. 『사기』「손자오자열전」에 따르면 오자서의 천거로 오왕 합려의 군사로 기용된 후 군기를 엄정하게 다스려 오나라 군사를 최정예 부대로 조탁했다. 기원전 506년 초나라를 침공하여 신출귀몰한 전술과 작전으로 대승을 거두었다. 『열국지』는 오자서가 손무를 오왕 합려에게 천거한 것으로 묘사해 놓았다. 이는 『사기』「손자오기열전」에 살을 붙인 것이다.

그러나 과연 '손무'라는 인물이 존재했는지 여부에 대해서는 의문이다. 『춘추좌전』에는 그의 이름이 전혀 나오지 않고 있기 때문이다. 『춘추좌전』은 합려 곁에서 활약한 책사로 오직 오자서와 백비밖에 없었던 것으로 그려 놓았다. 손무처럼 혁혁한 공을 세운 사람의 이름이 『춘추좌전』에 단 한 번도 나오지 않는다는 것은 쉽게 납득할 수 없는 일이다.

『손자병법』의 저자를 둘러싸고 수천 년 동안 논란이 지속된 것도 이와 무관치 않다. 오자서와 함께 활약한 손무라는 견해와 전국시대 말기 제나라의 군사軍師로 활약한 손빈孫臏이라는 견해가 팽팽히 맞섰다. 저자를 손빈으로 간주하는 견해는 손무를 실존인물로 보기 어렵다는 생각을 바탕에 깔고 있다. 『손자병법』의 저자를 둘러싼 논란은 지난 1972년 중국 은작산 한나라 무덤에서 나온 엄청난 양의 죽간이 출토되면서 일단락됐다. 『손자병법』과 『손빈병법』이 따로 존재한다는 사실이 확인된 덕분이다.

그렇다고 의문이 완전히 해소된 것은 아니다. 손무가 과연 실존 인물인지, 나아가 실존인물이라 할지라도 과연 그가 절세의 명저인 『손자병법』을 혼자 썼는지 여부는 여전히 의문이다. 일각에서는 『손자병법』은 물론 『손빈병법』 모두 후대인이 두 사람을 가탁假託해 만든 것으로 보고 있다.

『사기』의 「손자오기열전」과 「오자서열전」을 비롯해 『오월춘추』와 『열국지』 등 수많은 책에 군신軍神으로 그려진 '손무'는 과연 누구일까? 먼저 손무의 이름을 가장 먼저 거론한 「손자오기열전」의 기록부터 검토할 필요가 있다.

「손자오기열전」의 '손무'에 관한 기록으로는 오왕 합려 앞에서 합려가 총애하는 궁녀의 목을 쳐가며 군령을 바로 세웠다는 일화 하나뿐이다. 만일 그가 실존 인물이라면 사마천이 이런 '형편없는' 열전을 만들 리 없다. 사마천이 발에 땀이 나도록 뛰어다니며 손무에 관한 이야기를 그러모았지만 합려의 궁녀들을 대상으로 자신의 병법을 시험해 보였다는 일화밖에 수집하지 못했다는 이야기나 다름없다. 같은 열전에 나오는 손빈과 오기에 관한 기록이 역사적 사실에 기초해 매우 상세히 소개돼 있는 것과 대비된다. '손무'가 가공의 인물이라는 심증을 더욱 확실히 해주는 것은 단 하나밖에 없는 이 일화 뒤에 나오는 손무의 업적에 관한 기록이다. "합려는 손자가 궁녀들로 대상으로 군령을 바로 세우게 하는 것을 보고 그가 병법에 뛰어난 것을 비로소 알게 됐다. 이에 곧바로 그를 장수로 삼았다. 이후 손자는 강대한 초나라를 격파해 초나라 도성을 함락시키고, 북쪽으로 제나라와 진나라를 제압했다. 합려는 손자 덕분에 제후들 사이에서 명성을 크게 떨치게 됐다."고 기록해 놓았다. 이게 손자에 관한 기록 전부이다. 『사기』의 열전 중 이처럼 빈약한 내용은 전무후무하다. 『춘추좌전』에 이름이 나오지 않고 있는 사마양저를 다룬 「사마양저열전」도 이처럼 빈약하지는 않다. 손무를 가공인물로 봐야 하는 이유다.

그렇다면 도대체 누가 불후의 명저인 『손자병법』을 쓴 것일까? 춘추시대 이전부터 내려오는 병서를 누군가가 정리한 뒤 '손무'라는 전설적인 인물에 가탁해 펴냈을 공산이 크다. 『춘추좌전』에는 저자의 이름을 알 수 없는 고대의 병서 『군지軍志』의 명칭이 나온다. 이에 따르면 기원전 632년 당시 진문공과 천하의 패자 자리를 놓고 자웅을 겨루던 초성왕은 언급키를, "『군지』에 이르기를 '적이 정당하면 싸우지 않고 돌아가고, 적을 이기기 어렵다는 것을 알면 퇴각하고, 덕 있는 자와는 싸울 수 없다.'고 했다. 이 3가지 구절은 바로 진나라를 두고 이르는 말이다."라고 했다. 『손자병법』에도 저자의 이름을 알 길이 없는 고대 병서 『군정軍政』의 명칭이 나온다. 이는 『손자병법』이 나오기 전에 이미 『군지』와 『군정』 등 무명인의 병서가 널리 읽혀지고 있었음을 의미한다. 중국인들은 불후의 명저 『손자병법』이 가공의 인물에 의해 편제되었다는 사실을 인정하고 싶지 않은 까닭에 이런 추론을 무시하고 있다.

그러나 서주 초기 여상이 썼다는 『육도』와 『삼략』을 위시해 춘추시대 말기 제나라 사마양저의 『사마법』과 손무의 『손자병법』, 전국시대 초기 오기의 『오자』, 전국시대 말기 위료자의 『위료자』, 당태종와 이위공이 문답을 나눴다는 『이위공문대李衛公問對』 등 이른바 '무경칠서武經七書' 중 『이위공문대』를 제외한 나머지 저서는 모두 무명인의 저서이다. 단지 강태공과 사마양저 등의 이름을 가탁했을 뿐이다. 송대에 '무경칠서'를 정리하면서 『손빈병법』을 끼워 넣지 않은 것은 손빈이 손무의 후손이라는 「손자오기열전」의 기록을 액면 그대로 받아들인 사실과 무관치 않을 듯싶다. 이는 실존 인물인 손빈이 쓴 병서가 두 개의 판본으로 전해져 내려왔을 가능성을 시사하고 있다. 「손자오기열전」이 극도로 빈약한 손자에 관한 기록에 이어 곧바로 1백여 년 뒤에 그의 후손인 손빈이 등장해 일세를 풍미한 사실을 상세히 소개해 놓은 게 이를 방증한다.

사실 손자를 가공의 인물로 볼지라도 결코 『손자병법』의 위대한 면모가 약화되는 것은 아니다. 삼국시대의 조조도 『손자병법』에 주석을 가하면서 천고의 병서로 칭송한 바 있다. 여타 병서의 경우도 마찬가지다. 오기와 손빈이 썼다는 『오자』와 『손빈병법』의 경우는 본인이 직접 썼을 가능성을 배제할 수 없으나 이 또한 후대인의 가필이 있었던 것은 말할 것도 없다.

8. 오기吳起

『손자병법』의 저자 손무와 달리 『오자병법』의 저자 오기는 여러 사서의 기록이 증명하듯이 실존인물이 확실하다. 전국시대 초기 그는 당대의 명군인 위문후魏文侯의 지은知恩을 입어 하서 땅의 태수로 있을 때 큰 공을 세워 명성을 떨쳤다. 이후 정적들의 참소로 기원전 390년 무렵 초나라로 달아나 초도왕 밑에서 대대적인 개혁으로 초나라를 일신케 만들어 당대 최고의 책사로 활약했다. 그러나 초도왕 사후 개혁대상이 된 자들의 습격으로 목숨을 잃고 말았다.

『사기』「손자오기열전」에 따르면 오기를 발탁한 위문후는 문무를 겸비한 당대의 명군이었다. 악양樂羊 및 서문표西門豹, 척황翟璜등 뛰어난 인재들을 적재적소에 배치해 중원을 호령한 게 그 증거다. 당시 위문후가 가장 경계한 나라는 상무尙武의 기풍이 강한 서쪽의 진나라였다. 진나라가 부강해지면 그 힘이 중원으로 발산될 수밖에 없었다. 위문후가 대비책 마련에 부심한 이유다. 결국 그는 척황의 건의를 받아들여 노나라에 있던 오기를 장수로 발탁했다. 이것이 주효했다.

이에 앞서 오기는 공자의 제자 증자 밑에서 학문을 닦다가 제나라 대부의 딸을 부인으로 맞이한 바 있다. 제나라 대부가 노나라에 왔다가 오기와 이야기를 나누던 중 오기의 높은 식견에 탄복한 나머지 사위로 삼게 된 것이다. 하루는 증자가 오기에게 묻기를, “그대가 학문을 배운 지도 이미 6년이 지났다. 그런데 한 번도 어머니를 만나러 고국에 가지 않으니 자식된 도리로 마음이 편안한가?”라고 했다. 오기가 대답키를, “저는 어머니 슬하를 떠날 때 일국의 정승이 되지 않으면 돌아가지 않겠다고 맹세했습니다.”라고 했다. 증자가 꾸짖기를, “다른 사람과는 맹세할 수 있으나 어찌 어머니 앞에서 맹세할 수 있단 말인가?”라고 했다. 몇 달 후 위나라에서 오기의 어머니가 죽었다는 소식이 전해졌다. 오기가 크게 통곡한 뒤 다시 책을 읽기 시작했다. 화가 난 증자가 오기를 불러 말하기를, “나는 너 같은 사람을 제자로 둔 적이 없다. 다시는 나를 볼 생각을 하지 마라!”라고 했다.

「손자오기열전」은 오기가 증자를 문하를 떠나 다른 곳으로 가 병법을 익혀 마침내 3년 만에 일가를 이뤘다고 기록해 놓았다. 이는 오기가 증삼 이외에도 여러 사람 밑에 두루 공부했음을 시사한다. 오기는 자신의 기량을 펼치기 위해 노나라로 갔다. 노나라가 그를 등용하자 그는 그간 갈고 닦아온 능력을 유감없이 발휘하기 시작했다. 대표적인 예로 제나라의 노나라 침공을 막은 것을 들 수 있다. 당시 제나라 재상 전화田和는 장차 태공망 여상呂尙의 후예인 강씨姜氏의 제나라를 송두리째 차지할 생각을 품고 있었다. 그러나 제나라 공실과 누대에 걸쳐 혼인해 온 노나라가 마음에 걸렸다. 먼저 노나라를 제압할 심산으로 군사를 일으켰다. 노목공이 크게 우려하자 대부들이 말하기를, “제나라 군사를 물리치려면 반드시 오기를 대장으로 삼아야 합니다.”라고 했다. 노목공이 우려키를,

"오기의 아내는 제나라 출신이오. 무릇 사람이란 부부간의 애정이 으뜸인데 오기가 과연 아내의 친정 나라를 맞이해 힘껏 싸워줄지 모르겠소."라고 했다. 이 이야기를 전해들은 오기가 곧 집으로 와 아내의 목을 벤 뒤 그 수급을 바쳤다. 대부들이 입을 모아 말하기를, "오기는 자기 아내보다 공명을 더 사랑하는 사람입니다. 그를 장수로 삼지 않으면 그는 반드시 다른 나라로 가 버릴 것입니다."라고 했다.

그러나 오기 이외에 대장으로 삼을 인물이 없었다. 오기는 노나라의 대장이 되자마자 사졸과 똑같이 움직였다. 먹고 자는 것은 물론 행군할 때도 말을 타지 않고, 사졸이 무거운 무기나 군량을 지고 가는 것을 보면 친히 이를 분담했다. 그의 행보 중 가장 눈에 띄는 것은 병사의 악성 종기를 친히 입으로 빨아 치유한 점이다. 역사상 사졸과 함께 먹고 잔 장수는 제법 많았으나 병사의 독창을 입으로 빤 사람은 오기가 유일했다. 병사들이 오기의 명령이라면 물불을 가리지 않고 싸우게 된 이유다.

당시 제나라 재상 전화는 정탐꾼으로부터 오기의 동정을 보고받고 비웃기를, "무릇 장수는 위엄이 있어야 한다. 그래야 군사들이 두려워한다. 군사가 장수를 두려워해야만 목숨을 걸고 싸우는 법이다. 오기의 몸가짐으로는 많은 군사를 부릴 수 없다."고 했다. 이어 휘하 장수 장추張丑를 불러 노나라 진영으로 가 오기의 의향이 어떤 것인지를 알아보고 오게 했다. 오기는 장추가 온다는 소식을 듣고 즉시 늙고 병약한 군사만을 앞에 내세웠다. 이어 장추를 군중에 머물게 하면서 3일 동안 함께 술을 마시며 즐겼다. 싸움에 대해서는 한마디도 하지 않았다. 장추가 제나라 군진으로 돌아가려고 하자 오기가 거듭 부탁키를, "부디 나를 위해 힘써주기 바라오. 그 은혜는 잊지 않을 것이오."라고 했다. 장추가 떠나자 오기는 즉시 군사를 3로路로 나눠 몰래 그 뒤를 따라갔다. 이를 전혀 눈치 채지 못한 장추가 전화에게 보고하기를, "노나라 군사는 매우 약합니다. 오기는 우리와 강화키를 갈망할 뿐 전혀 싸울 뜻이 없습니다."라고 했다.

바로 이때 원문轅門 밖에서 난데없는 북소리가 진동하며 노나라 군사가 3면에서 일시에 제나라 영채를 엄습했다. 제나라 군사가 크게 놀라 사방으로 도주했다. 노나라 군사가 제나라 군사를 순식간에 국경 밖으로 몰아냈다. 노목공이 크게 기뻐하며 즉시 오기에게 상경 벼슬을 내렸다. 이때 오기에게 패해 간신히 제나라로 돌아온 전화는 오기를 두려워한 나머지 장추에게 회뢰계賄賂計를 쓰게 했다. 장추가 노나라를 떠나면서 길가는 행인들에게 외치기를, "오기가 제나라 밀사로부터 많은 뇌물을 받았다. 어떤 일이 있을지라도 제나라를 치지 않겠다고 맹세했다!"고 했다. 이 말이 삽시간에 퍼졌다. 대부들이 오기를 탄핵하자 오기는 본인에게 해가 미칠까 우려해 인재를 아낀다는 소문이 나도는 위문후의 위나라로 달아났다.

그는 척황의 집에 머물며 때를 기다리다 이때에 이르러 마침내 척황의 천거를 받게 된 것이다. 그는 서하 땅의 태수로 임명되자마자 곧바로 성루를 높이 수축하고, 성지城池를 깊이 파고, 군사를 조련하며 사졸과 함께 숙식을 같이 했다. 잠잘 때도 잠자리를 펴지 않고, 나다닐 때도 말을 타지 않고, 자신이 먹을 양식도 직접 짊어지고 다니며 병사들과 고락을 같이 했다. 모든 것이 노나라에 있을 때와 같았다. 한 번은 한 병사가 종기로 고생을 하자 오기가 직접 입으로 그 종기를 빨아 치료했다. 그 병사의 모친이 이 이야기를 듣고 통곡했다. 어떤 사람이 의아해하며 묻기를, "그대의 아들은 병사에 불과한 데도 장군이 직접 그대 아들의 종기를 입으로 빨아 치료해 주었는데 어찌해 운단 말이오?"라고 했다. 병사의 모친이 울면서 대답키를, "그렇지 않소. 옛날 오공이 내 남편의 종기를 빨아준 적이 있었소. 이에 내 남편은 감복한 나머지 후퇴할 줄도 모르고 분전하다가 마침내 적에게 죽고 말았소. 오공이 이제 또 다시 내 아들의 종기를 빨아 주었으니 나는 내 아들이 어느 곳에서 죽을지 모르게 되었소. 그래서 통곡하는 것이오."라고 했다.

여기서 오기연저吳起吮疽 성어가 나왔다. 오기가 종기를 빤다는 뜻이다. 이후 이 성어는 장수가 병사들을 잘 보살핀다는 의미로 전용되었다. 오기는 위문후 사후 뒤를 이은 위무후가 자신을 크게 의심하자 이내 초나라로 달아났다. 당시 초도왕은 평소 오기가 비범한 인물이라는 이야기를 익히 듣고 있다가 오기가 왔다는 소식을 듣고는 크게 기뻐했다. 이내 오기를 상국으로 삼았다. 오기는 원래부터 상국이 되면 어떤 나라고 부강하게 만들 수 있다는 자부심이 있었다. 초도왕이 일대 개혁을 단행한 배경이다. 오기는 용사들을 선발해 체계적으로 훈련을 시키면서 수시로 무기를 점검했다. 장병들의 급료를 대폭 인상하고 실력이 뛰어난 자는 급료를 몇 배씩 올려주었다. 「손자오기열전」은 이런 방법으로 정예병을 대거 육성한 뒤 사방으로 공략에 나섰다고 기록해 놓았다. 남쪽으로 장강 중하류에 살던 백월百越을 치고, 북쪽으로 3진을 물리치고, 서쪽으로 진나라를 쳐 대승을 거둔 게 그것이다.

그러나 당시 '기려지신' 오기의 개혁조치에 반발하는 자들이 너무 많았다. 모두 권세와 봉록을 잃은 자들이었다. 이들은 오기에게 이를 갈았으나 초도왕이 있는 한 함부로 불만을 드러낼 수 없었다. 오기가 정예병을 이끌고 사방을 공략한 것은 초나라로 들어간 지 3년 만의 일이었다. 이듬해 여름에 문득 초도왕이 세상을 떠나면서 모든 게 뒤틀리고 말았다. 반대파들은 초도왕이 죽자마자 그간 오기로 인해 가슴 속 깊이 쌓아 두었던 울분을 일시에 폭발시켰다. 시간도 오래 걸리지 않았다. 이들은 곧바로 가병들을 이끌고 궁 안으로 난입했다. 마침 태자는 지방순시 중이라 초도왕의 시신을 지킬 사람은 오기밖에 없었다. 오기가 즉시 사람을 태자에게 보내 부음을 전하면서 휘하 군영에 알려 신속히 도성으로 들어오도록 조치했다. 그러나 반대파의 입궁이 빨랐다.

손에 칼과 창을 들고 난입한 이들은 사방으로 오기를 찾아 나섰다. 오기가 재빨리 초도왕의 시신을 안치한 빈전殯殿으로 피신했다. 오기를 쫓던 무리들이 일제히 오기를 향해 화살을 난사하자 오기가 이내 초도왕의 시신을 끌어안고는 큰소리로 외치기를, "내가 죽는 것은 족히 아까울 것이 없다. 그러나 옛 신하들이 원한을 품고 대왕의 시신을 범했으니 이런 대역죄를 범하고도 살아남기를 바랄 수 있는가!"라고 했다.

우박처럼 쏟아진 화살이 곧 오기의 입을 막아 버렸다. 오기를 쫓던 무리들은 초도왕의 시신 역시 벌집이 된 사실을 알고는 겁이 나 사방으로 달아났다. 초도왕의 뒤를 이어 즉위한 초숙왕은 부왕의 장례를 치른 뒤 즉위식을 가졌다. 그는 적당한 때를 기다려 부왕의 시신에 화살을 난사한 자들을 모두 주륙코자 했다. 마침내 초숙왕은 보위에 오른 지 1달이 지나자 영윤으로 있던 동생을 시켜 난을 일으킨 자들을 모두 주살케 했다. 이때 오기를 죽이는 데 연루된 자들이 무려 70여 호에 이르고, 죽은 사람은 3,000명에 달했다고 한다.

오기의 비참한 최후는 전국시대 중엽 상앙商鞅이 진효공의 신임을 배경으로 진나라를 부강한 나라로 만들었음에도 진효공 사후 횡사한 것과 닮았다. 당대 최고의 병가인 오기와 당대 최고의 법가인 상앙이 하나같이 비참한 최후를 맞이한 것은 변법의 실시 과정에서 많은 사람들의 원망을 샀기 때문이다. 맹자가 덕치로 천하통일을 이룰 것을 주장해 훗날 성리학자들로부터 공자의 뒤를 잇는 아성亞聖의 칭송을 받은 것과 대비된다. 그러나 맹자를 사상적 비조로 삼은 성리학을 통치이데올로기로 삼았던 남송과 명나라는 물론 극단적인 명분론에 치우친 조선조 모두 격변기에 임기응변하지 못해 패망하고 말았다.

상앙의 『상군서』를 위시해 『한비자』와 『손자병법』 등을 열심히 연구한 이웃 일본은 막강한 무력을 배경으로 천하를 호령했다. 100여 년에 걸친 일본의 전국시대를 마무리 지은 도요토미 히데요시는 비록 실패하기는 했으나 한반도를 교두보로 삼아 대륙으로 진출코자 했고, 이후 300년 뒤 메이지유신明治維新의 당사자들은 기필코 조선을 집어삼키는 데 성공했다. 고금동서를 막론하고 국방을 소홀히 하면 이웃나라의 침탈대상이 될 뿐이다. 이웃이 모두 나처럼 착하기만 바랄 수는 없는 일이다

풍몽룡의 동주열국지 4 – 오월시대

발행일 1쇄 2018년 12월 30일
지은이 풍몽룡
역 주 신동준
펴낸이 여국동
펴낸곳 도서출판 인간사랑
출판등록 1983. 1. 26. 제일 – 3호
주소 경기도 고양시 일산동구 백석로 108번길 60 – 5 2층
물류센타 경기도 고양시 일산동구 문원길 13 – 34(문봉동)
전화 031)901 – 8144(대표) | 031)907 – 2003(영업부)
팩스 031)905 – 5815 **전자우편** igsr@naver.com
페이스북 http://www.facebook.com/igsrpub
블로그 http://blog.naver.com/igsr
인쇄 하정인쇄 **출력** 현대미디어 **종이** 세원지업사

ISBN 978–89–7418–777–4 04910
978–89–7418–772–9 (세트)

* 책값은 뒤표지에 있습니다. * 잘못된 책은 바꿔드립니다.

이 도서의 국립중앙도서관 출판시도서목록(CIP)은 서지정보유통지원시스템 홈페이지(http://seoji.nl.go.kr)와
국가자료공동목록시스템(http://www.nl.go.kr/kolisnet)에서 이용하실 수 있습니다.(CIP제어번호: CIP2018039407)